U0733436

# 金融支持内陆开放型经济发展的理论与实践

## ——宁夏金融学会 2013—2014 年优秀调研成果选编

宁夏金融学会　编

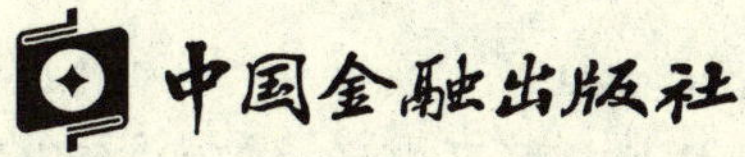

责任编辑：王雪珂
责任校对：李俊英
责任印制：丁淮宾

**图书在版编目（CIP）数据**

金融支持内陆开放型经济发展的理论与实践（Jinrong Zhichi Neilu Kaifangxing Jingji Fazhan de Lilun yu Shijian）/宁夏金融学会编．—北京：中国金融出版社，2015.11

ISBN 978－7－5049－8094－6

Ⅰ.①金… Ⅱ.①中…②宁… Ⅲ.①区域经济发展—金融支持—中国—文集 Ⅳ.①F127－53②F832.7－53

中国版本图书馆CIP数据核字（2015）第192145号

出版发行 中国金融出版社
社址 北京市丰台区益泽路2号
市场开发部 (010)63266347，63805472，63439533（传真）
网上书店 http://www.chinafph.com
(010)63286832，63365686（传真）
读者服务部 (010)66070833，62568380
邮编 100071
经销 新华书店
印刷 北京市松源印刷有限公司
尺寸 185毫米×260毫米
印张 26
字数 580千
版次 2015年11月第1版
印次 2015年11月第1次印刷
定价 56.00元
ISBN 978－7－5049－8094－6/F.7654

如出现印装错误本社负责调换 联系电话（010）63263947

# 序

宁夏金融学会成立于1981年8月，现有会员单位34家。2011年以来，宁夏金融学会第七届理事会围绕金融中心工作，凝聚会员单位力量，各项工作取得长足进步。成立了宁夏金融学会中阿金融研究中心，服务“一带一路”和向西开放战略；70多篇专题报告被各级党政领导批示；7项科研成果分别获得宁夏第十一届、第十二届社会科学优秀成果一等奖、二等奖、三等奖；3项课题分别获得中国人民银行重点研究课题一等奖、二等奖；多次被中国人民银行、宁夏社科联授予“优秀学会工作奖”、“先进学会奖”；会刊《宁夏金融》被宁夏社科联评为优秀期刊等。宁夏金融学会的品牌效应和社会影响日益凸显。

2011年以来，宁夏金融学会坚持学术立会，积极发挥桥梁纽带与平台载体作用，密切联系经济金融改革发展实际，通过举办形式多样的专题研讨会、主题征文、学术讲座等活动，动员和激发广大会员参与学术研究的热情，形成了为推动金融改革发展稳定献计、献策的良好氛围。在浓厚的学术研究氛围中，广大金融研究爱好者不辱使命，围绕内陆开放、丝绸之路经济带、中阿金融合作等重大战略部署以及经济金融改革发展的重大任务，深入调研，潜心研究，激扬文字，建言献策，为建设开放、富裕、和谐、美丽的新宁夏贡献力量。为充分展示近年学术科研成果，大力促进成果推广应用，宁夏金融学会秘书处组织开展了2013—2014年优秀调研成果征集活动。各会员单位本着严格把关、择优推荐的原则，踊跃报送高质量的学术研究成果。学会秘书处组织专家从征集的优秀调研成果中遴选出60篇汇编成册并正式出版。

这些优秀调研成果紧紧围绕内陆开放型经济发展的理论和现实问题，牢牢聚焦区域经济金融改革发展的热点、难点问题，结合各会员单位的行业特点和研究优势，较好地体现了研究成果的前瞻性、实用性和特色性。这些优秀调研成果有的受到地方党政领导的高度重视，有的在学术活动中获得重要奖项或进行汇报交流，有的是本系统立项和完成的重点课题。这些优秀调研成果的内容涉及理论探讨、普惠金融、金融服务、丝路金融等多个领域。伏案品读，能深深体会到广大研究者勇于担当的赤诚之心和精益求精的治学态度。很多文章在观点、方法、分析视角上都有所创新，有的还较好地运用了数量分析工具，研究方法较规范，分析过程较严谨，其间不乏真知灼见，很多政策建议具有一定的实用性、针对性和可操作性，对促进经济金融改革发展具有一定的参考价值，充分体现了宁夏金融学会较强的学术创新和研究能力。

当前，经济发展步入新常态，金融改革开放加速推进，金融学术研究工作面临新的挑战和任务。我们坚信，宁夏金融学会一定会团结带领全体会员单位和广大金融研究爱好者，研精毕智，砥砺前行，不断推出有理论深度、创新价值、研究特色和实践意义的优秀成果，为推动地方经济金融改革发展贡献新的、更大的力量。

**中国人民银行银川中心支行行长** 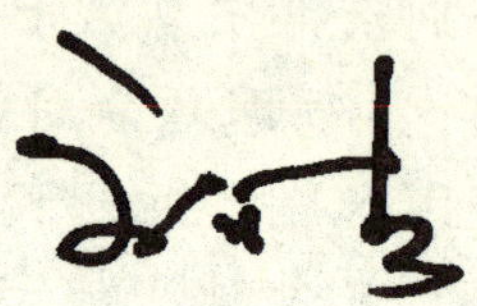

# 目　录

## 理论探索



## 经济金融

## 普惠金融



## 金融服务

## 风险防范



## 丝路金融

# 理论探索

# 房价波动、货币政策与社会福利效应

中国人民银行银川中心支行课题组

胡文莲　李　宁　姚景超　赵莉萍　王进会　宋大为

**摘要：**传统的货币政策调控以控制通货膨胀为主要目标，但自20世纪90年代以来，资产价格波动对经济运行的影响日益重要，尤其是2008年房地产市场泡沫破灭引发了全球范围的经济危机。本课题构建了一个包含房地产市场的动态随机一般均衡模型，实证研究在中央银行干预和不干预房价波动的不同货币政策规则下，主要宏观经济变量应对不同冲击因素的表现以及社会福利损失的大小。研究发现：物价稳定是我国货币政策调控的首要目标，人民银行在调控实践中很少直接干预房价波动，这也使价格型政策工具的调控效果更明显。房地产市场对经济刺激作用明显，但中央银行采用干预房价波动的政策规则时，实现物价稳定目标的难度加大。

## 一、引言

传统的中央银行货币政策调控坚持通货膨胀目标制，通过调节利率保持币值稳定。然而20世纪90年代以来，房地产等资产价格波动加剧，对金融稳定和经济运行的影响日益显著。Bordo和Jeanne（2002）认为应将资产价格纳入中央银行目标函数中，通过比较干预成本和收益确定货币政策规则，对房地产等进行政策干预。Bernanke和Gertler（2000）通过扩展的加速器模型证明，直接盯住和干预房地产等资产价格泡沫会导致更大的经济波动。Bernanke（2002）和Plosser（2007）对货币政策能否有效抑制泡沫提出质疑。伍戈（2007）认为资产价格不应该成为影响货币政策的决定因素。Kohn（2009）反对事前直接干预，认为货币政策抑制资产泡沫的有效性存在不确定性。周晖和王擎（2009）基于BEKK模型和GARCH均值方程模型，提出中央银行不应该直接干预房地产价格。

但2008年房地产市场泡沫破灭不仅引发了金融危机，还最终波及实体经济。此次金融危机激起了各方关于房地产等资产价格对金融稳定和经济运行影响的大讨论。大多数决策者和经济学家认为，物价稳定不足以确保金融体系和宏观经济的健康运行，中央银行应对影响金融稳定的多种因素，包括房地产价格泡沫等加以关注。Olivier Blanchard（2009）认为中央银行单一通货膨胀目标制对于维持宏观经济稳定至少是不充分的。林毅夫（2011）认为货币政策当局要考虑将稳定资产价格纳入调控视野，经济危机的发生往往与资产价格泡沫和泡沫破灭有关。盛松成（2010）指出房地产不是普通商品，房地产周期波动对国民经济影响重大，必须适时适度调控房地产价格。

本文构建了一个涵盖房地产市场的动态随机一般均衡模型，实证研究我国货币政策调控应如何应对房地产价格波动，考察干预房价波动的政策规则与传统调控规则在宏观经济效应和社会福利方面的差异，为增强货币政策调控的针对性和有效性提供决策参考。本文结构如下，第一部分是引言；第二部分是模型构建，求解出对数线性化后的均衡条件；第三部分是参数估计，校准和 Bayes 估计相结合并对估计结果进行解释；第四部分是数值模拟与福利分析，给出在四种不同政策规则下宏观经济变量对四种不同冲击的脉冲响应过程，以及社会福利的差异；第五部分是结论。

## 二、模型构建

假定在一个封闭经济体中，居民家庭分为耐心家庭和非耐心家庭两类，耐心家庭的贴现率相比非耐心家庭和企业家较低，居民家庭向企业提供劳动，获取工资进行消费和房产投资，并持有一定数量的货币。企业家雇佣劳动和可以抵押的房产生产同质产品。零售商购买企业家的产品后加价变成最终可直接消费的商品，零售商定价存在名义刚性。中央银行通过调整货币供给执行既定的利率政策规则。

（一）家庭

1. 耐心家庭

与标准家庭部门的效用函数相比，本模型中的家庭可以持有房地产，其行为决策由如下最优化问题描述：

$$\max E_0 \sum_{t=0}^{\infty} \beta^t [\ln c'_t + j\ln h'_t - (L'_t)^\eta/\eta + \chi\ln(M'_t/Pt)] \tag{1}$$

$$\text{s.t. } c'_t + q_t\Delta h'_t + R_{t-1}b'_{t-1}/\pi_t = b'_t + \omega'_t L'_t + F_t + T'_t - \Delta M'_t/P_t \tag{2}$$

其中，$E_0$ 为期望算子，$\beta \in (0,1)$ 为贴现因子，$c'_t$ 为当期消费，$h'_t$ 为房地产持有量，$L'_t$ 为劳动供给（工作时间），$M'_t/P_t$ 为实际货币净额，实际房地产价格 $q_t \equiv Q_t/P_t$，实际工资率 $\omega'_t = W'_t/P_t$，通货膨胀率为 $\pi_t \equiv P_t/P_{t-1}$，家庭作为零售商所有者获得股利 $F_t$，$t-1$ 期到 $t$ 期的名义借贷利率为 $R_{t-1}$，家庭实际借贷为 $b'_t$，约束等式最后两项是中央银行通过铸币税对家庭的净转移。

一阶条件为

$$\frac{1}{c'_t} = \beta E_t\left(\frac{R_t}{\pi_{t+1}c'_{t+1}}\right) \tag{3}$$

$$\omega'_t = (L'_t)^{\eta-1}/c'_t \tag{4}$$

$$\frac{q_t}{c'_t} = \frac{j}{h'_t} + \beta E_t\left(\frac{q_{t+1}}{c'_{t+1}}\right) \tag{5}$$

2. 非耐心家庭

非耐心家庭较耐心家庭对未来贴现高（$\beta'' < \beta$），其行为决策方程为

$$\max E_0 \sum_{t=0}^{\infty} (\beta'')^t (\ln c''_t + j_t \ln h''_t - (L''_t)^\eta/\eta + \chi\ln M''_t/P_t) \tag{6}$$

$$\text{s.t. } c''_t + q_t\Delta h''_t + R_{t-1}b''_{t-1}/\pi_t = b''_t + \omega''_t L''_t + T''_t - \Delta M''_t/P_t - \xi_{h,t} \tag{7}$$

$$b''_t \leqslant m'' E_t(q_{t+1}h''_t \pi_{t+1}/R_t) \tag{8}$$

其中，$c''_t$ 为非耐心家庭 $t$ 期消费，$h''_t$ 为 $t$ 期房产持有量，$M''_t/P_t$ 为 $t$ 期持有的实际货

币净额，$L''_t$ 为劳动供给。式（7）和式（8）分别为非耐心家庭的预算约束和借贷资金约束方程，$\xi_{h,t} = \phi_h(\Delta h''_t/h''_{t-1})^2 q_t h''_{t-1}/2$ 为房屋调整成本。

令 $\lambda''$ 为借贷约束的乘数，求解一阶条件可得：

$$\frac{1}{c''_t} = E_t\left(\frac{\beta'' R_t}{\pi_{t+1} c''_{t+1}}\right) + \lambda''_t R_t \tag{9}$$

$$\frac{q_t}{c''_t}\left(1 + \phi_h \frac{\Delta h''_t}{h''_{t-1}}\right) = \frac{j_t}{h''_t} + E_t\left(\frac{\beta'' q_{t+1}}{c''_{t+1}}\left(1 + \phi_h \frac{\Delta h''_{t+1}}{h''_t}\right) + \lambda''_t m'' q_{t+1}\pi_{t+1}\right) \tag{10}$$

$$\omega''_t / c''_t = (L''_t)^{\eta-1} \tag{11}$$

（二）企业家

企业家生产中间产品，其生产函数为柯布－道格拉斯生产函数：

$$Y_t = A_t K_{t-1}^{\mu} h_{t-1}^{\nu} L_t'^{\alpha(1-\mu-\nu)} L_t''^{(1-\alpha)(1-\mu-\nu)} \tag{12}$$

其中，$A_t$ 为技术进步，$h$ 为厂房投入，$L'$ 与 $L''$ 分别为耐心家庭和非耐心家庭的劳动供给（$\alpha$ 为耐心家庭的劳动供给比例），$K$ 为资本。资本调整成本为 $\xi_{K,t} = \phi(I_t/K_{t-1} - \delta)^2 K_{t-1}/(2\delta)$，其中 $I_t = K_t - (1-\delta)K_{t-1}$；企业家调整厂房存量的成本为 $\xi_{e,t} = \phi_e(\Delta h_t/h_{t-1})^2 q_t h_{t-1}/2$。企业家最小化生产成本：$E_0 \sum_{t=0}^{\infty} \gamma^t \log c_t$，其中 $\gamma < \beta$，同时面临三类约束：技术约束式（12），融资约束 $b_t = mE_t(q_{t+1}h_t\pi_{t+1}/R_t)$ 和预算约束：

$$Y_t/X_t + b_t = c_t + q_t\Delta h_t + R_{t-1}b_{t-1}/\pi_t + \omega'_t L'_t + \omega''_t L''_t + I_t + \xi_{e,t} + \xi_{K,t} \tag{13}$$

相应的一阶条件为：

$$\nu_t = \frac{1}{c_t}\left(\frac{\phi}{\delta}\left(\frac{I_t}{K_{t-1}} - \delta\right)\frac{I_t}{K_{t-1}} - \frac{\phi}{2\delta}\left(\frac{I_t}{K_{t-1}} - \delta\right)^2\right) + \gamma E_t\left(\frac{\mu Y_{t+1}}{c_{t+1}X_{t+1}K_t} + \nu_{t+1}(1-\delta)\right) \tag{14}$$

$$\omega'_t = \alpha(1-\mu-\nu)Y_t/(X_t L'_t) \tag{15}$$

$$\omega''_t = (1-\alpha)(1-\mu-\nu)Y_t/(X_t L''_t) \tag{16}$$

（三）零售商

零售商之间为垄断竞争，购买企业家生产的中间产品并加工为最终商品。零售商以竞争性价格从企业家手中购买中间产品 $Y_t$。令 $Y_t(z)$ 为第 $z$ 个零售商的销售额，则最终零售商品是个体零售商的 CES 复合函数，即 $Y_t^f = \left(\int_0^1 Y_t(z)^{\frac{\varepsilon-1}{\varepsilon}} dz\right)^{\frac{\varepsilon}{\varepsilon-1}}$，其中 $\varepsilon > 1$。因此，利率最大化的最终商品价格为 $P_t = \left(\int_0^1 Y_t(z)^{1-\varepsilon} dz\right)^{\frac{1}{1-\varepsilon}}$，每个零售商面临的需求曲线为 $Y_t(z) = (P_t(z)/P_t)^{-\varepsilon} Y_t^f$。

假定在 $P_t^{\omega}$ 和需求曲线给定情况下，零售商 z 选择售价 $P_t(z)$。根据 Calvo 价格黏性，假定零售商每期调整售价的概率为（$1-\theta$），其余厂商仍保持上一期价格水平。令 $P_t^*(z)$ 为“重置”价格，$Y_{t+k}^*(z) = (P_t^*(z)/P_{t+k})^{-\varepsilon} Y_{t+k}$ 为相应的需求曲线，则求解下式可得零售商的最优价格 $P_t^*(z)$：

$$\sum_{t=0}^{\infty} \theta^k E_t\left\{\wedge_{t,k}\left(\frac{P_t^*(z)}{P_{t+k}} - \frac{X}{X_{t+k}}\right)Y_{t+k}^*(z)\right\} = 0 \tag{17}$$

其中，$\wedge_{t,k} = \beta(c'_t/c'_{t+k})$ 是耐心家庭的相对折现因子，$X_t$ 为价格加成，稳态时有 $X = \varepsilon/\varepsilon$

-1，利润 $F_t = (1-1/X_t)Y_t$ 最终以股利形式返还给家庭。

价格总水平为：

$$P_t = (\theta P_{t-1}^{\varepsilon} + (1-\theta)(P_t^*)^{1-\varepsilon})^{1/(1-\varepsilon)} \tag{18}$$

对式（17）、式（18）对数线性化可得菲利普斯曲线，表明通货膨胀水平与通货膨胀预期正相关，与价格加成负相关。

（四）中央银行

中央银行通过向实体经济部门注入流动性实施货币政策调控，具体利率政策规则为：

$$R_t = (R_{t-1})^{r_R}(\pi_{t-1}^{1+r_\pi}(Y_{t-1}/Y)^{r_Y}\overline{rr})^{1-r_R}e_{R,t} \tag{19}$$

其中，$\overline{rr}$、$Y$ 分别为稳态的利率和产出水平，中央银行根据上期利率和通货膨胀水平调整当期利率，$e_{R,t}$ 是均值为0、方差为 $\sigma_e^2$ 的白噪声过程。

（五）稳态条件

令 $s' \equiv (\alpha(1-\mu-\nu)+X-1)/X$ 与 $s'' \equiv (1-\alpha)(1-\mu-\nu)/X$ 分别表示耐心家庭和非耐心家庭的收入份额，则家庭房产份额分别为：

$$\frac{qh'}{Y} = \frac{j}{1-\beta}s' + \frac{jm\gamma\nu}{1-\gamma_e}\frac{1}{X} + \frac{1}{1-\beta''-m''(\beta-\beta''-j(1-\beta))}m''s'' \tag{20}$$

$$\frac{qh''}{Y} = \frac{j}{1-\beta''-m''(\beta-\beta''-j(1-\beta))}s'' \tag{21}$$

非耐心家庭的债务产出比和消费产出比分别为：

$$\frac{b''}{Y} = \frac{j\beta m''}{1-\beta''-m''(\beta-\beta'')+jm''(1-\beta)}s'' \tag{22}$$

$$\frac{c''}{Y} = \frac{1-\beta''-m''(\beta-\beta'')}{1-\beta''-m''(\beta-\beta'')+jm''(1-\beta)}s'' \tag{23}$$

企业家的消费产出比为：

$$\frac{c}{Y} = \left(\mu+\nu-\frac{\delta\gamma\mu}{1-\gamma(1-\delta)}-\frac{(1-\beta)m\gamma\nu}{1-\gamma_e}\right)\frac{1}{X} \tag{24}$$

企业家房产产出比和借贷产出比分别为：

$$\frac{qh}{Y} = \frac{\gamma\nu}{1-\gamma_e}\frac{1}{X} \tag{25}$$

$$\frac{b}{Y} = \frac{\beta m\gamma\nu}{1-\gamma_e}\frac{1}{X} \tag{26}$$

（六）对数线性化

总需求方程：

$$\hat{Y}_t = \frac{c}{Y}\hat{c}_t' + \frac{c'}{Y}\hat{c}_t' + \frac{c''}{Y}\hat{c}_t'' + \frac{I}{Y}\hat{I}_t$$

$$\hat{c}'_t = \hat{c}'_{t+1} - \widehat{rr}_t$$

$$\hat{I}_t - \hat{K}_{t-1} = \gamma(\hat{I}_{t+1}-\hat{K}_t) + \frac{1-\gamma(1-\delta)}{\phi}(\hat{Y}_{t+1}-\hat{X}_{t+1}-\hat{K}_t) + \frac{1}{\phi}(\hat{c}_t-\hat{c}_{t+1})$$

房产消费边际：

$$\hat{q}_t = \gamma_e\hat{q}_{t+1} + (1-\gamma_e)(\hat{Y}_{t+1}-\hat{X}_{t+1}-\hat{h}_t) - m\beta\,\widehat{rrt}$$

$$-(1-m\beta)\Delta\hat{c}_{t+1}-\phi_e(\Delta\hat{h}_t-\gamma\hat{h}_{t+1})$$

$$\hat{q}_t=\gamma_h\hat{q}_{t+1}+(1-\gamma_h)(\hat{j}_t-\hat{h}''_t)-m''\beta\,\widehat{rrt}$$

$$+(1-m''\beta)(\hat{c}''_t-\omega\hat{c}''_{t+1})-\phi_h(\Delta\hat{h}''_t-\beta''\Delta\hat{h}''_{t+1})$$

$$\hat{q}_t=\beta\hat{q}_{t+1}+(1-\beta)\hat{j}_t+\iota\hat{h}_t+\iota''\hat{h}''_t+\hat{c}'_t-\beta\hat{c}'_{t+1}$$

$$+\frac{\phi_h}{h'}(h\Delta\hat{h}_t+h''\Delta\hat{h}''_t-\beta h\Delta\hat{h}_{t+1}-\beta h''\Delta\hat{h}''_{t+1})$$

借贷约束条件：

$$\hat{b}_t=\hat{q}_{t+1}+\hat{h}_t-\widehat{rr}_t$$

$$\hat{b}''_t=\hat{q}_{t+1}+\hat{h}''_t-\widehat{rr}_t$$

总供给方程：

$$\hat{Y}_t=\frac{\eta}{\eta-(1-\nu-\mu)}(\hat{A}_t+\nu\hat{h}_{t-1}+\mu\hat{K}_{t-1})$$

$$-\frac{1-\nu-\mu}{\eta-(1-\nu-\mu)}(\hat{X}_t+\alpha\hat{c}_t{}'+(1-\alpha)\hat{c}''_t)$$

$$\hat{\pi}_t=\beta\hat{\pi}_{t+1}-\kappa\hat{X}_t+\hat{u}_t$$

资本流动方程：

$$\hat{K}_t=\delta\hat{I}_t+(1-\delta)\hat{K}_{t-1}$$

$$\frac{b}{Y}\hat{b}_t=\frac{c}{Y}\hat{c}_t+\frac{qh}{Y}\Delta\hat{h}_t+\frac{I}{Y}\hat{I}_t+\frac{Rb}{Y}(\hat{R}_{t-1}+\hat{b}_{t-1}-\hat{\pi}_t)-(1-s'-s'')(\hat{Y}_t-\hat{X}_t)$$

$$\frac{b''}{Y}\hat{b}''_t=\frac{c''}{Y}\hat{c}''_t+\frac{qh''}{Y}\Delta\hat{h}''_t+\frac{Rb''}{Y}(\hat{R}_{t-1}+\hat{b}''_{t-1}-\hat{\pi}_t)-s''(\hat{Y}_t-\hat{X}_t)$$

货币政策规则与冲击因素：

$$\hat{R}_t=(1-r_R)(1+r_\pi)\hat{\pi}_{t-1}+r_Y(1-r_R)\hat{Y}_{t-1}+r_R\hat{R}_{t-1}+\hat{e}_{R,t}$$

$$\hat{j}_t=\rho_j\hat{j}_{t-1}+\hat{e}_{j,t}$$

$$\hat{u}_t=\rho_u\hat{u}_{t-1}+\hat{e}_{u,t}$$

$$\hat{A}_t=\rho_A\hat{A}_{t-1}+\hat{e}_{A,t}$$

其中，$\omega=(\beta''-m''\beta'')/1-m''\beta$，$\iota=(1-\beta)h/h'$，$\iota''\equiv(1-\beta)h''/h'$，$\gamma_h\equiv\beta''+m''(\beta-\beta'')$，$\widehat{rr}_t\equiv\hat{R}_t-E_t\hat{\pi}_{t+1}$。

## 三、参数估计

### （一）校准估计

1. 数据选取与处理

本文构建的 DSGE 模型包含 4 个外生冲击，为了避免参数估计的随机奇异性问题，在进行贝叶斯参数估计时可观测变量的个数不能大于外生冲击的个数，本文选用了4个可观测的宏观经济变量，分别是产出、通货膨胀率、全国平均房地产价格和利率，时间为1999年第一季度至2014年第一季度。利率选用7天同业拆借利率；产出采用生产法下的GDP总值，使用季度CPI作为价格指数对名义GDP进行平减，得到以1999年第一季度为基期的实际GDP；通货膨胀率采用季度CPI环比数据；房地产价格采用全国商品房平均销售价格。本文对除利率以外的数据序列均做了季节调整和HP滤波处理，剔除了趋势项。本文数据来自中国人民银行网站、国家统计局和Wind数据库。

2. 参数校准

折现因子在现有文献中取值各不同，本文参照Iacoviello（2005），将耐心家庭和非耐心家庭的季度折现因子$\beta$、$\beta''$分别设定为0.99和0.95，企业家折现因子$\gamma$、房屋偏好比重$j$、劳动供给弹性$\eta$参照谭政勋（2011）分别设定为0.96、0.4和1.03。国内对于资本产出弹性研究成果较多，张军（2002）的估算结果为0.499，李成（2011）、朱军（2013）和李松华（2013）分别在其DSGE模型中取值0.543、0.85和0.41，本文结合已有文献将资本产出弹性$\mu$取值为0.5。房地产产出弹性$\nu$参照Iacoviello（2005）设定为0.03。资本调整成本$\psi$在已有文献中取值差异较大，仝冰（2010）的估计结果为4.2，Iacoviello（2005）的取值为2，本文资本调整成本$\psi$的取值为2。国内文献对资本折旧率$\delta$的取值较为一致，李成（2011）、李松华（2013）和简志宏（2013）均取值0.025，本文的取值保持与已有文献一致。稳态价格加成$X$，刘斌（2008）将该参数假定为0.1，仝冰（2010）和李松华（2010）均设定为0.2，本文采用平均值0.15。

**表1　部分参数的校准值**

| 参数 | 经济意义 | 取值 |
|---|---|---|
| $\beta$ | 耐心家庭折现因子 | 0.99 |
| $\beta''$ | 激进家庭折现因子 | 0.95 |
| $\gamma$ | 企业家折现因子 | 0.96 |
| $j$ | 房屋偏好比重 | 0.4 |
| $\eta$ | 劳动供给弹性 | 1.03 |
| $\mu$ | 资本产出弹性 | 0.5 |
| $\nu$ | 房地产产出弹性 | 0.03 |
| $\psi$ | 资本调整成本 | 2 |
| $\delta$ | 资本折旧率 | 0.025 |
| $\phi$ | 房屋调整成本 | 0 |
| $X$ | 稳态价格加成 | 1.15 |

（二）参数先验设定

1. 结构性参数

价格黏性参数$\theta$表示厂商不能调整价格的概率，刘斌（2009）设定为0.75，李雪松（2011）估计结果为0.494，仝冰（2010）估计结果为0.71，本文采用三者的加权平均值0.65。参考Smets和Wouters（2003）等国内外文献，设定冲击的标准差$\sigma_j$、

$\sigma_u$、$\sigma_A$ 和 $\sigma_r$ 服从逆 Gamma 分布，其先验均值参数为0.1，先验标准差趋向无穷大。耐心家庭工资份额 $\alpha$、企业家贷款价值比 $m$ 和家庭贷款价值比 $m''$的先验分布参考 Iacoviello（2005）。

**表2　　DSGE 模型中部分参数的先验分布**

| 参数符号 | 先验类型 | 参数符号 | 先验类型 |
|---|---|---|---|
| $\alpha$ | $B$ [0.64, 0.03] | $\theta$ | $B$ [0.65, 0.01] |
| $m$ | $B$ [0.89, 0.02] | $j$ | $B$ [0.4, 0.01] |
| $m''$ | $B$ [0.55, 0.09] | $\sigma_j$ | $\Gamma^{-1}$ [0.1, ∞] |
| $\rho_j$ | $B$ [0.85, 0.02] | $\sigma_u$ | $\Gamma^{-1}$ [0.1, ∞] |
| $\rho_u$ | $B$ [0.59, 0.06] | $\sigma_A$ | $\Gamma^{-1}$ [0.1, ∞] |
| $\rho_A$ | $B$ [0.03, 0.1] | $\sigma_r$ | $\Gamma^{-1}$ [0.1, ∞] |

注：$B(\mu,\sigma)$ 和 $\Gamma^{-1}(\mu,\sigma)$ 分别表示均值为 $\mu$，方差为 $\sigma$ 的 Beta 分布和逆 Gamma 分布。

2. 货币政策规则参数

本文结合国内外学者已有的研究成果，同时为了反映货币政策对房地产价格的调控效果，在模型设置中分别使用以下两种货币政策规则来刻画中国人民银行的政策操作，其中货币政策规则2包含了房价缺口。

（1）货币政策规则1

$$\hat{r}_t = \psi_r \hat{r}_{t-1} + (1-\psi_r)(\psi_\pi \hat{\pi}_{t-1} + \psi_y \hat{y}_{t-1}) + \varepsilon_t^r$$

其中，$\varepsilon_t^r$ 表示货币政策冲击，参数 $\psi_r$、$\psi_\pi$ 和 $\psi_y$ 分别表示利率平滑系数、通货膨胀缺口反应系数和产出缺口反应系数。利率平滑系数度量了货币政策的连贯程度。

**表3　　货币政策规则1中的主要参数设定**

| 货币政策参数 | 先验分布 | 货币政策参数 | 先验分布 |
|---|---|---|---|
| $\psi_r$ | $B$ [0.7, 0.1] | $\psi_y$ | $\Gamma$ [0.5, 0.15] |
| $\psi_\pi$ | $\Gamma$ [1.5, 0.15] | | |

注：$B(\mu,\sigma)$ 和 $\Gamma(\mu,\sigma)$ 分别表示均值为 $\mu$，方差为 $\sigma$ 的 Beta 分布和 Gamma 分布，其中参数设定参照刘斌（2009）。

（2）货币政策规则2

$$\hat{r}_t = \psi_r \hat{r}_{t-1} + (1-\psi_r)(\psi_\pi \hat{\pi}_{t-1} + \psi_y \hat{y}_{t-1} + \psi_q \hat{q}_{t-1}) + \varepsilon_t^r$$

其中，$\varepsilon_t^r$ 表示货币政策冲击，参数 $\psi_r$、$\psi_\pi$、$\psi_y$ 同货币政策规则1中的含义相同，$\psi_q$ 表示房价缺口反应系数。

**表4　　货币政策规则2中的主要参数设定**

| 货币政策参数 | 先验分布 | 货币政策参数 | 先验分布 |
|---|---|---|---|
| $\psi_r$ | $B$ [0.7, 0.1] | $\psi_y$ | $\Gamma$ [0.5, 0.15] |
| $\psi_\pi$ | $\Gamma$ [1.5, 0.15] | $\psi_q$ | $\Gamma$ [0.1, 0.15] |

注：$B(\mu,\sigma)$ 和 $\Gamma(\mu,\sigma)$ 分别表示均值为 $\mu$，方差为 $\sigma$ 的 Beta 分布和 Gamma 分布，其中 $\psi_q$ 的参数设定参照 Iacoviello（2005）。

### （三）估计结果分析

本文对两种不同规则的参数采用不同的先验分布，模型中其他参数的分布在这两种规则下保持相同，分别在两种规则下对 DSGE 模型进行贝叶斯估计，估计结果如下。

1. 货币政策规则 1

**表 5　　货币政策规则 1 的 Bayes 估计结果**

| 参数符合 | 先验均值 | 后验均值 | 置信区间 | 后验众数 | 标准差 |
|---|---|---|---|---|---|
| $\alpha$ | 0.64 | 0.5752 | [0.5413, 0.6158] | 0.5604 | 0.0077 |
| $m$ | 0.89 | 0.8512 | [0.8295, 0.8762] | 0.8635 | 0.0037 |
| $m''$ | 0.55 | 0.6878 | [0.6023, 0.7849] | 0.6758 | 0.0243 |
| $\rho_j$ | 0.85 | 0.8244 | [0.8083, 0.8419] | 0.8287 | 0.0031 |
| $\rho_u$ | 0.59 | 0.8122 | [0.7919, 0.8351] | 0.8075 | 0.0111 |
| $\rho_A$ | 0.03 | 0.5825 | [0.4881, 0.6762] | 0.6082 | 0.0548 |
| $\theta$ | 0.65 | 0.6612 | [0.6529, 0.6680] | 0.6594 | 0.0019 |
| $j$ | 0.4 | 0.3946 | [0.3821, 0.4098] | 0.4010 | 0.0026 |
| $\psi_r$ | 0.7 | 0.8654 | [0.8223, 0.9077] | 0.8597 | 0.0102 |
| $\psi_\pi$ | 1.5 | 1.1894 | [1.1160, 1.2592] | 1.1540 | 0.0090 |
| $\psi_y$ | 0.5 | 0.3932 | [0.1877, 0.5608] | 0.3722 | 0.0205 |

货币政策规则 1 中 $\psi_r$ 的估计结果为 0.8654，低于刘斌（2008）估计的 0.98，这一差异可能来源于选用的利率数据不同，刘斌（2008）采用的是一年期存款利率，其波动性远小于同业拆借利率，因此具有更强的惯性；而 $\psi_\pi$ 和 $\psi_y$ 分别为 1.1894 和 0.3932。

2. 货币政策规则 2

**表 6　　货币政策规则 2 的 Bayes 估计结果**

| 参数符合 | 先验均值 | 后验均值 | 置信区间 | 后验众数 | 标准差 |
|---|---|---|---|---|---|
| $\alpha$ | 0.64 | 0.5451 | [0.5048, 0.5921] | 0.5196 | 0.0116 |
| $m$ | 0.89 | 0.8606 | [0.8396, 0.8831] | 0.8582 | 0.0097 |
| $m''$ | 0.55 | 0.6072 | [0.5207, 0.6995] | 0.5980 | 0.0343 |
| $\rho_j$ | 0.85 | 0.8176 | [0.7929, 0.8407] | 0.8275 | 0.0086 |
| $\rho_u$ | 0.59 | 0.8008 | [0.7750, 0.8232] | 0.7859 | 0.0110 |
| $\rho_A$ | 0.03 | 0.5949 | [0.5172, 0.6680] | 0.5976 | 0.0324 |
| $\theta$ | 0.65 | 0.6509 | [0.6412, 0.6633] | 0.6551 | 0.0016 |
| $j$ | 0.4 | 0.3942 | [0.3803, 0.4054] | 0.3988 | 0.0027 |
| $\psi_r$ | 0.7 | 0.8594 | [0.8209, 0.8994] | 0.8608 | 0.0106 |
| $\psi_\pi$ | 1.5 | 1.2088 | [1.1509, 1.2680] | 1.2004 | 0.0176 |
| $\psi_y$ | 0.5 | 0.4895 | [0.3619, 0.6429] | 0.5858 | 0.0426 |
| $\psi_q$ | 0.1 | 0.0251 | [0.0000, 0.0407] | 0.0328 | 0.0091 |

货币政策规则 2 中 $\psi_\pi$、$\psi_y$ 和 $\psi_q$ 的估计结果为 1.2088、0.4895 和 0.0251，其中 $\psi_\pi$ 和 $\psi_y$ 的后验均值与规则 1 中的比较接近，说明估计结果具有较好的稳健性。同时，该结果表明我国货币政策调控中更偏向于控制通胀（姚余栋，2013），而对房价偏离稳态水平几乎不作出任何反应。

从上述估计结果中可以看出，模型中主要结构性参数在两种货币政策规则下的估计结果基本保持一致。其中价格黏性参数 $\theta$ 的估计结果分别为 0.6612 和 0.6509，说明我国企业在一个季度内调价的概率在 34% 左右，即每三个季度调价一次。企业家贷款价值比 $m$ 的估计值分别为 0.8512 和 0.8606，而家庭贷款价值比 $m''$ 的估计值分别为 0.6878 和 0.6072，表明企业家的房产比家庭房产更容易抵押，这与当前国内企业将房产作为主要的贷款抵押品的事实相符。

## 四、数值模拟与福利分析

### （一）数值模拟

脉冲响应刻画了经济变量对特定冲击的动态反应过程。为比较中央银行是否关注房价稳定的政策调控差异，本文给出了四种不同规则，分别为不关注房价稳定的货币政策规则 1，关注房价且房价权重分别为 0.025、0.1、0.2 的货币政策规则 2、3 和 4，房价权重越大的政策规则表明中央银行的政策调控越重视房价稳定的目标。本文引入了技术、利率、房价和物价四种冲击因素，分别考察了各经济变量在四种不同的货币政策规则下对这四种外生冲击的脉冲响应。

1. 技术冲击

生产技术进步提高了企业的生产效率，刺激产出短期增加，但中央银行政策调控越关注房产价格，技术冲击对产出的刺激作用越不明显。技术进步对家庭和企业家消费的影响不一致，具体而言，对耐心家庭消费具有中长期的促进作用，但对非耐心家庭仅具有短期刺激效果，对企业家消费则具有短期的负向激励。同时，技术进步显著提高了短期住房价格，造成住房需求短期降低。技术进步还造成物价总水平和投资短期下降，利率在 7 ~ 8 个季度内略有下降。总体来看，中央银行的政策调控越关注房价稳定，则技术进步对主要宏观经济变量的冲击越大。

2. 利率冲击

中央银行突然宣布提高利率短期内会显著抑制投资、消费和住房需求，但不关注房地产价格的货币政策规则 1 的调控效果更明显。耐心家庭倾向于未来消费，利率上升的替代效应进一步增强了耐心家庭的未来消费意愿，因此利率冲击造成耐心家庭消费在中长期增加。提高利率还在短期内显著降低了物价总水平，但对房价抑制效果不明显，房价在第一季度后冲高并在第三季度后逐步回落。总体来看，中央银行货币政策调控不关注房价时，价格型货币政策工具的调控效果更明显。

3. 房价冲击

住房价格上涨冲击首先会打压住房需求，住房需求从第二季度起逐渐走低，在第 7 ~ 8 期触底回升并在第 16 期以后逐步回归平稳。住房价格上涨的财富效应刺激耐心家庭和企业家消费增加，尤其是对耐心家庭的消费具有较长期的刺激作用，企业投资也相应增加。房价上涨同时推高了总体物价水平，房价和物价总水平上升造成利率内生增加，但货币政策调控中房价的权重越高，即中央银行越重视房价稳定，则利率对房价冲击的滞后效应越明显。对非耐心家庭来说，财富效应会刺激消费，但利率上升会增加当期消费的机会成本，即替代效应会减少消费。对非耐心家庭来说，利率上涨的替代效应大于房价上涨带来的财富效应，因此房价冲击引起非耐心家庭消费下降。总体来看，房价冲击引发的财富效应会刺激消费和投资增加，中央银行货币政策调控越重视房价稳定，则利率对房价冲击的滞后效应越明显。利率替代效应大于房价上涨的财富效应，会造成非耐心家庭消费在房价冲击下短期下降。

4. 物价冲击

物价上涨削弱了家庭和企业家的实际购买力，造成耐心家庭和企业家消费下降，非耐心家庭消费短期有所增加。为抑制通货膨胀势头，利率在中长期内提高并造成投资从第2期开始逐渐下降。物价冲击对住房需求在第五至第六季度内具有显著的刺激作用，一个可能的经济解释是物价冲击对房价影响不显著，为规避通货膨胀引起的财富缩水，企业和家庭在资产配置中倾向于持有更多的住房不动产。总体来看，中央银行的货币政策调控无论是否关注房产价格，价格冲击对消费、投资等宏观经济变量影响较小，但对房地产市场具有显著的短期刺激作用，这可以解释为房产是应对通货膨胀的一种优质资产品种。

（二）福利损失比较

本文研究随着目标损失函数中目标变量权重的变化，中央银行选择不同政策规则造成的社会福利损失差异，从而找到使社会福利损失最小的货币政策规则的形式，为中央银行货币政策决策提供参考。本文参照刘斌（2009），假设中央银行的损失函数选择为下列形式：

$$L = E_t \sum_{j=0}^{\infty} \beta^j L_{t+j}$$

$$L_t = \lambda (y_t - y^*)^2 + (1-\lambda)(\pi_t - \pi^*)^2$$

其中，$y_t$ 是产出，$y^*$ 是产出的目标值，$\pi_t$ 是通货膨胀率，$\pi^*$ 是目标通货膨胀率，$\lambda$ 和 $(1-\lambda)$ 分别是中央银行关于产出和通胀率的权重。在模拟计算中，产出和通胀率的目标值 $y^*$ 和 $\pi^*$ 分别采用它们的稳态值。

模拟发现：当产出权重 $\lambda$ 从0变到0.5左右时，货币政策规则1的福利损失值始终小于货币政策规则2，这表明在中央银行以稳定物价为主要目标时，不关注房价的货币政策规则在给定的损失函数下优于考虑房地产价格的货币政策规则。当产出权重 $\lambda$ 大于0.5时，货币政策规则2的福利损失值开始小于货币政策规则1，表明中央银行以稳定产出为主要目标时，货币政策可以对房价的波动进行干预。这一结论与中国目前的经济发展模式有着密切联系，即房地产市场对经济的拉动作用显著，货币政策对房价波动干预不利于稳定物价，但对稳定产出有一定的贡献。

## 五、主要结论与建议

本课题围绕中央银行的货币政策调控是否应关注房地产价格，构建了包含房地产市场的动态随机一般均衡模型（DSGE），研究关注与不关注房地产价格在不同货币政策规则下的宏观经济效应差异和社会福利变化。研究发现：我国的货币政策调控以控制通胀为主，很少关注房价波动；中央银行的政策调控不关注房价波动时，价格型政策工具的调控效果更明显；正向房价冲击通过财富效应刺激消费和投资增长，但关注房价波动的政策规则会加剧宏观经济变量的波动；房地产市场对经济拉动作用明显，但中央银行实施关注房价的政策规则不利于控制物价水平。根据上述结论，本文认为目前将住房价格纳入货币政策目标尚缺乏理论支撑，直接对房价波动进行政策干预存在较大风险，不能增进社会整体福利水平，中央银行应在坚持调控物价、维持低通货膨胀政策目标的同时，密切关注房价走势，合理调节市场预期，探索和建立关注房价波动的货币政策框架。

## 参考文献

［1］焦瑾璞．须高度关注资产泡沫的逆转和后处理问题［J］．资本市场，2008（10）．

［2］李波，伍戈，裴诚．通胀目标制并不意味央行只关注通胀［J］．中国金融，2012（8）．

［3］盛松成．房地产市场应以需求调控为主［J］．中国经济周刊，2010（10）．

［4］赵进文，高辉．资产价格波动对中国货币政策的影响［J］．中国社会科学，2009（2）．

［5］苗文龙．货币政策是否应关注资产价格——基于货币稳定的视角［J］．当代财经，2010（7）．

［6］李海海，吕玲霞．房地产市场货币政策效应的影响因素［J］．中央财经大学学报，2013（3）．

［7］伍戈．货币政策与资产价格：经典理论、美联储实践及现实思考［J］．南开经济研究，2007（4）．

［8］周晖，王擎．货币政策与资产价格波动：理论模型与中国的经验分析［J］．经济研究，2009（10）．

［9］李亮．资产价格波动与货币政策应对［J］．上海经济研究，2010（4）．

［10］李波，伍戈．影子银行的信用创造功能及其对货币政策的挑战［J］．金融研究，2011（12）．

［11］盛松成，刘西．单一商品价格与价格总水平决定因素是不同的［J］．中国金融，2013（15）．

［12］谭政勋，王聪．中国信贷扩张、房价波动的金融稳定效应研究——动态随机一般均衡模型视角［J］．金融研究，2011（8）：57－71．

［13］张军．资本形成，工业化与经济增长：中国的转型特征［J］．经济研究，2002（6）：3－13．

［14］李成，马文涛，王彬．学习效应、通胀目标变动与通胀预期形成［J］．经济研究，2011（10）．

[15] 朱军．开放经济中的财政政策规则——基于中国宏观经济数据的 DSGE 模型［J］．财经研究，2013（3）．

[16] 李松华．基于 DSGE 模型的利率传导机制研究［J］．湖南大学学报（社会科学版），2013（5）．

[17] 仝冰．货币、利率与资产价格——基于 DSGE 模型的分析和预测［D］．北京大学博士研究生学位论文，2010．

[18] 简志宏，刘静一，朱柏松．非平稳技术冲击、时变通胀目标与中国经济波动——基于动态随机一般均衡的分析［J］．管理工程学报，2013（3）．

[19] 李松华．基于 DSGE 模型的中国货币政策传导机制研究［D］．华中科技大学博士论文，2010．

[20] 刘斌．物价水平的财政决定理论与实证研究［J］．金融研究，2009（8）．

[21] 李雪松，王秀丽．工资黏性、经济波动与货币政策模拟［J］．数量经济技术经济研究，2011（11）．

[22] 刘斌．我国 DSGE 模型的开发及在货币政策分析中的应用［J］．金融研究，2008（10）．

[23] 姚余栋，谭海鸣．通胀预期管理和货币政策——基于"新共识"宏观经济模型的分析［J］．经济研究，2013（6）．

[24] Kent, Christopher, and Philips Lowe, "Asset Price Bubbles and Monetary Policy", Reserve Bank of Australia Research Discussion Paper 9709, 1997.

[25] Cecchetti, Genberg and Wadhwani, "Asset Prices in a Flexible Inflation Targeting Framework", NBER Working Paper 8970, 2002.

[26] Bordo and Jeanne, "Boom - bust in Asset Prices, Economic Instability, and Monetary Policy", NBER Working Paper 8966, 2002.

[27] Bernanke and Gertler, "Monetary Policy and Asset Price Volatility", NBER Working Paper 7559, 2000.

[28] Martha, "House Prices and Monetary Policy in Colombia", Document Presented at the First Monetary Policy Research Workshop, 2005.

[29] Plosser, "House Price and Monetary Policy", Delivered at the European Economics and Financial Centre Distinguished Speakers Series, 2007.

[30] Kohn, "Monetary Policy and Asset Prices Revisted", Cato Journal, 2009, 29 (1): 31 -44.

[31] Greenspan, "Economic Volatility", Speech Delivered at a Symposium Sponsored by the Federal Reserve Bank of Kansas City, 2002, August 30.

[32] Posen, "Why Central Banks Should Not Burst Bubbles", 2006, http://www.iie.com/publications/wp /wp06 - 1. pdf.

[33] Mishkin, "Housing and the Monetary Transmission Mechanism", Finance and Economics Discussion Series, Federal Reserve Board, Washington, D. C., 2007.

[34] Mishkin, "Monetary Policy Strategy: Lessons From the Crisis", NBER Working

Paper 16755, 2011.

[35] Iacoviello M. House prices, borrowing constraints, and monetary policy in the business cycle [J]. American Economic Review, 2005, 95 (3): 739 - 763.

[36] Smets. F., Wouters. R. An Estimated Dynamic Stochastic General Equilibrium Model of the Euro Area, Journal of European Economic association, 2003, 1 (5): 1123 - 1175.

责任编辑校对：刘江帆

# 货币政策、市场情绪与银行风险承担

## ——兼论政策利率调控对金融稳定的影响

中国人民银行银川中心支行课题组

姚景超　王进会　吴　达　杨　光　宋大为

**摘要：** 传统的以稳定物价为主的货币政策隐含的一个重要假定是，维持价格稳定就可以确保金融稳定，国际金融危机表明，中央银行追求价格稳定目标有可能会损害金融体系稳定，货币政策并不完全是中性的。银行风险承担是造成物价稳定目标与金融稳定背离的一个重要因素，本文构建了一个动态随机一般均衡模型（DSGE），研究模拟不同市场情绪时，紧缩性货币政策如何影响银行风险承担，进而影响金融稳定和宏观经济稳定，填补紧缩政策下银行风险承担研究空白的同时，为我国中央银行把维护金融稳定纳入货币政策目标的可行性和必要性提供研究支撑。研究发现：市场乐观时，中央银行提高利率加剧银行风险暴露和金融体系的不稳定，同时政府支出增加对企业投资的“挤出效应”减弱。

### 一、引言

物价稳定和金融体系稳定是宏观经济稳定的必要前提。从20世纪80年代开始，世界主要经济体中央银行的政策框架出现了明显变化，逐步向单一目标（CPI稳定）和单一工具（短期利率）的方向发展，这其中隐含的一个重要假设是，维持价格稳定就可以确保金融稳定，并不需要其他特殊安排（张晓慧，2010）。尽管我国中央银行有四大货币政策目标，但通胀权重显著高于其他三个目标的权重。2008年全球金融危机表明经济失衡并不一定体现在价格水平变化上，紧盯通胀目标的货币政策可能加剧难以察觉的潜在金融风险。以John Taylor为代表的多数观点认为，美联储2002—2006年宽松的货币政策对房地产泡沫产生了直接的催化作用，导致金融机构从事高杠杆、高风险交易，积累了大量的融资和信用风险，是造成金融危机爆发的主要原因。因此价格稳定并不意味着宏观经济的稳定，在某些时候，货币政策工具在维持价格稳定的同时很难维持金融的稳定（李波、伍戈和裴诚，2012）。如果经济主体存在过度乐观情绪或对于长期低利率政策的预期，中央银行追求价格稳定目标甚至有可能会损害金融体系的稳定。

货币政策的风险承担渠道是造成物价稳定目标与金融稳定目标背离的一个重要因素。Borio和Zhu（2008）首次明确提出货币政策的风险承担渠道，强调货币政策通过影响金融机构的风险认知或风险容忍，进而影响投资的风险头寸。货币政策的风险承担是货币政策与金融稳定内在关联的重要渠道，在风险承担渠道下，旨在控制通货膨胀和促进经济增长的货币政策可能不利于金融稳定，因为它可能鼓励了金融机构过度的风险承担。因此从金融稳定角度看，货币政策并不完全是中性的（Delis 和 Kouretas，2011），货币政策当局在决策过程中应充分评估金融市场参与者风险感知的影响。

国外货币政策风险承担渠道的研究文献主要致力于研判宽松货币政策对金融体系稳健性的影响，普遍认为 2000 年以来美联储长期低利率政策造成金融机构过度乐观，金融风险逐渐累积，是引发全球金融危机的主要原因。但货币政策风险承担渠道在紧缩政策情景下如何发挥作用，如何影响货币政策与金融稳定的内在关联，目前相关研究较少。尤其是从 2004 年 6 月至 2006 年 6 月 30 日，为挤压资产价格泡沫、缓释金融风险，美联储连续 17 次上调联邦基金目标利率至 5.25%，但提高利率并未显著降低金融风险和有效防范金融危机的发生。本文尝试研究紧缩政策情景时货币政策风险承担渠道的作用机制，分析紧缩货币政策对金融稳定的影响，以全面客观评判货币政策风险承担渠道在货币政策内生影响金融稳定中扮演的角色。

国内关于货币政策风险承担渠道的研究尚处于起步阶段。张雪兰、何德旭（2011）认为货币政策立场显著影响银行风险承担。江曙霞、陈玉婵（2012）研究发现降低利率会提高银行的风险承担，中央银行应充分重视宽松货币政策对银行风险承担的影响。由于货币政策与金融稳定内生关联，因此货币政策应兼顾金融稳定目标。中央银行应承担起系统性监管者的角色，重视金融失衡累积的潜伏性和隐蔽性，将货币政策调控上升到维护金融整体稳定的高度，综合研判货币政策立场变化对银行风险承担可能造成的影响，以及后者对长期宏观经济增长的潜在作用。中国人民银行行长周小川（2011）指出，我国货币政策规则的研究视野需要兼顾宏观审慎监管的重要职责。本文在填补紧缩政策情景下货币政策风险承担渠道作用机制研究空白的同时，也尝试为我国中央银行把维护金融稳定纳入货币政策目标的可行性和必要性提供研究支撑，为中央银行从维护金融稳定角度出发，科学有效履行货币政策调控职能奠定基础。

## 二、模型构建

### （一）家庭

#### 1. 消费和储蓄

假设经济体中由众多无限期的家庭组成，连续分布在［0，1］之间，且每个家庭在消费和资产配置方面是同质的。代表性家庭 $j$ 通过选择消费 $C_t$、劳动 $h_t$、持有银行存款 $CB_t$ 以及购买理财产品 $T_t$ 等实现期望效用最大化：

$$\max E_t \sum_{\tau=0}^{\infty} \beta^{\tau} \left[ \log(C_{t+\tau} - bC_{t+\tau-1}) - \psi_L \frac{h_{j,t+\tau}^{1+\sigma_L}}{1+\sigma_L} \right] \tag{1}$$

约束条件：

$$\begin{aligned} &(1+R^{e}_{t+\tau})T_{t-1+\tau} + (1+R^{F}_{t+\tau})CB_{t-1+\tau} + W_{j,t+\tau}h_{j,t+\tau} + (1-\gamma^{LR})(1-\eta)V^{LR,l}_{t+\tau} \\ &+ (1-\gamma^{HR})\eta V^{HR,r}_{t+\tau} + \Pi^{IGF}_{t+\tau} + \Pi^{IB}_{t+\tau} + NCS_{t+\tau} - CB_{t+\tau} - T_{t+\tau} \\ &- P_{t+\tau}C_{t+\tau} - W^{e}_{t+\tau} - Lump_{t+\tau} \geqslant 0 \end{aligned} \tag{2}$$

由此得到 $T_t$，$CB_t$ 和 $C_t$ 的一阶条件分别为：

$$\lambda_t = \beta(1 + R_{t+1}^e)E_t(\lambda_{t+1}) \tag{3}$$

$$\lambda_t = \beta(1 + R_{t+1}^F)E_t(\lambda_{t+1}) \tag{4}$$

$$P_t\lambda_t = \frac{1}{(C_t - bC_{t-1})} - \beta\frac{1}{(C_{t+1} - bC_t)} \tag{5}$$

$\lambda_t$ 为拉格朗日乘子。式（3）为标准化的欧拉方程。式（5）右边表示考虑消费惯性 $b$ 后消费的边际效用。比较式（3）和式（4），可得 $R_{t+1}^e = R_{t+1}^F$，即均衡条件下银行存款利率与理财产品收益率相等。

2. 劳动供给和工资

假定每个家庭向企业提供异质性劳动 $h_{j,t}$，则总劳动供给为 $L_{i,t} = \left[\int_0^1 (h_{j,t})^{\frac{1}{\lambda_w}}dj\right]^{\lambda_w}$，其中，$1 \leqslant \lambda_w \leqslant \infty$，代表工资加成。$j^{th}$ 家庭的劳动供给为 $h_{j,t} = \left(\frac{W_{j,t}}{W_t}\right)^{\frac{\lambda_w}{1-\lambda_w}}L_{i,t}$，可得总名义工资为：

$$W_t = \left[\int_0^1 (W_{j,t})^{\frac{1}{1-\lambda_w}}dj\right]^{1-\lambda_w} \tag{6}$$

在每期，有 $\xi_w$ 的家庭不能最优化工资，因此，他们按照简单的指数化规则确定工资，即 $W_{j,t} = W_{j,t-1}(\bar{\pi})^{\iota_{w1}}(\pi_{t-1})^{1-\iota_{w1}}$，其中，$0 \leqslant \iota_{w1} \leqslant 1$，表示工资相对于稳态通胀率的指数化程度。而其余 $(1 - \xi_w)$ 的家庭最优化工资的问题可以表示为

目标函数：

$$\max E_t \sum_{\tau=0}^{\infty} (\beta\xi_w)^\tau \left[-\psi_L \frac{h_{j,t+\tau}^{1+\sigma_L}}{1+\sigma_L} + \lambda_{t+\tau}W_{j,t+\tau}h_{j,t+\tau}\right] \tag{7}$$

约束条件：

$$h_{j,t} = \left(\frac{W_{j,t}}{W_t}\right)^{\frac{\lambda_w}{1-\lambda_w}}L_{i,t} \tag{8}$$

本文仅考虑对称均衡，即所有家庭都选择令 $\widetilde{W}_t = W_{j,t}$。因此，根据式（6），将工资确定为

$$W_t = \left\{(1 - \xi_w)\widetilde{W}_t^{\frac{1}{1-\lambda_w}} + \xi_w\left[W_{t-1}(\bar{\pi})(\pi_{t-1})^{1-\iota_{w1}}\right]^{\frac{1}{1-\lambda_w}}\right\}^{\frac{1}{1-\lambda_w}} \tag{9}$$

（二）商业银行与影子银行

1. 影子银行与高风险企业

本文模型中影子银行体系主要包括以银信、银证信合作为主要代表的投融资活动，包括委托贷款、信托贷款和票据业务，其共同特点是以理财产品、信托计划、委托资产管理等手段吸收家庭部门的资金，并将筹集资金用于高风险企业的建设项目。

（1）高风险企业资本利用决策

在每一期，有连续的总量为 $\eta$ 的高风险企业，表示为 $(HR,r)$。在 $t$ 期初，代表性高风险企业向中间产品商提供资本服务 $K_t^{HR,r}$，提供的资本数量与资本利用率 $u_t^{HR,r}$ 和资本存量 $\overline{K}_t^{HR,r}$ 有关。假设高风险企业面临异质性生产冲击 $\omega_{t+1}^{HR,r}$，因此企业未来所购买的

资本$\overline{K}_{t+1}^{HR,r}$转化为生产资本的只是$\omega_{t+1}^{HR,r}\overline{K}_{t+1}^{HR,r}$。$\omega_{t+1}^{HR,r}$可表示为企业面临的风险，服从对数正态分布，即$\ln\omega^{HR,r}\sim N\left(-\frac{1}{2}\sigma_a^{HR2},\ \sigma_a^{HR2}\right)$。用$F_t(\omega_{t+1}^{HR,r})$表示$\omega_{t+1}^{HR,r}$的累积分布函数，它代表不确定条件下的总体风险。

企业根据资本回报率的稳态值$r^{k,HR}$和产能利用率$\sigma_a^{HR}$确定$u_t^{HR,r}$，并且通过选择$u_t^{HR,r}$解决以下最优问题：

$$\max[u_{t+1}^{HR,r}r_{t+1}^{k,HR}-\alpha(u_{t+1}^{HR,r})]\omega^{HR,r}\overline{K}_t^{HR,r}P_t \tag{10}$$

在$t$期末，企业将未折旧的资本以价格$Q_{\overline{k'},t}$卖给资本品生产商。所有高风险企业的平均名义资本回报率满足如下条件：

$$1+R_t^{k,HR}=\frac{[u_{t+1}^{HR,r}r_{t+1}^{k,HR}-\alpha(u_{t+1}^{HR,r})]P_t+(1-\delta)Q_{\overline{k'},t+1}}{Q_{\overline{k'},t-1}} \tag{11}$$

（2）影子银行最优合同

在$t$期末，代表性高风险企业（$r$）以总净值$N_{t+1}^{HR,r}$向影子银行申请融资，用于以价格$Q_{\overline{k'},t}$购买资本设备$\overline{K}_{t+1}^{HR,r}$，融资额度$B_{t+1}^{HR,r}$为资本支出与总净值之差，即$B_{t+1}^{HR,r}=Q_{\overline{k'},t}\overline{K}_{t+1}^{HR,r}-N_{t+1}^{HR,r}$。

在$t$期末，影子银行与企业签订债务合约，确定的融资额为$B_{t+1}^{HR,r}$，融资利率为$Z_{t+1}^{HR,r}$。

由于影子银行和企业之间存在信息不对称，企业可以无成本地观察到异质性生产冲击，而影子银行必须通过付出监管成本后才能观察到。设监管成本占企业总收益的比例为$\mu$，且$0<\mu<1$。如果企业宣布破产，影子银行将损失这部分监管成本。

在$t+1$期，如果$\omega_{t+1}^{HR,r}$低于$\overline{\omega}_{t+1}^{HR,r}$，则企业宣布破产。其中，$\overline{\omega}_{t+1}^{HR,r}$定义为

$$\overline{\omega}_{t+1}^{HR,r}(1+R_{t+1}^{k,HR})Q_{\overline{k'},t}\overline{K}_{t+1}^{HR,r}=Z_{t+1}^{HR,r}B_{t+1}^{HR,r} \tag{12}$$

在完全竞争条件下，影子银行的零利润条件为

$$[1-F_t(\overline{\omega}_{t+1}^{HR,r})]Z_{t+1}^{HR,r}B_{t+1}^{HR,r}+(1-\mu)\int_0^{\overline{\omega}_{t+1}^{HR,r}}\omega_{t+1}^{HR,r}dF(\omega^{HR,r})(1+R_{t+1}^{k,HR,r})Q_{\overline{k'},t}\overline{K}_{t+1}^{HR,r}=(1+R_{t+1}^{e})B_{t+1}^{HR,r} \tag{13}$$

令$k_{t+1}^{HR,r}=\frac{Q_{\overline{k'},t}\overline{K}_{t+1}^{HR,r}}{N_{t+1}^{HR,r}}$，结合式（12）、式（13）可得：

$$[\Gamma_t(\overline{\omega}_{t+1}^{HR,r})-\mu G_t(\overline{\omega}_{t+1}^{HR,r})]k_{t+1}^{HR,r}\frac{1+R_{t+1}^{k,HR}}{1+R_{t+1}^{e}}=R_{t+1}^{k,HR}-1 \tag{14}$$

式（14）即为商业银行最优化贷款合约的约束条件。最优合约问题在商业银行零利润约束下可写为

目标函数：

$$\max E_t\left\{[1-\Gamma_t(\overline{\omega}_{t+1}^{HR,r})]\frac{1+R_{t+1}^{k,HR}}{1+R_{t+1}^{e}}\overline{K}_{t+1}^{HR,r}\right\} \tag{15}$$

约束条件：

$$[\Gamma_t(\overline{\omega}_{t+1}^{HR,r})-\mu G_t(\overline{\omega}_{t+1}^{HR,r})]k_{t+1}^{HR,r}\frac{1+R_{t+1}^{k,HR}}{1+R_{t+1}^{e}}=R_{t+1}^{k,HR}-1$$

最优合同问题的一阶条件为

$$\frac{E_t(1+R_{t+1}^{k,HR})}{1+R_{t+1}^e}=\Phi\left(\frac{Q_{\bar{k}',t}\,\bar{K}_{t+1}^{HR,r}}{N_{t+1}^{HR,r}}\right) \tag{16}$$

（3）高风险企业总净值

如果高风险企业在 $t-1$ 期与影子银行签订合同，则其在 $t$ 期的净值 $V_t^{HR,r}$ 可表示为

$$V_t^{HR,r}=(1+R_t^{k,HR})Q_{\bar{k}',t-1}\,\bar{K}_t^{HR,r}$$
$$-\left[1+R^e+\frac{\mu\int_0^{\bar{\omega}_t}\omega^{HR,r}dF_{t-1}(\omega^{HR,r})(1+R_t^{k,HR})Q_{\bar{k}',t-1}\,\bar{K}_t^{HR,r}}{Q_{\bar{k}',t-1}\,\bar{K}_t^{HR,r}-N_t^{HR,r}}\right](Q_{\bar{k}',t-1}\,\bar{K}_t^{HR,r}-N_t^{HR,r}) \tag{17}$$

如果企业退出，它向家庭支付的总值为 $(1-\gamma^{HR})V_t^{HR,r}$。企业总净值 $N_{t+1}^{HR,r}$ 为企业净值 $\gamma^{HR}V_t^{HR,r}$ 与从家庭得到的转移 $W_t^{e,HR,r}$ 之和：

$$N_{t+1}^{HR,r}=\gamma^{HR}V_t^{HR,r}+W_t^{e,HR,r} \tag{18}$$

2. 商业银行与低风险企业

假定众多商业银行连续分布在［0，1］之间，存款市场是完全竞争的，并且每一个商业银行 $z$ 都具有一定的市场力量。

（1）低风险企业利润最大化

在 $t$ 期末，低风险企业将未折旧的资本以价格 $Q_{\bar{k}',t}$ 卖给资本品生产商，同时支付融资成本 $R_t^{coupon}$，并从资本品生产商处以价格 $Q_{\bar{k}',t}$ 购买新的资本。

低风险企业在 $t$ 时期的利润 $\Pi_t^{LR,l}$ 可表示为

$$\Pi_t^{LR,l}=[u_t^{LR,l}r_t^{k,LR}-\alpha(u_t^{LR,l})]\bar{K}_t^{LR,l}P_t+(1-\delta)Q_{\bar{k}',t}\,\bar{K}_t^{LR,l}$$
$$-Q_{\bar{k}',t}\,\bar{K}_{t+1}^{LR,l}-R_t^{coupon}(Q_{\bar{k}',t-1}\,\bar{K}_t^{LR,l}-N_t^{LR,l}) \tag{19}$$

其中，$r_t^{k,LR}$ 为实际资本回报率，$P_t$ 为最终产品价格，$\delta$ 为资本折旧率。资本利用率 $u_t^{LR,l}$ 和资本存量 $\bar{K}_t^{LR,l}$ 的一阶条件分别为

$$r_t^{k,LR}=\alpha'(u_t^{LR,l}) \tag{20}$$

$$Q_{\bar{k}',t}=\beta E_t\{[u_{t+1}^{LR,l}r_{t+1}^{k,LR}-\alpha(u_{t+1}^{LR,l})]P_{t+1}+(1-\delta)Q_{\bar{k}',t+1}-R_{t+1}^{coupon}Q_{\bar{k}',t}\} \tag{21}$$

式（20）表明资本回报率等于提供资本服务的边际成本。式（21）为资本的欧拉方程。

（2）低风险企业融资需求

代表性低风险企业在 $t+1$ 期从商业银行的融资额（贷款或债券）为 $BI_{t+1}^{LR,l}=Q_{\bar{k}',t}\,\bar{K}_{t+1}^{LR,r}-N_{t+1}^{LR,r}$。为了使还款费用最小化，低风险企业会选择在不同的商业银行间分散借款 $BI_{t+1}^{LR,l}(z)$。在 $t$ 期末，低风险企业通过解决以下最优化问题决定借款量：

目标函数：

$$\min\int_0^1[1+R_{t+1}^{coupon}(z)]BI_{t+1}^{LR,l}(z)\,dz \tag{22}$$

约束条件：

$$BI_{t+1}^{LR,l} = \left\{\int_0^1 [BI_{t+1}^{LR,l}(z)]^{\frac{\varepsilon_{t+1}^{coupon}-1}{\varepsilon_{t+1}^{coupon}}} dz\right\}^{\frac{\varepsilon_{t+1}^{coupon}-1}{\varepsilon_{t+1}^{coupon}}} \tag{23}$$

其中，$R_{t+1}^{coupon}(z)$ 为商业银行 $z$ 的放款利率，且 $\varepsilon_{t+1}^{coupon} > 1$ 为随时间变化的资金需求的利率弹性。低风险企业资金需求的一阶条件为

$$BI_{t+1}^{LR,l}(z) = \left(\frac{1 + R_{t+1}^{coupon}(z)}{1 + R_{t+1}^{coupon}}\right)^{-\varepsilon_{t+1}^{coupon}} BI_{t+1}^{LR,l} \tag{24}$$

其中，$R_{t+1}^{coupon}$ 为 $t+1$ 时期商业银行放款的市场利率，定义为

$$1 + R_{t+1}^{coupon} = \left\{\int_0^1 [1 + R_{t+1}^{coupon}(z)]^{1-\varepsilon_{t+1}^{coupon}} dz\right\}^{\frac{1}{1-\varepsilon_{t+1}^{coupon}}} \tag{25}$$

（3）商业银行定价

在 $t$ 期末，$z$ 商业银行的利润最大化问题可表示为

目标函数：

$$\max \Pi_{t+1}^{IB} = \{[1 + R_{t+1}^{coupon}(z)]BI_{t+1}^{LR,l}(z) - [1 + R_{t+1}^{e}]BI_{t+1}^{LR,l}(z)\} \tag{26}$$

约束条件：

$$BI_{t+1}^{LR,l}(z) = \left(\frac{1 + R_{t+1}^{coupon}(z)}{1 + R_{t+1}^{coupon}}\right)^{-\varepsilon_{t+1}^{coupon}} BI_{t+1}^{LR,l}$$

其一阶条件为

$$1 + R_{t+1}^{coupon} = \frac{\varepsilon_{t+1}^{coupon}}{\varepsilon_{t+1}^{coupon} - 1}(1 + R_{t+1}^{e}) \tag{27}$$

定义融资溢价为商业银行放款利率与无风险名义利率之差：

$$spread_{t+1} \equiv R_{t+1}^{coupon} - R_{t+1}^{e} = \frac{1}{\varepsilon_{t+1}^{coupon} - 1}(1 + R_{t+1}^{e}) \tag{28}$$

考虑市场常态和市场乐观两种情景。

首先建立资金需求的利率弹性与产出缺口的函数关系：

$$\varepsilon_{t+1}^{normal} = \bar{\varepsilon} + \alpha_1(Y_t - \bar{Y}) \tag{29}$$

在市场常态条件下，低风险企业在商业银行融资的利率为 $R_{t+1}^{coupon,normal}$，按照式（21）定义为

$$1 + R_{t+1}^{coupon,normal} = \frac{\varepsilon_{t+1}^{normal}}{\varepsilon_{t+1}^{normal} - 1}(1 + R_{t+1}^{e}) \tag{30}$$

因此，市场常态下的融资溢价可表示为

$$spread_{t+1}^{normal} = \frac{1}{\varepsilon_{t+1}^{normal} - 1}(1 + R_{t+1}^{e}) \tag{31}$$

其次建立衡量市场乐观程度的指标 $\chi_t$，表示为

$$\chi_t = \rho_\chi \chi_{t-1} + (1 - \rho_\chi)[\bar{\chi} + \alpha_2(N_{t+1}^{LR,l} - N^{LR,l})] \tag{32}$$

在市场乐观条件下，资金需求的利率弹性较之正常时期会提高：

$$\varepsilon_{t+1}^{optimistic} = \varepsilon_{t+1}^{normal}(1 + \chi_t) \tag{33}$$

较高的资金需求的利率弹性会降低商业银行放款利率 $R_{t+1}^{coupon,optimistic}$：

$$1 + R_{t+1}^{coupon,optimistic} = \frac{\varepsilon_{t+1}^{normal}(1+\chi_t)}{\varepsilon_{t+1}^{normal}(1+\chi_t)-1}(1+R_{t+1}^{e}) \tag{34}$$

（4）低风险企业总净值

低风险企业在 $t$ 期末的净值 $V_t^{LR,l}$ 可表示为

$$\begin{aligned} V_t^{LR,l} &= \{[u_{t+1}^{LR,l}r_{t+1}^{k,LR} - \alpha(u_{t+1}^{LR,l})]P_{t+1} + (1-\delta)Q_{\bar{k'},t+1}\}\bar{K}_t^{LR,l} \\ &\quad - (1+R_t^{coupon})(Q_{\bar{k'},t-1}\bar{K}_t^{LR,l} - N_t^{LR,l}) \end{aligned} \tag{35}$$

低风险企业总净值 $N_{t+1}^{LR,l}$ 为其净值 $\gamma^{LR}V_t^{LR,l}$ 与从家庭得到的转移 $W_t^{e,LR,l}$ 之和：

$$N_{t+1}^{LR,l} = \gamma^{LR}V_t^{LR,l} + W_t^{e,LR,l} \tag{36}$$

（三）厂商

1. 最终产品商

假定最终产品市场是完全竞争的。代表性厂商利用中间产品 $Y_{i,t}$，生产最终产品 $Y_t$，技术为 $Y_t = [\int_0^1 Y_{i,t}^{\frac{1}{\lambda_f}}di]^{\lambda_f}$，其中 $1 \leqslant \lambda_f < \infty$，代表中间产品价格加成。代表性厂商通过选择 $Y_{i,t}$实现利润最大化：

目标函数：

$$\max P_tY_t - \int_0^1 P_{i,t}Y_{i,t}di \tag{37}$$

约束条件：

$$Y_t = \left[\int_0^1 Y_{i,t}^{\frac{1}{\lambda_f}}di\right]^{\lambda_f} \tag{38}$$

一阶条件：

$$Y_{i,t} = \left(\frac{p_{i,t}}{P_t}\right)^{\frac{\lambda_f}{1-\lambda_f}}Y_t \tag{39}$$

由于完全竞争，最终产品价格可写为

$$P_t = \left[\int_0^1 P_{i,t}^{\frac{1}{1-\lambda_f}}di\right]^{1-\lambda_f} \tag{40}$$

2. 中间产品商

假定中间产品市场是垄断竞争的，有数量众多的厂商分布在［0，1］之间并生产差异化的中间产品，技术为

$$Y_{i,t} = (K_{i,t})^{\alpha}(L_{i,t})^{1-\alpha} \tag{41}$$

资本投入总量由高风险企业和低风险企业提供，分别为 $K_{i,t}^{HR,r}$ 和 $K_{i,t}^{LR,l}$：

$$K_{i,t} = [\eta^{1-\rho}(K_{i,t}^{HR,r})^{\rho} + (1-\eta)^{1-\rho}(K_{i,t}^{LR,l})^{\rho}]^{\frac{1}{\rho}} \tag{42}$$

厂商 $i$ 在完全竞争市场上雇佣劳动和租用资本以最小化生产成本：

目标函数：

$$\min C(\cdot) = \frac{W_tL_{i,t}}{P_t} + K_{i,t}^{HR}r_t^{k,HR} + K_{i,t}^{LR}r_t^{k,LR} \tag{43}$$

结合式（41）、式（42），可得中间产品商的边际成本 $s_t$ 为

$$s_t = \left[\frac{\hat{w}_t}{1-\alpha}\right]^{1-\frac{\alpha}{\rho+\alpha(1-\rho)}}\left[\frac{\alpha}{r_t^{k,HR}}(K_t^{HR,r})^{\rho-1}\right]^{-\frac{\alpha}{\rho+\alpha(1-\rho)}}(Y_t)^{\frac{\alpha(\rho-1)}{\rho+\alpha(1-\rho)}}\frac{\rho}{\rho+\alpha(1-\rho)} \tag{44}$$

其中，$\hat{w}_t$ 表示实际工资。

3. 资本品生产商

连续的资本品生产商在市场竞争中生产总量为 $\overline{K}_t$ 的资本。在时期 $t$ 新生产的资本可用于 $t+1$ 期的生产。在 $t$ 期末，资本品生产商从风险企业和投资品 $I_t$ 中购买已经存在的资本 $x_{K,t}$，并利用技术 $x'_{K,t}=x_{K,t}+A(I_t,I_{t-1})$ 将其组合为新资本 $x'_{K,t}$。函数 $A(\cdot)$ 表示将现在和过去的投资转化为生产资本的技术。

投资品在最终产品市场以价格 $P_t$ 生产。代表性资本品生产商利润最大化问题可以表示为

目标函数：

$$\max E_t\sum_{\tau=0}^{\infty}\beta^{\tau}\lambda_{t+\tau}\{Q_{\bar{k}',t+\tau}[x_{K,t+\tau}+A(I_{t+\tau},I_{t+\tau-1})]\}$$
$$-Q_{\bar{k}',t+\tau}x_{K,t+\tau}-P_{t+\tau}I_{t+\tau} \tag{45}$$

从式（45）可以看出，$x_{K,t+\tau}$ 的任何值都满足利润最大化条件。因此 $x_{K,t+\tau}=(1-\eta)\overline{K}_{t+\tau}$ 同时满足利润最大化和市场出清条件。

一阶条件：

$$E_t[\lambda_t(Q_{\bar{k}',t}A_{1,t}-P_t)+\beta\lambda_{t+1}Q_{\bar{k}',t+1}A_{2,t+1}]=0 \tag{46}$$

其中，$A_{1,t}=\partial A(I_t,I_{t-1})/\partial I_t$，$A_{2,t+1}=\partial A(I_{t+1},I_t)/\partial I_t$。总资本可以表示为

$$\overline{K}_{t+1}=\eta\overline{K}_{t+1}^{HR,r}+(1-\eta)\overline{K}_{t+1}^{LR,l}=(1-\delta)[\eta\overline{K}_t^{HR,r}+(1-\eta)\overline{K}_t^{LR,l}]+A(I_t,I_{t-1}) \tag{47}$$

4. 价格设定

本文采用 Calvo 定价机制。具体地，在每期有（$1-\xi_p$）比例的厂商调整自己的价格，$\xi_p$ 比例的厂商采用指数化规则 $P_{i,t}=P_{i,t-1}(\overline{\pi})^{\iota_1}(\pi_{t-1})^{1-\iota_1}$，其中 $\overline{\pi}$ 为稳态的通胀率，$0\leqslant\iota_1\leqslant1$，代表相对于稳态通胀率的价格指数化程度。厂商 $i$ 通过选择令 $P_{i,t}=\widetilde{P}_{i,t}$ 最大化预期名义利润：

目标函数：

$$\max\Pi_t^{IGF}=E_t\sum_{\tau=0}^{\infty}(\beta\xi_p)^{\tau}\lambda_{t+\tau}[(P_{i,t+\tau}-S_{t+\tau})Y_{i,t+\tau}] \tag{48}$$

约束条件：

$$Y_{i,t+\tau}=\left(\frac{p_{i,t+\tau}}{P_{t+\tau}}\right)^{\frac{\lambda_f}{1-\lambda_f}}Y_{t+\tau} \tag{49}$$

其中，$\lambda_{t+\tau}$ 表示家庭部门预算约束的乘子，$S_{t+\tau}$ 表示厂商的名义边际成本。在每期末，厂商向家庭退还利润。

根据式（40），总价格水平可以表示为

$$P_t=\left\{(1-\xi_p)\widetilde{P}_t^{\frac{1}{1-\lambda_f}}+\xi_p[P_{t-1}(\overline{\pi})^{\iota_1}(\pi_{t-1})^{1-\iota_1}]^{\frac{1}{1-\lambda_f}}\right\}^{1-\lambda_f} \tag{50}$$

**（四）中央银行**

本文假定货币政策当局采用的货币政策规则为

$$R_t^e = \hat{\rho} R_{t-1}^e + (1-\hat{\rho})[R^e + \alpha_\pi (E_t \pi_{t+1} - \overline{\pi}) + \alpha_y (Y_t - \overline{Y})] + \varepsilon_t^{MP} \tag{51}$$

其中，$R^e$、$\overline{\pi}$ 和 $\overline{Y}$ 分别表示 $R_t^e$、$\pi_t$ 和 $Y$ 的稳态值。$\hat{\rho}$ 为货币政策利率平滑系数，表示货币政策的持续性；$\alpha_\pi$ 为通货膨胀缺口反应系数，$\alpha_y$ 为产出缺口反应系数；$\varepsilon_t^{MP}$ 为货币政策冲击的标准差。

（五）市场均衡

1. 资源约束

总资源约束为

$$C_t + I_t + \eta[\mu \int_0^{\bar{\omega}_t} \omega dF(\omega)(1 + R_t^{k,HR}) \frac{Q_{k',t-1} R_t^{k,HR}}{p_t}]$$
$$+ \eta a(u_t^{HR,r}) \overline{K}_t^{HR,r} + (1-\eta) a(u_t^{LR,l}) \overline{K}_t^{LR,l} = (1-\eta_g) Y_t \tag{52}$$

其中，$\eta_g$ 为政府支出占总产出 $Y_t$ 的比例，来自家庭部门的税收。第三部分表示总产出中商业银行用于监管风险企业的成本。最后两部分为资本利用成本。

2. 市场出清条件

企业总净值：

$$N_{t+1}^{TOT} = \eta N_{t+1}^{HR,r} + (1-\eta) N_{t+1}^{LR,l} \tag{53}$$

融资总量：

$$B_{t+1}^{TOT} = \eta B_{t+1}^{HR,r} + (1-\eta) BI_{t+1}^{LR,l} \tag{54}$$

资本品市场出清条件：

$$\int_0^1 K_{i,t}^{HR} di = K_t^{HR} = \eta K_t^{HR,r} = \eta u_t^{HR,r} \overline{K}_t^{HR,r} \tag{55}$$

$$\int_0^1 K_{i,t}^{LR} di = K_t^{LR} = (1-\eta) K_t^{LR,l} = (1-\eta) u_t^{LR,l} \overline{K}_t^{LR,l} \tag{56}$$

影子银行融资市场出清条件：

$$T_t = \eta B_{t+1}^{HR,r} \tag{57}$$

商业银行融资市场出清条件：

$$CB_t = (1-\eta) BI_{t+1}^{LR,l} \tag{58}$$

劳动力市场出清条件：

$$L_t = \int_0^1 \left\{ \left[ \int_0^1 (h_{j,t})^{\frac{1}{\lambda_w}} dj \right]^{\lambda_w} \right\} di \tag{59}$$

企业从家庭得到的转移：

$$W_t^e = \eta W_t^{e,HR,r} + (1-\eta) W_t^{e,LR,l} \tag{60}$$

## 三、参数估计

（一）校准估计

1. 参数校准

本文模型中，需要校准的参数按性质可分为两类：一类是刻画模型内生变量之间定量关系的结构参数，另一类是模型外生变量的稳态值；按所属经济部门可简要分为四类，分别是家庭类、厂商类、金融市场类和政策规则类。其中，厂商包含中间产品、最终产品和资本品生产商。由于参数较多，本文以下结合两种分类法列示参数校准结果，具体详见表1。

**表1　　　　部分参数的校准值**

| 家庭部门参数 | 经济意义 | 取值 |
|---|---|---|
| $\beta$ | 家庭折现因子 | 0.9884 |
| $\sigma_L$ | 劳动供给弹性 | 1.6 |
| $b$ | 消费惯性 | 0.6033 |
| $\lambda_w$ | 工资定价加成 | 1.05 |
| 厂商部门参数 | 经济意义 | 取值 |
| $a$ | 资本的产出份额 | 0.3951 |
| $\lambda_f$ | 中间产品价格加成 | 1.1 |
| $S''$ | 投资调整成本 | 10 |
| $\delta$ | 资本折旧率 | 0.03 |
| $\rho$ | 高风险资本与低风险资本的可替代性 | 0.6 |
| $\eta$ | 高风险企业比重 | 0.1597 |
| $\mu$ | 在破产中损失的利润比例 | 0.175 |
| $\sigma_a^{HR}$，$\sigma_a^{LR}$ | 高风险企业和低风险企业的产能利用率 | 18.9 |
| $W^{e,HR,r}$，$W^{e,LR,l}$ | 高风险企业和低风险企业从家庭得到的转移 | 0.02 |
| $\gamma^{LR}$ | 低风险企业生存概率 | 0.96 |
| $\gamma^{HR}$ | 高风险企业生存概率 | 0.97 |
| 金融市场参数 | 经济意义 | 取值 |
| $\alpha_1$ | 资金利率弹性对产出缺口的敏感度 | 30000 |
| $\alpha_2$ | 市场乐观对企业净值的敏感度 | 24 |
| $\rho_x$ | 市场乐观持续性 | 0.9 |
| 政策规则参数 | 经济意义 | 取值 |
| $\eta_g$ | 政府消费份额 | 0.06 |
| 变量稳态值 | 经济意义 | 取值 |
| $\bar{\varepsilon}$ | 资金利率弹性的稳态值 | 510 |
| $\bar{\chi}$ | 衡量市场乐观程度的指标的稳态值 | 0 |
| $\bar{P}$ | 通货膨胀率的稳态值 | 1.0006 |
| $\bar{g}$ | 政府支出的稳态值 | 0.1335 |
| $\overline{u^{HR,r}}$，$\overline{u^{LR,l}}$ | 高风险企业和低风险企业资本利用率的稳态值 | 1 |
| $\bar{q}$ | 资本品价格的稳态值 | 1 |

家庭部门：折现因子 $\beta$ 在现有文献中取值各不相同，基本取值区间为0.990～0.999。刘斌（2008）通过贝叶斯估计得到折现因子的事后均值为0.985，康立和龚六堂（2013）设定为0.99，庄子罐（2012）同样设定为0.99，嫣丽丽（2012）根据1年期存款利率设定为0.9887，本文采用四者的平均值0.9884。劳动供给弹性 $\sigma_L$ 和工资定价加成 $\lambda_w$，分别参照庄子灌（2012）和黄志刚（2009）设定为1.6和1.05。国内对

于消费惯性的研究成果较多，黄志刚（2009）和庄子罐（2012）均设定为0.63，王云清和朱启贵（2013）通过贝叶斯估计得到的事后均值为0.6213，鄢丽丽（2012）的估计值则为0.532，本文采用三者平均值确定消费惯性 $b$ 的取值为0.6033。

厂商部门：国内文献对资本份额 $\alpha$ 的取值位于0.3～0.5，刘斌（2008）、盛松成（2012）和庄子罐（2012）的取值分别为0.4、0.3053和0.48，本文采用平均值0.3951。中间产品价格加成 $\lambda_f$ 和体现投资调整成本大小的参数 $S''$ 分别参照黄志刚（2009）和庄子罐（2012）设定为1.1和10。资本折旧率 $\delta$ 在国内文献中的基本取值区间为0.02～0.035。刘斌（2008）设定为0.035，周炎（2012）和简志宏（2013）均取值0.025，金中夏（2013）和庄子罐（2012）则取值0.02，本文综合考虑，确定其值为0.03。国内文献鲜有提及在破产中损失的利润比例 $\mu$。国外文献中，BGG（1999）设定为0.12，CMR（2007）对欧洲取值0.1、对美国取值0.33，综合考虑，本文取值0.175。

关于低风险企业和高风险企业的比例 $\eta$，VMD（2012）认为，美国直接融资市场十分发达，低风险企业主要通过债券市场融资，而高风险企业则更加偏好银行贷款融资，这与美国的金融市场结构密切相关，因此，VMD（2012）将 $\eta$ 设定为贷款融资总量与债券融资总量之比0.2772。在国内，随着我国金融体系的快速发展，金融机构的业务品种、创新能力等多方面都已经有了质的飞跃，特别是银行理财产品的快速发展。截至2011年底，银行理财产品在规模上已远远超过证券基金和债券。究其原因，主要是商业银行出于信贷扩张的需要，以理财产品为媒介大力开展通道业务，更加主动地对高风险领域企业给予授信。结合中国实际情况，本文认为，低风险企业主要通过银行贷款和债券进行融资，而高风险企业更倾向于通过信托贷款、委托贷款和银行承兑汇票等具有影子银行性质的类贷款进行融资。因此，本文 $\eta$ 的计算方法为：2011—2013年信托贷款、委托贷款与未贴现银行承兑汇票之和除以社会融资总量的平均值，最终取值为0.1597。本文参照CMR（2007），将高风险企业和低风险企业的产能利用率 $\sigma_a^{HR}$ 和 $\sigma_a^{LR}$ 设定为18.9，将高风险企业和低风险企业从家庭得到的转移 $W^{e,HR,r}$ 和 $W^{e,LR,l}$ 设定为0.02，参照VMD（2012），将高风险企业和低风险企业的生存概率 $\gamma_{HR}$ 和 $\gamma_{LR}$ 分别设定为0.97和0.96，将低风险资本与高风险资本的可替代性设定为0.6。

金融市场：市场乐观持续性 $\rho_x$，参照Kurz和Motolese（2011）设定为0.9。参照VMD（2012），将资金利率弹性对产出缺口的敏感度 $\alpha_1$ 和市场乐观对企业净值的敏感度 $\alpha_2$ 分别设定为30 000和24。

政策规则：政府消费份额 $\eta_g$，武晓利和晁江峰（2014）根据历史数据计算得0.06，本文同样设定为0.06。

变量稳态值：资金利率弹性稳态值 $\bar{\varepsilon}$，参照Chen（2007）设定为510。衡量乐观程度的指标 $\bar{\chi}$ 的稳态值，参照VMD（2012）设定为0。通货膨胀率稳态值 $\bar{P}$，根据2000—2013年的数据计算得到通货膨胀率的年平均值为2.33%，折算成季度平均值为0.582%，因此，本文将通货膨胀率稳态值设定为1.000582。政府支出稳态值 $\bar{g}$，刘斌（2008）设定为0.13，黄锐（2013）利用历史数据计算得0.137，本文取平均值0.1335。低风险企业资本利用率的稳态值 $\overline{u^{LR,l}}$、高风险企业资本利用率的稳态值 $\overline{u^{HR,r}}$ 以及资本品价格的稳态值 $\bar{q}$，根据模型稳态分析得出均为 1。

2. 参数先验设定

本文将要估计的参数分为三类：结构性参数、外生冲击参数和货币政策规则参数。

（1）结构性参数

对于相对于稳态通胀率的工资指数化程度 $\iota_{w1}$ 和相对于稳态通胀率的价格指数化程度 $\iota_1$，本文根据王云清、朱启贵（2013）中的估计结果，将其先验均值分别取 0.4858 和 0.4815。

工资每期不能调整的概率 $\xi_w$，刘斌（2008）、嫣丽丽（2012）和王云清、朱启贵（2013）通过贝叶斯估计得到的事后均值分别为 0.60、0.838 和 0.7181，参数 $\xi_w$ 的先验均值本文采用三者的平均值 0.7187。厂商每期不能调价的概率 $\xi_p$ 在已有文献中的取值基本一致，刘斌（2008）的取值为 0.85，鄢丽丽（2012）的估计结果为 0.859；刘尧成（2012）的取值为 0.75，本文将其先验均值设定为三者的平均值 0.8197。

（2）外生冲击参数

本文参照刘斌（2008），将政府支出冲击的标准差 $\varepsilon t^g$ 的先验均值设定为 0.1，参照刘斌（2008）和庄子罐（2012），将政府支出冲击的一阶自回归系数 $\rho_g$ 的先验均值设定为 0.74，其余参数的先验均值和分布函数类型设定，均参照 VMD（2012）进行设定。

（3）货币政策规则参数

货币政策利率平滑系数 $\hat{\rho}$，许伟和陈斌开（2009）通过 GMM 估计得出的估计值为 0.9，王云清和朱启贵（2013）的贝叶斯估计值为 0.7501，本文取两者的平均值 0.8251。国内文献对货币政策通胀系数 $\alpha_\pi$ 和货币政策产出系数 $\alpha_y$ 的取值存在较大差异，刘斌（2008）、王立勇（2012）和王云清、朱启贵（2013）的设定分别为 1.31 和 0.78、1.4 和 0.24 及 2.6235 和 0.6326。对于 $\alpha_\pi$，本文采用刘斌（2008）和王立勇（2012）的平均值 1.335；对于 $\alpha_y$，本文采用三者的平均值 0.5509。

**表 2　　DSGE 模型中部分参数的先验分布**

| 参数符号 | 先验类型 | 参数符号 | 先验类型 |
| --- | --- | --- | --- |
| $\xi_w$ | $B$ [0.7187, 0.1] | $\rho g$ | $B$ [0.74, 0.2] |
| $\iota_{w1}$ | $B$ [0.4858, 0.15] | $\rho\gamma^{HR}$ | $B$ [0.5, 0.2] |
| $\xi_p$ | $B$ [0.8197, 0.05] | $\rho\sigma^{HR}$ | $B$ [0.5, 0.2] |
| $\iota_1$ | $B$ [0.4815, 0.15] | $\varepsilon t^{MP}$ | $\Gamma^{-1}$ [0.25, ∞] |
| $\tilde{\rho}$ | $B$ [0.8251, 0.05] | $\varepsilon t^{target}$ | $\Gamma^{-1}$ [0, 1, ∞] |
| $\alpha_\pi$ | $N$ [1.335, 0.1] | $\varepsilon t^{\lambda f}$ | $\Gamma^{-1}$ [0, 0005, ∞] |
| $\alpha_y$ | $N$ [0.5509, 0.1] | $\varepsilon t^g$ | $\Gamma^{-1}$ [0, 1, ∞] |
| $\rho\pi$ | $B$ [0.5, 0.2] | $\varepsilon t^{\gamma HR}$ | $\Gamma^{-1}$ [0, 002, ∞] |
| $\rho\lambda f$ | $B$ [0.5, 0.2] | $\varepsilon t^{\sigma HR}$ | $\Gamma^{-1}$ [0, 01, ∞] |

注：$B$（$\mu$, $\sigma$）、$\Gamma^{-1}$（$\mu$, $\sigma$）和 $N$（$\mu$, $\sigma$）分别表示均值为 $\mu$，方差为 $\sigma$ 的 Beta 分布、逆 Gamma 分布和正态分布。

3. 数据选取与处理

本文研究的样本区间为2002年第四季度至2014年第二季度，为避免估计中的随机奇异性问题，模型中选择的可观测变量数目不超过外部冲击的数目，因此模型参数估计中共选取了六个观测变量，分别为实际GDP、通货膨胀率、名义利率、境内上市公司总市值、各项贷款余额和融资溢价，数据主要来源于中国人民银行网站、国家统计局和Wind数据库。本文对宏观观测变量数据通过减去其样本均值进行去均值处理（利率和通货膨胀率除外），利率和通货膨胀率的去均值方法为减去其稳态水平，最后据此进行参数估计。

（二）估计结果分析

本文采用贝叶斯推断方法对参数进行估计，估计结果如下。

表3 模型参数的Bayes估计结果

| 参数符号 | 先验均值 | 后验均值 | 置信区间 | 后验众数 | 标准差 |
|---|---|---|---|---|---|
| $\xi p$ | 0.8197 | 0.9734 | [0.9642, 0.9842] | 0.9705 | 0.0064 |
| $\xi w$ | 0.7187 | 0.8560 | [0.7863, 0.9318] | 0.8509 | 0.0419 |
| $\iota 1$ | 0.1600 | 0.0017 | [0.0000, 0.0042] | 0.0000 | 0.0017 |
| $\iota w1$ | 0.2900 | 0.5411 | [0.3438, 0.7457] | 0.5298 | 0.1264 |
| $\alpha\pi$ | 1.3550 | 1.1359 | [1.0310, 1.2337] | 1.1567 | 0.0558 |
| $\alpha y$ | 0.5509 | 0.5431 | [0.3936, 0.6983] | 0.5651 | 0.1000 |
| $\tilde{\rho}$ | 0.8251 | 0.7159 | [0.6622, 0.7712] | 0.7352 | 0.0317 |
| $\rho\pi$ | 0.5000 | 0.3859 | [0.2705, 0.5011] | 0.3665 | 0.0683 |
| $\rho\lambda f$ | 0.5000 | 0.3176 | [0.0654, 0.5401] | 0.3746 | 0.1432 |
| $\rho g$ | 0.7400 | 0.8581 | [0.7686, 0.9542] | 0.8356 | 0.0606 |
| $\rho\gamma^{HR}$ | 0.5000 | 0.1588 | [0.0235, 0.2866] | 0.1039 | 0.0852 |
| $\rho\sigma^{HR}$ | 0.5000 | 0.8919 | [0.8280, 0.9596] | 0.9139 | 0.0396 |
| $\varepsilon t^{MP}$ | 0.2500 | 9.1167 | [7.5321, 10.6833] | 9.2293 | 0.9826 |
| $\varepsilon t^{target}$ | 0.1000 | 0.4606 | [0.2594, 0.6526] | 0.4450 | 0.1230 |
| $\varepsilon t^{\lambda f}$ | 0.0005 | 10.2426 | [2.9206, 17.7624] | 7.0697 | 2.8867 |
| $\varepsilon t^{g}$ | 0.1000 | 0.1134 | [0.0898, 0.1374] | 0.1122 | 0.0148 |
| $\varepsilon t^{\gamma HR}$ | 0.0020 | 0.1896 | [0.1570, 0.2230] | 0.1803 | 0.0203 |
| $\varepsilon t^{\sigma HR}$ | 0.0100 | 0.3427 | [0.2877, 0.3960] | 0.3476 | 0.0359 |

从上述估计结果中可以看出，模型中主要结构性参数的估计值与校准值比较接近，具有较高的稳健性。其中价格黏性参数$\xi p$的估计结果为0.9734，这说明我国企业在一个季度内调价的概率在97%左右，即在2002—2014年企业平均每一个季度调价一次，该结果远高于刘斌（2008），鄢丽丽等（2012）的估计结果，这种估计差异可能是由2000年以来我国物价水平的持续上升，以及企业的通胀预期不稳定等因素导致的。工资黏性参数$\xi w$的估计结果为0.8560，工资调整的概率小于产品价格调整的概率，这说明在我国劳动力供给比较充分的情况下，劳动者工资的上升调整慢于物价的上升。相

对于稳态通胀率的价格指数化程度参数 $\iota 1$ 的估计结果接近 0，这说明企业在价格调整时几乎不考虑稳态的通胀水平，这与之前的结果有相似之处，即企业没有稳定的通胀预期。相对于稳态通胀率的工资指数化程度参数 $\iota w1$ 的估计结果与王云清等（2013）的结论相似。

从货币政策规则的估计结果中可以看出，我国货币政策具有多重目标，包括维护低通胀和推动经济合理增长。货币政策规则中 $\tilde{\rho}$ 的估计结果为 0.7159，低于刘斌（2008）估计的 0.98，这一差异可能来源于选用的利率数据不同，刘斌（2008）采用的是一年期存款利率，其波动性远小于同业拆借利率，因此具有更强的惯性；而 $\alpha\pi$ 和 $\alpha y$ 分别为 1.1359 和 0.5431，与标准泰勒规则中的 1.5 和 0.5 相比，我国货币政策决策和操作中对通胀率的反应均较小，而对产出缺口的反应较大，这说明我国在经济转型期中，对于产出的重视程度高于通胀。

## 四、宏观经济冲击的动态效应评估

### （一）货币政策冲击

中央银行提高政策利率，将使消费者跨期消费替代弹性上升，因此消费者降低当期消费，消费呈现先降后升的趋势，但总体来看利率提高会抑制消费。同时利率提高造成企业融资成本上升，投资下降。消费和投资减弱造成总需求下降，因此总产出水平降低。总需求下降还削弱了企业的劳动需求，经济总体就业水平下降。劳动力和投资需求下降同时对生产要素价格产生向下压力，造成通货膨胀率下降和企业净值缩水。

比较两种不同市场情绪可以发现：中央银行提高政策利率时，金融机构在乐观市场情绪下时风险溢价显著高于在常态市场情绪下的风险溢价水平，同时这种溢价差异在高风险企业身上表现得更明显。与市场处于常态时不同，当经济过热，金融市场对经济前景过于乐观时，中央银行提高政策利率会显著降低低风险企业的融资总量和杠杆率水平，但对高风险企业融资的抑制效应不明显，高风险企业融资规模逐渐增加，杠杆率水平持续上升。由于低风险企业在整体经济中占比较高，因此社会融资总量在市场乐观时下降，经济整体杠杆率水平降低。

因此，当经济过热、市场对经济前景乐观时，中央银行提高利率会显著降低低风险企业的融资规模，释放大量流动性，金融机构对高风险企业的可贷资金相应增加，尽管融资溢价上升，但高风险企业融资规模明显增加，造成整体经济中的金融风险进一步集聚。总体来看当市场乐观时，尽管中央银行提高利率能抑制经济过热，有效缓解低风险企业对高风险企业银行融资的“挤出效应”，但同时高风险企业融资规模显著增加，进一步积累了金融风险，加剧了整个金融系统的不稳定性。

### （二）政府支出冲击

政府增加支出使总需求增加，总产出水平相应上升。总需求增加还使劳动力和资本需求上升，对生产要素价格产生向上压力，造成通货膨胀率上升和企业净值增加。为应对产出增加和通胀率上升，中央银行将提高政策利率。政策利率提高使消费跨期替代弹性上升，即当期消费的机会成本上升，因此消费者降低当期消费，消费呈现先降后升趋势。同时利率提高导致融资成本增加，企业投资下降。

比较乐观与常态两种不同市场情绪发现：政府支出增加时，无论市场处于常态还是乐观情绪，金融机构对企业的风险溢价保持稳中略降，即企业融资成本基本稳定。但由于公共投资增加对私人投资存在“挤出效应”，低风险企业和高风险企业的融资总量和投资规模均下降。同时，低风险企业在市场乐观时融资下降幅度低于市场处于常态时的下降幅度，即市场乐观时，尽管政府投资增加会降低企业投资，但金融机构对经济前景更有信心，企业尤其是低风险企业不会大幅降低融资规模和投资水平，其杠杆率下降幅度也相应低于市场处于常态时的下降幅度。高风险企业在两种不同市场情绪下投资和杠杆率下降幅度没有显著差异。由于低风险企业占比较高，因此市场乐观时，政府支出增加造成的社会融资总量和总杠杆率水平的下降幅度显著低于市场处于常态时的下降幅度。

因此当市场乐观时，政府支出增加对企业投资的“挤出效应”减弱，这主要是因为金融机构对市场前景充满信心，适度降低了企业尤其是低风险企业的融资溢价，低风险企业不会随着政府支出增加而大幅降低银行融资规模和投资水平。

（三）企业经营风险冲击

高风险企业经营风险上升导致金融机构对高风险企业的融资溢价提高，高风险企业在两种不同市场情绪时的融资总量均下降，杠杆率也相应下降。当存在影子银行业务时，高风险企业经营风险冲击还造成金融机构对低风险企业的融资溢价略有上升，但由于高风险企业融资下降，银行可贷资金增加，因此低风险企业融资总量相对增加。同时由于高风险企业在经济中占比较低，高风险企业经营风险上升的冲击影响有限，宏观经济金融指标波动较小。如果不存在影子银行业务，即经济中企业全部为高风险企业时，企业经营风险上升会造成社会融资规模和企业投资大幅下降，消费、投资、就业和总产出等主要宏观经济指标产出也相应降低。

因此在不存在影子银行的CMR情形中，高风险企业经营风险上升会显著降低社会融资总量，以及企业投资、就业和总产出水平，对宏观经济形成较大下行压力。但如果存在影子银行，由于高风险企业在经济中占比较低，在两种不同市场情绪时企业经营风险上升的冲击影响有限，宏观经济金融指标波动较小。

## 五、结论与政策建议

货币政策与金融稳定内生关联，风险承担渠道是造成传统的以稳定物价为目标的货币政策调控与金融稳定背离的一个重要因素。本文结合国内实际构建了一个实证模拟，定量评估了不同市场情绪情景下，紧缩性货币政策对金融稳定和宏观经济运行的影响，以全面评判风险承担渠道在货币政策内生影响金融稳定中扮演的角色，并为我国中央银行把金融稳定纳入货币政策目标的可行性和必要性提供研究支撑。本文主要结论如下：

第一，市场乐观时，中央银行提高利率会降低低风险企业的融资量和杠杆率水平，但对高风险企业融资的抑制效应不明显，高风险企业融资规模反而增加，杠杆率水平持续上升，造成金融风险进一步集聚，金融体系更加不稳定。

第二，市场乐观时，政府支出增加对企业投资的“挤出效应”减弱，这主要是因为金融机构充满信心，低风险企业也不会大幅降低融资规模和投资水平，其杠杆率下降幅度低于市场常态时的下降幅度。

第三，存在影子银行业务时，由于高风险企业在经济中占比较低，因此高风险企业经营风险和存活率冲击，在两种不同市场情绪时，对宏观经济运行影响均较小。

根据研究结论，我们认为，货币政策通过银行风险承担渠道与金融稳定内生关联，提高利率的政策调控在特定市场情绪时会加剧银行风险和金融体系的不稳定，因此中央银行有必要承担系统性监管者的角色，将金融稳定纳入货币政策目标，探索和构建兼顾物价稳定和金融稳定的货币政策框架。

## 参考文献


[1] 张雪兰，何德旭．货币政策立场与银行风险承担——基于中国银行业的实证研究（2000—2010）[J]．经济研究，2012（5）．

[2] 江曙霞，陈玉婵．货币政策、银行资本与风险承担［J］．金融研究，2012（4）．

[3] 李稻葵，汪进，冯俊新．货币政策须对冲市场情绪：理论模型和政策模拟［J］．金融研究，2009（6）．

[4] 刘斌．我国 DSGE 模型的开发及在货币政策分析中的应用［J］．金融研究，2008（10）．

[5] 康立，龚六堂，陈永伟．金融摩擦、银行净资产与经济波动的行业间传导［J］．金融研究，2013（5）．

[6] 庄子罐，崔小勇，龚六堂，邹恒甫．预期与经济波动——预期冲击是驱动中国经济波动的主要力量吗？[J]．经济研究，2012（6）．

[7] 鄢丽丽，王一鸣．金融发展、金融市场冲击与经济波动［J］．金融研究，2012（12）．

[8] 黄志刚．加工贸易经济中的汇率传递：一个 DSGE 模型分析［J］．金融研究，2009（11）．

[9] 刘尧成，徐晓萍．消费替代弹性、经济开放与中国经济外部失衡［J］．统计研究，2010（4）．

[10] 许伟，陈斌开．银行信贷与中国经济波动［J］．经济学季刊，2009（4）．

[11] 王立勇，张良贵，刘文革．不同黏性条件下金融加速器效应的经验研究［J］．经济研究，2012（10）．

[12] Borio, C. and H. Zhu, 2008, “Capital Regulation, Risk - Taking and Monetary Policy: A Missing Link in Transmission Channel”, BIS Working Paper, No. 268.

[13] Delis, M. D. and G. P. Kouretas, 2011, “Interest Rates and Banking Risk - taking”, Journal of Banking and Finance, 35 (4).

[14] Mishkin, F. S., 2011, “Monetary Policy Strategy: Lessons from the Crisis”, NBER Working Paper 16755.

[15] Adrian and Shin, 2009, "Prices and Quantities in the Monetary Policy Transmission Mechanism", Federal Reserve Bank of New York, Staff Reports No. 396.

责任编辑校对：王进会

# 存贷款利率变动对产出和物价影响的实证分析

中国人民银行银川中心支行课题组
马建斌　李海洋　马俊鹏　祁永忠

**摘要：**本文运用结构向量自回归（SVAR）模型研究了我国存贷款利率变动对产出和物价所产生的动态冲击效应。结果表明，贷款利率冲击对产出和物价仅有短期负效应，即在短期内抑制产出和物价；存款利率冲击对产出和物价的负效应需要延迟一段时间才可显现，在短期内促进产出和物价上涨；从长期看，贷款利率冲击对抑制产出和物价的作用微弱，而存款利率冲击对抑制产出和物价的作用持续有效。

## 一、引言

利率是备受关注的核心经济变量之一，在世界各国的货币政策中都有着重要的地位。作为资金的供求价格，其对经济的影响既包含对微观经济主体经营活动的影响，又是联系货币市场与宏观经济的重要纽带，因此，利率在经济体系中同时具备对经济的调节作用和反映经济运行状况的信号作用，对一国经济体系的运行状态产生重要影响。1996 年利率市场化后正式提出，我国步入由货币数量调控向价格工具调控手段转型时期，利率政策成为我国货币政策的重要组成部分和实施手段之一。现阶段，中国人民银行实行二元化的利率调控模式，一方面通过调整存贷款基准利率以影响金融机构存贷款利率水平；另一方面通过公开市场操作或调整各类中央银行利率，引导市场利率走势，间接影响存贷款利率水平。随着利率市场化改革的推进，二元化利率调控模式将逐步向市场化的利率调控机制过渡。目前，贷款利率管制已于 2013 年 7 月 20 日全面放开，利率市场化改革进入了推进存款利率市场化的最后攻坚阶段。

然而，利率市场化不仅要求金融机构具有科学合理的定价权，也要求中央银行政策能够通过市场利率变动有效引导存贷款利率，进而作用于宏观经济，因此，金融机构存贷款利率与宏观经济之间的联动关系将是利率调控和传导的重要基础。利率市场化不仅要稳步推进自身机制改革，更要考虑如何适应不断变化的经济环境。由于我国转型时期的货币政策调控特点和宏观经济环境的新常态变化，金融机构存贷款利率变化对宏观经济调节作用存在着较大的不确定因素，存贷款利率政策执行效果需要深入评估。本文基于以上观点，结合近年来我国经济金融运行的现实，在对利率变动与经济增长和物价波动之间的关系进行理论分析的基础上，利用向量自回归模型分析存贷款利率与产出和居民消费物价指数之间联合变动的动态关系。通过施加恰当的识别条件构建结构向量自回归模型，给出产出和物价对存贷款利率变动的脉冲响应曲线和方差分析结果，进而提出进一步发挥利率杠杆调节作用的政策建议。

## 二、文献综述

对于利率变动与宏观经济变量关系的研究，由于发达经济体大多拥有成熟的金融市场，而且金融市场上的各种管制比较少，不同市场之间的套利成本很小，在通常情况下，各个市场利率之间联动关系非常灵敏，所以国际上如 Sims C A.（1992）、Taylor J. B.（1993）等侧重于研究货币政策变动如何多渠道影响实体经济，而没有太多必要探讨单一的存贷款利率变动如何影响实体经济。由于我国利率传导政策与发达经济体不同，现阶段我国注重应用价格工具，并与数量工具相协调，所以国内学界对此问题作了大量探讨，不过多是总体分析利率政策变动对一些密切相关的宏观经济指标影响效果，进而揭示我国金融抑制、利率管制、利率弹性不足等利率传导运行方面的问题，如谢平、袁沁敔（2003）等。通过构造理论模型来揭示利率市场化后政策利率传导的机理，如马骏和王红林（2014）。通过构建 DSGE 模型和实证检验来分析我国货币政策利率传导有效性问题，如高枝宝、王伟（2014）和张辉、黄泽华（2011）等。还有一些研究是通过与数量型货币政策效果的比较来讨论如何选择货币政策操作目标，实现对宏观经济的有效调控，并提出完善利率传导机制的相应政策建议，如潘耀明、胡莹和仲伟周（2008）等。另外，有一些研究利率市场化与经济增长的相互作用机理和长期关系，如孙艳军（2014）和黎志刚、尚梦（2014）等；利率变动对投资和经济增长影响的实证分析，如赵天荣、赵蕊（2008）和王森、王敬和刘佳佳（2014）等。以上这些研究侧重于比较评价货币政策传导效果，利率变动与投资、消费、经济增长关系的分析，且多选择市场化程度较高的货币市场利率进入模型，少有考虑利率传导机制末端的存贷款利率变动影响，以及其与经济增长和物价水平之间的关系。

## 三、理论与模型

### （一）利率传导机制理论

利率传导机制是非常具有生命力的货币政策传导机制理论，从早期休谟的短期理论、费雪的过渡时期理论到瑞典学派的魏克塞尔提出积累过程，均有涉及。之后凯恩斯在 1936 年出版的《就业、利息和货币通论》中对利率传导机制进行了系统描述，在此基础上，希克斯和汉森提出了 IS－LM 模型，从而勾勒出了利率传导机制的基本框架，托宾等又对利率传导机制进行了补充完善，从而形成了较为完善的利率传导理论。20 世纪 90 年代以来，泰勒等人对利率规则的研究又成为利率传导机制的研究热点。

概括起来，现代利率政策传导机制主要表现在三个环节：第一个环节是中央银行的货币政策，如央行对短期利率的调节影响投资进而作用于总产出。这一环节是基于经典的欧拉等式（Euler Equation）。该环节可用式（1）表示：

$$y_t = c_1 + \alpha_1 y_{t-1} + \alpha_2 (r_t - \pi_t) + u_{yt} \tag{1}$$

其中，$y_t$ 表示真实总产出缺口，$r_t$ 表示短期利率，$\pi_t$ 表示通货膨胀率，$u_{yt}$ 表示需求冲击对总产出缺口的影响。显然，在其他条件不变的情况下，短期真实利率越高，总产出缺口越小。

虽然早期的宏观理论认为货币供给总量的变化影响总需求，总需求的变化进一步作用于总产出，但是现代货币政策分析已经逐渐消退了货币总量的角色，主要原因是近年来的研究多证明：利用货币总量作为央行货币政策工具对宏观经济的波动要大于使用利率调节政策。实际上，我国利率市场化进程在中国人民银行的稳步推进下取得一系列进展，利率在货币政策传导中的作用不断增强，金融机构存贷款利率调整已经成为市场主体观测和理解货币政策变化的风向标。像美国那样的发达国家，在第一个环节（调节利率作用于总产出）实际操作过程中已经表现得相当完备和成熟。

第二个环节是通过短期通胀率动态机制实现的，其理论基础是菲利普斯曲线（Phillips Curve），菲利普斯曲线将通货膨胀定义为历史的通货膨胀率和真实经济产出缺口的函数。第一个环节中总产出的变化会影响当期通货膨胀率，例如实际产出的增长带来 GDP 缺口的增加会对当期通胀率带来上扬的压力。该环节用式（2）表示：

$$\pi_t = c_2 + \beta_1 \pi_{t-1} + \beta_2 y_t + u_{\pi t} \tag{2}$$

其中，$u_{\pi t}$ 表示供给冲击对通货膨胀率的影响。

第三个环节是描述利率作为货币政策工具对总产出和通货膨胀率的反应，通常被称为货币反应方程，也就是著名的泰勒法则（Taylor Rule）。具体来说，前两个环节中总产出和通货膨胀率的变化对货币政策制定者产生影响，促使中央银行调节短期利率，从而对这些变化作出适当反应。用式（3）表示如下：

$$r_t = c_3 + \omega_1 r_{t-1} + \omega_2 y_t + \omega_3 \pi_t + u_{rt} \tag{3}$$

其中，$u_{rt}$ 表示货币政策冲击。该公式说明货币政策工具如短期利率，本身具有一定的平滑性特征（利率滞后项 $r_{t-1}$ 的出现①），同时受到经济产出缺口和通货膨胀率压力的影响。

（二）模型的建立

我们在前面理论分析了利率与产出和物价的影响，从形式上看，式（1）、式（2）、式（3）都只是一个理论恒等式，各种货币政策传导理论就是对其中的变量提出不同的假设，从而得出不同的传导模型，并有不同的政策含义。在通常情况下，利率、产出和物价是相互影响、相互依赖、相互作用的。鉴于此，本文利用动态联立方程模拟存贷款基准利率、产出和物价波动的动态关系，而分析经济变量联合变动的较好方式是根据这些变量的理论关系构造出一个结构模型，假定在模型中某些变量相对于另一些变量是外生的，并且在系统模型中排除掉一些变量。比如，我们可以将前面基于一定经济理论基础得来的三个公式构建为一个有机动态系统，在这个系统中，每个变量除了受各自滞后项的影响，同时还包含了其他变量的当期影响。因此，本文首先采用向量自回归模型（Vector Auto Regression，VAR）分析存贷款基准利率与国内生产总值和居民消费物价指数之间联合变动的动态关系，并在对其中变量进行因果关系检验的基础上施加约束条件，进一步构造结构向量自回归模型（Structural VAR，SVAR），使分

---

① 最初的泰勒规则没有考虑中央银行的利率平滑行为，可能导致中央银行的过度反应。为此，Orphanides（2001）在泰勒规则引入利率平滑，使本期的利率除了取决于产出和通胀缺口因素外，还取决于上期利率，利率平滑的泰勒规则较之原泰勒规则能够更好地符合实际观察到的政策。

析更加符合理论背景和经济运行实际，并以此为基础计算出产出和物价对存贷款基准利率的脉冲响应曲线和方差分解结果，分析利率政策、产出增长和物价变动之间的效应关系。

若用 $r_t$ 表示存贷款基准利率数值，$y_t$ 表示产出增长率数值，$p_t$ 表示居民消费物价指数增长率，则 $r_t$、$y_t$、$p_t$ 组成的向量 $Y_t=(r_t,\ y_t,\ p_t)^T$ 反映三者动态关系的 3 维随机向量在服从 $k$ 阶向量自回归方程的 VAR 模型形式如下：

$$Y_t = A_0 + A_1 Y_{t-1} + \cdots + A_p Y_{t-k} + \varepsilon_t \tag{4}$$

其中，$A_0$ 为 $n$ 维常数向量，$A_s(s = 1,2,\cdots,p)$ 为 $n \times n$ 维系数矩阵，$\varepsilon_t$ 为 $n$ 维独立同分布的随机向量，$E(\varepsilon_t) = 0, E(\varepsilon_t,\varepsilon_t) = \Omega$ 为协方差矩阵。为便于理解，假设将 $k=2$ 时的向量自回归方程写成更具体的联立方程组形式：

$$r_t = c_1 + a_{11}r_{t-1} + a_{12}r_{t-2} + a_{13}y_{t-1} + a_{14}y_{t-2} + a_{15}p_{t-1} + a_{16}p_{t-2} + \varepsilon_{1t} \tag{5}$$

$$y_t = c_2 + a_{21}r_{t-1} + a_{22}r_{t-2} + a_{23}y_{t-1} + a_{24}y_{t-2} + a_{25}p_{t-1} + a_{26}p_{t-2} + \varepsilon_{2t} \tag{6}$$

$$p_t = c_3 + a_{31}r_{t-1} + a_{32}r_{t-2} + a_{33}y_{t-1} + a_{34}y_{t-2} + a_{35}p_{t-1} + a_{36}p_{t-2} + \varepsilon_{3t} \tag{7}$$

其中，$c_i(i = 1,2,3)$ 和 $a_{ij}(i = 1,2,3,j = 1,2,3,4,5,6)$ 为待估参数，$\varepsilon_i$ 为误差扰动项。VAR 模型中每一变量都表示为其自身和其他变量滞后的回归方程形式，并没有给出变量之间当期相关关系的确切形式，而这些当期相关关系隐藏在误差项的相关结构中是无法解释的，所以需要建立包含变量之间当期关系的结构向量自回归模型（SVAR，即 VAR 模型的结构式）：

$$r_t = c_1 + b_{12}y_t + b_{13}p_t + a_{11}r_{t-1} + a_{12}r_{t-2} + a_{13}y_{t-1} + a_{14}y_{t-2} + a_{15}p_{t-1} + a_{16}p_{t-2} + u_{1t} \tag{8}$$

$$y_t = c_2 + b_{21}r_t + b_{23}p_t + a_{21}r_{t-1} + a_{22}r_{t-2} + a_{23}y_{t-1} + a_{24}y_{t-2} + a_{25}p_{t-1} + a_{26}p_{t-2} + u_{2t} \tag{9}$$

$$p_t = c_3 + b_{31}r_t + b_{32}y_t + a_{31}r_{t-1} + a_{32}r_{t-2} + a_{33}y_{t-1} + a_{34}y_{t-2} + a_{35}p_{t-1} + a_{36}p_{t-2} + u_{3t} \tag{10}$$

其中，$b_{ij}$ 表示第 $j$ 个变量对第 $i$ 个变量的即时作用，$u_{it}$ 是结构式扰动项，它们互不相关且与其他的冲击不相关，其组成的向量是协方差为单位矩阵的白噪声向量。一般而言，简化式扰动项 $\varepsilon_i$ 是结构式扰动项 $u_{it}$ 的线性组合，是一种复合冲击，由于误差 $\varepsilon$ 的协方差矩阵是非对角形的，即代表系统中任何两个变量之间协方差的矩阵除对角线以外的元素不等于零，因此以移动平均形式表示的系统误差需要正交化。通过 Cholesky 分解，可以使 $u_{it}$ 组成的向量是协方差为单位矩阵的白噪声向量，正因为正交化消除了对每一个解释变量扰动之间的协方差，从而误差 $u_i$ 的协方差矩阵为对角形，这就使每一个变量的相对影响可以分离开来，但正交化过程所涉及的一个重要问题是变量次序的选择，因为次序可以影响到所度量的效应。一般地，预期不会或很少对其他变量产生作用的变量应放到最后。

## 四、数据平稳性检验及模型稳定性检验

### （一）变量的选取

根据前面的理论分析，我们选取金融机构存贷款利率作为利率变量。虽然金融机构存贷款利率是非市场化利率，且贷款利率是2013 年7 月20 日以后才完全放开的，但在相当长一段时期内，金融机构存贷款利率事实上承担着基准利率的部分职能，其调

整变化代表着中国人民银行对利率政策的宏观调控，且通过逐步扩大浮动范围来进一步提高对市场资金供求状况的反应灵敏度。金融机构存贷款利率有很多期限档次，中国人民银行往往首先确定一年期存款利率，然后调整其他期限档次存款利率，最后推算出各期限贷款利率。这里，我们选取与公众、企业和市场紧密相关的 1 年期定期存款利率（整存整取）和 6 个月至 1 年（含）短期贷款利率作为利率的代理变量，分别用 $r_c$ 和 $r_d$ 表示。

对于产出变量的选取，一般都用 GDP 来度量，但由于 GDP 数据是按季度公布，缺乏月度数据，尽管可采用频率转换方法将高频数据转换为低频数据，但这种人为降频的数据处理方法可能会隐藏许多有价值的原始变量之间的经济关系，因此本文以工业增加值数据作为产出的代理变量，近似替代 GDP，用 $y$ 表示。

对于物价变量的选取，有居民消费价格指数（CPI）、商品零售价格指数（RPI）和工业生产者出厂价格指数（PPI）等，这里选取与公众生活密切相关的 CPI 作为物价的代理变量，用 $p$ 表示。

利率变量 $r_c$ 与 $r_d$ 的新息可以看作是利率政策冲击本身，模型中的 $Y$ 和 $P$ 变量对这个变量冲击的反应模拟了对利率政策变动的反应。本文选取 2002 年 1 月至 2013 年 12 月期间 $r_c$ 和 $r_d$ 与 $y$ 和 $p$ 的月度数据，借助 Eviews 6.0 软件对模型中变量的动态关系进行估计，数据均来源于国家统计局网站和 Wind 咨询经济数据库（EDB）。文中变量 $y$ 和 $p$ 取按可比价格计算的比上年同期增长率，变量 $y$ 的 8 个缺省值用前后两期平均值替代，并且本文变量数据均分别采用 X12 季节调整，剔除了季节项和不规则项。

### （二）数据的平稳性检验

在通常情况下，在对时间序列数据进行回归分析和各种检验时，基本假定要求数据是平稳的，而经济领域中多数宏观经济时间序列都是非平稳的，其均值与方差随时间变化而变化，导致一个序列对另一个序列的回归出现伪相关的结果，而且，普通最小平方回归法 OLS 也不能得出一个一致性的参数估计量。因此，在进行时间序列分析之前，需要对这些宏观经济变量的时间序列作平稳性检验。本文应用 ADF（Augmented Dickey－Fuller）方法对上述变量序列进行平稳性检验，检验过程中，滞后项的选择采用 SC 信息准则，经检验发现各变量一阶差分序列在 5% 的显著性水平下平稳，详见表 1。

**表 1　一阶差分序列的 ADF 平稳性检验**

| 变量 | 检验形式（C，T，K） | ADF 统计量 | 5% 检验水平临界值 | 检验结论 |
|---|---|---|---|---|
| $dr_c$ | （C，0，3） | －3.721224 | －2.899115 | 平稳 |
| $dr_d$ | （C，0，3） | －3.830153 | －2.898623 | 平稳 |
| $dy$ | （C，0，3） | －4.554792 | －2.898623 | 平稳 |
| $dp$ | （C，0，3） | －3.251376 | －2.899619 | 平稳 |

表 1 说明，各序列均为一阶差分平稳，即各序列均为一阶单整序列，记为 $I(1)$，说明这些变量序列几乎以相同的速度同时变化，各变量序列不可能遵从一种长期均衡关

系。但在现实经济社会活动中，有可能两个或两个以上 $I(1)$ 序列其线性组合是平稳序列，记为 $I(0)$，反映这些 $I(1)$ 变量序列具有协整关系，即变量序列之间存在长期均衡关系，因此，需要对模型包含的变量进行协整检验。本文采用 Johansen 协整检验来检验模型是否存在协整关系，其结果显示在5%的显著性水平下存在一个协整方程，模型中各内生变量之间具有协整关系，详见表2。

**表2 Johansen 协整检验结果**

| 假设 | 特征值 | 迹统计量 | 5%检验水平临界值 | 概率 |
|---|---|---|---|---|
| None* | 0.223230 | 65.60971 | 54.07904 | 0.0034 |
| At most 1 | 0.122558 | 30.49676 | 35.19275 | 0.1471 |
| At most 2 | 0.074541 | 12.32330 | 20.26184 | 0.4203 |
| At most 3 | 0.011129 | 1.555663 | 9.164546 | 0.8633 |

注：*表示在5%的显著性水平下拒绝原假设，即存在1个协整关系。

（三）模型的平稳性检验

本文采用的 Johansen 协整检验是一种基于 VAR 模型的检验方法，因此在检验前，事先确定了模型的滞后阶数 $k$，适当增大 $k$ 可消除误差项中存在的自相关，但 $k$ 值过大又会导致自由度减少，直接影响模型参数估计量的有效性，因此，我们采用“多数原则”选择了 LR、FPE、AIC、SC 和 HQ 准则半数以上指向的滞后阶数 $k=5$。经对模型结果检验，在1%的显著性水平下，模型各方程回归的残差序列不存在自相关和异方差，各方程拟合优度均超过0.99，F 统计量也都非常大，且模型所有根的模小于1并都在单位圆内，详见图1。因此，本文所设定的模型是稳定的，在此基础上进行 Granger 因果关系检验，以确定模型中每个变量方程是否受到其他内生变量滞后项的影响，详见表3。

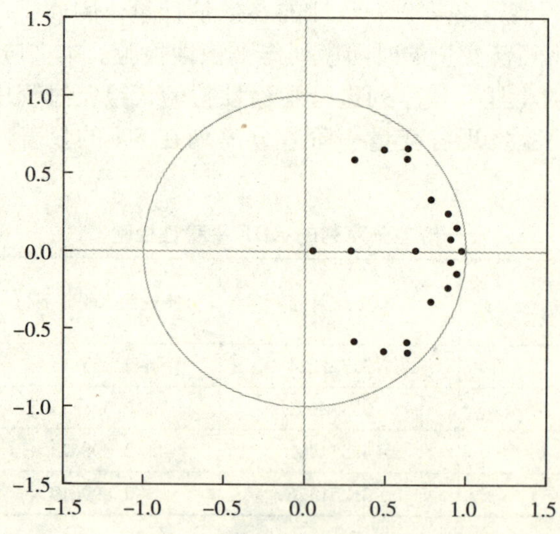


图1 VAR（5）模型特征方程的根图

表 3 Granger 因果关系检验结果

| 假设 | $\chi^2$ 统计量 | 自由度 | 概率 |
|---|---|---|---|
| $r_d$ 不是引起 $r_c$ 的 Granger 原因 | 3.531276 | 5 | 0.6187 |
| $y$ 不是引起 $r_c$ 的 Granger 原因 | 8.899736 | 5 | 0.1131 |
| $p$ 不是引起 $r_c$ 的 Granger 原因 | 7.337065 | 5 | 0.1968 |
| $r_c$ 不是引起 $r_d$ 的 Granger 原因 | 13.31275 | 5 | 0.0206 |
| $y$ 不是引起 $r_d$ 的 Granger 原因 | 7.413957 | 5 | 0.1916 |
| $p$ 不是引起 $r_d$ 的 Granger 原因 | 8.800327 | 5 | 0.1173 |
| $r_c$ 不是引起 $y$ 的 Granger 原因 | 16.67613 | 5 | 0.0052 |
| $r_d$ 不是引起 $y$ 的 Granger 原因 | 11.17439 | 5 | 0.0480 |
| $p$ 不是引起 $y$ 的 Granger 原因 | 10.22120 | 5 | 0.0692 |
| $r_c$ 不是引起 $p$ 的 Granger 原因 | 27.47248 | 5 | 0.0000 |
| $r_d$ 不是引起 $p$ 的 Granger 原因 | 19.61589 | 5 | 0.0015 |
| $y$ 不是引起 $p$ 的 Granger 原因 | 11.22128 | 5 | 0.0472 |

由表 3 可知，产出 $Y$ 和物价 $P$ 都不是引起 $R$ 变化的原因，物价 $P$ 也不是引起产出 $Y$ 变化的原因，据此，为使式（8）、式（9）、式（10）组成的结构向量自回归模型的结构冲击可识别，结合 Granger 因果关系检验结果和我国经济运行实际状况，作出如下 3 个零假设：$b_{12}=0$、$b_{13}=0$、$b_{23}=0$，然后我们就可以估计模型的因子分解矩阵，并进行脉冲响应函数和方差分解分析。

## 五、产出和物价对存贷款利率变动的脉冲响应分析

实际上，VAR 模型是一种非理论性模型，往往不分析单个变量的变化对单个变量的影响如何，因为一次冲击对第 $i$ 个变量的冲击不仅直接影响第 $i$ 个变量，并且通过 VAR 模型的动态（滞后）结构传导给所有其他内生变量。脉冲响应函数描绘了在一个扰动项上加上一次性的（one - time shock）冲击，对于内生变量的当前值和未来值所带来的影响。例如，考虑产出对于利率的单位冲击的反映函数，对于 VAR 模型而言，脉冲响应函数为

$$\psi(k) = \frac{\partial Y_{t+k}}{\partial \varepsilon_{1t}}$$

而对于 SVAR 模型，脉冲响应函数为

$$\psi(k) = \frac{\partial Y_{t+k}}{\partial u_{1t}} \tag{11}$$

式（11）描述了在时刻 $t$，其他变量和早期变量不变的情况下，$Y$ 对 $R$ 的一个冲击的反映，其中，$k$ 是冲击作用的时间滞后间隔。通过具体计算可以得到一个变量 $Y$ 或 $P$ 对另一个利率政策变量冲击的脉冲响应函数，并把脉冲响应特征用图形进行描绘。同时，估算 SVAR 模型系统中内生变量 $Y$ 或 $P$ 的预测均方误差由系统各变量随机信息所作贡献的比例随时间变化而变化的规律，并把利率政策变量占总贡献比例特征用表格

表示出来，具体结果分析如下。

（一）产出对存贷款利率变动的脉冲响应分析

下面，我们基于上述 SVAR（5）模型进行脉冲分析，分别给 $r_c$ 和 $r_d$ 一个 Cholesky 标准差大小的冲击，由此得出产出 $Y$ 对利率 $r_c$ 和 $r_d$ 的单位正冲击的脉冲响应曲线。本文产出对 $r_c$ 和 $r_d$ 的单位正冲击的响应曲线选取 30 个月的持续期间，详见图 2 和图 3。图中横轴表示冲击作用的持续期间数，纵轴表示产出对 $r_c$ 和 $r_d$ 冲击的反应程度，虚线表示正负两倍标准差偏离带。

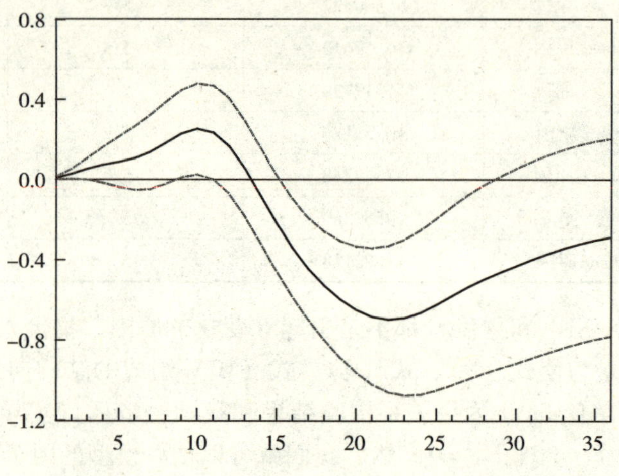

**图 2　SVAR（5）模型中产出对 $r_c$ 的响应**

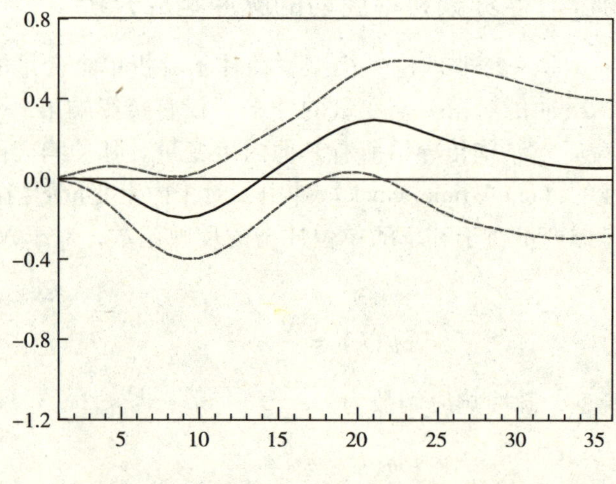

**图 3　SVAR（5）模型中产出对 $r_d$ 的响应**

从图 2 的脉冲响应曲线可见，当在本期给定一个单位的 $r_c$ 正冲击后，对产出的负向影响在 13 个月后才开始显现，即在前 13 个月内存款利率的增加会提高产出，在第 10 个月达到峰值 0.25，随后快速下降，在第 22 个月达到其谷底 -0.7，之后虽有所上升，但逐渐平稳且长期是负向影响。从图 3 可以看出，当在本期给定一个单位的 $r_d$ 正冲击后，对产出的负向影响在第 3 个月后才开始显现，于第 9 个月达到其谷底 -0.19，随后有所上升，并于第 21 个月达到峰值 0.3，以后缓慢下降并趋于稳定。比较图 2 和图 3 可以看出，$r_c$ 冲击对产出的负向影响在 13 个月后才开始显现，在 13 个月内能够增加实体经济可用资金，促进产出增长，但长期对产出有持续和显著的负向影响，而 $r_d$ 冲击对产出的长期影响程度不及 $r_c$。

（二）物价对存贷款利率变动的脉冲响应分析

本文物价对 $r_c$ 和 $r_d$ 的单位正冲击的响应曲线选取 36 个月的持续期间，见图 4 和图 5。图中横轴表示冲击作用的持续期间数，纵轴表示物价对 $r_c$ 和 $r_d$ 冲击的反应程度，虚线表示正负两倍标准差偏离带。

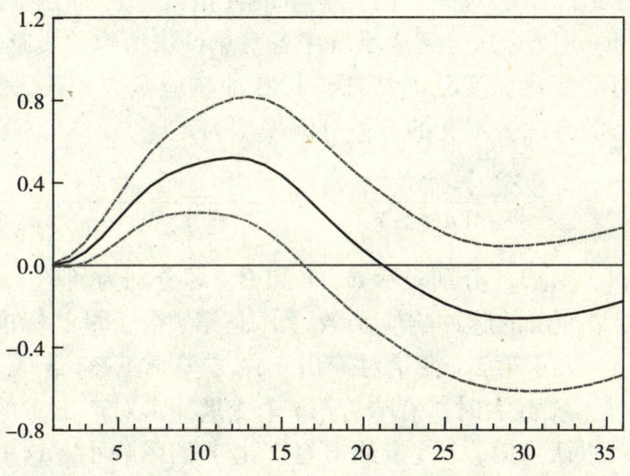


**图 4　SVAR（5）模型中物价对 $r_c$ 冲击的响应**

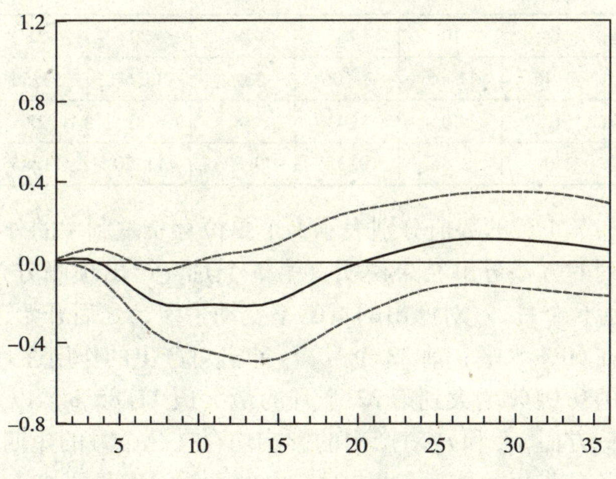


**图 5　SVAR（5）模型中物价对 $r_d$ 的响应**

从图 4 脉冲响应曲线可以看出，在当期给定一个单位 $r_c$ 正冲击后，对物价的负向影响在第 21 个月后开始显现，在第 12 个月达到峰值 0.52，以后缓慢下降，但长期保持负向影响。从图5可以看出，在当期给定一个单位 $r_d$ 正冲击后，对物价的负向影响从第3个月开始显现，于第9个月达到其谷底 -0.22，随后有所上升，并于第28个月达到其峰值0.12，以后缓慢下降并趋于稳定。比较图4和图5可以看出，$r_c$ 冲击在短期内相当于提高实际利率，收入效应促使物价上升，对物价的负向影响在延迟一定时期后开始显现，且长期持续并保持稳定，而 $r_d$ 冲击对物价的负向影响在20个月内可以起到作用，但长期影响程度不及 $r_c$。

## 六、存贷款利率变动对产出和物价的贡献度分析

### （一）存贷款利率变动对产出的贡献度分析

脉冲响应函数是追踪系统对一个内生变量的冲击效果；而方差分解则是将系统的均方误差（Mean Square Error）分解成系统中各变量冲击所作的贡献，并估算该变量贡献占总贡献比例随时间变化而变化的特征。与脉冲响应函数相比，方差分解提供了另外一种描述系统动态的方法。本文的方差分解模型为

$$RVC_{j\to Y(s)} = \frac{\sum_{k=0}^{s-1}\psi_j(k)^2\sigma_j}{Var(Y_t)} = \frac{\sum_{k=0}^{s-1}\psi(k)^2\sigma_j}{\sum_{j=1}^{k}(\sum_{k=0}^{s-1}\psi_j(k)^2\sigma_j)} \tag{12}$$

式（12）中 $j=1, 2, 3$，分别表示 $R$、$Y$ 和 $P$，即分别为利率、产出和物价，$\psi_j(k)$ 是产出 $Y$ 对第 $j$ 个变量冲击的脉冲响应函数，$\sigma_j$ 是第 $j$ 个变量的标准差，$Var(Y_t)$ 是产出 $Y$ 的方差，$RVC_{j\to Y(s)}$ 表示第 $j$ 个变量对产出 $Y$ 的方差贡献率，$s$ 表示滞后期间。其经济含义为，如果 $RVC_{j\to Y(s)}$ 较大时，意味着第 $j$ 个变量冲击对产出 $Y$ 的影响大；相反地，$RVC_{j\to Y(s)}$ 较小时，可以认为第 $j$ 个变量冲击对产出 $Y$ 的影响小。这里只计算 $r_c$ 和 $r_d$ 对产出的贡献率，详见表4。

**表4　　对产出的方差分解结果（%）**

| 滞后期 | 2 | 6 | 10 | 16 | 18 | 20 | 22 | 26 | 30 |
|---|---|---|---|---|---|---|---|---|---|
| $r_c$ 贡献率 | 3.89 | 3.46 | 11.62 | 21.06 | 33.9 | 45.67 | 53.56 | 60.01 | 61.36 |
| 滞后期 | 2 | 6 | 10 | 14 | 18 | 20 | 22 | 26 | 30 |
| $r_d$ 贡献率 | 0.01 | 2.01 | 8.46 | 9.31 | 9.87 | 11.20 | 11.85 | 11.09 | 10.19 |

表4中第2行和第4行的数值分别表示1个单位存贷款利率的外生冲击对产出影响的贡献度。表3所列的方差分解结果说明：第2个月，产出预测方差的3.89%可以由 $r_c$ 的变动来解释；前6个月，$r_c$ 对产出的贡献率变动平缓，之后开始逐月增大；第24个月以后，逐渐稳定在60%水平；前22个月，$r_d$ 冲击对产出的作用逐月增大，$r_d$ 对产出的贡献率由第2个月的0.01%增大到第22个月的最大值11.85%，以后逐渐减小并保持稳定。可以看出，一方面，$r_c$ 和 $r_d$ 对产出的影响均存在几个月的短期时滞，之后开始增大影响；另一方面，在前9个月，$r_d$ 冲击对产出的贡献率增长要快于 $r_c$ 冲击。但中长期看，$r_c$ 冲击对产出的贡献率大于 $r_d$ 冲击的贡献率。

### （二）存贷款利率变动对物价的贡献度分析

把式（12）中的 $Y$ 换成 $P$，就可以计算出 $r_c$ 和 $r_d$ 冲击对物价的贡献率，详见表5。

表 5　对物价的方差分解结果（%）

| 滞后期 | 2 | 5 | 8 | 11 | 14 | 16 | 19 | 22 | 24 |
|---|---|---|---|---|---|---|---|---|---|
| $r_c$ 贡献率 | 1.64 | 17.97 | 40.56 | 52.85 | 59.41 | 61.52 | 62.44 | 62.18 | 61.86 |
| 滞后期 | 2 | 4 | 6 | 9 | 12 | 16 | 19 | 22 | 24 |
| $r_d$ 贡献率 | 2.08 | 0.44 | 3.87 | 9.70 | 10.72 | 11.78 | 11.72 | 11.69 | 11.75 |

表5中第2行和第4行的数值分别代表1个单位存贷款利率的外生冲击对物价影响的贡献率。表4所列的方差分解结果说明：自第2个月起，$r_c$ 对物价的贡献率从1.64%逐月增大到第19个月的62.44%，随后有所微调并保持在60%水平。$r_d$ 对物价的贡献率在经历短暂的下降后，自第4个月的2.08%上升到第16个月的11.78%，并稳定在11.7%左右。比较 $r_c$ 和 $r_d$ 冲击对物价的影响，一方面，$r_d$ 冲击对物价的影响有4个月的短期滞后期；另一方面，$r_c$ 对物价的影响快于 $r_d$ 对物价的影响，且对物价的贡献率大于 $r_d$ 对物价的贡献率。

## 七、结论

本文的主要目的是分析存贷款利率冲击对产出和物价的影响。在估计无约束向量自回归模型后，通过施加识别条件对存贷款利率冲击进行识别并得到结构向量自回归模型，然后对存贷款利率冲击进行脉冲响应分析和方差分解分析。实证分析表明：

1. 存贷款利率是产出和物价的 Granger 原因，其变动冲击能够显著影响物价和产出，说明我国金融机构存贷款利率的传导机制能够发挥一定效应；产出和物价不是存贷款利率的 Granger 原因，即产出和物价的变动不能够显著影响存贷款利率变动，说明我国存贷款利率调整时缺乏敏感性和灵活性，这与我国存贷款利率不完全市场化的特征相符。

2. 贷款利率冲击在短期（14个月）对产出的单位正标准差冲击具有负向影响，但有3个月的延迟。长期（14个月以后）来看，存款利率冲击对产出的负向影响作用要大于贷款利率冲击的作用。

3. 存款利率冲击对物价的负向影响存在12个月的时滞，之后快速下降并保持长期负向影响。贷款利率冲击在20个月内对物价的单位正标准差冲击具有负向影响，但有3个月的延迟。

4. 前9个月，贷款利率冲击对产出的影响要快于存款利率冲击，但从中长期看，存款利率冲击对产出的贡献率要大于贷款利率冲击。存款利率冲击对物价的影响快于贷款利率冲击，且对物价的贡献率大于贷款利率冲击的贡献率。

综上所述，在我国金融机构存贷款利率变动对产出和物价的影响关系中，贷款利率冲击能在短期内对产出和物价产生抑制效应，而相反，存款利率冲击对产出和物价的抑制作用存在一定的时滞。长期来看，贷款利率冲击对抑制产出和物价的作用微弱，而存款利率冲击对抑制产出和物价的作用是持续有效的。因此，若政策目标主要在于短期调控物价水平，则应侧重贷款利率的调整，同时留意前期存款利率的变动情况；若政策目标主要在于影响中长期产出和物价水平，则应关注存款利率的变化。上述分析结论可以为决策部门制定更加有效的利率政策提供一定的支持。

## 参考文献

[1] 谢平，袁沁敔．我国近年利率政策的效果分析［J］．金融研究，2003（5）．

[2] 潘耀明，胡莹，仲伟周．基于利率途径的货币政策传导效果实证研究［J］．上海金融，2008（3）．

[3] 赵天荣，赵蕊．利率调整与经济增长关系的实证研究［J］．上海金融，2008（8）．

[4] 张辉，黄泽华．我国货币政策利率传导机制的实证研究［J］．经济学动态，2011（3）．

[5] 张龙，徐丽华．流动性过剩对物价和产出的动态冲击效应分析［J］．数理统计与管理，2011（3）．

[6] 王森，王敬，刘佳佳．利率的变化对投资和经济增长的影响——基于2000—2012年的数据分析［J］．宏观经济研究，2014（1）．

[7] 黎志刚，尚梦．利率市场化、实际利率与经济增长的关系研究——基于ARDL模型的分析［J］．经济问题，2014（5）．

[8] 高枝宝，王伟．中国利率政策有效性测度——基于1993—2013年的DSGE方法的分析框架［J］．学术研究，2014（5）．

[9] 孙艳军．从利率与经济发展相互作用机理分析利率市场化的经济效应［J］．中央财经大学学报，2014（6）．

[10] 马骏，王红林．政策利率传导机制的理论模型［C］．中国人民银行工作论文，2014（1）．

[11] 张晓慧．中国货币政策［M］．北京：中国金融出版社，2012.

[12] 张成思．金融计量学——时间序列分析视角［M］．北京：中国人民大学出版社，2012.

[13] 张翠微．关于中国中央银行的货币政策工具研究［D］．武汉大学，2010.

[14] 张莉．我国货币政策的利率传导机制及效率研究［D］．苏州大学，2010.

[15] 古旻．中国“双轨制”利率传导机制及效应研究［D］．重庆大学，2010.

[16] Taylor J. B.，Discretion Versus Policy Rules in Practice［M］．Carnegie－Rochester Conference Series On Public Policy，1993.

[17] Sims C A.，Interpreting the Macroeconomics Time Series Facts：the Effects of Monetary Policy［J］．European Economic Review，1992（6）．

[18] Walter Enders. Applied Econometric Time Series［M］．USA：John Wiley & Sons，Inc.，2010.

责任编辑校对：黄　瑾

# 均衡利率的估算与研究

中国人民银行银川中心支行课题组
梁非哲　刘江帆　马晓栋　何敬杰

**摘要：**均衡利率是货币政策行为中的一个重要变量，它与产出缺口、通货膨胀率等主要宏观经济变量之间有着密切的联系。文章在借鉴国外研究成果的基础上，构建均衡利率状态空间模型，采用卡尔曼滤波估计方法对我国的均衡利率进行了定量估算，估算结果分析表明均衡利率的走势较为契合地反映了我国2002年第一季度以来的货币政策操作和政策松紧变化的情况，对未来的货币政策调控具有较好的指示作用。在此基础上，文章还通过OLS分析、Granger因果检验等定量方法对我国均衡利率与通货膨胀率、产出缺口的关系进行了研究，结果表明均衡利率与通货膨胀率、产出缺口之间均呈现负相关变动。

均衡利率是货币政策行为中的一个重要变量，它与产出缺口、通货膨胀率等主要宏观经济变量之间有着密切的联系。其估计结果不仅可以帮助对宏观经济运行态势进行准确的描述，更可以作为度量货币政策“立场”的一个重要基准，为科学地制定货币政策以及评价政策执行效果提供有用的参考。2008年美国次贷危机以来，国际金融经济形势复杂多变，对货币政策的调控提出了更高要求，本文在借鉴国内外研究成果的基础上，结合我国宏观经济的现实特征，对我国均衡利率水平进行定量估算，在此基础上，对我国均衡利率与通货膨胀率、产出缺口的关系进行研究，为提高我国货币政策决策的科学性、增强其对宏观经济的调控能力提供有用的理论支持和经验依据，具有重要的理论和现实意义。

## 一、均衡利率估算的研究现状

国外学者们在均衡利率的定量估计方面进行了大量的研究，大致有以下几种：

一是动态随机一般均衡（DSGE）模型。Neiss和Nelson（2001）在设定价格黏性的微观假设基础上，通过开发一个具有黏性价格的动态随机一般均衡模型（DSGE），对均衡利率特别是实际利率缺口进行了相应地研究，估算了英国1981—1999年的均衡利率，结果表明均衡利率等于资本的边际收益。

二是新凯恩斯主义动态模型。Laubach和Williams（2003）基于历史数据的新凯恩斯主义动态模型，在假设价格黏性的基础上，利用卡尔曼滤波法（Kalman filter）对美国的均衡利率进行了估测。

三是结构向量自回归模型（SVAR）。SVAR模型能够把经济变量的总波动分解成相互独立的结构性扰动，因而可以用来估计多种不可观测的经济变量，Brzoza - Brzezina（2003）利用结构 VAR 模型对1960—2000 年的美国均衡利率进行了估计，发现该均衡利率具有很强的波动性，并且是一个顺周期变量。

四是状态空间（State - Space）模型。状态空间模型一般由反映系统内部状态变化的转移方程以及揭示系统内部状态与外部信息变量之间相互关系的测量方程组成。Basdevant（2004）以金融资产收益率曲线为切入点，分别构造均衡利率方程和状态空间模型，利用卡尔曼滤波法对新西兰的均衡利率进行了估算。

## 二、均衡利率的估算与分析

本文利用空间状态模型和卡尔曼滤波估计均衡利率，该方法实际上是将均衡利率这一不可观测的经济变量纳入一个小型的简化模型中，并将这一模型表示成状态空间模型的形式，应用卡尔曼滤波方法进行求解的方法。该定量估计方法具有以下优点：一是将均衡利率与实际经济要素联系起来，并考虑了均衡利率的时变性。二是它在随机动态一般均衡方法和纯粹的统计方法之间进行了折中，既不依赖于复杂的结构模型和众多苛刻的前提假设，又反映了均衡利率和产出、通货膨胀率等宏观经济变量之间的内在联系。三是状态空间模型不仅可以将不可观测的变量（即状态变量）并入可观测模型并与其一起得到估计结果，而且它利用了卡尔曼滤波算法来进行求解。

### （一）均衡利率状态空间模型的建立

对于均衡利率的估计，本文借鉴 Laubach 和 Williams（2003）的思想，利用产出—利率之间的总需求关系和价格—产出之间的总供给关系，建立新凯恩斯动态模型。在实际建模过程中，仿照巴德旺（2004）所采用的利率期限结构分析方法，在考虑我国债券收益变动和宏观经济系统变化对长短期利率影响的基础上，通过泰勒规则，来列示短期名义利率的方程式，充分考虑均衡利率、预期通货膨胀率、通货膨胀缺口以及产出缺口等变量之间的关系，即将均衡利率变动与宏观经济趋势变化对短期名义利率的变动影响均予以考虑；而在长期名义利率表示时，不仅将均衡利率、预期通货膨胀率考虑在内，将表示长短期内金融资产间无套利关系的升贴水也引入模型，即长期名义利率等于均衡利率、预期通货膨胀率以及期间升贴水三者之和。

因此，构建的状态空间模型的测量方程如下：

$$r_t = r_t^* + \pi_{t+1}^e + \alpha(\pi_t - \pi^*) + \beta\Delta y + \varepsilon_{1t} \tag{1}$$

$$R_t = r_t^* + \pi_{t+1}^e + \mu + \varepsilon_{1t} \tag{2}$$

式（1）即为著名的泰勒规则（Taylor rule），其中 $r_t$ 为短期名义利率，$r_t^*$ 为均衡利率；$\pi_t$ 为实际通货膨胀率，$\pi^*$ 为央行的通货膨胀目标率，$\pi_t - \pi^*$ 表示通货膨胀缺口，$\pi_{t+1}^e$ 为下期的通货膨胀率预期，$\Delta y$ 为产出缺口。式（2）通过将均衡利率、预期通货膨胀率以及长短期金融资产间的升贴水纳入方程中，来表示长期名义利率 $R_t$，即长期名义利率 $R_t$ 为短期名义利率 $r_t$，与固定期间内的升贴水 $\mu$ 之和，其中短期名义利率又进一步分解为均衡利率与预期通货膨胀率之和 $r_t^* + \pi_{t+1}^e$。假定长短期金融资产间的

升贴水 $\mu$ 为固定的值，均衡利率的状态方程序列满足随机游走过程，即：

$$r_t^* = r_{t-1}^* + g_{t-1} \quad (3)$$

$$g_t = g_{t-1} + \delta_{1t} \quad (4)$$

式（3）与式（4）即为均衡利率的状态方程，我们假设均衡利率以长期均衡的趋势增长率 $g_t$ 变动，同时均衡利率、趋势增长率均服从简单的一阶自回归过程。式(3)、式（4）与式（1）、式（2）共同构成了均衡利率的完全结构式的状态空间模型。

（二）数据指标的选取与处理

1. 数据指标搜集

考虑到我国宏观经济数据的可得性以及我国市场化的利率期限结构数据资料的完善性，本文采用2002 年第一季度到2014 年第三季度的数据指标对我国的均衡利率进行估算。数据主要来自于中经数据库和 Wind 数据库。

2. 指标选择与处理

（1）短期名义利率：本文选取银行7 天期同业拆借加权利率来表示短期名义利率，这是因为市场利率反映了货币市场上资金的供求状况，相比于贷款基准利率更加敏感、灵活反映市场货币供给情况。

（2）长期名义利率：参照徐小平（2007）的方法，用10 年期的国债到期收益率来表示。

（3）通货膨胀率：本文选取居民消费价格指数（CPI）来作为衡量通货膨胀率的指标，同时，考虑我国货币政策调控的实际以及我国现有的货币政策研究，将中央银行通货膨胀率的目标值固定为3%，即通货膨胀目标率 $\pi^*$ 假定为3%，而预期通货膨胀率则根据目标通货膨胀率和我国未来四个季度通货膨胀率的均值来确定。

（4）产出缺口：由于泰勒规则中产出缺口是通过实际产出与潜在产出求得的，本文选用国内生产总值（GDP）的数据来表示我国的名义产出，实际产出根据名义产出与居民消费价格指数计算所得，其中 CPI 采用以2001 年12 月为基期的定基比指数。参照国内学者的研究（郭庆旺、贾俊雪，2004；徐小华，2007），采用 HP 滤波法求得潜在 GDP 的值，则产出缺口 =（实际 GDP - 潜在 GDP）/潜在 GDP ×100。

（三）均衡利率的估算

通过上面状态空间模型的构建，以及数据指标的选择与处理，利用计量软件Eviews 5.0 进行 Kalman 滤波实证估计。

具体的实证结果如下：

**表 1　　Kalman 滤波估计结果**

| | Coefficient | Std. Error | z - Statistic | Prob. |
|---|---|---|---|---|
| C（1） | 0.014590 | 0.185889 | 0.078487 | 0.9374 |
| C（2） | 0.327620 | 0.280460 | 1.168153 | 0.2427 |
| C（3） | 0.624811 | 0.020491 | 30.49259 | 0.0000 |
| C（4） | 0.739540 | 0.302895 | 2.441572 | 0.0146 |
| C（5） | -24.04938 | 2.05E+08 | -1.18E-07 | 1.0000 |

续表

| | Coefficient | Std. Error | z - Statistic | Prob. |
|---|---|---|---|---|
| C（6） | -0.681386 | 0.178446 | -3.818439 | 0.0001 |
| | Final State | Root MSE | z - Statistic | Prob. |
| SC1 | 2.764060 | 0.711277 | 3.886051 | 0.0001 |
| SC2 | 0.521200 | 1.005898 | 0.518144 | 0.6044 |
| Log likelihood | -146.0905 | Akaike info criterion | | 5.964334 |
| Parameters | 6 | Schwarz criterion | | 6.191608 |
| Diffuse priors | 2 | Hannan - Quinn criter. | | 6.051182 |

表 1 为状态空间模型的 Kalman 滤波的估计结果，其中 SC1 指的就是均衡利率 $r_t^*$，Kalman 滤波估计得到的 C（1）值就是均衡利率的值，图 1 所示的 $r_t^*$ 的走势情况就是对均衡利率走势情况的估算；SC2 指的是前面设定的均衡利率满足随机游走过程时的趋势增长率 $g_t$。均衡利率估算情况如图 1 所示。

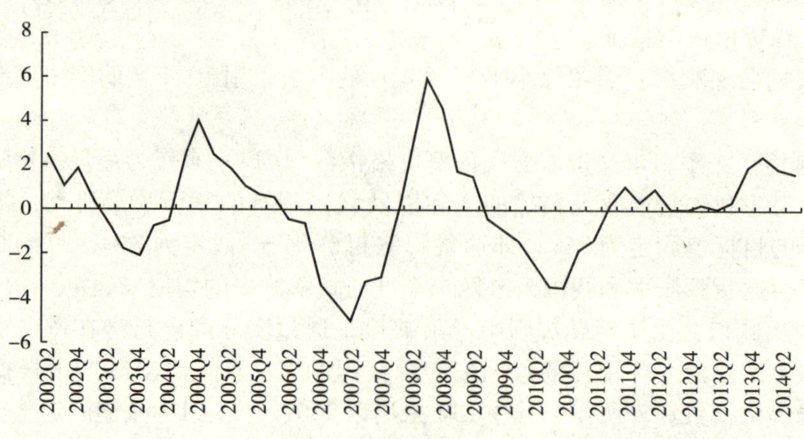


**图 1 均衡利率走势**

（四）均衡利率估算结果分析

第一阶段（2002 年第一季度至 2008 年第二季度）。随着 2001 年 11 月我国加入世界贸易组织，出口快速增长并迅速成为拉动经济的重要增长极，外汇占款也大幅增加，导致国内流动性过剩，估计结果显示，此时国内均衡利率呈现缓慢下降趋势；2003 年第三季度以后，随着宏观经济过热，央行采取了一系列收紧性货币政策，包括价格工具和数量工具，并使用央票对外汇占款进行对冲，货币供给过剩有所缓和，均衡利率也结束此前下行趋势快速上升；进入 2005 年，国内经济进入快速发展阶段，外汇储备呈指数性增长，国内各项投资也大幅增加，在此期间，央行对利率工具较少，采取低利率周期（1.98% ~2.25%），与此同时，外汇占款的大幅增加，尽管央行在公开操作市场大幅收缩流动性，但在此期间我国货币供应量还是大幅增加，估计结果显示，国内均衡利率再次进入下降空间，期间受适度从紧货币政策的影响，出现过短暂性回升，但总体趋势是向下，这个过程持续到 2007 年第一季度。随着宏观经济投资增长过快、信贷投放过多、贸易顺差过大的问题变得更为突出，人民银行适时加大了宏观调控力度，货币政策从“稳健”转向“适度从紧”，从2006年7月至2008年6月，上调存款准备金率18次，累计10.5个百分点。从2006年4月至2007年12月，分别上调存贷款基准利率7次和8次，累计1.89个百分点，从而促使我国均衡利率呈现上升走势，并于2008年中期达到极大值。

第二阶段（2008年第三季度至2010年第三季度）。2008年，受美国次贷危机所引发的全球金融危机影响，为了应对国际金融危机的冲击，中央政府果断出台了“四万亿”经济刺激计划，货币政策从“适度从紧”转向“适度宽松”，从2008年9月至2008年12月，人民银行共下调存款准备金率4次，累计3个百分点（大型机构）；下调存贷款基准利率5次，分别累计1.89个和2.16个百分点，这种低利率一直持续到2010年9月，货币供应量由2008年9月的45.29万亿元急剧增加到2010年12月的72.59万亿元，年均增速高达22.4%，短期天量的货币投放导致我国均衡利率一路向下，估计结果证实这一点，在此期间我国均衡利率快速走低，直到2010年第三季度末才开始反弹。

第三阶段（2010年第四季度至2014年第三季度）。随着全球经济的持续复苏，“天量信贷”的宽松货币政策带来一系列经济问题，房价不断高涨、地方融资平台盲目扩张，以及物价的大幅上涨，央行从2010年开始将货币政策由宽松转向稳健，从2010年1月开始至2011年6月，人民银行连续13次上调存款准备金率，共计6.5个百分点；从2010年10月开始至2011年7月，连续上调存贷款基准利率5次，共计1.25个百分点，货币供应量的增速从高位回落并趋于稳定、可控，在这一系列货币政策调控的作用下，均衡利率开始回升。2011年9月以后，受到欧债危机持续发酵的影响，产业结构升级优化以及前期政策消化期影响，宏观经济下行压力加大，均衡利率开始反复波动，一直持续到2013年末。2014年以来，随着经济增速的持续下滑，市场对货币需求持续降低，加之央行采取“微刺激”和“定向调控”等货币政策向市场注入资金，导致均衡利率呈现走低趋势。

## 三、均衡利率的货币政策分析

本章将基于我国均衡利率的估计结果，运用实证方法对我国均衡利率（利率缺口）与通货膨胀、产出缺口等宏观经济目标变量之间的相关关系进行检验分析。

### （一）均衡利率与通货膨胀

从泰勒规则可知，均衡利率（利率缺口）与通货膨胀的变化存在着相关关系。参照国内外相关的研究现状，我们引入利率缺口概念，即利率缺口是实际利率与均衡利率之间的缺口（差值），公式如下：

$$\Delta r_t = r'_t - r_t^* \tag{5}$$

其中，$\Delta r_t$ 为利率缺口，它等于实际名义利率减去均衡利率，$r'_t$ 就是短期实际利率，$r_t^*$ 为均衡利率。根据第二章理论与文献综述部分对均衡利率概念的界定，均衡利率是实际产出等于潜在产出，通货膨胀保持稳定时，所对应的实际利率，因此，当前一期通货膨胀率发生变动时，导致均衡利率（利率缺口）也发生相应的变动，前一期通货膨胀率与均衡利率（利率缺口）的变动共同作用又进一步地引起当期通货膨胀率进行调整。因此，我们需要再次对理论进行验证。图2、图3分别为利率缺口、均衡利率与通货膨胀率的走势图。

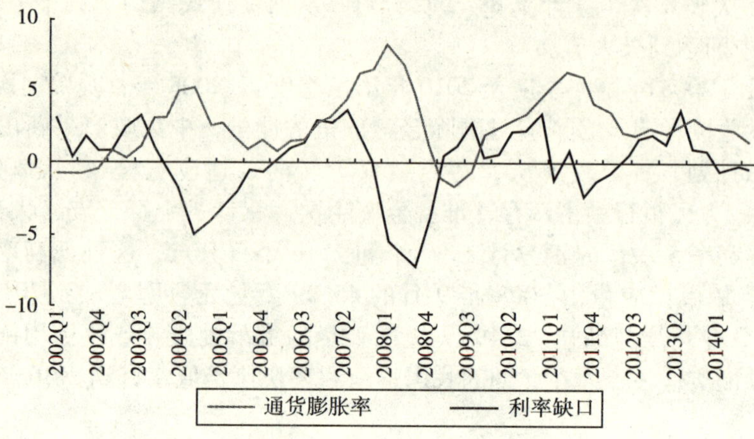


**图2 利率缺口与通货膨胀率走势**

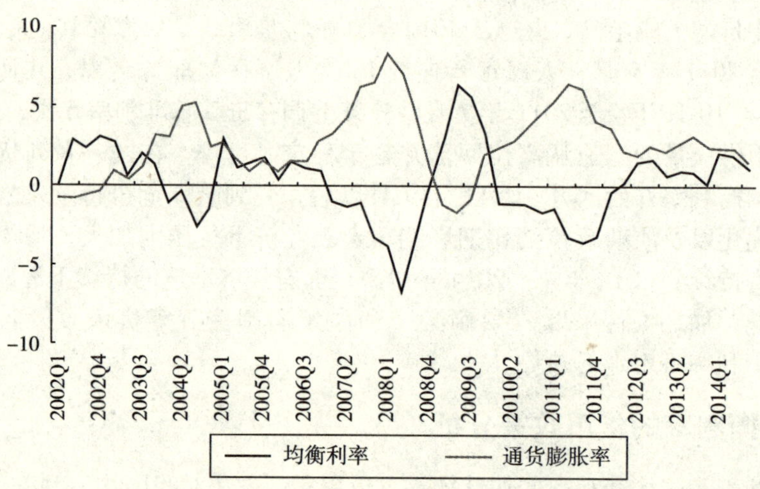


**图3 均衡利率与通货膨胀率走势**

对于利率缺口和通货膨胀来说，负的实际利率缺口有助于刺激投资和消费，但是如果负的实际利率缺口过大，容易导致经济过热和通胀风险。研究我国实际利率缺口与通货膨胀率的关系可以发现，我国实际利率缺口与通货膨胀率之间也存在明显的负相关性，通过计算，两者相关性达到了－0.41，与此同时，通货膨胀率变动总是先于利率缺口的变动。例如，在金融危机时期，通货膨胀率在2008年第一季度达到阶段性最高值，而利率缺口则是在2008年第三季度达到阶段性最低值。

对于均衡利率与通货膨胀率来说，高的通货膨胀率意味着市场流动性充裕，导致均衡利率处于低位。研究我国均衡利率与通货膨胀率的关系可以发现，我国均衡利率与通货膨胀率之间也存在明显的负相关性。

为了便于研究通货膨胀率与均衡利率、利率缺口之间的关系，我们对三者进行了Granger因果检验。检验表明，利率缺口与通货膨胀率之间存在着双向因果关系，也就是说，利率缺口的变动影响着通货膨胀率的变动，同时，通货膨胀率的变动也影响着利率缺口的变动。均衡利率与通货膨胀率之间存在着单向因果关系，也就是说，通货膨胀率的变动也影响着均衡利率的变动，但是，均衡利率的变动不能影响通货膨胀率的变动。

为了进一步验证均衡利率与通货膨胀率的关系，利用普通最小二乘法（OLS）对均衡利率和通货膨胀率进行了实证验证，通过模型的多次筛选，所得到的OLS模型为：

$$r_t^* = 2.82 - 0.72\pi_t(-1) - 0.27\pi_t \tag{6}$$

由（6）式可以看出，均衡利率与通货膨胀率呈现负相关变动，其变动由前一期的通货膨胀率和当期通货膨胀率决定，且前一期通货膨胀率的变动起决定性作用。

（二）均衡利率与产出缺口

根据理论与文献综述部分对均衡利率概念的界定，均衡利率是实际产出等于潜在产出，通货膨胀保持稳定时，所对应的实际利率，因此，产出缺口与均衡利率之间具有密切的相关关系。当实际产出高于潜在产出水平，即产出缺口为正时，总需求大于经济的总供给能力，失业率降低，通货膨胀率上升。反之，当产出缺口为负时，总需求小于总供给水平，各种经济资源闲置，失业率上升，通货膨胀率降低甚至出现通货紧缩。理论上，当央行采取宽松（紧缩）性货币政策时，受市场资金流动性过剩（不足），引起均衡利率的降低（上升），刺激社会总需求，即实际产出高于（低于）潜在产出水平，即产出缺口为正（负）。因此，均衡利率与产出缺口之间应呈现负相关波动。图4、图5分别为利率缺口、均衡利率与产出缺口变动的走势图。

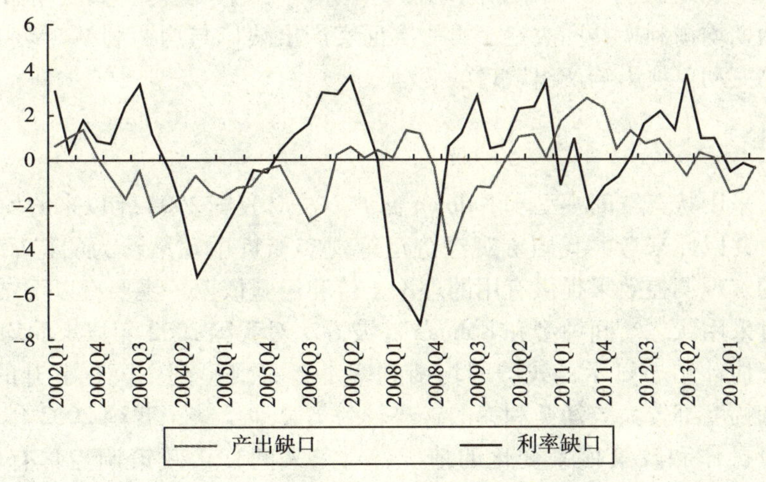


**图4 利率缺口与产出缺口变动走势**

研究我国均衡利率、利率缺口与产出缺口的关系（见图4、图5）可以发现，我国均衡利率与产出缺口之间存在着较为明显的负相关性，且均衡利率的变动总是先于产出缺口的变动。利率缺口与产出缺口之间不存在明显的相关性。

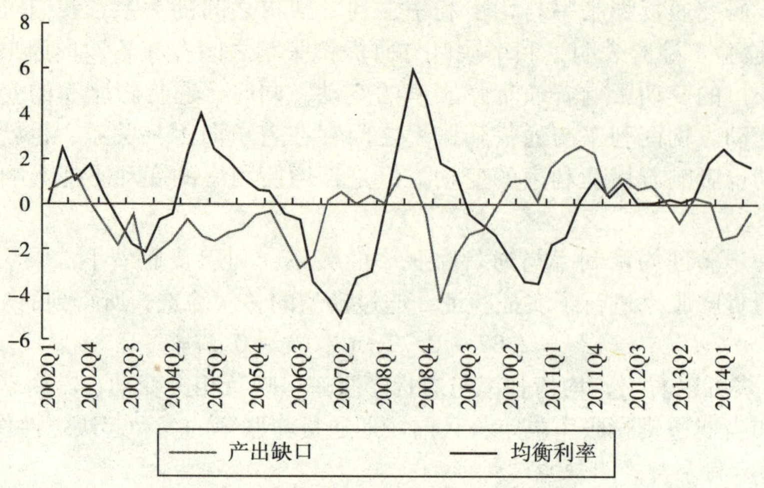


**图5 均衡利率与产出缺口变动走势**

为了便于研究产出缺口与均衡利率、利率缺口之间的关系，我们对三者进行了 Granger 因果检验。检验表明，利率缺口与产出缺口之间不存在 Granger 因果关系，均衡利率与产出缺口之间存在着单向因果关系，也就是说，均衡利率的变动也影响着产出缺口的变动，但是，产出缺口的变动不能影响均衡利率的变动。

为了进一步验证均衡利率与产出缺口的关系，利用普通最小二乘法（OLS）对均衡利率和产出缺口进行了实证验证，通过模型的多次筛选，所得到的 OLS 模型为：

$$\Delta y_t = 2.82 - 0.72Q\Delta y_t(-1) - 0.27r_t^*(-2) \tag{7}$$

由（7）式可以看出，产出缺口与均衡利率呈现负相关变动，其变动由前一期的产出缺口和前两期均衡利率共同决定，再一次证实产出缺口与均衡利率变动存在负相关，且均衡利率的变动单项影响产出缺口的变动。

## 四、结论

本文通过采用状态空间模型和 Kalman 滤波方法对我国 2002 年以来的均衡利率进行了定量估算，并以此来考察我国宏观经济运行现实和货币政策行为的特征，为提高我国货币政策的宏观调控效果提供有用的理论支持和经验依据，主要有以下结论：

本文通过采用状态空间模型和 Kalman 滤波方法对我国 2002 年以来的均衡利率进行了定量估算，估计结果显示：我国的均衡利率走势大致呈现下降、上升的趋势变动，且波动频率和幅度都较大。均衡利率的走势较为契合地反映了我国 2002 年第一季度以来的货币政策操作和政策松紧变化的情况，对未来的货币政策调控具有较好的指示作用。

本文通过 OLS 分析、Granger 因果检验等定量方法对我国均衡利率与通货膨胀率、产出缺口的关系进行了检验，检验发现我国的均衡利率与产出缺口、通货膨胀之间存在着重要的联系。具体关系为：一是均衡利率与通货膨胀率之间存在着单向因果关系，均衡利率与通货膨胀率呈现负相关变动，其变动由前一期的通货膨胀率和当期通货膨胀率决定，且前一期通货膨胀率的变动起决定性作用。二是产出缺口与均衡利率之间存在着单向因果关系，产出缺口与均衡利率呈现负相关变动，其变动由前一期的产出缺口和前两期均衡利率共同决定。

## 参考文献


[1] 魏克塞尔．利息与价格［M］．北京：商务印书馆，1997.

[2] 米尔达尔．货币均衡论［M］．北京：商务印书馆，1983.

[3] 小田信之，村永淳．关于自然利率：理论整理与估计［R］．日卒银行调查统计局，Working Paper，No－03－J－5，2003.

[4] 徐小华．中国国债市场利率期限结构研究［D］．上海交通大学，2007.

[5] 邓创．我国自然利率的估计与货币政策分析［D］．吉林大学，2007.

[6] 叶斌．我国自然利率及其货币政策意义［D］．安徽财经大学，2013.

[7] 邓创，李玉梅，孙皓．基于自然利率对我国货币政策反应函数的实证分析［J］．吉林大学社会科学学报，2009（3）.

[8] 金中夏．寻找中国的均衡利率［R］．经济研究工作论文 WP325.

[9] 田建强．中国自然利率的测算——基于 SVAR 方法［J］．管理评论，2010（2）.

[10] 石柱鲜，邓创，刘俊生，石庆华．中国的自然利率与经济增长、通货膨胀的关系［J］．世界经济，2006（4）.

[11] 夏斌，廖强．货币供应量已不宜作为当前我国货币政策的中介目标［J］．经济研究，2001（8）.

[12] 中国人民银行货币政策分析小组．稳步推进利率市场化报告［R］．2005 年 1 月．

[13] 邓创，吴泰岳，石柱鲜．我国潜在产出、自然利率与均衡汇率的联合估计及其应用［J］．数理统计与管理，2012（3）.

[14] 邓创，石柱鲜．泰勒规则与我国货币政策反应函数——基于潜在产出、自然利率与均衡汇率的研究［J］．当代财经，2011（1）.

[15] 谢平，罗雄．泰勒规则及其在中国货币政策中的检验［J］．经济研究，2002（3）.

[16] Blanchard, O. and Quah, D. The Dynamic Effects of Aggregate Demand and Supply Disturbances [J]. The American Economic Review, 1989, 79 (4): 655－673.

[17] Bomfim, A. The Equilibrium Fed Funds Rate and the Indicator Properties of Term－structure Spreads [J]. Economic Inquiry, 1997, 35 (4): 830－846.

[18] Archibald, J., L. Hunter. "What is the neutral real interest rate, and how can we use it?" [J]. Reserve Bank of New Zealand Bulletin 64 (3), 15－28, 2001.

[19] Brzoza－Brzezina, M.. "Estimating the natural rate of interest: a SVAR approach" [R]. Economics Working Paper Archive at WUSTL, 2003.

[20] Chen Hongyi, Chen Qianying, Stefan Gerlach. "The Implementation of Monetary

Policy in China: the Interbank Market and Bank Lending" [R]. Hong Kong Institute for Monetary Research, Working Paper No. 26, 2011.

[21] Crespo Cuaresma, J., E. Gnan, D. Ritzberger - Grunwald. "Searching for the Natural Rate of Interest: A Euro Area Perspective" [J]. Empirical, 31, 185 - 204, 2004.

[22] Garnier, J., B. - R. Wilhelmsen. "The natural real interest rate and the output gap in the euro area: A joint estimation" [R]. European Central Bank Working Paper No. 546, 2005.

[23] Gilchrist, S., S. Masashi. "Expectations, Asset Prices, and Monetary Policy: the Role of Learning" [R]. NBER Working Paper No. 10128, 2003.

[24] Justiniano, Alejandro, Giorgio E. Primiceri. "Measuring the Equilibrium Real Interest Rate" [J]. Federal Reserve Bank of Chicago Economic Perspectives (1st Quarter), 14 - 27, 2010.

[25] Laubach, Thomas, John C. Williams. "Measuring the Natural Rate of Interest" [J]. Review of Economics and Statistics, Vol. 85 (4): 1063 - 1070, 2003.

[26] Lubik, Schorfheide. "Do central banks respond to exchange rate movements? A structural investigation" [J]. Journal of Monetary Economics 54, 1069 - 1087, 2007.

[27] Neiss, Katharine, Edward Nelson. "The real interest rate gap as an inflation indicator" [R]. Bank of England Working Paper No. 130, April, 2001.

[28] Smets, Frank, Wouters, Rafael. "Forecasting with a Bayesian DSGE model: An application to the Euro area" [J]. Journal of Common Market Studies, 42 (4): 841 - 867, 2004.

[29] Smets, Frank, Wouters, Rafael, "Shocks and frictions in us business cycles: A Bayesian DSGE approach" [J]. American Economic Review, 97 (3): 586 - 606, 2007.

[30] Talor, J. "Discretion Versus Policy Rules in Practice" [J]. Carnegie - Rochester Conference Series on Public Policy, Vol. 39, No. 1, 15 - 214, 1993.

责任编辑校对：宋大为

# 美国 QE 退出背景下<br>我国跨境资本流动影响因素分析

中国人民银行银川中心支行　杨丽艳

**摘要：** 国际经济学理论认为，大国经济政策的实施与退出都具有强烈的溢出效应。本文在现有研究的基础上，结合大量数据，运用 VAR 模型分析我国跨境资本流动的影响因素。研究结果表明，美国量化宽松政策（QE）在短期内对我国跨境资本流动波动影响较大，但长期内，我国跨境资本流动趋于均衡状态。对此，本课题在分析研究的基础上，提出了相应的应对跨境资本流动风险的政策建议。

在世界经济高度一体化背景下，大国经济间的相互影响越来越强烈，美国量化宽松货币政策（QE）及其退出对我国经济也产生了一定的影响。随着美国 QE 的退出，货币政策将回归常态，全球流动性将收紧，并会给全球金融市场流动性带来一定冲击和不确定性。现有的研究主要集中于实施 QE 对我国跨境资金流动的影响，QE 退出方面的研究偏少，仍侧重于政策实施本身的理论、实践效果与影响等。因此，研究美国 QE 退出对我国跨境资本流动影响有着重要的理论和现实意义。

## 一、美国量化宽松货币政策退出的情况

美国 QE 不仅将传统货币政策工具使用到极致，而且创新了大量的货币政策工具，同时寻求世界各国家、地区的中央银行共同合作，积极地与财政政策配合，并跟随复苏情况随时调整政策进退。经过多年的 QE 刺激，美国经济出现了复苏迹象。但是，QE 对通货膨胀也有一定的提升。为了避免物价上涨，美联储开始逐步退出 QE。

从 2014 年 1 月开始，美国正式开始实施 QE 的退出。美联储月度资产购买规模将从原来的 850 亿美元缩减至 750 亿美元，其中长期国债的购买规模从 450 亿美元降至 400 亿美元，抵押贷款支持证券（MBS）的购买规模从 400 亿美元降至 350 亿美元。3 月 21 日，美联储再度缩减 QE。5 月 2 日，美联储继续缩减 QE，并决定将基准利率维持不变。8 月 22 日，美联储确定加息。10 月 29 日，美联储宣布于 10 月结束其长期实施的资产购买计划，第 3 轮 QE 正式退出。

美国经济体量巨大，美元是全球的主要货币，美国 QE 退出的预期以及实际退出对全球金融市场产生以下三个方面的冲击：一是带来全球汇率的反转。金融危机期间，美元呈走软趋势。一旦量化宽松政策退出，美元必将进入阶段性上升轨道。根据历史经验，美联储升息后往往带来美元的持续走强。因此，美国 QE 退出通过“美元—非美货币”的传导，使全球其他货币贬值，对全球汇率市场的均衡产生较大影响。二是大

宗商品价格将进入下行通道。美国 QE 引发全球的流动性泛滥，能源、粮食、金属等大宗商品价格纷纷被推至新高。一旦美国退出 QE，美元升值将使大宗商品价格进入下降通道，必将对资源型国家产生重大冲击。三是资本流动逆转，可能会诱发局部金融危机。国际金融危机以来，美元长期弱势及零利率，使美元成为套利交易的新宠。一旦美国货币政策转向，美元套利交易平仓，势必会引起美元大规模回流，将导致其他国家金融市场出现剧烈动荡。

## 二、美国 QE 退出背景下我国跨境资本流动影响因素的实证分析

### （一）变量选取与数据说明

1. 我国跨境资本流动（CFA）

近年来，我国跨境资本流动的规模越来越大，这些资本在增加国内投资、带来先进管理经验、促进就业等方面发挥了重要作用。在国际收支平衡表金融账户中，有三类明显的资本流动形式，即外商直接投资、证券投资和其他投资。为了统一研究，本文中将上述这三种资本流动数据汇总后，得出我国资本流动（CFA）数据，这也是本文的重点研究对象之一。

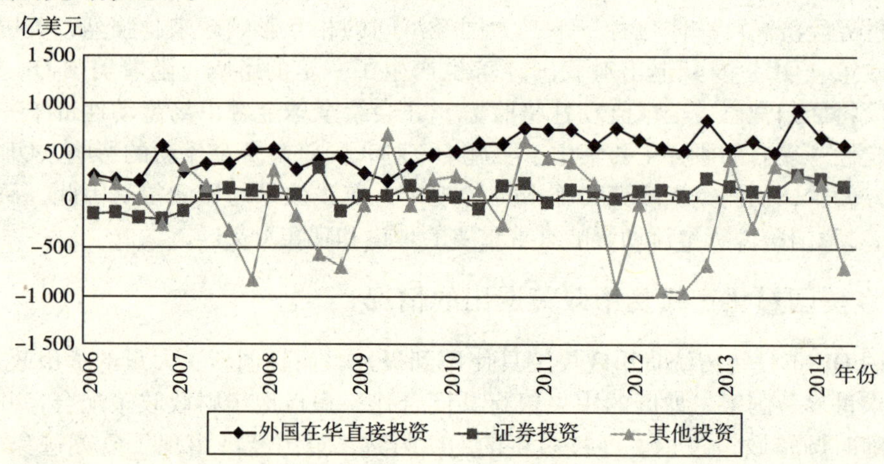


数据来源：国家外汇管理局网站。

**图 1　金融账户下资本流动状况**

从图 1 可以看出，一是外商直接投资一直保持稳定增长，在 2009 年第二季度出现下降后，随后又开始大幅增长。量化宽松货币政策实施初期，政策引发的全球流动性过剩，为政策实施国对中国的直接投资提供了充足的可支配资金。同时，人民币汇率的相对上升，提高了政策实施国在华企业的利润，吸引大量的再投资。量化宽松货币政策实施后期，政策实施国对中国的直接投资规模出现减少，主要原因一方面是中国劳动力要素价格的上升，削弱了中国吸引外国投资的区位优势；另一方面是量化宽松货币政策对量化宽松政策实施国失业问题的改善效果不佳，这些国家开始在实体经济领域寻求出路，从而外商投资额出现一定程度上的“返回潮”。但是，外商直接投资额始终保持在 500 亿美元的季度流入量上。二是证券投资在 2006 年第一季度至 2007 年第

一季度前呈现净流出。受股票投资的推动，从 2007 年第一季度开始呈现净流入状态，在 2008 年第三季度时达到高峰。量化宽松货币政策实施初期，政策实施国低利率政策为一部分投机者提供了“套利”机会，中国等新兴市场国家成为主要投资目标国，投资额出现上升。在量化宽松货币政策实施后，证券投资额均出现明显的下降。量化宽松在“稀释”政策实施国债务的同时，也为债务危机埋下了隐患，受“避险情绪”上升的影响，外国投资者减缓了对外证券投资的步伐，对中国的证券投资也开始减少。三是其他投资波动幅度很大，尤其是从 2011 年第三季度以来，呈现大幅度净流出状态。

2. 中美利差（LC）

新古典经济理论认为，跨境资本流动会对不同国家或地区之间的资本回报率差异作出反应，也就是资本应该从低回报率的国家流向高回报率的国家。本文中美利差（LC）为中国 6 个月存款利率减去美国联邦基金率的差额。

3. 中美 GDP 增速差额（GDPC）

中美 GDP 增速差额为两国 GDP 季度增速之差。

4. 美国狭义货币供给量（M1）

考虑到货币供给具有很强的外生性，货币供给增加未必是量化宽松政策的结果，而货币政策的实施往往会引起货币供给的突发性变化。因此，本文将美国货币供给增长中的预期外的变化视为量化宽松政策退出的结果，用于衡量量化宽松政策的强度。

5. 人民币兑美元汇率（USEX）

汇率变动通常是造成一国跨境资金流动的重要原因。2014 年以来，人民币一改单边升值走势，出现了贬值情况。也就是说，今后，人民币双向波动的情况将更加常态化。

以上数据选择为 2006 年第一季度至 2014 年第二季度，共 34 个季度。数据来源于中国人民银行、国家外汇管理局和美联储官网及中国经济网。

（二）数据检验

在模型选择上，考虑到影响我国跨境资本流动的影响因素之间存在相互扰动，本文建立包括我国跨境资本流动、中美利差、中美 GDP 增速差额、美国狭义货币供给量、人民币兑美元汇率 5 个变量指标的 VAR 多方程动态模型，在此基础上运用脉冲响应函数来描述系统对于单位冲击的动态反应过程。

1. 变量单位根检验

通过 Eviews5.0 对我国资本流动（CFA）、中美利差（LC）、中美 GDP 增速差额（GDPC）、美国狭义货币供给量（M1）、美元汇率指数（USEX）进行单位根检验。为了消除异方差，对数据取自然对数（若数据为正，直接对其取对数；若数据为负，则取其绝对值的对数，并在数前加负号），结果如表 1 所示。

滞后阶数根据 AIC 准则和 Schwarz 准则自动获得。由表 1 的主要变量单位根检验结果可知，变量 lnFDI、lnLC、lnGDPC、lnM1、lnUSEX、D（lnLC）、D（lnM1）、D（lnUSEX）在 1% 的显著性水平上是不平稳的，而原值 lnCFA、一阶差分值D（lnGDPC）和二阶差分值 D（lnLC，2）、D（lnM1，2）、D（lnUSEX，2）在 1% 的显著性水平上

表 1 主要变量的单位根检验

| 变量 | ADF 检验 | 显著性水平 | 单位根 | 结论 |
|---|---|---|---|---|
| lnFDI | -2.802631 | 1% | -3.670270 | 不平稳 |
| lnLC | -1.764139 | 1% | -3.679422 | 不平稳 |
| lnGDPC | -1.501863 | 1% | -3.670170 | 不平稳 |
| lnM1 | 2.266043 | 1% | -3.670170 | 不平稳 |
| lnUSEX | -1.939809 | 1% | -3.679322 | 不平稳 |
| D（lnLC） | -2.619547 | 1% | -3.679322 | 不平稳 |
| D（lnM1） | -2.821897 | 1% | -3.679322 | 不平稳 |
| D（lnUSEX） | -2.248178 | 1% | -3.679322 | 不平稳 |
| lnCFA | -4.896764 | 1% | -3.670270 | 平稳 |
| D（lnGDPC） | -3.983867 | 1% | -3.769697 | 平稳 |
| D（LC，2） | -5.821686 | 1% | -3.689294 | 平稳 |
| D（lnM1，2） | -7.023006 | 1% | -3.689294 | 平稳 |
| D（lnUSEX，2） | -4.521497 | 1% | -3.689294 | 平稳 |

是平稳的。这说明在 1% 显著性水平上，变量 lnCFA 是 I（0）过程，lnGDPC 是 I（1）过程，lnLC、lnM1 和 lnUSEX 是 I（2）过程，因此在此水平上可对 lnLC、lnGDPC、lnM1、lnUSEX、lnCFA 进行协整检验。

2. 协整检验

本文将通过 JJ 检验对 lnLC、lnGDPC、lnM1、lnUSEX、lnCFA 进行协整检验。在 95% 的置信水平下，迹检验显示 lnLC、lnGDPC、lnM1、lnUSEX、lnCFA 具有 4 个协整方程是稳定的。因此，我们可以认为上述各变量间存在一种长期的均衡关系。

表 2 协整检验结果

| 假定协整方程的数量 | 迹统计量 | 5% 临界值 | P 值 |
|---|---|---|---|
| None * | 99.92032 | 79.34145 | 0.0006 |
| At most 1 * | 58.77271 | 55.24578 | 0.0227 |
| At most 2 * | 37.97067 | 35.01090 | 0.0234 |
| At most 3 * | 18.83391 | 18.39771 | 0.0535 |
| At most 4 * | 7.147449 | 3.841466 | 0.0075 |

（三）VAR 模型及估计分析

单位根检验发现在 1% 显著性水平上变量 lnCFA 是 I（0）过程，lnGDPC 是 I（1）过程，lnLC、lnM1 和 lnUSEX 是 I（2）过程。因此，在 VAR 估计中分别对 lnGDPC做一阶差分，对 lnLC、lnM1、lnRER 做二阶差分，方程右边解释变量各滞后两期。

$$\ln CFA = -0.089373 \times \ln CFA(-1) - 0.027296 \times \ln CFA(-2)$$
$$(0.24190) \qquad\qquad (0.27276)$$

$$
\begin{aligned}
&\qquad [-0.36947] \qquad\qquad\qquad [-0.10007] \\
&+5.719353 \times D(\ln GDPC(-1)) + 4.592854 \times D(\ln GDPC(-2)) \\
&\qquad (4.99580) \qquad\qquad\qquad (4.23564) \\
&\qquad [1.14483] \qquad\qquad\qquad [1.08433] \\
&-0.821789 \times D(\ln LC(-1),2) - 4.003578 \times D(\ln LC(-2),2) \\
&\qquad (3.85364) \qquad\qquad\qquad (3.41693) \\
&\qquad [-0.21325] \qquad\qquad\qquad [-1.17169] \\
&-66.43900 \times D(\ln M1(-1),2) + 21.52687 \times D(\ln M1(-2),2) + 4.884507 \\
&\qquad (65.2774) \qquad\qquad\qquad (63.8637) \qquad\qquad (1.76935) \\
&\qquad [-1.01780] \qquad\qquad\qquad [0.33708] \qquad\qquad [2.76062] \\
&-210.5337 \times D(\ln USEX(-1),2) + 18.23917 \times D(\ln USEX(-2),2) \\
&\qquad (161.148) \qquad\qquad\qquad (195.333) \\
&\qquad [-1.30646] \qquad\qquad\qquad [0.09337]
\end{aligned}
$$

其中，$R^2 = 0.334924 \qquad F = 0.805738$

由上述回归结果可以看出，美国货币供给量 $M_1$、人民币兑美元汇率短期内与我国跨境资本流动呈现负相关。但是从长期看，都呈现出正相关。同时，中美 GDP 增速差与我国跨境资本流动呈现正相关。中美利差与我国跨境资本流动呈现负相关。

（四）脉冲响应分析

脉冲响应，就是给定模型中一个变量正的冲击，考察其余变量对这一冲击的响应以分析 VAR 模型中的随机冲击对整个模型的动态影响。

图 2 反映的是在来自我国跨境资本流动本身、中美利差、中美 GDP 增速差额、美国狭义货币供给量、人民币兑美元汇率的一个单位的结构扰动冲击下，我国跨境资本

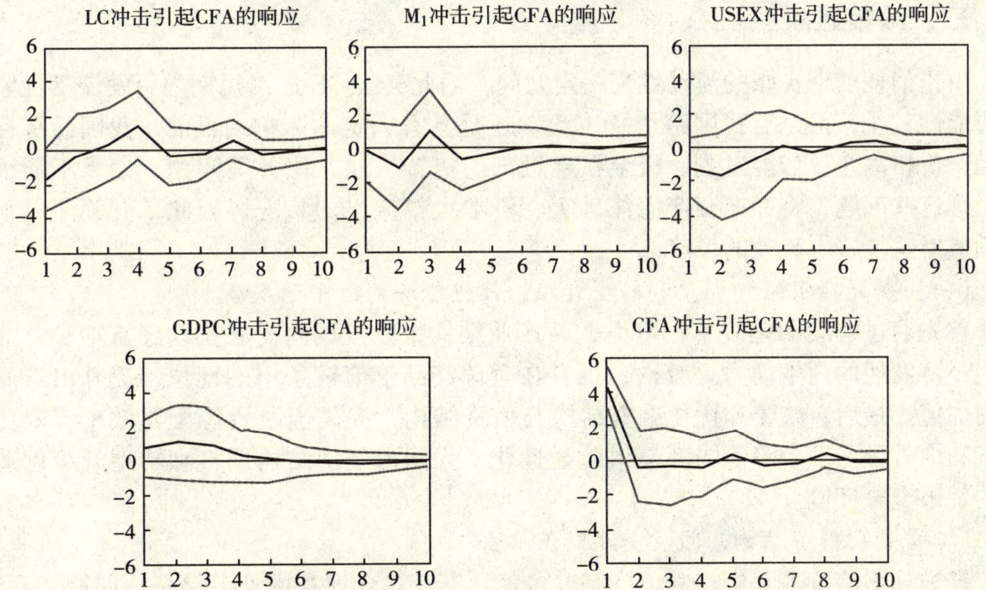


**图 2　我国跨境资本流动对各变量冲击的反应程度**

流动的变化情况。由图 2 可以看出：

（1）在来自我国跨境资本流动一个单位结构扰动冲击下，我国跨境资本流动在第 1 期达到最高点，但随后持续下降，在第 2 期至第 4 期显现负向影响，随后逐步回归均衡，并呈现小幅双向波动状态。我国跨境资本流动受自身流动的影响，短期内出现较大波动。但长期内，波动幅度较小，并保持均衡状态。

（2）中美 GDP 增速差的一个扰动冲击对我国跨境资本流动短期内具有正向影响，但从第 6 期后出现微弱的负向影响。

（3）人民币兑美元汇率对我国跨境资本流动的冲击在前 4 期都显现为负向影响，随后逐步回归均衡，并呈现小幅双向波动状态。

（4）在美国货币供给量 $M_1$ 一个正的冲击下，我国跨境资本流动从 -0.2 的位置逐渐下降，并在第 2 期达到最低点；随后持续回升，在第 3 期达到最高点，随后逐步下降，并持续表现为振幅不断减少，最终回归均衡位置。

（5）在中美利差单位结构扰动冲击下，我国跨境资本流动从接近 -2 的位置逐渐回升，并在第 4 期达到峰顶，随后逐步下降，并在 0 点位置呈现小幅双向波动态势。

### （五）结论

通过以上分析，我们可以看出美国 QE 退出背景下，我国跨境资本流动的影响因素主要表现为：一是中美利差会使我国跨境资本流动在短期内呈现双向波动特征。但是，由于我国金融市场对外开放程度较低，境内外金融市场一定程度上还处在“分割”状态，加之资本跨境流动需要支付交易成本和承担汇率风险，从长期看，中美利差对我国资本流动的影响较小。二是美国货币供给的减少，吸引国际资本回流美国，短期内使我国跨境资本明显出现大量净流出。之后，在国内外经济趋稳背景下，我国跨境资本流动保持小幅的双向波动，但是整体上是向着平稳的方向发展。

## 三、政策建议

由于消耗前期扩张的流动性需一定时间，因此美国 QE 退出短期内引发流动性紧张的可能性较小，但是对我国跨境资本流动还是具有一定的影响。目前，我国经济存在房地产价格高企、产能过剩、资金在金融部门空转、地方债务等问题。如果不能很好地处理这些问题，将存在资产泡沫破灭、资本大幅流出的状况。因此，应关注以下几方面应对跨境资本流动的风险。

### （一）加强经济结构调整和转型升级，促进经济均衡平稳发展

首先通过继续深化改革，着力调整产业结构，以发展内需来拉动经济增长，提升国内经济发展的内生动力。其次，提升在全球产品价值链条中的地位，提升出口商品的附加值。最后，改善和优化融资结构与信贷结构，提高金融资源配置效率，避免房地产和地方融资平台等薄弱环节风险显性化，为国内经济结构调整和转型升级创造稳定的货币金融环境。

### （二）优化储备结构，减少美元贬值冲击

推进外汇储备多元化，避免持有过多美元资产。合理利用外汇储备，即增加石油、黄金等战略物资的储备；增加政府海外采购，购进先进设备和先进技术；增加我国在

海外的投资和并购；增加出口信贷量，促进出口企业发展。

（三）拓展流动性监测范围，完善流动性监测指标体系

应对跨境资金流动性监测应该多管齐下，特别是在监测范围不仅要覆盖银行间市场，而且要对保险、证券、担保、租赁、财务公司、信托公司等其他金融机构进行流动性监测分析，实现对金融市场和机构流动性的全面把握，除现有银行系统头寸和超额准备金率等指标外，应增设新的流动性衡量指标，如全球各股票市场流动性的监测指标、全球大宗商品市场流动性监测指标、国际资金流向监测指标等。

（四）合理利用市场干预手段，加强金融市场管理

我国要加快人民币汇率形成机制的市场化改革，提高人民币汇率的弹性，使人民币汇率能够对国内外经济迅速作出反应，避免汇率制度僵化扭曲国内外经济关系并引起热钱的流动。同时，也要加快推进人民币利率市场改革进程，提高货币市场效率和深度，通过货币市场供求调整和利率的灵活调整吸收国际市场的冲击，减轻美联储量化宽松政策退出对我国金融市场产生的不利影响。

## 参考文献

[1] 徐静怡，宋慧．美国量化宽松政策的退出：演进、风险及其应对［J］．经济论坛，2013（11）．

[2] 刘天琪．浅议美国退出量化宽松政策对中国经济的影响［J］．北方经贸，2013（10）．

[3] 张利勇，刘正虎．量化宽松货币政策退出对我国跨境资金流动的影响［J］．华北金融，2013（10）．

[4] 高维斌，丁岩，陈刚，李坤．量化宽松政策退出对国家（地区）风险影响的研究［J］．国际金融，2014（2）．

责任编辑校对：杨　光

# 固定资产投资、产业结构与经济增长

## ——基于面板门限模型的经验证据

中国人民银行银川中心支行　宋大为

**摘要：**近年来，我国经济一直保持着较快增长，同时也伴随固定资产投资的大规模扩张。但是，目前鲜有研究从产业结构的视角考察固定资产投资对经济发展的促进作用，对在不同产业结构下固定资产投资的效率缺乏定量的认识。本文通过面板门限模型，定量研究固定资产投资与各地区经济发展和产业结构之间的关系。研究结果表明，固定资产投资对经济增长的促进作用存在门限效应，当第二产业增加值占比低于门限值时，固定资产投资对经济增长的促进作用较弱。同时本文还发现，东部和中部地区固定资产投资对经济增长的促进作用较强，而西部地区相对较弱，并且金融发展水平对经济增长没有明显的促进作用。

投资作为总需求的一个组成部分，是经济增长的重要驱动力之一。无论在西方的古典经济增长理论，还是在新经济增长理论当中，无不将资本积累作为推动经济增长的重要因素（宋丽智，2011）。投资对经济增长的促进作用可以通过两种方式来实现，一是短期的需求效应，增加投资能够直接拉动总需求，从而达到刺激经济的目的；二是长期的供给效应，增加投资可以为整个社会形成新的生产能力，进而为一个国家的长期经济增长提供必要的物质和技术保障。固定资产投资（IFA）是衡量一个国家或地区一年内在固定资产方面投资总量的指标，它能够以价值形态反映固定资产建造和购买活动的总量。相对其他政策手段，固定资产投资作为资本积累的重要途径，一直是政府实现经济增长目标和进行宏观经济调控的首要方式。

近几年来，我国经济一直保持着较快的增长，同时也伴随固定资产投资的大规模扩张，这导致部分省份经济发展对固定资产投资存在较大的依赖性，可持续发展能力较弱。同时，由于各地区产业结构等方面的差异，固定资产投资的使用效率也不尽相同。本文通过面板门限模型，定量研究固定资产投资与各地区经济发展和产业结构之间的关系，从而有针对性地提出适应各地区经济发展的政策建议，以期提高固定资产投资的使用效率和区域经济的长远发展。

## 一、文献综述

近年来，国外大量实证研究表明，固定资产投资和经济增长之间存在显著的正相关关系。De Long（1991）等认为经济的快速增长是由高投资率或以设备投资反映的高资本形成率推动的。也有一些观点认为快速的经济增长导致了快速的资本形成（Vanhoudt，1994）。但是，这些观点都不否认固定资产投资和经济增长之间存在显著正相关关系。

对于固定资产投资与经济增长之间的关系，国内学者也做了大量研究，得出了不尽相同的观点。雷辉（2006）研究结果表明固定资产投资是我国经济增长的一个主要拉动因素，若当年的固定资产投资增加1个百分点，我国的国内生产总值将增加0.89个百分点。唐运舒等（2008）研究表明当期经济发展速度对当期的固定资产投资存在着显著的正的影响。郑贵忠等（2011）研究发现2001—2008年，我国35个大型城市的人均固定资产投资对人均GDP均有正向影响，人均固定资产投资额提高1%，当年度人均GDP将提高0.27%。宋丽智（2011）认为固定资产投资与经济增长具有双向的格兰杰因果关系，即我国固定资产投资与经济增长存在相互促进作用。吴凡等（2013）研究了国有固定资产投资的经济增长效应，实证分析发现国有生产性基础设施投资在长期和短期均对经济增长存在明显的促进效应。也有一些学者对此提出了质疑，房地产投资作为固定资产投资中的重要组成部分，张清勇（2012）等认为无论是全国各省市还是分区域的各省市面板数据，整体上找不到证据以支持住宅投资带动经济增长的观点。但是，目前鲜有研究从产业结构的视角考察固定资产投资对经济发展的促进作用，对在不同产业结构下固定资产投资的效率缺乏定量的认识。

## 二、模型设定与变量说明

### （一）面板门限回归模型的构建

考虑到固定资产投资对经济增长的影响大小可能会随产业结构的变化而有所不同，因此需要根据一定的门限值对样本进行区间划分。传统回归方法所使用的门限值往往是研究者依据个人主观经验确定，随意性较强。为此本文采用Hansen（1999）提出的门限回归方法，该方法通过“残差平方和最小化”原则来确定门限值，同时对门限效应的显著性进行检验，从而使门限值更具科学性和可靠性。

本文根据Hansen（1999）的面板门限回归模型思路，构建出固定资产投资与经济增长的面板门限回归模型。设定模型如下：

$$y_{it} = u_i + \theta X_{it} + \beta_1 d_{it} I(q_{it} \leqslant \gamma) + \beta_2 d_{it} I(q_{it} > \gamma) + \varepsilon_{it}$$

上式中$i$表示省份，$t$表示年份，$y_{it}$和$d_{it}$分别表示被解释变量经济增长（growth）和解释变量固定资产投资（invest）；$X_{it}$为一组对被解释变量有较大影响的控制变量，包括金融发展水平（finance）、财政支出占GDP比重（fiscal）、消费水平（consume）、对外开放程度（open）；$\theta$为各个控制变量对应的系数向量；$\beta_1$和$\beta_2$为待估系数，分别表示固定资产投资处于第一门限值内的估计系数和固定资产投资跨越门限值的估计系数，$q_{it}$为门限变量，即产业结构；$\gamma$为特定的门限值；$I(q_{it} \leqslant \gamma)$和$I(q_{it} > \gamma)$为一指标函数；$u_i$为个体效应，用于反映个体未观测特征，$\varepsilon_{it}$为随机干扰项。

为了得到参数估计值，首先，需要消除个体效应$u_i$的影响，从每一个观测值中减去其组内平均值，得到：

$$y_{it}^* = \theta X_{it}^* + \beta_1 d_{it}^* I(q_{it} \leqslant \gamma) + \beta_2 d_{it}^* I(q_{it} > \gamma) + \varepsilon_{it}^*$$

其次，对所有观测值进行累叠，并采用矩阵形式将上式变为：

$$Y^* = X^*(\gamma)\beta + e^*$$

对于任意给定的门限值，可采用 OLS 方法估计，从而得到$\beta$的估计值：

$$\hat{\beta}(\gamma) = (X^*(\gamma)'X^*(\gamma)')^{-1}X^*(\gamma)'Y^*$$

相应的残差平方和为$S_1(\gamma) = \hat{e}^*(\gamma)'\hat{e}^*(\gamma)$。进一步地，通过最小化$S_1(\gamma)$获得门限值$\gamma$的估计值$\hat{\gamma}$。

得到参数估计值后，模型涉及两个假设检验，即检验门限效应是否存在、门限估计值是否等于真实值。在完成单一门限值的检验后，如果表明至少存在一个门限值，那么需要进行下一个门限值的检验。在确定了两个门限值之后，可继续进行第三个门限值的检验。依此类推，直到无法拒绝原假设为止。

### （二）变量选取与数据说明

本文实证模型所使用的变量及其描述性统计量如表 1 所示。

**表 1　主要变量描述性统计量**

| 变量名称 | 变量符号 | 平均值 | 标准差 | 最小值 | 最大值 |
|---|---|---|---|---|---|
| 经济增长率 | growth | 0.1244 | 0.0225 | 0.0540 | 0.2380 |
| 固定资产投资增长率 | invest | 0.2628 | 0.0919 | −0.0210 | 0.5560 |
| 产业结构 | struc | 0.4725 | 0.0822 | 0.2232 | 0.5998 |
| 金融发展水平 | finance | 2.5601 | 0.9077 | 1.2793 | 6.6615 |
| 财政支出占 GDP 比重 | fiscal | 0.2205 | 0.1678 | 0.0367 | 1.2914 |
| 消费水平 | consume | 0.3411 | 0.0485 | 0.2182 | 0.4735 |
| 对外开放程度 | open | 0.3341 | 0.4164 | 0.0348 | 1.7142 |

本文采用我国 31 个省市 2004—2013 年的年度面板数据，来源于 Wind 资讯、中国统计年鉴和各省市统计局网站。其中，被解释变量为经济增长率（growth），使用各省市 2004—2013 年名义 GDP 增长率来衡量；解释变量为固定资产投资增长率（invest），使用各省市固定资产投资完成额同比增速来衡量，从表 1 可以看出，2004—2013 年我国各省市生产总值平均增长率为 12.44%，而固定资产投资增长率平均值高达 26.28%，是名义 GDP 增速的两倍，并且各省市之间表现出了较大的差异。门限变量为产业结构（struc），采用各省市第二产业增加值占生产总值的比重来衡量。控制变量包含地区金融发展水平（finance）、财政支出占 GDP 比重（fiscal）、消费水平（consume）和对外开放程度（open）。其中，地区金融发展水平参考已有文献（黄智淋，2013），使用各省市当年金融机构人民币各项贷款余额和存款余额之和占当年名义 GDP 的比重来度量。财政支出占 GDP 比重使用各省市地方公共财政预算支出占名义 GDP 的比重来衡量。消费水平使用各省市社会消费品零售总额占名义 GDP 的比重来衡量。对外开放程度使用各省市进出口总额占名义 GDP 的比重来衡量。其中，进出口总额已采用当年年末汇率水平折算为人民币金额。

## 三、实证结果分析

### （一）门限效应检验

表 2 报告了单一门限效应检验的 F 值和 P 值。从表 2 可以看出，单一门限效应在 1% 的统计水平上通过了检验。这说明，中国各省份固定资产投资对经济增长具有显著的非线性影响。

**表 2　　固定资产投资对经济增长的门限效应检验**

| 门限变量：产业结构 | F 值 | p 值 | 临界值 | | |
|---|---|---|---|---|---|
| | | | 1% | 5% | 10% |
| *H*0：没有门限值，<br>*HA*：有 1 个门限值 | 7.1048*** | 0.0055 | 6.2593 | 3.8771 | 2.7671 |

注：p 值和临界值为采用"bootstrap"法反复抽样 2 000 次得到的结果；*** 表示在 1% 的统计水平上显著，** 表示在 5% 的统计水平上显著。

### （二）面板门限回归模型估计结果与分析

首先，考察固定资产投资与经济增长之间的门限值。表 3 中 panel A 给出了门限估计结果。从中可以看出，当包含全部控制变量时（方程 1），门限值为 0.4164，其 95% 的置信区间为［0.2769，0.5681］，该门限值将样本划分为低工业化区制（$strucit \leqslant \gamma\hat{\gamma}$）和高工业化区制（$strucit > \gamma\hat{\gamma}$）两部分，样本数分别为 59 和 251。依次减少对外开放程度（open）、消费水平（consume）和财政支出占 GDP 比重（fiscal）等控制变量的结果，也表明固定资产投资与经济增长之间存在非线性的门限效应，门限值基本保持在 0.41 左右。

**表 3　　固定资产投资与经济增长的门限回归结果及稳健性分析**

| 方程 | 1 | 2 | 3 | 4 |
|---|---|---|---|---|
| panel A：门限估计 | | | | |
| $\hat{\gamma}$ | 0.4164 | 0.4164 | 0.4164 | 0.4186 |
| 置信区间 | ［0.2769，0.5681］ | ［0.3707，0.4552］ | ［0.4126，0.4579］ | ［0.4130，0.4579］ |
| panel B：固定资产投资对经济增长的影响 | | | | |
| $\hat{\beta}_1$ | 0.0851***<br>(0.0154) | 0.0824***<br>(0.0157) | 0.0821***<br>(0.016) | 0.0824***<br>(0.0161) |
| $\hat{\beta}_2$ | 0.1176***<br>(0.014) | 0.117***<br>(0.0143) | 0.1207***<br>(0.0145) | 0.1217***<br>(0.0143) |
| panel C：控制变量对经济增长的影响 | | | | |
| $finance_{it}$ | −0.0144***<br>(0.0052) | −0.0194***<br>(0.0051) | −0.0264***<br>(0.0048) | −0.0239***<br>(0.0037) |
| $fiscal_{it}$ | 0.0017<br>(0.0201) | 0.0163<br>(0.0201) | 0.0172<br>(0.0205) | |

续表

| 方程 | 1 | 2 | 3 | 4 |
| --- | --- | --- | --- | --- |
| panel C：控制变量对经济增长的影响 | | | | |
| $consume_{it}$ | −0.1715 ***<br>(0.0518) | −0.1829 ***<br>(0.0528) | | |
| $open_{it}$ | 0.0406 ***<br>(0.0113) | | | |
| $struc_{it} \leqslant \hat{\gamma}$<br>样本数 | 59 | 59 | 59 | 61 |
| $struc_{it} > \hat{\gamma}$<br>样本数 | 251 | 251 | 251 | 249 |

注：表中置信区间的置信水平为95%；表中括号内的数据为标准误差；***、**、*分别代表$t$统计量在1%、5%、10%的程度上显著。

其次，考察固定资产投资对经济增长的影响。从表3中panel B来看，固定资产投资与经济增长之间的关系因产业结构的不同而异。当包含全部控制变量时，在产业结构低于门限值的低工业化区制下（$struc_{it} \leqslant \hat{\gamma}$），固定资产投资对经济增长的影响系数$\hat{\beta_1}$为0.0851，并且在1%水平下统计显著，而在产业结构高于门限值的高工业化区制下（$struc_{it} > \hat{\gamma}$），固定资产投资影响经济增长的系数$\hat{\beta_2}$为0.1176，高于前者。依次减少对外开放程度（open）、消费水平（consume）和财政支出占GDP比重（fiscal）等控制变量的结果显示，$\hat{\beta_1}$和$\hat{\beta_2}$的数值虽略有变化，但$\hat{\beta_1}$和$\hat{\beta_2}$基本保持在0.08和0.12左右，并且在1%水平下统计显著。这意味着，固定资产投资对经济增长具有明显的显著的促进作用，但是当一个省的第二产业增加值占比处于门限值以下，即工业化程度较低时，固定资产投资对经济增长的促进作用较弱，而当第二产业增加值占比超过门限值时，固定资产投资对经济增长的促进作用将显著增强。

最后，考察控制变量对经济增长的影响。从表3中的panel C来看，金融发展水平对经济增长的影响系数，在1%的显著性水平显著为负，依次减少对外开放程度（open）、消费水平（consume）和财政支出占GDP比重（fiscal）等控制变量的结果也是一样的。这说明金融发展水平对一个省的经济增长并不具有促进作用。这一结论与目前一些研究结果比较相近。王勋等（2011）运用我国29个省、自治区、直辖市1990—2004年的面板数据，发现目前金融规模扩张不利于经济增长，金融规模提高1%会引起经济增长速度下降0.015%。黄智淋等（2013）认为仅当通货膨胀率高于门限值时，金融发展与经济增长是负相关的。当然，受限于数据的可获得性，本文用于衡量金融发展水平的指标为存贷款总额占GDP的比重，并没有考虑资本市场等其他金融市场，在当前银行信贷占社会融资规模的比例逐步降低的背景下，金融发展水平的衡量指标可能需要有所调整。财政支出对经济增长的影响系数为正，但在统计意义上不够显著。消费水平（consume）对经济增长的影响系数在1%的水平上显著为负。对外开放程度对经济增长的影响系数为0.0406，在1%的水平上显著，这说明提高经济对外开放程度，积极发展对外贸易有利于促进经济增长。

（三）分区域的估计结果与分析

由于中国是一个区域差异较大的国家，无论是产业结构、金融发展水平，还是经济社会发展水平都存在一定差异，因而必须在区域层面做更深入的分析。本文对31个省市分别按东、中、西部3类地区划分。其中，东部包括北京、天津、河北、辽宁、上海、江苏、浙江、福建、山东、广东、广西和海南12个省，中部包括山西、内蒙古、吉林、黑龙江、安徽、江西、河南、湖北和湖南9个省，西部包括重庆、四川、贵州、云南、西藏、陕西、甘肃、青海、宁夏和新疆10个省。首先，考察各区域主要变量的描述性统计量，如表4所示。

**表4　　分区域主要变量描述性统计量**

| 变量名称 | 东部 | | 中部 | | 西部 | |
|---|---|---|---|---|---|---|
| | 平均值 | 标准差 | 平均值 | 标准差 | 平均值 | 标准差 |
| 经济增长率 | 0.1213 | 0.0239 | 0.1287 | 0.0263 | 0.1242 | 0.0157 |
| 固定资产投资增长率 | 0.2319 | 0.1014 | 0.3079 | 0.0799 | 0.2592 | 0.0726 |
| 产业结构 | 0.4651 | 0.1011 | 0.5001 | 0.0531 | 0.4566 | 0.0723 |
| 金融发展水平 | 2.8484 | 1.2371 | 1.9731 | 0.4075 | 2.7425 | 0.3681 |
| 财政支出占GDP比重 | 0.1478 | 0.0511 | 0.1759 | 0.0348 | 0.3479 | 0.2430 |
| 消费水平 | 0.3495 | 0.0375 | 0.3587 | 0.0476 | 0.3153 | 0.0506 |
| 对外开放程度 | 0.6834 | 0.4946 | 0.1093 | 0.0387 | 0.1171 | 0.0668 |

从表4中可以看出，2004—2013年东部、中部和西部的GDP平均增速均达到了12%，中部地区稍高于东、西部，而固定资产投资表现出了较大差异，中部地区固定资产投资平均增速达到30.79%，远高于东、西部。在产业结构方面，中部第二产业占比较高，平均值达到50.01%，其次为东部，西部最低。在金融发展水平上，东部高于中、西部。财政支出占GDP的比重西部最高，平均值达到34.79%，远高于东部的14.78%和中部的17.59%，这与国家近些年对西部的大力扶持有关。对外开放程度方面东部远高于中、西部，东部进出口总额占GDP的比重平均达到68.34%，而中、西部这一比重仅分别为10.93%和11.71%。这是由于沿海的地理位置优势使得东部地区距离欧美日等国际市场更近，从事国际贸易更为便利，东部地区因此拥有比中西部地区更大的海外市场规模（文东伟，2013）。

其次，分区域考察固定资产投资与经济增长之间的门限值，从表5可以看出，东部地区的门限值最低，仅为0.2681，当高于门限值时，固定资产投资对经济增长的影响系数为0.0913，在1%的水平上显著。中部和西部地区的门限值分别为0.4531和0.4186，当高于门限值时，固定资产投资对经济增长的影响系数分别为0.1519和0.0457。而当低于门限值时，只有中部地区固定资产投资对经济增长的影响系数为0.0960，在1%的水平下显著为正。这说明固定资产投资对经济的拉动作用在中部地区最为明显，其次为东部地区，而西部地区固定资产投资对经济增长促进作用较弱。当第二产业增加值占比低于门限值时，影响系数为负，这可能是由于西部地区工业发展较慢，产业集聚效应不明显，固定资产投资无法产生如中部和东部地区一样的规模效应。

金融发展水平在三个区域均未表现出对经济显著的促进作用。财政支出在西部地区对经济增长具有促进作用，但在统计意义不显著。在东部、中部地区对经济增长不具有积极影响，这可能由于东部和中部具有较高的市场化程度，财政资金可能扭曲市场对经济资源的配置。对外开放程度对经济增长在东部、中部均有显著的促进作用，尤其在中部地区影响系数达到0.2864。这意味中部地区应积极发展对外贸易。

**表5　　分区域门限回归结果**

| 方程 | 全国 | 东部 | 中部 | 西部 |
|---|---|---|---|---|
| panel A：门限估计 | | | | |
| $\hat{\gamma}$ | 0.4164 | 0.2681 | 0.4531 | 0.4186 |
| 置信区间 | [0.2769，0.5681] | [0.2363，0.5660] | [0.4310，0.4579] | [0.4132，0.4900] |
| panel B：固定资产投资对经济增长的影响 | | | | |
| $\hat{\beta}_1$ | 0.0851***<br>(0.0154) | −0.0389<br>(0.0552) | 0.0960***<br>(0.0273) | −0.0058<br>(0.0246) |
| $\hat{\beta}_2$ | 0.1176***<br>(0.014) | 0.0913***<br>(0.0201) | 0.1519***<br>(0.0275) | 0.0457*<br>(0.0244) |
| panel C：控制变量对经济增长的影响 | | | | |
| $finance_{it}$ | −0.0144***<br>(0.0052) | 0.0021<br>(0.0084) | −0.0163<br>(0.0162) | −0.0059<br>(0.0065) |
| $fiscal_{it}$ | 0.0017<br>(0.0201) | −0.1863**<br>(0.0784) | −0.2405**<br>(0.096) | 0.0207<br>(0.0209) |
| $consume_{it}$ | −0.1715***<br>(0.0518) | −0.447***<br>(0.0945) | 0.008<br>(0.1017) | −0.0766<br>(0.0777) |
| $open_{it}$ | 0.0406***<br>(0.0113) | 0.025**<br>(0.0114) | 0.2864***<br>(0.0952) | −0.0181<br>(0.0347) |
| $struc_{it} \leqslant \hat{\gamma}$ 样本数 | 59 | 8 | 21 | 25 |
| $struc_{it} > \hat{\gamma}$ 样本数 | 251 | 112 | 69 | 75 |

（四）稳健性分析

表3和表5中逐一加入解释变量的结果表明，固定资产投资与经济增长之间的关系中的门限值 $\hat{\gamma}$，以及在低（高）工业化区制下固定资产投资对经济增长的影响系数 $\hat{\beta}_1$（$\hat{\beta}_2$），基本上没有发生大的变化。这说明固定资产投资与经济增长的非线性关系在

加入其他解释变量的情况下基本是稳健的。

## 四、结论与政策建议

本文基于我国31个省市2004—2013年的年度面板数据，以及产业结构为门限变量，运用面板数据门限模型，考察我国固定资产投资与经济增长之间的非线性关系，得到的主要结论是：

固定资产投资对经济增长具有显著的促进作用，但是存在产业结构的门限效应，门限值为0.4164，该门限值将样本划分为低工业化区制和高工业化区制两部分。当处于低工业化区制时，即第二产业增加值占比低于门限值，固定资产投资对经济增长的促进作用较弱。当处于高工业化区制时，固定资产投资对经济增长的促进作用将显著增强。

分区域来看，固定资产投资对经济增长的拉动作用不同，产业结构的门限值也略有区别。东部地区门限值仅为0.2681，而中西部地区门限值分别为0.4531和0.4186，这可能是由于东部地区经济发展水平较高，具有相对较为完整的产业链条，固定资产投资在较低的工业化水平就可以发挥对经济的拉动作用。当第二产业增加值占比高于门限值时，中部地区固定资产投资对经济增长的促进作用相对最强，影响系数为0.1519；东部地区固定资产投资对经济增长的影响系数略低，为0.0913；西部地区最低，影响系数仅为0.0457。而当低于门限值时，只有中部地区固定资产投资对经济增长的影响系数在1%的水平下显著为正。

从全国来看，金融发展水平与经济增长显著负相关。由于本文选取存贷款总额占GDP的比重作为衡量金融发展水平的变量，这从侧面说明当前银行信贷资源配置效率较低，不能充分发挥对经济增长的促进作用。对外开放程度与经济增长显著正相关。分区域来看，金融发展水平在东、中、西部均未表现出对经济增长明显的促进作用；财政支出在东部、中部与经济增长显著负相关，在西部地区与经济增长正相关，但在统计意义上并不显著，这可能是由于东、中部市场化程度较高，民营资本活跃，财政资金可能会扭曲市场对资源的配置；对外开放程度对经济增长在东部、中部均有显著的促进作用，尤其在中部地区影响系数达到0.2864。

由此建议：

一是各省应保持适度固定资产投资规模和速度，提高投资效率，促进经济可持续发展。总体来看，固定资产投资对经济增长具有明显的促进作用，2004—2013年我国各省市经济增速均保持在12%左右，固定资产投资更是以26%的增速规模递进。我国经济增长在投资的催化下日益高涨，但是部分省市对固定资产投资表现出较高的依赖度，因此在保持适度投资增长的同时，需要摆脱过分依赖投资的模式，避免“投资冲动”，转向协调投资、消费和外贸之间的比例关系，提高投资使用效率。

二是由于固定资产投资对经济增长的促进作用存在门限效应，因此需要强化固定资产投资对经济发展的导向作用，严格控制重复建设，避免产能过剩和浪费，以固定资产投资引导产业结构调整，加快我国产业升级。

## 参考文献

[1] 黄智淋，董志勇．我国金融发展与经济增长的非线性关系研究——来自动态面板数据门限模型的经验证据 [J]．金融研究，2013（7）．

[2] 雷辉．我国固定资产投资与经济增长的实证分析 [J]．国际商务——对外经济贸易大学学报，2006（2）：50－53．

[3] 彭方平，王少平，吴强．我国经济增长的多重均衡现象——基于动态门槛面板数据模型的研究 [J]．经济学（季刊），2007（7）：1041－1052．

[4] 宋丽智．我国固定资产投资与经济增长关系再检验：1980—2010 年 [J]．宏观经济研究，2011（11）：17－21．

[5] 唐运舒，谈毅．信贷、投资、价格变动与经济增长关系的实证研究 [J]．上海交通大学学报（哲学社会科学版），2008（1）：48－55．

[6] 王勋，赵珍．中国金融规模、金融结构与经济增长——基于省区面板数据的实证研究 [J]．财经研究，2011（11）：50－60．

[7] 文东伟．FDI、出口开放与中国省区产业增长 [J]．金融研究，2013（6）．

[8] 吴凡，祝嘉，卢阳春．国有固定资产投资的经济增长效应研究——暨论地方投融资平台的规范发展 [J]．软科学，2013（5）：21－25．

[9] 余玲铮，魏下海．金融发展加剧了中国收入不平等吗？——基于门槛回归模型的证据 [J]．财经研究，2012（3）：105－114．

[10] 张清勇，郑环环．中国住宅投资引领经济增长吗？ [J]．经济研究，2012（2）：67－79．

[11] 郑贵忠，刘金兰．固定资产投资、技术创新增量和对外出口对我国经济增长的影响——基于 35 个大型城市面板数据的实证研究 [J]．天津大学学报（社会科学版），2011（11）：487－492．

[12] J. B. De Long, L. H. Summers. Equipment investment and economic growth [J]. Quarterly Journal of Economics, 1991 (106): 445－502.

[13] P. Vanhoudt. A fallacy in causality research on growth and capital accumulation [J]. Economic Letters, 1998 (60): 77－81.

责任编辑校对：杨 光

# 地方金融监管权研究

## ——以金融监管权纵向配置为视角

宁夏银监局　段志国

**摘要：**金融监管权的配置是金融监管体制的重要内容与有效运行的基础，不仅包括横向层面的部门分配，也包括纵向层面的权力分割。地方金融监管权是在金融监管权纵向配置的背景之下对金融市场发展的制度回应，也是金融监管权配置理论的逻辑自洽，具有正当性基础。当前我国地方金融监管权存在权力来源不明、权力配置内容失当、运行失范等问题，需要在廓清地方金融监管权理论的基础上，对地方金融监管权的配置原则、配置路径以及内容分配与主体分立等基本问题作出适当的制度安排，进而构建起横向统合、纵向分权的分层监管模式，以实现地方金融监管合法规制和有效监管的目标。

金融监管体制的核心是如何在不同监管主体之间分配监管权力，其实质是监管权的配置问题，不仅包含横向层面的权力分配，也应包含权力在中央和地方之间的纵向配置。近年来，随着改革开放和分权的进程，地方政府的利益主体地位日益凸显，在GDP考核和政治晋升双重压力下，基于地方经济发展而对金融分权的呼声愈加强烈。与此同时，金融市场的深化改革导致数量众多的地方性金融蓬勃发展的同时却又缺乏系统、有效的监管，金融监管权在中央与地方之间纵向配置上的结构不合理造成监管空白和权力交叉同时存在，不仅导致监管政策执行的异化，也间接影响金融市场的整体运行，金融监管权的纵向分配已经成为金融管理体制改革不得不面对的重大现实问题。《中共中央关于全面深化改革若干重大问题的决定》提出“界定中央和地方金融监管职责和风险处置责任”，《我国国民经济和社会发展“十二五”规划纲要》提出“完善地方政府金融管理体制，强化地方政府对地方中小金融机构的风险处置责任”，中国人民银行、银监会等制定的《金融业发展和改革“十二五”规划》也提出要“强化地方政府金融监管意识和责任”。面对来自实践的呼声和政策层面的引导，通过对既有研究的梳理发现，主流金融监管理论的研究更为关注市场与政府的关系以及横向层面的金融监管结构改革，而对金融监管权在中央与地方之间的纵向配置以及地方金融监管权的基础理论却鲜有系统论述。因此，有必要对监管权纵向配置这一现实问题作出理论回应。本文以金融监管权在中央与地方之间分配为视角，对地方金融监管权的配置及相关基本问题予以分析探讨，以期通过相应的制度安排和权力配置，为地方金融监管权提供一个规范的制度框架。

## 一、金融监管权的纵向配置与地方金融监管权的生成

### （一）研究前提：金融监管权

金融监管是国家为克服市场失灵、保障社会公共利益而对金融市场的直接强制性介入。国家运用强制性的公权力对金融市场主体之间产生的一系列干预性社会关系在法律的调整下表现为金融监管法律关系。金融监管权是监管主体依法对金融机构和金融市场交易行为进行干预和控制的权力，是金融监管法律关系的指向和核心范畴，不论是金融监管主体、客体抑或内容，均围绕金融监管权的产生、分配、运行、约束等问题而展开。关于金融监管的属性，美国经济学家斯蒂格勒曾言，管制的实质是国家强制权力的运用。尽管在金融监管发展历史上一度存在非政府组织和私人监管，但现代国家多数情况下都由立法授权政府行使金融监管权力，以期借用公权力使市场克服自身缺陷，维护金融体系的稳定。从金融监管的产生源起和当今世界监管实践看，通过国家公权力的介入来维护市场秩序是金融监管存在的价值基础，也是金融监管权最基本的法律内涵。因此，从权力来源和性质分析，金融监管权属于国家权力的重要组成部分。进一步而言，金融监管权是政府基于微观经济监管职能而对市场主体行为行使的市场监管权，与金融调控权、资产管理权一同构成政府管理金融的三种具体权力形态，属于政府履行经济管理职能的事权之一。

如同权力需要配置一样，金融监管权作为国家公共权力，其有效行使同样要遵循权力的分立与制衡原则予以结构性配置。金融监管权的配置是在整个权力系统中各个监管权主体之间如何分配和如何行使监管权力的过程，包括权力主体的架构设置、监管权能的分配以及权力主体相互关系的界定等，主要表现为两个维度：其一，横向维度的功能性分配；其二，纵向维度的结构性分配。前者是指在中央政府或联邦政府层面，金融监管权在中央银行、监管机构和财政等不同部门间的功能性分配，解决不同监管机构之间职能分工和权限范围的问题；后者则指金融监管权在一国内中央与地方之间的结构性垂直分配，解决不同层级权力主体之间的控制程度问题。在一国之内，就结构的完整性而言，金融监管结构既包含了金融监管权的横向配置，也包括纵向配置，高效合理的金融监管结构应当是横向独立与纵向分权的内在结合。

### （二）金融监管权的纵向配置

金融监管权的纵向配置是政府间纵向关系在金融监管权分配上的映射，涉及金融监管立法权、执行权和监督权在不同层级政府之间的分配，其实质是中央与地方政府在金融监管权上的分配与协调，解决金融集权与分权的关系。

金融监管权的纵向配置是权力有效行使的必然要求，分权不仅是以权力制约权力的主要方式，也是当代国家和政府提高自身运作效率的自主需要，更是宪政国家保障公民权利的基本政治要求。在现代国家，集权与分权已经成为一种超越国家形态之上的治理方式，任何国家的治理都会内含分权的因素，国家政治结构与金融监管的集权与分权之间并不存在严格的一一对应关系。推而言之，国家政治结构并非构成决定金融集权与分权的必然因素，金融分权与否更多的是取决于国家治理的需要。

金融监管权纵向配置是一国之内的权力垂直划分，因此，各个国家选择集权还是

分权的监管制度，更多考虑政治结构、历史传统、政府能力、地域大小以及与金融市场发展程度的契合等，并不存在固定结构和最优的监管模式。金融监管权的纵向配置是中央与地方政府关系的内容之一，主要取决于国家结构形式，与国家体制密切相关。如联邦制国家的权力是由各州让与而来，国家权力可以分散在不同层次的政府之间，因此，各州相应地享有较大的监管权可以与联邦分权而治。较为典型的如美国和加拿大，在联邦政府和州政府两个层次并列设置金融监管机构，联邦和州均拥有对金融机构的监管权，同时每一级政府拥有若干个监管机构共同完成监管任务。而在单一制国家，中央政府是权力的来源，地方政府通常只是中央政府的代理者和执行者，并不行使独立的监管权力或仅辅助中央政府承担部分监管职能，因此大多采取授权模式，由中央政府决定与地方进行监管权力分配的范围和程度。世界上大多数单一制国家和部分联邦制国家都采取这种监管模式，如日本、韩国、中国、俄罗斯、法国、印度等。

（三）地方金融监管权的内涵与界定

地方金融监管权是金融监管权的下位概念，是在金融监管权纵向分配的背景下，由地方政府及其授权组织依据法律规定对本区域金融市场主体和金融市场行为进行规制的权力。地方金融监管与中央金融监管相对而言，是在地方政府层面由地方金融监管机构对地方辖区内的金融活动进行的监管活动，是国家金融监管体系的重要组成部分。中央与地方金融监管之间的关系，是一种互动、相容、互补的关系，既包含了同质性也具有异质性。同质性表现在二者都是金融监管的一种制度安排，都在一定程度上代表了社会公共利益，监管目的带有一定的同向性。异质性则表现在监管主体、客体、权力内容上有所不同。在二者的关系上，地方金融监管是对中央金融监管的补充，与中央金融监管权之间是互补和合作关系，二者分别从不同层次构成一个国家整体金融监管体系。

地方金融监管权的本质是国家权力，是国家考虑中央与地方政府层级设置和职能区分的政治需要，为了克服地方金融市场的失灵、维护金融市场的秩序而对微观金融主体进行的一项制度安排，目的在于维持经济秩序的有效运行和公民权利的行使，最终达到维护社会公共利益的目的，其权力行使具有公共性。中央金融监管权与地方金融监管权只是国家权力在中央与地方之间分配后不同层次的运行状态，在性质上并无本质区别，均表现出国家权力的支配性与强制性，是一种国家公共意志的运用形态，具有鲜明的国家意志性。

## 二、地方金融监管权的正当性基础

金融监管权属国家权力，中央政府得以行使此项权力自属无疑，但是否应该在中央与地方之间分权却是一个争论不下的问题。因此，讨论地方金融监管权的正当性成为解决其逻辑自洽的基础性问题。

（一）地方政府监管职能的内在要求

从中央与地方事权划分看，由地方政府承担地方金融体系的监管职责更符合公共物品供给的接近性原则。公共物品的供给原理告诉我们，政府在提供公共物品应当考虑公共物品的规模经济和公平性，提供共享物品和服务的功能应尽可能下放给地方政府，除非地方政府无法实现规模经济效应或可能影响宏观经济稳定的，该功能才应交由中央政府。具体到金融监管，其制度供给的主要目标是解决市场失灵、维护金融稳定和促进金融发展。与宏观调控和货币政策不同，调控是为了总体上实现经济增长、充分就业等目标而运用经济工具改变市场参数的间接性干预方式，监管则是政府履行微观的市场规制功能对市场主体的直接限制和禁止，并不属于宏观层面的经济调节职能，不应排除地方政府成为金融监管的制度供给者。与中央政府相比，地方政府在掌握金融需求信息、加强金融体系监管、促进地区金融稳定方面更具有制度提供的比较优势，由地方政府来对地区性金融产品提供监管规制，更能促进社会福利最大化目标的实现。

（二）地方金融发展的客观需要

从金融体系自身的发展看，区域性经济必然需要区域性金融与之相匹配，需要建立和完善多层次的金融体系。地方金融在发挥信用中介、信用创造、金融创新、降低交易成本等方面的优势无可替代，特别是在广大农村地区，地方金融更是发挥了普惠制金融的作用，极大地改善了农村地区金融服务和金融发展的现状。近年来，我国的地方金融和民间金融日益发展壮大，金融产品供给呈现地方化、区域性态势①。但伴随规模发展和形态丰富，地方金融因其天然具有较弱的抗风险能力，所蕴含的风险也在不断积聚，客观上要求金融监管权的配置结构反映市场的发展变化。监管制度应当尊重实践，促进金融资源市场化配置程度的提高，避免无视金融发展现状过度集权对金融创新和改革的窒息。

（三）实现有效监管的目标选择

有效监管的基本特征之一是，监管必须全面而没有漏洞。监管机构须对由其负责监管的机构实施有效的一体化监管，要尽可能消除监管机构间的权限漏洞。中央集权导致的过多层级和过长的监管链条，容易造成信息滞后和对社会需求的非敏感性，而地方政府行使金融监管权则可以发挥覆盖面宽、灵敏度高的信息优势，及时获取需求信息和作出监管决策，提高监管效率。将监管权分由地方行使还能够减少中央政府承载的对地方金融业的信用保证和监管负担，特别是在涉及金融机构的风险处置时，地方政府能够快速调集本区域内的相关力量开展救助工作，减少协调成本，符合公共权力成本最小化原则。

## 三、我国地方金融监管权的现状透视及问题

（一）地方金融监管权存在的主要问题

我国属于单一制国家，国家权力的纵向配置大体属于中央集权模式，与中央与地方关系的演进相同，我国的金融管理体制改革也始终在集权与分权之间曲折式发展。改革开放以来，随着地方政府与中央之间利益博弈的格局不断反复，中央与地方间的

---

① 根据中国人民银行统计数据，2013 年末社会融资总规模为 17.29 万亿元，人民币贷款只占社会融资总规模的 51.4%，中小银行业金融机构资产规模的市场份额达 22.57%，全国小额贷款公司机构数量则在 2013 年末达到 7 839 家。

金融管理权限也历经放权、收权与再度分权的过程，至2003年中国银监会成立，标志着我国金融管理体制正式形成了“一行三会”分业监管、垂直管理的架构。近年来，随着金融市场不断深化，诸多非传统的金融形态在各地政府的推动下大量涌现，地方自下而上的金融改革和创新使得中央金融约束出现松动，中央政府开始逐步将部分金融机构和金融市场的监管权和风险救助责任赋予地方政府①。目前，金融监管权纵向配置呈现出中央集权和地方有限分权的格局。在地方行政区域内，人民银行、银监会、证监会、保监会“一行三会”的派出机构代表中央与地方政府的金融管理机构一并履行金融监管职能。从某种程度上讲，集权与分权本是单一制国家调整央地关系的常态，并不构成问题的根本，中国金融市场的发展也正是在改革开放的过程中中央不断向地方放权的结果，这种以中央集权为主的金融监管结构总体上符合我国金融市场发展状况，为金融创新和金融稳定提供了保证。但同时还应看到，地方金融监管权在权力来源、内容配置及运行方面仍存在一些突出问题。

1. 权力内容配置的非结构化

金融监管权的分配不是按行政事权和公共产品的服务范围在中央与地方之间划分，也未能充分考虑当前金融市场的发展变化和地方政府履行经济管理职能的内在需要，将一些区域性的微型金融机构等归于中央监管，对农村信用社则是中央与地方共同分担金融监管职责，造成监管权能割裂行使②，形成监管层级之间的权能错配。此外，中央与地方监管权力与责任配置不对等，对一些地方性金融机构，中央掌握日常监管权力，而将风险处置责任交由地方政府，导致权力、利益与责任的分离。

2. 权力来源合法性存疑

在我国国家结构下，地方政府的权力既可来自于法律授权和本级立法机关的授予，也可以来自中央政府的行政授权。实践中地方很大部分的权力采取由中央政府的授权方式，但行政授权必须经过原授权者——人民——的同意方能将行政职权进行再次分配，未经合法的授权，行政机关也无权将自身职权授出。我国中央金融监管权一般有明确的专门法律授权，但分析当前地方政府行使的金融监管权可知，既非源自法律，也并非是合法规范下的行政授权，大部分的监管权是由中央政府或中央政府部门通过规范性文件的形式赋予，在性质上属于行政委托，其权力来源存在合法性缺陷。在这样的情况下，地方政府又据此制定的本地区监管制度的效力更是有待考证，一些地方政府为了金融管理或维护地区金融稳定而自设权力，或者采取隐性管理手段行使监管

---

① 2003年《国务院关于印发深化农村信用社改革试点方案的通知》规定省级政府对农村信用社的管理权；2008年银监会和人民银行发布《关于小额贷款公司试点的指导意见》将小额贷款公司的监管权授予省级人民政府；2010年《国务院办公厅关于进一步明确融资性担保业务监管职责的通知》、《融资性担保公司管理暂行办法》规定由省级人民政府负责属地监管；2011年《关于清理整顿各类交易场所切实防范金融风险的决定》将地方性交易市场授予地方政府监管。

② 《国务院关于印发深化农村信用社改革试点方案的通知》（国发〔2003〕15号）、《国务院办公厅转发银监会 人民银行关于明确对农村信用社监督管理职责分工指导意见的通知》（国办发〔2004〕48号）规定省级政府负责农村信用社管理，银监会负责农村信用社监管，事实上将农村信用社的监管权能割裂为省级政府和银监会共同行使，职责边界模糊不清，如其中规定省政府的管理职责就含有“组织有关部门对信用社业务经营及管理行为是否合法合规进行检查”、“组织信用社省级管理机构和有关部门依法对信用社各类案件进行查处”等。

职能，导致大量事实上无法律依据的监管行为存在。

3. 权力运行失衡

现阶段，我国金融监管权纵向配置采取中央垂直管理和地方分权相结合的混合模式，优点在于既可以使中央政府统一管理，又可以在一定范围内发挥地方政府的积极性，但弊端也显而易见，金融分条垂直监管与金融资源在区域内横向共享产生矛盾，中央重风险防控与地方政府重金融发展的理念存在偏差，中央严格控制地方的金融服务供给权与地方政府极力扩张监管权力之间存在冲突，致使地方政府与中央金融垂直管理部门不断发生权力运行摩擦，影响金融监管的整体效应。

（二）原因分析

1. 中央与地方政府利益冲突

权力配置的本质是利益的分配，中央将金融监管权集中有其经济利益的考量在内。在特定的社会经济和政治制度下考察，一定的金融组织形式离不开相应的宏观经济管理体制背景。综观我国地方金融监管制度的变迁，不难发现，中国的金融体制一直过度地依附于经济体制，并与政府的政治目标高度一致，承担了促进经济和社会发展的国家目标。在计划经济时代，由于需要举全国之力开展经济建设，作为集权经济体制在金融领域的延伸，其结果必然要求集权的金融体制与之相适应，要求金融权力的集中于中央以最有效地保证国家的发展模式。这必然要求中央将国家金融资源集中于自己手中，而不是由地方政府获取监管权力。中央政府一直将金融业的管理控制在手中，客观上导致中央过严地控制金融监管权的结果。而对于地方政府，地方政府事权与财权的不对等以及转轨期“弱财政、强金融”的格局，构成地方政府争夺金融资源的重要原因。在金融以“条”为主、地方以“块”为主的状态下，“条块分割”的矛盾必然导致各地方政府对金融资源的争夺需要通过地方与中央的非合作博弈来完成。由此，地方政府追求地区利益与中央政府宏观调控的目标冲突，对金融发展和风险防范上的理念差异造成了中央与地方政府监管权力运行的摩擦。

2. 转型期权力结构的弱约束

金融监管权的纵向配置是中央与地方关系在金融监管权垂直分配上的外在反映。因此，中央与地方关系之间存在的问题我国宪法未对中央与地方的职权边界进行清晰划分，加之国家权力配置的向度是自中央向地方分配，中央政府的分权内容和分权方式往往是出于实用主义的考量和与地方政府博弈的结果，这也造成了我国金融监管权在中央与地方之间反复集权与分权，并因循了“治乱收放”的怪圈，造成权力分配方式的非制度化和权力内容上的结构性失衡。

3. 民主、法治水平不高与政府能力不足

一般而言，国家民主、法治水平越高，对中央政府与地方政府之间关系的法律调节能力越强，就越能够协调、控制因分权带来的负面效应，地方与中央政府的关系才能均衡、协调运行。经济民主是市场经济的基础，作为经济高度集中或者“经济专制”的对立物而存在，其内含的市场主体自主、利益共享、合作参与和结构均衡等价值在我国市场经济发展中始终被忽略，造成了地方政府在国家治理中的主体地位弱化，间接影响了权力的分配思维。我国金融监管权配置中存在的诸多问题都与缺少相关的法律制度有关，没有相应的法律明确地方金融监管权的来源，缺少中央与地方金融监管权运行协调和事后监督的制度等。中央政府对地方政府经济调节能力不强、手段单一以及地方政府自身监管能力相对较弱使中央政府担忧对地方分权的事后监督控制，也成为影响我国金融监管权纵向分配的因素。此外，既往历史中地方金融风险频发使得中央政府对地方政府承担金融监管职能保持极大的警惕，这种出于对治理能力的担忧也影响了金融监管分权。

## 四、我国地方金融监管权配置的建构

### （一）地方金融监管权配置的路径

1. 地方金融监管权的配置应尊重市场边界

政府与社会分权是第一分权，中央与地方分权是第二分权，其中第一分权是第二分权的基础和前提。我国金融体制市场化改革的方向仍是政府的逐步退出和市场力量的进入，强化市场约束有更为特殊的现实意义，金融监管权在中央与地方之间的纵向配置必须遵守政府对市场最低限度的干预原则，不能突破市场约束的边界，防止以加强监管的名义扩张监管权力，造成对市场机制的抑制。

2. 地方金融监管权的配置应当体现集中与分权相结合的原则，保证中央对金融业监管的主导

我国宪法和组织法设定的制度框架决定了地方政府权力配置的空间，地方金融监管权只能是对中央金融监管的补充和辅助，是一种功能性分权。中央与地方应构建起“掌舵”与“划桨”的关系，中央金融监管机构负责制定监管政策和原则、协调各地方金融监管机构，地方金融监管机构主要执行监管权，做到中央政府的权威优势和地方政府执行优势的结合，防止出现监管体制的“碎片化”现象。

3. 建立横向统合、纵向分层的双层监管模式

在当今世界范围内，金融业实现金融商品、金融服务的统一已成为现实趋势。随着金融市场的深化，我国金融业也势必走向综合化经营的方向，金融监管体制的改革设计应当兼顾今后发展方向，构建起横向统合、纵向分层的监管模式，即在横向层面上整合金融服务产品实行统合监管，在纵向上分为中央与地方两级分别履行监管职责。

### （二）地方金融监管权的配置结构

1. 相对独立的主体结构

从一定意义上说，监管机构的设置决定了监管模式，监管机构的设置关系两个基本问题：一是金融监管权的主体必须获得法律的授权，解决设置依据；二是监管主体应具备适当的监管能力以行使监管权力，解决设置目的。目前地方政府承担金融监管职能的机构主要为地方政府金融服务（工作）办公室，其设置依据和监管能力均存在不足。在设置依据上，各省级政府金融办均由省级人民政府以“三定方案”的形式赋予其监管职责；在监管能力方面，受机构编制、行政理念的影响，各省政府金融办基本都没有形成独立的监管能力，不论是人员数量还是专业素质均不能满足其履行监管职责的需要，实践中地方政府对金融市场的监管往往采取的是非典型意义上的监管手段，造成市场无序和监管乏力的局面。因此，要解决地方金融监管机构的主体适格性，

必须明确地方金融监管机构的法律授权问题，制定出台相关的法律对中央与地方金融监管权的来源进行分配；同时，要进一步完善地方金融监管治理结构，充实人员数量，提高金融监管人员的专业素质，培育监管能力，剥离金融办所承担的为促进地区金融发展的融资职能，设置相对独立的地方金融监管机构，以保障监管的独立性和有效性。

2. 合理分权的静态结构

监管权的静态配置结构是在事权划分的基础上，进一步对监管决策、执行、监督职能的分工，解决监管法律关系客体和权能的分配问题。在监管权的客体上，应限定为区域性、闭合性的金融机构或具有金融属性的组织，如村镇银行、资金互助社以及不吸收公众资金的小额贷款公司、融资性担保公司、典当行、民间金融的中高级形态和区域性股权交易中心等。地方金融监管机构行使的监管权能则包括：（1）有限的规则制定权，地方政府可以在中央监管规则框架之下，根据本地区经济发展，制定本地区具体实施细则报中央监管机构备案实施，对于中央尚未制定统一规则的，地方金融监管机构可以提请中央金融监管机构制定规则或按照法律规定提交省级人大制定地方性法规；（2）市场准入权，针对地方金融的不同类型采取差异化监管方式，对不吸收公众存款的机构采取注册登记、对主要股东的披露、评估高级管理层的能力与责任心等非审慎监管方式；（3）日常监管权，包括获取信息权、现场检查权以及对违法行为的处罚权，同时可以采取监管契约、行政指导等柔性监管措施进行激励性监管；（4）危机处置权，鉴于目前中央与省级政府在金融稳定与危机处置上已有责任划分，应赋予地方政府在金融机构出现风险时，采取停业整顿、撤销机构、组织破产、债务清理等权力，对风险和危机进行主动应对干预，避免危机范围的扩大而形成系统性风险。

3. 协调互动的动态结构

“一个经济体制存在着多样性的制度结构，正是由于相互间存在着制度上的互补关系，才能使该经济体制得到强化。”地方金融监管相对中央金融监管权具有次生性、补充性以及相对的独立性，二者是治理状态下的合作与互补关系，中央监管机构应当根据监管目标对地方政府执行中央金融监管政策以及地方的监管情况进行监督和业务指导，地方监管机构负责对下级监管机构的监管，形成层级之间的约束和业务指导关系。同时，要引入社会公众的监督力量，强化地方政府对民众的责任机制，建立起多维度的约束和监督机制，降低地方政府干预区域金融体系和对抗中央政策的动机，以解决层次性划分和功能性划分的配套衔接，实现监管权纵向配置上的集分平衡。

## 参考文献

［1］邓晓霞著．中印农村金融体系比较［M］．成都：西南财经大学出版社，2011.

［2］经济合作与发展组织．OECD 国家的监管政策——从干预主义到监管治理［M］．陈伟译，北京：法律出版社，2006.

［3］耿宝健．行政授权新论——走出理论与现实困境的一种认知尝试［J］．中国行政法之回顾与展望，中国政法大学出版社，2006.

［4］王全兴，管斌．经济法与经济民主［J］．中外法学，2002（6）.

[5] 盛学军．政府监管权的法律定位［J］．社会科学研究，2006（1）．

[6] 黄毅著．银行监管法律研究［M］．北京：法律出版社，2009.

[7] 谢志岿．协调中央与地方关系需要两次分权——对协调中央与地方关系的一项新的探索［J］．江海学刊，1998（1）．

[8]［日］青木昌彦等著．经济体制的比较制度分析［M］．魏加宁等译，北京：中国发展出版社，1999.

[9]［美］丹尼尔·F. 史普博著．管制与市场［M］．余晖等译，上海：上海三联书店、上海人民出版社，1999.

[10]［日］植草益著．微观规制经济学［M］．朱绍文等译，北京：中国发展出版社，1992.

[11] 熊文钊著．大国地方——中国中央与地方关系宪政研究［M］．北京：北京大学出版社，2005.

[12] Stigler. G. J. The theory of Economic Regulation, Bell Journal of Econmics, 1971: 2, Spring, pp. 3 -21.

责任编辑校对：杨　光

# 经济金融

# 新型城镇化中地方政府债务与融资机制研究

中国人民银行银川中心支行课题组
刘 艳 马 康 刘韶辉 刘 力 高智妍 臧 琴

**摘要**：城镇化是一国现代化的重要标志。截至2013年末，我国城镇化率达到53.7%，正处于快速城市化发展阶段。在这一背景下，以“人的城镇化”为核心的新型城镇化的资金需求越来越大，仅靠地方政府财力很难满足，融资问题十分突出。如何寻求城镇化发展过程中融资机制的可持续发展之道，构建科学、完善和发达的融资体系，实现新型城镇化发展战略目标，值得认真研究和迫切解决。

作为世界最大的发展中国家，中国城镇化战略和发展进程日益受到国际社会广泛关注。李克强总理指出：“城镇化是我国最大内需潜力之所在；推进城镇化，核心是人的城镇化，关键是提高城镇化质量，目的是造福百姓和富裕农民。”财政投入一直是城镇化建设的重要资金来源，然而地方政府因财权与事权不匹配，投入到城镇化建设之中的资金十分有限。虽然地方政府不断创新投融资机制，但是地方政府债务融资受制度等因素制约远不能满足城镇化发展的资金需要，公共服务体系建设与城镇软环境承载能力明显滞后。如何寻求城镇化发展过程中融资机制的可持续发展之道，构建科学、完善和发达的融资体系，从而有力促进我国城镇化进程，实现新型城镇化发展战略目标，值得认真研究和迫切解决。

## 一、新型城镇化进程中的融资需求

### （一）城镇化发展的基本态势

#### 1. 我国正处于快速城镇化进程

美国地理学家诺瑟姆（1975）通过对各个国家城市人口占总人口比重的变化研究发现，城市化进程具有阶段性规律，全过程呈一条稍拉平的“S”形曲线。第一阶段为城市化的初期阶段，此时城镇人口占总人口的比重不足30%，城市化发展速度较慢；当城市人口比重超过30%以后，人口向城市迅速聚集，进入中期加速阶段；当城镇人口比重超过70%以后，城市化进程放缓甚至停滞。改革开放以来的30多年，我国城市发展迅速，城市化水平迅速提高。中国在1996年城镇化率达到30.5%，即进入快速城市化时期；截至2013年末，城镇化率达到53.7%，近十年年均增长高达2.6个百分点，依然处于“S”形曲线的第二阶段。

#### 2. “十三五”期间城镇化发展速度依然较快，但增速将逐步放缓

利用经典时间序列模型——ARIMA模型，以我国1978—2013年城镇化率为历史样

本数据，对“十三五”期间我国的城镇化率进行预测。

对城镇化率序列（用 UR 表示）取对数以消除异方差，单位根检验（ADF）表明，$\ln UR$ 的一阶差分是平稳序列，满足 ARIMA 建模条件。经多次拟合，对 LNR 序列建立 ARIMA（2，1，6），模型结果为：

$$\begin{aligned}\Delta\ln UR = &1.02AR(1) - 0.02AR(2) - 0.7MA(1) - 0.2MA(2)\\ &(4.78) \quad (-0.1) \quad (-8.4) \quad (-2.8)\\ &+0.03MA(3) + 0.2MA(4) + 0.6MA(5) - 0.9MA(6)\\ &(1.1) \quad (2.9) \quad (13.7) \quad (-15.0)\\ &R^2 = 0.56, DW = 2.0\end{aligned}$$

该模型的各统计量较好，对其残差进行 LM 检验，调整的 $R^2$ 的 p 值大于 0.05，说明残差序列不存在自相关。

采用静态预测方法对“十三五”时期我国城镇化率进行预测。从预测结果看，到 2020 年城镇化率将达到 64.5%，“十三五”期间年均增长 1.4 个百分点，较“十一五”期间增速回落 1.2 个百分点。“十三五”时期我国仍处于快速城镇化阶段，城镇化率将呈升中趋缓的态势，这主要是由如下三个方面的因素决定的。首先，我国总体上还将保持相对较高的经济增长速度，人口在城乡和区域之间的流动还有较强的拉动力。其次，未来我国经济增长速度将逐步放缓并保持在一个合理区间。最后，城镇化发展成本也会不断提高，对城镇化率的提高产生一定的抑制作用。

（二）快速城镇化需要强有力的资金支持

随着我国城市发展进入快车道，城市人口大量增加，需要大量资金投入以形成有效供给的领域主要有三个方面：基础设施、公用事业和公共服务。

1. 基础设施建设需要大量初始投资

城镇化必然需要大量的基础设施建设资金投入，如市内道路、地下地面各类管道等，其特点为：第一，资金需求量大，依靠有限的财政资金和银行贷款难以满足；第二，资金支持周期长，银行贷款难以长期支持；第三，经济收益有限或无收益，对投资者缺乏吸引力。

2. 公用事业发展需要持续的财政投入

电水煤气、交通通信、垃圾污水处理等城市公用事业是城市经济社会的物质载体，其特点为：第一，生活中必不可少且投资巨大；第二，涉及每个人的利益，并可构建一定的“使用者付费”机制；第三，公用事业价格具有垄断性和地域性。

3. 公共服务完善需要更多的资金支持

就业、养老、住房、教育和医疗等基本公共服务具有以下特点：一是基础性，是指那些对人的生存发展有着前提条件意义、人所必需的公共服务；二是广泛性，是指那些会影响到全社会每一个家庭和个人的公共服务；三是迫切性，基本公共服务是广大人民群众最直接、最现实、最迫切的需要；四是增长性，即随着一国经济发展和人民生活水平提高，基本公共服务的范围会逐步扩展。

## 二、我国城镇化中财政融资的主要方式与问题

### （一）税收融资

1. 融资现状

税收是城镇化融资的重要形式。政府所征收的各种非特定用途的税收均属于一般税，如增值税、营业税等，这是税收融资的主体。从目的税融资看，车辆购置税、车船税等，与车辆的使用和道路建设有着密切的关系，城镇化过程中的道路建设离不开它们的支持；城市维护建设税是国家为了加快城市建设步伐而开辟的、专门用于城市建设的资金。2013 年，全国税收收入 11.05 万亿元，占 GDP 的比重为 19.4%。2000—2013 年，税收收入年均增长率为 16.8%，高于 GDP 现价年均增长率 13.3%，税收弹性系数一直保持在 1 以上。

2. 存在的问题

第一，“分税制”下地方财权与事权不匹配。1994 年分税制改革将数额较大、较稳定的税种均划归中央，留给地方的税种小而杂。而事权方面，依据仍是 1993 年发布的分税制改革的决定，决定对中央与地方事权和支出责任的划分较为粗略，而事权划分又不明晰，通常表现为事权的层层下放。“财权上收，事权下放”致使地方可用财力不断减弱。1994—2013 年，地方财政收入占全国财政收入的比重都远低于地方财政支出占全国财政支出的比重，1994 年收支比重的差距为 25.4 个百分点，2013 年达到 28.0 个百分点。

第二，税制不合理，财产税①比例较低。在许多国家和地区，财产税融资是地方基础设施和公共服务的重要资金来源，但当前我国财产税的规模很小，还难以对城镇化融资起到充分的支撑作用。2012 年，全国财产税收入 5 738.09 亿元，仅占全国税收收入的 5.7%。目前，房产税只是在上海、重庆等地试点，且由于试点方案只针对极少数自用住房课征，不太可能提供太多的税收收入。

### （二）土地融资

1. 融资现状

不可否认的是，在三十多年的改革开放中，特别是 1994 年分税制以来，土地融资在城镇化融资中的地位不容忽视。由于中央政府不参与土地出让金的分配，全部留归地方，土地出让收入已经成为地方政府最直接的可支配财力来源。2013 年，全国土地出让收入 4.15 万亿元，同比增长 44.7%，占地方公共预算收入与基金预算收入之和的 35.5%，对其增长贡献率达 59.0%。根据《城市房地产管理法》等办法，土地出让金补偿土地开发费用、代征部门业务费后，主要用于城市建设和土地开发，还用于支付被征地农民养老保险政府出资部分、缴纳新增建设用地土地有偿使用费等。由此可见，土地出让收入是城市建设资金的重要来源。

2. 存在的问题

第一，土地财政不可持续。由于土地资源的不可再生性，地方土地储备有限，加

① 我国的财产税包括房产税、城镇土地使用税、耕地占用税、车船税、其他印花税、烟叶税、船舶吨税等。

上国家确保18亿亩耕地政策，仅依靠一次性的土地批租收入不具有可持续性。从国际经验看，没有哪个国家的城镇化进程可以长期依赖土地批租来筹资，我国部分地区也已表现出土地财政“难以为继”的局面。

第二，地方政府追求土地的城镇化，易忽视人口的城镇化。一方面，地方政府将投资倾斜于发展房地产业、建筑业等快速产生GDP和财政收入的行业，而忽视了其他行业的发展，很容易造成产业结构的失衡。另一方面，地价、房价的非理性上涨，为投机者提供了高回报的获利机会，在已拥有多套房产的高收入人群中产生“财富效应”，而中低收入人群尤其是农村转移人群租房和购房的成本趋高，其可支配财力不断被挤压，加速了社会财富分配的两极化。

（三）债务融资

1. 融资现状

由于城镇化基础设施建设资金量需求巨大，而各地政府的财政状况参差不齐，倒逼地方政府尤其是欠发达地区力求突破财力限制。运用投融资平台和发行地方政府债券已成为地方政府融资的主要渠道。

地方政府投融资平台出现于1994年，是我国财税体制改革深化的产物。截至2013年6月底，融资平台公司举借债务6.97万亿元，与2010年相比增长了40.22%，其中绝大部分来自银行贷款。

2009年在国际金融危机大背景下，为保障地方经济增长和缓解地方财政压力，中央同意由财政部代地方发行债券，发债后募集的资金主要用于中央财政投资地方基础设施建设项目的配套工程。2014年5月，国务院下发《2014年地方政府债券自发自还试点办法》，批准上海等10省市试点地方政府债券自发自还。

2. 存在的问题

第一，地方政府性债务管理制度有待进一步完善。2014年，我国新修订的《预算法》及出台的《关于加强地方政府性债务管理意见》（以下简称《意见》）在地方政府性债务管理方面取得重大突破，赋予地方政府适度举债权。但是，笔者认为相关制度仍存在局限性：一是发债主体有限。按照《意见》，地方债发债主体为省级政府，而省以下的地方政府要发行债务只能通过省级政府代发，此项规定约束了资金需求最为旺盛的市县政府的举债行为，虽有利于债务管理，却不利于新型城镇化建设。二是发债方式未明确。《意见》未明确地方债发行方法，对债券承销主体如何参与操作及债务评级等内容尚未涉及。

第二，融资平台缺乏外在的约束机制。由于地方政府融资平台可融资的金额没有明确的约束，一些地方政府出于各种目的，极力扩大融资量，甚至不考虑自身还款能力，导致融资规模巨大，超过政府实际承受能力。同时，信息披露不充分，系统风险大。在由于货币政策导致银行可运用资金紧张或受资本金充足率约束的贷款规模不足的情况下，政府融资的稳定性将受到影响。

## 三、城镇化建设资金需求测度

在当前地方政府债务风险总体可控的形势下，要满足新型城镇化建设融资需求，须在财政投入的基础上加强金融支持。实证分析财政、金融投入对城镇化发展影响的程度，对于动员资金参与城镇化建设以及优化城镇化建设的资金结构，具有重要的意义。

（一）指标选取与数据说明

1. 城镇化发展指标

采用城镇化率（UR）反映城镇化发展情况。

2. 财政投入指标

考虑到城镇化涉及财政支出的很多方面，这里采用全国财政支出/GDP 的比率，即单位 GDP 的财政支出（GEP）作为财政投入衡量指标。

3. 金融支持指标

考虑到我国城镇化建设主要依靠银行信贷支持，故采用金融机构贷款余额/GDP 的比率（GLA）来反映在资金配置方面金融中介机构在国民经济活动中的活跃程度。

本文数据样本区间为 1978—2013 年，数据来源于历年统计年鉴。为了消除异方差且更容易得到平稳序列，分别对各个变量取自然对数，从而提高实证检验的可靠性。因此本文采用 UR、GEP、GLA 的自然对数形式，分别记作 lnUR、lnGEP、lnGLA。

（二）单位根检验

采用 ADF 检验对各变量进行单位根检验。结果表明，各变量的 ADF 统计值都大于 10% 的临界值，因此，它们都是非平稳的时间序列。而它们一阶差分的 ADF 值都小于相应的临界值，都是平稳的。因此，它们都是一阶单整序列，即 I（1）。

**表 1　　各变量单位根检验结果**

| 变量 | （c，t，m） | ADF 检验值 | 1% 临界值 | 平稳性 |
|---|---|---|---|---|
| lnUR | （c，0，0） | 4.06 | -1.95 | 非平稳 |
| ΔlnUR | （c，t，0） | -4.85 | -3.64 | 平稳 |
| lnGEP | （c，0，0） | -0.48 | -2.63 | 非平稳 |
| ΔlnGEP | （c，0，0） | -2.93 | -2.63 | 平稳 |
| lnGLA | （c，0，0） | 1.94 | -1.95 | 非平稳 |
| ΔlnGLA | （c，t，0） | -4.53 | -3.64 | 平稳 |

注：检验形式中（c，t，m），分别表示单位根检验方程中是否含有常数项、趋势项和滞后阶数。

（三）Johansen 协整检验

在多元回归模型中，对于多个协整关系的检验，需要使用基于向量自回归模型的 Johansen 检验方法。根据 AIC、SC、HQ 准则，确定该 VAR 模型的最优滞后阶数为 3。利用滞后阶数为 3 的 Johansen 检验，结果如表 2 所示。从检验结果看，无论迹检验还是最大特征值检验都表明在 5% 的显著水平上至少存在 1 个协整向量，即城镇化率与财政、金融支持之间存在协整关系。

**表 2** **Johansen 检验结果**

| 迹检验 | | | 最大特征值检验 | | |
|---|---|---|---|---|---|
| r=0 | r≤1 | r≤2 | r=0 | r≤1 | r≤2 |
| 35.98* | 10.86 | 0.47 | 25.11* | 10.39 | 0.47 |

注：*表示在5%的显著性水平上拒绝原假设H0：最多存在r个协整向量。

（四）建立向量误差修正模型（VEC）

根据无约束向量自回归模型的滞后阶数为3，确定VEC模型的滞后阶数为2，得到的估计模型为：

$$\Delta \ln UR = 0.02 + 0.11\Delta \ln UR_{t-1} + 0.17\Delta \ln UR_{t-2} + 0.11\Delta \ln GEP_{t-1}$$
$$(2.83)\quad (0.61)\quad (1.12)\quad (2.29)$$
$$+ 0.07\Delta \ln GEP_{t-2} + 0.09\Delta \ln GLA_{t-1} - 0.04\Delta \ln GLA_{t-2} - 0.02ECM$$
$$(1.64)\quad (0.82)\quad (-0.95)\quad (-1.68)$$
$$R^2 = 0.43$$
$$ECM = \ln UR - 0.78\ln GEP - 2.06\ln GLA + 8.18$$

括号中的数字为t统计量。从短期看，GLA的系数在10%的显著性水平上不显著，说明金融发展的短期变化对城镇化的短期波动没有明显影响；GEP短期变化的系数在5%的显著性水平上统计显著，说明财政投入的短期变化对城镇化的短期波动发生显著影响。ECM是误差修正项，其系数在5%的显著性水平上统计显著。从ECM模型可以得出我国城镇化率与财政、金融发展之间的长期均衡关系是：

$$\ln UR = 0.78\ln GEP + 2.06\ln GLA - 8.18$$
$$(3.71)\quad (8.17)$$

从长期看，GEP和GLA系数在1%的显著性水平上显著为正，这说明在长期，金融发展、财政投入对城镇化有积极影响。由于ECM系数估计值显著为负，这里的误差修正机制是一个负反馈机制，即城镇化的短期波动偏离长期均衡时的调整速度为2%，这一调整力度较小。该VEC模型的整体效果较好，对数似然函数值较大，为103.92；AIC和SC的值较小，分别为-5.81和-5.45。

（五）脉冲响应与方差分解分析

根据无约束的VAR（3）模型，采用Cholesky分解方法得到脉冲响应，具体结果如图1所示。在脉冲相应函数中，横轴表示冲击发生的时间间隔，在此选取的脉冲响应函数的期数为10，纵轴表示随机扰动项单位标准差冲击对各内生变量当前及未来的影响。可以看出，在初期，财政投入对城镇化发展产生了正向影响，而金融支持影响不明显；随着财政、金融投入的增加导致了城镇化率的持续上升，特别是金融支持对城镇化的冲击影响较大；在冲击后的第5期城镇化率达到最高点，之后其冲击影响呈逐渐衰减的趋势。

方差分解是通过分析每一个结构冲击对变量变化的贡献度，进一步评价不同结构冲击的重要性。根据图2所示结果表明，财政投入在初期对城镇化率的提高贡献突出，而在10期后贡献率稳定在60%；金融支持对城镇化发展的贡献度较稳定且一直处于上

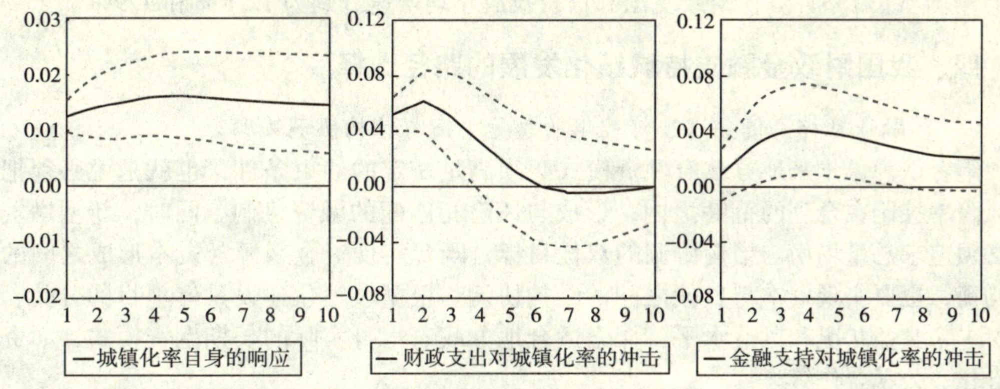


**图1 各变量脉冲响应结果**

升阶段，在第10期贡献率达到20%；城镇化的发展对自身的贡献由最初的100%下降到90%，说明城镇化自身的惯性作用逐步下降，城镇化发展到一定阶段将放缓甚至停滞。

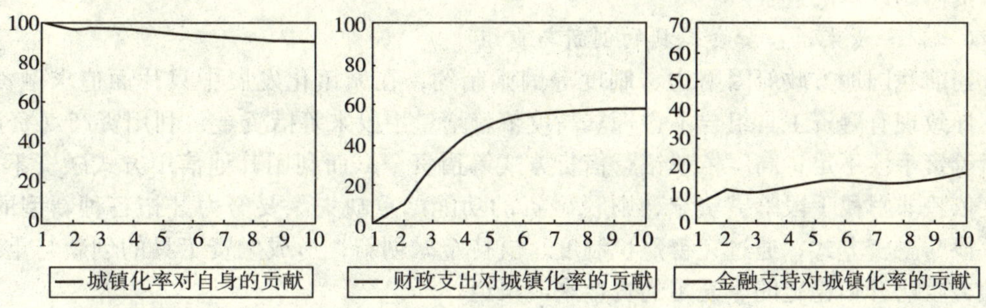


**图2 各变量方差分解分析结果**

（六）主要结论

第一，从短期看，财政投入对城镇化发展的影响较大，金融支持的影响力有限。说明财政投入对支持城镇化建设的重要性，应注重分析如何激发金融发展的短期效应。

第二，从长期看，三者存在正向协整关系。协整结果显示，单位GDP的财政支出每增加1%，就会推动城镇化率提高0.78%，单位GDP的银行信贷投入每增加1%，就会推动城镇化率提高2.06%；误差修正为负，说明如果其他条件不变，任何试图在短期内过快推进城镇化的策略，可能都是不太现实的。

第三，从脉冲响应及方差分解看，财政投入对城镇化发展的短期影响较大但长期影响趋缓，金融支持对城镇化发展的贡献逐步增强，而城镇化发展到一定阶段后将放缓甚至停滞。这说明在短期内更应注重财政投入对城镇化的作用，在长期更应关注金融发展的影响。

第四，通过误差修正模型，预测“十三五”时期我国城镇化建设的资金需求量。将上文预测的“十三五”期间城镇化率年均增长1.4个百分点代入长期协整模型，可得单位GDP的财政支出年均增长1.8%或单位GDP的信贷投放增长0.7%，以我国

GDP年均增长7%计算，财政支出和信贷投放年均增速分别为12.6%和4.9%。

## 四、我国财政金融支持城镇化发展的路径选择

（一）融资目标：债务风险可控下的总量平衡与结构协调兼顾

笔者认为，未来地方政府融资模式必须满足一定的约束条件，也就是说必须把债务风险率控制在合理的范畴之内，形成与风险相匹配的融资机制。同时，新型融资模式必须追求总量均衡与结构协调的双优目标，既要实现资金来源与资本形成之间的总量均衡，也要实现资本与负债之间的结构协调。根据城镇化建设具体项目的分类、特性、未来收益状况和风险水平，探索适合地方政府本身实际的长期融资模式，如资产证券化、公私合作等。

（二）融资主体：推进城建融资主体多元化

要重塑地方政府的融资模式，需推进城建主体多元化。政府应从经营型基础设施投资领域逐步退出，而通过项目招标的方式确定投资主体，中标者负责项目的融资、建设和运行，坚持投资、回报、风险等由投资主体承担的方式，加快经营性基础设施投融资体制改革的进程。

（三）融资渠道：融资工具的创新与重组

当前我国地方政府因财力、制度等因素制约，在城镇化发展中只片面追求融资最大化导致现有融资工具组合不合理。高度依赖增量手段来筹措资金，利用资产（资源）存量筹资手段不足；高度依赖银行信贷方式筹措资金，而利用其他信用方式融资不足；高度依赖非财税手段筹措资金，财税融资的功能严重缺失。要努力开拓各种新型的融资手段与融资方式，通过完善财税制度、支持金融创新，形成融资工具的创新与重组，为地方政府开拓稳定的、充足的资金来源渠道。

## 参考文献

[1] 发改委城市与小城镇改革发展中心课题组．我国城镇化的现状、障碍与推进策略［J］．中国党政干部论坛，2010（1）．

[2] 辜胜阻，武兢．城镇化的战略意义与实施路径［J］．求是，2011（5）．

[3] 贾康，孙洁．城镇化进程中的投融资与公私合作［J］．中国金融，2011（19）．

责任编辑校对：刘　力

# “营改增”对我国银行业税负影响的实证研究

中国人民银行银川中心支行课题组

张克立　刘永奎　毕桂琴　李红霞　冯志静　牛文娟

**摘要：**银行业是我国金融市场的重要组成部分，对提高我国资金配置效率、促进国民经济健康发展起着重要作用。2012 年，财政部、国家税务总局颁布的《营业税改征增值税试点方案》把金融业纳入改革范围。基于此背景，以银行业“营改增”为主题，测算免税法下我国银行业“营改增”的实际税负及对宁夏地方性商业银行的影响，进而探讨我国银行业在实施增值税改革中的相关问题，并提出相应建议。

## 一、绪论

### （一）研究背景及意义

根据财政部、国家税务总局《营业税改征增值税试点方案》的要求，把金融业纳入改革范围，规定“金融保险业和生活性服务业，原则上适用增值税简易计税方法”。本文认为，这实际上与现行营业税征收没有本质区别，对财政收入影响也不大，并没有解决营业税重复征税和抵扣链条中断的问题，因此，从长远来看还需进一步深化金融业流转税制改革，以达到发展现代金融业的目的。

在此背景下，本文通过理论与实证分析探讨在金融业中占主体地位的银行业的“税改”，一方面，运用定量的方法量化银行业实际流转税负水平，分析流转税负对银行业经营绩效的影响程度，测算“营改增”后的流转税负担，为我国银行业营业税改增值税提出适当建议；另一方面，结合宁夏地方性商业银行税负测算作进一步的探讨与分析，提出具有实践意义的地方性政策建议。

### （二）文献综评

通过梳理文献可知，国内大多数学者对于将我国银行业纳入增值税征收范围的趋势表示认同，并进行了一些前瞻性研究，但也有一些学者持保留意见，他们的共识是都强调了增值税征收范围扩大这一问题的重要性。从国外税制较为成熟的国家来看，金融业务一般纳入增值税征收范围，基本不征收营业税，且多数国家对存贷款等业务免征增值税。目前，国内对银行业“营改增”的研究主要集中在理论和数据对比分析，并就可能产生的问题进行探讨，较少有人着眼于银行业“营改增”的深层量化研究。

### （三）我国银行业税负现状

根据我国现行银行业税制框架，银行业目前课税种类主要有营业税、城市维护建设税、企业所得税、个人所得税、房产税、城镇土地使用税、车船使用税以及印花税等，其中营业税税率5%，所得税税率25%（2008 年1 月1 日前为33%）。近年来具体税率变化见表1。

表1　我国营业税、企业所得税税率变化表

| 时间<br>税种 | 1994—1996 | 1997—2000 | 2001 | 2002 | 2003—2007 | 2008 |
|---|---|---|---|---|---|---|
| 营业税 | 5% | 8% | 7% | 6% | 5% | 5% |
| 企业所得税 | 55% | 33% | 33% | 33% | 33% | 25% |

1994 年的新税制改革时，我国是按照对产品征收增值税、对服务征收营业税这一基本原则来设计货物和劳务税制的，银行业作为服务业的一个重要组成部分，对其征收营业税。但是，随着市场经济的发展，经济环境发生了重大变化，从银行业来看，迫切需要进一步改革和完善，主要体现在以下几个方面。

第一，增值税和营业税并行，影响了增值税抵扣链条的完整性。我国增值税和营业税的征收范围互不交叉，制造业和商业征收增值税，建筑业、多数服务业征收营业税，这种双重税制使得银行业购进商品所含的增值税不能抵扣，因此，银行实际上承受了增值税和营业税的双重税收负担。

第二，部分不合理的计税规定造成银行业营业税税收负担相对偏重。目前银行业的金融产品转让收入实施分类分业计税，这种税收征管模式不但不符合目前银行业综合经营的发展趋势，也加重了银行业的税收负担。

第三，服务出口不能实现零税率，金融服务贸易的发展受到税收制约。一方面，营业税不能退税，增值税不能抵扣，双重税收负担使得金融服务出口无法真正享受零税率；另一方面，其他制造业接受金融业服务所承担的营业税也不能从其增值税中抵扣，使我国产品出口也不能真正实现零税率。

## 二、我国上市银行“营改增”税负测算

现行对我国银行业流转税制改革的研究还是停留在定性研究上，缺乏一定的定量分析。本文拟以我国银行业为样本，采用免税法进行税负测算，通过量化实际税负对我国银行业经营绩效的影响，测算免税法下银行业“营改增”实际税负以及对宁夏地方性商业银行的影响，探讨我国银行业在实施增值税改革时的相关问题。

### （一）实证方法与分析结构

本文参照美国研究中国问题的专家尼古拉斯·R. 拉迪所提出的“向后看的测算方法”中的ETR 指标来衡量我国银行业的税负，并从中分解出由于银行业缴纳营业税及其附加所带来的税收负担比例。ETR 指标是以实际发生的税收为依据，可以客观地衡量我国银行业的税负状况。具体计算公式如下：

$$ETR = \frac{A + B}{A + B + C}$$

其中，$ETR$ ——企业实际税负，$A$——营业税金及附加，$B$——所得税，$C$——净利润，

由此公式可以进一步转化为

$$ETR = \frac{A}{A+B+C} + \frac{B}{A+B+C} = ETR1 + ETR2$$

（二）我国上市银行实际税收负担对经营绩效的影响

1. 数据来源及样本选取

本文选取工商银行、农业银行、招商银行、中信银行等国内16家上市商业银行作为研究对象，截至2013年底，这16家上市银行资产规模和净利润合计占我国银行业资产总规模和银行业净利润的62.86%和82.27%，可以较好地代表我国银行业的整体发展情况。

2. 变量定义

影响银行经营绩效的主要因素①有所得税、营业税、收入规模、资产规模等，为了衡量各种因素对其的影响，我们选取以下指标：

$ROA_{it}$，$i$ 银行 $t$ 年的资产收益率，衡量银行经营绩效。

$ETR1_{it}$，营业税税收负担 $ETR2_{it}$：所得税税收负担。

$SR_{it}$，收入总额与银行总资产的比值，衡量单位资产收入对银行经营绩效的影响。

$WG_{it}$，业务及管理费与银行总资产的比值，衡量人工成本以及管理成本对银行经营绩效的影响。

3. 描述性统计

由于国有银行和其他商业银行在规模和盈利能力上有着较大的区别，所以本文将样本分为全样本银行、原四大国有银行、股份制和城市商业银行三组，并对样本银行自2003年以来平均实际税负水平进行了统计，具体如图1所示。

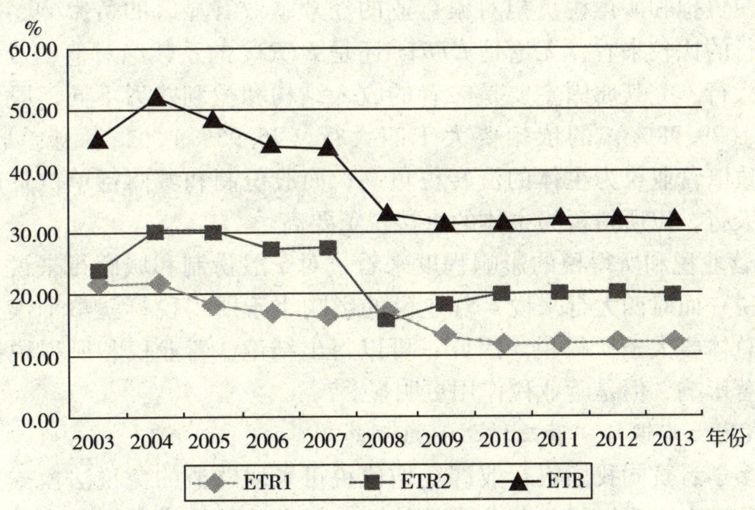


**图1 2003—2013年我国银行业平均税负情况**

① 由于目前国内关于银行业实际税负的实证分析较少，本文通过文献阅读和样本统计结果，选取资产规模和成本这两个代表性指标来控制不同银行间的差距。

4. 实证结果①

表2 模型回归结果②

| 变量 | 全样本 | 四大行 | 股份制和城商行 |
|---|---|---|---|
| *Constant* | 0.016238 *** | 0.000544 | 0.013380 *** |
| | (3.343057) | (0.049877) | (3.135319) |
| $ETR1_{it}$ | -0.004110 *** | -0.003493 *** | -0.006986 *** |
| | (-9.716805) | (-3.619156) | (-15.36890) |
| $ETR2_{it}$ | -0.001508 *** | -0.001147 *** | -0.002647 *** |
| | (-7.215622) | (-2.873666) | (-7.403538) |
| $SR_{it}$ | 0.003313 *** | 0.010803 *** | 0.003154 *** |
| | (3.880490) | (5.129022) | (3.977343) |
| $WG_{it}$ | 0.000784 | -0.008440 *** | 0.002007 ** |
| | (0.691057) | (-3.189255) | (1.951546) |
| $DW$ | 2.121266 | 1.995254 | 1.953213 |
| $R^2$ | 0.858924 | 0.758963 | 0.908845 |
| $\overline{R^2}$ | 0.854343 | 0.734241 | 0.904846 |
| N | 176 | 44 | 132 |

注：*** 表示1%的显著性水平，** 表示5%的显著性水平，* 表示10%的显著性水平；括号内是t统计量。

从表2中的面板数据回归结果可以看出，收入资产比 $SR_{it}$ 和成本资产比 $WG_{it}$ 均对经营效益有显著影响，符合本文预期。三个样本组的模型拟合度均较好，模型的 $DW$ 值均在2附近，说明不存在自相关性。以下重点分析税负对银行业经营绩效的影响。

（1）三个样本组 $ETR1_{it}$ 和 $ETR2_{it}$ 的系数均为负数，而且都在1%的水平上显著，这说明营业税负担和所得税负担对银行业的经营绩效有显著的负影响。从四大行与股份制和城商行的比较来看，无论是 $ETR1_{it}$ 还是 $ETR2_{it}$ 的系数绝对值，股份制和城商行都要大于四大行。究其原因主要是二者的收入结构和盈利能力不同，股份制和城商行对息差收入（79.78%）的依赖要大于四大行（76.95%），二者息差收入的差异为2.83%，导致以营业税为主体的流转税负高；而股份制和城商行单位资产的盈利能力也要强于四大行，以所得税为主体的直接税负要高。

（2）从营业税和所得税的影响程度来看，对于股份制和城商行来说，营业税的影响大于所得税；而对四大行来说，营业税的影响小于所得税；就整个银行业来说，营业税的影响总体要大于所得税。因此，可以得出结论，营业税和所得税都会对银行业盈利产生显著影响，但是营业税作用更明显。

### （三）我国上市银行"营改增"税负测算

目前很多学者赞同我国银行业课征增值税可采取欧盟的免税法模式，认为这种模式可以很大程度上克服银行业营业税的缺陷，但是这种模式究竟在多大程度上能降低我国银行业的流转税负担，目前还没有具体量化。对此，本文结合实际进行测算以分

① 本文采用固定效应模型。

② 通过计算 Pearson 系数可知，构建模型的解释变量之间不存在明显的多重共线性。

析其影响。

1. 估算方法

本文选取以上16家上市银行2013年的数据进行分析。具体计算方法如下：

（1）免税项目，免征科目主要有利息净收入、投资损益、汇兑损益等，免征后这类科目所含进项税额不得抵扣。

（2）应税项目，应税科目主要有手续费及佣金净收入、其他业务净收入等，应税科目购入投入品所含进项税额允许抵扣。

（3）进项税额分摊方法，银行业增值税进项税额主要包含在办公费用、营销费用等项目中，因此，可用业务管理费减去员工薪酬、设备折旧及摊销后的数额近似地计算进项税应纳税额，将其作为可抵扣进项税的税基[①]，然后再根据应税项目收入和免税项目收入的比例对进项税额进行分摊。

2. 计算过程

本文首先计算出我国银行业在实施免税法下的实际流转税负，然后再与我国实施营业税（5%）下的流转税负进行对比，以便测量改革前后流转税负的情况。具体计算结果见表3。

**表3 免税法下对我国银行业流转税负的影响**

| 证券代码 | 证券名称 | 原ETR | 后ETR | 税负降低 | 降低 |
|---|---|---|---|---|---|
| 000001 | 平安银行 | 16.86% | 6.68% | 10.18% | 60.38% |
| 600000 | 浦发银行 | 11.23% | 4.13% | 7.10% | 63.25% |
| 600015 | 华夏银行 | 13.55% | 4.12% | 9.43% | 69.61% |
| 600016 | 民生银行 | 12.28% | 6.66% | 5.63% | 45.80% |
| 600036 | 招商银行 | 11.14% | 5.41% | 5.73% | 51.44% |
| 601166 | 兴业银行 | 12.61% | 6.55% | 6.06% | 48.04% |
| 601328 | 交通银行 | 13.01% | 5.53% | 7.48% | 57.49% |
| 601818 | 光大银行 | 14.01% | 6.12% | 7.89% | 56.33% |
| 601998 | 中信银行 | 12.47% | 4.48% | 7.99% | 64.07% |
| 601288 | 农业银行 | 11.28% | 5.57% | 5.71% | 50.65% |
| 601398 | 工商银行 | 9.96% | 5.80% | 4.16% | 41.78% |
| 601939 | 建设银行 | 10.16% | 5.92% | 4.24% | 41.76% |
| 601988 | 中国银行 | 10.12% | 7.50% | 2.63% | 25.94% |
| 002142 | 宁波银行 | 11.30% | 3.60% | 7.70% | 68.12% |
| 601009 | 南京银行 | 13.03% | 2.98% | 10.05% | 77.11% |
| 601169 | 北京银行 | 11.66% | 3.23% | 8.43% | 72.29% |
| 总体税负平均降低 | 55.88% | | | | |
| 四大行平均降低 | 40.03% | | | | |
| 股份制平均降低 | 57.38% | | | | |
| 城商行平均降低 | 72.51% | | | | |

① 应税项目应抵扣进项税额＝应税项目/（应税项目＋免税项目）×（业务管理费－员工薪酬－折旧、摊销、税金等）×17%。

根据表3可以得出以下结论：

第一，从总体上看，如果我国对银行业采用免税法来课征增值税，将会使我国银行业税负大大下降，总体税负平均降低55.88%。这主要是由于我国现阶段银行业收入来源主要是利息净收入，免税法对利息净收入适用，对占比低的显性收费项目征税做法造成了银行业税负的大幅下降。

第二，从银行业内部看，股份制和城商行税负平均下降幅度要远大于四大行，且三者在免税法下税负下降呈现阶梯趋势。这主要是由于我国股份制和城商行成立时间较晚，显性收费服务（比如手续费佣金收入）的发展水平远不如四大行，造成了四大行显性收费服务征税税基宽于股份制和城商行，最终其税负下降的幅度不如股份制和城商行。

（四）基于宁夏地方性银行的分析

1. 宁夏地方性银行“营改增”税务测算

宁夏地方性银行较少，根据其资产规模及经营时限，本文选取具有典型性代表的三家（宁夏银行、黄河银行、石嘴山银行）进行分析。

（1）计算过程

为测算以上三家宁夏地方性银行的实际税率，本文选取2013年样本银行的各业务收入结构数据为样本，具体如表4所示。

**表4　2013年宁夏地方性银行各项目收入占总收入比重**

| | 利息净收入 | 手续费及佣金净收入 | 投资收益 | 公允价值变动损益 | 汇总收益 | 其他业务收入 |
|---|---|---|---|---|---|---|
| 宁夏银行 | 97.92% | 3.03% | 0.02% | -1.18% | 0.09% | 0.13% |
| 黄河银行 | 75.97% | 1.54% | 22.25% | 0.00% | 0.00% | 0.25% |
| 石嘴山银行 | 67.19% | 0.87% | 34.77% | -1.77% | 0.00% | 0.65% |
| 平均 | 80.36% | 1.81% | 19.01% | -0.98% | 0.03% | 0.34% |

由表4可以看出：利息净收入依然是宁夏地方性银行的主要收入来源，平均占到总收入的80.36%；其次是手续费及佣金净收入和投资收益；而投资损益、公允价值变动损益等项目占收入的比重很小。

通过与上市银行相比，宁夏地方性银行的显性金融服务项目占比更低，对息差收入依赖过大，这不仅仅是因为资产规模造成的，通过进一步分析这三家银行的财务报表可以发现，宁夏地方性银行的经营范围相对较窄，金融服务单一，主要以传统存贷业务为主，非利息收入占比较小，中间业务收入更小。

（2）免税法下课征增值税对宁夏地方性银行流转税负的影响

**表5　实施免税法对宁夏地方性银行流转税负的影响**

| | 原营业税税负（ETR） | 改革后增值税税负（后ETR） | 税负下降 | 税负降低 |
|---|---|---|---|---|
| 宁夏银行 | 10.59% | 0.84% | 9.75% | 92.08% |
| 黄河银行 | 7.37% | 0.46% | 6.92% | 93.80% |
| 石嘴山银行 | 9.95% | 0.36% | 9.59% | 96.38% |
| 平均 | 8.98% | 0.65% | 8.34% | 92.94% |

根据表5可以得出此结论：总体上看，宁夏采用免税法模式来课征增值税将会使税负大大下降，总体税负平均下降92.94%。相较于上市银行税负下降的55.88%，宁夏地方性银行实施增值税后税负下降更为明显。银行税负的下降有利于提高其竞争力，但是银行业税收收入是地方政府税收收入的重要组成部分，如果税负大幅下降，则必然会影响到地方财政收入规模，进而影响到地方政府提供公共服务的能力。

2. 宁夏地方性银行业“营改增”对地方财政收入的影响

税收是财政收入的重要组成部分，由于我国实施分税制，银行业若实施“营改增”，势必会对地方财政收入产生影响。据统计，2007年至2013年，宁夏地方营业税占本级财政收入比重的42.8%，超过本级财政收入的三分之一，地方营业税占地方税收收入比重的33.96%，银行业营业税又占整个营业税收入的14.76%，银行业营业税占地方财政收入比重为5%，可见银行业营业税对于地方政府财政收入的重要性。

## 三、政策建议

综上所述，通过实证分析和税负测算可以看出，如果我国银行业增值税改革实施免税法，则银行业的税负会明显下降，可以进一步减轻银行业的税负压力，提高对外竞争力。就宁夏地方性银行而言，经营业务单一，在应用免税法时税负下降接近一倍，但与此同时地方财政收入缩水。因此，在具体实施银行业税制改革时，应结合我国国情及地区差异均衡考虑，具体建议如下。

### （一）综合考虑银行业务类别，明确征收范围

银行业“营改增”的过程中，税基的确定对增值税应缴税额的影响非常重要，随着商业银行业务发展和市场需求变化，中间业务规模逐步扩大，建议根据银行业务种类征收增值税，明确业务类别划分标准，对银行哪些业务纳入税改，哪些业务不纳入或后续纳入应予以明确。

### （二）拓宽地方融资渠道，适当给予税收优惠

宁夏地方性银行在免税法的增值税改革下，税负大幅下降，究其原因是地方性银行对净利差的依赖过大。据统计，2013年宁夏人民币贷款占比高达85.5%①，为全国最高水平。由于宁夏地区融资结构较为单一，中小企业融资途径较少，导致银行存贷比高。因此，银行业实施增值税改革时，要充分考虑地方差异，就宁夏而言，一方面可以积极发展多元化融资，拓宽企业融资渠道；另一方面可以对地方性银行实施定向降准，加大再贷款扶持力度。

### （三）进一步完善分税监管体制，积极试点改革

由于营业税属于地方税，增值税为地方与中央共享，如果在银行业实施“营改增”，将对地方财政收入产生较大冲击。因此，应该在现有的分税制框架下进一步完善相关财税法律体系，在对银行业税制改革前，可以先选取部分金融业发达地区进行试点，然后再继续研究制定下一步的改革配套措施，加大对地方财政补偿力度，以进行“由点及面”的改革。

---

① 数据来源于中国人民银行银川中心支行网站。

## 参考文献

[1] 魏陆．中国金融业实施增值税改革研究［J］．中央财经大学学报，2011（9）．

[2] 李艳．促进金融创新的金融业税收制度研究［J］．财政金融，2012（11）．

[3] 邓子基，习田．对我国金融服务业改征增值税的探讨［J］．涉外税务，2011（4）．

[4] 马恩涛．金融服务业增值税征收问题的思考［J］．税务研究，2010（9）．

[5] 省正英．金融业实施“营改增”税制的难点及路径选择［J］．青海金融，2012（12）．

[6] N. C. Chia J, Whalley. The Tax Treatment of Financial Intermediation [J]. Journal of Money, Credit and Banking, Vol, 31, No, 4, pp. 704 - 719, 1999.

[7] Alan J, Auerbach, Roger H, Gordon. Taxation of Financial Services Under a VAT [J]. American Economic Review, Papers and Proceedings 92: 411 - 16, 2002.

责任编辑校对：黄　瑾

# 宁夏地方政府融资平台情况调查及建议[①]

宁夏银监局　薛晓雷　和　力　张　瑶

**摘要**：2010年，《国务院关于加强地方政府融资平台公司管理有关问题的通知》（国发〔2010〕19号，以下简称"国发19号文"）下发以及一系列地方债务管理措施出台后，宁夏地方各级政府加强融资平台公司（以下简称融资平台）的规范管理，银行业金融机构对融资平台的授信管理也加强了风险防范，取得了一定的阶段性成效。但是，目前以银行融资为主、承担过多职能的融资平台已难以适应国家规范管理要求以及宁夏地方经济发展的实际需要，亟须加快转变，转换发展战略。

## 一、宁夏融资平台基本情况

### （一）融资规模越来越大

截至2013年末，宁夏共有融资平台68家[②]，较2010年末增加15家，资产总额达967亿元，较2010年末增加281亿元，融资平台总体资产负债比率为56.87%。其中，有银行授信的融资平台46家，平台贷款余额351.35亿元，较年初增加45.92亿元，增幅15.03%；不良贷款余额0.55亿元、不良率0.16%。按平台级别划分：省级平台4家，贷款占比59%；市级平台18家，贷款占比31%；县级平台24家，贷款占比10%。总体上看，宁夏融资平台融资规模保持稳定增长（含银行贷款和发行债券），对促进实体经济发展发挥了积极作用。

**表1**　　宁夏地方政府融资平台发展情况

| 时间点＼项目 | 政府融资平台数量（家） | | | | 银行融资情况（家、亿元） | |
|---|---|---|---|---|---|---|
| | 总数 | 其中：省级 | 市级 | 县级 | 有贷款余额的平台数量 | 贷款余额 |
| 2009年5月末 | 34 | 4 | 14 | 16 | 34 | 178 |
| 2010年末 | 53 | 6 | 26 | 21 | 53 | 349 |
| 2011年末 | 60 | 6 | 27 | 27 | 48 | 321 |
| 2012年末 | 62 | 6 | 28 | 28 | 43 | 305 |
| 2013年末 | 68 | 6 | 30 | 32 | 46 | 351 |

数据来源：宁夏银监局相关资料。

① 本文文责自负。

② 融资平台数量：按照国务院、中央四部委的融资平台定义，取银监会融资平台统计口径2013年末数据。文章中相关融资平台各类资料数据均来源于"中国银监会地方政府融资平台数据统计分析系统报表"。

（二）投融资领域逐步规范

按照国家清理规范要求，宁夏融资平台结构进一步调整，融资投向主要集中于交通和市政基础设施建设领域①，土储和保障性住房类适度增长，以无收益的公益性建设项目为主的融资平台及融资规模不断压缩。截至2013年末，宁夏融资平台在交通和市政建设领域贷款余额分别为153亿元、51亿元，占全部平台贷款比例分别为43%、15%。城市基础设施建设领域贷款规模持续收缩，贷款余额较2011年6月下降62亿元。水利及农村基础设施、社会事业及园区建设等领域贷款融资规模保持了稳定增长。土地储备中心贷款融资持续快速增长，2013年贷款增量43亿元，增幅达279%。公益性融资平台数量及贷款规模分别较2010年减少9家、下降48亿元。

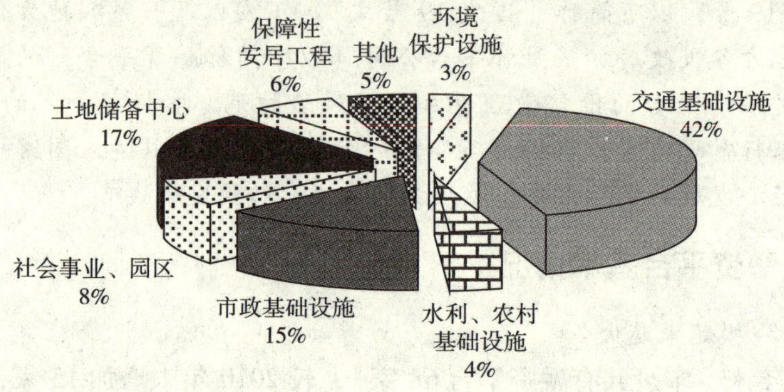


数据来源：宁夏银监局相关资料。

**图1 2013年末平台贷款投向占比图**

## 二、宁夏融资平台发展存在的问题

（一）部分融资平台公司治理及融资运作尚有改进空间

1. 部分融资平台资产负债率过高、现金流覆盖水平欠佳

按照“国发19号文”要求，融资平台获得银行贷款必须符合有关贷款条件规定：资产负债率低于80%，具有能够覆盖本息的还款资金来源。目前46家融资平台中，资产负债率超过80%的有16家，贷款余额156亿元，占全部贷款比例的44%；资产负债率在70%~80%的有9家，贷款余额80亿元，占全部贷款比例的23%；资产负债率低于70%的有21家，贷款余额116亿元，占全部贷款比例的33%。部分平台还款现金流覆盖程度不高，还款来源无覆盖的有24家，还贷资金缺口26亿元。

2. 平台公司质量参差不齐，“潜能”发挥不够

按照“国发19号文”要求：“对只承担公益性项目融资任务且主要依靠财政性资金偿还债务的融资平台公司，今后不得再承担融资任务，相关地方政府要在明确还债责任、落实还款措施后，对公司做出妥善处理。”但是，宁夏省级融资平台相对较少，

① 由于宁夏地方政府融资平台以银行贷款为主要融资方式，且有存量银行贷款的融资平台占融资平台总量较高，具有一定的代表性，因此本文主要以有存量银行贷款的46家融资平台进行综合分析。

市、县级平台多但优质平台不足，普遍存在主营业务收入较低、经营利润有限等问题。近年来，宁夏6家省级融资平台银行信贷融资余额一直在200亿元规模小幅波动，没有形成较强的融资增长活力。个别已“退出类平台管理”的企业经营情况尚未得到有效改善。

**表2　2013年末宁夏政府融资平台财务状况表**　单位：家，亿元

| | 融资平台家数 | 资产总额 | 主营业务收入 | 实现利润 | 银行贷款余额 |
|---|---|---|---|---|---|
| 省级 | 4 | 406.2 | 13.71 | 7.22 | 208.3 |
| 市级 | 18 | 378.2 | 15.27 | 3.39 | 97.7 |
| 县级 | 24 | 182.4 | 1.17 | 0.18 | 36.6 |
| 总计 | 46 | 966.8 | 30.15 | 10.79 | 339.7 |

数据来源：中国银监会地方政府融资平台数据统计分析系统报表。

（二）银政企对接及政策运用不够充分

1. 银政企信息不对称影响资源配置效率

地方政府的各种融资项目、可支配财力、承担的债务状况、财政还款安排、偿还能力及融资平台自身的财务、经营管理等透明度不高，致使银政企间产生严重的信息不对称，造成融资平台间超限互保、银行间多头融资、多头授信。各级地方政府的总体负债和财政担保情况缺乏统筹协调，造成银行对融资平台贷款管理难度加大，在一定程度上放大了政府债务风险。

2. 个别银行的政策性优势难以充分发挥①

截至2013年末，宁夏农发行“水利及农村基础设施”平台贷款余额仅8亿元，较2010年末历史高点下降6亿元②，这与宁夏得天独厚的自然资源、生态农业的巨大潜力极不相称。另外，宁夏除国开行、农发行外，其他各银行融资平台贷款余额共计71亿元，剔除交通类平台贷款后余额仅为14亿元，各类融资平台在其他领域支持力度稍显薄弱。

## 三、政策建议

按照中央各部委和银监会相关要求，融资平台贷款监管的重点是按照“总量控制、分类管理、区别对待、逐步化解”思路，进一步优化平台贷款结构，主要支持符合条件的省级融资平台、保障性住房和国家重点在建续建项目的合理融资需求，审慎稳妥地缓释平台贷款风险。结合宁夏融资平台运行和监管实际，提出以下建议。

（一）进一步清理规范融资平台

一是按照“国发19号文”等融资平台清理规范文件要求，清理规范宁夏各级政府融资平台，尽快完善公司治理结构，对需要退出的融资平台，要在具体落实还款措施

① “国发19号文”和银监会相关规定，新增融资平台贷款投向中明确提出“农业发展银行支持且符合中央政策的农田水利类项目”，但宁夏各级政府设立的各类融资平台多以市政建设融资为主，真正投入到农田水利等农业基础设施类的并不多，加之缺乏有效的融资、担保主体，导致农发行在宁夏此类业务收缩。

② 农发行此类贷款在宁夏全部银行业占比由2010年末的100%下降至64%。

后，依法采取必要的资产剥离、行政撤销、市场退出等措施。二是对需要保留和新设的融资平台要增强融资平台资本实力和制订可持续发展规划。政府有关部门要积极指导融资平台公司坚持市场化运作方向，通过注资等有效充实资本金、改善股权结构。针对高负债率和低现金流覆盖水平的融资平台，要逐户制定整改措施和可持续发展规划。三是定期进行融资平台公司财务状况、承建项目情况、融资使用及偿还情况等信息的披露，建立完善绩效评价制度、年度审计制度等，进一步规范融资平台企业管理和公司治理。四是发挥土地、资产、资源、政策等方面综合优势，建立或扶持有特色的融资平台，将其资本金做实、现金流做大、融资能力做强，为地方经济建设作出更大的贡献。同时可适度收缩融资平台公司总量，保留政府直接管理的融资平台，使效益较低的小型融资平台逐步退出投融资领域，通过整合提高投融资能力，清晰政府主管部门责任权限和管理要求，重点加强市、县级平台整合力度，打造合规优质的省、市级投融资平台。

（二）落实债务融资上限管理要求

一是建立科学、合理、监督有效的政府融资负债管理模式。按照财政部、发展改革委、人民银行、银监会四部委《关于贯彻〈国务院关于加强地方政府融资平台公司管理有关问题的通知〉相关事项的通知》（财预〔2010〕412 号）文件要求，由宁夏财政部门统筹管理、明确并细化年度各市、县级政府债务、银行融资规模上限，严控融资投向，建立“负债有度、总债有数、用债有方、偿债有钱、管债有规、举债有责”的科学财政负债管理模式。提高各级政府及平台融资的程序化、透明化、科学化水平，充分发挥财政、审计监察等部门的监督作用，将地方政府的融资、偿债等情况列入任期经济责任审计的重要评价内容，确保融资平台公司银行债务及抵债资产安全。二是建议由地方政府牵头，组织相关金融机构、融资平台公司和财政、审计、国资等部门共同参与，按照已明确的各地区发改委年度投融资规模计划，在政策允许的范围内，整体与牵头银行对接，细化融资方案，实现政府有关职能部门项目库与银行信贷资金对接，有效促进多方合作。三是建议由自治区相关部门牵头，对接农发行等银行业金融机构，充分利用政策性银行优势及区内土地资源，开展大规模土地整治、水利设施建设。

（三）做实风险防控措施

一是各级政府职能部门要加强国家关于政府融资平台调控政策的学习理解和执行落实，增强合规发展融资平台的意识，积极与各监管部门、银行机构进行沟通协调，通过合法程序解决融资需求。二是推动风险共担的融资保障模式。政府相关部门应继续完善融资平台偿债基金，提高偿债准备金提取比例，扩大偿债准备金规模，有效应对债务高峰期的到来，避免债务风险。银行机构要提升自身信贷管理水平的同时，加强银行间合作，通过组建银团贷款分散风险、降低融资平台项目融资成本，避免银行间盲目跟进、多头授信，并以此推动地方政府制定科学可行的举债规模。三是推动政府项目融资行为市场化。引导民营资本进入公共产品和公共服务领域，积极发挥资本市场的作用，推进公共基础设施投资和建设主体多元化。探索通过资产证券化，盘活退出类平台贷款融资规模存量，减轻政府负债压力，为后续新项目融资提供空间。

## 参考文献

[1] 周慕冰在2013年地方政府融资平台贷款风险监管工作会议上的讲话，银监会通报，2013年第20期。

[2] 巴曙松. 地方融资要拓展更多渠道 [N]. 经济日报，2013-09-25.

[3] 王建，王瑞，怀自杰. 中国地方政府投融资平台的风险分析与对策建议. 中国经济网.

责任编辑校对：杨　光

# 期货交割库对带动宁夏产业经济发展的意义初探

宁夏证监局　李建良　段晓霞　李永富

**摘要：**在宁夏“两区”建设、“丝绸之路”对外开放、中阿金融合作、发展中小微企业进程中，期货市场特别是期货交割库的建设与服务是不可或缺的。作为期货市场的监管机构，我们结合宁夏经济发展的实际和期货市场功能作用的发挥，就期货交割库对带动宁夏产业经济发展的重要意义进行了初步的分析研究，期望对大家认识期货、认识期货市场、认识期货交割库对宁夏经济发展的重要性有所帮助。

## 一、期货、期货市场与期货交割库

（一）需要弄清的几个概念

1. 期货与期货市场

所谓期货，一般指期货合约，即由期货交易所统一制定的、规定在将来某一特定的时间和地点交割一定数量和质量实物商品或金融商品的标准化合约。

所谓期货市场，就是买卖双方进行期货合约转让的市场。通过合约的一次或多次买卖，可以分散和转移价格风险，实现套期保值；可以对市场供求进行连续性调节，达到发现价格并保持其相对稳定的目的。所以，期货市场的基本功能是规避风险和价格发现。

2. 期货交割与期货交割库

期货交割是指期货合约到期时，交易双方通过该期货合约所载商品所有权的转移，了结到期未平仓合约的过程。交割方式有现金交割和实物交割两种，一般金融证券类期货合约以现金交割为主，商品期货合约以实物交割方式为主。实物交割是指合约到期日，卖方将相应货物按质按量交与交易所指定交割仓库，买方向交易所交付相应货款，履行期货合约。

期货交割库是商品期货实物交割的场所。目前，我国商品期货的实物交割方式有仓库交割、厂库交割和车船板交割。交割仓库和厂库统称为期货交割库。

仓库交割是指期货交易所为进入交割期的合约实现实物交割而在商品主产区或主消费区特意设立商品存储区域，以方便合约的买卖双方实现货款对付，完成交易。交割仓库一般设置在物流比较发达的区域或是期货商品主销区。

厂库交割是指由生产厂家取代传统意义上的仓库，以生产能力和相应的信用保证作为出具仓单（即厂库仓单）的依据，出库时按照买方要求在规定时间内提供相应质量和数量的实物，以履行交割义务。交割厂库一般设置在期货商品主产区。

由于厂库交割在降低交割成本、吸引现货商参与、促进期货市场功能发挥方面具有优势，正逐渐取代传统的仓库交割方式，成为新上市期货品种的选择。目前已有鸡蛋、焦煤、焦炭、棕榈油、玻璃、动力煤、甲醇、沥青等14个期货品种采用了厂库交割方式。

（二）期货市场的发展

期货市场起源于1848年美国芝加哥，迄今已有100多年历史，是市场经济发展到一定阶段的必然产物。

我国期货市场自20世纪90年代初建立以来，经过20多年的发展和规范，已逐步进入持续稳定发展、功能作用日益显现的良性轨道。目前，我国有3家商品交易所，即上海期货交易所、大连商品交易所和郑州商品交易所，1家金融期货交易所，即中国金融期货交易所。期货市场交易品种逐渐丰富，截至2014年8月31日，已上市45个期货品种，覆盖了农产品、有色金属、纺织、建材、化工、金融等产业。交易规模稳步扩大、商品期货市场成交量已经连续多年居全球前列，国际影响力日益增强（见图1），为国民经济发展提供了强大支持。

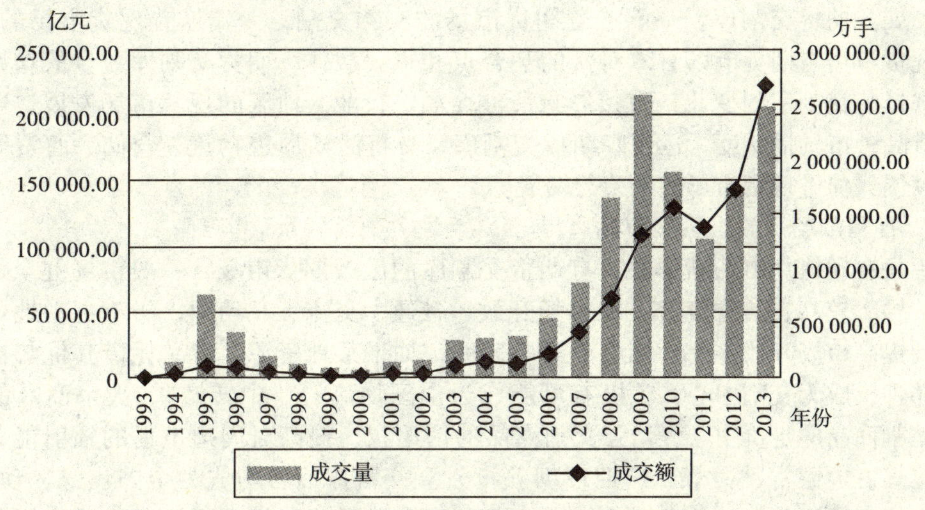


**图1 1993—2013年我国期货成交量和成交额走势图**

（三）期货交割库的发展

截至2014年8月15日，上海期货交易所、大连商品交易所和郑州商品交易所3家期货交易所为45个商品期货品种共指定了387家期货交割库，这些期货交割库分布在全国28个省、市、自治区。铁合金期货（硅铁、硅锰）于2014年8月8日在郑州商品交易所正式上市后，宁夏天净冶金有限公司、宁夏晟晏实业集团有限公司、宁夏中卫市银河冶炼有限公司、中卫市茂烨冶金有限责任公司4家企业被批准成为铁合金期货指定交割厂库，填补了宁夏长期没有期货交割库的历史空白。

## 二、期货交割库的功能和作用

期货交割是期货市场体系的重要组成部分，位于期货交易环节的末端，连接着期货市场与现货市场，是现货商参与套期保值和规避风险的重要保障。可以说，期货交易中的实物交割是期货市场存在的基础，是期货市场两大基本功能发挥的根本前提。

期货交割库的功能与作用，通俗地说有两个方面：一是对市场起牵引器作用；二是对经济起孵化器功能。

（一）期货交割库对市场的牵引器作用

1. 有利健全完善市场体系，发挥市场功能作用

一是有利完善期货市场体系，发挥期货市场功能作用。期货交割库的设立，将形成期货交易所、期货结算机构、期货中介机构、期货投资者（个人、机构）和期货交割库，一条完整的期货市场组织体系；从区域市场说，将形成期货中介机构、期货品种、期货投资者和期货交割库，一条完整的市场服务链条。特别对期货市场发展薄弱的地区，期货交割库的设立，将吸引更多现货商参与期货市场进行套期保值，激活期货市场各要素，发挥期货市场服务实体经济的作用。二是有利带动资本市场功能作用发挥。期货市场的健全完善与功能作用的发挥，将影响和带动证券市场、基金市场的培育发展，使资本市场体系更完善、功能更健全、作用更突出。三是有利现货市场的繁荣发展。期货交割库，一端连着期货市场的实物交割，一端连着现货市场的商品，成为现货市场与期货市场有效对接的契合点和重要载体。期货交割库数量的增减、地址的选择、交割率的变化，直接影响所涉商品、行业、地区的现货市场发展，影响所涉期货品种市场活跃度。运用好期货交割库，必将激活周边物流、仓储、商贸等相关产业发展，促进现货市场的繁荣与发展。

2. 有利市场开放，拓展市场边界

一是有利树立市场新形象。有期货交割库的区域期货市场，一般市场健全、功能完善、层次较高、信誉度好，在市场开放、融通、交流、互动中，居于主动地位。二是有利提高市场开放水平。国内外经验表明，如果某地资源、产品凭借其优势被选为期货品种，成为交割中心，就极有可能成为全国物流的“中转站”、大宗商品的集散地、交割商品的定价中心，增强交割商品的话语权，提高对周边市场的辐射能力。如山西焦煤、内蒙古动力煤、广西白糖获批设立交割库后，均成为全国焦煤、动力煤、白糖市场的关注焦点。信息流、物流、资金流等资源的汇集，不仅加强了这些地区与其他省市区的交流，而且扩大了这些地区的市场影响力，提高了市场开放水平。

（二）期货交割库的孵化器功能

1. 有利涉期企业成长，提升企业综合实力

一是扩大了企业的市场影响力。交割库的选择有严格审核程序，得之不易。拥有期货交割库资质，对于企业而言，本身就构成其在行业内综合实力及权威性的直接证明，不仅受到行业内的高度认可，而且企业还可以享有更多的政策支持、结识更广的合作伙伴、获得更多的商业机会，同时增强企业在行业内的话语权和品种定价权，扩大了企业的市场影响力。二是为企业获取稳定的经济效益。成为期货交割库，带给企业最直接的好处就是仓储收益和仓单质押带来的成本节约。作为期货交割库的期货商品，在出入库和仓储环节，相关费用标准一般会高于现货标准，给企业带来更高的仓储收益；作为交割厂库，企业可以利用自有的交割厂库先行注册虚拟仓单，办理仓单

质押业务。如在交易所办理仓单质押，可节约相当于银行同期贷款近 3 倍的利息，获取足额的资金用于期货交易；也可到商业银行办理仓单质押，用标准仓单为现货贸易进行融资，有效节约资金成本。三是促使企业加强专业人才培养。作为期货交割库必须执行期货交易所的标准化管理程序，需要设置专门机构和专业的管理人员负责交割业务，若企业要利用交割库开展套期保值，还需要培养专业的期货人才进行具体操作，这些都会促使企业加强专业人才培养，为企业未来发展提供人力资源保证。四是帮助企业参与期货市场。作为期货交割库的企业，可以参与期货套期保值或期货交易，即使进入实物交割环节，也可以利用本企业的交割库作为仓单注册地，在运输、入库、出库、仓储和保管等环节上大幅降低成本，实现企业利益最大化。

2. 有利涉期品种行业发展，提高行业竞争力

期货交割库企业的榜样、示范作用，必将影响本行业内企业的行为，带动行业的整体改变。一是促进行业提高标准化水平。期货市场交易的是标准化合约，交割的期货品种有严格的质量要求，不达标的不能参与交割，达标优质优价。这就引导涉期品种企业必须按照国标生产，提高产品质量，才能具有市场竞争力，进而带动整个行业提升产品质量，促进行业提高标准化水平。二是有利提高市场价格的公平性。期货交割的实物价格，一般反映的是“最便宜交割地点”的现货价格，具有市场的权威性和公平性。以期货价格为导向，有利优化主产区内企业的市场环境，形成合理的定价基础，从而提高整个涉期品种行业的市场竞争环境。

3. 有利推动经济发展，助力发展方式转变

期货是为现货而生的，服务实体经济是期货市场的职能所在，价值所在。期货交割库作为连接现货期货的纽带，更集中体现了促进经济发展的根本属性。一是有利提高经济运行质量。涉期企业综合实力的提高，必然带动相关行业发展水平的提高，进而影响整个地区经济规模与运行质量。特别在企业标准化经营、产品标准化生产、经济转型升级、市场风险管理方面有积极意义。二是有利外向型经济发展。随着对外开放、国际贸易的拓展，国内市场产品、原材料的价格越来越受到国际市场的影响，期货市场的国内外对接，已成为规避市场价格风险的趋势。通过把一些重要产品、资源上市成为期货品种，把一些重要行业龙头企业设为期货交割库，使它们与国际市场对接、与期货市场对接，有利于及时了解掌握国内外市场信息、价格信息，更好地参与国际经济合作、交流，促进外向型经济发展。

## 三、期货交割库对宁夏社会经济发展的重要意义

### （一）期货交割库的设立，有利于提高宁夏期货市场服务实体经济的能力

1. 期货交割库的设立，完善了宁夏期货市场的功能

从第一家期货经营机构成立，宁夏期货市场已经历了 14 年发展，但效果并不理想。目前，没有法人期货公司，只有 3 家期货营业部，30 多名从业人员；投资者累计开户 3 573 户，其中 95% 以上是个人投资者；主要提供期货经纪业务，从事套期保值的机构客户很少，服务实体经济的作用没有体现出来。2014 年宁夏有 4 家企业成为铁合金期货交割库，不仅标志着宁夏铁合金产量质量得到市场认可，更重要的是完善了宁夏

期货市场的功能，为企业进入期货市场、为期货服务实体经济打开了大门，意义重大。

2. 期货交割库的设立，提高了期货服务实体经济的能力

多年来，为了提高辖区期货经营机构的服务能力，我们采取了一系列措施，包括组织期货经营机构与涉期企业签订合作协议、与高校签订人才培养协议，围绕期货品种开展专项培训，组织期货经营机构进企业、进机关、进社区，千方百计地拉近期货市场与企业的距离，但联姻效果不理想，部分期货机构经营困难，创新服务能力下降，期货市场陷入迟滞状态。期货交割库的建立，将期货品种、涉期企业、期货经营机构有机联系起来，成为期货经营机构服务实体企业的纽带。虽然只有铁合金一个品种，但宁夏铁合金企业众多，产量占到全国的20%以上，使辖区期货经营机构服务的触角可以通过铁合金企业向其他行业延伸，拓展期货服务半径，提高服务能力和水平，为期货市场服务实体经济提供了有力支持。

（二）期货交割库的设立，有利于发挥宁夏资本市场的整体功能作用

金融是经济运行的血液，是现代经济的核心。作为投资拉动型的经济增长模式，金融对宁夏经济更显得尤为重要。目前，宁夏融资规模小、融资结构不合理、直接融资比重低等问题比较突出，根本原因是辖区没有投行机构，区外投行机构服务不足。目前，金融特别是资本市场各要素的混业经营已成趋势，国内一些大的金融集团，兼营银行、保险、证券、信托、期货、基金等业务，形成金融综合服务优势。期货交割库的设立，会提振国内大的期货公司对宁夏市场的信心，进而引起大的金融集团对宁夏市场的关注，如果我们政策到位，吸引大的金融寡头进入，必然引进各种资本元素，形成资本市场综合优势，营造宁夏大金融格局，强化资本市场服务功能，为企业持续融资、股权结构优化、上下游客户资源整合、管理水平提升发挥积极作用。

（三）期货交割库的设立，有利于推进宁夏“两区”建设

国务院批准宁夏建立内陆开放型经济试验区和银川综合保税区，为宁夏经济社会发展提供了重大机遇。但要改变宁夏经济总量偏小、大型优质骨干企业不足、高新技术产业缺乏、粗放型增长（高消耗、高污染、资源型）特点明显、市场竞争力不强的状况确非易事。只有加快转变经济发展方式，使经济增长由依靠资源消耗向依靠科技进步、劳动者素质提高、管理创新转变，增强可持续发展的能力，才能实现经济社会的又好又快发展。

1. 期货交割库的设立，有利经济发展方式的改变

期货交割库作为期货市场的重要元素，不仅具有风险管理职能，而且本质属于金融服务，对相关产业、产品的带动效应强，是经济转型的重要引擎。通过期货交割库，可以使企业进入市场，按市场规律经营管理；可以使期货现货对接，让产品市场的时空扩大、延长；可以使市场要素激活，促使产业与服务业相互融合匹配；最终促使社会、经济、生态协调发展。

2. 期货交割库的设立，有利产业结构调整

在宁夏选择期货上市品种，设立期货交割库时，要围绕产业做大增量、做优存量的调整思路，使期货交割标的物与增量发展选择的高新技术、新兴、特色产业项目对接，与存量调整选择的转型升级换代的新材料、新工艺、自主品牌对接。通过期货市

场的互联互通，改变“两高一资”粗放型发展模式，以期货交割库的带动引领作用，促进产品创新和产业转型升级。

3. 期货交割库的设立，有利经济对外合作与开放

期货交割库数量越多，涉及的期货品种越多，表明一个地区的经济优势、产品优势越突出，得到的市场认可度越高，也就越有利经济对外合作与开放。宁夏铁合金有了4家厂库，交割库数量在全国居于前列，说明宁夏铁合金产品产量质量有市场优势，生产企业的经营管理水平得到业内肯定，必将极大地鼓舞相关企业、行业努力提高产品质量，加强对外合作开放，拓宽市场领域，争取竞争主动权。

（四）期货交割库的设立，有利于推进中小微企业发展

宁夏中小微企业众多，占比达80%以上，普遍面临资金问题、人才问题、市场问题，期货交割库对解决这些问题可以发挥应有的作用。

1. 期货交割库的设立，可以帮助中小微企业解决融资难问题

一是以期货交割库建设为支点，发挥期货市场价格引导作用，带动现货、中远期市场同步发展，为中小微企业拓展市场空间、提升盈利能力。二是可以帮助涉企中小微企业在交割库先行注册虚拟标准仓单，利用该仓单在银行办理质押融资，先期回笼销售货款，也可以将该仓单在期货市场上向其他投资者转让或冲抵之前的期货合约，融资成本低于同期银行贷款。三是可以通过对产品进行套期保值，降低企业经营风险，从而提高银行对企业的授信评级和授信额度，实现融资方式灵活多样，降低过度依赖银行贷款带来的集中风险，为股东带来可观的投资回报。

2. 期货交割库的设立，可以加快中小微企业人才队伍建设

涉期企业不仅需要期货专业人才，而且需要经营管理人才、市场营销人才、专业技术人才。成为期货交割库，会增强企业实力，扩大市场影响力，吸引更多人才，培养更多人才，更好地发挥人才的作用。

3. 期货交割库的设立，可以实现中小微企业的有效整合，促进企业可持续发展

宁夏中小微企业整体规模偏小、经营分散、市场竞争力弱，期货交割库企业作为行业龙头企业，可以引领、联合、重组本行业的中小微企业，提高产业集中度，扩大生产规模，实现企业的可持续发展。

## 四、加快宁夏期货交割库建设的对策建议

（一）正确认识形势，充分用足政策，为期货交割库建设创造良好的发展环境

1. 政策环境明显改善

党的十八届三中全会通过的《中共中央关于全面深化改革若干重大问题的决定》，提出要健全多层次资本市场体系；国务院发布的《关于进一步促进资本市场健康发展的若干意见》，提出要推进期货市场建设、提高证券期货业竞争力；证监会发布的《关于进一步推进期货经营机构创新发展的意见》，提出要加快形成功能齐备、服务高效、结构合理、经营稳健的现代期货及衍生品服务体系。

2. 市场环境明显改善

一是全国期货市场发展势头良好，期货品种增加、交易规模扩大、机构经营规范、

服务功能增强。二是期货创新前景广阔。围绕服务实体经济，期货公司正从单一的交易通道服务提供者，转型发展为综合性的风险管理服务提供者，开始在资产管理、风险管理、境外代理业务、场外业务拓展，满足实体企业的不同需求。三是期货品种在加快研究推出，包括权益类产品、利率类产品、汇率类产品、商品类产品和股指期权、指数化基金等，这些对期货交割库建设和作用发挥提供了良好的机遇。

3. 发展环境明显改善

一是2012年9月，国务院批准宁夏建设内陆开放型经济试验区和银川保税区，可以先行先试、创新机制，在财税、金融、土地等方面实行特殊政策；同意将中阿经贸论坛更名为中阿经贸博览会。二是自治区落实“新国九条”，出台了《关于加快资本市场建设的实施意见》，制定了更为具体、优惠的鼓励政策；提出将宁夏建设成为丝绸之路经济带战略支点的21条举措。

良好的政策环境、市场环境、发展环境和明确的政策导向，将推动宁夏期货市场和期货行业进入一个创新发展的阶段。因此，我们在期货交割库建设过程中，应认清形势、用好政策，针对存在的人才瓶颈、市场交易规模限制、企业筛选等问题，一方面加强与中国证监会、各期货交易所的联系沟通，加强市场调研和论证，逐一破解难题；另一方面加快推进铁路、公路、机场、信息、物流等基础设施建设，培育产业配套能力，为期货交割库建设创造良好的外部条件。

（二）突出重点，多措并举，着力推进期货交割库建设

期货交割库建设必须围绕宁夏的资源优势、产业导向和企业特点推进。宁夏枸杞、马铃薯、羊绒、牛羊肉、葡萄等特色农业产业发展迅速，产量品质均居全国前列；宁夏能源、有色金属、建材等产品市场优势突出。通过上市期货品种，设立期货交割库，把资源优势变成市场优势，将进一步带动这些特色优势产业的发展。为此，我们要进一步统一思想、提高认识，坚定信心，组织力量，研究推进宁夏期货优势品种上市及交割库建设进程。

1. 指导辖区符合条件的企业申请成为期货交割库，积极参与期货市场

对已上市期货品种，如焦煤、聚氯乙烯、铁合金、玻璃、鸡蛋、玉米等品种，加大规模以上企业调研培训力度，申请宁夏增设期货交割库，进一步带动相关产业发展；对于各交易所正在研究推出的水泥、氧化铝、马铃薯、玉米淀粉等与宁夏特色优势产业相关的新期货品种，重点跟踪相关政策动向，指导辖区符合条件的企业申请成为期货交割库，积极参与期货市场，服务企业发展。

需要指出的是，交割地点的设置影响期货市场功能的发挥。按照期货价格应该反映“最便宜交割地点”的现货价格的原则，以及商品运费占商品价值的比例，决定了其交割地点设置范围大小的要求，为防止交割地点现货价差不稳定导致期货价格失去代表性，降低套保有效性的后果，我们在选择交割方式时，首先应选择厂库交割；选择交割地点时，首先应选择期货商品主产区，尽量减少运费带给期货价格的影响。

2. 推动宁夏特色优势品种在期货交易所上市，服务地方经济发展

马铃薯、牛羊肉、葡萄浆、羊绒、枸杞、中药材等是宁夏的特色优势产品，同时又是宁夏农业特色产业化的龙头，推动这些产品在期货交易所上市和在宁夏设立期货

交割库，对促进宁夏特色农业发展，提高农民收入，消除山区贫困，具有积极的社会意义。自治区政府相关部门应积极推动和协调区内特色优势品种在期货交易所上市，真正发挥期货服务“三农”、服务中小企业的作用，促进地方经济发展。

3. 发挥期货交割库企业在行业中的龙头带动作用，做大做强优势产业

对于宁夏已成为期货交割库的 4 家铁合金交割库企业，要督促企业积极发挥其行业龙头示范作用，带动铁合金园区内其他企业，使园区成为铁合金期货中心、物流中心、价格中心和信息中心。通过现货和期货两个市场做大做强，在资金和条件允许的前提下，通过兼并联合等方式进一步扩大生产规模，提高区内产业集中度，促进区内优势产业布局更加科学合理。

4. 推进现货市场对接，推进宁夏现货商务平台建设

近年来，宁夏现货商务平台发展迅速，既涌现了中国枸杞交易网等电商交易平台，又有宁夏粮油交易批发市场、中宁枸杞交易中心等现场交易平台，要结合现货市场发展实际，通过发展交割库、指导实体企业参与期货市场等方式，推动宁夏现货市场与期货市场积极对接，真正发挥两个市场的功能作用，为活跃宁夏市场与经济、带动相关产业发展贡献自己的力量。

5. 加大市场培育和政策引导

一方面，要广泛宣传、普及期货知识，通过新闻媒体、培训讲座、报告会等多种形式，向政府相关部门、各产业企业宣传普及期货知识，了解期货市场功能，认识期货交割库对企业的作用，树立正确的理念，学会将金融工具运用到企业生产经营中去，形成期货一体化经营模式，提升经营管理水平和市场抗风险能力。另一方面，要加大政策扶持力度，鼓励各期货品种相关企业积极参与期货市场，规模以上企业积极申报期货交割库，对取得交割库资格的企业由政府财政资金给予一定资金补贴，形成引导作用。

责任编辑校对：赵莉萍

# 公共财政视角下欠发达地区政府债务问题研究

## ——以宁夏为例

中国人民银行银川中心支行

马　康　刘韶辉　高智妍

**摘要：**近年来，我国地方政府债务规模不断扩大，给地方经济的发展和政府的财政正常运行埋下了隐患。就欠发达地区来看，各级政府存在经济基础薄弱、财力不足的共性，但为弥补财政赤字，发挥公共财政职能，地方政府不得不采取各种措施进行融资。由此，导致政府债务数额逐步累积，相应的风险随之而来，必须采取科学的方法和措施进行化解。在公共财政的框架下，为深刻揭示欠发达地区政府性债务的现状和问题，本文通过对宁夏政府性债务问题的调查，并借鉴发达国家债务管理模式的经验教训，结合实际，为建立健全地方政府债务管理提供可行的政策建议。

## 一、公共财政与地方政府债务理论分析

### （一）地方政府债务的含义及功能

地方政府债务，是指以地方政府信用为基础筹措的资金，包括政府及其部门向外国政府或国际金融组织的借款、国债转贷资金、上级财政周转金，或政府所属单位（含政府设立的各类投融资机构）申请贷款、发行债券等形成的债务，以及通过政府担保、承诺还款等融资形成的或有债务，其中以直接债务为主（见图1）。

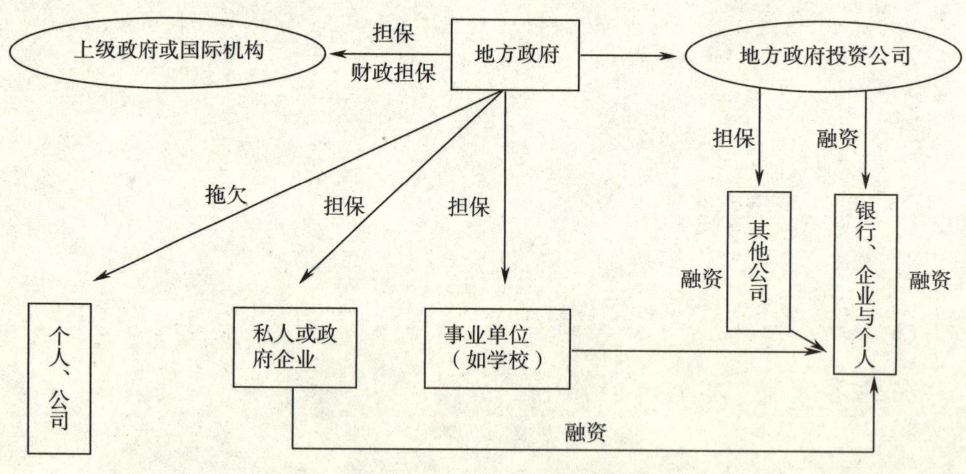


图1　地方政府债务形成框架

地方政府债务的功能体现在：融资功能、资源配置功能以及经济稳定和发展的功能。融资功能是地方政府主要通过各种变相方式举债筹集资金，发展能源、交通、科技教育等资本性项目，支持地方经济建设和社会发展的需要。资源配置功能是地方政府根据各地的实际需求以及财力的可能，举债筹集财政建设资金，实现有限社会资源在政府之间，政府与企业和个人之间、地区之间的有效配置。稳定功能是地方政府通过举债融资支持财政职能的实现，有利于地方政府公共财政目标的顺利实现，为稳定地方政权建设以及地方社会经济的发展服务。

（二）公共财政职能与地方政府债务的关系

1. 公共财政的含义

公共财政是指在市场经济条件下，主要为满足社会公共需要而进行的政府收支活动模式或财政运行机制模式，是国家以社会和经济管理者的身份参与社会分配，并将收入用于政府的公共活动支出，为社会提供公共产品和公共服务，以充分保证国家机器正常运转，保障国家安全，维护公共秩序，实现经济社会的协调发展。

2. 从公共财政视角看欠发达地方政府债务存在的必要性

一是能够缓解地方财政压力。欠发达地区政府通过债务融资，集中民间闲散资金，弥补地方财政缺口。适度的地方政府债务使一系列经济发展瓶颈问题得到缓解，基础设施建设、技术改造和经济结构调整获得较快进展；改善地方经济社会的发展环境，促进地方经济的可持续发展，也为债务的偿还奠定了坚实的经济基础。

二是发挥资源配置效应。在欠发达地区，地方政府财力无法满足公共职能行使的需要，特别是那些投资需求大、周期长、效益低的基础设施建设。政府通过债务融资，将资金投入到公共设施、民生事业、高新技术园区等建设中，增加了公共品的提供，提高了总的社会效益。

三是稳定社会发展。地方政府通过债务融资，发挥“四两拨千斤”的作用，有效解决地方金融机构负债、弥补社会保障缺口等社会问题，为地区经济社会发展提供良好的环境，促进工业化和经济增长，并在此基础上提供教育、科研等影响经济增长的深层次的“公共品”，通过债务融资支持经济改革，增强地方企业和居民的信心，确保社会的稳定发展。

## 二、宁夏地方政府债务实证分析

（一）宁夏地方政府债务现状

宁夏经济基础薄弱、财政收入相对不足，为了缓解财政困境、发展经济，各级地方政府采取多种措施进行直接或者间接融资。根据审计署对宁夏政府性债务审计结果的公告，截至2013年6月底，全区各级政府负有偿还责任的债务502.20亿元，占GDP的49.8%。在政府直接负债中：自治区级政府债务占6.8%、市级政府债务占49.0%，县、乡两级政府债务各占42.1%、2.1%，乡镇平均负债549.22万元。

可以看出，宁夏地方政府直接显性债务负担较重。2012年末至2013年6月底，政府负有偿还责任的债务增长12.0%，负有担保责任的债务增长6.9%，财政支出对直接显性债务的依存度为16.4%，是当期地方公共财政收入的1.8倍。宁夏各级直接显性债务中，自治区级和乡镇所占的比重小于中间两级，市、县级政府债务最为严重。如果不对其加以重视，在宁夏“吃饭财政”未解决的情况下，市、县偿债能力相对较弱，政府债务问题将会日积月累，影响地方财政的正常运转。虽然乡镇政府债务只占到2.1%，但实际上，与可用的财力相比，乡镇级政府财源更加困难，其债务负担最重。

（二）宁夏地方政府债务负担情况

1. 地方政府负有偿还责任的债务增长较快，各年度均负有一定偿债压力

截至2013年6月底，自治区、市、县三级政府负有偿还责任的债务余额合计491.60亿元，比2010年底增加119.96亿元，年均增长11.84%。其中，自治区本级、市级、县级年均分别增长0.76%、11.44%和14.59%。从未来偿债年度看，2013年7月至12月、2014年到期需偿还的政府或有偿还责任债务分别占46.91%和10.38%，2015年、2016年和2017年到期需偿还的分别占14.07%、9.34%和8.33%，2018年及以后到期需偿还的占10.97%。

2. 债务资金较好地保障了地方经济社会发展的需要，但部分地方和行业债务负担较重

从债务资金投向看，主要用于基础设施建设和公益性项目。在已支出的政府负有偿还责任的债务469.05亿元中，用于市政建设、保障性住房、科教文卫、交通运输、生态建设和环境保护、农林水利、土地收储等基础性、公益性项目的支出395.01亿元，占84.22%。但在宁夏财力十分有限的情况下，部分地区和行业的债务负担仍然不容忽视。2012年底，有13个乡镇政府负有偿还责任债务的债务率高于100%。从行业债务状况看，截至2013年6月底，全区政府还贷高速公路建设形成的政府性债务余额122.73亿元，债务偿还压力较大。

3. 债务率在可控范围内，逾期债务率较低

截至2012年底，全区政府负有偿还责任债务的债务率为39.54%，比2010年下降3.16个百分点。截至2012年底，全区只有少数地区出现了逾期债务，政府负有偿还责任债务除去应付未付款项后的逾期债务率为2.41%；政府负有担保责任的债务、可能承担一定救助责任的债务的逾期债务率分别为0.16%和6.80%，均处于较低水平。

（三）宁夏地方政府债务风险及问题分析

1. 地方债务管理缺乏规范造成风险隐患不断增加

在实践中，由于相关制度不尽完善，财政部门尤其是基层对债务管理缺乏统一规范，出现了债务隐性化倾向明显、财政兜底债务不断增加等问题。一方面是多头举债现象普遍，缺乏统一的债务管理机构和规模管控机制，造成债务管理权限分散，相关权利和责任不明确、难落实。另一方面是债务风险预警机制缺乏。建立科学有效的风险预警机制能及早识别和及时化解各类风险隐患，但由于各地债务规模占GDP的比重不高，地方政府债务风险防范意识较弱，多数地方尚未建立相应的债务风险预警机制，同时部分已建立的预警机制其科学性、合理性还有待进一步检验。

2. 债务资金来源多为银行贷款，地方金融风险指数相应较高

由于欠发达地区自身投融资模式落后，大大制约了债务资金的其他来源渠道，加之地方投融资平台多数缺乏良好的财务形象，又难以开拓出多元化的债务资金来源，

所以宁夏地方政府债务资金有37.1%依赖于银行贷款。这不但提高了举债成本，而且使得地方借债规模极易受国家货币政策的影响，地方政府的债务风险演变为地方金融危机的概率也相应增加。

3. 经济波动及政策调控对财政的偿债能力产生不利影响，容易引发局部债务风险

从举借主体看，截至2013年6月，政府部门和机构、融资平台公司和经费补助事业单位是政府负有偿还责任债务的主要举借主体，举债规模分别占总额的52.2%、23.5%和17.0%。在债务的存续期内，欠发达地方的经济发展具有一定不确定性，财政收入的规模也可能存在波动，将对财政的偿债能力带来一定风险。另外，目前地方政府主要的偿债资金来源是通过土地出让获取的土地收益，而地方政府大发举债主要是基于土地升值的前提。但在当前国家出台了一系列政策对房地产进行调控下，以地价升值带来的土地出售收益增长空间有限，地方财政偿债能力有可能将受影响。

4. 自治区级政府担保债务比重过大，增加潜在风险隐患

自治区级政府担保的债务比重为89.9%，在一定程度上增加了地方政府债务风险的不确定性。而且宁夏地方政府负有担保责任的债务主要用在城乡道路建设、农林水项目、文化建设和旅游风景区建设等方面。这些项目绝大多数属公益性项目，本身无法带来收入，也不能通过市场化运作产生收益，盈利能力较差。况且债务主体又是政府职能部门，无自有资金，所以，上述债务只能用财政资金来偿还，转化为政府负有偿还责任的债务的可能性极大。

## 三、地方政府债务管理国际经验借鉴

### （一）建立健全地方政府债务管理法规，强化法制管理

从国际经验来看，绝大多数国家已经有专门条款或建立了专门的地方政府债务管理的法规，对包括举债权限、约束模式、举借新债、债务管理、风险控制、债务偿还等多方面内容都有详细的规定。如巴西2000年颁布了《财政责任法》，哥伦比亚先后制定了1997年《358号法律》和2003年《795号法律》及其他一系列法规，对举债控制及或有负债管理等进行法律约束。

### （二）建立灵活的债务约束机制，强化中央对地方政府债务的约束

国际经验表明，凡是中央政府对地方政府债务管理有序、控制较严的国家，其地方财政就会健康运行，经济就会平稳增长。在这些国家，通常都形成了市场约束机制，即中央对地方政府举债基本不做出限制规定，由地方政府在国家债务管理法规规定的范围之内，基于市场秩序自我约束举借债务。地方政府自身都有严格的举债约束，同时受同级立法机构和监督部门监督。各国都有专门的地方政府债务管理部门，主要是通过法律条款及财经法规对地方政府借款实行行政管理和控制。

### （三）建立严格债务预算管理体系，强化地方政府预算硬约束

国际上通行的做法是将债务收支列入预算。如南非《市政财政管理法》规定市政府必须将债务收入作为预算收入的一部分，纳入政府财政预算，包括收支在内的年度政府预算收支必须平衡。澳大利亚的地方政府建立了严格债务预算管理体系，地方政府必须向借款委员会提出申请，借款委员会根据其财政状况等方面确定举债，债务收

入必须纳入预算。新西兰对其地方政府债务实行严格的预算管理，以控制地方政府举债带来的风险。

（四）建立“量入为出”的理财理念，强化债务规模管理

国际上，坚持“非负债经营”和“量入为出”等举债理念的国家政府债务规模相对较小，政府资产负债率较低，地方财政运行良好。如新西兰2004—2005财年，地方政府债务余额为30.03亿新元，而同期地方政府债务资产总额为620亿新元，即每一新元的债务有20新元的资产保证。波兰地方政府在债务融资中坚持“量入为出”的财政思想，正是由于波兰地方政府对待举债融资的谨慎态度和始终坚持“量入为出”的财政理念，使波兰成为转型国家中少有的没有因地方政府过度举债而陷入财政危机的国家。

（五）建立科学有效的风险预警机制，强化地方债务风险管理

多数国家地方政府债务管理建立了比较完善的风险预警管理机制。其中，比较典型的风险预警管理机制主要有美国俄亥俄州模式和哥伦比亚“红绿灯”模式。美国俄亥俄州模式将地方政府债务与其财政状况联系起来，由州审计局用三类财政状况指标衡量州以下地方政府的债务风险水平，风险高的地方政府被列入“预警名单”进行监控；严重的则被列入“危机名单”，由州专门对其成立的“财政计划和监督委员会”特别监控，以督促其在规定期限内化解危机。哥伦比亚“红绿灯”模式将地方政府债务与其偿付能力联系起来，用利息支出率和债务率两个指标来确定地方政府处于“红灯区”还是“绿灯区”。进入“红灯区”的地方政府被严格禁止举借新债。

## 四、防范和化解欠发达地区地方政府债务风险的思路与对策

（一）建立健全相关法律法规，规范地方债务管理

一是完善现行《担保法》、《预算法》相关条款，完善有关转移支付法规，以立法形式明确地方各级政府的事权、财权，允许地方政府适度举债，同时硬化预算约束。二是出台全国统一的地方政府债务管理办法，明确地方政府举债的权限、方式、期限、管理机构、具体的偿还办法和风险处置方式等。三是制定适用于地方政府债务处理的破产法律，明确地方政府拖欠债务时应当采取的措施、手段和步骤。

（二）适度举债，积极提高地方政府的应债能力

一是完善预算管理，牢固树立“量入为出”的谨慎理财理念，减少支出浪费，合理控制支出。二是积极清理、化解历史债务，控制新债，使政府债务存量保持在合理范围内，降低地方政府债务负债率和偿债率，减轻政府的偿债压力。三是建立和完善偿债准备金制度。

（三）建立完备的举债机制，加强对地方债务的控制

一是实行中央审批制与负债计划管理。每年地方财政部门必须按时编制地方债务预算，对当年地方政府直接举借的债务总额、用途、期限等做出详细的说明，经本级人代会批准后，报中央政府审批，接受监督管理。地方政府为地方发放债务提供担保，建立担保备案制，把担保债务全额纳入债务规模管理。

二是建立健全约束监控机制。建立中央政府、地方权力机关、地方审计部门三级

监督机制，对地方政府是否举债，举债规模、期限、利率、偿还办法以及具体的用途及效益等进行全面的监控。对地方政府债务实行单独预算管理，即在地方预算中对地方政府债务实行单独反映，以便监督机构和社会各界监督考核。

（四）加强地方政府债务监测和预警

建立完备的地方政府债务运行的监测和预警体系，对地方政府债务存量、流量及资金结构进行常规监测，对异常波动或债务风险及时发出预警。一是实施存量债务监测。二是建立科学合理的地方政府债务流量监测体系，对债务资金流量、流向、使用和偿还进行严密监测。三是建立包括经济、金融、社会等因素在内的地方政府债务预警体系。

## 参考文献

［1］牟放．化解我国地方政府债务风险的新思路［J］．中央财经大学学报，2008（6）．

［2］财政部财政科学研究所课题组．我国地方政务债务态势及其国际借鉴：以财政风险为视角［J］．改革，2009（1）．

［3］财政部预算司．中低收入国家政府债务监管框架［J］．经济研究参考，2009（43）．

［4］徐瑞娥．国外地方政府债务管理概况［J］．地方财政研究，2009（4）．

［5］夏芳．中国城市化投资需求的金融支持［J］．城市观察，2012（1）．

［6］审计署．宁夏回族自治区政府性债务审计结果［N］．宁夏日报，2014－01－24．

责任编辑校对：刘　力

# 我国和国际地方性债务问题及对宁夏的启示

中国人民银行银川中心支行　王进会

**摘要**：2014 年 5 月 19 日，财政部印发了《2014 年地方政府债券自发自还试点办法》（以下简称《办法》），宁夏是十个试点地区之一。按照《办法》规定，宁夏可以在财政部核准的发债规模限额内，按照市场化原则自行组织发债。以此为背景，本文及时梳理了全国地方性债务总体情况和管理中存在的主要问题，详细介绍了各国管控地方债务的主要经验做法，并摸底总结了宁夏债务的基本情况，以期为宁夏充分发挥好试点作用提供参考借鉴。

## 一、我国地方政府债务总体情况

近年来，国际市场和国际货币基金组织（IMF）对中国政府债务的担忧越来越大，认为我国地方政府债务规模的增长隐含着较高的财政风险，但这种担忧主要是源于我国地方政府债务不透明，并对我国地方政府债务数据不信任。实际上从债务指标看，我国政府债务规模尚处在可控范围内，如果考虑到政府的资产负债表，则我国政府债务风险更小。

地方政府债务管理是世界性难题。在我国，受 1994 年分税制改革后地方政府事权与财权不对称，地方政府投资冲动，以及城镇化和工业化投融资需求旺盛等因素的影响，地方政府债务管理问题更加突出。2013 年我国地方政府收支差额为 3 500 亿元①，2014 年预计将达到 4 000 亿元，比 2013 年增加 500 亿元。按照 2013 年 12 月 30 日审计署公布的全国性债务审计结果，截至 2013 年 6 月底，我国地方政府债务为 17.89 万亿元，占政府性债务总额的 59%，较 2010 年末和 2012 年末分别增长 66.93% 和 12.62%。在债务结构方面，地方债务虽以直接债务为主，但或有债务有所增长，特别是地方政府可能承担一定救助责任的债务较 2010 年底增加 159.91%，占比由 15.58% 上升至 24.25%，地方政府的或有负债风险敞口明显扩大。

我国地方债务规模快速增长的另一面是我国地方层面债务管理体系的落后，其中一个重要原因是目前法律和制度不允许地方政府借债，所以地方政府只能以或有负债的形式变相借债，地方政府融资平台成为地方政府融资的主体。截至 2013 年 6 月底，融资平台公司举借债务 69 704.42 亿元，与 2010 年相比增长了 40.22%，占全部债务的 38.96%。为规范地方政府融资平台债务，减少对或有负债的依赖，提高财政透明度，

① 《关于 2013 年中央和地方预算执行情况与 2014 年中央和地方预算草案的报告》指出，考虑中央对地方税收返还和转移支付后地方政府收支差额为 3 500 亿元。2014 年地方财政收支差额 4 000 亿元，比 2013 年增加 500 亿元。

我国逐渐引入市场化的方式加强地方政府债务管理。2009 年以来，国务院同意地方政府在国务院批准额度内由财政部代理发行债券，并代办还本付息。2011 年和 2012 年，国务院批准上海、浙江、广东、深圳四省市试点在国务院批准的额度内自行发行债券，但仍由财政部代办还本付息。2013 年，新增江苏、山东为试点地区，其他地区仍由财政部代理发行、代办还本付息。2014 年 5 月 19 日，国务院批准上海、浙江、广东、深圳、江苏、山东、北京、江西、宁夏、青岛试点地方政府债券自发自还，地方政府市场化融资迈出关键一步。

## 二、当前我国地方政府债务管理存在的主要问题

### （一）政府职能“越位”导致债务规模不断扩大

宏观自主调控与市场自发调节是确保经济平稳健康运行的两大主要调控方式。多年来，我国中央对地方政府以 GDP 增速为主要指标的考核机制造成地方政府过度介入地区经济活动，通过以国有或集体土地抵押、地方财政收入或政府信誉担保甚至行政命令等方式，过分强调对地区发展源源不断的金融资源投入，形成了以投资拉动为主的粗放型经济增长模式。在这个过程中地方政府债务规模不断扩大，同时片面追求政府职能“大而全”造成地方财政支出逐年上升。尤其是 2008 年国际金融危机对地方财政影响深刻，相对于具有稳定收入来源的中央政府，地区经济增速下滑导致地方政府税基减少，刚性支出显著增加。在中央 4 万亿元投资计划和宽松的货币政策背景下，地方政府密集出台刺激政策，竞相上马大项目，大中小银行争抢地方信贷市场和贷款项目，造成地方政府贷款规模急剧增加。

### （二）地方债务管理缺乏规范造成风险隐患不断增加

我国地方债务管理体制机制尚不健全，债务管理游离于预算监管之外，债务隐性化倾向明显，财政兜底债务不断增加。一是多头举债现象普遍，缺乏统一的债务管理机构和规模管控机制，造成债务管理权限分散，相关权利和责任不明确、难落实。二是项目融资审批缺乏科学论证，手续不齐全，事前评估和事中监督流于形式，绩效评估缺乏。项目完成后，事后监督又往往缺位，造成地方政府投资效率低下，重复建设和资源浪费现象严重。三是债务风险预警机制缺乏。建立科学有效的风险预警机制能及早识别和及时化解各类风险隐患，但由于各地债务规模占 GDP 的比重不高，地方政府债务风险防范意识较弱，多数地方尚未建立相应的债务风险预警机制，同时部分已建立的预警机制其科学性、合理性还有待进一步检验。

### （三）形势变化与政策导向要求变革地方融资平台为主的融资模式

地方融资平台是近年来地方政府融资的主要载体，典型融资模式是绕开预算法限制，以集体土地出让收入作为偿债资金进行表外融资。审计署的审计结果显示，很多省市县的地方债务大约有四成要靠土地收益来偿还。金融监管部门已及时发文预警地方政府融资平台的风险隐患，明确要求金融机构严控地方融资平台贷款规模和投向。2014 年中央财政预算报告也提出要逐步剥离融资平台的政府融资功能。同时随着楼市调控力度不断加大和房价高位回落，未来地方政府土地出让收入可能出现下滑和不可持续。这些新的经济金融形势变化和政策导向使地方政府以融资平台为主要载体的传

统的融资模式面临严峻挑战，难以为继。同时地方政府融资平台获得的银行贷款期限普遍较短，但资金支持以中长期项目为主，期限错配现象较为严重，这也迫切要求地方政府改变融资平台为主的融资模式，探索更加廉价、有效的融资渠道。

（四）信用评级发展滞后制约了地方直接发债融资能力

信用评级是评级机构对债券发行人按时、足额偿还债务的能力和意愿的意见，是投资者分析债券发行人和债券信用的重要参考。受《中华人民共和国预算法》的制约，我国地方政府不允许直接在资本市场融资，地方政府信用评级发展严重滞后。近年来，随着城投债①的迅速发展，我国地方政府信用评级进行了一些初步尝试。未来，我国在完善地方政府信用评级方面，还面临较大的困难。一是评级主体的问题。地方政府信用评级不同于工商企业信用评级。从国家行政体制形式上来看，我国是单一制国家，地方政府在政治上不具有独立性，是中央政府派出机构。从经济层面来看，中央政府虽然赋予了地方政府较充分的经济发展自主权，但是地方政府处于中央政府主导的经济分权体制中。二是数据问题。评级机构作为市场机构很难获取全面的政府信息。在现行体制下，地方政府不愿公开完整详细的财政数据。此外，地方政府信用评级并不是根据一年的数据就可以得出，对数据的持续性、一致性、完整性要求较高。三是评级机构问题。我国评级机构也存在发展时间段、评级质量不高、评级结果缺乏社会公信力等问题。

（五）地方财政信息不透明造成地方债务规模不可控

财政信息公开透明是地方政府信用评级的关键要素，但地方政府很少编制规范透明的财务报告和细致科学的资产负债表，主动定期向社会公开财政预算。地方投融资平台绝大部分也没有纳入预算管理，属于地方政府资产负债表的表外业务，这造成评级机构、投资者等市场参与者很难获得地方财政状况、债务情况、债券用途、投资取向以及具体项目等信息。地方政府与市场主体在地方财政收支信息上的不对称限制了社会公众对政府投融资行为的有效监督，也难以形成市场化的地方政府债务监督约束机制，同时还加剧了地方政府增加举债规模的逆向选择倾向，造成中央政府很难把握地方债务总体规模并进行规范化管理。

## 三、地方政府性债务管理的国际经验

发行地方政府债券为地方政府融资是国际通行的方法。美国、日本、欧洲等发达国家的地方政府融资体系已非常发达，地方政府债券是地方政府融资的重要内容。随着市场经济的发展，一些新兴市场国家地方政府债务规模不断增长，地方政府债券快速发展。地方政府性债务管理的核心是找到有效控制债务规模的机制。目前各国管控地方债务规模的方式主要有两种：一是中央政府直接监管和控制，二是依赖于金融市

---

① “城投债”又被称为“准市政债券”，是指由地方政府投融资平台（一般是隶属于地方政府的城市建设投资公司）作为发行主体公开发行的企业债券。根据监管机构规定，发行城投债的企业必须对主体进行评级。在投资者和评级机构看来，“城投债”等同于地方政府债券，城投债发行主体的评级，与地方政府的评级具有较强的关联性。

场。按照集权程度，中央政府的控制和监管可分为弱控制、协商控制、规则控制和行政控制。一般而言，行政控制强的国家市场作用相对较弱，两者结合防范风险同时使行政成本最小化。吴涛（2013）将国际上典型的地方政府性债务管理模式归纳为六种，分别为：以美国和俄罗斯为代表的弱控制依靠市场约束的国家、以澳大利亚为代表的协商控制为主市场作用强的国家、以巴西为代表的规则控制为主市场作用弱的国家、以法国和阿根廷为代表的行政控制为主市场作用弱的国家、以加拿大为代表的独特的行政控制与市场约束相结合的国家以及以日本为代表的行政控制向规则控制过渡逐渐重视市场作用的国家。

我国地方政府债务管理的趋势是"开明渠、堵暗道"，逐步建立以地方政府债券为主体的市场化融资机制。美国是市政债券的起源国，经过长期发展形成了一套较为完整和成熟的市场化融资模式，以及包括法律法规体系、政府内控体系和市场运行体系在内的相关体系框架。美国市政债具有下面几个典型特征。

（一）"当地化"特征

金融市场由于信息不对称而出现"本地偏差"。本地投资者对发债主体更为了解，因此对项目赋予较高的风险权重。美国市政债市场具有典型的当地化特点，分布在各州各地的债券市场主要为当地市政项目建设提供筹资服务，从投资者方面来看，不仅其一级市场显现出当地化特征，其二级市场也具有较强的当地化特征。

（二）资金用途明确

根据国际经验，多数国家要求地方政府在举债时遵守"黄金规则"，即除短期债务以外，地方政府举债只能用于基础性和公益性资本项目支出，不能用于弥补地方政府经常性预算缺口。在美国，地方政府利用债务融资弥补财政赤字被严格禁止，地方政府债券融资主要用于基础产业投资、兼有公共投资和商业投资特点的公共设施项目投资、支持并补贴私人活动以及履行政府的养老金福利责任等。

（三）债务规模限制

合理的债务规模是地方政府债务风险管理的关键。美国各州各地举债通常都受到债务指标的限制，如负担率（债务余额占居民收入的比值）、偿债率（还本付息占预算收入的比值）等。政府债务管理部门据此测算偿债负担和借债空间，为资本预算编制及审批提供依据。

（四）债务统计口径

美国各州各地政府债务涵盖范围不尽一致，但是债务统计口径均比较明确，而且前后一致。如债券资金是否纳入资本预算、偿债资金与预算资金关系，资金用途、偿债资金来源、偿债顺序等，均在发债时对外发布。制度的公开透明为约束政府发债限制等提供了保障。

## 四、宁夏地方政府性债务情况

（一）宁夏地方政府融资平台情况

截至2014年3月末，宁夏地方政府融资平台贷款余额为334.16亿元，同比增长17.3%，比同期人民币各项贷款增速高0.77个百分点；环比增长1.56%，比同期人民币各项贷款环比增速低3.65个百分点；宁夏地方政府融资平台贷款在人民币各项贷款中的占比为8.12%，环比下降0.29个百分点，连续9个季度占比低于10%。

1. 公益性项目贷款占比有所提升

宁夏银行业金融机构围绕宁夏“两区”建设、沿黄经济带建设等发展战略重点及“生态移民”、“黄河善谷”等民生工程，加大了对部分符合监管规定的融资平台信贷支持。截至3月末，宁夏主要靠财政性资金偿债的公益性项目融资平台贷款余额为72.95亿元，占比21.83%，较2013年末上升2.43个百分点；主要靠自身收益偿债的公益性项目融资平台贷款余额106.97亿元，占比32.01%，较2013年末上升4.38个百分点。

2. 市政基础设施类贷款占比居首

从贷款投向看，截至3月末，宁夏地方政府融资平台贷款余额居于前三位的分别是市政基础设施、公路和用于土地收储，分别占季末融资平台贷款余额的31.68%、31.29%和16.92%，市政基础设施贷款余额是8个季度来首次超过公路贷款。市政基础设施类贷款余额为105.86亿元，比2013年末增加18.9亿元，其中公用事业贷款占比44.69%，余额为47.31亿元，比2013年末增加9.1亿元；拆迁、旧城改造和保障性住房贷款占比22.21%，余额为23.51亿元，比2013年末增加4亿元。

3. 项目贷款期限普遍较长

从贷款期限结构看，融资平台项目贷款以3年期以上为主。截至3月末，融资平台项目贷款余额323.59亿元，其中3年期以上项目贷款余额为319.69亿元，占比98.79%，比2013年末上升3.95个百分点，已连续12个季度保持在87%以上。

4. 贷款方式以抵质押为主

从贷款担保方式看，截至3月末，抵（质）押贷款余额为316.31亿元，占比94.66%，其中抵押贷款和质押贷款占比分别为25.01%和69.65%。应收账款质押贷款余额168.89亿元，是质押贷款的主要方式。从贷款五级分类状况看，正常类贷款304.93亿元，占比91.25%，比2013年末提高1.29个百分点；关注类贷款28.9亿元，占比8.65%，比2013年末降低1.22个百分点；次级类贷款0.32亿元，占比0.1%，较2013年末下降0.07个百分点。

5. 土地收储贷款增势明显

宁夏有16家土地储备类融资平台。截至3月末，用于土地收储贷款余额为56.54亿元，比2013年末增加6.9亿元，比上年同期增加42.39亿元，同比增速299.54%。虽然用于土地收储类贷款符合银监发〔2012〕12号和〔2013〕10号文件中对新发放平台贷款五大投向的监管规定，但地方政府对借助土地经济进行债务扩张模式的依赖，不利于政府融资平台公司转型和地区经济结构调整。

（二）财政部代理发行宁夏地方政府债券情况

财政部分别于2009年6月、2010年9月、2011年10月、2012年7月、2013年10月代理发行宁夏地方政府债券30亿元、26亿元、26亿元、33亿元和49亿元，全部纳入区级预算收入。财政部代理发行宁夏地方政府债券以3年期固定利率附息债和5年期固定利率附息债为主，采用单一价格荷兰式招标方式，通过全国银行间债券市场、证券交易所债券市场发行。代理发行宁夏地方政府债券利息按年支付，由财政部代为办理债券还本付息。

截至2013年6月底，宁夏各级政府负有偿还责任的债务502.20亿元，负有担保责任的债务180.55亿元，可能承担一定救助责任的债务108.25亿元。2012年底宁夏政府性债务的总债务率为50.48%，低于全国同期水平。

## 五、结语

宁夏地域范围较小，《国务院关于宁夏内陆开放型经济试验区规划的批复》、《宁夏沿黄城市带发展规划》等政策文件都将宁夏作为一个城市来发展，宁夏在发展地方政府债券融资方面具有独特的优势。当前宁夏城市化率低于全国平均水平，融资需求旺盛，试点地方政府债券自发自还将为宁夏城市化融资开辟新的渠道。同时，宁夏存贷比居于全国首位，通过地方政府债券融资，能够有效改善地区融资结构。宁夏应当抓住试点机遇，推动地方信用环境建设，增强财政透明度和债务管理能力，发挥好试点作用。

### （一）充分发挥地方人大的立法权和监督权

地方人大及其常委会是地方的立法机关，应充分发挥其对地方政府债券发行和管理的监督制约作用。《办法》对试点地区发债偿债行为进行了规范。应制定《宁夏政府债券自发自还试点实施细则》，进一步明确宁夏政府性债务的规模控制、债券使用偿还管理、预警管理、信用评级、债券承销、债务信息披露等事项。

### （二）深化财政体制改革

为建立以政府债券为主体的地方政府举债融资机制，需要对财政体制进行改革。在地方层面主要包括：对地方政府债务实行限额控制，分类纳入预算管理；推行权责发生制的政府综合财务报告制度，建立考核问责机制和地方政府信用评级制度；建立健全债务风险预警及应急处置机制。地方政府债券自发自还试点为宁夏提供了率先进行财政体制改革的契机，宁夏应当抓住机遇，按照先易后难的顺序，逐步推进相关财政体制改革。

### （三）发展本地债券市场

地方政府债券自发自还试点是改善宁夏融资结构、培育本地债券市场和相关中介的重大机遇。从信息的角度来看，本地居民更了解本地政府的财务情况和信用信息，更有动力参与本地市政建设，应推动建立以本地投资人为投资主体、引入本地中介机构、以自律管理为主的地方政府债券市场，大力发展本地机构投资者，鼓励个人投资者积极参与。

### （四）保持良好的财政状况和信用评级

发行地方政府债券是地方政府提前使用未来财政收入进行市政基础设施建设的行为，不是向人们征收市政建设税收。因此，财政状况良好的地方政府才有还债的能力。投资者愿意购买的是有着良好的财政状况和信用记录的地方政府的债券。地方政府债券的规模满足负担率、偿债率等指标的限制，同时也应具备一定的规模，否则无法发挥信用评级的作用。

责任编辑校对：宋大为

# 当前金融和经济背离现象的思考

中国人民银行银川中心支行　吴　达

**摘要：** 本文从金融与经济的理论关系入手，通过时差相关分析得出宁夏贷款传导到实体经济的时间大约为8个月，通过全国各省区金融与经济数据的对比分析发现，很多省区都出现了金融和经济背离的现象，而结构性因素是金融和经济背离的主要原因。最后，提出建议措施以期为当前经济发展提供参考。

2014年上半年，宁夏新增人民币贷款405亿元，创同期历史最好水平。截至2014年6月末，人民币贷款余额4 330亿元，同比增长17.9%，增速远高于宁夏上半年GDP 7.4%的增速。金融与经济背离现象引起广泛关注。

## 一、金融和经济背离的理论解释

金融数据和经济数据之间有一定的相关性，一般认为，金融是经济的先行指标。从历史数据上看，我国货币增速和经济增速表现较为一致。但2012年至2013年中期，货币增速持续增长，经济增速却持续低迷（见图1）。宁夏曾在2004年至2005年以及2008年至2009年出现贷款增速与工业增加值增速不同步的现象。

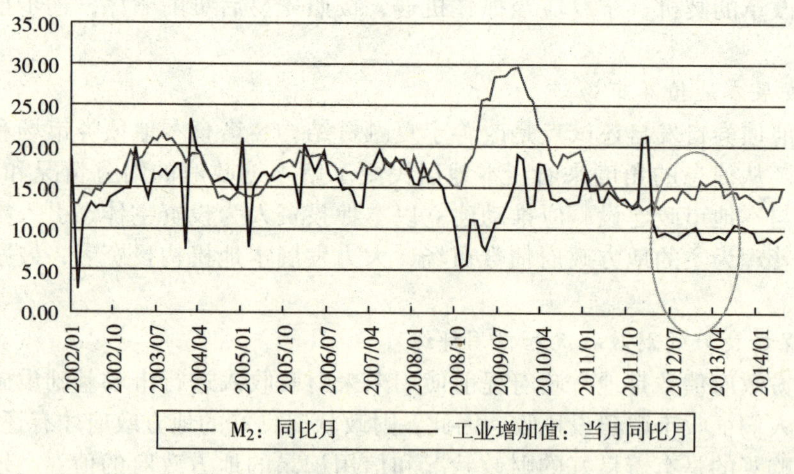


**图1　我国工业增加值与$M_2$走势图**

金融和经济背离的一个可能的解释是货币流通速度快速下降。易纲在《中国的货币、银行和金融市场：1984—1993》中论述到长期资源配置效率低下和错配，导致经济泡沫生成，货币流通速度变慢，特别是在泡沫临近不可持续和已经进入破裂状态下，

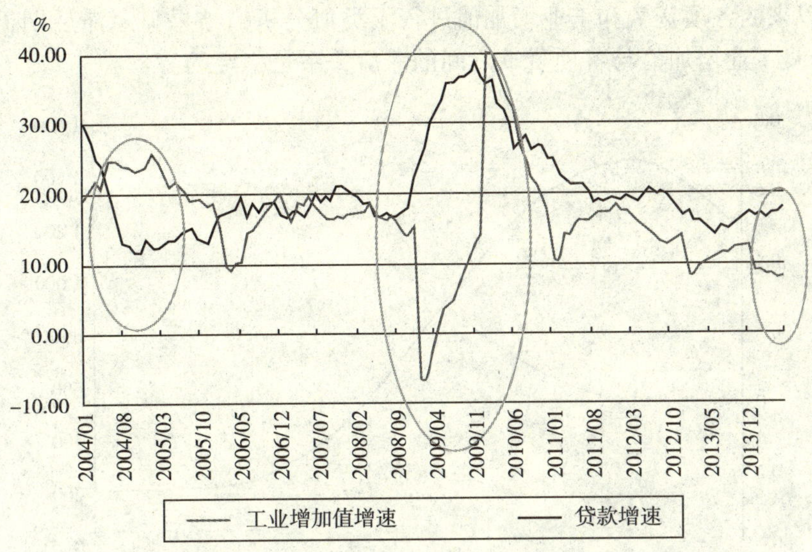


**图2 宁夏工业增加值与贷款增速走势图**

货币层面的反应是周转速度变慢，总量虽然高企，但经济中并不感到资金的宽裕。

从经济周期的角度来看，经济不景气时，货币流通速度可能快速下降，引起社会资金面紧张，民营及中小企业融资难加剧。当前我国企业对资金的需求比较旺盛。企业在有机会获得贷款、债券等融资时，往往倾向于把钱先拿到手上，在经济形势和预期不稳时更是如此。占有资金不仅可为债务清偿做准备，并可通过借给其他资金需求者获取收益，而且还可以在经济复苏时快速扩大再生产。与此同时，家庭预防性储备上升，购房、购车等支出减弱。因此，经济不景气时，企业与家庭部门对持有货币的偏好上升引起货币沉淀，货币流通速度下降。按照数量方程式，货币流通速度下降，维持一定规模的经济活动需要的货币量提高，在货币供给不能大幅增加的情况下，社会普遍感受到资金紧张（见图3）。

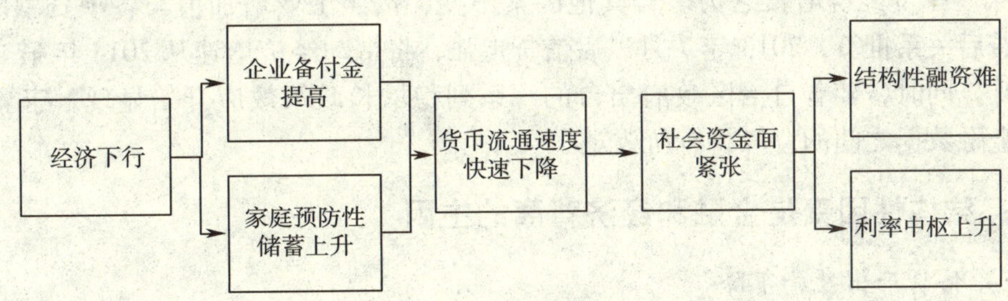


**图3 经济下行期货币流通速度变化传导图**

## 二、时滞的存在加深了金融和经济的背离

我们对2006年以来的各项贷款和工业增加值进行了时差相关分析，结果显示滞后期为8个月时，两者相关系数最大。也就是说，贷款传导到实体经济的时间大约为8个月。同时，KL统计量的结果也为8个月，与时差相关分析完全吻合。此外，我们使

用2000年以来的各项贷款和工业增加值进行了类似分析，结果显示滞后期仍然为8个月，说明宁夏工业增加值与各项贷款之间的滞后关系是稳定的。

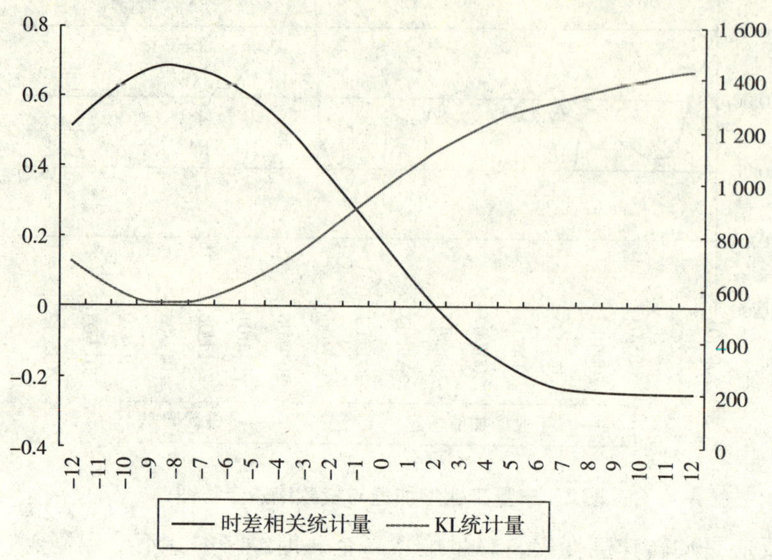


**图4 宁夏工业增加值与各项贷款的滞后关系图**

回顾2013年中期以来宁夏信贷投放的节奏和力度，可以发现尽管2013年全年信贷增长良好，但第二季度受全国流动性紧张影响，信贷增长低于2012年同期水平。2013年1~6月新增贷款331亿元，同比少增27亿元。贷款余额同比增长14.1%，创2006年以来最低水平。第三季度贷款增速开始回升，截至2013年9月末，宁夏人民币各项贷款余额3 792.92亿元，同比增长15.1%。截至12月末，宁夏人民币各项贷款余额3 910.15亿元，同比增长17.1%。

2013年第二季度信贷增长偏弱，通过时滞的作用反映到实体经济上，正好对应2014年第一季度经济增长乏力。若其他因素不变，按照工业增加值与各项贷款之间8个月的滞后关系推算，2013年7月以后信贷走强，将带动经济增速从2014年第二季度开始回升。同时，随着自治区政府出台的一系列稳增长政策效应开始显现，宁夏经济数据与金融数据之间的背离将有所改观。

## 三、结构性因素是金融和经济背离的主因

### （一）信贷产出效率下降

2008年国际金融危机以来，宁夏贷款占GDP比重呈稳步升高态势，反映出贷款对经济发展的支持力度较大。同时，贷款占GDP比重高意味着贷款的产出效率低。宁夏贷款占GDP的比重为全国第五位，意味着贷款的产出率位居全国倒数第五位。从2013年的情况来看，全国1个单位的贷款产生0.79个单位的GDP，而宁夏1个单位的贷款只产生0.66个单位的GDP，全国只有5省区1个单位的贷款产生的GDP低于0.7个单位。

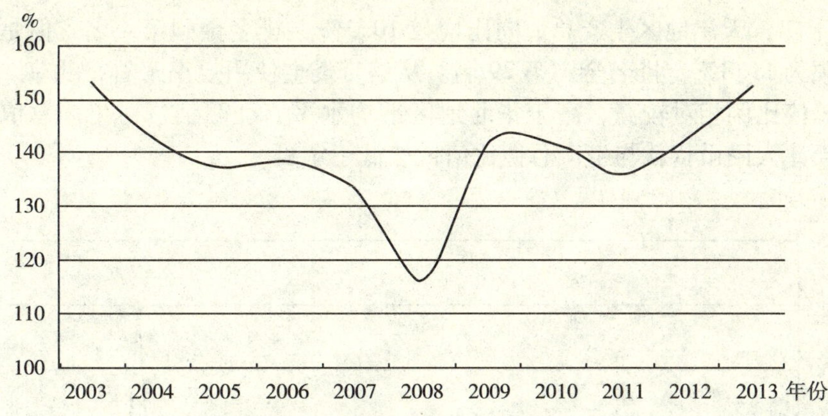


**图5 宁夏贷款占 GDP 的比重变化图**

（二）借新还旧

融资方式按照债务与收入的关系可分为三种：一是对冲融资，融资主体能够以现金收入支付利息并偿还债务；二是投机融资，融资主体无法以现金收入偿还债务，但可以支付利息；三是庞式融资，融资主体不能偿还债务利息。后两种融资方式需要靠债务滚动（借新还旧）来防止资金链断裂。

2009 年以来，受经济刺激政策的影响，宁夏整体债务率尤其是非金融部门（企业、居民和政府）债务率上升较快。居民部门杠杆率较低，地方政府杠杆率在上升，但整体债务规模可控。因此，非金融部门债务率上升主要是企业部门债务率上升。2008 年宁夏贷款与 GDP 比率为 116.5，而 2013 年这一比率为 152.4，五年上升了 30%。债务负担与融资需求互相推动。虽然社会净融资规模巨大，但形成增量部分的比例越来越低，很多信用投放是维持存量债务的存继。

（三）挤出效应

一些部门对资金价格不敏感，部分低效率企业占用大量信贷资源，挤占了小微企业等的融资机会。在宁夏主要表现为地方政府融资平台、房地产和产能过剩行业。2014 年 6 月末，房地产贷款余额达到 673 亿元（含个人购房贷款，不含住房公积金贷款），同比增长 40.8%，远高于各项贷款余额的增长速度，占人民币贷款余额的比重达到 15.5%。2014 年 6 月末，地方政府融资平台贷款余额达到 336 亿元，占人民币贷款余额的比重达到 7.8%。

## 四、信贷与经济数据的省际比较

省际比较发现，除西藏、贵州、青海和新疆四省区信贷增速与经济增速双双较高外，宁夏、黑龙江和吉林信贷增速远高于经济增速，经济与信贷数据表现出一定的背离，而其他省区则没有类似的背离现象。

（一）华北五省区信贷增速与经济增速差距相对较低

华北五省区信贷增速与经济增速差距低于全国平均水平，高于中东部七省区。其中，北京、天津发达地区信贷增速与经济增速水平差距更小，低于华北地区平均水平。

2014年上半年，天津地区生产总值同比增幅10.3%，排名全国第4名，但是上半年信贷同比增幅为11.8%，排名全国第29名。从信贷资金使用效率来看，北京、天津的贷款与生产总值比例相对较高，高于华北地区平均水平，证明信贷对生产总值贡献率较低。但是天津人民币贷款与生产总值比值依然低于宁夏。

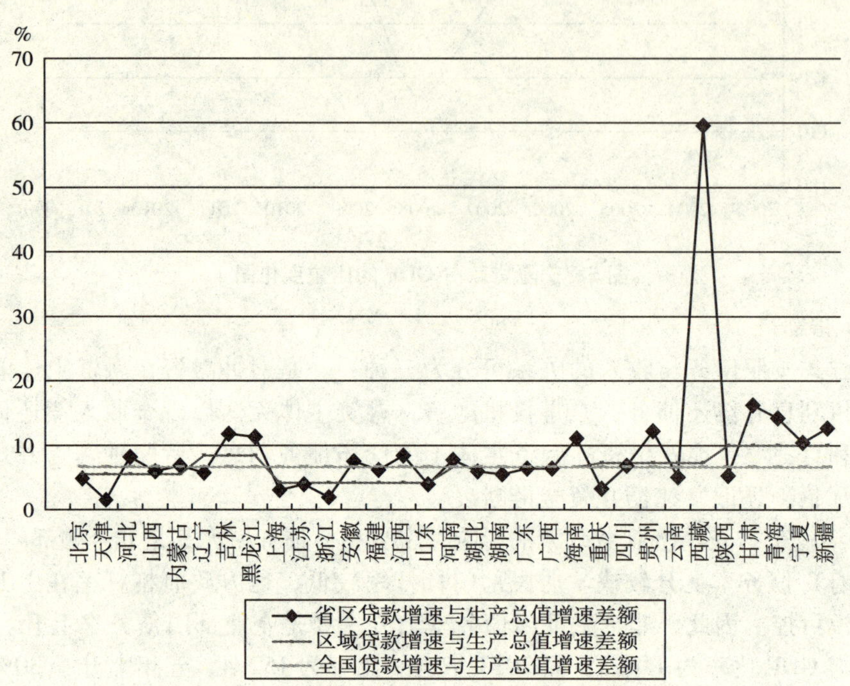


**图6　2014年贷款增速与生产总值增速差额情况**

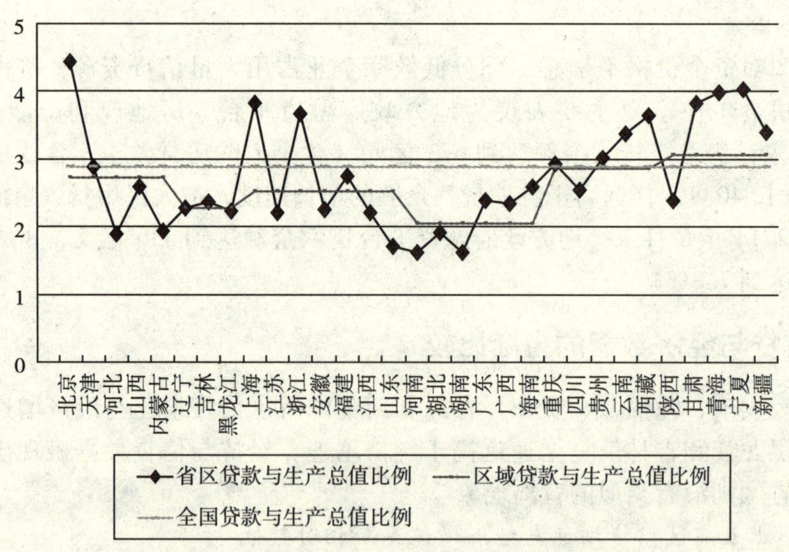


**图7　2014年6月末贷款与生产总值比例**

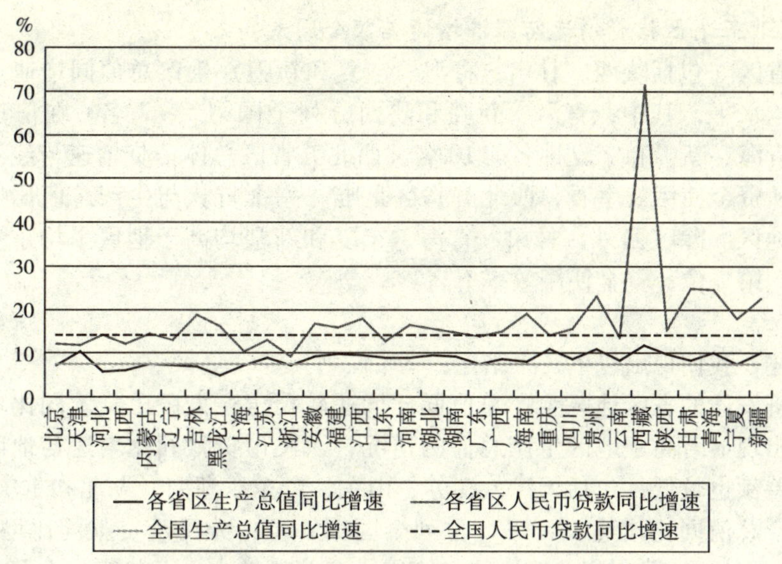


**图 8　2014 年 6 月末贷款增速与生产总值增速**

（二）东北三省信贷增速与经济增速差距较大

东北三省上半年生产总值同比增速排名全国最后，但是人民币贷款同比增速相对较快，东北三省信贷增速与经济增速差额较大，高于华北地区、东部地区和南部地区，与西北地区相似。从资金使用效率看，东北三省贷款与生产总值比值较低，仅次于中南部六省区，信贷资金使用效率较高，信贷对地区生产总值贡献率较高。

（三）中东部七省信贷增速与经济增速差距最低

中东部七省属于国内经济最发达的地区之一，生产总值最高。信贷同比增速与生产总值同比增速差距最小，远低于全国平均水平。上海、浙江生产总值同比增速略低于全国水平，但信贷增速总体较低，两者差值低于中东部七省区平均水平。从信贷资金使用效率看，中东部七省人民币贷款与生产总值比例相对较低，信贷资金使用效率较高，对当地生产总值贡献率较高。

（四）中南部六省区信贷增速与经济增速与全国持平

中南部六省区信贷增速与生产总值同比增速相对较平稳，与全国平均水平持平。中南部六省区生产总值略低于中东部七省，生产总值同比增速排名居中，均高于全国平均水平，信贷同比增速排名也相对居中，经济金融发展相对稳定，是经济与信贷数据最契合的地区。从资金使用效率看，中南部六省区人民币贷款与生产总值比值最低，并且每个省区人民币贷款与生产总值比值均低于全国平均水平。

（五）西南五省区信贷增速与经济增速差额略高于全国平均水平

西南五省区生产总值同比增速排名靠前，其中，西藏、重庆和贵州排名全国前三名。西南五省区信贷增速与经济增速平均差额略高于全国平均水平，经济金融发展较东北地区、中东部地区和西北地区相对稳定，金融与经济背离程度较轻。从信贷资金使用效率上讲，西南五省区人民币贷款与生产总值比值与全国水平持平，资金使用效率相对较低。

（六）西北五省区信贷增速与经济增速差额全国最高

西北五省区（包括陕西、甘肃、青海、宁夏和新疆）生产总值同增速均高于或者等于全国平均水平，其中，青海、新疆和陕西分列全国第5～7名。在信贷同比增速中，甘肃、青海、新疆和宁夏排名前10名。西北五省区总体信贷增速与经济增速差额全国最高。从资金使用效率看，西北五省区是唯一一个贷款与生产总值比例超过全国平均水平的地区。除陕西外，甘肃、青海、宁夏和新疆均高于地区平均水平，尤其是宁夏排在全国第2位，资金使用效率不高。

（七）小结

综上所述，我们得出以下几个结论：

一是经济发达的省区地区生产总值同比增速较稳定，人民币贷款同比增速也较稳定，并没有出现显著高于地区生产总值的情况，人民币贷款同比增速与地区生产总值同比增速的差额也较低，包括天津、江苏、山东、广东、湖南、湖北和重庆等。其中，天津地区生产总值同比增速10.3%，位列全国第4位，人民币贷款同比增速11.8%，位列全国第29名，地区生产总值增速与信贷增速差额最小。而北京、上海和浙江等出现地区生产总值同比增速低于全国平均水平，人民币贷款同比增速也较低的情况。

二是部分省区人民币贷款同比增速较高，但经济增长较弱，比如宁夏、吉林和黑龙江等省区。2014年上半年，宁夏地区生产总值同比增长7.4%，位列全国第23位，人民币贷款同比增速17.88%，位列全国第9位。吉林地区生产总值同比增长6.8%，位列全国第28位，人民币贷款同比增速18.61%，位列全国第7位。黑龙江地区生产总值同比增速4.8%，位列全国第31位，人民币贷款同比增长16.11%，位列全国第13位。

三是宁夏经济增速低迷的主要原因在于产业结构对经济调整的适应力较弱。通过宁夏与吉林、黑龙江等省区对比发现，在当前宏观经济下行的大背景下，宁夏经济增长与信贷增长的背离，主要原因在于拉动经济增长的动力减弱，地区产业结构适应宏观经济形势变化的能力较弱，增长的内生动力不足。首先，投资乘数效应减弱。近年来，宁夏经济快速发展主要依靠投资，宁夏固定资产投资经常大于地区生产总值，当前房地产投资放慢和煤炭产业不景气，固定资产投资的乘数效应减弱。其次，进出口拉动力不足。尽管2014年上半年宁夏进出口总额增长较快，但由于绝对值较小，进出口总额占地区生产总值的比例不到15%，经济外向度低，拉动作用有限。最后，消费外流的影响。由于产业结构和交通运输成本等原因，居民网购意愿强烈，这部分消费因流向区外而没有形成对本地经济的拉动力量。2013年支付宝数据显示银川人均网购支出为7 570.69元，城镇居民网购支出约占城镇人均可支配收入的三分之一。总之，宁夏的第一产业和第三产业增长速度较慢，第二产业受制于房地产投资放缓和煤炭产业不景气等因素影响，对经济增长的拉动作用减弱。

## 五、建议

（一）提高信贷资金利用效率，引导经济资源高效配置

宁夏信贷资金利用效率不高，其中一个主要原因是由于贷款投放结构与资金需求结构不匹配，一些低效经济部门占用过多金融资源，造成了有限信贷资源的浪费，经

济运行效率不高。因此，政府部门应积极转变工作思路，以提高信贷资金利用效率为目标，优化经济资源配置。一是督促商业银行落实国家关于淘汰落后生产能力的要求，禁止对产能过剩行业的信贷投放，严格限制对低水平、重复建设行业的信贷投入，对存量信贷实施有计划的退出，进一步扩大发放优质贷款的空间。二是鼓励金融机构配合政府的财政和经济发展政策，在经济困难时给予中小企业和微型企业必要的信贷支持和信贷优惠，稳定企业的资金链和现金流，避免企业大规模倒闭和大规模失业的出现。三是在经济转型升级自发性不高的情况下，推进重点项目建设，增强实体经济对银行信贷的承载能力，保持一定的固定资产投资增速，尤其要把握区域经济发展的阶段性特征和城镇化节奏，将固定资产投资重心要逐渐向欠发达地区转移。四是加快贷款周转，解开一些企业之间的债务担保链，有效疏导信贷资金流转中的梗阻。

（二）拓宽融资渠道，改善融资结构

一是引导有条件的大型企业通过发行企业债、公司债、中期票据和短期融资券等融资工具进行债务融资，从而为具有发展潜力的中小微企业腾出更多信贷资金。二是设立民间借贷登记中心。借鉴浙江温州民间借贷登记中心经验，通过地方立法对民间融资加以规范，设立地区性民间借贷登记中心，发布民间借贷信息，并登记以保障债权人权益，充分发挥民间借贷在企业融资中的作用。三是发展区域性股权交易市场，支持中小微企业依托中小企业股份转让系统开展融资，开展以股权、知识产权作为质押的融资服务。四是加大力度引进风险投资基金。针对初创期、成长期和衰退期的企业，出台相关鼓励政策，吸引风险投资基金来宁夏投资，支持企业在场外市场完成融资。

（三）加强企业自身建设，优化融资环境

一是提升中小企业竞争力。积极引导中小企业向新材料、新技术、新工艺的自主创新、自主知识产权、自主品牌转移，争取国家政策扶持，打造本土特色的产业链，做大本地产业集群。二是加强中小企业信用体系建设。完善企业信用数据库，对守信用的中小企业给予鼓励和支持，对不守信用的企业列入黑名单管理。三是规范中小企业财务制度。加强企业会计信息质量监管，督促企业完善内部控制制度，严格会计核算的基本程序，为银行提供高质量的会计信息。

（四）推进产业转型升级，强化经济增长内在动力

宁夏当前的经济增长对投资的依赖程度较高，重大项目的拉动作用比较明显，经济增长的内在动力不足，因此，地方政府应大力推进产业转型升级，延长产业链，提高附加值，促进经济的长期可持续发展。一是明确农业是稳增长的重要基础，大力发展特色优势农业。深入推进农产品精深加工，着力培育和引进农业龙头企业，打造枸杞、酿酒葡萄、清真牛羊肉等特色品牌，不断提高综合效益。二是积极扶持有市场、有效益的工业企业。宁夏工业依能依重特征明显，因此在继续做好淘汰落后和过剩产能的同时，还应加大对一些有市场、有效益的工业企业的扶持，坚持不懈地走新型工业化道路。三是深入挖掘服务业的发展潜力。积极培育消费热点，大力发展旅游、文化、物流、信息等产业，切实增强服务业对经济增长的拉动作用。

责任编辑校对：王进会

# 宁夏缩小经济发展差距的动力机制分析

中国人民银行银川中心支行　徐　梅

**摘要：**宁夏地处西北内陆，是全国最大的回族聚居区，由于各方面因素制约，目前经济整体发展水平较低，经济总量小，人均GDP和工业化水平较低，贫困人口占比较高，生态环境脆弱，与我国东部、中部甚至西部其他地区发展差距较大。本文通过分析认为宁夏要缩小与其他地区的经济发展差距，必须依托区位优势和内陆开放型经济试验区建设的历史机遇，建设区域性商贸物流产业带和现代农业示范区，强力带动地区经济较快发展。

## 一、政策利好驱动宁夏迈入大发展时期

20世纪80年代，国家制定了促进东西部发展的非均衡经济发展战略，希望通过东部的优先发展带动全国的普遍发展。国家对东部沿海开放城市和经济特区在市场准入门槛、要素自由流动、财税金融政策等方面给予不同程度的倾斜和优惠，有效促进东部地区经济的高速发展。与此同时，西部地区尤其是地处西部内陆的宁夏由于处于相对劣势，经济发展相对缓慢。2012年9月，国务院批准建立宁夏内陆开放型经济试验区、设立银川综合保税区。这是我国内陆地区首个也是唯一一个覆盖整个省级区域的试验区，为宁夏实施全方位对外开放战略搭建了新的平台。2014年，国家主席习近平提出“一带一路”战略构想，建设丝绸之路经济带，必将成为宁夏打造西北地区经济升级版的重要引擎。

## 二、发挥区域优势，推动宁夏经济快速发展

（一）依托区位优势构建区域性商贸物流产业带

宁夏位于亚欧大陆和我国北部的几何中心，地处古丝绸之路咽喉要道和商埠重地，500公里内覆盖周边主要城市，1 800公里内覆盖国内所有省会城市，3 000公里内覆盖东南亚、中亚、中东以及日本、朝鲜、蒙古等国，建设区域性现代化物流中心，特别是发展临空经济的地缘优势明显。宁夏可主动向周边省区、东部沿海以及阿拉伯国家和穆斯林地区开放，全面开拓国内国际市场，广泛参与国内国际分工，形成全方位、多层次、宽领域、内外融通的大开放格局。

按照“立足全宁夏、衔接宁陕甘蒙毗邻地区、面向国内外”的思路，银川作为省会城市，应主动融入宁夏及周边毗邻地区、国内国外的物流发展格局中，努力抓好与区内各市县、国内外相关地区，特别是陕甘蒙周边毗邻地区的物流衔接和协作，力争打造成为三个圈层的物流中心。

一是以银川为龙头，以沿黄城市带为依托，以宁夏全境及周边毗邻地区300公里半径范围为腹地，将银川市建设成辐射宁蒙陕甘周边毗邻地区，与西安、兰州、包头等物流节点城市交互辐射的区域物流配送中心。

二是抓住银川市被列为全国17个区域性物流节点城市的历史性机遇，努力将银川市建设成为国家交通运输体系中的重要枢纽和内陆开放型物流集散转运中心。

三是充分发挥银川市国际航空航运“黄金起降点”邻近欧亚大陆桥的优势，开辟银川通往中亚、中东阿拉伯地区、欧盟、俄罗斯等地的“空中走廊”，并将太中银铁路向西延伸至新疆，打通第二条贯通欧亚大陆铁路主通道，将银川市建设成为重要的国际航空货运集散中转中心、欧亚大陆桥重要的铁路货物集散中心。

### （二）利用能源优势建设煤化工和新能源基地

宁夏是全国富煤省区之一，最突出的是煤炭资源储量大、品种全、质量优、开发条件好。境内含煤面积1.17万平方公里。预测资源量2 027亿吨，探明资源量315亿吨，居全国第六位。宁夏共有各类煤矿121个，年产煤能力1 800万吨，年产煤量位居西部地区第6位、西北地区第3位，已成为重要的西北煤炭基地和中国无烟煤出口基地。其中，宁东煤田是我国十三个大型煤炭基地之一。含煤面积约2 000平方公里，探明储量约280亿吨，占宁夏煤炭探明资源量的87%。煤田分布与黄河水利水能资源有机结合，有利于发展大型坑口电站，具备建设国家西电东送电源基地的优越条件。

电力工业已建成青铜峡水电厂、石嘴山火电厂、中宁火电厂、大武口火电厂、大坝火电厂和银川热电厂6座大中型电厂，总装机容量达269.39万千瓦，已形成主架网330千伏线路3条，覆盖全区的电力网，并与西北主网相连运行。人均发电量居全国第2位，是全国第7个、西北第5个、少数民族自治区中第1个实现村村通电的省区。宁夏风能资源丰富，预计总储量为2 253万千瓦。宁夏也是全国太阳能辐射的高能区之一，全区可用于太阳能光伏发电建设的土地面积约700平方公里，太阳能光伏电站可开发规模约1 750万千瓦。

### （三）立足两区建设，强力带动宁夏经济起飞

宁夏建设内陆开放型经济试验区是加快发展与全国同步进入小康社会的客观需要。建议人民银行会同银监会、证监会、保监会出台金融支持宁夏“两区”建设的一揽子措施，从完善金融组织服务体系、拓宽融资渠道、促进投资贸易便利化、加快金融产品创新、扩大直接融资规模等方面给予政策支持，允许宁夏在金融领域政策、产品等方面先行先试。

一是发挥金融支持作用，货币信贷政策及时跟进。2013年以来，人民银行银川中心支行会同宁夏银监局、证监局、保监局制定了《关于金融支持宁夏“两区”建设的意见》和《关于加快跨境人民币业务发展助推我区向西开放的意见》，分别从完善金融组织体系，深化金融创新，强化银、政、企对接和丰富跨境人民币业务种类等方面充实完善金融支持“两区”建设的政策体系。金融机构及时跟进试验区基础设施建设进度，将宁东能源化工基地、战略性新兴产业、清真食品和穆斯林用品产业、文化旅游产业等列入优先支持产业项目，加大了对特色优势产业的信贷支持力度。2014年7月，宁夏对阿拉伯国家的跨境人民币业务实现了零的突破，跨境人民币业务的快速增长对

促进宁夏贸易投资便利化和向西开放具有重要作用。

二是打造面向阿拉伯国家及穆斯林地区开放的试验区。依托宁夏与阿拉伯国家及穆斯林地区合作的独特优势，以中阿博览会为平台，充分发挥宁夏在中阿自贸区建设中的桥头堡作用，加快经贸文化合作，建设清真食品用品集散基地，国内产业转移承接基地，面向阿拉伯国家和地区开放合作的人才培训基地，把宁夏建成我国向西开放的重要门户。

三是建设西部地区转变经济发展方式的示范区。发挥后发优势，采用国内乃至世界先进的工艺和技术建设国家特大型能源加工、转换和储备基地，积极承接国内外产业转移，加快发展新能源、新材料、先进装备制造、生态纺织、特色农产品加工等产业，大力发展现代服务业和现代农业，建设现代产业集聚区。

（四）依托农业优势建立现代农业示范区

宁夏农业发展规模较小，但特色鲜明，优势独特。黄河流经宁夏 397 公里，引黄灌溉条件便利，土地肥沃，有耕地 1 600 多万亩，待开发荒地 1 000 多万亩，光热条件好，昼夜温差大，工业污染少，农产品品质优良，农业优势十分明显。北部河套灌区开发历史悠久，灌排便利，光热水土资源高效组合，有“塞上江南”的美誉，是我国 12 个商品粮生产基地之一，国家保障粮食安全和食物安全的 7 个重点发展区域之一。中部干旱带土地沙化严重，但草原广阔，为农牧交错过渡带，具有发展畜牧业特别是养羊业的历史传统和丰富资源。南部山区生态环境恶劣，生产条件很差，但气候冷凉，远离工业污染，是生产马铃薯、小杂粮和绿色食品乃至有机食品的理想之地。

一是发展高端农业，提升农业产业化水平。培育优质粮食产业带。以优化品质、提高单产为主攻方向，加大高产示范基地建设，鼓励引导粮食专业合作社与龙头企业重组升级和技术改造，打造优势品牌，提高产品的附加值和竞争力，建成 450 万亩高产、高效、优质、可持续的粮食产业带。充分发挥贺兰山东麓酿酒葡萄优势，引进国内外先进的葡萄酒文化及先进产业理念，大力发展具有自主知识产权和文化蕴含的酒庄、酒坊，打造集观光采摘、酒庄体验、度假休闲为一体的贺兰山东麓 100 万亩葡萄文化长廊。充分发挥“宁夏枸杞”的品牌优势，大力发展枸杞果品精深加工，将宁夏枸杞打造成世界高端、知名品牌。以灵武长红枣、同心圆枣为重点，形成以灵武、同心、海原、中宁为主的 150 万亩红枣产业带，打造国内独具特色的红枣产业带。扩大绿色有机瓜菜产业带。引进名优特新瓜菜品种，加快推广绿色有机瓜菜标准化生产技术，建设压砂瓜及地膜甜瓜、设施蔬菜、加工蔬菜、供港蔬菜基地、育苗中心和冷链物流体系，形成 100 万亩设施蔬菜和 100 万亩露地蔬菜和环香山 100 万亩硒砂瓜产业带。建设清真牛羊肉产业带。立足宁夏清真牛羊肉优良品质，充分发挥“清真品牌”优势，重点引进培育一批竞争力强的食品加工企业集团，以沿黄经济区 800 万只肉羊和 80 万头肉牛清真牛羊肉产业带为基础，打造我国面向阿拉伯国家和地区的清真食品集散地。

二是构建现代农业产业服务体系。加快推进农业产业化经营，大力推广“合作社 + 公司 + 农户”的产业化经营模式，扶持农产品流通企业、农民经纪人健康发展，规范农民专业合作社运营管理，加快建设流通成本低、运行效率高的农产品营销网络。

建立农户、合作社、龙头企业契约化、规范化的利益分配机制。推进农业科技创新体系。加强与国内外农业科研院校的科技合作交流，组建跨区域、跨部门的创新团队，从农业生产的全过程推进农业科技创新体系建设，继续实施种子工程、畜禽良种工程、农牧业科技入户工程等，推动特色优势产业提质增效。推广“农超对接”模式，发展农产品连锁经营和集中配送，加强鲜活农产品冷链物流体系建设。建立健全规范严格的农产品质量标准和质量安全问责体系，加强绿色有机和无公害农产品认证、原产地保护和认证。

三是建设现代农业示范区。通过优化资源配置及生产布局，调整农业结构，大力培育发展主导产业，推进优势特色农产品规模化生产，初步建立起以优势特色农产品为依托的农业产业化发展平台。建设优质商品粮基地、农作物种子基地和百姓菜篮子基地。宁夏现有农产品加工企业6 680多家，形成规模的企业244家，销售收入1 000万元的企业66家，过亿元的企业已有6家，已培育出“夏进”牛奶、“宁夏红”枸杞酒、“西夏王”葡萄酒、“圣雪绒”羊绒、“塞北雪”面粉、“夏绿”脱水菜等知名品牌。

（五）立足人文优势、构建面向阿拉伯国家及穆斯林地区的开放平台

充分发挥回族自治区的独特优势，建设四大基地。一是清真食品用品集散地。打造“宁夏清真”品牌商标，将宁夏沿黄经济区打造成为我国最大的集清真食品用品研发、生产、展示批销、保税出口一体化的集散地。二是国内外产业转移承接地。以项目对接为纽带，以园区为载体，积极承接国内外产业转移，重点建设银川、石嘴山、吴忠、中卫四大承接地，同时规划建设一批东西共建产业区。三是国际穆斯林旅游目的地。大力发展面向阿拉伯国家和地区服务的国际旅游。四是内陆开放人才培养基地。大力发展人才培养培训与国内外人才交流，重点培养阿拉伯语人才，将宁夏建成面向阿拉伯国家和地区开放合作的人才培养基地。

## 三、结语

2014年11月，宁夏回族自治区十一届人大常委会审议通过了《宁夏回族自治区空间发展战略规划的条例》，以地方立法的形式将空间规划的编制、修改、实施、监督纳入法制化轨道。新常态下的宁夏面临着历史性、跨时代的发展机遇。宁夏要加快经济发展步伐需内强素质，充分发挥自身区域优势，营造良好的经济金融发展环境。努力构建面向阿拉伯国家及穆斯林地区的开放平台，充分利用“一带一路”国家战略的历史机遇，加快促进地区经济社会发展，逐步缩短与中东部地区的发展差距，顺利实现与全国同步建成全面小康社会的发展目标。

## 参考文献

［1］刘玉珍．东西部地区经济增长对固定资产投资的敏感性测度——基于1991—2005年的数据［J］．财会研究，2010（16）．

［2］尤美林，向南平．30年来中国区域经济发展差异分析［J］．中国西部科技，2011（10）．

［3］豆建民．区域经济理论与我国的区域经济发展战略［J］．外国经济与管理，2003（2）．

［4］李思维，周行健．中西部区域经济——发展战略与路径选择［J］．河北经贸大学学报，2002（3）．

责任编辑校对：王进会

# 人民币汇率波动对欠发达地区的经济影响

## ——以西北五省为例

中国人民银行银川中心支行　白纪年

**摘要：**本课题基于汇率波动对实体经济的传导机制和影响因素，通过建立时间序列向量自回归模型，分析比较汇率波动对西北五省和全国主要经济指标影响的共性和特性，研究人民币汇率波动对欠发达地区（以西北五省为例）实体经济的影响，并对欠发达地区在现有市场机制和政策框架下，如何适应和利用好汇率波动，促进本地区涉外经济发展提出具体政策建议。

## 一、研究背景

自2005年人民币汇率形成机制改革以来，截至2014年11月底，人民币兑美元汇率九年来已累计升值34.35%。2012年至今，央行两次扩大银行间即期外汇市场人民币兑美元交易价浮动幅度，由最初的0.5%扩大至目前的2%，显著增强了人民币汇率弹性。在此背景下，2014年人民币汇率走势超出市场预期，一改过去数年的单边升值状态，双向波动明显，上半年最大贬值593个基点，贬值幅度为汇改以来之最。伴随着世界经济一体化进程的加速，人民币汇率长期持续升值或短期快速贬值，均会对我国宏观经济和区域经济造成较大影响。

目前国内理论界对人民币汇率传导效应、人民币汇率波动理论、人民币汇率对我国进出口和利用外商投资等方面研究较多，但大都是研究汇率波动对我国宏观经济整体运行的长期影响，而对一定时期内汇率波动对区域经济影响的比较研究较少。本文通过研究2011年至2014年汇率波动对西北五省（包括陕西、甘肃、宁夏、青海、新疆五省自治区）与全国经济影响，深入探讨在汇率市场化进程中欠发达地区经济发展现状和存在问题，就欠发达地区如何适应和利用好今后常态化的汇率双向波动提出意见和建议。

## 二、文献综述与理论依据

### （一）文献综述

近些年我国学者从不同角度对汇率形成机制、汇率传导机制、汇率波动影响等多方面进行了深入研究。卢向前、戴国强（2005）研究了汇率波动对低附加值产品的进出口冲击效应要显著高于高附加值产品，并证明“马歇尔—勒纳条件”在我国成立。谷宇、高铁梅（2007）认为人民币汇率波动长期看对进口表现为正向冲击，对出口表现为负向冲击。金雪军、王义中（2008）研究表明人民币汇率长期波动取决于产品市场的长期供给和需求，而短期波动则更多地表现为资产市场的货币现象。刘亚、李伟平、杨宇俊（2008）认为人民币汇率变动对国内通货膨胀存在有时滞效应的不完全传递，且这种冲击主要通过食品价格冲击完成。陈平、李凯（2010）通过货币模型、泰勒模型、随机游走模型等比较，预测了长期人民币汇率波动与我国长期通胀的关系。

（二）汇率传导机制与影响汇率传导因素

目前公认的汇率传导机制主要有以下三种：价格渠道、需求影响、市场预期。

价格渠道，即指汇率波动首先会影响进口要素价格，然后影响批发物价和企业成本，最后传导到消费品价格，且每次传导过程都体现出非完全的价格转嫁效应。

需求影响，即指汇率波动改变了本国货币购买力，进而影响一国进出口需求和商品替代性，最终影响到对劳动力要素和生产材料要素的总需求。

市场预期，是指当一国货币出现升值或者贬值后，市场情绪会加强这种汇率变化趋势，并形成持续升值预期或贬值预期。汇率预期一旦形成，则短时间难以改变，极端情况下会导致国内资本大量外逃或者热钱大量涌入。

影响汇率传导因素主要有三个方面：一是汇率制度的选择，浮动汇率制度下的汇率传导会显著有效于固定汇率制度。二是一国外向型经济规模，越是外向型经济特征明显的国家，汇率变化对国内经济的传导越有效。三是一国汇率政策改革机制，通常渐进的、连续的汇率改革会有助于一国宏观经济稳定；而激进的、一次性的汇率改革，不仅会扭曲正常的汇率传导机制，甚至可能对一国经济造成不可逆转的长期冲击。

## 三、汇率波动对西北五省和全国的影响比较分析

（一）数据描述

根据本文研究对象并考虑数据的可获得性，本文选取自金融危机后人民币汇率波动恢复弹性以来的2011年1月至2014年8月共44个月的数据进行分组比较，来讨论汇率波动对西北五省和全国的不同影响。其中汇率价格统一选取国际清算银行每月公布的人民币实际有效汇率指数（reer），西北五省平均工业生产者购进价格指数（ppi5）、西北五省平均物价指数（cpi5）根据陕西、甘肃、青海、新疆、宁夏五省自治区统计局每月公布数据取算术平均，西北五省进口规模（im5）、出口规模（ex5）根据西安、兰州、西宁、乌鲁木齐、银川海关每月公布的进出口数据加总；全国工业生产者购进价格指数（ppi）、全国消费者物价指数（cpi）、全国进口规模（im）、全国出口规模（ex）均来自国家统计局和海关总署当月数据。为消除季节性影响，所有工业生产者购进价格指数和居民消费者物价指数均选取同比数据。为消除各时间序列可能存在的异方差，对以上九组数据均取自然对数，经过调整后所有变量分别记为 lneer、lnppi、lnppi5、lncpi、lncpi5、lnex、lnex5、lnim、lnim5。

（二）全样本数据实证分析

1. 模型选择

本文统一运用 Eviews6.0 计量软件进行分析，选择通过建立若干各自独立的向量自回归模型来分别研究汇率波动对西北五省及全国工业生产者购进价格指数、消费者物价指数、进口规模、出口规模的影响。

2. 数据平稳性检验

对各变量进行单位根检验，以确定变量的平稳性，经过 ADF 检验得知：lnex、lnex5、lnim、lnim5 均为零阶单整的时间序列，lneer、lnppi、lnppi5、lncpi、lncpi5 均为一阶单整的时间序列；并对 lneer 做一阶差分，记为 redi，其经济学意义为人民币有效汇率的月度变化。

3. 建立向量自回归模型

因为本文分析结论由四个彼此相互独立的 VAR 模型比较得来，出于篇幅和对模型论述的考虑，模型论述仅以汇率对西北五省及全国工业生产者购进价格指数为例。利用 AIC 准则和 SC 准则，并通过 LR 检验法，确定当最大滞后阶数为 2 时，模型效果最好。即建立 VAR（$lnreer_t$、$lnppi_t$、$lnppi5_t$）2 阶模型如下：

$$Y_t = \alpha + A_1 Y_{t-1} + A_2 Y_{t-2} + \varepsilon_t$$

其中，$Y_t$ 是由三个内生变量组成，即 $Y_t$ =（$lnreer_t$、$lnppi_t$、$lnppi5_t$），$\alpha$ 为常数项，$\varepsilon_t$ 为扰动干扰，$A_1$、$A_2$ 为参数矩阵。

4. 平稳性检验

利用 AR 根图形对该 VAR 模型进行平稳性检验，该 VAR（$lnreer_t$、$lnppi_t$、$lnppi5_t$）模型所有根模倒数都在单位圆内，模型是平稳的。

5. 格兰杰因果检验

对该 VAR（$lnreer_t$、$lnppi_t$、$lnppi5_t$）模型做格兰杰因果检验表明：实际汇率外生于系统，且实际有效汇率对西北五省和全国工业生产者购进价格指数方程均有显著影响。

6. 协整检验

对该 VAR 模型进一步做 Johanson 协整检验，Trace 统计量检验和 Max - Eigen 统计量检验均表明：各变量之间存在协整关系，即存在长期均衡关系，且该 VAR 模型变量之间最多接受一个协整方程。

7. 另三个模型简要概述

为研究汇率波动对西北五省及全国消费者物价指数、进口规模、出口规模的影响，按照上文思路分别实证分析。建立模型如下：VAR（$lnreer_t$、$lncpi_t$、$lncpi5_t$）、VAR（$erdi_t$、$lnim_t$、$lnex_t$）和 VAR（$erdi_t$、$lnim5_t$、$lnex5_t$）。经验证这三个 VAR 模型虽然都能通过 AR 根检验，但只有 VAR（$lnreer_t$、$lncpi_t$、$lncpi5_t$）能通过 Granger 因果检验。本文所有模型的汇率波动 Granger 检验结果如下：

**表 1　　实际汇率波动的 Granger 检验结果（当 P<0.05 为显著）**

| 汇率波动 P 值大小 | ppi | cpi | im | ex |
|---|---|---|---|---|
| 西北五省 | 0.0028 | 0.0307 | 0.2658 | 0.8940 |
| 全国 | 0.0033 | 0.0467 | 0.2002 | 0.1752 |

8. 脉冲响应函数

根据 Granger 检验结果，汇率波动对西北五省及全国工业生产者购进价格指数和消费者物价指数具有显著影响，且 VAR（$lnreer_t$、$lnppi_t$、$lnppi5_t$）和 VAR（$lnreer_t$、

$lncpi_t$、$lncpi5_t$）各自脉冲响应函数如下：

图1显示实际有效汇率变动会给西北五省和全国工业生产者购进价格指数带来负向冲击，二者当期冲击几乎一样；实际有效汇率一个标准差的冲击对西北五省最大脉冲影响（-0.01%）要略显著于对全国（-0.008%），且二者同在第6期左右达到最大，在滞后程度上不存在明显的时间差。

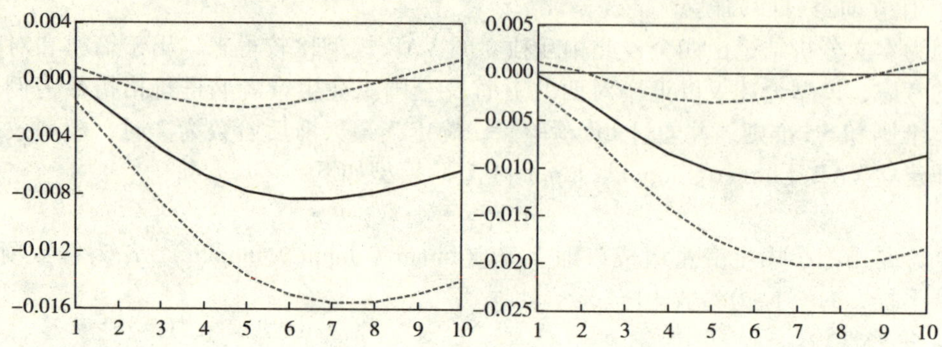

**图1 全国及西北五省生产者购进价格指数对实际有效汇率脉冲响应图**

图2显示实际有效汇率变动会给西北五省及全国消费者物价指数同样带来负向冲击，实际有效汇率一个标准差的冲击对全国及西北五省消费者物价指数的最大影响均为-0.002%左右；但对全国而言在第3期时达到最大效应，而对西北五省则经过缓慢传导直至第10期才显现最大效应。

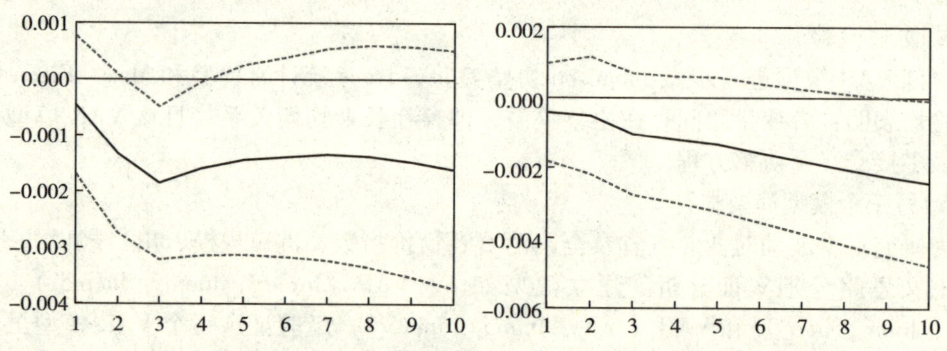

**图2 全国及西北五省消费者物价指数对实际有效汇率脉冲响应图**

## 四、研究结论和分析

### （一）基本研究结论

综合第三部分各模型输出结果，汇率波动对欠发达地区和对全国经济的影响，有共性之处，但也存在显著差异。

共性主要表现在：我国现行固定汇率制度和当前汇率中间价形成机制，共同决定实际有效汇率是系统外生变量；无论全国还是西北五省，汇率变动均对工业生产者购进价格指数和消费者价格指数构成负向冲击；汇率波动对西北五省和全国进出口规模影响不显著。

差异主要体现为：在工业生产者购进价格指数方面，汇率波动对西北五省的整体影响要略显著于对全国的影响，但二者的传导时效几乎同步；在消费者价格指数方面，汇率波动对全国和西北五省的最终效果一样，但在传导时效上，西北五省明显滞后于全国。

（二）汇率波动对西北五省与全国影响共性原因分析

模型中汇率变动对工业生产者购进价格指数的影响要显著于对消费者价格指数的影响，这与本文第二部分所述汇率传导机制的价格渠道是吻合的，且这一传导过程是滞后、逐级递减、非完全的价格转嫁；此外，汇率的需求影响也主要是通过对生产要素的影响表现出来。

本文实证结果还表明汇率波动对西北五省和全国的进出口规模影响不显著，与一般研究结论略有不同，主要原因有以下几点：一是本文数据以近三年月度数据为准，主要考察短期效应，而汇率波动对一国或地区的进出口影响主要是长期效应；二是汇率的短期市场波动往往表现为资产市场的货币现象，与经济基本面相关不大；三是过去十年人民币升值已倒逼我国进出口企业完成了部分产业结构升级，伴随高附加值产品在出口总量中占比逐渐增多，出口规模对汇率波动的弹性也就越小；四是自 2011 年跨境人民币结算交易地区扩大至全国以来，全国人民币跨境收支结算量累计增幅 9 倍以上，且今年人民币跨境收支占全部本外币跨境收支的比重约为 24%①，微观企业主体有了更多的外贸结算选择和汇率避险途径。

（三）汇率波动对西北五省与全国影响的差异化原因分析

西北五省与全国相比，工业生产者购进价格指数和消费者价格指数受汇率波动的影响存在差异。主要原因有以下几点：

第一，西北五省近年来对外开放步伐加快。过去西北五省区域经济外向型特征不明显，相对于全国 50% 以上的外贸依存度而言，西北五省平均外贸依存度仅为 10% 左右②。但 2008 年次贷危机以后西北省份承接了大量东部沿海地区劳动密集型产业转移，同时近几年西北五省共先后成立六个综合保税区③，在层次和规模上显著提高了本地区外向型经济发展水平。

第二，西北五省产业附加值低。西北五省出口产品中农牧食品加工、纺织皮革等一般贸易和地区特色产品占比较多，工业附加值较全国平均水平低；而进口产品中国际大宗商品类的原材料占比又较高。因此相对于全国平均水平而言，本地区工业生产者购进价格指数更容易受到汇率波动影响。

第三，西北五省对外汇政策反应滞后。受历史沿革影响和内陆经济制约，西北五省地方企业主动利用外汇工具套期保值和参与贸易融资占比较低，西北五省商业银行

① 根据中国人民银行近年《中国区域金融运行报告》计算整理得来。

② 外贸依存度为进出口总额与地区国内生产总值之比，数据根据国家统计局计算得来。

③ 分别为西安综合保税区、西安高新综合保税区、银川综合保税区、新疆阿拉山口综合保税区、兰州新区综合保税区、新疆喀什综合保税区。

外汇业务拓展与创新意识不强，在面对汇率波动时，企业缺乏外汇风险意识和操作经验，不能通过有效手段来减少外汇市场波动对本地区经济造成的影响，涉外经济缺乏前瞻性和开拓性。

## 五、政策建议

通过以上论述，结合西北五省等欠发达地区经济发展现状，本文认为欠发达地区只有加快外贸产业转型升级，健全完善金融体系建设，全方位、多层次、宽领域地提升对外开放水平，才能适应好汇率市场化双向波动，本文建议如下：

### （一）借助国家层面外交新格局，实现区域经济跨越式发展

党的十八大报告在论述我国区域发展总体战略时提到要优先推进西部大开发，习近平主席提出的“一带一路”战略也为本地区经济实现跨越式发展带来了新的可能。对西北五省而言，“丝绸之路经济带”可以有效地把西部大开发和周边国家外交政策结合起来，既要走出去又要迎进来，既有人民币国际化也有产能升级转移，是西北五省探索外向型经济发展前所未有的重大机遇。在“丝绸之路经济带”的建设上，各省应协同发力，以基础设施建设为先导和载体，借鉴PPP、BOT、SOT、股权众筹等新型融资方式，解决本地区融资缺口，通过道路连通推进区域贸易畅通，扭转内陆地区交通物流劣势，实现资源、产业的优势互补。

### （二）立足我国经济新常态，加快产业结构调整和升级

2014年上半年，在全国经济增速和外贸增速双放缓背景下，西北五省反而呈现双高速增长，这既符合落后地区经济后发优势的基本特征，也与近年来承接东部产业转移有关。在此基础上，西北五省应通过引进高端人才、加强产权保护、开放民营资本准入领域、促进新兴产业发展等途径，继续培养特色第一产业，扭转第二产业高污染、高耗能、高排放现状，全面推动第三产业和服务业发展，不断优化调整西北五省产业结构，加快转型升级的步伐，提振西部经济的整体水平。

### （三）完善综合保税区功能建设，带动区域外贸整体协调发展

西北五省现有六个综合保税区，对地方经济外贸进出口量贡献明显，但各综保区内主要是来料加工、进料加工、物流运输等企业，世界五百强企业、电子信息化企业、高端装备制造业较少，区内出口产品工业附加值较低，产业种类单一，无法对周边城市形成上下游产业链带动作用。相比于东部发达省份，各综保区对地方经济的贡献有待提升。下一步的工作重点应是采取有力措施将国家对综合保税区的各种优惠政策落到实处，加紧优化和完善综保区功能，在招商引资时注重产业间协调互补，形成区内、区外上下游产业链结合，以此辐射周边城市，形成新的外贸经济增长极。

### （四）强化金融体系建设，充分发挥金融服务功能

相比于东部沿海省份和全国整体水平，西北五省仍显得金融普及度不广、开放度不够、风险防范意识不强。建议可从以下四点着眼：一是借助中阿国家产业投资基金、亚洲基础设施投资开发银行、丝绸之路基金等机构设立，加大外资金融机构引进来，完善本区域金融业态。二是大力发展普惠金融和互联网金融，尤其要倡导金融信息透明和金融教育，在更大范围和更高层次上提高本地区信贷资源的优化配置。三是要紧

密围绕实体经济需求，加快提高直接融资在地区社会总融资中的比例，建立和完善多层次的金融市场体系。四是要加强地区金融风险防控，妥善化解可能存在的金融风险，尤其关注企业为逃避汇率风险选择在贸易融资和转口贸易上进行非法跨境资金流动。

（五）加大宣传和辅导力度，引导市场主体主动应对汇率风险

伴随着资本账户的逐步开放，今后人民币汇率会逐渐趋向均衡合理水平，有升有贬的双向波动态势必将成为外汇市场的新常态①。一直以来，西北五省金融体系以银行业为主导，区域金融发展不平衡，金融知识宣传不到位，金融法律意识较为淡薄。建议欠发达地区金融监管机构加强对本地区市场主体的政策宣传和窗口指导，培养市场主体的风险意识和创新意识，让市场主体正常看待汇率波动，摒弃过去形成的单边升值预期。

## 参考文献

［1］陈平，李凯．人民币汇率与宏观基本面：来自汇改后的证据［J］．世界经济，2010（9）：28－45.

［2］戴国强．人民币实际汇率波动对我国进出口的影响 1994—2003［J］．经济研究，2005（5）：31－39.

［3］谷宇，高铁梅．人民币汇率波动对中国进出口影响的分析［J］．世界经济，2007（10）：49－57.

［4］金雪军，王义中．理解人民币汇率的均衡、失调、波动与调整［J］．经济研究，2008（1）：46－59.

［5］刘亚，李伟平，杨宇俊．人民币汇率变动对我国通货膨胀的影响：汇率传递视角的研究［J］．金融研究，2008（3）：28－41.

责任编辑校对：刘江帆

① 管涛：《人民币贬值合理，预期更多波动》，载《上海证券报》，2014－05－06。

# 开发性金融支持西部欠发达地区新型城镇化建设研究

## ——以宁夏为例

国家开发银行宁夏分行课题组

梁 文 温 龙 白少武 夏 琦 李 锐 葛立方

**摘要：** 新型城镇化是现阶段我国经济社会发展的必然选择，核心是“人”的全面发展，关键是妥善解决好人、地、钱问题。本文通过剖析新型城镇化内涵，深入分析包括宁夏在内的西部欠发达地区新型城镇化面临的问题，结合国家开发银行作为服务国家战略的开发性金融机构的战略使命、定位和实践，提出了开发性金融支持宁夏新型城镇化建设的思路和建议。

诺贝尔经济学奖获得者、世界银行前副行长斯蒂格利茨曾指出，中国的城镇化和美国的高科技，将是影响21世纪人类发展进程的两大关键因素。2013年末我国城镇化率达到53.7%，依照国际惯例，当城镇化率超过50%时，城镇化将进入快速发展阶段。

## 一、新型城镇化的内涵

新型城镇化建设是党的十八大作出的重要战略部署，李克强总理多次提出，城镇化是现代化的必由之路，是破除城乡二元结构的重要依托。《国家新型城镇化规划（2014—2020）》明确提出，2020年常住人口城镇化率达到60%左右，户籍人口城镇化率达到40%左右，解决“三个1亿人”目标：即要约1亿农业转移人口落户城镇，改造约1亿人居住的城镇棚户区和城中村，引导约1亿人在中西部地区就近城镇化。因此，新型城镇化主要有四个方面内涵：一是工业化、信息化、城镇化、农业现代化“四化”协调互动，并通过产城融合和科技进步，实现统筹城乡发展和农村文明延续的城镇化；二是人口、经济、资源和环境相协调，建设生态文明的美丽中国，实现中华民族永续发展的城镇化；三是以城市群为主体形态，大、中、小城市与小城镇协调发展、展现中国文化自信的城镇化；四是“以人文本”，实现人的全面发展，建设和谐社会的城镇化。

## 二、西部欠发达地区城镇化发展的主要问题

### （一）西部欠发达地区城镇化发展综述

西部欠发达地区土地面积占全国国土面积的70%以上，而人口不到全国总人口的1/3，煤炭、天然气、石油储量、风能、光能等资源丰富，自然和人文景观资源独特。

但是西部地区受欠发达、欠开发的基本国情制约，城镇化发展缓慢，主要存在以下问题：一是地域广袤，人口居住分散，县城、小城镇分布不均且人口较少，城市辐射带动作用有限。二是城镇化水平较低，东部地区常住人口城镇化率62.2%，而西部地区只有44.8%，相差17.4个百分点，且城乡居民收入差距大，城乡壁垒明显存在。三是基础设施建设滞后，历史欠账较多。水、电、路、通信等基础设施远不及东中部地区，基础设施建设投资的市场化程度低，呈现高投入、低产出、低效益状态。四是城镇的经济、人口集聚功能不强，城市体系不完整。城市工业对农业的反哺能力及城市对农村的带动能力较弱，产城发展缺乏融合。五是城镇化发展过程中，资源环境保护与城市建设的矛盾突出。过度开发资源、招商引资的"资源高耗型"产业、高负荷城市垃圾和污水等均对西部脆弱的生态环境造成破坏。

为研究方便，本文以位于西部欠发达地区的宁夏为例，深入分析，剖析原因，探寻开发性金融支持新型城镇化建设的方式方法。

### （二）宁夏城镇化发展情况及其特点

#### 1. 宁夏新型城镇化发展现状

改革开放35年，宁夏城镇化水平随着经济社会的快速发展有大幅提升，城镇化率从1978年的10.36%提升到2014年的53.61%，增速位居西部各省前列。"十二五"以来，宁夏抢抓新一轮西部大开发和内陆开放型经济试验区建设机遇，实施了沿黄城市带、宁南区域中心城市和大县城建设战略，开工建设了一大批基础设施、产业发展、商贸物流等项目，加速人口、产业和资源等各类要素向城镇集聚，推动大中小城市和小城镇、新农村协调发展，促进了产业和城镇融合发展，城镇基本公共服务制度不断健全，基础设施不断完善，公共服务能力明显提升。

但随着经济社会快速发展和新型城镇化的逐步推进，宁夏新型城镇化面临的问题更加复杂，任务更加艰巨。存在的主要问题有：

一是城镇集聚能力和辐射带动作用有待进一步增强。银川市是宁夏的首府城市，常住人口204万人，地区生产总值1 250亿元，较周边省区的西安、兰州等城市的人口规模和经济总量偏小。石嘴山、吴忠、固原、中卫四个副中心城市经济总量分别为446亿元、350亿元、278亿元和158亿元，人口规模70万~130万人，对周边地区的辐射半径小，聚集作用弱，带动发展后劲不足。县城、建制镇人口偏少，少数镇区人口超过1万人，其他建制镇镇区人口平均约3 500人，难以形成经济规模优势。人口少，基础设施建设弱、运营成本高、配套水平低，产业整体规模小、布局分散，产业集聚不强，这些对宁夏城镇化发展现状推高了发展成本，资源需大跨度调运，城镇产业体系对农村人口的吸引力有限，城镇集聚能力和辐射带动作用有待进一步增强。

二是城镇化与工业化未形成良性互动。2006—2013年，宁夏城镇建成区面积增长8%，高于城镇人口4%的增长速度，说明宁夏土地城镇化明显快于人口城镇化。2013年宁夏工业化率为49.2%，属于半工业国家水平，低于城镇化率3个百分点。一方面，宁夏煤电化主导产业对劳动力专业化水平要求高，不能直接大量吸纳劳动力就业；另一方面，工业园区远离市区，基础设施不配套，带来"非城市化的工业化"，导致农村人口"离土不离乡，进厂不进城"；收入在城市，积累在农村；生活在城市，根基在农村，处于非农非城、半农半城的状态，游离于乡村和城镇之间。在城市与乡村间往返，属于边缘性、钟摆型的“半城镇化”人口。

三是城镇化发展水平的区域间差距较大。宁夏南北差异明显，北部川区沿黄城市带城镇化发展水平较高，聚集了宁夏80%的城镇和84%的城镇人口，区域城镇化率达到了62%，高出宁夏平均水平10个百分点，其中银川市城镇化率高达76%。中部干旱带和南部山区受自然条件制约，经济发展水平低，城镇化率也较低，固原泾源县城镇化率仅为24.9%，最高与最低城镇化率差距达42个百分点，地区发展水平不均衡给宁夏城镇化全面健康发展带来了一定的困难。

四是城镇化公共服务供给能力不足。宁夏现有的5个地级市、22个县（市、区）、78个建制镇中，不少城市和城镇配套设施建设水平较滞后，管理服务水平提升缓慢，一些城市住房紧张、环境污染、卫生恶化、城中村等问题大量存在，棚户区和城中村仍未彻底解决，对城市公共服务供给能力形成了新的挑战。城镇住房体系不健全，住房保障的覆盖面较窄，部分群众出现了住房困难。

2. 宁夏发展新型城镇化有自身特点

宁夏是我国五个省级少数民族自治区之一，有自身发展的特点：一是宁夏面积6.67万平方公里，位于我国版图的几何中心，东西相距250公里，南北长456公里，辖区共设5个地级市，18个县区，总人口654万，地域小而紧凑、人口和区县较少，这些条件使宁夏可以按照一个城市规划理念进行城镇化建设。二是宁夏是省管县的试点省份，自治区政府在财政和行政管理上有较大支配空间。同时，宁夏属于欠发达民族地区，中央财政转移支付在全区财政预算收入中占有较大比重。省管县和中央财政转移支付大的特点使自治区党委、政府能够发挥和强化主导力，能够合理统筹、科学规划城镇化的空间布局和城乡一体发展战略。三是宁夏是全国唯一省级全域内陆开放型经济试验区，中阿博览会永久落户宁夏，对阿贸易持续扩大，必将加快宁夏服务业发展步伐，增加就业岗位，推动产业聚集和城镇化发展。四是党的民族区域自治制度赋予宁夏更大的发展空间，中央也在政策优惠、发展权利和资源分配中有更多倾斜。多年来，宁夏是民族团结的“典型”和“示范”，社会和谐，为宁夏发展提供良好的外部空间。五是宁夏已实施的将中南部山区35万生态移民工程是新型城镇化的具体实践。生态移民工程将生存条件极差、不适合人类居住的中南部山区贫困人口搬迁安置到打工近、上学近、就医近、吃水近的地方，统一配置土地和基本生产资料，达到“搬得出、稳得住、能致富”目的。同时，政府积极扶持特色优势产业，优先进行户籍改革，集中开展民生基础设施建设，满足移民群众就业、社保、就医、子女上学等需求。

## 三、开发性金融理论内涵与在宁夏的实践

### （一）开发性金融理论内涵

开发性金融是以服务国家战略为导向，以“增强国力、改善民生”为宗旨，以中长期投融资为手段，依托国家信用，通过市场化运作，缓解经济社会发展瓶颈的制约，维护国家金融稳定，增强经济竞争力的一种金融形态和金融方法。其内涵的核心是通过银政合作和中长期投融资活动，发挥政府与市场之间的桥梁纽带作用，把融资优势

和政府组织优势结合起来，把空白、缺失市场逐步培育成熟，主动建设市场良性运转的制度、规则和体系，积极培育健康运行的市场主体，提高投融资效率，促进市场经济体制的建设和完善，为经济社会可持续发展筑牢根基。

（二）开发性金融在宁夏的实践

国家开发银行宁夏分行自2004年2月成立十年以来，按照“增强国力、改善民生”办行宗旨和“政府热点、雪中送炭、规划先行、融资推动、信用建设”的办行方针，以“做支持经济发展的主力行、当宁夏金融同业的领头羊”发展愿景，认真实践开发性金融理论，加快信贷投放，全力支持宁夏城镇化及产业发展。一是解决城市基础设施历史欠账问题。国开行大力支持交通、铁路、航空、城市道路、工业园区等基础设施建设，拉大城市框架，完善了硬件设施。其产生的溢出效益为后续几年经济快速发展奠定了基础。国开行在自治区固定资产投资从2004年的376亿元发展到2013年的2 651亿元，GDP由2004年的537亿元发展到2013年的2 565亿元的过程中发挥了巨大推动作用。二是融资支持民生工程，完善了城市功能。国开行在城市供热、供水、教育、医疗、低收入住房保障、污水处理、垃圾处理等公共基础设施项目中累计发放贷款357亿元，贷款余额292亿元，占全部贷款余额的41.36%。通过对城市基础设施的信贷投入，改变和完善了沿黄城市、宁南山区大县城的城市面貌，提高了公共服务水平。三是贷款支持产城融合发展。辐射带动了自治区“一号工程”——宁东国家级能源基地、新能源、新材料、装备制造、现代特色农业等产业的发展，解决了大量就业岗位，产生了一批产业工人，增强了经济发展动力。在这一发展过程中，国开行发挥了不可替代的作用。

## 四、开发性金融支持宁夏新型城镇化建设

“人到哪去、地怎么用、钱从哪来”是新型城镇化发展的三大问题，其中资金保障是重要一环，尤其对西部欠发达地区及宁夏而言，建设资金大多依靠中央转移支付和地方财政，城建项目市场化程度低，且传统的财政资金来源分散于各个部门、各条渠道，分年度、分批次下达，难以满足发展的需求。另外，新型城镇化是一项系统性工程，需集中大量资金进行先期投入，如何整合资源，发挥资金聚集效应是实现城镇化的关键所在。

（一）国开行支持宁夏新型城镇化建设的重点

1. 积极支持增强城镇承载能力的配套设施建设

一是重点支持区内棚户区改造、公租房、农村危旧房改造等保障性安居工程及其配套设施建设。完善宁夏各城市配套设施，支持污水和垃圾处理、大气污染防治、节能环保、城市水环境治理、生态园林等生态环境建设和给排水、供电、燃气、热力（含热电联产）、通信等城市管网建设和改造。支持区内各地市、城镇的公共交通、道路、桥梁等综合交通枢纽建设。

2. 推进产城融合发展项目建设

推动宁夏现代农业、清真食品和穆斯林用品、轻纺加工等劳动密集型产业向符合条件城镇的积聚，支持宁夏物流流通、信息服务等生产服务业项目建设，支持宁夏区

内教育、健康、养老、文化、旅游等生活服务业项目建设，支持宁夏现有开发区、工业园区、农业示范区建设及园区的循环化改造。

3. 有序推进城市间交通基础设施建设

支持沿黄城市、中南部城镇间的铁路、轨道交通、国省道改造、城乡公路等综合交通建设。支持甘武铁路、银西铁路等重点铁路建设及配套的征地拆迁等基础设施建设。

4. 统筹城乡一体化建设，推进宁夏新型城镇化和农业现代化同步发展

支持宁夏农村土地整治、建新安置和拆旧复垦项目建设，支持特色乡镇旅游、供电、供水等新农村项目建设。依托龙头企业，支持宁夏农业综合开发、现代种植业、养殖业、设施农业、农产品加工流通等城乡一体化项目建设。

（二）发挥开发性金融作用，助力宁夏新型城镇化建设

在新一轮改革发展中，国家对政府性债务进行了规范，新型城镇化项目普遍具有超前性、社会性、公益性等公共产品属性，前期投入较大，在政府财力不足的地区，国开行需继续发挥开发性金融作用，助力宁夏新型城镇化建设。

1. 规划先行，科学统筹新型城镇化发展

在经济发展的新常态和新形势下，通过规划先行，科学统筹新型城镇化发展。一是在政府规划的基础上，将市场化程度低、社会资本不愿进入、政府财力难以支撑的项目通过市场建设、信用建设、制度建设等手段孵化成市场化经营项目，在市场缺失和制度缺损领域继续发挥“开发性”孵化作用。二是科学制定宁夏新型城镇化规划和融资规划，提高规划实施的有效性，避免盲目建设、重复建设和资源浪费。三是综合考虑城市基础设施、交通、产业布局、供热、供水、文化教育、医疗卫生、社会保障、低收入住房等项目因素，变传统单一、个体化项目建设，为整体性项目一揽子的统筹研究和规划。四是建设高效的中长期融资和市场体系，完善项目对接和市场运营机制，为社会资金进入城镇化领域提供条件。

2. 发挥市场配置资源的主导作用，做好顶层设计

贯彻落实党的十八大、十八届三中全会精神，发挥市场配置资源的主导作用，积极谋划城镇化项目的市场化运作方式方法。一是按照国家政府举债的最新政策，结合区级政府主导力强的特点，探索城镇化项目事权和财权的统一机制，选择个别市县开展区级政府举债融资、各地负责建设的试点工作，实现事权和财权的优化匹配，总结经验，适时推广。二是改革现有融资平台，打造区级平台参股、市县平台入股、民营资本广泛参与的市场化融资主体，承接政府委托的准公益和公益类城镇化项目建设。三是积极探寻构建财政、信贷和证券三种融资协调发展的市场化投融资机制。地方政府按照地区发展规划需要，整合内部资源，选择确定项目，并委托市场化投资主体进行建设，资金最终通过政府回购、资本市场发行股票或债券等市场化出口偿还。四是建立债贷组合模式，对政府发债建设的城镇化项目，可由市场化建设主体承贷相应信贷资金，适当延长项目还贷年限，缓解政府集中偿还到期债务的压力。

3. 创新投融资体制，千方百计拓宽融资渠道

按照国务院下发《关于加强地方政府性债务管理的意见》要求，一是鼓励社会资

本通过特许经营等方式，参与城市基础设施等有一定收益的公益性事业投资和运营。政府通过特许经营权、合理定价、财政补贴等事先公开的收益约定规则，使投资者有长期稳定收益。二是进一步推动政府购买社会服务和公私合作项目运作的规范化。建立政府和投资方共担风险和共享收益机制，引导社会资本通过PPP（公私合营）、BOT（建设—经营—转让）、特许经营等商业模式，参与城市基础设施建设和运营。三是引导利用保险、融资租赁等社会资金投入城镇化建设，整合地方财政、土地、金融和政策等各类资源，将经营性项目和公益性项目有机组合，建立“以丰补歉”的项目综合收益平衡机制，提升社会资金向公益性城市基础设施项目投资的积极性。四是探索通过设计城镇化基金、发行城镇化债券、推进基础设施资产证券化（ABS）、开展融资租赁等方式，建立多元化资金来源保障机制。

4. 加强制度建设，营造良好发展环境

不断总结开发性金融机构在城镇化建设经验和创新融资模式，进一步完善城镇化中长期投融资的制度性安排。一是采用“政府引导、市场化运作”方式，配合政府开展信用建设、市场建设，制度上保证投资者合理收益，调动民营资本的积极性。二是由自治区级政府统一举债，从总量、结构、操作上合理安排，避免盲目建设、过度负债。三是探索设立专项贷款、专项基金和专项债券等配套政策，弥补政府投资特定项目的资本金以及地方配套资金的阶段性缺口。四是将政府回购、偿债等资金纳入财政预算，并经人大批准，着力解决农民工市民化、保障性住房和公益类基础设施建设等城镇化瓶颈领域的融资难问题。

## 参考文献

［1］陈元．中国城市化进程中的规划研究与实践［M］．北京：清华大学出版社，2013.

［2］郭濂．中国发展金融战略与对策［M］．北京：中国金融出版社，2014.

［3］陈元．政府与市场之间——开发性金融的中国探索［M］．北京：中信出版社，2012.

［4］陈元．开发性金融与中国城市化发展［J］．经济研究，2010（7）.

［5］胡怀邦．开发性金融的国家使命［J］．中国金融，2014（8）.

［6］胡怀邦．如何创新新型城镇化投融资机制［N］．人民日报，2014－03－31.

［7］叶齐茂．德国可持续发展的城市化进程［J］．城乡建设，2010（7）.

［8］李建民．城市化——中国社会的另一种变革［J］．人口与计划生育，2010（8）.

责任编辑校对：刘　力

# 我国社会融资结构现状及对宁夏的启示

中国人民银行石嘴山市中心支行、银川中心支行合作课题组

任建谋　姚景超　王进会　程　飞　王彩琴

**摘要：**优化融资结构，是我国金融改革的重要议题之一，与经济环境相适应的、均衡的融资结构是推动金融产业进步、刺激经济快速、平稳发展的重要因素。2013 年，首次公布的分地区社会融资规模数据显示，我国地区社会融资规模快速增长，但分区域、分省（市）表现出来的结构上的差异性值得关注。

自 2011 年起，中央经济工作会议和人民银行年初工作会议连续四年提出要“保持合理的社会融资规模”。2012 年，人民银行副行长潘功胜在“中国经济年会（2012—2013）”上表示，从 2013 年开始，人民银行不仅发布整个国家融资规模，也发布分地区融资规模总量。目前社会融资仍高度依赖银行，以间接融资为主体持续满足经济发展需求的模式难以持续，建立合理均衡的社会融资结构是未来金融业改革重要内容，以优化融资结构引领经济转型。在此背景下，全国各省市重点加强了对融资结构的优化和改善。但宁夏由于金融市场发展相对滞后，金融产品和工具创新不足，社会融资呈现出来的经济增长对银行体系的高度依赖，直接融资尤其是债券融资占比较低、规模偏少等结构性特征十分突出。因此，研究社会融资规模及结构对经济增长的影响对宁夏有着重要的意义。

## 一、我国分区域社会融资规模与结构特征

随着金融改革的不断深化，我国社会融资规模快速增加，融资结构正在逐步改善。2013 年末，全国社会融资规模 17.3 万亿元，较 2002 年增长 7.6 倍，社会融资规模对 GDP 的贡献度与上年持平；同期新增人民币贷款占社会融资规模的比重为 51.4%，较 2002 年下降了 40.5 个百分点；委托贷款、信托贷款、未贴现的银行承兑汇票合计（银行表外融资）占社会融资规模的比重达 29.9%，较 2002 年提升 32.5 个百分点；直接融资（企业债、非金融企业股票）余额 2.0 万亿元，占比 11.7%，较 2002 年提升 6.8 个百分点。全国融资结构呈现“一降二升”趋势，即贷款比重持续降低，银行表外融资和直接融资大幅上升。

### （一）分地区看，社会融资结构差异化显著

主要表现在：一是东部融资规模大幅高于中、西部。2013 年东、中、西部地区社会融资规模分别为 9.0 万亿元、3.4 万亿元和 3.8 万亿元，分别占全国社会融资规模总额的 52.2%、19.6% 和 21.9%；二是中、西部地区融资对银行贷款的依赖度明显高于

东部地区。中、西部地区新增人民币贷款占比较东部地区分别高2.4个百分点和5.2个百分点，东部直接融资高于中、西部地区1.5个百分点和3个百分点。此种差异一定程度上反映出东、中、西部金融市场发展程度不均衡。

（二）分部门看，直接融资取得快速发展

2013年，我国直接融资占比达11.7%，与“十二五”规划的15%的目标相差仅3.3个百分点。其中，东、中部地区金融市场发展较快，直接融资占比分别为13.5%、12%，分别高于全国1.8个百分点和0.3个百分点，西部地区占比10.5%，低于全国1.2个百分点。北京市直接融资更是高于全国水平23.4个百分点至35.2%。

（三）分类别看，表外业务快速扩张

十年间，银行表外融资占社会融资规模比例提升了32.5%，同期新增银行贷款的占比降低了40.7%。其中，中、东、西部表外融资占比分别为29.9%、30.7%、28.4%，基本与全国平均水平保持一致。表明经济增长对银行体系的资金需求由表内转向表外的特征明显。一方面表明经济增长对资金需求旺盛，但融资渠道仍然以银行体系为主；另一方面表明银行体系为规避监管限制，表现出极大的创新冲动。

## 二、比较视角下宁夏社会融资规模现状与特征

近年来，与全国及其他省市相比，宁夏作为最小的经济体，表现出来了非常强大的资金需求态势，特别是对银行信贷的需求占据了社会融资规模的绝大部分。本文通过对2006—2013年宁夏社会融资规模、2013年宁夏社会融资规模各组成部分与全国及部分省市的纵向和横向对比，揭示出宁夏社会融资与全国或者部分省市的差异性。

（一）宁夏社会融资规模现状

2013年，宁夏社会融资规模664亿元，比2006年增加542亿元，年均增幅27.4%，高于同期人民币各项贷款增量增幅6.5个百分点。其中，新增人民币贷款占全区社会融资规模的85.5%，比上年末高9.3个百分点；企业债券和股票融资规模占

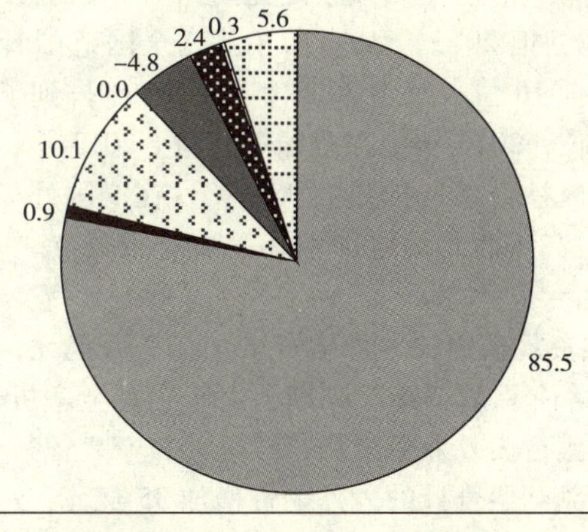


**图1 2013年宁夏社会融资规模分布情况**

全区社会融资规模的2.7%，同比下降0.7个百分点。2013年全区社会融资规模与GDP之比为25.9%，比2006年上升了9.0个百分点，金融对经济的支持力度明显加大。

（二）主要特征

1. 社会融资规模全国最小

全国各省区中，地区社会融资规模最小的宁夏和西藏均在1 000亿元以下，次之的还有海南、青海。宁夏与这几个省份相比，2013年人民币贷款增量超出西藏、海南，仅比青海低35亿元，但地区社会融资规模却在全国居末位。宁夏与青海的信贷规模相近，但表外融资和直接融资却拉开了两省区的距离。2013年青海社会融资规模创历史新高，社会融资从银行信贷向股票、债券、票据、同业拆借等多元化发展，规模达1 229.16亿元，同比增长24.2%。其中，银行贷款、信托贷款、企业债券占到融资规模的49.06%、23.7%和12.4%，各种融资渠道呈现均衡增长。

**表1　　2013年部分省区地区社会融资规模统计表**　　单位：万元

| 项目<br>省区 | 地区社会融资规模 | 其中 | | | | | | |
|---|---|---|---|---|---|---|---|---|
| | | 人民币贷款 | 外币贷款 | 委托贷款 | 信托贷款 | 未贴现银行承兑汇票 | 企业债券 | 非金融企业境内股票融资 |
| 海南 | 1 084 | 592 | 160 | 131 | 0 | 72 | 97 | 0 |
| 西藏 | 773 | 412 | 0 | 21 | 315 | 12 | -20 | 25 |
| 青海 | 1 229 | 603 | 43 | 86 | 292 | 26 | 153 | 0 |
| 宁夏 | 664 | 568 | 6 | 67 | 0 | -32 | 16 | 2 |

数据来源：中国人民银行相关资料。

2. 表内贷款占据主要地位

长期以来，宁夏表内贷款的较快增长主导了地区社会融资规模的增长态势，2006—2008年，人民币贷款与社会融资规模之比均在90%以上，自2010年呈现低走态势，连续三年维持在76%，但2013年又有所抬头。全国范围看，2007年至2010年，宁夏贷款增速始终排全国前10位，其中2007年和2010年排到了全国前5位，2011年和2012年均排全国第12位，2013年排在全国第9位。2013年，金融机构表内人民币贷款增加568亿元，占地区社会融资规模的85.5%，在全国处于最高水平，比次之的吉林省高出15个百分点，高于西北其他省区20~30个百分点。

3. 表外融资增势低迷

2013年，全国社会融资规模中，表外融资增加5.2万亿元，占社会融资规模的比重达29.9%，较2002年增长了32.5%。同期，由于宁夏金融机构数量少、种类不全，金融创新步伐相对较慢，银行表外业务增势持续低迷，宁夏银行业金融机构委托贷款、信托贷款和未贴现银行承兑汇票合计的表外融资增加35亿元，占全区社会融资规模仅为5.3%，比上年同期下降14.0%，低于全国24.6个百分点，位列全国末位。其中委托贷款增加67亿元，同比增长13.6倍；期末未贴现的银行承兑汇票减少32亿元，同比下降1.3倍；信托贷款空白。

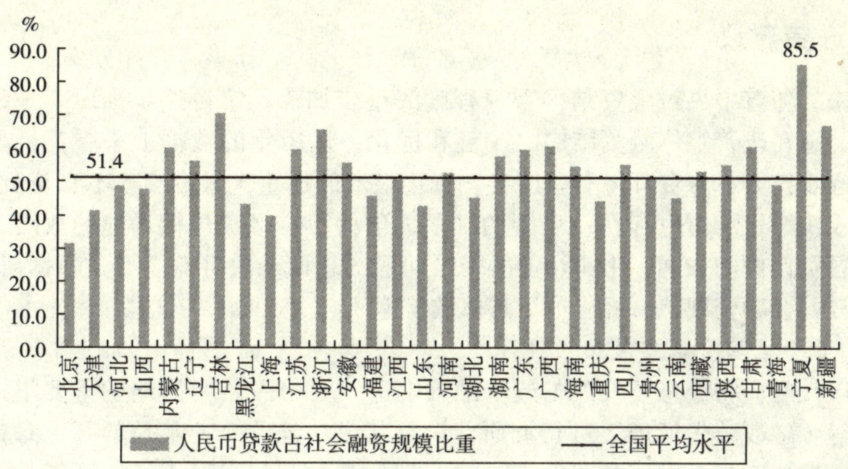


数据来源：中国人民银行相关资料。

**图2　人民币贷款占社会融资规模比重与全国平均水平对比**

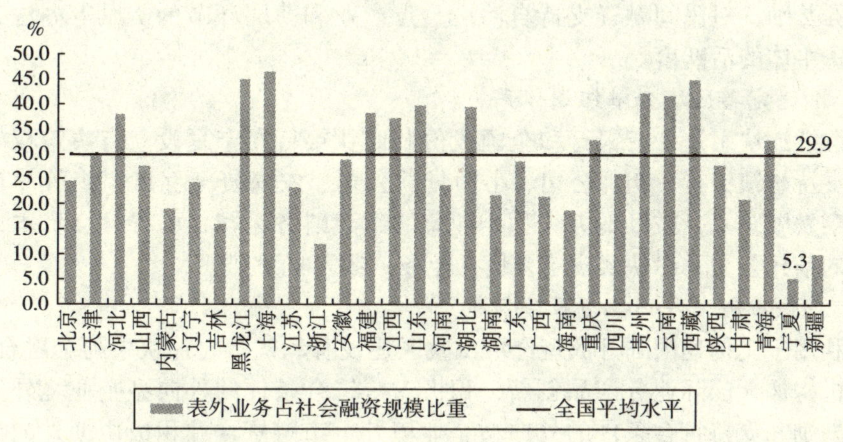


数据来源：中国人民银行相关资料。

**图3　表外业务占社会融资规模比重与全国平均水平对比**

4. 直接融资尤其是债券融资占比较低

近年来，宁夏非金融企业融资总额不断增加，但债券融资所占比重很低。以2012年为例，宁夏非金融企业债券融资额仅占非金融企业融资总额的4.9%，而全国非金融企业债券融资额则占到融资总额的29.2%，占比较宁夏高24.3个百分点；与周边省区相比，宁夏企业债券融资占比也比较低，陕西、甘肃、青海、新疆非金融企业债券融资额占非金融企业融资总额的比例分别比宁夏高17.1个、9.8个、19.3个和12.98个百分点。2013年，宁夏非金融企业债务融资工具发行金额与西藏一并居于全国31个省（自治区、直辖市）倒数第一位。西北五省区中其他4省非金融企业债务融资工具发行额（不含中央企业及部属企业）均上百亿元，而宁夏的发行额为零，已远远落后于其他省份。

## 三、政策建议

近年来，随着中央对融资结构重视程度的逐步加深，宁夏逐步推出了一系列的政策、措施，意在改善整体融资结构的改善和优化，从历年的数据上来看，目前宁夏融资渠道在逐步扩大，融资环境有所改善，直接融资的比重大大提高，不良贷款率下降，融资规模较快增长。但也存在一系列的问题，包括社会融资规模增速的放缓，股权融资与债券融资比例的失调，中小企业融资难问题的悬而未决等等。本文根据研究结论，并结合宁夏社会融资现状，提出如下具体政策建议。

### （一）出台区域金融发展顶层设计

自治区政府应将金融业发展与改革纳入推进“一带一路”战略的重要举措，对温州、重庆等金融改革先行地区进行调研，学习其成功经验，尤其是紧盯上海自贸区建设的步骤方法，对推进思路的可行性、规范性、金融业与金融市场发展等重大问题进行研究论证，出台《宁夏金融业综合发展规划》，尽快启动金融改革。完善金融、财政和税收一体的资金配套体系，如对非金融企业债券融资的奖励，对金融机构承销银行间市场债券奖励，对民间融资支持自治区重点产业和薄弱环节的奖励等办法，逐步激发社会融资主体的活跃度。

### （二）加速完善区域金融组织体系

一是继续加快引进外资银行和全国股份制商业银行在宁夏设立有决策权的分支机构。二是支持村镇银行、担保公司、小额贷款公司、农村资金互助组织等非存款类融资机构健康发展。三是鼓励地方大型企业集团组建财务公司，引导社会资本组建地方法人性质的信托公司，尽快实现宁夏信托业务“零”的突破。

### （三）加快中阿金融产品与服务创新

充分利用宁夏构建内陆开放型经济试验区建设有利优势，加快中阿金融合作进程，推动金融机构加大国际业务产品创新，积极支持符合条件的外向型企业境外发行中长期债券；鼓励和支持符合条件的外向型企业境外上市融资，并积极协助外向型企业按照实际需要加快资金回流，如通过内保外贷、参融通、进出口代付、国际保理、福费廷等产品到境外融资，降低银行信贷规模。加强银行、证券、保险、信托、租赁等行业之间的业务组合，把综合业务开发理念与金融市场上结构化、个性化产品服务理念有机地结合，丰富金融服务内涵。

### （四）推进非金融企业债券融资发展

全面落实《关于扩大非金融企业债券融资规模支持自治区经济社会跨越发展意见的通知》，鼓励和引导我区优势特色企业开展债券融资；对成功进行非金融企业债券融资的地方企业（除地方融资平台）给予资金扶持或补贴，降低企业发行债券费用。积极引导商业银行开展承销业务，对承销机构予以适当奖励。通过这些措施的逐步推进，实现金融结构得以改善和优化，增强金融体系的弹性和稳定性。

### （五）发展规范、合规的民间融资

宁夏小贷公司、典当行、融资性担保公司等民间融资取得了较快发展，应当继续发挥此类机构在弥补了银行信贷不足，拓宽小微企业融资渠道，促进了资金的流动，增强了资源配置有效性中的重要作用，应当继续加快规范管理，引导民间融资健康发展。同时，尽快出台相适应的民间借贷的政策规定，将民间借贷行为纳入央行的征信系统，从制度层面进行顶层设计，在严厉打击金融诈骗和非法集资的同时，引导民间借贷阳光化、规范化，使之成为正规金融的有益补充。

责任编辑校对：王进会

# 欠发达地区金融支持新型城镇化问题研究

中国人民银行中卫市中心支行
张国栋　王秀霞　高红梅

**摘要：** 党的十八大会议明确提出，新型城镇化是拉动未来中国经济发展的重要动力，是新时期重要战略任务之一。本文通过对全国与中卫市城镇化发展、金融支持现状、存在问题的调查与比较，分析西部欠发达地区推进新型城镇化对地区金融需求的影响，提出金融支持新型城镇化发展的政策建议。

## 一、新型城镇化的内涵

党的十八大为城镇化赋予了全新的内涵："坚持走中国特色新型工业化、信息化、城镇化、农业现代化道路，推动信息化和工业化深度融合、工业化和城镇化良性互动、城镇化和农业现代化相互协调，促进工业化、信息化、城镇化、农业现代化同步发展，加快推动城镇发展模式转型，探索以低碳为特征的城镇化发展道路。"积极稳妥推进新型城镇化建设，既是我国转变经济发展方式，实现现代化的重大战略任务，也是当前稳定经济增长，扩大有效需求的现实选择。新型城镇化建设需要大量资金支持，而新型城镇化的发展也会产生巨大的金融需求。目前我国金融体系应对新型城镇化金融需求的能力相对落后，金融产品和服务模式亟待创新。金融机构应准确把握新型城镇化的科学内涵，积极转变经营策略，完善风险管理机制，探寻金融支持新型城镇化的着力点，为新型城镇化提供强有力的金融支撑。

## 二、城镇化发展及金融支持现状分析

### （一）全国及本地区城镇化发展现状

改革开放以来，我国城镇化水平经历了起点低、发展速度快的过程，城镇人口快速增加，城镇化率大幅提升，城镇数量和规模不断扩大，国内生产总值呈几何倍数增长。30 年来，中国城镇化率以年均 1.06 个百分点的速度递增，城镇人口年均增长约 1 100万人，GDP 年均增长 20 976 亿元，城镇化已成为推动投资、促进消费的持久动力和中国经济发展的重要引擎。与发达国家 70% 左右的城镇化平均水平相比，我国城镇化率还有近 15 个百分点的提升空间，但是在快速城镇化的过程中，土地城镇化快于人口城镇化、农业转移人口难以融入城市社会、城镇空间分布不合理、"城市病"等问题日益凸显，传统的城镇化道路已经不再适应我国未来经济发展的需要。

与全国相比，宁夏中卫市城镇化水平较低。中卫市撤县设市近十年来，城镇化发展取得了长足进步，人口城镇化水平、城镇化规模和质量、城镇建成区面积及经济发展水平等方面都有了很大程度的提升。但与全国平均水平及宁夏本省区相比，中卫市城镇化水平还有较大差距，2014 年末中卫市城镇化率仅 37.19%，低于全国平均水平 17.58 个百分点，低于宁夏平均水平 16.42 个百分点，在宁夏五个地级市中仅高于地处南部山区的固原市。数据显示，中卫市城镇化发展相对落后，区域内城镇化水平差异较大，城镇集聚和辐射功能较弱，经济发展水平仍然较低（见表1、表2）。

**表 1　　2014 年宁夏及所辖地级市城镇化率一览表**　　单位:%

| 宁夏 | 银川 | 石嘴山 | 吴忠 | 中卫 | 固原 |
|---|---|---|---|---|---|
| 53.61 | 75.45 | 72.15 | 43.7 | 37.19 | 30.09 |

**表 2　　2014 年中卫市及所辖县（区）城镇化率一览表**　　单位:%

| 中卫市 | 沙坡头区 | 中宁县 | 海原县 |
|---|---|---|---|
| 37.19 | 51.99 | 39.55 | 20.20 |

### （二）全国及本地区金融支持城镇化现状

在我国城镇化快速发展的过程中，金融发挥了举足轻重的作用，银行信贷资金已成为城镇化发展的重要资金来源。金融机构信贷支持城镇化的途径主要有三种：一是通过地方政府融资平台贷款支持城镇基础设施建设；二是通过房地产开发企业贷款支持商业性和保障性房地产开发；三是通过住房按揭贷款和公积金贷款支持城镇居民购买商品房。2014 年末，全国金融机构各项贷款余额 81.68 万亿元，同比增长 13.6%。其中地方政府融资平台贷款余额近 10 万亿元，约占 15%；房地产开发贷款余额 5.63 万亿元，占 6.9%，同比增长 22.6%；个人购房贷款余额 11.52 万亿元，占 14.1%，同比增长 17.5%。上述三项贷款余额合计约占 2014 年各项贷款余额的 33%。数据显示，金融机构信贷资金在我国城镇化建设中发挥了重要支持作用。

从中卫市情况来看，在城镇化建设中金融机构融资功能日益凸显。2014 年，中卫市金融机构各项贷款余额 356.04 亿元，同比增长 15.67%。其中地方政府融资平台贷款余额 9.49 亿元，占 3.6%，同比增长 2.7%；房地产开发贷款余额 13.12 亿元，占 3.9%，同比增长 20.87%；个人购房贷款余额 37.42 亿元，占 11.2%，同比增长 20.74%。上述三项贷款余额合计占 2014 年末各项贷款余额的 17%。与全国相比，中卫市金融机构支持城镇化建设的力度较弱。

## 三、新型城镇化发展对金融需求影响分析

### （一）城镇基础设施类投资将会产生大量信贷需求

在以往粗放式城镇化发展模式下，城市布局不合理，交通拥堵、污染严重、基础设施建设滞后成为很多城市的通病，而新型城镇化主要体现在“以人为本，产城互动、布局合理、城乡统筹、绿色低碳”。国务院发布的《关于加强城市基础设施建设的意见》，为新型城镇化中城市基础设施建设制定了明确目标。城市基础设施建设属于资金

密集型项目，将拉动巨额投资，而金融机构信贷资金是城市基础设施投资的重要来源，因此新型城镇化过程中城镇基础设施建设将产生巨大的信贷需求。西部地区作为中国未来经济发展新的增长极，城市基础设施也将在新型城镇化建设中得到极大提升，与全国相比，资金力量薄弱的西部地区对金融机构信贷需求更为迫切。

（二）产业结构调整导致信贷需求结构调整

新型城镇化强调产业化和城镇化的良性互动、相互协调，势必推动产业结构调整和转型升级，而产业结构的调整必将使金融资源重新配置，由此导致信贷结构调整。一是新型工业化对信贷服务提出了新要求。新型城镇化过程中，在国家产业政策支持下，战略性新兴产业、工业园区、产业梯度转移以及技术创新等领域新增的信贷需求将超越传统工业信贷需求，越来越多地吸引金融机构信贷资金，并要求金融创造出更多适合新型工业化发展的新产品和新服务。二是农业现代化对金融服务提出了新要求。新型城镇化要求加大农业现代化步伐，农业现代化将产生大量金融需求，金融需求主体将从传统农户扩大到农村中小企业、种养殖大户、家庭农场和农民专业合作社等现代农业主体，资金需求总量也将持续增加。三是服务业发展将衍生大量小额信贷需求。在新型城镇化过程中，随着农村人口向城镇集聚，城市发展要素的优化配置，将会带来大量服务业需求。服务业发展主要依靠民营和个体小微企业，未来将会产生大量小微企业信贷需求。

（三）公共服务类投资增加带动金融需求增长

新型城镇化将推动城镇社会保障、医疗卫生、教育文化等基本公共服务覆盖农民工，并逐步实现与城镇居民均等化，帮助他们逐步解决就业、住房、医疗和子女教育等方面的问题，放宽中小城市落户条件，把在城镇已稳定就业居住的农民工有序转变为城镇居民。因此，在大量农民工落户城镇的同时，将大幅增加公共服务类投资。虽然公共服务类投资主要由政府承担，但由于投资量大，金融机构的信贷支持仍然必不可少。其次，公共服务需求增加将会带动金融服务需求增加。如医疗、养老保险、住房公积金等的收缴，医疗费报销、养老金低保金领取等公共服务项目都需要通过银行结算划转，要求金融机构加大金融服务力度，提升金融服务水平。

（四）房地产开发仍将保持一定的融资需求

新型城镇化的一个重要内容是人口的城镇化。中国现有农民工 2.5 亿左右，未来 10 年还将有 1.5 亿农民进入城镇，在未来人口城镇化的过程中，随着户籍制度改革的推进，以农民工为主体的流动人口在城镇逐步拥有自己的住房是必然的趋势。其次，随着农业现代化的发展，土地由分散的一家一户式耕种逐渐向种粮大户、家庭农场等集约化经营形式发展，农村土地流转速度随之加快，会使更多的农村人口到城镇居住，带动住宅投资需求增加。另外，目前进行的城市棚户区、旧城区、工矿区改造，拆迁、安置、新建需要大量的资金，也将拉动房地产开发资金需求。因此，新型城镇化形势下房地产开发仍是不可或缺的重要部分，还将有较大的融资需求。

（五）居民消费及投资理财需求将使金融需求趋向多元化

随着新型城镇化的推进，居民收入水平不断提高，生活环境得到改善，进而会使消费领域不断拓展，消费结构发生重大变化，人们对居住、医疗保健、娱乐休闲、旅游等的消费需求越来越高，刺激居民产生更多的金融需求。据测算，农村人口转变为城镇人口后，人均收入会增加3倍左右，从而释放出大量的购房需求，以此拉动个人购房贷款需求。随着居民收入水平的提高，汽车、装修、旅游、留学等新兴领域的信贷需求也会日益增长，需要推出更多的消费信贷品种。同时，由于城镇居民增加和消费升级，对ATM、POS机等银行卡受理设备、网上支付、电话支付等新兴结算工具需求增加。此外，随着新居民教育水平提高和金融知识的增加，对投资理财的金融需求也将不断增长。

## 四、金融支持新型城镇化存在的问题

综上所述，新型城镇化会带来巨大的金融需求，但是在金融支持新型城镇化发展中也存在着许多不容忽视的问题。

### （一）城镇基础设施及公共服务项目融资渠道单一，风险隐患较大

目前的城镇化是由地方政府主导的，城镇基础设施及保障房建设，医疗、教育、养老等公共服务支出需要巨量的融资作为支撑，这些项目的资金主要由地方政府来承担，民间资金较少参与。但是地方政府的可用财力增长能力却相对有限，面对新型城镇化新增的资金需求，如果仍由地方政府承担，财政收支缺口将进一步扩大。目前我国一些省份和城市已超过100%，地方政府融资蕴含着较大的债务风险。

### （二）金融资源配置难以满足新型城镇化结构调整的需要

新型城镇化的发展过程也是结构优化和升级的过程，战略性新兴产业、服务业、现代农业将得到大力发展和提升。战略性新兴产业融资具有不确定因素多、高回报、高风险的特征；服务业融资特点是额度小、期限短、周转快；现代农业的特点是固定资产少、生产季节性强、投资周期长。同时在企业的不同发展阶段，对金融需求也经历着从简单的存贷款业务向信托、贸易融资等综合性服务转变的过程。但目前的金融机构在金融服务方面同质化现象严重，竞相把信贷资金投向大项目、大企业、房地产，而新兴产业、现代农业、服务业及小微企业的融资需求却得不到满足，降低了金融资源的配置效率，难以满足新型城镇化结构调整的需要。

### （三）房地产信贷风险加大，阻碍新型城镇化进程

目前我国土地城镇化速度明显快于人口城镇化速度，随着新型城镇化的推进，会有更多在城市打工的流动人口到城镇买房居住。近十年来，随着城市规模的不断扩大，房地产投资大幅增加，住房需求呈爆发式增长，房价呈现多年快速上涨趋势。2000年至2014年，全国住宅平均价格从2 058元/平方米上涨到了5 932元/平方米，上涨了188%，北京、上海等一线城市涨幅超过5倍以上，二线城市普遍超过3倍以上。高位运行的房价使房地产信贷风险加大，同时使进城的农民工买不起住房，廉租房、公租房、经济适用房又多与农民工无缘，无法让农民工在城市安家落户，阻碍了城镇化进程。

### （四）金融改革滞后在一定程度上限制了新型城镇化发展

我国新一轮金融改革刚刚起步，利率水平的决定权虽然正逐步放开，但还未完全交付市场，利率水平被长期压制；国有大型商业银行是金融业的龙头，但是其县域金

融服务比较薄弱；民营金融机构应是国有金融机构的重要补充，但一直以来受到政策的限制，没有快速发展壮大，在金融支持新型城镇化中不能担当起重要角色；法律规定农业土地和农村住宅不能用于担保抵押，限制了农民利用抵押贷款的方式获得贷款的渠道。诸如此类的问题都需要通过金融改革来解决，因此可以说，在新型城镇化发展道路上，金融改革任重道远。

（五）金融服务水平不高无法满足新型城镇化的需求

目前我国金融服务产品日渐丰富，金融工具正朝着多元化方向发展，金融服务整体水平不断提高。但是在城镇化潜力巨大的欠发达地区，新型金融工具的运用远远落后于相对发达地区，融资方式仍然以银行信贷为主，无法满足新型城镇化的资金需求。我国多层次的金融市场建设尚不健全，股票市场、债券市场、衍生品市场发展还不成熟，导致金融市场运行效率较低，影响经济要素的配置，城镇化所需的金融服务需求难以满足，制约着新型城镇化的发展。

## 五、金融支持新型城镇化发展的政策建议

（一）建立健全支持新型城镇化建设的金融组织体系

一是进一步建立和完善与新型城镇化相匹配的金融组织体系。构建良好的金融支持基础性环境，在税收、利率、信贷风险损失补偿等方面实行优惠政策，鼓励和引导金融机构把支持城镇化作为新业务的拓展领域。二是不断提高城镇化建设的金融服务覆盖面。按照城镇化对金融服务网络建设的新要求，调整优化县域网点布局，增强服务对接能力。三是加大资源投入，发挥自身特色优势。进一步拓宽政策性银行的支农功能，提高合作性金融的服务水平，发展壮大地方股份制银行，加快推进新型金融机构发展。

（二）强化金融支持新型城镇化的推动作用

一是探索建立多元化的投融资体系。积极探索城镇建设投融资的新理念，加快城镇建设和资源开发的市场化进程，吸引更多的金融资源参与城镇建设。实现投资主体多元化、融资渠道商业化，进一步探索灵活多样的投融资渠道，构建银行资本与民间资本共同参与，直接融资与间接融资双驱动的格局。二是加快建立有利于城镇化建设融资的金融生态环境。加快利率市场化改革步伐，促使金融机构改变规模扩张、同质竞争，依据自身优势明确市场定位，实施差异化竞争。加强城乡一体化金融基础设施和农村社会信用体系建设，为金融机构合理布局提供基础条件。对参与城镇化建设力度较大的金融机构在再贷款、再贴现、存款准备金等方面给予倾斜，在相关金融市场准入、新金融业务开办等方面给予优先考虑。

（三）创新拓展新型城镇化建设融资模式与渠道

市政建设需要大量的资金，仅靠财政资金和银行贷款不能满足其需求，应积极发展债券市场，优化金融市场融资结构，逐步改变目前间接融资比重偏大的金融市场格局。在城镇化基础建设中推进基础设施资产证券化，缓解建设资金的不足，减轻财政支出压力，加快资金周转。另外，应创造条件引导民间资本等各类资金积极支持新型城镇化发展。

## 参考文献

[1] 黄益平．城镇化融资机制亟待改革［J］．小康，2013（11）．

[2] 张茉楠．新探索方向预示城镇化模式重大转变［N］．上海证券报，2013－11－18．

[3] 张立群．城镇化是自然历史过程［N］．人民日报，2013－12－23．

[4] 张云，构建城镇化多元融资模式［J］．中国金融，2014（2）．

[5] 周宏春．新型城镇化是现有城镇化的“升级版”［J］．中国发展观察，2014（3）．

责任编辑校对：吴　达

# 欠发达地区发展区域集优债务融资路径与选择

中国人民银行吴忠市中心支行　赵　明

**摘要**：区域集优债务融资模式集合了企业、产品、效率、政策和风险缓释措施，能有效降低单个企业的融资成本，分散融资风险，是解决中小企业融资问题的一种多方共赢的模式，为探索中小企业发展道路提供了一个崭新的视角。它具有发行主体宽泛化、增信模式多元化、工作机制长效化、发行程序便利化等特征。能否培育大批优质中小企业、落实风险缓释措施、发挥地方政府统筹协调、发挥人民银行支持引导作用是影响区域集优债务融资发展的主要因素，应从因地制宜创新集优模式、完善风险分担机制、改革发行机制、改善中小企业融资信用环境等方面来解决区域集优债务融资发展过程中的难题。

2011年，中国银行间市场交易商协会成功推出了区域集优债务融资模式，即指一定区域内具有核心技术、产品具有良好市场前景的中小非金融企业，由政府提供专项风险缓释措施的支持，在银行间债券市场通过发行中小企业集合票据实现融资。区域集优债务融资模式集合了企业、产品、效率、政策和风险缓释措施，能有效降低单个企业的融资成本，分散融资风险，是解决中小企业融资问题的一种多方共赢模式，为探索中小企业发展道路提供了一个崭新的视角。

## 一、区域集优债务融资模式的理论支持和创新进程

### （一）区域集优债务融资模式的理论基础

区域集优债务融资模式源自中小企业集群融资理论。中小企业集群融资，即指一定地域和范围内的中小企业通过股权或协议建立稳定的集合体，通过相互帮助获取资金的融资方式。中小企业集群融资机制，可以获得规模经济效应，并具有降低信用道德风险及信息不对称等方面的优势，从而增加获得资金的可能，也有利于降低中小企业的融资成本，因此成为解决中小企业融资困境的新途径。近年来，尽管我国政府及相关职能部门采取各种措施致力于拓宽中小企业融资渠道，但由于中小企业信用评级低、发行规模小等因素，单独发行债券困难重重。因此基于中小企业集群融资理论，以中小企业集合债、中小企业集合票据、区域集优为代表的中小企业集群直接融资模式应运而生。

### （二）区域集优债务融资创新进程

为了破解中小企业融资的信用瓶颈，近年来人民银行和交易商协会在直接债务融资市场方面进行了积极探索和实践：一是于2009年推出了中小企业集合票据，推动债

务工具发行从单体到集合，有效解决了单一中小企业债券存在的信用级别低、投资者认可度差、流动性较低等问题。二是设立专门的信用增进公司（中债信用增进公司，以下简称中债公司）对中小企业债券发行提供信用保护，提高了中小企业等低信用主体进入直接债务融资市场的概率。但是，从推动中小企业直接债务融资的可持续角度出发，信用增进类机构自身发展规模和对外保护额度存在限度，且这种保护能力随着风险的日益集中而下降。随着中小企业直接债务融资需求的不断增加，仅靠信用增进机构难以为中小企业融资风险全部“兜底”。为此，在人民银行的指导下，银行间市场交易商协会在中小企业集合票据实践的基础上，探索推出中小企业区域集优债务融资这一市场创新模式。其创新之处在于采取“市场+行政”的方式，引进了地方政府，发挥其政策、资源优势，建立风险缓释基金，整合各方力量，共同建立帮助企业实现债务融资的长效工作机制，使更多符合地方政府产业引导方向的中小企业依托银行间债券市场开展直接融资。截至2013年8月末，全国共发行中小企业区域集优债券40只，募集资金98.47亿元。

## 二、区域集优债务融资模式特征分析

### （一）发行主体宽泛化

在企业遴选标准方面，区域集优债务融资模式更具有适用性和广泛性。它以《公司法》及《证券法》关于发行债券的财务指标规定为基础，参考发行主体各方的意见，在考虑地方的行业准入政策和发展状况的基础上对企业进行综合考察，选择合适的企业进行债务融资。同时，由于有地方政府的专项缓释措施支持，企业评级标准普遍被放宽，BB+级、BBB-级都可被纳入发债范围，降低了企业准入门槛。

### （二）增信模式多元化

首先，政府主导出资设立中小企业直接债务融资发展基金（即风险缓释基金，初始金额不低于5 000万元），作为中小企业直接债务融资保障和偿债风险保护。若地方政府协调担保平台、担保公司建立反担保机制，风险缓释基金的担保倍数放大至20倍；若没有反担保措施，风险缓释基金的担保倍数放大至8倍。在此基础上，区域集优债务融资模式探讨性地尝试应收账款质押、商誉质押等新的风险缓释措施。其次，中债公司拥有专业的人才和雄厚的资本实力，能够提升发行主体的信用级别。多元化的担保增信措施能够为企业提供稳定的风险缓释，增强了债券的偿债能力和吸引力。

### （三）工作机制长效化

在方案设计和立项准备阶段，通过交易商协会、中债公司、地方政府和人民银行当地分支机构签订框架协议，有利于形成相对标准化的工作模式，确保项目长期开展；地方政府和人民银行当地分支机构共同推荐企业参与发债，提供了较为稳定的项目来源。以上模式打破了普通中小企业集合债券各参与主体单兵作战的套路，整合了各方的资源，提高了发债的效率，从而加快了区域集优债务融资的推进步伐。

### （四）发行程序便利化

区域集优债务融资模式最大的优势之一在于发行流程灵活、速度快，更符合企业的资金需求。经过中债公司的信用增级和各部门的协调配合，债券发行效率明显提升，由过去的中小企业债券项目1年半左右的发行时间缩短到从立项到发行只需要5~6个月。区域集优票据完成注册后有2年的有效期，有效期内可以采用一次性或连续性的方式发行，并且在金额、利率和发行时间的选择上有很大的灵活性，既可以是浮动利率方式发行，也可以是固定利率方式发行，甚至可以利用市场的波动，抓住有利时机发行。

（五）募集资金用途自主化

区域集优债务融资模式赋予发行主体更大的财务自主性，其募集资金可用于改善企业的资金来源结构、调整负债结构，或用于固定资产投资和技术革新改造（需政府部门审批同意），只需在募集说明书明确约定即可。

## 三、区域集优债务融资模式对企业融资方式的影响

（一）有利于解决中小企业融资难问题

长期以来，以银行为主体的间接融资一直是中小企业融资的最主要渠道。但由于受缺乏有效抵押质押物、信用偏弱等问题制约，中小企业发展的资金需求难以从银行得到有效满足，融资难问题突出。在稳健货币政策的背景下，推进区域集优等非金融企业债务融资，一方面打通了广大中小企业有序进入正规资本市场融资的通道，有利于中小企业发展多元化融资；另一方面盘活了银行存量贷款，腾挪出的信贷资源可用于支持其他中小企业，进一步扩大了信贷扶持的广度和深度。

（二）有利于降低企业融资成本

市场化的定价使很多优质企业发债利息率明显低于同期限银行贷款利率，可大幅降低企业财务成本。主要原因：一是区域集优债务融资模式引入政府信用分担风险，票据信用等级高；二是为鼓励中小企业在银行间市场开展直接融资，交易商协会、地方政府、中债公司都给予一定的支持。如中债公司担保费率为1.2%~1.5%，相比于一般担保机构2%的费率水平，明显对企业有所让利。

（三）有利于优化企业负债结构

区域集优债务融资模式用款方式灵活，企业可根据自身需要和市场情况灵活把握发债时机与规模，减少对银行贷款的过度依赖，具有较大的灵活性。

（四）有利于改善中小企业融资环境

进入直接融资市场融资是企业具有较强实力的一大标志，对提升企业市场形象意义重大。在债券发行过程中，中介机构的专业化服务以及资金存续期的信息披露等监管约束，有助于促进企业完善公司治理结构，规范自身经营行为，提振直接融资信心，树立良好的信用形象。

## 四、影响区域集优债务融资发展主要因素分析

（一）能否培育大批优质中小企业

区域集优债务融资模式的一大特点是集地区之优、集产业之优、集企业之优，要求企业储备较为充足，以保证发债的连续性，且入选企业能够形成具有区域产业优势和特点的题材，进而吸引投资者的兴趣。从缓释基金使用方面看，如果地方政府风险

缓释基金到位后，后续发债企业数量和规模达不到一定比例，将无法用足基金额度，造成财政资金的闲置。

(二) 能否落实风险缓释措施

区域集优债务融资模式成功的关键是引入地方政府风险缓释措施。地方政府、金融管理部门、承销机构、信用增进机构和其他中介机构各司其职，在企业遴选、信用增进、风险缓释、后续管理等环节建立风险分散分担机制，落实风险缓释措施，能够充分发挥分散分担投资者的信用风险、提高投资者的投资意愿的作用。

(三) 能否发挥地方政府统筹协调作用

区域集优债务融资模式中，地方政府是总统筹协调人，职责贯穿发行工作始终。在企业遴选阶段，地方政府借助掌握的优势资源，可提高中小企业融资的规模和效率，降低发行成本；在发行准备阶段，地方政府采取专项风险缓释措施，可降低违约风险；在后续管理中，地方政府及其他相关部门在风险防范、预警及违约事件处置中可以发挥协调、督促等作用，保护投资者利益。

(四) 能否发挥人民银行支持引导作用

区域集优模式的顺利推进，需要依赖当地人民银行发挥同当地政府联系密切等优势，广泛开展宣传和培训，帮助企业了解掌握区域集优相关信息；加强政策引导，配合政府部门遴选推荐企业，协调主承销商、企业、信用评级以及信用增进机构加强业务对接，强化对企业经营状况和资金使用状况跟踪监测。

## 五、相关建议

(一) 因地制宜创新集优模式

由于我国各地经济发展程度、优势特点不尽相同，区域差异显著，“放之四海而皆准”的模式无法保证中小企业直接融资的可持续性。应结合各地实际，创新不同的版本，以适应不同地区中小企业的融资需求。如针对经济欠发达的地区，可以考虑通过设计相关有效的监督、激励和问责机制，由省级财政设立相应的风险缓释基金，或由省内发债地市根据企业发债额度建立匹配的风险缓释基金，由省级财政统一管理，以确保基金来源稳定。

(二) 完善风险分担机制

在信用增进方面，大力发展商业性担保机构，鼓励有实力的机构参与担保或出资设立类似中债公司的专业债券信用增进机构；在风险缓释方面，探索区域集优债务融资模式的市场化方向。在目前的融资模式中，地方政府风险缓释措施起着关键的主导作用。今后，随着这一模式的发展和成熟，仍然需要依靠市场化运作落实风险缓释措施，这既是顺应我国市场化改革和发展的需要，也是实现政府职能转变的要求。

(三) 改革发行机制

为了适应直接融资发展需要，应从完善发行管理制度入手，降低发行准入门槛，拓宽发债企业范畴，提高非国有企业和中小企业发债比重。具体而言，应在坚持信息充分披露的情况下，消除过多的审批环节，健全与注册发行制相配套的保障机制，如强化信用增进机制，提高企业的债券评级，为更多发行主体提供筹资机会。

（四）探索建立区域集优债务融资的长效机制

完善中小企业融资信用体系和担保体系，搭建多层次、广覆盖、可持续的银行间市场债务融资平台，营造有利于中小企业融资的良好外部环境。

（五）改善中小企业融资信用环境

大力推进中小企业信用体系建设，引导中小企业重视和维护自身信用，建立健全内部控制和风险管理制度，提升信用信息披露水平，依靠自身信用创造更多的融资机会。

（六）加强后续监管

地方政府和主管部门应加强对发行企业的后续监管，密切关注发债企业经营情况、投资情况和市场变化情况，确保资金安全合理使用。同时，加大对发债企业的扶持力度，在税费减免、利息补贴、担保服务等方面研究出台优惠政策，减轻企业发债成本。

## 参考文献

［1］丁加华．探索建立区域集优债务融资模式［J］．中国金融，2011（18）．

［2］费宪进．中小企业融资模式创新：区域集优债务融资［J］．浙江金融，2012（5）．

［3］人民银行南昌中心支行货币信贷处．区域集优债务融资模式［J］．金融与经济，2013（6）．

［4］刘鹏．山东省区域集优债务融资新模式的实践分析［J］．华北金融，2013（12）．

［5］张艳花．关注中小企业融资的集合债券模式［J］．中国金融，2012（3）．

责任编辑校对：马晓栋

# 普惠金融

# 宁夏农村“三权”抵押贷款问题研究

宁夏银监局　任彦玲

**摘要：**农村“三权”抵押贷款是指林权、农村土地承包经营权、宅基地使用权抵押贷款，是农村经济发展的有效融资手段。为解决农民贷款难问题，促进宁夏农村经济持续健康发展，我们对宁夏银行业金融机构开展农村“三权”抵押贷款业务情况进行了调查，并结合相关政策及法律法规对宁夏农村“三权”抵押贷款业务创新进行了探讨。

## 一、宁夏农村“三权”抵押贷款现状

党的十七届三中全会以来，宁夏自治区党委、政府根据中央的政策方针，先后出台了《关于开展集体林权制度改革试点工作的意见》等一系列文件，鼓励先行先试。宁夏银监局和银行业金融机构在推动“三权”抵押贷款业务试点工作方面，进行了努力探索和积极尝试。自开展“三权”抵押贷款业务以来，辖内共有19家银行业金融机构试点发放了农村“三权”抵押贷款，其中大型银行分支机构有4家，地方法人银行15家（城商行2家、农合机构13家）。各银行业金融机构共办理“三权”抵押贷款12 000余笔，累计发放“三权”抵押贷款近30亿元。截至2013年末，“三权”抵押贷款余额96 587万元，占各项贷款余额的0.2%；“三权”抵押不良贷款余额457万元，不良贷款率0.47%，远低于当期全区不良贷款率。

### （一）林权抵押贷款

林权抵押贷款是“三权”抵押贷款中最为主要、贷款范围最广的一种方式。近年来，通过此方式进行的抵押贷款业务突飞猛进，取得了很好的效果。2008年7月，党中央、国务院出台了《关于全面推进集体林权制度改革的意见》，开启了各省（市、区、县）开展林权制度改革试点的序幕。2009年9月，宁夏自治区政府出台了《关于开展集体林权制度改革试点工作的意见》，在彭阳、盐池、永宁等县市的62个乡镇启动了全区集体林权制度改革试点工作，进一步明晰集体林地使用权和林木所有权。2011年12月，宁夏自治区党委、政府又出台了《关于全面推进集体林权制度改革工作的意见》，明确提出规范林地林木流转和加大林业投融资力度，全面开展林权抵押贷款。截至2012年末，全区集体林地确权面积1 444.7万亩，确权率达100%；发证面积1 417.7万亩，53万农户拿到56万本林权证，发证率达98%，全区集体林权制度基础改革工作全面完成。2013年初，按照自治区党委、政府关于做好林权抵押贷款相关工作的具体要求，人民银行银川中心支行会同自治区林业局成立了“防沙治沙与退耕还林还草土地抵押贷款试点推进小组”，确定盐池、中宁、泾源三县为试点县，积极稳妥地推进此项工作。5月，推进小组已赴三个试点县开展林权抵押贷款前期调研工作。7月，中国银监会与国家林业局联合印发了《关于林权抵押贷款的实施意见》，明确提出林农和林业生产者可以用承包经营的商品做抵押，从银行贷款用于林业生产经营的需要，实现了林业资源变资本的历史性突破。2014年5月，为进一步加大金融支持林业发展的力度，宁夏银监局联合自治区财政厅、林业厅、金融办、人民银行银川中心支行、宁夏保监局制定印发了《关于进一步推进林权抵押贷款工作的意见》。

目前，辖内银行业金融机构中只有农业发展银行宁夏分行、农业银行宁夏分行、黄河农商行、平罗农商行以及同心县农联社等5家机构办理林权抵押贷款。农业发展银行宁夏分行发放了5家单位企业林权抵押贷款业务，没有涉及农户和自然人，规定林权抵押最高的抵押折率不超过50%。农业银行宁夏分行采用林权抵押的同时，追加公司股东及其配偶作担保，为国家级农业产业化龙头企业宁夏早康枸杞公司贷款1 000万元，弥补林权抵押不足问题。黄河农商行采取林权、林地最高额抵押担保方式，并与各级林政管理、森林防火等部门签订协议，确保抵押林权不发生乱砍滥伐、森林火灾等现象。截至2013年末，5家金融机构林权抵押贷款余额近70 000万元。

（二）农村土地承包经营权抵押贷款

2006年，同心县农联社在辖内河西镇和城关镇以“农户土地协会”为组织开展“土地承包经营权抵押贷款”试点。经过几年的探索和试验，这一措施对解决农民贷款难起到了非常显著的作用。截至2012年末，辖内农户贷款基本全面推行土地承包经营权抵押贷款，涉及行政村97个，发放贷款7 392户、14 293万元，深受农民群众欢迎。同心县农联社土地承包经营权抵押贷款，采取的模式是以保证农民不丧失承包经营权为先决条件。在推行这项贷款模式的村，先选举成立土地承包经营权抵押协会，会长、副会长必须是村民最信赖的人。农户必须是自愿申请，以不超过自家承包土地总亩数的2/5加入协会，贷款期间土地仍然由农民自己耕种获益。土地承包经营权抵押期限为1年，农户贷款到期不能及时偿还的，承包经营权转让给代其还款的担保人，或者由土地抵押协会转让给有意偿还贷款的其他村民，还清贷款后抵押贷款农户即刻重获承包经营权。同心县农联社的经验与做法在全区得到逐步推广。

2011年，平罗县被确定为全国农村土地经营管理制度改革试验试点县，在农村土地确权颁证、规范土地经营权流转、建立农村土地“三权”抵押贷款等方面进行了大胆探索尝试。随后，宁夏地方政府相继制定了与土地流转相关的制度，如《宁夏农村土地承包经营权确权登记百村试点工作方案》、《银川市农村土地承包经营权流转管理办法》、《吴忠市农村土地承包经营权反担保贷款管理办法》、《平罗县农村土地承包经营权、流转经营权和宅基地使用权抵押贷款试点工作实施方案》、《中卫市农村土地承包经营权流转管理办法》、《永宁县关于设施农业建设中土地承包经营权流转的试行办法》、《盐池县农村土地承包经营权流转实施方案》等制度，有效促进了宁夏农村土地流转的进程，对尝试与推广农村土地承包经营权抵押贷款业务起到了促进作用。

目前，辖内银行业金融机构中只有农业银行宁夏分行、黄河农商行、平罗农商行、同心县农联社、中宁县农联社5家机构办理土地承包经营权抵押贷款。平罗农商行、同心县农联社和中宁县农联社制定了《农村土地承包经营权抵押贷款管理办法》、《农村土地承包经营权抵押贷款操作流程》、《关于优化农村土地经营权抵押贷款部分操作流程的通知》等制度，积极推进土地承包经营权抵押贷款业务健康发展。截至2013年末，5家金融机构土地承包经营权抵押贷款余额近30 000万元。其中，平罗农商行、同心县农联社和中宁县农联社3家机构办理土地承包经营权抵押贷款，余额占全区土地承包经营权抵押贷款总额的99%。

（三）宅基地使用权抵押贷款

由于宅基地是农民最基本的生活保障，因此宅基地抵押贷款受各种因素的影响而没有在全国得到很好的实践。与其他两类抵押贷款相比，其实践的数量和广度都比较小。其他省区的经验做法主要为：以农村宅基地使用权为抵押，借款人应保证不转移土地占有、不改变土地用途、保持土地所有权不变，同时征得所在农村集体经济组织同意。抵押当事人按照土地承包经营权的市场评估价值或者抵押当事人认可的价值签订抵押合同和贷款合同后，共同持有效材料到县（市）国土资源管理部门办理抵押登记手续，金融机构据此发放贷款。尽管宅基地抵押贷款的案例在全国比较少，但随着其他“两权”抵押贷款的不断推行和实践，这一抵押类型也将会得到发展和推广。

## 二、当前宁夏农村“三权”抵押贷款业务存在的问题

（一）农村“三权”抵押缺乏有力的法律保障

一是我国现行的《担保法》、《土地管理法》及《物权法》均未对“三权”抵押提供法律依据，使得“三权”抵押贷款缺少法律支持。二是我国《物权法》对物权的种类和内容采取法定原则，农地抵押实践在《物权法》中未明确规定。三是农地抵押还缺乏中央、地方政府明确的政策及文件支持。

（二）缺乏有效的、系统性的配套政策制度及评估机构

一是无明确的抵押登记制度。由于土地承包经营权、农村宅基地使用权抵押缺乏统一登记，政府相关部门尚未出台进一步政策细化措施，司法部门未就此类担保行为的法律效力明确表态，也未明确土地承包经营权等权利抵押的登记机构，无法对已设定抵押权利进行公示。二是缺乏专业的评估机构和健全的价值评估制度。由于缺乏农村土地价值评估机构和专业资质评估人员，抵押价值评估不规范，到底由谁评估、如何评估、参照标准以及公正性等事项随意性大，使得价值评估的主观色彩较浓，实际价值难以合理确定，并且指定的评估公司存在评估费收取偏高的问题，从而制约了该类贷款业务的开展。三是流转机制不健全，抵押物变现难度大。土地承包经营权流转涉及农村集体权利，难以处置变现。另外，农村宅基地确权登记未能有效开展，大多数房屋无产权证书，流转困难。

（三）农村社会保障制度亟待完善

一是我国城乡的两元社会保障制度，使农村土地承载了广大农民的生存保障、养老保障、就业保障的社会保障功能。就目前来看，在一些欠发达地区，土地一方面满足了农民基本的生活需求，另一方面成为广大老龄人口安度晚年的生存保障。二是土地承载了广大农民就业的缓释功能。农村土地承包经营权、宅基地使用权抵押的全面开展，很大程度上有赖于农村社会保障体系的建立和完善。

（四）风险补偿机制尚不健全

一是由于农业产业的特殊性，涉农贷款风险相对较大、成本较高，而其风险补偿机制又十分匮乏，贷款风险和收益不对称，严重影响涉农金融机构支持农村经济的积极性。二是由于利率补偿机制缺失、农业保险制度不完善、金融机构风险内控能力弱、农村金融担保制度滞后、政府财力支持不足等，对政策性信贷业务风险补偿覆盖面小，一旦出现金融风险后果堪忧。

## 三、政策建议

（一）制定出台农村“三权”抵押、处置等相关法规

一是解决抵押登记问题。建议政府相关部门尽快出台林权抵押、农村土地承包经营权、宅基地使用权登记管理办法，使之具体可操作，加快抵押登记的步伐，以利于“三权”抵押贷款的推广。修订、完善相关法律条款，对“三权”抵押贷款的合法性、有效性进行明确。二是从法律层面上对“三权”抵押进行规范确认，打消行业监管部门和金融机构的思想顾虑和观望心理。同时，法院在审理此类案件时，也有明确的法律依据，有助于保障抵押权人的合法利益。

（二）建立有效的土地评估机构和交易流转平台

一是建章立制。加快“三权”流转规范性政策文件的制订，建立完善土地承包经营权抵押评估准入制度，明确抵押评估中介机构的资质条件，增强土地使用产权评估抵押的合法有效性。同时，科学确定评估依据和标准，建立土地评估信息数据库，跟踪分析交易信息，不断完善评估依据和标准，切实维护金融机构和农民的合法权益。二是建立交易平台。建立农村土地承包经营权、宅基地使用权交易市场，充分发挥市场对资源的配置功能，使农村土地承包经营权、宅基地使用权进入市场，通过转让、转包、出租、入股等方式进行流转，以实现农村土地的集约化、规模化、市场化经营。三是建立完善对农村土地承包经营权、宅基地使用权流转的监督管理机制。四是建立完善林业要素市场。建议政府及林业部门大力推进以林权流转为主的林产品交易市场、森林资源评估、收储市场等配套的林业要素市场建设，为增加信贷投放、防范风险提供有效保障。

（三）建立健全农村社会保障制度

一是以农民工和失地农民社会保障为突破口，尝试建立城乡衔接的医疗保障体系和养老保障体系，实现城乡社会保险一体化，建立完善的劳动仲裁制度和社会弱势群体的法律援助制度等。二是实现城乡基本保障项目的全面覆盖，继续推进农村合作医疗扩面工作，逐渐探索建立与农村经济发展水平、风俗习惯、生产组织方式相适应的社会养老保险制度。建立健全农村社会保障制度，必须扩大社会保障的覆盖面，提高保障程度，打破不合理的城乡二元结构，实现城乡社会保障一体化。

（四）完善农村“三权”抵押贷款风险补偿机制

一是政府应明确专门机构，安排专门资金，明确专项基金补偿银行发放农村产权抵押贷款的损失流程，在农户逾期无法清偿贷款本息时，由地方政府平台公司对“三权”抵押贷款进行收购，先行偿还银行贷款本息。平台公司可对收购的农房、土地、

林业进行统一处置。二是对“三权”抵押贷款利息免征营业税，增强金融机构发放“三权”抵押贷款的积极性。三是为了发挥龙头企业的辐射带动作用，地方政府及相关部门应整合资金，对信用良好的“三权”抵押贷款企业或个人进行贴息，减轻借款人的利息负担。

## 参考文献

[1] 张仁枫，杨继瑞．我国农村“三权”抵押贷款的实践与存在的问题［J］．南方农村，2012（9）．

[2] 卫明，廖丹萍．我国农村“三权”抵押融资发展现状及对策研究［J］．安徽农业科学，2011（39）．

[3] 肖诗顺，高峰．农村金融机构农户贷款模式研究［J］．农业经济问题，2010（4）．

[4] 王连杰．南皮县推进林权抵押贷款中存在的问题与建议［J］．河北金融，2009（5）．

责任编辑校对：杨 光

# 六盘山地区普惠金融服务深化定量研究

中国人民银行银川中心支行　马明霞

**摘要：**金融是现代经济的核心，各国经济发展实践和国内改革开放探索都一再证明，只有充分有效配置各类金融资源，实现经济金融的良性互动和共赢共荣，才能有效促进地区经济社会加快发展。市场化如何高效配置各类金融资源，合理满足特困地区经济发展的资金需求，深化特困地区金融服务，对于特困地区加快发展有着重要的现实意义。本文以六盘山集中连片特困区中宁夏片区的原州区等7县（区）为研究对象，系统考察7县（区）扶贫攻坚历史沿革和金融服务现状。从普惠金融视角，定量测算了7县（区）普惠金融指数，运用面板回归模型实证研究了影响其普惠金融发展的具体因素，并构建了金融支持集中连片特困地区农户脱贫致富和经济发展的制度框架。

## 一、普惠金融发展及测度研究综述

### （一）普惠金融发展

普惠金融（Inclusive Finance）是2005年联合国在“国际小额信贷年”上提出的概念，又称为“包容性金融”，是指在成本可负担前提下，将金融服务拓展至欠发达地区和低收入群体，不断提高金融服务的覆盖面和渗透率。普惠金融是小额信贷和微型金融的延伸和发展，旨在健全的政策、法律和监管框架下，使每个发展中国家能建立一整套服务于各个群体的金融体系。普惠金融的目标是：所有家庭和企业以合理的价格获取储蓄、贷款、汇款、支付等基本金融服务，拥有符合行业标准、满足金融监管要求、具备可持续发展能力的健全金融机构体系，建立为消费者提供多样化服务的竞争性金融体系。

2005年以来，墨西哥、印度尼西亚、肯尼亚、韩国、俄罗斯等国把发展普惠金融作为缓解贫困的重要举措，在国内大力发展小额信贷、代理银行、手机银行、电子支付等普惠金融服务。普惠金融专家组、全球普惠金融合作伙伴、普惠金融联盟等国际性普惠金融组织在此期间也相继成立。我国普惠金融发展起步较晚，在发展初期充分借鉴了国际小额信贷等发展模式，出现了扶贫经济合作社、贫困村资金互助组织、村镇银行、小额贷款公司等多种不同形式的普惠金融组织。随着金融改革持续深入推进，近年来我国出台了一系列扶持政策，不断加大金融对小微企业和“三农”等薄弱环节和民生领域的支持力度。2011年我国正式加入国际普惠金融联盟，2013年6月与俄罗斯、美国共同成为20国集团全球普惠金融合作伙伴第四工作组成员。

如何定量测度金融服务水平是金融研究的一个重要领域。目前，国际学术界认为金融服务水平测度主要依赖三个间接指标：金融服务可及性（Access），金融排除度（Exclusion）和普惠金融水平（Inclusive）。Beck et al.（2009）[①] 指出了测度金融服务水平及可及性的三种方法。由于缺乏大规模微观调研数据，金融服务可及性测度只能依据宏观统计数据构建综合性标题指标（synthetic headline indicator）（Honoban，2008）[②]，主要包括机构密度、存贷款水平、银行账户人口占比及可及性壁垒四类。金融排除研究始于 Leyshon[③] 和 Thrift（1993），既涉及金融机构撤出造成的金融服务“空白”地区，也包括较少甚至完全没有享受到金融服务的特定社会群体。Kempson 和 Whyley（1995）[④] 定义了金融排除的 5 个维度：可及性排除、条件排除、价格排除、市场排除和自我排除。Mandira Sarma（2008）[⑤] 提出了普惠金融指数（Index of Financial Inclusion），又称为金融包容性指数，具体包括银行渗透（Banking penetration）、金融服务便利性（Availability of banking services）和使用度（Usage）三个指标。银行渗透率主要以银行开户人数占总人口比重衡量，金融服务便利性以人均银行网点数、人均 ATM 数以及人均银行从业人数等衡量，使用度一般以存贷款占 GDP 比重表示。在计算过程中，首先对每个指标数据进行无量纲化处理，再按照人文发展指数计算相应权重并最终得出普惠金融指数值。

国内学者对金融可及性的研究主要集中在信贷可及性方面，李猛[⑥]（2008）认为借款人数占比能更准确地反映金融宽度。郭红东等（2011）分析了影响个人和家庭信贷可及性的主要因素。田霖（2011）[⑦] 使用银行网点数量、存贷款余额、资金使用效率四个指标实证测算金融排除水平，高沛星（2011）[⑧] 给出了 5 个衡量金融排除的评价指标。徐少君（2008，2009）[⑨⑩]、田杰等（2011）[⑪] 从整体上评价了我国的金融排除水平。目前，国内对普惠金融的研究主要集中在发展普惠金融的必要性及如何构建，具体参见杜晓山（2009）、张春清[⑫]（2009）等人的研究。

---

① Beck Thorsten, Asli Demirguc - Kunt, and Honohan Patrick. Access to Finacial Services: Measurment, Impact, and Policies. The World Bank Research Observr, Vol. 24, Issue1, 2009: 119 - 145.

② Honohan Patrick. 2004. Financial Development, Growth, and Poverty: How Closeare the Links? World Bank Policy Research Paper3203.

③ Leyshon, A. & N. Thrift. There structuring of the UK financial services industry in the 1990s : a reversal of fortune?. Journal of Rural Studies, 1993, 9 : 223 - 241.

④ Kempson, E. , C. Whyley. Kept out or opted out? Understanding and combating financial exclusion. Bristol UK, Policy Press, 1999a.

⑤ Mandira Sarma, Index of Financial Inclusion. Working Paper No. 215, Indian Council for Research on International Economic Relations, 2008.

⑥ 李猛. 金融宽度和金融深度的影响因素［J］. 南方经济，2008（5）：56 - 67.

⑦ 田霖. 我国城乡居民金融包容与福利变化的营养经济学探析［J］. 金融理论与实践，2011（9）：3 - 7.

⑧ 高沛星，王修华. 我国农村金融排斥的区域差异与影响因素——基于省际数据的实证分析［J］. 农业技术经济，2011（4）：93 - 102.

⑨ 徐少君. 中国区域金融排除研究［博士学位论文］［D］. 杭州：浙江大学图书馆，2008.

⑩ 徐少君，金雪军. 农户金融排除的影响因素分析——以浙江省为例［J］. 中国农村经济，2009（6）：67 - 72.

⑪ 田杰，陶建平. 我国农村金融发展与城乡收入差距关系研究［J］. 中国流通经济，2011（10）：12 - 13.

⑫ 张春清. 普惠金融信贷扶持体系研究［J］. 西南金融，2009（10）.

### （二）Mandira Sarma 普惠金融指数及其构建

Mandira Sarma 认为需要构建一个综合指标来评价金融服务水平，这个综合指标应尽可能多地涵盖金融服务的各个方面，以方便在时间纵向和跨区域横向上的比较研究。具体包括：银行渗透（Banking penetration）、金融服务便利性（Availability of banking ervices）和使用度（Usage）三个维度，分别用银行账户人口占比、人均银行网点（或ATM）数量，存贷款余额占 GDP 比重来衡量。在具体计算过程中，首先对每个指标进行去量纲化处理，具体见下式：

$$d_i = \frac{A_i - m_i}{M_i - m_i}$$

其中，$A_i$ 为各指标实际值，$m_i$ 和 $M_i$ 分别为该指标的最小和最大值。去量纲化处理后，$d_i$ 取值介于 0 和 1 之间，取值越大表明该地区在维度 $i$ 上表现越好。如果有 $n$ 个维度，则普惠金融指数（IFI）的具体计算公式为：

$$IFI = 1 - \sqrt{\frac{(1-d_1)^2 + (1-d_2)^2 + \cdots + (1-d_n)^2}{n}}$$

当 $0.5 < \text{IFI} \leq 1$ 表示地区金融普惠程度较高，$0.3 \leq \text{IFI} < 0.5$ 表示中等程度的普惠金融水平，$0 \leq \text{IFI} < 0.3$ 表示普惠金融发展水平较低。

Mandira Sarma（2011）认为便利性和使用度这两个维度缺乏足够的数据支持，应赋予较低的权重，因此对三个维度进行了权重赋值，修正后地区 $i$ 普惠金融指数的计算公式为：

$$IFI_i = 1 - \sqrt{\frac{(1-p_i)^2 + [0.5(1-a_i)]^2 + [0.5(1-u_i)]^2}{1.5}}$$

## 二、宁夏连片特困 7 县（区）普惠金融发展水平测度

### （一）7 县（区）普惠金融指标选取及数据构建

1. 普惠金融指数维度与衡量指标

本文借鉴 Mandira Sarma 普惠金融指数的计算方法，尝试测算宁夏六盘山 7 县（区）普惠金融指数，据此判断宁夏 7 县（区）金融服务水平。在维度和指标选取方面，本文参照杜伟（2012）增加了金融服务可及性壁垒维度。宁夏六盘山 7 县（区）普惠金融指数维度和具体衡量指标如下。

（1）银行渗透率。金融服务覆盖人群越多则银行渗透率越高，金融服务水平也越高。银行渗透率目前主要用拥有银行账户人数占比、贷款农户在农户总数占比等衡量。由于本文研究的是 7 县（区）金融服务问题，本质上属于农村金融问题，因此我们认为用贷款农户占农户总数的比重衡量银行渗透率更为科学。但鉴于数据的可得性，本文用各县（区）新增贷款额占全区新增贷款总额的比重作为替代变量。

（2）银行服务可获得性。目前国际上主要用农户与金融服务网点的平均距离来衡量，但该指标数据较难获取，因此主要用万人机构覆盖度、万人拥有的银行员工数、每平方千米的金融网点覆盖度等指标替代。本文在数据可得基础上，主要用各县（市）每万人拥有的金融机构正式员工数表示。

（3）实际使用度。主要衡量金融服务的实际使用情况，避免大量拥有银行账户的

人群较少使用银行服务的现象发生，目前主要用存贷款余额占 GDP 的比重表示。

（4）金融服务壁垒。反映不满足银行贷款的准入条件造成的金融服务缺失现象，刻画这一指标需要获取银行开立账户所需的文件证明、账户最低存款额、管理费用等信息，获取难度大且较难定量描述。王修华等（2010）指出农村银行业金融机构的存贷比可一定程度上反映金融服务的壁垒状况，本文也用各县（区）增量存贷比来衡量。

2. 指标数据构建

本文以宁夏六盘山特困 7 县（区）为研究对象，具体选取了固原的原州、西吉、隆德、泾源和彭阳 5 个县（区）以及同心和海原两县，分别测算 2006—2013 年 7 县（区）普惠金融指数，实证评估六盘山 7 县（区）金融服务水平。

银行渗透率以新增贷款额在全区新增贷款总额的占比衡量，7 县（区）2006—2013 年新增贷款余额以及全区新增贷款总额数据均取自中国人民银行银川中心支行编制的宁夏金融统计月报，单位为百万元人民币，各县（区）历年新增贷款额除以全区新增贷款总额即为指标数据。

银行服务可获得性指标数据由金融机构正式员工数与各县（区）人口总数之比得出。2006—2012 年各县（区）金融机构正式员工数和人口总数取自 2007—2013 年《宁夏统计年鉴》，单位分别为人和万人。2013 年为估算数，具体估算方法为 2012 年数据乘以 1 加前几年平均增速。

计算实际使用度指标所用的各县（区）历年新增存贷款额数据来自中国人民银行银川中心支行编制的宁夏金融统计月报，单位为百万元人民币。2006—2012 年各县（区）GDP 数据取自《宁夏统计年鉴》，2013 年 GDP 由 2012 年数据乘以 1 加前几年平均增速估算得出，单位为亿元人民币。需要指出的是，杜伟（2012）在计算实际使用度时，采用的是存贷款余额与 GDP 的比率。由于 GDP 是流量数，而存贷款余额是存量数，故本文认为用存贷款余额与 GDP 流量数的比率衡量实际使用度并不科学，本文用新增存贷款额代替存贷款余额，并以当年新增存贷款额占 GDP 的比重衡量实际使用度指标。

金融服务壁垒以各县（区）增量存贷比衡量，存贷款增量数据来源如前所述。

（二）各县区普惠金融指数测度结果及分析

按照 Mandira Sarma 普惠金融指数的测算步骤，本文测算了 2006—2013 年六盘山 7 县（区）普惠金融指数（见表 1）。测算结果显示：2006—2013 年，六盘山 7 县（区）

**表 1　　2006—2013 年六盘山地区各县区普惠金融指数**

| 地区 \ 年份 | 2006 | 2007 | 2008 | 2009 | 2010 | 2011 | 2012 | 2013 |
|---|---|---|---|---|---|---|---|---|
| 原州区 | 0.7353 | 0.8105 | 0.9352 | 0.7160 | 0.6238 | 0.6551 | 0.4750 | 0.7897 |
| 西吉县 | 0.4259 | 0.2377 | 0.0148 | 0.1196 | 0.0590 | 0.3240 | 0.2683 | 0.1921 |
| 隆德县 | 0.5096 | 0.2895 | 0.4731 | 0.2404 | 0.2068 | 0.4238 | 0.6465 | 0.3750 |
| 泾源县 | 0.5581 | 0.2028 | 0.4364 | 0.2427 | 0.2086 | 0.4201 | 0.2835 | 0.3087 |
| 彭阳县 | 0.4705 | 0.3047 | 0.4358 | 0.0547 | 0.0982 | 0.3957 | 0.2296 | 0.1237 |
| 同心县 | 0.8155 | 0.4958 | 0.4942 | 0.1201 | 0.0259 | 0.0826 | 0.4015 | 0.3397 |
| 海原县 | 0.0315 | 0.1852 | 0.3782 | 0.9639 | 0.8869 | 0.0826 | 0.0549 | 0.0953 |

普惠金融指数波动较大，最小值为2008年西吉县的0.0148，最大值是2009年海原县的0.9639，二者相差0.9491。

从横截面看，六盘山7县（区）各县（市）普惠金融发展不均衡现象较为突出。以2013年为例，7县（区）普惠金融指数由高到低排序依次是原州区、隆德县、同心县、泾源县、西吉县、彭阳县和海原县。其中，原州区普惠金融发展水平远高于其他6县，隆德、同心和泾源基本同步，属于中等程度的普惠金融发展水平。西吉、彭阳和海原的普惠金融水平相对较低，尤其是海原县普惠金融指数不足0.1。因此，大力发展普惠金融是海原等消除金融服务空白乡镇、有效满足薄弱环节和弱势群体融资需求的重要举措。

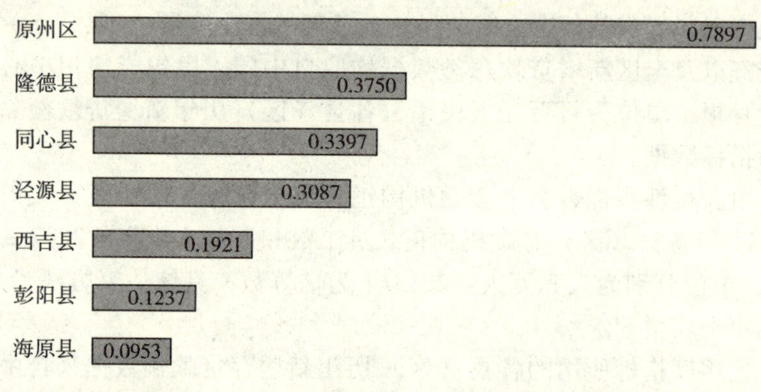


**图1 2013年六盘山地区各县区普惠金融指数**

从纵向看，2006年以来六盘山7县（区）普惠金融发展均出现了较大波动（见图2）。普惠金融发展程度最高的原州区普惠金融指数在2008年峰值后逐渐下降，2012年时降至0.5以下，随后又逐渐恢复至0.8左右。隆德、同心和泾源三县虽然同属于中等程度的普惠金融发展水平，但波动更为剧烈，普惠金融指数分别在2006年、2008年和2012年出现峰值，在2010年时最低。普惠金融发展水平较低的西吉、彭阳和海原三县的普惠金融指数走势差异较大。其中，海原县普惠金融指数波动最大，2008年和2009年受宽松货币政策影响，海原县普惠金融发展水平显著提升，但随着宏观调控回归常态，海原县普惠金融也明显恶化，表明海原县整体金融环境较差，应对政策冲击的能力极端脆弱。

## 三、连片特困7县（区）普惠金融发展的影响因素分析——宏观视角

六盘山连片特困7县（区）普惠金融指数的测算结果表明：各县（市）普惠金融发展不均衡现象突出且年度波动较大。本节进一步实证研究影响六盘山7县（区）普惠金融不均衡发展且剧烈波动的主要因素。

### （一）模型构建与数据构造

面板数据的优势在于有横截面和时间两个维度，样本容量较大且估计精度通常较高。为详细考察各县（市）普惠金融指数变动的影响因素，本论文构建如下的动态面板数据模型：

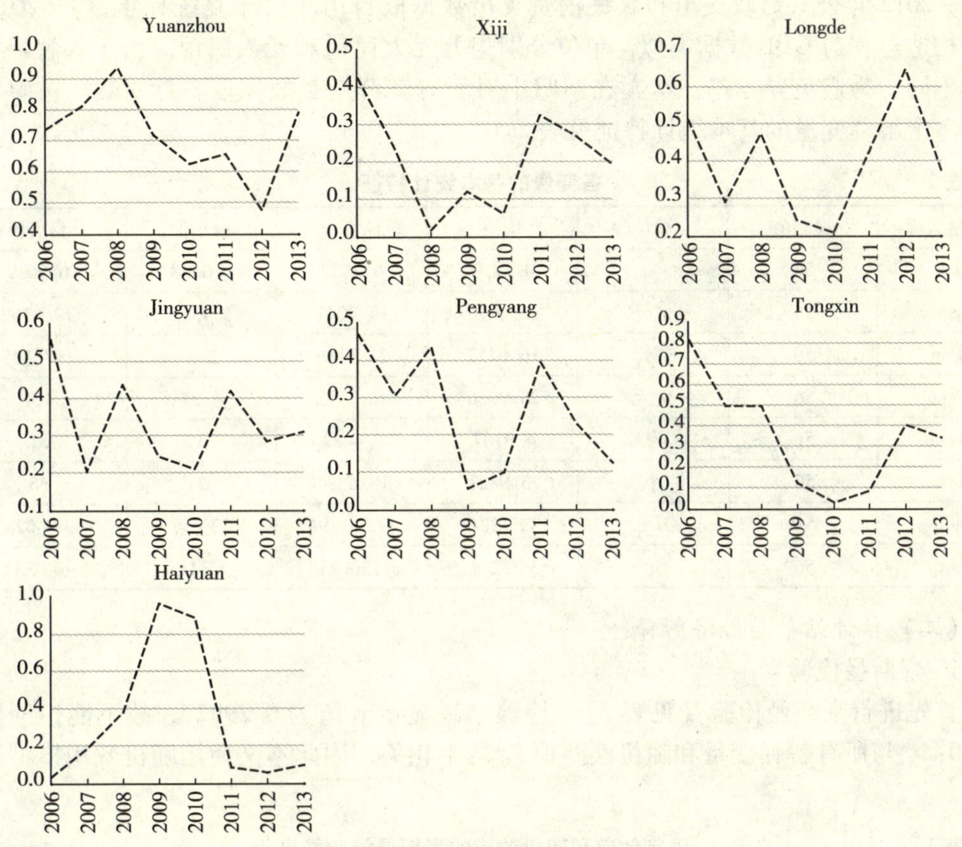


**图2 2006—2013年六盘山连片特困地区各县区普惠金融指数**

$$lrgs_{it} = u_i + \beta_0 \ln gdpit + \beta_1 \ln loanit + \beta_2 \ln depo_{it} + \beta_3 \ln numb_{it} + \beta_4 \ln bran_{it} + \beta_5 \ln pexp_{it} + \beta_6 \ln nexp_{it} + \xi_{it}$$

其中，下标 $i=1, 2, \cdots, 7$，分别指六盘山7县（区），$t=2006, 2007, \cdots, 2013$，表示不同的年份。$u_i$ 表示个体异质性，$\xi_{it}$ 表示随机误差项。当 $u_i$ 与某个解释变量相关时，则上述模型称为固定效应模型（Fixed Effects Model），如果 $u_i$ 与所有解释变量和随机误差项 $\xi_{it}$ 均不相关，则上述模型称为随机效应模型（Random Effects Model）。在实际估计过程中，应首先进行豪斯曼检验（Hausman Test）来决定究竟使用哪种效应模型估计更为合理。Gdp、loan、depo、numb、bran、pexp和nexp分别代表7县（区）地区生产总值、贷款余额、存款余额、金融机构家数、银行网点数、公共财政支出和农民生活消费支出。

六盘山连片特困7县（区）2006—2012年GDP数据取自历年《宁夏统计年鉴》，2013年数据为估算数，具体估算方法是2012年GDP乘以1加前6年GDP年均增速，单位为亿元人民币。各县（市）2006—2013年存贷款余额数据取自中国人民银行银川中心支行发行的金融统计月报，单位为亿元人民币。各县（市）2006—2013年金融机构家数和银行网点数均由当地人民银行分支机构提供，单位分别为家和个。各县（市）

2006—2012 年公共财政支出和农民消费支出数据取自历年《宁夏统计年鉴》，2013 年数据构造过程与 GDP 数据类似，单位分别为万元人民币和元人民币。由于各解释变量单位不同，为避免异方差，本文在回归中对所有解释变量数据取自然对数。被解释变量与 7 个解释变量的基本统计特征见表 2。

**表 2　各变量的基本统计特征**

| 变量名称 | 观测值 | 单位 | 均值 | 标准误 | 最小值 | 最大值 |
|---|---|---|---|---|---|---|
| lrgs | 56 | | 0. 3710 | 0. 2532 | 0. 0148 | 0. 9639 |
| gdp | 56 | 亿元 | 22. 0090 | 15. 7042 | 3. 7331 | 77. 6762 |
| loan | 56 | 亿元 | 16. 5453 | 21. 2116 | 2. 3 | 97. 78 |
| depo | 56 | 亿元 | 28. 9916 | 26. 2513 | 4. 07 | 127 |
| numb | 56 | 家 | 4. 9107 | 6. 4082 | 3 | 51 |
| bran | 56 | 个 | 23. 9821 | 10. 6284 | 2 | 58 |
| pexp | 56 | 万元 | 142 128. 3 | 99 541. 98 | 20 266 | 394 025 |
| nexp | 56 | 元 | 3 232. 1 | 1 130. 774 | 1 341 | 6 033 |

（二）估计结果与经济解释

1. 豪斯曼检验

首先进行豪斯曼检验（见表 3）。检验结果显示 p 值为 0. 29927，故不能拒绝原假设 H0：$u_i$ 与所有解释变量和随机误差项 $\xi_{it}$ 均不相关，因此本文使用随机效用模型进行估计。

**表 3　固定效应和随机效应的豪斯曼检验结果**

| | (b) | (B) | (b－B) | sqrt (diag (V_ b－V_ B)) |
|---|---|---|---|---|
| | FE | RE | Difference | S. E. |
| gdp | －0. 6453 | －0. 1988 | －0. 4465 | 0. 3201 |
| loan | 0. 0764 | 0. 1658 | －0. 0894 | 0. 0574 |
| depo | 0. 5297 | 0. 2688 | 0. 2609 | 0. 1389 |
| numb | 0. 0798 | 0. 0698 | 0. 01 | 0. 0606 |
| bran | 0. 0375 | 0. 0368 | 0. 0007 | 0. 0282 |
| pexp | －0. 3285 | －0. 2892 | －0. 0393 | 0. 1769 |
| nexp | 0. 2594 | －0. 0227 | 0. 2821 | 0. 1818 |
| cons | 7. 8956 * | 4. 9027 | 2. 9929 | 1. 4883 |
| chi2 (6) ＝ (b－B)′ [ (V_ b－V_ B) ^ (－1)] (b－B) ＝ 7. 24 | | | | |
| Prob > chi2 ＝ 0. 29927 >5% | | | | |

为方便比较，本文在给出随机效应模型估计结果时，同时也给出了分别运用混合模型和固定效应模型的估计结果（见表 4）。三种模型的估计结果均显示，地区生产总值和存款余额对地区普惠金融指数具有显著正影响，地区公共支出对普惠金融指数具有显著负影响。混合模型的估计系数与随机效应模型的估计系数基本相同，但二者的

估计方法不同，因此统计量也不相同。同时，混合模型的估计结果还表明地区贷款余额对普惠金融指数具有显著正影响，固定效应模型估计显示农民消费支出对普惠金融指数具有促进作用。但混合模型估计忽略了各县（市）间不可观测的异质性，有可能造成估计不一致，因此本文主要采用面板估计模型。豪斯曼检验证明随机效应估计模型更为合理，因此本文主要对随机效应估计模型的估计结果进行解释。

2. 估计结果

随机效应模型估计结果显示：普惠金融指数与地区生产总值、存款余额和银行网点数显著正相关，与地区公共支出显著负相关。地区生产总值、存款余额和银行网点数每增加1%，分别带动普惠金融指数上升0.19、0.26和0.03，公共支出每增加1%会使普惠金融指数下降0.28。常数项cons为六盘山7县（区）个体效应的平均值，系数估计值正显著。地区贷款余额、金融机构家数以及农户生活消费支出对普惠金融指数影响不显著。

**表4　　混合、固定和随机模型下的估计结果**

| lrgs | Pool | | FE | | RE | |
|---|---|---|---|---|---|---|
| | Coef. | t值 | Coef. | t值 | Coef. | z值 |
| gdp | 0.1988** | -2.46 | 0.6453** | -2.88 | 0.1988* | -6.15 |
| loan | 0.1658*** | 1.96 | 0.0764 | 0.66 | 0.1658 | 1.58 |
| depo | 0.2688** | 2.07 | 0.5297** | 3.28 | 0.2688*** | 1.61 |
| numb | 0.0698 | 1.05 | 0.0798 | 0.73 | 0.0698 | 1.34 |
| bran | -0.0368 | 0.93 | 0.0375 | 1.36 | 0.0368** | 2.07 |
| pexp | -0.2892* | -3.09 | -0.3285*** | -2.15 | -0.2892* | -4.52 |
| nexp | -0.0227 | -0.25 | 0.2594*** | 2.25 | -0.0227 | -0.43 |
| cons | 4.9027* | 5.68 | 7.8956* | 7.87 | 4.9027* | 7.50 |

注：*、**、***分别表示在1%、5%和10%的显著性水平下参数估计值显著。

## 四、研究结论及政策建议

普惠金融是指在成本可负担前提下，将金融服务最大限度地拓展至欠发达地区和低收入群体，不断提高金融服务的覆盖面和渗透率。普惠金融指数衡量了一个地区的普惠金融发展水平。对普惠金融指数影响因素的实证研究结果表明，地区金融普惠程度与该地区经济发展水平成正比，这与六盘山7县（区）普惠金融指数的测算结果基本一致。在六盘山7县（区）中，原州区经济发展水平明显高于其余6县，2013年原州区地区生产总值约占普惠金融发展水平较低的西吉、海原和彭阳3县地区生产总值的67.04%。

地区贷款余额对普惠金融指数影响不显著表明，一个地区银行贷款投放越多并不意味着该地区普惠金融发展水平就越高，只有将贷款更多地投向那些被正规金融排斥在外的弱势群体和偏远地区，更好地满足这些地区和群体的金融服务需求，才能有效提升本地区的普惠金融水平。地区存款余额对普惠金融指数的显著促进作用则从另一方面反映了地区经济发展水平对普惠金融的积极促进作用。

金融机构家数对普惠金融指数影响不显著，但银行网点数对普惠金融指数提高具有积极促进作用。这表明一个地区金融机构数量越多并不意味着其普惠金融发展水平就越高，金融机构只有坚持服务下沉，有效增加面向基层的银行网点和服务窗口，不断延伸服务触角，切实缓解金融服务弱化甚至空白地区各类经济主体融资难的问题，才能真正提高本地区的普惠金融发展水平。

公共支出对普惠金融指数的显著正向影响可以归结为：地区公共支出有助于改善7县（区）地区基础设施和移民生产生活条件，增强了边远地区和弱势群体的自我发展能力。这些成效有助于促进7县（区）金融环境改善，有效降低金融服务成本和贷款违约风险，提高了金融机构对偏远地区和弱势群体服务倾斜的积极性。

农户生活消费支出估计系数不显著，表明7县（区）消费信贷发展滞后，金融机构不愿为农民的各类生活消费支出融资。但随着扩大内需尤其是有效增加农村地区消费需求各项政策措施的密集出台，预计未来农村消费信贷规模将显著增加，成为提高农村地区普惠金融发展水平的一个重要途径。

## 参考文献

[1] 王曙光. 破解农村金融改革之谜 [N]. 中国报道，2008-11-14.

[2] 李猛. 金融宽度和金融深度的影响因素 [J]. 南方经济，2008（5）.

[3] 徐少君. 中国区域金融排除研究 [D]. 杭州：浙江大学图书馆，2008.

[4] 张春清. 普惠金融信贷扶持体系研究 [J]. 西南金融，2009（10）.

[5] 陈伟忠. 宁夏启动金融扶贫惠千村工程 [N]. 金融时报，2012-01-19.

[6] 陈伟忠. 宁夏金融知识宣传早春行 [N]. 金融时报，2012-03-09（2）.

责任编辑校对：刘　力

# 互联网金融背景下普惠金融福利绩效评价研究

中国人民银行银川中心支行　杨　光

**摘要：** 本文从互联网金融的角度出发研究普惠金融，运用理论与实证方法研究互联网普惠金融。利用埃奇沃斯盒状图证明互联网金融背景下普惠金融的理论福利情况，从覆盖面、可持续性和福利效应以及协同性的角度评价互联网金融下普惠金融的福利情况。研究得出互联网金融提升了普惠金融的水平，但互联网金融背景下的普惠金融实际福利效应还有很长的路要走，资金来源与资金运用的双重普惠还存在着矛盾，未来还需要不断改进。

## 一、引言

互联网金融对传统金融来说是必然的冲击，但对普惠金融来说是有益的补充。金中夏认为，互联网金融产品更多地为“草根储蓄者”和“资金需求者”服务，体现了普惠金融的意义。互联网金融是更民主化、大众化的金融模式，它不仅可以降低交易成本，提高资源配置效率，还可以解决中小企业融资问题，促进民间金融规范化发展，提高金融的普惠性。李东荣认为，移动互联网金融将是发展普惠金融的“重要途径”。因此，互联网金融为发展普惠金融提供了突破口。普惠金融从狭义的内涵扩展到广义的内涵，即普惠金融转向让个人或组织拥有公平的机会，获得足够的金融产品和有效的金融服务渠道。中国正在从发展中国家以小额信贷为主的普惠金融模式逐步向发达国家以互联网金融为主的普惠金融模式转变。未来，互联网金融背景下的金融将会逐步实现普惠化和大众化。因此，对互联网金融背景下的普惠金融福利绩效进行评价有着很深的理论意义和实践意义。

## 二、互联网金融背景下普惠金融理论福利效应分析

随着互联网金融的发展，地域在金融服务中的影响逐步降低。全国各地区和各市场以互联网金融为桥梁逐步融合形成一体化金融服务市场。互联网金融利用技术优势，提供了大量的投融资信息，产生了信誉度较高的新中介，大幅降低了信息的传递成本和金融交易成本，有利于实现信息充分以及大众获取金融服务机会的均等化。同时，互联网金融的出现还可以分散地区的金融风险冲击。投资者可以分散自身的投资地域风险，融资者可以优化自己的地域资金来源。首先从理论上分析互联网金融背景下普惠金融的福利效应。

假设市场主体由发达地区 A 和欠发达地区 B 组成。发达地区与欠发达地区按照点状区分，即发达省区也有欠发达的地区，是一种相对发达与欠发达的概念。如图 1 所

示，XY 直线表示发达地区 A 和欠发达地区 B 的收入约束预算线。凸向 A 点的曲线 C 表示发达地区 A 消费者偏好程度的无差异曲线，反映了发达地区 A 消费者的效用水平。离发达地区 A 点越远，说明给消费者带来的效用水平越高。凸向 B 点的曲线 D 表示欠发达地区 B 消费者偏好程度的无差异曲线，反映了欠发达地区 B 消费者的效用水平。离欠发达地区 B 点越远，说明给消费者带来的效用水平越高。

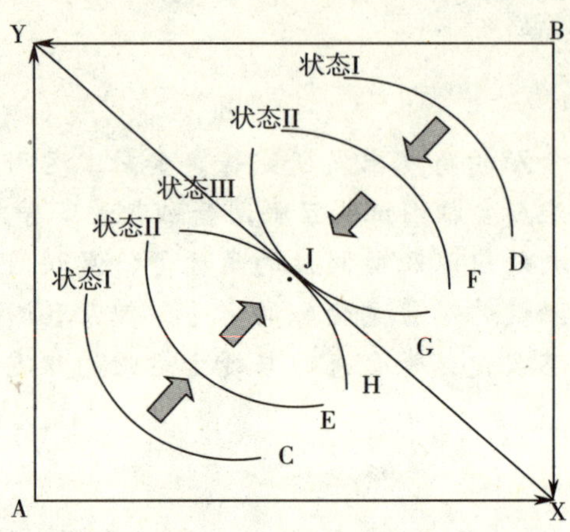


**图 1　互联网金融背景下普惠金融理论福利效应**

状态 I 表示发达地区 A 与欠发达地区 B 没有进行商品交易时，对金融商品和普通商品组合的消费量。发达地区 A 与欠发达地区 B 分别用代表一定数量普通商品或者金融商品进行交换，形成了状态 II，即欠发达地区 B 与发达地区 A 进行商品交易时，对金融商品和普通商品组合的消费量。由图 1 可知，发达地区 A 与欠发达地区 B 因为交易所获得的金融服务效用水平高于没有交易时的效用水平。因此，互联网金融的诞生给发达地区和欠发达地区带来相应的效用水平增长。欠发达地区也可以获取同发达地区一样的金融商品信息，比之前没有互联网金融时信息更加充分，信息不对称缩小。因此，状态 I 到状态 II 是一种帕累托改进。最终，发达地区 A 与欠发达地区 B 因为互联网金融的发展，将会实现交换后的效用最大化的均衡点 J，形成状态 III，即帕累托最优，再做任何一种改变都不可能使发达地区或者欠发达地区任何一方的境况变好或不变，而不使另一方的境况变坏。从理论上看，由互联网金融实现的最大限度普惠金融会达到状态 III，在现实中主要实现的是状态 II，即不断实现帕累托改进，通过互联网金融不断提升普惠金融的程度。

## 三、互联网金融背景下普惠金融绩效评价分析

本部分将从覆盖面、可持续性以及福利效应三方面，利用实际数据对互联网金融背景下普惠金融的绩效进行评价分析。

### （一）覆盖面

互联网金融背景下的普惠金融是向所有大众提供内容更丰富的金融服务，是以市场经济的方式提供更多金融服务机会的有益尝试。互联网金融的重要特征在于它主要

将被发达地区金融体系或者高端金融服务排除在外的欠发达地区大众和收入弱势群体锁定为自己的服务对象。因此，互联网金融的覆盖面包括密度和深度两个维度。密度是指互联网金融服务的人数。深度是指互联网金融客户的平均涉及金额。本文从销售渠道、互联网支付和互联网投融资三方面评价覆盖面因素。

1. 金融产品互联网销售渐成主流

从金融产品互联网销售的客户数量层面来看，2013 年，互联网渠道销售基金客户数量约占 83.6%。其中，非银行渠道销售客户数量过半；从金融产品互联网销售水平的金额层面来看，2013 年，国内基金线上销售水平为 46.5%，几年内基金线上销售水平依然会继续提升。与互联网渠道销售客户数量占比对比，83.6% 的客户购买了不到一半的基金份额，可以看出互联网金融产品销售更多的是服务大众。未来金融产品销售的电子替代率会逐步提高，对金融产品线上销售水平形成正向激励。

统计数据显示，互联网渠道在金融产品销售中渐成主流。互联网销售金融产品服务的客户数越来越多，客户通过互联网渠道购买的金融产品份额也逐步增加，相对应的密度与深度也不断提高。金融产品互联网销售的覆盖面不断提升。

2. 互联网支付交易持续高速增长

从互联网支付的角度来看，2010—2013 年，中国第三方互联网支付交易规模持续高速增长，在支付市场中交易份额逐步提高。第三方支付机构通过与传统金融深度合作，找到了在线理财这一新的互联网金融业务增长点。未来，互联网支付的人均交易规模，互联网支付的密度和深度都会持续升高。

2013 年，互联网金融提供商的互联网支付交易规模结构更加多元化。由于货币市场基金网络申购的突现，在线理财市场的互联网支付一跃成为互联网支付的第四大细分市场，占比为 10.5%。[①] 随着互联网支付涉及的领域越来越多，客户群体也越来越广，交易结构的多元化为互联网支付提高密度和深度提供了良好的基础，有效帮助互联网金融完善自身的商业生态。

3. 互联网投融资服务逐步走进居民生活

（1）货币基金借助互联网拓宽大众投资渠道。以天弘增利宝货币型基金为例。截至 2014 年 6 月末，天弘增利宝货币型基金份额总额为 5 741.60 亿元，持有人约为 1.24 亿户，约占全国总人口的 9%，户均持有的基金份额为 4 636 份。从天弘增利宝货币型基金发展的情况来看，服务的客户人数越来越多，户均持有的基金份额也逐步上升。因此，无论是密度还是深度都有所提高。

（2）P2P 和众筹为大众提供了更加方便快捷的投融资平台。在数量层面，P2P 和众筹等多种互联网投融资服务的客户数量在曲折中稳步上升，已经形成了一个固有客户群体，客户具有相对较强的黏性。以拍拍贷客户数为例。2013 年初，拍拍贷网站月均覆盖人数保持在 50 万人以下，而到 2013 年底，月均覆盖人数已超过 60 万人。在月均覆盖人数较为平稳增长的情况下，月度有效浏览时间却在 2013 年 6 月开始显著提高，并得以维持。P2P 和众筹在覆盖广度上保持着稳步增长。

① 数据来源：《2014 年中国互联网支付用户调研报告》，www.iresearch.com.cn。

在金额层面，2013 年，客户在 P2P 平台笔均投资金额集中在 5 000 元以下，约占 70%，客户在众筹融资平台笔均投资规模也集中在 5 000 元以下，约占 80%。[①] P2P 和众筹融资为大众提供了一个更加方便快捷的投融资平台，周期较短，因此吸引了更多小额用户进行投资，投资规模主要集中在 1 000 ~ 5 000 元，充分展现了互联网投资的“普惠性”。P2P 与众筹模式融资项目向小微等弱势金融群体提供了金融服务机会。

（二）可持续性

互联网金融背景下的普惠金融是否可以持续主要取决于互联网金融提供商的收益是否能够覆盖各种成本和风险。互联网金融提供商只有在财务上达到可持续，才能长期持续向欠发达地区群体或者低收入群体提供更丰富的金融服务，才能使更多的人受益。因此，互联网金融提供商在财务上的可持续是构成互联网金融背景下的普惠金融绩效的重要维度。以天弘增利宝货币型基金和拍拍贷为例。

1. 互联网货币基金从补贴时代回归正常利率

早期的天弘增利宝货币市场基金 7 日年化收益率高于 SHIBOR 利率。在这种情况下，以协议存款为主要投资对象的天弘增利宝货币市场基金主要依靠对投资人补贴来营销，财务上是不可持续的。但是，随着余额宝成立一周年的到来，天弘增利宝货币市场基金年化收益率逐步回归常态，与 SHIBOR 1 个月的利率相近。自 2014 年 4 月以来，90% 都投资于协议存款的天弘增利宝货币市场基金已显现出财务上的可持续。[②]

互联网货币基金要想为普惠金融作出更多贡献还需要注意风险控制问题。天弘增利宝货币型基金最大的风险在于流动性风险。针对兑付赎回资金的流动性风险，增利宝货币基金管理人每日对增利宝货币型基金的申购赎回情况进行严密监控并预测流动性需求，保持基金投资组合中的可用现金头寸与之相匹配。另外，增利宝货币型基金投资组合的平均剩余期限在每个交易日均不得超过 120 天，且能够通过出售所持有的银行间同业市场交易债券应对流动性需求。因此，互联网货币基金的风险控制已较为成熟，在财务上是可持续的。

2. P2P 网贷平台从野蛮成长转向理性发展

中国 P2P 网贷平台经历了萌芽期、期望膨胀期，现在正处于行业整合期中，未来中国 P2P 网贷平台将迈向正规运作期，以国内第一家注册成立的 P2P 贷款公司——拍拍贷为例。拍拍贷平台已经过 6 年的时间发展，网贷交易规模增速连续五年维持 200% 以上。2013 年，拍拍贷完成网贷交易规模 10.46 亿元，增速 257.7%[③]。在营业收入方面，拍拍贷从 2009 年的 7.5 万元连续高速增长，2013 年拍拍贷营业收入达到 3 107.8 万元。[④]随着交易规模不断扩大，营业收入不断增长，拍拍贷的运营已步入正轨，财务状况已趋于合理，盈利能力开始显现，资金持续流入。拍拍贷运营的正规化和稳健性为拍拍贷等 P2P 网贷平台带来了财务的可持续性。

---

① 数据来源：《2014 年中国金融产品销售电商化用户调研报告》，www.iresearch.com.cn。

② 数据来源：《天弘增利宝货币市场基金定期财务报告》，www.thfund.com.cn。

③ 数据来源：《2014 年 P2P 小额信贷典型模式案例研究报告》，www.iresearch.com.cn。

④ 数据来源：《2014 年 P2P 小额信贷典型模式案例研究报告》，www.iresearch.com.cn。

这些现象和措施都说明互联网金融正在从野蛮的疯狂增长向理性的平稳增长过渡，在经营上已步入正轨，财务上已开始正常化。互联网金融背景下的普惠金融已可以覆盖各种成本和风险，不仅在经营层面是可以持续的，在财务层面也实现了可持续。

（三）福利效应

普惠金融的初始目标源于扶贫，但目标随着时代的变迁已经逐步发展成为让每一个人都拥有金融服务的机会。因此，互联网金融背景下的普惠金融是否有助于提高各个群体福利是普惠金融绩效评价的主要内容。衡量互联网金融背景下的普惠金融福利效应可以分为个体福利效应和社会福利效应。个体福利效应由互联网金融客户是否继续使用该服务来评判。如果继续使用，那么说明他们获得的收益超过成本；社会福利则强调资本具有机会成本。无论选择什么标准，资本使用的社会收益一定要超过社会成本，否则就是不经济的。

1. 互联网金融为大众投资提供了更多的投资渠道和投资品种

互联网金融投资产品让每一个人都可以参与其中，增加了居民的投资机会，提升了居民的财富水平。例如，2014 年上半年，天弘增利宝货币型基金共为持有人获得 125.48 亿元的净利润，人均利润 101.32 元。天弘增利宝货币型基金 7 日年化收益率高于七天通知存款利率以及一年定期存款利率。[①]而天弘增利宝货币型基金净值收益率的标准差则一直很低，风险与同期存款差不多（见表 1）。由于互联网金融产品逐步成熟，风险控制也逐渐加强，客户收益虽说有所下降，但是依然挡不住客户数量增长和金额上涨，使用互联网金融进行投资的人数不断增加。

**表 1　天弘增利宝货币型基金与七天通知存款比较情况**

| 阶段 | 份额净值收益率① | 份额净值收益率标准差② | 七天通知存款利率③ | 七天通知存款利率标准差④ | ①-③ | ②-④ |
|---|---|---|---|---|---|---|
| 过去一个月 | 0.3659% | 0.0005% | 0.1126% | 0.0000% | 0.2533% | 0.0005% |
| 过去三个月 | 1.1940% | 0.0008% | 0.3418% | 0.0000% | 0.8522% | 0.0008% |
| 过去六个月 | 2.6778% | 0.0019% | 0.6810% | 0.0000% | 1.9968% | 0.0019% |
| 过去一年 | 5.2196% | 0.0017% | 1.3781% | 0.0000% | 3.8415% | 0.0017% |
| 自基金合同生效日起 | 5.6272% | 0.0021% | 1.5037% | 0.0000% | 4.1235% | 0.0021% |

数据来源：天弘增利宝货币市场基金 2014 年半年度报告。

P2P 网贷通过更高的收益和先进的风险控制技术向大众提供了另一种互联网普惠金融投资产品。以目前 P2P 行业的“后起之秀”——点融网为例。点融网 P2P 项目通过小额分散、大数法则降低项目风险和投资人投资风险。目前，投资人在点融网获得的平均预期年化收益率在 14%～17%。[②]如果 P2P 平台在降低风险的前提下，还能提供一个可观的收益，那么对于投资者来说，个体福利则会提升。原有投资者会继续使用

① 数据来源：通过《天弘增利宝货币市场基金 2014 年半年度报告》计算整理而得。

② 数据来源：王赫：《融资最多的互联网金融公司》，2014－10－20，艾瑞咨询（www.iresearch.com）。

这种投资服务，而新投资者也会源源不断地涌入 P2P 领域。

2. 互联网金融为大众提供了更多融资机会和更灵活的融资模式

以众筹、P2P 模式发起的互联网金融产品，确实解决了很多项目或者企业的融资问题。通常借助众筹、P2P 模式进行融资的项目或者企业都是通过银行贷款或者金融市场融资较为困难的。互联网融资产品为这些企业提供了融资机会。比如：微贷网独家开创了“汽车抵押借贷连锁加盟”模式，以 P2P 方式解决汽车抵押借贷问题，实现了借款人、投资人、微贷总部、加盟商四方共赢，解决了个体工商户和小微企业采取质押或抵押车辆的方式获取临时性资金周转的问题。

由于机制比较灵活，众筹、P2P 模式融资产品的客户越来越多。截至 2014 年 9 月 22 日，全国登记注册 P2P 网贷平台共为 202 748 人提供融资服务。①但是，由于投资收益率的提高，导致融资成本也会相应提高覆盖风险，互联网融资产品的社会福利存在不确定性。对于那些项目前景良好，受制于正规金融严格条件因素影响，无法融资的项目和企业来说，机会成本是较小的；对于那些项目前景并不好，而利用众筹、P2P 模式融资的项目和企业来说，机会成本则是较高的。正如陆磊认为资金来源与资金运用的双重“普惠”势必导致一大悖论。而解决这一悖论的最关键点则是中庸立道，各得其所。②因此，互联网金融背景下融资方面的普惠金融福利提高还有很长的一段路需要去走。

目前，P2P 网贷平台的借贷款利率大多位于 8% ~24%，高于现有银行类金融机构贷款利率，低于同种情况下其他非正规金融贷款利率。以拍拍贷为例，在所有利率区间中，投资金额占比最高的来自 16% ~20% 的利率区间，占比为 47.1%；其次为 20% ~24% 的利率区间，占比为 29.4%；16% ~24% 的利率区间占比超过四分之三。③加上融资服务相关费用，企业最终融资成本依然低于其他非正规金融融资成本。

P2P 除了通过降低融资成本以提高融资者个体福利外，还可以通过差异化的融资模式，更好地服务融资者。目前，P2P 平台营销理论是以销售和产品为导向的，并不是以用户为导向的。未来的 P2P 平台将进一步拉近投资人和借款人之间的距离，让互联网金融的价值在普惠性层面显现出更强的力量。互联网金融将通过多元化的业务模式、灵活的运作方式以及高效的经营效率，降低交易成本，吸引更多的人使用互联网金融产品，为大众带来更多的福利效应。一方面，互联网金融产品将会让借款方享受到更低的利率；另一方面，互联网金融产品将更多的收益让利给出借人，从而让出借人获得更高的实际收益。

## 四、结论

研究发现，互联网金融提升了普惠金融的水平，互联网金融对于普惠金融来说是一种理论上的帕累托改进。通过对互联网金融背景下普惠金融的绩效评价，发现互联

① 数据来源：通过“网贷之家”数据平台计算整理而得（www. wangdaizhijia. com）。

② 陆磊：《普惠金融的悖论》，载《财新〈新世纪〉》，2014 -02 -24，www. caixin. com。

③ 数据来源：《2014 年 P2P 小额信贷典型模式案例研究报告》，www. iresearch. com. cn。

网金融提升了普惠金融的密度和深度，经过快速成长期的发展，现在已逐步进入规范成熟的发展阶段，在经营和财务上都已经开始向可持续发展前进。但是，互联网金融背景下的普惠金融实际福利效应还有很长的路要走，资金来源与资金运用的双重普惠还存在着矛盾，未来还需要不断改进。

从制度经济学的角度来讲，覆盖面、可持续性、福利效应三者具有相互平衡的关系。财务上的可持续性是基础，覆盖面是中间目标，福利效应是终极目标。如果单纯地追求三个维度其中之一，那么互联网金融促进普惠金融的发展也不可能是长久的，只有三者协同发挥，才能够利用互联网金融提高金融的“普惠性”。

责任编辑校对：王　坤

# 宁夏中小企业挂牌新三板融资情况调研

宁夏证监局　王海燕
中国证监会上海专员办　周　珂

**摘要：**新三板是我国建立多层次资本市场体系的重要组成部分，自2006年我国资本市场引入新三板之后，为中小企业搭建了新的融资交易平台，不仅拓宽了中小型企业的融资渠道，也使得更多的社会资金通过新三板这一渠道投资于有发展潜力的中小企业，为中小型企业的运转注入了新的活力。宁夏中小企业发展相对南方发达城市较晚，发展基础比较薄弱，可利用资金少，资金积累能力弱，融资渠道较少，资金使用多依靠自筹资金和引进外来资金，银行贷款、债券融资、上市融资、利用新三板、区域性股权市场等股权融资方式运用得较少，不利于企业的长远发展。本文结合2013年度对宁夏中小企业发展情况调查问卷分析，提出宁夏中小企业挂牌新三板拓宽直接融资渠道的对策建议。

## 一、全国新三板市场简要情况

2013年12月14日，国务院发布了《关于全国中小企业股份转让系统有关问题的决定》，标志着我国多层次资本市场建设取得了实质性进展。自2014年1月24日全国中小企业股份转让系统（市场俗称“新三板”）扩容全面启动至今，挂牌公司数量大幅增加。截至2014年12月31日，全国中小企业股份转让系统（以下简称全国股转系统）共有1 572家挂牌公司，总股本658.35亿股，股票市值4 591.42亿元，累计成交金额130.36亿元①。与主板、中小板相比较而言，新三板对企业挂牌条件要求较低，审批程序简单，其低成本、高效率的特点对中小企业更具吸引力。新三板扩围后覆盖了全国所有符合条件的中小企业，其完善资本市场服务实体经济的覆盖面，补上金融领域服务的短板的作用已经凸显。

## 二、宁夏中小企业参与“新三板”发展的情况分析

为了解宁夏中小企业真实发展状况、对“新三板”的了解状况和利用资本市场发展的需求，进一步推进资本市场服务中小企业工作，宁夏证监局通过问卷调查的方式，调研了辖区中小企业发展情况和对“新三板”需求。本次调查共有效发放调查问卷共计88份，最终实际收回调查问卷共计52份，回收率约60%。

① 数据来源：《非上市公众公司动态》2015年第1期，中国证监会非上市公众公司监管部。

(一) 企业基本情况

1. 公司形式

有限公司44家，占回函公司的84.6%；股份公司（含200人以上）7家，占回函公司的13.5%；合伙企业1家，占回函公司的1.9%。

2. 所属行业

从事生产制造业公司41家，从事计算机互联网公司5家，从事农业公司4家，分别占回函公司的78.8%、9.6%和7.7%。

3. 成立时间

成立10年以上公司27家，成立5~10年公司13家，成立2~5年公司12家，分别占回函公司的51.9%、25%和23.1%。

4. 经营规模

年销售额5 000万元以上公司36家，占回函公司的69.2%；年销售额1 000万~5 000万元公司13家，占回函公司的25%；年销售额500万~1 000万元公司2家，占回函公司的3.8%；200万元以下公司1家，占回函公司的2%。

5. 融资方式

采取银行贷款、担保贷款等间接融资的公司有47家，占回函公司的90.4%；采取股票、债券等资本市场直接融资的公司20家，占回函公司的38.5%。

(二) 企业对"新三板"的了解和需求情况

1. 对"新三板"的了解情况

6家公司非常关注并了解"新三板"，占回函公司的11.5%；16家公司简单了解"新三板"，占回函公司的30.8%；30家公司不清楚或完全不了解"新三板"，占回函公司的57.7%。

2. 挂牌"新三板"的意愿

6家公司有在"新三板"挂牌的意愿，占回函公司的11.5%；34家公司对"新三板"有进一步了解的意愿，占回函公司的65.4%；另有12家公司没有挂牌或进一步了解的意愿。

(三) 调查结果的分析

1. 融资方式传统单一

回函企业均成立时间在2年以上，经营规模也符合挂牌新三板的要求，成立10年以上公司超过一半，但多数公司没有股改或利用资本市场融资的意识，有超过90%的公司长期优先选用银行贷款、担保贷款等间接融资方式，公司认为在促进辖区中小企业发展、改善融资环境方面还是银行、政府部门等机构起决定性作用。由于辖区大部分中小企业家族管理或发展规模等原因所限，企业利用资本市场融资和做大做强的意识不够，长期依赖贷款间接融资、对支持中小企业发展的新举措关注不多，企业发展仍囿于传统融资方式。

2. 缺乏对"新三板"了解和挂牌意愿

超过一半的回函企业对"新三板"是什么、怎么运作等完全不清楚、不了解，仅有6家公司非常关注和了解"新三板"，并明确表示有在"新三板"挂牌的意愿。但由于之前宣传推广的力度非常不够，企业对挂牌条件、挂牌程序、挂牌意义无从深入了解。

3. 改制规范期较长

从回函企业情况，辖区中小企业中绝大多数为有限公司制，且主要从事生产制造行业，尚需经过股份公司改制，生产制造行业融来资金多数投向扩大生产经营规模，引进或研究开发新产品、新技术的较少，从公司成长性看不具有优势。公司经过股份改制、公司治理规范等时间较长。

总体来看，辖区科技创新型中小企业较少，有些企业对公司治理、信息披露缺乏认同和理解，囿于辖区经济发展的行业、规模、政策等方面的局限性，很多企业家甚至对股份的流动、价值所在都没有关注或存在认识误区。与我国中东部经济发达地区相比较，即使新三板对挂牌的中小企业要求并不高，辖区中小企业的内生动力仍然不足，拟采取挂牌新三板方式融资的企业数量、规模等远远低于其他地区。

## 三、宁夏企业挂牌新三板进展情况及建议

### （一）推动企业挂牌新三板对宁夏经济发展具有重要意义

1. 有利于扩大中小企业直接融资平台，促进地方实体经济发展

据统计资料，宁夏辖区中小微企业占企业总数的96.7%以上，融资结构仍以间接融资为主，信用担保难、融资成本高成为制约中小企业间接融资的障碍，在直接融资渠道中中小企业又很难达到发行股票上市融资的条件。而新三板准入门槛较低，其通过股份代办转让系统的搭建和券商的引导，为中小企业建立了更为高效的转让平台、开办了股份报价和交易信息的行情系统，为新三板挂牌公司的直接融资提供了有利条件，将会为地方实体经济发展提供有力的金融支持。

2. 有利于中小企业提高公司治理水平，培育上市后备资源

公司内部管理不规范、股权结构不明晰是造成中小企业融资难问题的一个重要原因。依照规则，中小企业登陆新三板须在专业机构指导下先进行股权改革，明晰公司的股权结构和高层职责；新三板信息披露制度可促进挂牌公司熟悉资本市场规则，完善公司治理结构，降低运营风险，促进企业规范管理和健康发展，进一步提升核心竞争能力，实现快速成长；同时借助市场化的筛选机制和新三板的转板机制，也可为主板市场、中小企业板市场、创业板市场培育和筛选优质成熟的上市后备企业。

3. 有利于降低股权投资风险，保护投资者利益

新三板制度的确立使挂牌公司的股权投融资行为被纳入全国统一监管的场外交易系统，同时受到主办券商的督导和中国证监会的监管，使股权投资在充分的信息披露之下作出，降低了交易风险，极大地保护了投资者利益。

### （二）宁夏企业挂牌新三板进展情况

新三板市场给中小企业拓宽直接融资渠道带来了前所未有的机遇，同时也使券商成为最大的受益者。各家券商在纷纷加快申报主办券商资格的同时，也对拓展新三板业务进行了布局和积极推进。宁夏中小企业在自身努力及主办券商的积极推动下，也纷纷投身新三板挂牌进程。根据全国股转系统数据显示，截至2014年底宁夏企业挂牌新三板数量已达14家，占全国挂牌企业总数的1%，位列西北五省第3位、西部十二

省区第5位。已挂牌企业中，主营业务主要归属于农林牧渔业、制造业、信息传输、医疗卫生、社会服务等行业，呈现出鲜明的地方特色和产业优势；在地域分布方面，首府银川市8家，其余6家分布在其他地市县，其地域分布情况不仅与地方经济发展总量有关，也与企业家观念、地方政府重视和支持程度有关。

（三）建议

1. 持续深入开展“新三板”市场定位与规则宣传教育活动，着力提升辖区企业对新三板市场的认识

从对宁夏中小企业发展情况调查问卷来看，辖区还有相当一部分企业对新三板及其功能不了解，或对挂牌新三板实现企业股权融资存在认识误区。为提升中小微企业全面了解非上市公司及新三板业务知识，引导树立正确认识和合理预期，应继续将宣传培训作为重要抓手，由自治区各相关部门牵头采取多种形式，筛选符合条件的企业进行有针对性的政策宣传及培训，积极开展新三板市场的宣传推动工作，使越来越多的企业认识新三板、接受新三板，引导企业提升规范股权管理意识和加强公司治理的内生动力。

2. 引导中小企业理性选择适合企业发展的资本市场

在宣传推动的同时，我们还应当加强各项制度的解读，了解不同行业、规模的中小企业挂牌的目的，挂牌的规范运作要求、信息披露义务等责任的理解，提醒企业考虑场外市场的交易活跃程度，市场对投资者的吸引力，引导辖区中小企业理性选择真正适合企业发展的场外市场，一方面挂牌企业处于成长期，未来发展有不确定性，需要平衡企业利益和投资者利益，要防范新三板市场过快发展带来的风险；另一方面确保企业资金效用的最大化，真正发挥新三板对辖区企业的助推作用。

3. 进一步加强对中介机构的监管

新三板改制、挂牌过程中，证券经营机构、律师事务所、会计师事务所等中介机构发挥着非常重要的作用，从企业规范改制到申请挂牌，从挂牌批准到信息披露都需要中介机构尤其是券商的持续督导。因此，在全面宣传基础上，要加强对中介机构的监管，推动中介机构勤勉尽责，提醒券商持续督导企业跟踪，及时纠正不当行为，进行持续动态管理。

宁夏回族自治区政府，银川、石嘴山两市政府已分别印发了鼓励企业扩大直接融资的政策措施和支持企业股份制改制方面的政策文件。上述举措将对于引导两市企业加快股份制改制并到交易所上市和“新三板”及区域性股权市场挂牌具有重要指导意义。宁夏应继续借鉴发达地区好的经验和成功做法，加强组织领导和协调服务，建立“政府引导、统筹规划、政策扶持、优化环境、加强协调，做好服务”的工作机制，共同营造一个有利于宁夏资本市场健康快速发展的良好金融生态环境。此外，作为证券市场监管部门，地方证监局也将继续协助自治区政府及有关部门做好相关工作的落实，帮助和推动辖区中小微企业完善公司治理结构，顺利入围新三板市场；加强投资者宣传和教育，为场外市场的发展营造良好氛围，防范系统性风险的发生。

责任编辑校对：赵莉萍

# 农业政策性金融服务“三农”的思考

中国农业发展银行宁夏分行　赵正宏

**摘要**：当前，党中央、国务院对“三农”问题高度重视，明确提出要把解决好农业、农村、农民问题作为全党工作的重中之重。实现全面建成小康社会奋斗目标，关键在农业，重点在农村，难点在农民。解决“三农”问题，离不开金融的大力支持。本文结合宁夏作为西部经济欠发达地区的实际情况，客观分析了农业政策性金融支持服务“三农”现状和特点，针对支农工作中存在的问题，提出了农业政策性金融支持西部经济欠发达地区“三农”业务发展的探讨性建议。

## 一、农业政策性金融支持服务“三农”的现状和特点

农发行作为我国唯一的农业政策性金融机构，自设立以来先后经历了全方位信贷支农、单一支持粮油购销储和全面支持新农村建设三个阶段。近年来，随着党中央、国务院对“三农”问题的高度重视，对农业政策性金融支持服务“三农”提出了更高的目标要求，以此为契机，农发行不断强化农业政策性金融职能，大力拓宽信贷支农领域，切实加大支农工作力度，实现了业务快速健康发展。以农发行宁夏区分行为例，从2007年至2014年末，全行贷款余额从22亿元增加到142.4亿元，增长了4倍以上，全区13个经营行平均贷款额增加了9.3亿元，年均贷款增幅达50%以上。贷款产品日益丰富，结算手段不断创新，“建设新农村的银行”的品牌效应逐步显现。农业政策性金融支持服务“三农”呈现出几个明显特点：一是支农对象从单一化向多元化方向发展。2007年以前，支农对象仅限于粮食企业，有限的发展也仅仅延伸到涉“粮”的产业化龙头企业或加工企业。如今，支农对象已从粮食产业扩大到地方特色优势产业和农业综合开发、农村基础设施建设、县域城镇建设及农村土地整治等新农村建设领域。二是支农范围从粮油信贷向全方位支农延伸。在巩固和维护粮油购销储主体业务的同时，农业政策性金融着力延伸粮油产业链，并对符合中央和自治区“三农”政策、能够促进地方农业和农村经济发展、带动农民增收致富的涉农产业和新农村建设项目，都予以大力支持。三是支农成效从主要注重社会效益向社会、经济效益“双赢”目标迈进。通过极力拓展支农空间及围绕“四化同步”，重点加大对新农村建设项目的支持力度，赢得了社会各界的普遍关注，实现了良好的社会效益；坚持又好又快发展战略，规范贷款管理，加大收贷收息工作力度，进一步实现了自身良好的经济效益。农发行宁夏区分行经营利润从2007年以前的账面亏损逐步扭亏增盈，2014年全行实现账面盈利2.3亿元，人均创利57万元，经营绩效逐年提升。四是支农服务由被动营销向主动营销转变。随着全方位支农职责的履行，农业政策性金融改变往日“坐等上门”的理

念，主动通过宣传支农政策、与政府搭建信用平台、积极推销金融产品等方式扩大社会影响，拓宽营销渠道，取得了明显成效。随着“一带一路”及宁夏被列为国家战略实施的沿黄经济区发展和百万贫困人口扶贫攻坚“两大战略”、宁夏内陆开放型经济试验区和银川综合保税区“两区”建设的实施，农业政策性金融支农领域还将进一步拓宽，服务“三农”功能还将进一步完善。

## 二、农业政策性金融支持服务“三农”存在的主要问题

### （一）政策性金融主导作用发挥不够，支农贡献度较低

从支农贷款客户分析，近年来，随着粮食收购主体多元化，宁夏作为粮食产销平衡区不存在“打白条”和“卖粮难”问题，绝大多数国有粮食购销企业因改制不到位或达不到贷款条件退出了农发行支持范围，部分粮食储备企业也从便于结算方面考虑选择与其他商业银行“联姻”，农发行传统的粮油收储业务逐渐萎缩；作为曾经支农业务“增长极”的农业产业化龙头企业，在政策性金融“审慎”原则的主导下，支持力度明显减弱，也有部分客户退出了支持范围；与此同时，政策性金融对地方政府融资平台贷款的依赖性却在逐步加大，高端介入、全面出击、签订战略合作协议等，盯着政府做文章，成为近年来客户营销工作的重点。从支农贷款投放情况来看，2007 年以来，农发行宁夏区分行平均每年支农贷款累放 35 亿元，仅占区内各家金融机构年度平均贷款投放额 361 亿元的 9.7%。2014 年末，宁夏全区各家金融机构“涉农”类贷款近 850 亿元，而农发行各项贷款 142.4 亿元，仅占“涉农”类贷款的 16.8%，农业政策性金融支农主导作用发挥不够，对“三农”经济发展的贡献度尚显不足。

### （二）财政补偿机制不尽完善，支农风险较大

农业是弱势产业，自身抗风险能力弱。近年来，农发行信贷支持的以农业农村基础设施建设为重点的中长期贷款项目承贷主体大多为市县级政府融资平台，投资的项目大多为不能产生现金流的公益性产业，贷款还本付息主要依赖于市县级财政。作为西部经济欠发达地区，宁夏各市县之间区域经济发展很不平衡，有的市县前几年举债额度很大，担保资源几乎罄尽，个别市县“三率一额度”及债务指标已超出安全警戒线，“寅吃卯粮”及地方政府“以贷养贷”现象在所难免。由于没有建立完善的省级财政全额兜底的补偿机制，一旦国家宏观调控政策干预导致筹资渠道不畅或因集中还贷高峰导致市县财力出现问题，势必将悬空银行债务，影响农业政策性金融可持续发展。

### （三）营业机构覆盖面过于狭窄，支农渗透力明显不足

作为宁夏唯一的政策性银行，农发行宁夏区分行目前有 13 个分支机构，集中在发展条件相对较好、市场发育较为成熟、地方财力相对充裕的市县，部分偏远市县实行跨区域管理。从党中央、国务院提出的“农业基础最需要加强，农村发展最需要扶持，农民增收最需要加快”的要求来衡量，营业机构覆盖面狭窄及支农渗透力不足，使得支持服务“三农”特别是扶持最弱势的农民群体及贫困地区的农业生产无法有效实现。从近年来农发行的客户营销和支农投向来看，农业产业化龙头企业贷款主要集中在羊绒、生物发酵、葡萄酿酒等规模企业，农业农村基础设施建设中长期贷款主要集中在

银川市及周边市县，而真正需要资金扶持的能够带动农民增收致富的如宁夏六盘山区的生态农业、马铃薯产业和中部地区的红枣、硒砂瓜、枸杞等成长性较强的特色优势产业群体，由于被归入自营性贷款范畴，很难得到农业政策性信贷资金的眷顾，宁夏部分地区特别是自然条件较差的中部干旱带和南部山区的一些地方，农村经济发展依然缓慢，农业生产条件依然落后，农民增收依然步履维艰、困难重重。

（四）服务手段单一，支农服务质量有待进一步提高

近年来，农业政策性金融信息科技服务手段得到了加强，金融产品不断丰富，但还不能完全满足客户的需求。加之部分分支机构因人员素质跟不上业务发展需要，缺乏相关业务经验，现有的服务手段和金融产品还没有得到有效应用，导致服务手段单一。就农发行宁夏区分行而言，对一些贷款企业涉及的投资理财等业务还未涉猎，银行承兑汇票等基本支付结算业务还没有得到推广应用，而信贷产品不够丰富，办贷流程复杂、环节过多、时限过长，也直接导致了支农战略布局和客户选择上的局限性，间接抬高了客户准入的“门槛”，无形中弱化了政策性金融职能作用的发挥。同时，与其他商业银行相比，没有自营现金，所辖分支机构全部实行现金委托他行代理，网上银行、电子银行、电话银行等结算服务手段还没有全面推广应用，与发挥农业政策性金融主导作用及全方位履行支农职责还不相适应。

## 三、农业政策性金融支持西部欠发达地区“三农”业务发展的几点建议

随着“四化同步”及新农村建设的不断深入，社会各界对农业政策性金融支持服务“三农”给予了高度关注和深切厚望。国务院明确提出，农发行要进一步完善体制机制，切实加大信贷支农力度，发挥好农业政策性金融在推进社会主义新农村建设中的重要作用。就宁夏而言，农发行应立足地方实际，按照实现宁夏与全国同步建成小康社会的目标要求，进一步完善服务功能，支持“三农”领域最具基础性、最需资金支持、最有发展潜质的经济实体，本着又好又快发展战略，构建适应市场经济要求和农业政策性金融特色的支农服务机制。

（一）在支农战略选择上，要树立有效发展理念，立足实际制定科学合理的业务发展规划

有效发展要统筹贷款规模、质量、速度与效益协调发展。宁夏属于西部经济欠发达地区，农业基础薄弱、农村生产力落后、农民增收渠道单一，农业政策性金融发挥在支持新农村建设中的主导作用，要综合考虑区内60%以上的农民以种粮为生的实际，牢固树立稳粮增收目标，始终把支持粮食流通、维护农民利益、确保粮食安全放在第一位，大力支持有实力、诚信好的优质客户做好粮食购销储业务，并着力延伸优质粮食加工、流通等产业链，尽可能通过开辟办贷“绿色通道”、提供利率优惠、快捷高效的结算服务等留住客户，坚守好粮油购销储阵地。同时，围绕自治区政府确立的主导产业和特色优势产业做文章，引导项目合理布局、有序发展，通过重点扶持一批竞争力强、效益好、产品科技含量高、发展潜力大的产业化龙头企业，带动地方农业和农村经济发展，促进农民增收致富。在此基础上，根据地方党政支持城乡一体化发展推进新农村建设的意见，支持农业农村基础设施建设，夯实“三农”发展根基。具体来

看，宜按照自治区“中北部引黄灌区现代农业、中部旱作节水农业、南部生态农业规划”，在财政实力较为雄厚的以银川市为核心的宁夏中北部，重点支持农业综合开发和农村基础设施建设，在区内率先建立农业现代化示范基地；在中部引黄灌区，大力支持粮食种植及购储销加一体化经营和水产养殖、葡萄酿酒、生物医药等项目发展，提升农业产业化水平；在中部干旱带，重点支持枸杞、压砂西瓜、清真牛羊肉、羊绒等特色优势产业发展，发挥好农民增收致富的产业示范带动作用；在南部山区，重点支持国家六盘山片区扶贫开发战略的实施和生态移民、农村教育、医疗卫生等民生项目建设及马铃薯产业的发展。对于乡（镇）村一级的信贷扶持，可通过近年来土地流转比较成功的农民专业合作社作为融资平台，依托地方党政扶持产业发展的政策措施，积极探索创新支持思路。要立足各市县实际，制定科学合理的支农业务发展规划，有重点、分步骤稳步推进，形成“一盘棋”，有序推进支农各项业务的有效发展，切实发挥农业政策性金融的支农主导作用。

（二）在支农金融服务上，要强化与涉农金融机构联合营销意识，合力推进农业农村经济社会全面发展

党中央、国务院明确提出，要加快建立商业性金融、合作性金融、政策性金融相结合，资本充足、功能健全、服务完善、运行安全的农村金融体系。在宁夏地区，目前各家金融机构都有涉农倾向。农发行支持“三农”有其利率、期限等优势，但同时也存在营业网点少、结算功能不全、信贷产品单一、服务手段滞后等不足，因此信贷支农要借助目前推进新农村建设的良好政策环境，采取与其他商业银行联合营销战略，合力推进农业农村经济社会全面发展。在支农项目的选择方面，农业政策性金融在培育自身优质客户的同时，对于其他商业银行扶持的一些诚信度高、效益可观、发展前景好的涉“农”产业，可采取“跟进”战略，与他行共同发放贷款予以支持。在贷款方式上，除了实行实践证明行之有效的风险保证金、固定资产抵押等传统操作方式外，可探索将大型农用生产设备、应收账款、可转让股权、专利权等用于贷款抵质押，拓展担保物范围，提高客户担保能力。在结算服务方面，也可借鉴商业银行的通用做法，大力推广使用网银业务和银行卡、实行非现金结算等各种现代支付结算系统和产品。同时，针对农业投入少、农村经济发展资金缺口大的实际情况，主动加强与其他涉农金融机构的业务合作，引导资金有效回流，特别是对没有设立农发行分支机构的地区，应跳出传统思维，大胆进行服务渠道创新，充分利用农行、农信社等金融机构的网点优势，采取委托代理办法，授权他行代理支农金融服务，通过延伸服务触角，进一步扩大金融覆盖面，快捷、高效地实施支农战略，推进农业农村经济持续健康稳定发展。

（三）在支农资产质量上，要建立健全符合“三农”特点的风险管理方式，积极落实风险防控措施

作为金融机构，农业政策性金融在发展支农业务的过程中，必须要深入研究农业农村经济发展规律，建立健全符合“三农”特点的风险管理机制。在西部经济欠发达地区，涉农产业或项目融资渠道较为单一，对银行信贷资金的依赖性普遍过大，应按照又好又快发展要求，切实优化客户结构，加强内部管理，采取有针对性的措施防范和化解信贷风险。针对目前支农业务的发展特点及涉农产业抗风险能力较差的实际，

农发行应借助已经较为成熟的银行征信系统及贷款风险分类等平台规范实施流程操作，切实加强对各类贷款风险的前瞻性、准确性判断，着力提高风险预警水平。在强化贷后管理方面，对传统的购销储贷款，要以粮油收储政策和真实的购销合同为底线，引导企业规范操作，强化封闭管理要求，严防风险；对经营性的流动资金贷款，在加强实物库存监管的同时，密切关注企业财务状况和经营状况的变化，加强对企业经营前景的分析和对企业资产转换过程的监督，盯住现金流；对支农的融资平台贷款，要密切关注项目建设进展，加大监督力度，确保资金真正投向“三农”领域，严防成为地方政府的“第二财政”，同时加强与地方党政及有关部门的协调沟通，落实好年度偿债资金预算。

（四）在支农机制建设上，要着力打造诚信经营环境，构建支持社会主义新农村建设的长效机制

作为我国唯一的农业政策性金融机构，农发行承担着贯彻执行中央、地方农业农村经济政策的重要职责和使命，要落实好各项支农惠农政策措施，必须构建支农长效机制，着力打造诚信经营环境。就宁夏而言，作为经济欠发达地区，优质现代化企业不多，经营理念亟待完善，诚信意识尚需增强，强化客户营销不仅要注重对企业经营效益、财务状况、行业发展规划的分析研究，更要看重各级地方党政的诚信度和企业管理人员的品行。要本着“先看法人代表后看法人”这条营销法则规范客户准入及实施办贷管贷，构建高品质的支农平台，引导整个“三农”领域诚信意识的增强。“三农”包括当前最大的弱势群体和弱势产业，投资风险大、资金回流慢、营运成本高、项目收益低是不争的事实，发挥农业政策性金融主导作用，大力支持地方“三农”经济发展，要从市场机制培育、客户准入管理、管理服务并举等多方面打造诚信金融平台，在全社会营造“诚信就是效益，诚信创造价值”的共识，构建支持社会主义新农村建设的长效机制。

责任编辑校对：刘江帆

# 绿色信贷业务的实践与创新

中国工商银行宁夏分行　田　丽

**摘要：**随着我国推动低碳经济发展的政策体系不断完善，相关制度措施陆续出台，高污染企业所面临的环境风险越发凸显。本文首先提出我国发展绿色信贷的意义，阐述了我国绿色信贷宏观政策的演变，分析了宁夏区内高碳经济特征和发展绿色信贷的迫切性，对工商银行宁夏分行发展绿色信贷的情况进行了阐述。商业银行应积极探索“两高”贷款的退出通道，采取差异化的信贷政策以及渐次退出、“有退有进”策略，进行“过渡性”高碳贷款业务创新和低碳贷款业务，倡导绿色生活，开展节能建筑开发贷款和节能消费信贷业务，积极进行绿色信贷衍生产品创新。

## 一、绿色信贷内涵和范围

所谓绿色信贷，是指商业银行和政策性银行等金融机构依据国家的环境经济政策和产业政策，将促进环境保护、资源节约、减少碳排放、历史文化遗迹保护、居民与职业健康、生物多样性等作为信贷决策的重要依据，通过合理有效配置信贷资源，加大对低碳经济、循环经济、节能减排等绿色经济的支持力度，严格控制对高污染、高能耗和高排放行业的信贷投放，利用信贷手段引导全社会最大限度地控制和减少资源和环境损耗，在促进经济与资源环境协调、可持续发展的过程中，实现自身的健康、可持续发展。

绿色信贷范围指对研发、生产治污设施，从事生态保护与建设，开发、利用新能源，从事循环经济生产、绿色制造和生态农业的企业或机构提供贷款扶持并实施优惠性的低利率，而对污染企业的新建项目贷款和流动资金贷款进行额度限制并实施处罚性高利率的信贷政策和手段。绿色信贷的本质在于正确处理金融业与可持续发展的关系，表现为生态保护、生态建设和绿色产业融资，以及相应的金融体系和金融工具创新。

## 二、我国商业银行发展绿色信贷的意义

### （一）支持低碳经济、承担社会责任的要求

低碳经济是以低能耗、低污染、低排放为基础的绿色经济模式，其核心是在市场机制基础上，通过制度框架和政策措施的制定及创新，形成明确、稳定和长期的引导及激励机制，提高新能源开发、生产、利用能力，实现节能减排，促进人类生存和全世界经济发展方式改革。为了应对能源安全和气候变化所带来的威胁，英、美等发达国家相继出台低碳经济法案、部署发展低碳经济的战略，大力推进以高能耗、低排放

为核心的“低碳革命”，着力发展“低碳技术”，并对产业、能源、技术、贸易等政策进行重大调整，低碳经济的争夺战已在全球悄然打响。当前，我国处于经济快速发展阶段，面临着发展经济、消除贫困和减缓温室气体排放的多重压力，应对气候变化的形势严峻、发展低碳经济的任务繁重。

（二）发展绿色信贷，是商业银行自身发展的要求

发展绿色信贷，将切实履行社会责任与持续创造股东价值、加快业务发展与推动信贷结构调整有机地结合起来，对培育新的业务增长点、促进信贷结构“绿色”调整、有效防控环境风险、推动信贷业务可持续发展具有重要意义，也是我国商业银行长期坚持的战略导向。

首先，发展绿色信贷，有利于商业银行降低经营风险。在发展低碳经济的背景下，把环境和社会责任标准融入银行的信贷政策，对环境和社会风险进行动态评估和监控，以及通过保险和衍生金融市场转移环境风险，为商业银行降低经营风险、实现可持续发展提供了可行路径。

其次，发展绿色信贷，有利于提升商业银行的经营绩效。在全球范围，环保产业已经成为一个极具发展潜力的新兴产业，其年产值已达3 000亿美元，并以每年7.5%的速度增长，在发达国家GDP中占比达10%～20%。而我国环保产业仍处于起步阶段，未来具有很大发展空间。

最后，发展绿色信贷，也是国际商业银行运营规范化的必然趋势。从1992年开始，UNEP（联合国环境规划署）就强调了把环境因素纳入标准风险评估流程的必要性。赤道原则已经成为国际项目融资的通行标准，全球85%以上的项目融资属于赤道项目。因而，研究、接受绿色信贷相关标准，已是我国商业银行运营国际化的必然趋势。

## 三、宁夏经济状况急需发展绿色信贷业务

（一）宁夏能源发展现状

宁夏能源生产的特点是煤炭资源丰富，电力工业发达，煤电水的资源优势与当地矿产资源的良好结合，形成了宁夏重化工、高耗能的工业产业结构。宁夏工业能源消费结构与当地缺油多煤、近年周边地区天然气开采和输入以及依托煤炭及电力资源优势发展的能源重化工工业有直接关系。基于宁夏能源生产消费结构及工业能源的生产与消费的特点，导致宁夏能源消费水平高于全国。2008年，宁夏亿元工业总产值能耗2.87万吨标准煤，是全国平均水平的2.6倍；亿元工业总产值耗电为3 251万千瓦时，是全国平均水平的4.7倍。能源消费水平高，造成宁夏工业企业竞争力普遍低下，在低碳经济下，节能降耗任务巨大。此外，宁夏在以煤炭为主体的能源消费中，煤炭资源综合回收率仅为50%，比全国平均水平低5个百分点，能源综合利用水平还很低。

从宁夏区情看，高耗能产业是其比较优势的产业，对当地的资源开发利用、劳动就业、财政税收、外贸出口都有举足轻重的作用。但从发展低碳经济的要求来看，高耗能产业显然不符合要求，长此以往，不但高耗能产业将面临严峻的生存挑战，宁夏的可持续发展能力也将受到严重制约。

### （二）宁夏高耗能产业低碳化发展的瓶颈

低碳发展意识不强，对节能减排认识不足。在能源发展战略方面，存在重开发、轻效益、重消费、轻节约的倾向，助长了高耗能工业在全区的快速发展，最终形成了以煤炭—电力—电解铝、铁合金、电石、化工、水泥建材等工业为主体的重型化工产业机构，经济增长对能源的依赖程度和能源水平都比较高。

缺乏有效的激励机制。一是由于受国家财政政策制约和宁夏财政能力限制，对节能改造、节能设备研制和节能技术推广应用以及节能奖励等方面的支持力度不够，没有建立起有效的节能激励机制；二是缺乏融资渠道，使得能源服务公司缺乏发展资金。银行贷款关心的多是项目的还款能力，而投资节能项目，是能源成本的降低，在考量上并不呈显性，因此往往难以得到贷款融资。

缺乏适应低碳经济的发展机制。宁夏能源管理方面的体制机制对国际碳交易机制没有明确的认识和应有的灵敏度，国外普遍采用的综合资源规划、电力需求测算管理、合同能源管理、能效标示管理、自愿协议等节能新机制，还没有全面推广。同时，能源统计体系、生产、消费环节的信息不全面，难以正确判读宁夏的能源利用、节能工作，实施有力的监管。

## 四、几点思考

### （一）采取差异化的信贷政策创新高碳贷款业务

第一，商业银行可对一段时期的政策进行仔细研读，区分哪些产业和项目是列在禁止行列的，哪些产业和项目的调控政策是容易发生变化的，前者可称为低政策敏感度产业或项目，后者可称为高政策敏感度产业或项目。在政策敏感度分析的基础上，制定“两高”信贷退出次序，采取渐次退出“两高”产业的做法，避免了“一刀切”的退出策略对商业银行短期经营利润的强烈冲击，支持了国家相机宏观调控政策的贯彻实施，同时先期信贷退出的经验还可为后期信贷退出提供参考。

第二，依据企业特征，量身定制贷款种类。一是发放“治污”项目贷款、产能转换项目贷款。对于其中环保水平相对较高、资质优良的大客户，如果对方有意增加“排污”投入或者进行产能转换、在规定时间内有望环保达标，可以考虑继续为其提供节能减排项目贷款、节能减排技术创新贷款或者产能转换项目贷款。二是发放兼并重组贷款。跨地区兼并重组以及境外并购和投资合作强强联合后形成的大型企业，不但是未来的行业“领头羊”，也更有可能成为环保型企业，对这些企业继续发放兼并重组贷款，并不存在太大风险。

### （二）积极创新低碳贷款业务

一是开展低碳企业抵（质）押贷款业务。大部分低碳企业，规模小、底子薄，急需银行信贷支持。商业银行可适当拓宽抵（质）押物范围和类型，为其提供项目贷款，比如专利权抵（质）押贷款，CDM项目的碳权抵（质）押贷款。二是和地方政府合作，开展低碳企业地方政府担保贷款业务。对于有地方政府提供全额或高额担保的项目，商业银行可以考虑发放项目担保贷款。三是创新担保模式，开展“产业链担保”和“企业联保”贷款业务。由产业链上下游企业提供担保，帮助低碳企业解决发展初期的资金瓶颈。四是开展联合贷款、转贷款、综合授信、票据融资等创新业务，在风险可控的基础上积极为节能减排和低碳技术项目提供融资支持。

（三）开展节能消费信贷业务

在可持续理念逐渐融入生活、消费的大背景下，商业银行利用资金手段加速低碳生活理念的传播，有天然的资金优势。可以采取的措施包括：向节能环保建筑提供优惠开发贷款；向购置节能房屋、节能汽车、节能电器的消费者提供优惠消费贷款等。

（四）积极拓展绿色信贷衍生产品创新

一是低碳产业保理业务。商业银行为卖方（设备供应企业）提供一笔有追索权的保理融资，买方（低碳企业）在出售 CERS 或低碳产品后向银行分期支付应收账款。二是碳金融理财产品。商业银行可以发行结构型碳金融理财产品、基金化碳金融理财产品和信托类碳金融理财产品，间接为低碳企业提供融资支持。三是发行绿色银行卡。发行绿色信用卡是国际通行的绿色信贷产品。目的是倡导居民低碳消费，鼓励居民实现“碳中和”，发卡行将利润的一部分捐献节能环保基金或项目。四是碳金融中介服务。为国内低碳企业和外资金融机构提供包括项目推荐、信用咨询等碳交易中介服务。浦发银行推出的 CDM 财务顾问方案即是一个很好的范例。五是环保咨询服务。商业银行凭借自身在推行绿色信贷过程中积累的经验，向客户提供相关咨询服务不但拓展了业务范围，也借机推广了绿色信贷理念与实现途径。六是积极探索和开发绿色信贷资产证券化产品。在相关政策和市场条件成熟时，探讨开发和利用绿色信贷资产证券化产品可能性方案，广泛动员社会资金支持低碳环保产业发展。

责任编辑校对：徐　梅

# 普惠金融在欠发达地区的可持续发展探析

中国邮政储蓄银行宁夏分行　刘燕清

**摘要：**推动普惠金融是国家“十二五”规划提出的金融领域改革重点，也是金融业为适应内外部发展形势、实现自身转型升级的着力点。受成本、定价和风险等因素影响，金融服务的供需错位和量质提升仍然是阻碍普惠金融发展的实质性问题，尤其在金融服务最薄弱的欠发达地区推动普惠金融更加困难。因此，必须在分析现状、明晰问题的基础上，从微观到宏观有效联动，推动其实现商业可持续性发展。

20 世纪 90 年代以来，我国金融改革不断取得重大进展的同时，金融资源分布的严重不均衡问题也较为突出。地处中西部的欠发达地区在过去很长一段时间里，金融行业更多地关注规模效益，以银行为代表的金融机构多以大中型企业为主要服务对象，而农村金融机构覆盖率低、金融供给供不应求、竞争不充分以及金融服务缺失，因此，很多中低收入者、贫困群体都未能平等地享用到金融服务。

国家“十二五”规划提出四个“更加注重”：要坚持科学发展，更加注重以人为本，更加注重全面协调可持续发展，更加注重统筹兼顾，更加注重保障和改善民生，促进社会公平正义。要贯彻这四个“更加注重”，在金融领域，必须建立并进一步完善普惠制金融。银行业面临金融脱媒、利率市场化改革加快推进的外部形势，转型升级的着力点纷纷转向了小微领域，为普惠金融的推广带来了机遇，推进普惠金融已成为政府和社会各界的共识。但是，受成本、定价和风险等因素影响，金融服务供需错位和量质提升的矛盾仍然是阻碍普惠金融发展的实质性问题。因此，开展普惠性金融业务和追求商业可持续之间的平衡是推广普惠金融的重点。

## 一、普惠金融内涵

普惠金融首次是在“2005 国际小额信贷年”提出的一个概念，是有效地、全方位地为社会所有阶层和群体提供服务的金融体系。普惠金融包括四层内涵：首先是服务对象的包容性，强调客户的广覆盖，穷人和富人具有同等的融资权，中小微企业、农户等低收入群体都应当纳入服务对象；其次是服务产品和功能的全面性，为不同群体的用户提供全功能的金融服务；再次是服务方式的便捷性，有利于个人及企业能够便利、及时地享受到金融服务的设施；最后是服务性质的商业性，而并非政策性或扶贫性，不同于福利。普惠金融的核心就是让每一个人都能在有金融需求时，能以合适的价格及时地、有尊严地享受方便的、高质量的金融服务。

## 二、普惠金融的发展现状

近年来，随着我国经济发展方式和产业结构的调整，中部崛起和西部大开发战略实施，中西部欠发达地区逐渐成为经济提速的重要引擎，越来越多的普通甚至草根经济体在经济活动的重要性日益提升，因此，普惠金融正逐步走向小微企业主、工薪阶层和农村的贫困农户，给他们提供过去没有覆盖到的金融服务。根据央行发布的货币政策执行报告，截至2013年第三季度末，主要金融机构及农村合作金融机构、城市信用社和外资银行小微企业人民币贷款余额同比增长20.7%，比大型和中型企业贷款增速分别高9.9个和4.0个百分点。前三个季度，主要金融机构及农村合作金融机构、城市信用社、村镇银行、财务公司本外币农村贷款、农业贷款和农户贷款分别增加20 000亿元、3 233亿元和4 941亿元，同比分别多增2 041亿元、887亿元和111亿元，小微企业和“三农”信贷支持保持了较强力度。

普惠金融领域的信贷投放虽然保持了较高增速，但与金融服务薄弱环节的旺盛需求相比，存在着很大缺口。由于金融服务的历史原因，长期以来中小企业融资困难和农村金融发展严重滞后，据统计，欠发达地区金融机构存款资金的40%来源于县及县以下地区，但投放到县及县以下的却不足20%，小企业贷款占主要金融机构放款的比例也只有16%，优质中小企业只有30%的信贷需求得到满足。小微企业贷款难、农村及偏远地区金融服务薄弱等问题制约着经济内生发展动力，加大了居民之间收入差距和城乡发展差距，也阻碍了社会公平正义的实现。

## 三、普惠金融可持续发展中存在的主要问题

### （一）普惠领域的金融机构、金融市场和金融基础设施的建设发展相对滞后

随着城镇化和城乡经济的快速发展，金融服务在普惠领域的服务能力有弱化的趋势，尤其是针对农村和中小企业等微型客户的服务缺乏，中西部金融供给严重不足，城乡居民的中低收入者尤为突出。同时普惠金融的竞争不足，只有少数金融机构涉足且呈垄断状态，易使服务效率下降，导致资产质量降低。

### （二）定价两极分化，供需衔接不畅

普惠金融的一个要点就是以合理的价格提供金融服务。由于普惠领域客户风险较大、额度小、单笔投放成本高，供需衔接中，金融企业趋利避险的特性与服务对象的高风险、低收益之间普遍存在着强烈矛盾。信贷成本过高造成贷款企业成本负担重，虽然可能比高利贷成本低，但在经济下行环境下，仍让很多农民、中小企业难以承受。数据显示，小额贷款公司贷款综合成本一般高达25%以上，而银行贷款利率通常在10%以下，即使被银行认定为风险较高的贷款，利率也不过15%左右，这是造成小额信贷闲置与普惠融资难并存的关键因素。

### （三）社会融资渠道不畅

从现实看，广大中低收入客户有大量的小额需求，也只有类似“社区银行”的小额贷款公司能承担，但因受制于三条红线约束：即不得变相吸收公众存款、不放大额贷款、不办理受贷，这些机构往往面临资金不足造成其财务上不可持续，不能有效循

环运转并发挥拓展服务的广度和深度，甚至造成小额贷款公司中介化问题。

## 四、提升欠发达地区普惠金融可持续性的思路及措施

普惠金融的可持续性是金融机构提供持续性金融服务的能力。欠发达地区要实现普惠金融，需要明确普惠金融发展的目标，并从微观、中观和宏观层面完善普惠金融体系，实现金融资源在城乡之间、大型企业和中小型企业之间、不同收入阶层之间的合理分布和优化配置，使排斥于传统金融服务之外的大规模客户群体获益。

### （一）明确可持续的普惠金融目标

普惠金融目标就要实现尽可能宽的服务广度和尽可能深的服务深度，普惠金融机构服务产生的社会福利影响是衡量普惠金融机构业绩的重要指标。同时普惠金融机构能够使自身的运营收益超过各项成本，具备可持续发展能力，这构成了普惠金融机构的目标。

服务的广度和深度一般用接受金融服务的人数和每笔贷款金额或贷款总额占 GDP 的比重来衡量；可持续发展性主要从其财务指标上反映出来；产生的社会福利影响是指普惠金融服务的提供对改善服务对象的经济条件所产生的作用和影响，是衡量普惠金融机构业绩的重要指标。

### （二）从微观层面促进供需对接

1. 拓展金融服务广度，确定普惠金融目标客户群

由于目前的金融体系并没有为社会所有的人群提供有效的服务，欠发达地区金融服务的不平衡性较为严重。随着改革全面深化、经济转型升级和城镇化的加快推进，一定规模的小企业和中等收入的个人、城镇及城乡结合部地区收入较低的个体小生产者、农村地区从事农副业和小生意的劳动者，以及贫困和低收入客户将成为普惠金融服务体系的中心，他们对金融服务的需求决定着普惠金融体系行动。在客户层面，一定规模的小企业和中等收入者由于资金周转或扩大再生产的需要，短期流动性不足，需要从金融机构融资，但这些客户无法提供满足商业银行传统信用审批要求的抵押品，或者即使提供抵押品但流程复杂，导致交易成本偏高；城镇及农村城乡结合部地区收入较低的个体小生产者、农村地区从事农副业和小生意的劳动者，这些客户有创造财富的潜力但缺乏抵押手段而被正规金融机构排斥；社会底层收入者由于非常贫困以至于不可能通过任何商业银行的信贷审批，也不为商业性小额贷款公司所关注。

上述客户群体涵盖城市社区、中小企业和广大城镇及农村地区，为其提供金融支持使之享受到现代化的金融服务，应作为普惠金融发展的主要着力点。金融机构通过探索小额信贷支持“三农”的服务方式，创新小微企业服务模式，提供全方位、多层次的社区金融服务，以满足所有客户群体的需求。

2. 挖掘普惠金融深度，降低交易成本

推进机制创新，应以打造流程银行为抓手，进一步优化业务流程，搭建稳健有效的组织架构，完善前台的营销服务、严密中台的风险控制、强化后台的保障支撑，构建科学合理的运行机制。

推进产品和服务创新。针对农村种养业、家庭农场、休闲观光农业、农场农垦地

区、农机销售与租赁等领域提供服务，引导经济欠发达地区农业向现代化、产业化程度高、综合开发效益强的方向发展。在小微金融领域，加大升级改造产业、战略性新兴产业、文化创意产业以及现代服务业领域的研究和投入。

推进微贷技术创新，完善定价机制。灵活运用保证、联保、房产抵押、设备抵押、经营权抵押、动产质押、仓单质押等多种方式，并开展以林权抵押及“公司+农户”的信贷产品，开发以专业合作组织会员成立的互助组或会员联保小组为依托的保证类贷款产品，以土地流转中的“收益权”、“经营权”等权利为质押方式的贷款产品，根据借款人的贷款项目和需求特点设计利率结构和还款计划。加强与科研机构及政府部门的合作，以“融资+融智”方式推进涉农和小微领域的产业链培育和成熟市场的形成。

同时，大力推进以自助银行、电子银行、POS 机、EPOS 设备为主的渠道建设，建立城市商贸区—社区—郊区—乡镇—村组等多层次、多领域、广覆盖的自助服务网络。

3. 完善普惠金融机构内控和风险管理

坚持小额、分散、流动的原则，降低信贷资金的行业集中、客户集中，严授信、慎用信。开展风险监测预警，建立重大信贷风险报告体系、主要监管指标监测体系、重点行业风险监测体系。加快信息化系统开发，推进风险控制信息系统建设，建立信息系统的风险隐患“防火墙”。健全普惠金融机构自身的风险分散、补偿和转移机制，有效开展资产保全、拨备计提和不良资产处置等工作。

强化道德风险防范，加强员工行为管理。遵循公平、责任、风险和收益相匹配的原则，制定科学、透明与有效的激励机制。培育阳光信贷文化，强化廉洁服务的信贷纪律，构建良性循环的监督机制，确保员工行为高效、廉洁。

（三）从中观层面，构建包容性金融体系及相关配套设施

1. 培育普惠金融服务提供者并鼓励竞争

普惠金融体系应主要包括零售金融服务的提供者，它直接向穷人和低收入者提供金融服务。以普惠金融为方向，深化体制机制改革，发挥政策性、商业性和合作性金融的作用，应包括从民间借贷到商业银行以及位于它们中间的各种类型，培育大量有实力、可持续的金融服务供给者为贫困和低收入客户服务。特别是要完善农村金融服务体系和中小企业金融服务体系，增加对中小企业和农村的金融供给，发展农村小型金融组织和小微企业贷款公司。允许新建小额信贷机构的发展，鼓励传统金融机构开展小额信贷业务。在成功挖掘国内资源的同时，逐步扩展国际资金在普惠金融服务中的渠道。

构建适度竞争的普惠金融服务体系，推动各类普惠金融机构逐步确定和找准各自定位。这些服务供给者应正常地从国内的融资来源获得资金，例如公众储蓄、批发贷款融资或资本市场的投资等，以功能和经营项目招投标相结合，实现资源有效配置。

2. 完善金融服务相关者等基础性设施

很多金融服务相关者和活动，例如审计师、评级机构、专业业务网络、行业协会、征信机构、支付结算系统、信息技术、技术咨询服务和培训等等，这些服务实体可以是跨国界的、地区性的组织。

### （四）从宏观层面，完善法律和决策监督机制

1. 推进欠发达地区普惠金融领域的利率市场化改革

推动欠发达地区普惠金融领域利率市场化将使金融机构贷款的风险定价成为可能，使贷款利息易于弥补贷款的预期成本和风险实现财务可持续性，提高普惠金融机构的财务业绩。同时，欠发达地区的金融活动更为活跃，使有趋利动机的投资者倾向于通过把更多的资金投入到普惠金融领域。

2. 建立税收优惠和风险补偿机制

探索设立普惠金融服务基金，通过一定比例补贴，国家给予小额信用贷款以税收优惠和风险补偿，或者给小微企业一定的利息补贴，促进小贷资金供需在合理价位的对接，引导更多的金融机构到贫困地区、边远地区提供普惠金融服务。

3. 创新监管方式

监管部门需要深刻认识小微金融特点，制定差别化的监管政策。在审计、评级、担保、增信乃至融资流程及成本等方面进行创新设计和操作，鼓励金融机构创新信贷技术和服务模式，以全新的方法、理念、指标开展普惠金融服务。

4. 完善法规和政策环境

为使可持续的小微信贷蓬勃发展，就必须有适宜的法规和政策框架。进一步健全农业保险制度，改善农村金融信用环境，同时要完善区域信用评价的体系，努力推进社会信用建设，优化普惠金融生态环境。

改变金融资源分布的严重不均衡，使城市社区、小微企业和城乡弱势群体对金融的有效需求增加，还需要央行、财政和金融监管等相关政府机构共同推进金融改革，建立统一、高效的金融市场，助推普惠金融理念传播和体系的完善，为欠发达地区经济的平稳发展提供更持久的动力。

责任编辑校对：黄　瑾

# 宁夏科技型中小企业金融支持问题研究

石嘴山银行课题组

刘永宁　顾　凯　孙任哲　何长周　袁　蕾

**摘要：** 科技创新促进生产要素高效组合，科技型企业对经济增长和转型升级有着巨大的推动作用，然而，相比传统企业，科技型企业具有高风险、高收益、高投入等特点，加之金融约束的存在，科技型企业，特别是科技型中小企业的发展过程中更需要金融支持。本文通过对宁夏科技创新中小企业现状进行分析，研究宁夏科技创新中小企业融资需求和实际困难，探求对宁夏科技创新中小企业进行金融支持过程中政府、银行、担保公司、保险公司、中介公司联动的长效机制，并从创业期的政策性主导向成长期的市场型主导逐步过渡，有效缓解金融约束下，科技型中小企业金融支持的市场失灵问题。

## 一、宁夏科技型中小企业现状

（一）科技型中小企业定义

科技型中小企业是指拥有从事研究开发的科技人员和知识型员工，投入科技经费、开展技术创新活动，经由自有知识产权或专有技术、先进知识提供产品或服务的中小企业。

（二）宁夏科技型中小企业概况

目前宁夏的科技型中小企业有213家。宁夏科技型中小企业呈现出以下几个特点：

1. 科技型中小企业聚集度高

目前，宁夏的科技型企业主要向银川高新区、石嘴山高新区、宁夏（中卫）中关村科技产业园聚集。以宁夏IBI育成中心为例，目前已初步形成了软件、物联网、信息技术服务等科技型中小企业与动漫、广告、文化创意等文化产业中小企业为主的科技文化产业园区。

2. 科技型中小企业抗风险能力弱

科技型中小企业拥有的有形资产少，缺乏融资抵押担保，且大多为家族式管理，企业管理水平较低，人员少、设施不足、资金不足，抗风险能力弱。

3. 科技型中小企业成长性较高

科技型中小企业中技术性人才占绝大多数，团队年龄构成年轻化，具备一定的研发能力，有相对稳定的市场和客户群，具有良好的成长前景。

（三）宁夏科技型中小企业政策支持情况

1. 出台引导政策

自治区党委、政府出台了《关于加快推进科技创新的若干意见》等多项政策，支持、鼓励科技型中小企业发展。计划2020年，全社会研究和试验发展经费（R&D）占地区生产总值比重达到2%以上。建立企业科技创新后补助机制，经宁夏科技厅、经济和信息化委认定后的科技型中小企业，享受支持政策的同时，科技创新后补助标准提高到30%；创新贡献大、示范带动强的科技型中小企业，后补助标准提高到40%。

2. 推动金融支持科技创新

由宁夏科技厅牵头，建立了金融科技定期融资对接机制，政府相关部门协调区内各类金融机构每年提供授信额度。设立科技金融专项资金，对企业知识产权质押、科技担保、科技保险等融资项目进行贷款贴息等。成立了宁夏高新技术创业服务中心，对科技型中小企业的创业起到孵化作用，推动商业银行开发支持企业技术创新的贷款模式、产品和服务，加大对企业技术创新的融资支持力度。2012 年、2013 年分别年筹集财政资金近 1 000 万元、1 100 万元，对 64 家科技型中小企业的 4. 6 亿元、6. 3 亿元贷款给予了利息和担保费用补助，有效缓解了科技型中小企业融资难问题，推动科技型中小企业快速发展。

## 二、宁夏科技创新中小企业融资需求及困难

### （一）科技型中小企业融资需求存在差异

创业期科技型企业面临巨大的经营风险，产品与服务未经市场检验，发展前景不明确。其资金多是自有或家族、亲友借入，一般不具备间接融资能力。据调查，我国已经转化的科技成果中，成果转化资金靠自筹的占 56. 8%，国家科技拨款、补贴的占 26. 8%，一般意义上的市场化高新技术产业投资仅占 2. 3%。从科技型企业发展周期看，创业期是实现从样品到商品的关键性阶段，也是投资风险最大、资金需求量最大的阶段。在这一阶段，由于企业是新建企业，没有经营记录，而且这一阶段失败的风险很大，因此强调稳健性的商业银行一般不愿意首先提供贷款支持。

成长期科技型企业，产品已为市场接受，但由于需要投入生产设施、营销费用等，需要大量资金。在这一阶段，产品已经有一定市场基础，但有待开发出更具竞争力的产品，并大规模进行市场开拓，扩充生产规模，扩大销售量与市场占有率，以获取更多的利润。

### （二）科技型中小企业融资过程存在的困难

第一，科技型中小企业融资存在市场失灵，而政府真正发挥的调控功能还是有限的。科技型中小企业由于其高风险、高投入、高收益与商业银行市场属性匹配错位，银行对科技型中小企业的贷款支持缺少动力，没有效率。此时，需要用政府的手段进行调控。从全国和宁夏本地的情况看，政府并未形成一套成熟的支持科技型中小企业的长效机制。第二，创业期科技企业存在经营上的不确定性。企业在产品成熟度、经营管理、市场开拓、财务管理等很多方面都存在着不确定性；并且，创业期企业的资金来源渠道很窄，基本上都是自筹，由于自身融资需求大、可抵押资产少、企业规模小、抗风险能力弱等特点，面临着非常严峻的融资困难。有数据显示，大约有 2/3 的科技型小企业在设立三年内会倒闭消亡，融资困难是主要因素之一（纪建悦等，2011）。第三，缺乏合适的担保方式。银行在评估企业经营正常、稳健的基础上，还需

要企业提供合适的担保方式，方可进行授信支持。科技型中小企业因为缺少有效的担保方式不能从银行融资。即使是成长期科技型企业，相对于创业期相对稳定，成长性较好，但由于缺少合适的担保方式，其资金需求也不能得到有效满足。第四，缺少注入风投资金的环境。宁夏本地的风险投资公司数量不多，规模不大，区外风投公司在全国范围内选择项目，宁夏不具有优势。第五，科技型中小企业创业期的成果转化、设施购建、产品定型、市场开发等都需要资金，并且存在很强的时效性，不及时满足，就会影响其成果转化、生产进度，严重的会影响其生存。在成长期，如没有及时的融资支持，就不能获得足够的产品完善能力、生产能力、市场开拓能力，就可能丧失发展的机会。

## 三、国内科技型中小企业融资解决模式

### （一）天津模式

在遵循科技型中小企业成长规律的基础上，天津高新区围绕科技型中小企业初创、成长和壮大阶段，在全国高新区创造性地提出了“三级孵化”的理念。经过10多年三级孵化的创新与实践，成功构建起了高新区从孵化器至产业化基地的完整体系，为天津高新区打造成为区域自主创新高地与实现内生发展带来了可靠保证和强劲动力。

### （二）西安模式

西安市实施科技金融结合工程，一是完善科技信贷补偿机制。引导金融机构加大科技企业信贷投放力度，重点加大知识产权质押融资风险补偿力度，扩大助保金贷款业务合作范围，加大科技信贷履约保证金投入力度。二是建立创业投资风险补偿机制。支持科技企业开展多元化融资，发挥市级创业投资引导基金和风险投资基金作用，采取政策引导、资金参股和风险补偿等措施，吸引国内创业风险投资机构在本市聚集。三是建立科技保险补贴机制。支持保险公司创新科技保险产品，拓宽保险服务领域，加大对科技创业企业的保险支持，有效分散、化解科技创新创业风险。对科技创业企业购买保险予以保费补贴。四是完善科技金融服务中心功能。发挥好西安科技金融服务中心和西安市科技金融指导协调委员会的作用，加强金融产品创新与政策措施研究。培育、发展市场，建立符合市场规则的合作机制。

### （三）江苏天使投资联盟模式

由江苏高科技投资集团有限公司、省高新技术创业服务中心等20家创投机构发起设立了江苏省天使投资联盟。通过该联盟平台，天使投资人和初创期的科技型小微企业进行双向选择，以达到技术和资本有效对接，培育出更多高成长性企业。江苏已有创投机构450家，管理资金达1 200亿元，不断壮大创投机构实力规模、提升创投机构抗风险能力、出台相关优惠政策是助推风险投资发展的重要手段。据了解，为鼓励天使投资发展，江苏省配套出台了一系列天使投资机构优惠政策，并设立专项引导资金弥补天使投资损失、分担投资风险。

### （四）武汉科技专业银行联盟模式

2013年4月，在武汉光谷，有10家银行科技支行“结盟”，成立光谷科技金融服务协会。据介绍，该协会的主要发起人为汉口银行光谷支行、武汉农商行光谷支行、

工行光谷支行。科技支行是科技企业专业银行，主要针对科技型中小企业贷款，由于科技型企业普遍的“轻资产”特征，往往采取知识产权、股权质押等创新手段，风险更大。而因为科技型企业具有高速成长性，其收益也更高。同时武汉东湖高新区出台了一系列优惠政策和风险补偿措施，鼓励银行在园区设立科技支行，专业支持科技型企业。

## 四、宁夏科技型中小企业金融支持方案

科技型中小企业对于宁夏经济增长和转型升级有着巨大的推动作用，需要政府、银行、担保公司、保险公司、评估中介机构依据科技型中小企业的发展阶段，逐步实现以政府主导向以市场为主导过渡的融资体系。

### （一）地方政府的资金支持和融资引导功能

首先，设立科技型中小企业融资的政府领导机构。成立以自治区领导为组长的科技型中小企业融资服务领导小组，办公室设在科技厅，职能可由宁夏高新技术企业创业服务中心负责。充分发挥自治区企业科技创新部门联席会议制度，自治区科技厅、发改委、经信委、财政厅等多个党委政府部门进行联动，形成考核问责机制，为科技型中小企业的发展，特别是解决融资难问题开通绿色通道。

其次，充分发挥政府的引导功能。一是对中小科技企业进行转移支付，支持部分符合国家产业政策、环保和能源政策，具备发展潜力的科技型企业，特别是创业期科技企业，初步解决其融资困境。二是通过科技型中小企业集合自助贷款的方式对科技型中小企业进行定向支持。通过政府部门牵头科技型中小企业成立互助基金，并与商业银行共同对科技创新企业进行调查、考核，利用商业银行的专业优势评选优质科技中小企业发放贷款。三是建立长效的贷款利息、担保费用和履约保证保险的补贴机制以及成立用于为成长型科技型企业提供担保的政策性科技创新基金。

再次，政府根据各家银行对科技型企业的金融支持力度，给予一定的财政存款支持和税收优惠。存款支持和税收优惠政策，能够增强商业银行的盈利能力，覆盖或减少其在科技型中小企业贷款的损失。

最后，引入合格的知识产权评估机构、信用评级机构、法律事务所等中介机构。以使科技型中小企业在没有合适抵押物情况下，通过知识产权质押的方式向商业银行融资，缓解其资金紧张的问题。

### （二）监管部门的政策支持和监管导向

1. 突破分业经营瓶颈，在商业银行中间业务范围内，允许存在一定规模的股权类投资银行业务

分业经营情况下，金融约束的存在，《中国人民银行法》、《商业银行法》、《银行业监督管理法》多项法规政策的限制，银行不能开展股权类投资银行业务。商业银行对于高风险的科技型中小企业进行金融支持，而不能分享其发展的高收益。为更好地调动商业银行支持科技型中小企业的积极性，还需在商业银行承担了科技型中小企业的高风险性的同时，享有对其高收益的分配权，也就是需要给予更进一步的政策支持，允许商业银行涉足少量的股权类投资银行业务。

2. 对科技型中小企业贷款给予监管上的支持

一是提供专项科技再贷款。商业银行通过获得人民银行科技专项再贷款，能减小银行的信贷资金压力，对科技专项再贷款单独管理、单独核算。二是对积极开办科技型中小企业业务的地方银行类金融机构实行差别准备金率。三是对于商业银行一定期间产生的科技型企业不良贷款，经检查认定，可以央行科技专项票据方式进行置换。

（三）商业银行的金融支持是科技型中小企业融资的主体

科技型企业，特别是科技型中小企业缺乏可靠的担保措施，需要进行金融创新，包括金融制度、信贷产品、风控流程、金融市场方面的创新，才能有效地支持科技型中小企业。

首先，创新金融工具，突破科技型企业融资瓶颈。一是采用知识产权等质押方式设计产品。二是科技设备按揭贷款。借鉴金融租赁模式，根据科技型中小企业需求，根据购销合同，以受托支付方式发放贷款，取得发票后进行产权登记，以按月还款的按揭方式归还贷款。三是可以开展科技企业应收账款、订单、租金质押贷款，通过盘活企业流动资产和市场资源，对科技型企业进行贷款。四是创新股权和期权贷款产品，通过银行指定机构持有约定比例和价格的股权和入股选择权进行担保发放贷款。五是通过保险公司的履约责任保险，即凭借具有担保性质的保险业务，对科技型中小企业发放贷款。六是引导建立企业互助资金风险池或基金提供担保，银行按风险池或基金池一定比例放大进行贷款支持。

其次，组建具有专业人才、专业技术的科技支行。商业银行需要重视科技支行的设立和发展，商业银行组建科技支行，一方面能有效地支持科技型中小企业发展，另一方面也是将来市场竞争的趋势。

最后，微银团贷款（本文定义），借鉴银团贷款的优势，由两个以上商业银行组成微银团，整合银行间的信息、贷款技术等优势，形成合力，对科技型中小企业进行贷款。目前，各银行缺乏合作，不能充分发挥各家银行的综合优势。要使银行对科技型信贷资源发挥得更有效率，还需各家银行的贷款技术更加透明，进行贷款人之间的深度合作，发挥微银团贷款的优势。

（四）成立政策性科技担保公司，对科技型企业贷款业务进行财政补贴

政府注资成立专业科技担保公司，以对科技型小微企业进行融资担保。只有政策性的国资背景专业担保公司愿意承担风险，可以通过小额分散原则实现风险控制。同时，通过对科技型中小企业贷款担保进行担保费用补贴，也可以出台相关激励和风险补偿政策，鼓励民营担保公司的担保业务进入科技型贷款领域。

（五）建立和完善科技保险体系，创新保险产品

一是加强科技保险体制建设。加大对科技保险的财政支持力度，建立科技保险奖补机制和科技再保险制度，对科技型中小企业保险领域给予补贴、补偿等奖励和优惠政策。支持保险公司设立专门服务于科技型中小企业的保险专营机构，为科技型中小企业降低风险损失、实现稳健经营提供支持。二是创新保险产品。鼓励保险公司创新科技型中小企业保险产品，推广科技型中小企业贷款保证保险、贷款担保责任保险、履约保证保险等新型保险产品，政府可对保费进行补贴。

（六）探索直接融资模式

首先是风险投资。科技型中小企业间接融资门槛过高，但风险投资公司能为其提供必需的资金。风险投资是技术内在化股权方式的中长期投资，是集融资、管理和营销功能于一体的投资行为。风险投资公司关心的不是项目的短期盈利性和安全性，而在于对科技的先进性、市场潜力、高成长性、财务规范性、管理能力等各方面进行考核的基础上，更关注项目的发展潜力和远期成长，因此，风险投资能对科技企业提供有效融资支持。

其次是资本市场。科技型企业直接融资的关键环节是建立规范的、适用于科技型企业的中小型资本市场。针对宁夏的成长期科技型企业，创造条件进入新三板市场，进行股权融资，解决科技企业发展中的资金问题，也为风险投资的退出提供了出口。

对创业期科技企业，主要可实行政府转移支付、企业集合互助资金委托贷款、“政府补贴 + 银行 + 担保公司”、“政府补贴 + 银行 + 保险公司”、“政府补贴 + 银行 + 中介机构”等多种方式；对成长期内发展较好的科技型中小企业，可以“银行 + 中介机构”、“银行 + 担保公司”、“银行 + 保险公司”等方式；在科技型中小企业发展过程中，还可引导风险投资介入。从以政府主导的财政资金支持、各项补贴等政策性金融支持向以市场化为主体的普通银行贷款、股权流通等金融支持转化，以使科技型中小企业能真正成为市场化的主体。

责任编辑校对：马晓栋

# 金融支持特困区扶贫开发融资模式创新研究

中国人民银行银川中心支行、固原市中心支行合作课题组
孙登云　李文靖　霍伯晓　付晓利　董玉成

**摘要：**2011 年颁布的《中国农村扶贫开发纲要（2011—2020 年）》强调，集中连片特殊困难地区是未来 10 年我国扶贫攻坚的主战场。经济基础薄弱、金融基础设施落后、金融服务方式单一、筹资渠道有限等是造成欠发达地区金融服务弱化和融资难的重要因素。本课题在分析贫困地区金融服务现状及金融需求供给不均衡深层次原因基础上，提出相应对策建议。

## 一、引言

近年来中国的贫困人口主要集中在一些集中连片特殊困难地区。这些地区由于自然、民族、历史、政治等多种复杂因素的共同作用，一般经济增长已无法带动其发展，常规的扶贫手段也难以奏效。胡锦涛主席在 2012 年中央扶贫开发工作会议中强调，要加大投入力度，把集中连片特殊困难地区作为主战场，努力推动贫困地区经济社会更快发展。温家宝总理在湖南湘西土家族苗族自治州古丈县、吉首市、花垣县就推进连片特困地区扶贫开发工作进行调研时强调，要加大资金投入力度，加快建立和完善连片特困地区内各县的基本财力保障机制，中央财政专项扶贫资金的新增部分要向连片特困地区倾斜，有关省市财政专项扶贫资金也要向连片特困区倾斜。在加大财政资金投入的同时，发挥财政性资金、政策性金融、商业性金融合力，提高资金配置效率，不断改善欠发达地区的金融服务环境，采取有效政策措施引导金融资源流向贫困地区，增强金融扶贫效应。

## 二、“集中连片特困区”金融服务环境现状

### （一）金融服务环境现状

1. 扶贫资金管理分散，难以发挥各路资金合力

一直以来，扶贫资金的管理分散于扶贫、财政、民政、农业、水利、粮食等多个部门，政出多门，缺乏集中、科学的规划和管理，对扶贫项目缺乏深入、系统的可行性研究，造成村有村的打算、乡有乡的项目、县有县的重点，主管部门更有自己的方式，资金投放“撒胡椒面”的现象普遍，致使扶贫资金效益减损，带动力不强。

2. 相关政策覆盖面有限，小微金融组织不能享受政策支持

为改善贫困地区金融服务薄弱问题，中央先后出台了一系列扶贫支农的鼓励政策和措施，但覆盖面有限，影响了金融机构的扶贫积极性。2009 年出台了《中央财政新

型农村金融机构定向费用补贴资金管理暂行办法》，特困区的小贷公司和资金互助社属于地方政府部门主导批准成立，没有经过银监部门批准，被排除在补贴政策支持之外；《加强县域金融机构涉农贷款增量奖励资金管理办法》，2009 年只有 6 省区试点，2010 年扩大到 18 省区，但仍有部分特困区不能享受这一奖励政策；2010 年出台了“农村金融有关税收政策”，贫困区没有银行全资发起设立的贷款公司，也无银监部门批准的农村资金互助社，县及以下没有农村商业银行与合作银行，享受到这项政策的对象十分有限。

3. 金融机构网点少，信贷支持缺乏实力和动力

连片特困区国有商业银行网点较少，所吸收的存款很大一部分存放上级行，且普遍上收县域机构的信贷权，不能直接用于贫困县经济发展。宁夏六盘山连片特困区 7 县（区）国有商业银行网点 45 个，仅占全区的 7.5%，且 95% 的网点集中在县城，其中海原县没有一家国有商业银行。农业发展银行没有在宁夏六盘山连片特困区 7 县（区）布设网点，制约了政策性金融业务开展。同时，扶贫贷款审批时限较长、反担保门槛高，金融机构往往出于收益和风险等因素的考虑，不愿涉足扶贫领域。扶贫贷款主要由政府相关部门主导和办理，贷款市场化程度不高，贴息条件有限，程序繁杂，难以有效调动金融机构的积极性。如宁夏民贸民品贴息贷款只对民族贸易用品定点生产企业一年期流动资金基准利率贷款实行贴息，2009 年至 2014 年贷款余额同比增幅逐年下降，由 110% 下降至 14%。

4. 保障机制和信用体系不健全，金融生态环境亟待改善

连片特困区生产发展呈弱质性，投入高、产出低、风险大、收益低；农户普遍受教育程度低、信用意识差，缺乏谋生的技能，信贷扶贫成果难以巩固。一方面贫困户农业生产保障机制不健全，缺乏风险补偿和分担机制。2010 年发布了宁夏农业保险实施方案，但目前只有原州区开展了种植业和养殖业保险业务，其余 6 县均未开展农业保险业务；信用担保机制不完善，宁夏六盘山连片特困区只有原州区有 3 家担保公司，其余 6 县均没有担保公司，担保贷款放大倍数小，大都在 3 倍以下，担保作用发挥不够。另一方面县域信用体系不健全，企业和个人征信系统尚未在连片特困区全面覆盖；金融债权维护难，逃废银行债务情况仍有发生。截至 2013 年末，农业银行宁夏分行扶贫贴息贷款 420 万元全部形成不良贷款，2003 年以来宁夏农信社发放的扶贫贷款不良率占全部不良贷款总额的 50% ~70%。

（二）金融支持连片特困区扶贫开发的障碍分析

1. 金融资金与非金融资金协调配合不够

受行业壁垒及条块分割等因素制约，长期以来在扶贫开发投入中，金融信贷投入与财政资金投入、社会资金投入等没有形成整体协同效应，存在各路资金单打独斗的现象，难以应付集中连片扶贫项目风险高、投入大的挑战。

2. 金融机构之间分工协作不够

目前，新型农村金融、农村合作金融等中小金融机构与大型商业银行处于水平竞争状态。后者占有全国近三分之二的金融资源，拥有新型金融机构无可比拟的管理优势、人才优势、市场优势和网络技术优势，吸收了大部分农村储蓄资金，但出于自身

风险收益边界的分析，缺乏涉足扶贫开发的机制和动力，贷款回流农村很少。而服务本土的新型金融机构、农村合作金融等虽具备有效克服信息不对称方面的天然优势，但普遍面临资金来源不足，人才、网络相对落后等问题。

3. 扶贫开发基础设施贷款项目存在债权虚置的风险

从实际看，扶贫开发基础设施贷款项目承贷主体多以公司或企业为名义，这些公司或企业绝大多数隶属各地财政局、建设局，主要功能只是作为向银行贷款的工具，对借入资金没有处置权，一定程度上存在项目法人实体不明，隐藏一定财政风险和违约风险。

## 三、国内外困难地区扶贫开发模式的实践

（一）发展中国家反贫困措施

综观发展中国家反贫困实践，其共同举措主要有以下几个方面：一是实施特别计划，主要以国家计划这种强有力形式推动解决本国贫困问题，如印度乡村综合开发计划（IRDP）和就业计划。二是区域开发政策，主要通过政策倾斜加大贫困地区经济开发力度，使之尽快脱贫致富，如巴西在“发展极”战略指导下的扩大农业边疆系列化政策。三是传递系统建设，包括政府组织、非政府组织和传统权力结构三方面传递系统建设，如孟加拉国格莱珉乡村银行、巴基斯坦雪村和罗村的农村支持计划等。四是开展职业培训活动，通常包括传递系统工作人员组织管理能力培训和生产经营人员职业培训，如泰国小农发展规划（SFDP）及卡伯特（CBIRD）计划。五是宏观倾斜政策，大多数发展中国家在财政、金融、税收、产业发展、投资等宏观调控方面，对部分地区、部分群体或个体脱贫及国家消除或缓解贫困提供多种优惠政策。

（二）发达国家反贫困措施

综观发达国家反贫困实践，其反贫困政策主要有两个方面：一是针对贫困人口的反贫困对策；二是针对贫困人口相对集中的落后地区或贫困地区的反贫困对策。主要包括：第一，建立社会福利制度，通过建立、完善收入保障体系向低收入者或贫困群体提供津贴、补助金，以满足其基本生活需要；第二，制订反贫困计划，针对特定贫困群体实际情况，由政府组织实施，社会各界广泛参与，旨在提高贫困群体就业和收入水平，直接“向贫困挑战”；第三，制定区域政策，针对贫困人口分布区域性而采取对策，主要在于促进贫困人口相对集中地区的经济开发和社会进步，缓解贫困危机。

（三）我国反贫困融资模式探析

1. 贵州模式

贵州探索的新型扶贫融资模式，旨在运用信贷手段支持农户参加优质特色农业产业化项目，实现从“输血式扶贫”向“造血式扶贫”的根本转变。扶贫部门对合作项目涉及的农户、专业合作组织和龙头企业贷款按规定贴息。“扶贫资金”与“信贷资金”有机结合的“扶贫融资”新模式，将使财政扶贫资金真正发挥撬动金融资金的“杠杆作用”，实现扶贫资金效益最大化。

2. 浙江模式

浙江省为了消除相对贫困和阶层性贫困，进入新世纪以来，每5年出台一个推进

欠发达地区加快发展的政策，每5年实施一个扶贫工程，积极发挥农村金融扶贫作用。10年来采取的“山民下山，民资上山”的扶贫新策略，不仅让全省56.6万山民下山脱贫，还吸引了200多亿元民营资本投资新型农村金融机构、开发生态农业和旅游等项目，有效推进了贫困地区的快速发展。

3. 广东模式

广东梅州推出的乡村金融服务站也是金融扶贫方式的一种创新，乡村金融服务站在农户和银行之间架起了贷款的桥梁，让许多原本因无法提供担保、抵押而贷不了款的农户有了新的贷款方式。这些农户通过服务站与人民银行、当地银行取得联系，由他们联合对需要贷款的农户进行信用等级评定、相关信息调查等，对符合条件的，由当地银行对其发放信用贷款。同时，农户的信用信息等相关资料也被录入人民银行的系统内，下一次需要贷款时，银行可直接根据其累积的信用评估信息来决定是否放贷，而不必再进行大量的走访调查，缩短了借贷的时间。

（四）对我国当代反贫困的若干启示

1. 根据具体国情选择适合我国的反贫困模式路径

我国是一个发展中国家，人口多、底子薄，东、中、西部地理区域、历史文化、社会经济发展存在巨大差异性，因此在选择反贫困战略、制定反贫困政策、措施时，应该从中国具体国情出发，在充分吸纳国外反贫困成败得失基础上，归纳、总结我国反贫困经验，走具有中国特色的反贫困之路。在较长时期内，发达资本主义国家的“社会保障”方案只能作为我国反贫困的一种次要手段，而应把主要精力用于人类基本需求开发战略和“发展极”开发战略上。

2. 建立政府起主导作用的反贫困体制机制

根据我国贫困地区贫困现状、原因、特征及其地域分布等客观实际情况，我国必须把反贫困作为政府重要职能，强化政府在贫困地区经济开发中的主导作用。

3. 逐渐加大反贫困资金投入

扶贫资金是扶贫工作能否顺利实施并取得卓有成效的“血液”动力，从某种意义上讲，它在扶贫运行过程中扮演着“成败与否”的关键性角色，因此扶贫资金投资强度的大小对扶贫效果是否显著具有重要作用。

4. 充分认识反贫困是一个长期艰辛的历史发展过程

20多年的反贫困实践充分证明，消除或缓解贫困，解决贫困人口温饱问题不能操之过急，急于求成。贫困地区经济开发一定要有长远开发规划，对贫困地区社会经济发展做出科学的、实事求是的战略性部署，避免盲目，少走弯路，这也是被国内外经验所证明了的。

## 四、集中连片特困区扶贫开发融资模式的路径选择

（一）建立以公共财政投入为主的扶贫体制

1. 制定国家级产业综合发展规划

应把消除连片特困地区贫困作为事关全国发展大局的重大问题，上升到国家战略高度予以考虑。促使连片特困地区各地积极参与区域经济互利协作，促进产业发展、

资源开发等方面互惠共赢，形成宽领域、全方位的产业集群效应，实现多边共同发展。

2. 减免贷款还本付息规定

建议相应减免连片特困地区贫困农户因抵御自然灾害形成的贷款还本付息规定。对于自然灾害使贫困农民造成的经济损失，以及贫困农户由此产生的贷款减灾需求，应当酌情分析界定，科学合理制定具体减免办法。同时，继续加大国家扶贫贴息贷款力度，提高贴息标准。尤其应加大对境内（次级）连片特困区域民营企业的信贷支持力度，扶持一批骨干民营企业，带动当地脱贫致富。积极探索建立相关贷款担保公司，减少民营企业的借贷风险。

3. 合理提高小额扶贫信贷额度

建议提高连片特困地区境内连片特困扶贫开发重点县年度小额扶贫贷款下达指标，提高每村财政扶贫资金补助额度，提高农村贫困户产业发展直补到户资金的户均水平。

4. 适时调整和加大社会帮扶力度

建议国家下达刚性指标，继续整合连片特困地区对口帮扶、对口援建相关政策，“十三五”期间，继续对连片特困地区（尤其是重灾贫困地区）实行对口帮扶政策。同时，动员产业化龙头企业支持集中连片贫困地区发展，深化结对帮扶，重点发展长效增收产业，提高农业产业化发展水平。

### （二）构建多元化金融扶贫供给模式

构建农村“二元”金融机构垂直分工合作机制。引导大型商业银行在稳定县域机构网点基础上，延伸发展支持贫困地区脱贫金融服务，建立与农村中小型金融机构之间的良性竞争与合作机制，明确双方的责、权、利关系，按照商业化原则由大型商业银行向农村新型金融机构、农村合作金融等中小型金融机构提供资金批发业务、金融产品及技术，再由后者向贫困农村信贷需求者放贷并提供服务，由此构成垂直合作的金融体系。具体可采取三种模式：

一是批发加零售模式。由大型商业银行将源于农村的储蓄资金以较低的优惠利率批发给新型农村金融机构、农村合作金融机构等，再由后者利用其优势，通过基层金融组织、金融服务站等贷给贫困地区资金需求者。

二是委托代理模式。大型银行将其创新开发的金融产品交给新型农村金融机构、农村合作金融机构代理，由其向贫困地区需求者提供服务。

三是资源共享模式。鼓励大型商业银行向新型农村金融机构提供汇划等便利支付网络，提供制度建设及人员培训支持等。构建双方信用、信息资源共享平台，实现良性合作。保证所有贫困地区农户、种养殖户、个体经营户、涉农微小企业等市场弱势群体能平等获得贷款权并享受金融服务权。

### （三）建立农村资金回流激励机制

建议建立一定的激励制度，对于那些支农信贷比例达到一定要求的农村金融机构，可实行营业税减免，并按照比例给予一定的财政补贴。建议建立支农资金发放招标机制，整合各种渠道支农资金，委托农村金融机构发放，实行招标方式，对中标者实施成本补偿，以激励农村金融机构更多地承担政府支农信贷的发放工作。

（四）建立金融机构服务“三农”约束机制

建议对存贷比提出明确要求，来自农村地区的存款，金融机构按一定比例向农村地区发放贷款。建立约束机制，对单纯从农村地区吸走资金而存贷比很低的农村金融机构实施一定的制约。

（五）构建金融支持连片扶贫的保障机制

1. 建立金融扶贫融资信用担保体系

一是各级政府要推动建立多层次信用担保体系，可在财政支出中按比例提取启动资金，建立多层次信用担保机构，由财政、银行、企业及社会共同出资建立担保基金；二是探索扶贫信贷抵押新模式。因地制宜探索农村房屋、土地使用权、活体养殖物、大棚等抵押贷款方式，最大限度地盘活贫困地区农村生产资料；三是探索以农村内生机制代替抵押担保制度。针对目前农村村民委员会、农民小组管理模式的现状，探索将这些成熟的农村社区组织纳入金融扶贫运作框架，对有生产经营项目、村委会工作能力强、村民诚实守信的贫困村推广农户联保贷款或整村大联保贷款，为贫困地区弱势群体信贷支持创造条件。

2. 推动涉农保险发展

加强贫困地区“三农”保险机构和网点建设，推进保险与气象、水利、畜牧等部门合作，运用现代技术手段，提升农业防灾防损水平，降低固有的农业风险预期，为金融支持连片扶贫开发提供风险保障。在试点的基础上，积极完善农业保险、农村小额保险与农村信贷的联动机制，切实解决贫困农户、农村个体经营户、涉农微小企业等弱势群体“贷款难”问题。

## 参考文献

[1] 付先军，张延寒，粘天宾．华北金融．

[2] 中共中央　国务院印发文件《中国农村扶贫开发纲要（2011—2020年）》．

[3] 朱金鹤，崔登峰．新形势下新疆国家级贫困县的贫困类型与扶贫对策［M］．石河子大学经济与管理学院，中国农业大学经济管理学院．

[4] 徐荟竹，车士义，罗惟丹，杜海均．公共财政、农村金融改革和可持续金融扶贫研究——基于连片特困区375个贫困县的调研分析［J］．金融发展评论，2012（1）．

[5] 李文瑞．金融扶贫的模式与成效——以甘肃为例［J］．中国金融，2012（16）．

[6] 白维军，王奕君．巴西缩小贫富差距的做法和启示［J］．经济纵横，2012（3）．

[7] http：//wenku. baidu. com/view/dfcb93dea58da0116c1749ed. html，国内外扶贫模式经验借鉴．

责任编辑校对：王　坤

# 宁夏农村扶贫开发的调查与思考

中国人民银行石嘴山市中心支行　林振喜

**摘要：**改革开放以来，我国大力推进扶贫开发，特别是随着《国家八七扶贫攻坚计划（1994—2000年）》和《中国农村扶贫开发纲要（2001—2010年）》的实施，扶贫事业取得了巨大成就。宁夏有8个国家扶贫工作重点县，2001—2013年，农村绝对贫困人口减少幅度较大，宁夏农村扶贫开发工作在全国具有一定的典型性，本文通过宁夏扶贫开发试点分析，针对存在的问题，为贫困地区扶贫开发提供几点建议。

长期以来，我国农村地区受经济、社会、历史、自然、地理等方面因素制约，发展相对滞后，贫困人口数量众多。改革开放之初，农村贫困人口有2.5亿，贫困发生率30.7%。2000年底，农村贫困人口降至9 422万，2013年底降至8 249万。2011年12月1日，中共中央、国务院印发了《中国农村扶贫开发纲要（2011—2020年）》，这是今后十年我国农村扶贫开发工作的纲领性文件，对于进一步加快贫困地区发展，促进共同富裕，实现到2020年全面建成小康社会奋斗目标具有重要意义。

## 一、宁夏扶贫开发现状

2013年，宁夏全区农村绝对贫困人口大幅度减少，全区8个国家扶贫工作重点县实现了乡乡通油路、村村通公路、通广播电视、通电话、通宽带，饮用自来水和深井水的农户比例有较大幅度提升，8个重点县行政村基本配有卫生室和合格卫生员，农民人均纯收入增加到5 247元，提前实现了收入达到2 000元的扶贫目标。贫困地区整体经济水平有所提高，贫困群众的生产生活条件得到了明显改善，有力地促进了全区经济社会发展、社会稳定和民族团结。

## 二、宁夏扶贫开发的主要做法

### （一）固本强基，形成“大扶贫”工作格局

一是自治区先后出台了以取消农业税、实施种粮补贴、农机补贴为代表的一系列强农惠农政策，农村基础设施建设进一步加强，农村义务教育实行“两免一补”，新型农村合作医疗制度普遍建立。二是2005年开始试点以来，在全区农村实行了最低生活保障制度，从制度安排上解决了农村贫困人口的基本生存问题。西部大开发战略提升了贫困地区的基础设施和社会事业水平，带动了产业结构调整，为贫困地区和贫困人口的发展创造了更好的环境。三是自治区有关部门努力促进城乡、区域协调发展，共同推进扶贫事业。发改、教育、民政、财政、人保、国土资源、卫生、林业等部门制

定专项政策、安排专项资金，加大了对贫困地区和贫困人口的扶持力度，民委、妇联、残联与扶贫办密切配合，从多方面关心和扶持特殊贫困群体。

（二）突出重点，提高贫困地区自我发展能力

全区777个贫困村实施整村推进，全面促进贫困地区的新农村建设。一是对贫困地区100多万青壮年劳动力进行务工技能培训，其中60%实现非农就业。二是各地市努力将产业化扶贫与整村推进、科技扶贫相结合，扶持龙头企业和产业化基地带动贫困农户增收。三是因地制宜实施连片开发，贫困地区特色优势产业正在形成。对于部分生产生活条件十分恶劣的地区，结合生态环境保护、国土整治和劳动力转移就业加大了扶贫移民力度，为从根本上解决贫困问题创造了条件。

（三）努力创新，完善扶贫开发工作机制

一是实施整村推进，将扶贫开发工作重心从县下沉到村，将农村最低生活保障制度和扶贫开发政策有效衔接，建立了扶贫瞄准机制。二是利用财政扶贫资金开展贫困村村级互助资金试点，创新了扶贫资金使用机制，探索解决贫困农户贷款难的有效途径。三是顺应全区工业化、城镇化、沿黄城市带加快发展的大好形势，有计划、有组织地引导贫困地区有劳动能力的农民向灌区、城市、集镇、工业园区、农业产业基地有序转移，实施劳务移民，通过政策引导和资金扶持，使贫困地区农民家庭和青壮年劳动力走出来、稳下来，在灌区和城镇就业、定居，实现脱贫致富。四是加大中央国家机关企事业单位定点扶贫、东西扶贫协作工作力度，动员和组织军队、高校、大中型企业、民营企业和非政府组织参与扶贫开发，不断拓展社会扶贫合作范围，完善和丰富了社会帮扶机制。

（四）添薪造血，加大扶贫开发投入力度

扶贫开发纳入自治区国民经济和社会发展规划，逐年增加扶贫开发投入。继“八七扶贫攻坚”之后，自治区又颁布实施了《宁夏农村扶贫开发规划（2001—2010）》。2001—2010年，中央财政共投入扶贫资金39.91亿元（含以工代赈资金），通过财政贴息调动了近15亿元扶贫贷款；地方各级政府的扶贫投入也在不断增加，4个中央国家机关和企事业单位定点帮扶6个重点县9 596万元；东西协作，福建累计帮扶宁夏各类资金5.97亿元；自治区及市、县（区）1 000余家帮扶单位共投资投物折款达2.25亿元，有力地支持了贫困地区的发展，营造了扶贫济困的良好社会氛围，为贫困地区经济社会的发展作出了积极的贡献。

（五）加强管理，提高扶贫开发工作水平

2008年，自治区将年人均纯收入1 350元确定为新的扶贫标准，比国家扶贫标准提高154元，扶贫对象覆盖110万人，并按照国家要求对农村低收入人口全面实施扶贫政策。努力完善扶贫资金管理体制，改革扶贫贴息贷款管理，提高贫困人口参与公共事务的能力。扩展闽宁对口协作领域，提升合作层次，协作范围由贫困地区扩大到全区。加强企业交流与合作，创建全国东西对口协作示范省区，为全国扶贫开发探索了新路子。

## 三、宁夏农村扶贫开发制约因素分析

（一）贫困程度深，脱贫难度大

目前，宁夏贫困人口集中分布在人多地少、生存环境恶劣、基础设施落后、公共

服务欠缺、资源缺乏的偏远地区，靠开发当地水土资源等常规扶贫和工程措施难以解决贫困问题。在扶贫开发工作重点县的许多乡镇，贫困人口比例超过40%，其中大部分是少数民族聚居区。在贫困人口总量不断减少的情况下，这些地区需要移民的农户比例明显提高。

（二）自然灾害频，返贫现象重

自然灾害是当前农村致贫返贫的主要因素。据统计，贫困村的自然灾害发生率是其他地区的3~5倍。生态环境脆弱，农牧业生产受旱灾等灾害威胁十分严重，尽管采取了抗旱、节水、调整种植结构等一系列措施，但农民生计问题尚未得到稳定解决。灾害不仅造成大量人员返贫，而且使多年建设和扶贫成果毁于一旦，恢复重建的任务繁重。

（三）区域差距大，扶贫任务坚

2013年，宁夏中南部8县（区）农民人均纯收入仅为5 247元，全国农民人均纯收入达到8 896元，差距3 649元。

## 四、对持续推进宁夏农村扶贫开发战略的建议

（一）创新理念，建立大扶贫开发工作格局

根据《中国农村扶贫开发纲要（2011—2020年）》（以下简称《纲要》）确定的奋斗目标及相关要求。建议宁夏全区树立“大扶贫、大开发、大民生、大发展、大和谐”的理念，强化扶贫开发责任，加强领导，统一部署，加大全区扶贫开发“一盘棋”资源整合力度，扎实推进各项扶贫开发基础工作。建立扶贫开发五个工作机制：扶贫开发宣传机制、扶贫开发教育机制、扶贫开发制度机制、扶贫开发监督机制、扶贫开发考核奖励机制，全面推进扶贫开发大建设工程活动。

（二）抢抓机遇，提高农村扶贫开发整体管理水平

一是坚持立足当前、着眼长远，将移民工作纳入迁出地和迁入地经济发展总体部署，实现从零散移民转向整体移民，从输血式移民转向造血式移民，从接收地主导转为迁出地、接收地共同推动，从各部门分散扶持转向由自治区、市、县集中扶持，不断修订完善政策，实行项目捆绑、资金集中、政策倾斜。高标准规划，高起点建设，避免重复建设和短视行为。二是抢抓中央新一轮扶贫开发攻坚战和中央深入实施西部大开发两大战略机遇，积极争取国家扶贫政策投资倾斜和自治区关于农业产业化、中低产田改造、村庄道路建设、农村危房改造、农村沼气池、教育卫生公共事业建设等重大项目支持，不断夯实扶贫地区经济发展基础，从而提高脱贫水平，消除返贫现象，降低区域收入差距。三是稳妥做好搬迁后的各项工作，确保搬得出来、稳得下来、富得起来。除了县内安置以外，还鼓励经济发达的省市适当增加吸纳和安置来自贫困地区的迁移人口，并作为对口帮扶的一项措施来抓。县内的移民搬迁由县政府组织，跨县的由省级政府统一组织。四是加大科技扶贫力度。要创造条件，鼓励和支持科研机构、科研人员和组织参与科技扶贫，政府部门要安排资金，建设科技扶贫基地。

（三）金融支持，推动扶贫开发向纵深发展

积极探索扶贫开发的多元投入机制，建立政府扶持、金融支持、民间帮扶、社会

参与的互动机制。一是引入民间资本，建立民间资本扶贫信贷担保机构，与地方财政性信贷担保、政策性信贷担保共同组建扶贫信贷担保体系。在风险总体可控的情况下，三类信贷担保主体进入金融服务领域，可为农村扶贫开发提供更多的融资选择，满足其融资需求。二是建立农村信用评级制度，加强农村信用体系建设。每年组织开展“金融知识进贫困村”活动，重点加强金融知识普及和培训力度，丰富贫困乡、村相关人员的金融知识，提高现代金融意识。每年在贫困村中评选10%的信用村，分别授予一级、二级和三级信用村，涉农金融机构根据信用状况，分别执行不同的信贷政策和差别利率，采取每年增加幅度不一的贷款授信额度、利率优惠等激励措施。三是积极运用金融管理工具，提供有效正向激励。对扶贫项目金融支持大的金融机构，人民银行可以运用差别存款准备金率、支农再贷款和优惠再贷款利率等政策工具为其提供充足的流动性支持。四是针对农村扶贫贫困村实际，创新动产抵押+不动产抵押信贷产品组合模式。将贫困村农户的粮食、农机具、机械、预期收入、农业订单等纳入动产抵押品范围，将贫困村农户土地承包经营权、农户宅基地使用权、房屋使用权作为不动产抵押品范围，两种抵押品结合，拓展贫困村农户贷款途径，实现贫困村互助资金、金融机构、农户多方共赢。五是探索建立贫困乡、村金融便利店+助农取款服务点+农村手机支付业务金融服务模式，通过“自动服务+人工服务”的方式，有效解决贫困村的基本金融服务需求。

责任编辑校对：王　坤

# 农村金融与农村消费的协调发展研究

中国人民银行固原市中心支行　董玉成

**摘要：**本文以协调发展为视角，探讨社会主义新农村下农村金融与农村消费的相互影响及作用机制并对其进行实证分析检验，在此基础上提出对策建议。

## 一、引言

中国，作为一个人口农业大国，“三农”问题始终是关系国计民生的首要问题，也是长期制约中国经济可持续发展的重要瓶颈。农村消费动力不足、农村金融发展滞后作为“三农”问题的两个具体表现形式，在很大程度上影响着“三农”问题的解决和突破。社会主义新农村建设以来，经历2008年全球金融危机及2010年欧债危机，国内学者对如何拉动农村消费，扩大内需与发展农村金融作了较多的研究。从国内学者的研究来看，主要考察衡量农村金融“助力剂”作用的发挥，对农村消费的影响效果及作用方式。如涂舒从金融抑制的角度探讨分析了我国农村市场消费需求不足的原因，并在此基础上提出了相应的解决措施；董志勇、黄迈从信贷约束的角度，探讨分析了信贷约束对农户消费结构的影响，认为健全农村金融市场，完善农村信用环境是扩大农村内需的政策前提；刘纯彬、桑铁柱从金融深化的角度，认为农村金融深化在长期内对农村居民消费增长有极强的带动作用，而短期内并不明显。

这些研究大多关注农村金融对农村消费的支撑作用，即农村金融如何作用于农村消费，较少探讨农村消费如何影响农村金融。改革开放以来，农村金融与农村消费之间相互影响制约，即农户储蓄与农村消费之间大体呈现一个相同的波动趋势。这种现象的主要原因在于农民没有社会保障，因此他们比城镇居民有更高的储蓄倾向，他们的消费行为应该服从生命周期消费理论假设。农业贷款、乡镇企业贷款增长率2000年以前呈现一种波折式发展，2000年之后这两者与农村消费之间，也大体呈现一种相同的发展趋势。

## 二、农村消费与农村金融的影响关系及现状分析

### （一）农村消费与农村金融的相互作用机制

1. 农村金融改革发展推动农村消费

农村消费包括生产消费和生活消费，生产消费指的是与农业生产相关的各种生产资料的购买，生活消费指的是与居民日常生活紧密相关的各种物质产品和服务的消费。金融的核心作用即对现有的资源或财富进行最优配置，而配置的方向又可分为生产与消费两个方面。生产消费和生活消费是农民最主要的支出渠道，受农民收入水平的约

束，在没有其他因素介入的情况下，农民消费支出部分以单向流动方式存在。金融因素的介入可以使农村内部资金流动渠道多向化和复杂化，激活农村消费潜能，注入农村消费动力。金融对农村消费的支持表现为直接和间接两种方式，直接方式就是通过消费信贷改变农村市场的流动性，增强农民的支付能力；间接方式是通过投资将资金注入农村相关产业，将投资收益转化为农民收入，从而影响扩大农村消费。根据西方经济学中的乘数效应原理，资金的注入会带来数倍回报。如以投资方式向农村注入资金，会通过投资乘数产生数倍于投资的收入，从而间接提高农民的消费能力；以消费信贷方式注入农村的资金，是为提高农业生产而进行的准备和投入，也会在一定程度上增加农民收入，进一步积累农村消费资金。因此，农村内部资金流动就不再是单线型，而是单向和循环共同交织，在资金的持续运动中，农村消费能力不断提高。

2. 农村消费需求推进农村金融改革创新

农村消费对农村金融发展的作用主要在于，其不同层次的需求会推进农村金融改革创新。根据马斯洛需求层次理论，对金融信贷需求是在人类实现基本生理需求的基础上所产生发展的，属于经济社会发展到一定阶段的产物。如随着近年来农村居民收入水平的提高和消费意识的增强，中国人民银行国库部门积极推动“国债下乡”工作，部分农村金融机构网点开始办理凭证式国债和储蓄国债（电子式）发售业务。农村消费需求推动农村金融改革创新主要表现在：不同收入水平的农村居民的储蓄意愿对不同的金融产品的接受程度是不一样的。一般来说，收入高的居民倾向于选择收益率高同时风险也较高的证券储蓄方式；而收入低的居民则以安全性为首要标准，倾向于选择银行存款。因此，金融市场的创新发展应能满足不同收入层次农村居民的金融消费选择，刺激农村居民消费的增加。相反，如果金融市场不发达、金融工具很少、金融资产单一，居民缺少金融资产选择的机会，就会导致“金融抑制”。根据麦金农和肖等人的观点，金融压制对经济发展具有负收入、负储蓄、负投资和负就业效应。①

（二）我国农村居民消费需求结构现状

扩大内需一直是中央强调的政策路线，在社会主义新农村建设战略下，一系列扩大农村内需的政策措施得到了落实，改善了农村消费环境，有效地推动了农村消费发展。如截至2010年底，全国累计建设或改造连锁农村超市52万个，覆盖80%的乡镇和65%的行政村，并支持建设了740家农产品批发市场和农贸市场，为扩大农村消费创造了条件。② 自实施社会主义新农村建设战略以来，我国农村居民消费支出结构主要集中在食品、居住、交通通讯等方面，即主要表现为一种基本的衣食住行方面的消费。造成农村居民金融消费比例偏低的原因主要在于：一是金融机构没有适合农村居民的消费信贷产品；二是受传统观念及社会保障不全的影响，大部分农民并没有提前消费的习惯，导致消费信贷在农村很难开展。因此，在农村开拓金融市场，只有创新出适合农民自身的个性化消费信贷产品，让农民自己尝到信贷消费的甜头，才能带来农民

---

① 王松奇等：《金融学》，中国金融出版社，1997年版，第642－643页。

② 《发展改革委解读国民经济和社会发展计划报告》，http：//www.gov.cn/jrzg/2011－04/08/content_1839825_3.htm。

消费观念的转变，从而逐步开启农村消费市场。

（三）我国农村金融发展现状

2004—2014 年中央连续颁布 11 个“1 号文件”，要求各级政府不断强化对农村金融改革的投入。如 2010 年“1 号文件”中提出应“鼓励农村金融机构对农民建房、购买汽车和家电等提供消费信贷，加大对应办农家店的信贷投放”。近年来在各项政策的大力支持下，农村金融改革有力地支持了农业产业化发展，推动了传统农业向现代农业的转变；支持了社会主义新农村建设，促进了城乡协调发展；支持了农业产业增产和农民增收，提高了农村金融服务水平。截至 2011 年末，全部金融机构涉农贷款余额达到 14.6 万亿元，连续 3 年增速超过 20%①。但农民贷款难的现实问题，并没有得到根本性的解决，农村贷款在全国金融机构贷款中所占比重偏小，1993—2010 年，农村贷款的比重徘徊在 10% 左右。我国各地区经济金融发展差异较大，在东部沿海地区，城乡一体化程度较高，农村金融的生态环境与城市差别不大，而在某些贫困地区，农户连最基本的金融服务都享受不到。

## 三、模型构建与实证分析

（一）模型和指标设计

假设农村消费与农村金融发展的生产函数为：

$$Y = f(X) \tag{1}$$

其中，$Y$ 代表农村消费水平，用“农民人均年生活消费支出”衡量；$X$ 代表农村金融发展水平，具体细化为：农村金融发展规模（$X_1$）、农村金融发展效率（$X_2$）和农村金融发展结构（$X_3$）来衡量农村金融发展。其中 $X_1$ =（农村存款 + 农村贷款）占国内生产总值的比重，$X_2$ = 农村存款与农村贷款的比例，$X_3$ = 乡镇企业贷款余额占金融机构各项贷款余额的比重。农村存款余额为农户储蓄存款与农业存款之和，农村贷款余额为乡镇企业贷款余额与农业贷款余额之和。故农村金融发展水平可表示为以下函数关系：

对式（1）生产函数取全微分得：

$$dY = \frac{\partial f}{\partial X} = dX \tag{2}$$

农村消费水平，鉴于数据的可获得性及权威性，本文选取其最直接的指标，即“农民人均年生活消费支出”。

农村金融发展水平的衡量，本文则

$$X = f(X_1, X_2, X_3) \tag{3}$$

对式（3）取全微分，得：

$$dX = \frac{\partial X}{\partial X_1}dX_1 + \frac{\partial X}{\partial X_2}dX_2 + \frac{\partial X}{\partial X_3}dX_3 \tag{4}$$

将式（4）代入式（2），得：

① 《中国金融改革加速推进》，载《金融时报》，2012-04-16。

$$dY = \frac{\partial f}{\partial X_1}dX_1 + \frac{\partial f}{\partial X_2}dX_2 + \frac{\partial f}{\partial X_3}dX_3 \qquad (5)$$

将式（5）中的边际产出用$\beta_1$、$\beta_2$和$\beta_3$表示，为了消除时间序列中存在的异方差现象，对各变量分别取其自然对数，于是得到本文的基本计量模型：

$$\ln Y = \beta_0 + \beta_1 \ln X_1 + \beta_2 \ln X_2 + \beta_3 \ln x_3 + u \qquad (6)$$

其中，$\beta_0$代表常数项，$u$为随机误差项。

（二）数据来源

本文以1978—2010年为样本期，数据来源于《新中国六十年统计资料汇编》及《中国统计年鉴2011》。为消除可能存在的异方差，对各数据指标进行自然对数处理，记为$\ln Y$、$\ln X_1$、$\ln X_2$和$\ln X_3$。

（三）实证分析过程

1. 单位根检验

首先对各变量进行平稳性检验，采用ADF检验。检验结果可知，在5%的显著性水平下，并不是所有变量都是平稳的，但是它们的一阶差分数据序列都是平稳单整的，进而进行协整检验。

2. Johansen协整检验

为确定$\ln Y$和$\ln X_1$、$\ln X_2$、$\ln X_3$之间是否具有长期稳定均衡关系，本文用Johansen的最大似然法进行协整检验。首先应确定一个合理的滞后阶数，以防出现伪协整。根据AIC原则和SC原则并结合LR检验，该数据系列协整检验的最优滞后阶数为3。故得到相应的标准化的协整方程如下：

$$\ln Y = 9.1871 - 0.444\ln X_1 + 2.663\ln X_2 + 1.796\ln X_3 + u \qquad (7)$$

$$(24.4631)\ (-2.4712)\ (9.3588)\ \ (7.5316)$$

$$R^2 = 0.9331 \quad F = 134.8988 \quad D.W = 1.7872$$

从式（7）结果可知，各变量和整个回归模型都通过了显著性检验，拟合效果较好。从长期来看，农村金融发展规模（$X_1$）对农村消费水平的拉动起负相关作用，农村金融发展效率（$X_2$）、结构（$X_3$）对农村消费水平的发展起到正相关作用。得出，目前现有的农村金融发展规模并不足以支撑起庞大的农村消费市场，但从农村金融发展效率和结构来看，农村金融对推动农村消费具有良好的发展潜力，值得鼓励支持。

2004年国家开始实行社会主义新农村建设战略，实施推广了一系列农村金融改革政策和扩大农村消费措施。本文设定1个虚拟变量D，如下所示：

D = { 1，2004年实施社会主义新农村建设战略后
0，2004年实施社会主义新农村建设战略前 }

加入虚拟变量D后的协整方程式如下所示：

$$\ln Y = 9.2726 - 0.352\ln X_1 + 2.549\ln X_2 + 1.772\ln X_3 + 0.125D + u \qquad (8)$$

$$(22.3218)\ (-1.3765)\ (7.0045)\ (7.1894)\ (0.5124)$$

$$R^2 = 0.9337 \quad F = 98.66 \quad D.W = 1.7201$$

从式（8）可以看出，虽然方程整体上通过了检验，但虚拟变量 D 没有通过 t 检验，这也在一定程度上说明了在社会主义新农村政策下，农村金融对农村消费的推动作用，并未取得良好的效果，也印证了比较优势战略与农村金融改革的悖论，究其原因主要在于相关的配套制度措施并未有效地增加农民收入。

3. Granger 因果检验及脉冲响应函数

农村金融发展与农村消费之间是否构成因果关系还需要进一步验证。对各变量的 Granger 因果关系检验得出：农村金融发展规模、效率和结构都不是农村消费的 Granger 原因，仅农村消费水平是农村金融发展规模（$X_1$）、结构（$X_3$）的 Granger 原因。

4. 方差分解

方差分解是考察各变量对总体解释贡献的比例，具体做法是通过将一个变量的均方误差分解成系统中各变量的随机冲击所作的贡献，然后计算出每一个变量冲击的相对重要性。从方差分解结果可以发现，农村金融发展规模（$X_1$）、效率（$X_2$）、结构（$X_3$）对扩大农村消费的贡献率分别约占 0.16%、0.05%、35.67%。这也在某种程度上说明农村金融的改革发展对扩大农村消费的潜力较大。

## 四、研究结论及政策建议

农村金融与农村消费之间是一种相互影响相互作用的关系，但通过实证检验证明，二者目前并未形成良好的互动机制。目前整体上来看，农村金融只是作为一个助力剂，支撑扩大农村消费，但这种效果并不太明显。2011 年中央“十二五”规划纲要中关于拉动经济增长的“三驾马车”表述中，消费首次排在投资和出口之前，可见中央对推动消费、扩大内需的重视程度。由此可知，在今后很长一段时期内，会把扩大农村内需作为一个重点来抓。鉴于今后我国大力扩大内需的现实，应从协调发展农村金融和农村消费的角度，探讨二者之间的互动促进渠道，建议从以下几个方面着手：

### （一）多渠道增加农民收入，推动农村消费与农村金融的协调发展

收入是影响农村居民消费行为的最主要因素，农民收入增长相对缓慢是制约消费需求的“瓶颈”，也是制约农村金融发展的一个重要因素。因此，应加大农业补贴和最低收购价的政策力度，确保家庭经营收入稳步快增。据统计，目前农民收入有 1/3 以上来自进城务工收入，应建立农民工收入保障机制，确保务工者能按时足额领到工资。

### （二）引导农村居民的信贷消费意识，促进农村金融发展

一是培养农民的信贷意识和消费意识，使二者相互推进、互为动力；二是建立健全各种风险保障制度及相应的法律法规，分散银行风险。

### （三）创新农村金融产品，改善农村信贷服务，扩大农村消费水平

一是根据各地特色，开展包括集体林权抵押贷款、大型农机具抵押贷款、“信贷 + 保险”产品、中小企业集合票据和“惠农卡”等在内的金融产品和服务方式创新；二是加强涉农信贷风险管理，因地制宜、灵活多样地创新信用模式和扩大贷款抵押担保物范围；三是探索适合农村需要的金融中介服务，发挥金融中介连通需求和供给的积极作用。

## 参考文献

[1] 涂舒．农村消费金融的抑制性缺口与创新发展研究 [J]．中南财经政法大学研究生学报，2010（5）：73－79.

[2] 董志勇，黄迈．信贷约束与农户消费结构 [J]．经济科学，2010（5）：72－79.

[3] 刘纯彬，桑铁柱．农村金融深化与农村居民消费增长：假说与实证 [J]．江西财经大学学报，2010（2）：62－66.

[4] 藏旭恒．居民资产与消费选择行为分析 [M]．上海：上海三联书店出版社、上海人民出版社，2001.

[5] 叶琪．基于金融视角的我国农村消费支持体系构建 [J]．华中农业大学学报（社会科学版），2010（1）：54－58.

[6] 杨小玲．比较优势战略与农村金融改革的悖论 [J]．农村金融研究，2011（3）：69－72.

[7] Granger，C. W. J（1969）“Investigating Causal Relations by Econometric Models and Cross－spectral”，Econometrica，37（3）：424－438.

责任编辑校对：王　坤

# 构建欠发达农村地区普惠型金融体系的思考

## ——以宁夏中卫市为例

中国人民银行中卫市中心支行课题组

孙万林　段　滨　冯　帆　刘洁玲

**摘要：** 金融是现代经济发展的核心，但是在我国经济发展过程中，区域发展不平衡、城乡发展不平衡等问题一直很突出，由此导致的欠发达农村地区“弱势金融”问题也十分明显。当前加速构建欠发达农村地区普惠型金融体系尤为迫切。本文以中卫市为例，深入分析当前农村金融供需现状，提出构建和完善农村地区普惠型金融体系的必要性，并进一步提出政策建议，以期引导更多的信贷资金流向农村地区，提高农村金融服务覆盖水平，促进城乡经济协调发展。

### 一、普惠型金融理念

“普惠型金融”又称包容性金融，是联合国在“2005 国际小额信贷年”推出的一个概念。它是指一国金融体系可以有效惠及社会各个阶层和群体。在该体系内，所有的人特别是原来被传统金融所忽视的农村地区、城乡低收入群体、微小型企业均可以享受到有效的金融服务。普惠金融有别于过去正规金融机构因为穷人贷款数目小、风险大、信誉差而不愿意为其提供贷款的做法，它更强调一种社会道义和公平。通过完善金融体系，将具有可持续发展潜力的小额信贷纳入正规金融体系，挖掘传统金融未覆盖的弱势群体，帮助他们进入金融体系并为其提供与其他客户一样平等地享受现代金融服务的权利，从而在金融服务领域寻求社会公正，将所有人都纳入经济增长轨道，最终提升整个社会的福利水平。

### 二、农村地区金融供需基本特征——实证调查分析

中卫市地处黄河前套之首，位于宁夏回族自治区中西部，在宁夏、甘肃、内蒙古三省区交界点上，下辖一区两县，全市人口 121.46 万人，其中农业人口 89.8 万人。2014 年末，全市农民人均纯收入 7 403 元，为城镇居民可支配收入的 37.14%。分地区看，A 地区农民纯收入 8 972 元，B 地区农民纯收入 8 819 元，C 地区（国家级贫困县）农民纯收入 5 766 元。

本文的实证分析以中卫市辖内 B 地区和 C 地区的 80 户农户家庭作为调查对象。经汇总调查问卷，共有 53 户样本家庭存在不同程度的债务关系，占样本总量的 66.25%。从农户金融需求与农户金融供给两个层面进一步分析发现，农村金融仍然是整个金融体系的薄弱环节，金融服务供给不充分，“贷款难”与“难贷款”等问题未得到有效

解决，在欠发达县域农村地区构建普惠型金融体系已显得尤为重要。

（一）农户金融需求特征

1. 农户家庭融资渠道市场化特征明显

调查发现，样本农户的借贷意识受传统观念的影响，仍倾向以“自我积累（储蓄）”的形式来改善生活和发展生产，但是在自有资金不足时，他们也往往会通过亲友、银行或其他途径筹措资金。其中，与亲友间开展“内源融资”的农户占24户，这类农户主要特点是借贷金额小，临时急用，短时间归还，在亲缘感情基础之上获得资金相对便捷，通常没有利息。另一部分通过银行或其他途径等“市场化融资”方式解决的占29户，这类农户主要特点是借贷金额大、资金使用周期长，主要用于生产经营或生意周转，并且很难从亲友借到大量周转资金。总体来看，受经济发展和社会环境变迁等多重因素影响，当前农户对“市场化融资”接受程度较高，“内源融资”和“市场化融资”所占比例已达1:1.21。

2. 农户的借贷资金用途多样化

从农户借贷资金的使用用途看，用于“生产经营”或“生意周转”的占32户，用于“婚丧嫁娶”、“子女教育”、“就医急需”等日常生活的占13户，用于“购房、修建房等改善居住条件”的占7户，用于“非农投资”或“其他方面”的占1户。

3. 不同地区间的农户金融需求具有较明显差异

受地区间发展不平衡影响，农户金融需求也表现出较为明显的区域性差异。调查发现在C地区（属国家级贫困县）因资源禀赋条件相对较差，生产力不发达，经济发展落后等因素，大部分农户以传统农业或外出打工为主要收入来源。特别在农业种植方面，农业经营规模小，普遍未形成规模化、产业化，少部分贫困农户家庭的生活依然缺乏基本保障。处于该地区的农户家庭往往有一定小额借贷需求。从用途看，生活性借贷比例高于其他地区；从融资渠道看，农户在亲友间相互融资比例相对较高，而进行“市场化融资”的借贷成功的比例相对较低。而在相对发达的B地区，因农业资源禀赋条件优越，特色化农业突出，农业经济有一定规模。处于该地区的农户收入水平普遍高于贫困地区，金融需求也主要以解决私营（特色农业种养殖业）经济发展和小微型农村企业发展所需资金为主，进行“市场化融资”的农户较多，且借贷成功比例较高。

（二）农户金融供给特征

1. 金融供给正在向多元化发展

随着金融体制改革的深入，当前中卫市农村地区的涉农金融供给可分为三部分。一部分是以农村信用合作联社（农村商业银行）、农业银行、邮政储蓄银行、农业发展银行为代表的传统商业性或政策性金融机构；另一部分是以村镇银行和小额贷款公司为代表的新兴农村金融机构；还有一部分是以私人钱庄、地下高利贷组织为代表的非正规金融组织。

2. 农村地区的金融机构间缺乏有效竞争

受地区间要素禀赋差异、经济发达程度等因素影响，金融供给的分布呈现明显差异。从金融机构种类、网点布局和农户贷款占比看，新兴的村镇银行和传统的农业银行因网点布局、人员配置和经营理念等原因，目前无法与当地的农村信用合作联社（农村商业银行）开展有效竞争。农村信用合作联社（农村商业银行）仍是为农户提供金融服务的主力军。

3. 金融机构经营宗旨出现偏差

在追求利润最大化的背景下，涉农金融机构虽然服务对象以“三农”为主，但在实际操作中，信贷服务对象却越来越倾向农村中的富裕群体，非农化特征也愈加明显。同时，因利率定价机制不完善和规避风险等因素，大多数中低收入农户家庭被排斥在正规金融之外，并进一步影响了金融服务的普惠覆盖面。

4. 涉农贷款利率普遍偏高

目前，因中卫市农村地区的金融机构间缺乏有效竞争，居于垄断地位的农村商业银行和农村信用合作联社没有足够的压力与动力加速推进利率定价机制改革，依然是贷款定价博弈中价格的决定者，小而散的农户在这场博弈中只是被动的接受者，对贷款利率不能产生实质性影响，农户要么接受高额的贷款利率，要么选择放弃融资。

**表1　　农村信用合作联社（农村商业银行）农户贷款月平均利率**

| 地区 | A 地区 | B 地区 | C 地区 |
| --- | --- | --- | --- |
| 月利率（‰） | 8.12 | 8.14 | 11.82 |

而作为新兴金融机构的小额贷款公司，其贷款利率更远高于农村信用合作联社（农村商业银行）贷款利率。调查显示，小额贷款公司平均月利率达15.2‰，其中最高的月贷款利率达20.3‰。

5. 金融机构信贷投放动力不足

一是贫困地区信用意识差。调查发现，C 地区由于是国家级贫困县不仅金融机构明显偏少，而且信贷投放动力也不足。主要是由于该地区的农户信用意识普遍淡薄，甚至少数客户信用观念扭曲，存在逃废金融机构债务的现象。涉农金融机构在实际工作中对信贷投放非常谨慎，贷款利率也普遍偏高，客户“贷款难”与银行“难贷款”的两难局面一直存在。二是缺乏有效担保物。由于农村土地性质和农业生产特点等多种原因，农户难以提供有效的抵押物，将许多农户排除在信贷市场之外。调查显示，因“担保、抵押落实不够”而不能充分获得银行信贷支持的农户家庭占比达52.5%。

## 三、农村地区普惠型金融体系的设计

从上述实证分析我们看到，农村金融依然是整个金融体系的薄弱环节，金融服务供给不充分，“贷款难”与“难贷款”等问题仍未得到有效解决。在当前和今后一个时期，农村金融改革亟待向能够适应农村多层次金融需求、功能完善、分工合理、竞争适度和可持续发展的普惠性农村金融发展。基于此，笔者依据普惠型金融理念，结合当前农户的金融供需特点及农村地区经济发展状况，提出构建和完善农村地区普惠型金融体系过程中要注重以下三个方面的设计。

（一）功能服务定位

一是要整体上满足广覆盖，不仅是形式上的供给和创新，更重要的是机制上的设计和保障。二是要形成有一定市场竞争的农村金融市场，实现金融资源的高效配置。

（二）机构组成

随着金融体制改革步入深水区后，改革进程更为复杂，特别是在构建和完善县域农村地区普惠型金融体系过程中，更要注重商业性金融、政策性金融与合作性金融之间的功能互补。

（三）金融需求

可以根据马斯洛需求层次理论，进一步将农村地区划分为经济发达、中等、欠发达三种，对金融需求划分为特殊性需求、发展性需求和生存性需求，并根据不同群体的金融需求特点提供相关特色服务。

**表2　农村金融需求类型分类**

| 需求类型 | 需求主体 | 需求内容 | 特征 |
|---|---|---|---|
| 生存性需求 | 贫困型农户 | 基础生活开支；小规模种养殖等生产需求 | 侧重满足生活消费，需求额度小，还款能力较弱 |
| 发展性需求 | 普通型农户 | 有一定规模的种养殖等生产需求；一般性生活开支 | 额度较小且分散，还款能力一般 |
| 特殊性需求 | 市场型农户 | 规模化的农业生产；工、商、建、运等非农产业需求 | 额度相对较大，还款能力较强 |

## 四、完善农村地区普惠型金融体系的政策建议

（一）政府及相关监管部门要积极引导金融机构开展普惠型金融服务

在县域农村地区推广和发展普惠型金融，就要让涉农类金融机构在“嫌贫爱富”的经营理念下作出让步，要平等对待所有客户，特别是要保证贫困阶层和弱势群体不受歧视。涉农金融机构不应偏离其经营宗旨，要充分体现对“三农”的支持。在政策允许和风险可控的前提下通过有效措施不断降低金融服务的门槛，让不同类型客户享受多层次且更为实惠的金融服务。一是涉农金融机构在经营过程中要进一步履行其社会责任与义务，针对贫困农户和普通中低收入农户，在利率定价方面，可在覆盖风险和经营成本的前提下，通过让渡一部分目标利润，切实让弱势群体能够享受较低成本的金融服务。二是政府和相关监管部门要出台相关措施和考核办法，对普惠型农村金融机构在财政、税收方面给予一定补贴和奖励，以有效调动金融机构支持弱势群体的积极性，加快县域农村地区普惠型金融体系的形成。

（二）积极培育有一定竞争力的农村金融市场

由于缺乏竞争的金融市场，既不利于资金资源合理有效配置，又不利于区域金融的有效延伸。因此，在未来的金融改革过程中，更需结合地区特点，一是逐步放宽对农村金融的管制，大力引导国内各类中小股份制商业银行直接参与或通过入股等方式

参与欠发达地区农村金融市场的竞争。二是根据地区经济发展水平，在避免盲目扩张的同时，本着可控、适度的原则发展村镇银行、小额贷款公司等新兴金融组织，将其作为农村金融市场的另一重要补充载体，逐步在县域农村地区形成“多渠道、多形式、多层次”的金融服务网络。同时，要进一步明确政策性金融与商业性金融经营目标，合理进行业务分工，以此加速打破目前农村信用合作联社（农村商业银行）在农村地区一家独大的局面。

（三）探索创新扩大担保物范围

扩大担保物范围是加快普惠型金融发展的重要条件之一。一是加强登记包括初始、流转、抵押登记和办证制度，将法律目前允许抵押的荒地使用权或荒地承包经营权，林木所有权，乡村企业的土地使用权及建筑物所有权，农村车辆包括农用车、农用设施所有权作为有效抵押物。二是可配合农业保险探索农林牧渔产品预期收益作为担保物的可操作性。由于农林牧渔产品收益具有固定的周期性和预见性，而且农民以这些产业为主，预期收益担保是农民可提供担保的主要手段，也最符合农民自身愿望，担保制度的创新应适应这一主客观需要。

（四）健全风险分担机制，助推普惠型金融的发展

在欠发达农村地区应大力推行农业意外保险制度，增加分担风险的主体，助推普惠型金融的发展。结合西部欠发达地区农村经济结构特征、农村金融市场状况以及农业自然灾害特点，积极探索建立以政府出资具有区域性和政策性的农村保险机构或者探寻吸引民间资本进入农业保险领域，并通过科学设计保险品种、合理厘定保险费率。同时，建立涉农投保财政补偿机制，提高农户的参保积极性。

（五）打造良好信用环境，加快区域信用乡镇等建设

普惠型金融体系的完善与发展离不开良好的社会信用环境，加强对区域内社会信用体系的建设与完善尤为重要。因此，政府部门和金融监管部门需进一步加强金融生态环境建设。通过广泛开展信用社区、信用乡镇、信用农户等创建活动，逐步改善社会信用环境，为金融机构和客户间的合作提供良好的外部保障。在信用乡镇建设过程中，不仅使所在乡镇的农户信用观念得到增强，更会在农户群体中形成信用比较，使农户对“信誉程度”等非物质性收益的重视程度得到增强。

（六）加强政策引导，建立健全普惠型金融体系的相关制度保障

一是增强“窗口指导”的有效性，进一步疏通货币信贷政策传导机制。二是引导金融机构不断创新金融服务，加速发展小额信贷产品，有效改善对弱势群体的金融服务。三是加快制定、发展与普惠型金融体系有关的法律法规，依法保护普惠型农村金融机构合法权益。四是政府和相关监管部门在推动普惠型金融体系建设过程中要加强服务方向和信贷风险的监管力度，切实保障普惠型金融的覆盖群体和金融服务效果。

## 参考文献

[1] 匡国建．发达地区要率先建立普惠型金融服务体系——珠三角城市化进程中金融发展不平衡问题的思考［J］．南方金融，2007（1）：21-24.

[2] 刘勤昌，杨德旗，马勇虎．对金昌市普惠金融政策执行绩效的调查［J］．西

部金融，2011（11）：53－54.

［3］田平，张振江，金贤姬．欠发达地区的普惠制与市场化：双层农村金融服务体系问题研究——以吉林省舒兰市为例［J］．吉林金融研究，2011（3）：49－54.

［4］马九杰，吴本健，周向阳．农村金融欠发展的表现、成因与普惠金融体系构建［J］．理论探讨，2013（2）：74－78.

责任编辑校对：吴　达

# 金融服务

# 互联网金融对支付体系的影响分析

## ——基于支付方式的研究

中国人民银行银川中心支行课题组
杜瑞平　杜小红　任高芳　张丽华　许　烨

互联网金融模式下支付方式的创新打破了时间、空间的限制，让支付更为人性化、个性化。然而，支付方式的创新会给我国的支付体系带来怎样的压力和挑战，如何更好地实现鼓励创新和规范发展并举，从而促进我国支付清算体系健康有序发展，是值得我们深思的问题，也是本课题进行研究的现实意义所在。

### 一、互联网金融新型支付方式与传统支付方式比较

我国支付体系主要由非现金支付工具、支付系统、支付服务组织及支付体系监管者等组成，随着电子商务和信息技术的迅猛发展，国内互联网支付行业发展态势良好，出现了互联网支付、移动支付等新型支付方式。新型支付方式与传统支付方式比较，主要有以下几点不同。

#### （一）服务范围不同

与传统金融支付相比，互联网支付机构除了能为客户提供结算、支付等服务外，还能提供全面的电子支付解决方案，为有需求的客户实现电商化，有效提高运营效率。同时，互联网支付机构还可提供一系列的增值服务，建立了自身的差异化竞争优势。

#### （二）交易成本不同

在传统金融服务过程中，客户与银行存在信息不对称问题，银行也就处于垄断地位，从而拥有定价权，客户享有金融服务需要较高的交易成本。而在互联网金融模式下，市场信息通过网络化方式传播，资金供需双方可以直接交易，有效降低资金期限匹配、风险分担等方面的成本。

#### （三）支付模式不同

在互联网金融支付方式下，第三方支付通过采用二次结算的方式，实现了大量小额交易在第三方支付公司的轧差后清算，在一定程度上承担了类似中央银行的支付清算功能，同时还能起到信用担保的作用。

### 二、互联网金融新型支付方式发展对传统支付体系的影响[①]

#### （一）对非现金支付工具的影响

以票据为代表的传统支付工具业务量持续萎缩。近年来，随着互联网金融的快速

① 本章节所有数据来源于中国支付体系运行总体情况分析报告。

发展以及新型支付方式的不断推广，票据业务量呈现持续萎缩的态势。自2012年第三季度以来，全国票据业务笔数和金额已连续9个季度呈现同比双双下降趋势。此外，托收承付、委托收款等结算方式业务量均呈现大幅下降趋势，传统支付工具业务量明显萎缩。

银行卡呈现蓬勃发展态势。银行卡是目前我国使用频率最高的非现金支付工具，是零售支付中所有支付方式实现的基础，也是社会公众进行各类支付活动的基础。自2012年第一季度以来，银行卡发卡量同比增速持续保持在20%左右，无论是在商户实体店刷卡支付，还是进行网上支付和交易，社会公众都已习惯并选择用银行卡进行支付。

电子支付业务保持快速增长势头。近年来，随着各类基于互联网金融的新型支付工具不断增加和应用，电子支付业务成为非现金支付工具体系中的重要组成部分。2014年第三季度，全国银行机构共处理电子支付业务84.00亿笔，金额373.32万亿元，同比分别增长26.06%和31.92%。

（二）对支付系统的影响

推动我国第二代支付系统建设运行。随着国际上现代化支付系统朝着低成本高效率的混合模式演化，我国基于互联网的各类支付方式不断创新，第三方支付业务快速增长，建设设计更加高效、灵活、安全、兼容的现代化支付系统成为必然趋势。2013年，二代支付系统成功上线运行，我国现代化支付系统完成了由一代到二代的蜕变，为更加多元化、人性化的各类支付方式创新搭建了新的资金清算平台。

改变了支付系统运维模式。网络支付的快速发展，是基于支付机构和各商业银行的系统进行资金清算，使得一些大型支付机构具有了类似清算行的功能，对跨行之间的资金可以实现清算，同时也改变了原有零售支付系统架构的格局，使得支付系统这类金融市场基础设施的运维主体和模式发生了变化。

（三）对支付服务组织的影响

对央行监管提出新要求。跨行资金流动在集中清算体系外流转的规模不断增加，对资金监控的难度相应增加，进而也对金融稳定的框架内容产生影响。此外，网络支付的发展会改变货币流通速度和货币结构，进而影响到货币政策操作，因此对央行维护金融稳定提出新的要求。

改变了商业银行的垄断地位。一直以来，我国的支付服务组织从账户开立，到提供各类支付服务，再到资金清算和流转，都是由银行提供服务。然而，面对个性化支付服务的空缺，一些网上商务活动企业，纷纷以各种形式发展支付服务平台，短短几年时间，原本属于商业银行垄断的支付市场，已悄然发生改变，第三方支付机构成为我国支付服务组织中重要的构成部分。

促使支付市场多元化发展。近年来，参与支付服务的市场主体更加丰富，更加多元化。特许清算组织、商业银行、支付机构等市场主体交叉融合、互相渗透、相互补充，紧跟市场步伐，提供多层次、多样化、多功能、广覆盖的支付服务工具和产品，共同促进支付市场的繁荣与发展。

（四）对支付体系监管的影响

对监管体系带来压力和挑战。第三方支付的产生满足了当前国内网上交易便捷支付、降低交易成本的需要，弥补了我国支付体系的不足。但由于第三方支付行业发展良莠不齐、产品鱼龙混杂，出现了道德风险、洗钱问题、套现问题等，对当前支付清算监管体系形成了一定挑战，金融业界及市场要求对第三方支付机构加强监管的呼声不断走高。

促进监管政策不断完善。监管部门本着促进创新、规范发展、防范风险、维护各方合法权益的原则，在尊重市场运行规律的基础上，不断完善支付行业的监管政策。2013 年 6 月 7 日发布的《支付机构客户备付金存管办法》建立了对非金融机构支付业务的监督管理机制，对维护金融体系稳定、促进行业健康发展具有重要作用。

## 三、互联网金融影响下支付方式的 SWOT 分析

（一）优势（Strength）

优化支付体系服务效能。互联网金融的低成本运作和平台中的客户量可以弥补传统银行业在零售支付服务方面的不足，在网络信用普遍缺失的情况下，支付机构开创“担保交易”的支付流程，提高了网上交易中商家和消费者的相互信任，促进交易成功实现，并分担了支付压力。

提升支付清算功能效率。互联网金融平台，在打破时空约束的基础上，克服了支付清算资金的“存量化”，加快了资金的流动速度，最大限度地保证了交易双方特别是资金接收方即债权人的利益。便捷、及时地基于互联网的各类支付方式，既是现有银行支付清算体系的竞争者，又是社会总支付清算系统的完善者。

扩大支付服务覆盖面。互联网金融模式下的支付工具和支付方式的创新，一方面提升了支付的便利性和用户友好性，满足了差异化、个性化的支付需求；另一方面打破了传统银行物理网点的局限性，有助于降低金融服务的成本，大幅提高支付服务的覆盖面和渗透率。

（二）劣势（Weakness）

业务合理性难以界定。由于互联网金融新兴支付方式合法性难以界定，导致部分互联网金融产品游走于合法与非法之间的灰色区域，这些金融创新无法受到既有规则管辖，存在一定风险隐患。同时由于网络交易的匿名性、隐蔽性，互联网金融下支付方式很难辨别资金的真实来源和去向，使资金的非法转移、洗钱、诈骗等活动有了可乘之机。

存在支付风险。一是互联网金融交易虚拟化，交易对象跨区域，甚至跨国界，致使风险难以掌握，对反洗钱和账户实名制制度产生较大的冲击。二是互联网金融企业处于开放式的网络通信系统中，这就导致互联网金融体系很容易遭受计算机病毒以及网络黑客的攻击，从而引起客户支付信息泄露、账户资金被盗等风险。

账户资金沉淀存在风险。目前支付机构对客户备付金存管并未完全到位，资金第三方托管机制未完全建立。在此情况下，部分客户资金仍沉淀在互联网金融企业的账户中，有可能存在资金被挪用甚至被携款跑路的道德风险，这不仅会对客户带来资金

损失，也容易对整个支付行业产生负面声誉影响。

（三）机遇（Opportunity）

政策法规释放积极信号。2014 年 3 月 5 日，李克强总理所作的政府工作报告中，“互联网金融”首度被写入其中。2010 年 6 月 21 日，人民银行发布了《非金融机构支付服务管理办法》，力求引导行业健康发展。2013 年，人民银行发布《支付机构网络支付业务管理办法（征求意见稿）》，进一步加快了互联网支付服务制度完善的进程。2014 年 11 月，人民银行副行长潘功胜在支付清算与互联网金融论坛上的讲话，明确提出监管部门对互联网金融监管的主体框架思路。

市场转型提出迫切需要。传统的银行已难以满足电子商务支付需求，互联网金融打破了传统的金融资源垄断，更能体现普惠金融的优越性，互联网金融模式下的支付方式也因其便利性、灵活性、低成本，更为市场接所受。

信息技术带动行业发展。以云计算技术为基础的互联网时代为面对消费者的几乎所有产业提供了全新的渠道，而最终交易的达成都需要支付产业的支持。在这样的时代背景下，金融服务的可获性、及时性和便利性都将提高，第三方支付应运而生并迅速发展壮大。

（四）挑战（Threats）

对金融体系产生系统性影响。互联网金融改变了金融市场的资金分布，提高了金融机构资金成本，对支付清算体系形成一定程度冲击。

对商业银行形成冲击。互联网金融对商业银行构成了直接竞争，使商业银行电子银行、线下支付业务及资产负债业务、中间业务等受到冲击，商业银行支付角色明显弱化。

对支付清算体系产生影响。支付清算体系包含着金融市场基础设施最关键的支付清算系统和支付清算监管机制。网络支付的快速发展，推动跨行资金流动在集中清算体系外流转的规模不断增加，使对资金监控的难度相应增加，进而也对金融监管带来了全新的挑战。

## 四、政策建议

（一）健全法律法规制度

加快互联网金融立法。互联网金融对宏观调控和金融改革都带来深远影响，为了加强宏观调控，促进互联网金融健康发展，必须加快互联网金融立法。

完善支付机构管理办法。监管部门应当在遵循互联网基本法的基础上，尽快制定更加完善的、符合发展现状的互联网支付机构管理办法实施细则，明确监管措施，规范业务流程，促使互联网金融支付机构合规经营，从而确保互联网金融健康发展。

（二）完善监管组织体系

构建互联网金融监管体系。对互联网金融实施监管，应坚持开放、包容的理念，以“结合国情、促进创新、市场主导、规范发展”为监管原则，促进支付服务市场健康发展，防范支付风险。通过建立跨行业、跨部门的互联网金融监管机制，促进监管信息交流和资源共享，提高监管透明度和监管效率。

发挥支付行业自律管理机能。互联网金融企业应建立风险管理制度和系统，通过强化内部管理、落实风险评价等措施规范行业发展，使自律行为真正渗透到企业经营和内控当中。应成立有影响力的行业协会，提高风险识别处置效率，提升行业整体风险防范能力。同时建立风险防范联动机制，使产业内与产业外、监管机构与行业主体间形成合力，共同防范支付风险。

（三）积极营造包容发展的市场环境

鼓励互联网金融创新，是推动金融包容性发展的必然要求。互联网金融应在坚持顶层设计的框架下，以满足实体经济发展的有效需求为落脚点，通过科学化管理，培育公平、开放的发展环境，通过构建多层次、可持续、高效率的支付体系，搭建好为各参与主体所共享的基础设施，促进互联网金融模式下的支付方式创新与支付体系协调发展。

商业银行应当“拥抱互联网并在新时代找到新突破”。面对互联网金融公司业务的蓬勃发展，商业银行应密切关注互联网金融的发展动向，创新金融模式，转变思想观念，在金融互联网、支付结算产品开发的投入上做好整体战略布局。要加强与支付机构的合作，大力拓展新兴支付业务，全面提升支付服务水平和效率。

支付机构应在竞争中谋取合作。支付机构要不断完善管理制度，以金融为本、以安全为本，实行差异化服务策略，在保证客户资金安全的同时，提高自身产品竞争力，以良好的声誉，诚信合规的经营，迎来企业的长效发展。

（四）充分发挥央行法定监管职能

维护金融稳定，助推经济发展。在新型金融方式不断创新的背景下，人民银行职能部门应提高履职水平，引导督促支付机构规范发展，建立健全非金融机构支付业务监管体系，加强账户资金管理，防范支付风险，切实保障消费者资金安全，维护支付服务市场的稳定运行。

建立配套措施，保障信息安全。人民银行建立的现代化支付系统作为我国金融体系建设的核心基础设施，是社会各类支付结算活动的最终承载者，应当更具有包容性和创新性，才能更好地满足市场需求。同时要进一步丰富监管手段和措施，以从严监管促进互联网支付机构合规经营。

加强跟踪研究，开展调查分析。人民银行职能部门应充分利用现代化信息技术手段，密切监控互联网支付交易资金流向，督促支付机构严格执行支付结算纪律。要继续针对互联网金融、第三方支付等热点问题，整合信息资源，挖掘数据特征，开展调查研究，将其发展前景与支付系统运行体系结合起来，为推动现代化金融发展提供有价值的信息参考。

责任编辑校对：吴　达

# 改革是宁夏保险业发展的坚定选择

宁夏保监局　亓新政

**摘要：** 当前保险业还存在着服务面不宽、服务能力不强等问题，与经济发展的需求不相适应，与全面建成小康社会的总体目标不相适应，迫切需要通过深化改革来激发行业的内在活力。宁夏回族自治区第十一次党代会确定，到 2020 年要与全国同步进入全面小康社会，面对难得机遇，宁夏保险业必须紧紧围绕自治区经济社会发展大局，破除旧模式、旧观点、旧做法、旧制度，大力推进行业理念改革、商业模式改革、保险监管改革，把握正确发展的方向，促进行业持续快速健康发展。

改革开放 30 多年来，我国综合国力不断增强，保险业取得了世人瞩目的发展成绩，随着行业实力的迅速壮大和发展阶段的不断演进，保险事业也进入到了改革的深水区和攻坚阶段。当前我国保险业还存在着服务面不宽、服务能力不强等问题，与经济发展的需求不相适应，与全面建成小康社会的总体目标不相适应，迫切需要通过深化改革来激发行业的内在活力，推动行业持续健康发展。

改革是破除发展外在障碍、催生发展内在活力、营造可持续发展环境，推动保险事业不断向前发展的必然选择和动力源泉。当前，宁夏保险业必须要结合自治区经济社会发展实际，破除旧模式、旧观点、旧做法、旧制度，大力推进行业理念改革、商业模式改革、保险监管改革，正确把握保险业发展方向，促进宁夏保险事业持续快速健康发展。

## 一、大力推进行业理念改革，找准宁夏保险业发展的科学定位

宁夏第十一次党代会确定，到 2020 年要与全国同步进入全面小康社会。宁夏面积不大、人口不多，综合经济实力不强，为实现这个宏伟目标，自治区科学谋划、超前规划、攻坚克难，举全区之力推进沿黄经济区战略和百万人口扶贫攻坚战略，大力实施内陆开放型经济试验区和综合保税区建设，通过"两大战略"和"两区建设"，弯道超车、直线追赶，力争用不到 10 年的时间，保持年均 12% 的经济增速，全面推进各项事业发展，到 2020 年实现与全国同步进入全面小康社会。

面对难得机遇，宁夏保险业应顺势而为、借势发展，以更长远的眼光和更宽阔的视野，大力推进行业理念改革，找准自己的科学定位。同时应紧紧围绕自治区党委、政府确定的中心工作，在服务现代金融、社会保障、防灾减灾、社会管理、农业保障五大体系建设中拓展新的发展空间，为市场提供新引擎，构建行业发展新格局。

（一）参与地方经济建设

近年来，宁夏保险业发展迅速，在保障经济运行和社会稳定方面发挥了积极作用，但参与地方经济建设的广度和深度还很不够。2012 年，国务院正式批准设立宁夏内陆开放型经济试验区，是我国内陆地区首个也是唯一一个覆盖整个省级区域的试验区。宁夏金融机构少，资本市场发展相对滞后，融资手段单一，加快内陆开放型经济试验区建设需要大量资金。为破解资金难题，近年来宁夏积极引入保险资金，平安集团、阳光保险集团先后投资 8 亿元和 11.4 亿元，用于宁夏交通基础设施建设和入股宁夏银行。宁夏具有明显的能源、农业、旅游等资源优势，当前一大批规模大、效益好、科技含量高的重大项目陆续开工建设。作为现代金融体系的“三驾马车”之一，保险业有责任也有实力更进一步地参与地方经济建设，为宁夏未来发展提供优质资金，同时也将拓宽投资渠道，分享宁夏经济增长的成果。

（二）提升社会保障水平

截至 2012 年末，宁夏保险业共为 818 万人次提供了商业养老、医疗保险保障，积累养老和健康等长期风险准备金 149 亿元，在地方社保统筹中发挥了一定作用，但覆盖面不广，保障范围有限，与群众的客观需求有很大差距。随着城镇化率超过 50%，地方政府正面临日益增大的社会保障压力，特别对于宁夏这个公共财政支出超过 50%靠转移支付的省区来说，压力更大。商业保险应积极行动、主动作为、谋求共赢，通过更有效率地调配社会资源和市场资源，在服务社会保障体系中发挥更大作用。在基本保险层次，主动为社会保险提供第三方管理服务，实现社保资金的保值增值，减轻政府经办压力。目前宁夏城乡居民大病保险已确定经办的商业保险机构，下一步要为更深度的合作奠定坚实基础；在职业性保险层次，通过开展企业年金和团体福利计划等业务，为雇主提供独立运作、专业化管理、适度保障的职业性补充养老和医疗保障，为养老和医疗计划发起、运营、给付提供全程服务；在个人商业保险层次，提供更多、更灵活的保险产品和服务，满足更高层次的差异化社会保障需求。

（三）助推防灾减灾建设

宁夏的自然灾害相对频繁，近年来造成的直接经济损失每年都在 20 亿元以上，但保险赔款不足灾害损失的 2%，救灾绝大部分靠政府的民政救济。在防灾防损方面，各保险公司普遍存在“重保轻防”的观念，2012 年全行业防损费投入仅 1 100 万元，是上年的 1.6 倍，不足保费收入的 0.2%。下一步，保险业应充分发挥专业优势和风险管理技术，发挥保险费率的杠杆作用，建立起与消防、气象、防震、抗汛等有关部门的信息共享机制，全面介入自治区风险防控和应急保障机制，妥善应对各类重大风险事故。尤其应争取全面参与到自治区一号工程宁东能源化工基地的防灾减灾体系建设，宁东能源化工基地现已完成投资超过 2 000 亿元，未来总投资将超过 5 000 亿元，形成年煤炭产能 1 亿吨，电力装机 1 200 万千瓦，煤制油、煤制烯烃等煤化工产能 1 500 万吨，一批具有世界最先进技术的大型装置正在建设中。此外，宁夏保险业应通过制度性安排，加强政府顶层规划设计，完善损失补偿机制，整合各方资源，减少社会财富损失。

（四）全面服务社会管理

近年来，宁夏责任保险已覆盖全区所有道路运输承运人、学校、幼儿园、旅行社和公立医院，2012 年承担风险总额1 270 亿元，赔付支出超过4 亿元。当前，自治区在经济发展中仍面临着很大的社会管理压力，例如环境保护、道路运输管理、社会秩序管理、教育医疗服务等领域，亟须改善提高。保险业参与社会管理具有天然优势和独特作用，应充分发挥保险功能，通过政策引导、政府推动、立法强制等措施，建立相应的责任保险机制，用市场化、法律化的手段来解决责任赔偿方面的纠纷，分担政府责任，促进社会和谐稳定。积极配合政府做好弱势群体的保险服务，针对敬老院、低保人群等，开发保障功能强的产品，通过争取政府统保、税收优惠等政策，降低费率水平，解决低收入群体的保障问题。进一步提高理赔特别是车险理赔的效率，通过扩大快处快赔覆盖面，缓解城市交通压力。

（五）保障现代农业发展

将保险机制纳入到农业风险保障体系，能够撬动财政补贴杠杆，扩大财政支持效应。2012 年全区种养两业承保的作物和牲畜分别是2008 年的51 倍和1. 2 倍，5 年来累计承担风险总额68 亿元，支付赔款2. 1 亿元，已有近13 万农户从中受益。但还存在很多不足，以2012 年为例，全区粮食、油料作物投保率仅为25% 和4. 4% ，葡萄、枸杞、硒砂瓜等优势特色农产品不足13% ，奶牛不足30% ，设施农业、家庭农场、供港蔬菜基地等优势特色产业还没有纳入国家财政支持的保费补贴政策，农业保险仅停留在保物化成本、保自然风险的初级阶段。下一步应在“保特色”的基础上强化“保大宗”，在扩大覆盖面的同时，加强对设施农业、供港蔬菜基地以及一些产业化程度较高的农业龙头企业的保险服务，积极开展林业保险、农房保险，扩大涉农保险的范围。在“保成本”的基础上探索“保价格”，创新价格保险产品，保障范围从“保自然风险”到“保市场风险”并重，通过金融市场机制替代行政手段来调节市场价格。在“做农险”的基础上向“促金融”转变，积极探索将农业保险与农村小额贷款保证保险组合，通过与农村信贷等金融手段的有机结合，盘活农业资产，缓解“三农”融资难题，进一步促进农业的现代化、产业化发展。

## 二、大力推进商业模式改革，全面提升宁夏保险业综合服务水平

服务是保险业的永恒主题。提升保险服务质量和水平是保险行业保护消费者利益、实现保险社会管理功能、改善和提升行业形象、转变发展方式的必由之路。

（一）产品多元化

一些保险公司追求短期利益，有选择性地推广产品，使市场上充斥着保障程度低、功能作用雷同的产品，也加剧了拼手续费、销售误导等恶性竞争行为。转变这种同质化竞争、粗放式发展的方式，必须要以特色化、差异化的产品取得竞争优势。如针对宁夏内陆开放型试验区建设，积极开展服务企业融资的贷款保证保险、服务企业“走出去”的信用保险等。鼓励保险公司与保险经纪机构合作推动保险产品创新，协同开展风险管理研究和保险产品开发。通过产品组合、细分市场等方式，逐步建立能够满足各年龄、各行业、各群体、各类需求的多层次、广覆盖的保险产品体系。

（二）服务个性化

很多保险公司的服务仍未改变“以销售为中心”的陈旧观念，如保险消费者普遍反映保单条款晦涩难懂，营销靠“销售误导”而不是“量身定制”，投保容易理赔难等；一些公司的个性化服务流于给客户派送礼品等表面形式。未来保险市场的竞争焦点就是服务，必须要树立“以客户为中心”的服务理念，根据客户的需求提供个性化的服务，从以往简单的“开发—推销”模式向“了解需求—设计产品—提供服务”转变。同时，重视市场细分，满足各客户群的不同需求；拓宽服务范畴，使客户发现新的金融保险消费选择，从而与保险公司建立更为长期的信赖关系；注重延伸服务，向提供医疗资源、健康咨询、灾前预防、灾后减损、应急救援等全产业链延伸，提高保险服务的附加值，使客户真正感受到“保险让生活更美好”。

（三）销售多样化

从2012年宁夏各渠道保费收入情况看，财产险个人代理、兼业代理和公司直销渠道占总保费比重达94%，人身险则集中在个人代理和银邮类兼业代理渠道，占比分别达69%和26%，专业代理、经纪渠道以及电话、网络等新兴渠道的占比很低。保险业应该抓住新技术给行业带来的新机遇，从传统的渠道向借助互联网扩展，减少中间环节，让利给广大保险消费者，进一步扩大保险覆盖面。同时，注重发挥保险经纪等专业中介渠道的作用，利用其熟悉特定领域风险的优势，推动创新承保机制和保险产品，有效满足保险消费者需求。

## 三、大力推进保险监管改革，切实增强宁夏保险监管的有效性、主动性和针对性

保险改革越走向深入，市场化程度越高，金融的复杂性和脆弱性也越强，同时对保险监管的要求也更高，保险监管部门必须继续做好创新和改善监管，放宽放活市场的事，管住管好该管的事，不断提高监管的科学性和有效性。

（一）坚守风险底线

改革往往涉及未知领域，为最大限度地获取改革收益，要防止因为改革积累和放大风险，实现安全与效率的统一。首先，对保险改革中的创新举措要加强监管，及时甄别各类创新的真实动机，杜绝监管套利，防止一些新产品引发新的风险，特别是要守住不引发系统性、区域性风险的底线。其次，要建立健全系统性风险监测、评估、预警体系，加强对跨行业、跨市场风险的监测评估，特别要针对新产品新业务的主要风险点、风险大小、衍变方式、传导路径等，及时创新相应的风险识别、监测、预警、控制等工具，确保风险可测、可管、可控；要完善保险风险定期排查机制，深入排查风险点，摸清重点改革领域的风险情况，做到心中有数。再次，要增强风险应急处置能力，健全风险防范应急预案体系，形成应对风险的快速决策和反应机制。最后，要完善与地方有关部门及其他金融监管部门的监管合作机制，防范风险跨领域传递，形成防范风险的合力。

（二）强化内控监管

确保改革的顺利推进，要求保险公司要紧密围绕改革的需要，不断加强和改进内

控管理，为改革的稳步推进提供必要支撑。目前行业内仍有不少公司认识不到位，内控管理薄弱，讲发展就是保费增速、讲竞争力就是市场份额、讲管理就是利润奖金，这不仅使得发展速度难以为继、发展质量难以保证，也会加剧风险积累。监管部门首先要加强内控监管工作，强化保险公司改进经营管理和风险管控的主体责任，引导公司完善内部控制体系，改进绩效考评体系，加快管理体制机制创新，增强转型发展的内生动力。其次要引导公司创新管理标杆体系，督促公司各级机构科学设定经营目标，合理设定对下级机构的考核指标，审慎设定奖罚标准，增进发展质量、效益和速度的协调统一。

（三）规范保险市场

改革一定会对保险市场带来一些新的情况，监管部门要进一步完善市场检查和非现场监测的方式、手段，特别是对改革中的一些创新举措，应及时研究制定相应的监管措施和监测办法，防止其扰乱正常的保险市场秩序，同时也要根据实际建立改革创新的试错和纠偏机制，做到能试能停。首先要注重保险消费者利益的保护，重点强化对新产品和服务的宣传销售、服务收费、售后理赔、投诉处理、社会责任等重点环节的规范和管理，在保险机构和消费者之间形成良性互动，减少消费误导和理赔难等消费者反映强烈的问题。其次要加强保险消费者教育，在保险产品和服务的创新过程中，督促和引导保险机构、行业协会主动加强相关保险知识的教育普及，以提高保险消费者的保险知识水平、风险防范意识，更好地保护保险消费者利益。

责任编辑校对：宋大为

# 宁夏保险业参与城镇化建设路径研究

宁夏保监局　李瑞君

**摘要**：当前，我国正处于城镇化快速发展阶段，城镇化已经成为推动我国国民经济和社会发展的主要动力。对于西部欠发达省区，城镇化更是统筹城乡协调发展，缩小东西部差距的重要抓手和全面建成小康社会的必然选择。在城镇化进程中，保险业作为金融业的重要组成部分，可以充分发挥“社会稳定器”和“经济助推器”的作用，在改善民生、服务“三农”、参与城镇项目建设和社会管理等方面为城镇化建设保驾护航。本文分析了城镇化进程中保险业发展的新机遇，结合宁夏保险业发展的现状，提出宁夏保险业参与城镇化建设的基本原则和主要路径。

改革开放三十多年来，我国的城镇化水平大幅提升，城镇化率从1978年的17.9%迅速提高到2013年的53.73%，平均每年提高1个百分点，但与发达国家的城镇化率水平相比，我国还有很大的差距，也有很大的发展空间。党的十八大报告指出：“坚持走中国特色新型工业化、信息化、城镇化、农业现代化道路。”推进城镇化建设已经成为我国新时期的重大国家战略。

保险业作为金融的重要组成部分，是国民经济中增长最快的“朝阳产业”之一，具有经济补偿、资金融通和社会管理等功能和作用。现阶段，保险已经渗透到经济社会发展的方方面面，保险业在保费规模、保险深度和密度等方面取得了快速发展。

城镇化与保险业在快速发展的同时，联系也越来越紧密，城镇化可以为保险业发展创造必要的需求空间，促进保险业发展水平提升和结构优化，保险业的发展能够更好地支持城镇化建设，是城镇化演进过程中的重要力量。所以，把握城镇化建设的历史机遇，积极探索保险参与城镇化建设的路径，对城镇化建设和保险业可持续发展都具有重要意义。

## 一、城镇化建设为保险业带来新机遇

国际经验表明，一国保险发育程度与城镇化水平高度正相关，城镇化进程将推动收入增长，进而大大释放保险需求，城镇化率每上升1%，保险密度将提高5%。根据联合国关于世界城市化展望的研究预计，中国城镇化率到2030年将提高到70%，这也意味着未来一段时间，随着城镇化进程的不断深入，我国保险需求将会得到较大幅度释放。

### （一）人口城市化进一步拓宽保险需求空间

李克强总理指出，城镇化的核心是人的城镇化，关键是提高城镇化的质量，目的是造福百姓和富裕农民。研究显示，城镇化率每提高1个百分点，意味着1 300万的农村人口进入城镇。要解决农民“进城”问题，关键是要重视保障农民的权益。在农民向市民转变的过程中，“进城”农民只有实现就业、教育、医疗卫生、社会保障等公共服务的均等化，才能真正融入城市的美好生活。广大“进城”农民在就业创业、教育、娱乐文化、养老、医疗、意外伤害和信用风险等方面有巨大的金融保险需求，保险通过市场化的运作，在保障“进城”农民权益方面可以提供广泛的风险保障。

（二）农业现代化夯实保险业的现实有效需求

农业现代化是城镇化的重要基础和保障，是城镇化的“孪生兄弟”。我国13亿人口的基本国情决定了我国农业在国民经济中的基础地位。保险在抵御自然灾害、保障农业生产、农民生活、农村建设等方面优势非常明显，但是目前由于农业现代化的水平还较低，农业保险的发展在一定程度上受到了制约。在城镇化和农业现代化的进程中，农业的规模化、产业化和机械化生产经营将逐步推广并成为现实，设施农业保险等也将真正发挥作用，成为现实有效的需求。

（三）城镇基础设施建设需要保险资金保驾护航

随着大中城市和小城镇并举发展，城镇化建设中城际交通网、城市更新改造、小城镇基础设施改造等都需要大量资金，而保险资金具有长期性和收益稳定性等特点，与城镇化建设资金需求有很高的契合度。保险资金在不断积累的过程中，也需要分散风险，寻求新的稳定的投资渠道，获得稳定收益，城镇化建设为保险资金提供了良好的投资渠道。同时，城市大规模新建改造及投入使用过程中，会面临着各类灾害事故等不确定性因素，对保险的服务需求也会随之加大。

（四）提升城镇化管理水平需要保险业深度参与

城镇经济的繁荣、社会的稳定在很大程度上取决于社会管理水平的高低。随着城镇化进程的加快，社会管理中的问题逐步凸显，如环境污染、交通拥堵、公共安全事件频发、社会矛盾纠纷加剧等，这些问题的存在会大大影响城镇化建设的进程。保险业可以通过发展多种形式的责任保险，较好地解决经济社会领域的矛盾纠纷，大大减轻政府的管理负担，提升管理效率，促进社会和谐稳定。

## 二、宁夏保险业参与城镇化建设的有利条件

保险业参与城镇化建设，需要有适当的经济条件基础、较高的城镇化发展水平和保险发展基础等。宁夏属于经济欠发达地区，经济总体发展水平不高，但是在经济发展基础、城镇化建设程度和保险业发展水平等方面却有一定的比较优势，为保险业参与城镇化建设奠定了较好的基础。

（一）良好的经济发展条件为保险业参与城镇化建设提供了经济基础

宁夏经济发展水平在西部相对较高，2013年，全区实现生产总值2 565.06亿元，人均生产总值达39 420元，位居全国第15位，西部第3位①。宁夏的农业综合生产水平在西北地区名列前茅，工业基础和能源基础较好，旅游资源优势明显，表现出较强

① 数据来源于2014年《宁夏年鉴》。

的经济发展后劲。良好的经济发展条件为城镇化和保险业的持续健康发展奠定了经济基础，也为保险业在更高水平和层次上参与城镇化建设提供了必要的保障。

（二）西部大开发战略为保险业参与城镇化建设提供了政策支持

国家西部大开发战略不断向纵深推进，加快民族地区发展的政策进一步强化。在西部大开发的第二个十年，国家进一步加大对西部开发建设政策和资金的支持力度，呼包银地区已被国家确定为西部大开发第二个十年规划的重点区域，成为西部发展新的经济增长极。此外，国家先后出台了支持宁夏沿黄城市带成为辐射周边地区的战略新高地、支持宁夏内陆开放经济试验区建设、"一带一路"等一系列政策，为宁夏实现从资源优势向经济优势转化和加快推进城镇化建设提供了广阔的空间。保险业在西部大开发的过程中可以顺势而为，用足政策、用好政策，实行特色化发展，为西部欠发达地区经济社会发展提供充足的保险保障。

（三）较高的城镇化建设水平为保险业发挥作用提供了发展平台

宁夏党委和政府高度重视工业化、城镇化、农业现代化的协同发展，把城镇化作为推进全区经济社会发展的重大战略，出台了一系列支持城镇化建设的土地政策、产业政策、人口政策、财政政策和环境政策。截至2013年底，宁夏全区常住人口654.19万，城镇人口340.28万，城镇化率为52.01%，比2005年提高9.72个百分点，年均增长1.21个百分点，排名西部第三①。宁夏率先在全国实现村庄规划全覆盖，沿黄城市带纳入全国"两横两纵"城市化战略格局和全国18个重点开发区之一，上升为国家战略。宁夏快速发展的城镇化进程必然会为保险业做大做强提供更加广阔的发展平台。

（四）保险业服务经济社会的实践经验为参与城镇化建设提供了参考借鉴

近年来，宁夏保险业大力推进改革创新，积极主动服务少数民族地区经济社会发展，为参与城镇化建设积累了丰富的实践经验。农业保险发展迅速，18个农险险种覆盖奶牛、羊、水稻、硒砂瓜、枸杞等优势特色农产品；保险资金积极投资宁夏基础设施建设，2012年以来，平安、阳光、国寿、人保集团与自治区签署战略合作协议，23.4亿元保险资金投入宁夏重点项目；通过保险机制化解城乡居民创业融资难，2014年农村小额信贷保险、农村小额人身保险为20万农民提供风险保障285亿元，是2011年的2.5倍；保险辅助政府参与社会管理创新，责任保险覆盖全区道路运输承运人、学校、旅行社和公立医院，2012年以来累计承担风险总额4 500亿元。

## 三、宁夏保险业参与城镇化建设的基本原则

保险业发展与城镇化建设具有较高的协同度，但是不同地区的协同度差异较大，宁夏作为西部省份，保险业与城镇化建设的协同度没有东部和中部强，并且主要表现为保险业的发展水平滞后于城镇化建设的水平②。所以，宁夏保险业在参与城镇化建设中，要注重保险业自身发展的路径安排，通过合理规划、加强服务和防范风险等手段，保证保险业和城镇化建设同步协调发展。

---

① 数据来源于2014年《宁夏年鉴》。

② 臧志谊等．城镇化与保险业发展的耦合协调关系及表现［J］．保险研究，2015（3）．

（一）经济效益与社会效益协调

新型城镇化需要切实完善医疗、住房、养老、教育、就业等公共服务，并进一步加大城镇基础设施建设。这些项目所衍生的保险供给很大一部分属于准公共产品，需要行政引导乃至财政扶持。在发挥保险机制服务准公共产品的过程中，保险业必须妥善处理好市场竞争与政府规划、营利性与公益性、经济效益与社会效益的关系，避免一味逐利等短视行为或服务改善动力不足对潜在保险资源的破坏。

（二）产品创新与风险防范并重

我国国情决定了在实行城镇化过程中不能千城一面。宁夏中部和南部山区城镇化过程中的教育、卫生、文化、体育、公园、绿化、生活垃圾和污水处理等基本公共服务和基础设施建设还较为薄弱，影响城镇整体功能的发挥。各城镇资源禀赋差异、地域特色不同，对保险的需求也因地而异。城镇化中形成的一些保险标的涉及新领域、新主体、新业务，有的还要求提供量身定做的保险产品。同时，要在创新产品中研究构建适应城镇化业务特点的风险管理体系。

（三）服务延伸与科学发展同步

宁夏城镇化地域差异比较大，2014 年，银川市城镇化率 75.45%，而固原市只有 30.09%，区域内城镇化率高低相差 45.36 个百分点。同时，城镇化建设中出现土地城镇化速度快于人口城镇化的趋势，户籍人口城镇化速度慢于常住人口城镇化，城镇化基本公共服务和基础设施还有待提升和完善。为满足城乡地区的保险需求，保险业必然要走出大城市，将服务触角延伸至小城镇及农村，改变目前机构多集中在中心地市以上的布局。但在加大投入、网点扩展的过程中，也需注意把握节奏，既要尽力而为，为城乡保险消费者提供满意的服务体验；又要量力而行，防止盲目扩张可能造成的服务不到位、管控脱节等问题，避免埋下潜在隐患。

## 四、宁夏保险业参与城镇化建设的路径选择

中共中央、国务院于 2014 年 3 月发布的《国家新型城镇化规划（2014—2020 年）》中多次提及商业保险，对保险在完善国家治理体系和提升国家治理能力方面的作用进行了肯定和清晰的定位。在城镇化进程中，保险具有完善社会保障体系、优化农业保障、拓宽建设融资渠道、创新社会管理等独特优势，可作为新型城镇化建设中一项有力的推进工具。

（一）在服务失地农民中发挥作用

为加快宁夏百万贫困人口扶贫开发、脱贫致富步伐，自治区人民政府实施了 35 万生态移民工程，由于生态移民中普遍存在经济基础差、综合保障少的情况，宁夏保险业要主动承担起社会责任，广泛参与新农合、新农保等业务，积极开展大病保险、工伤补充保险、养老补充保险、住院医疗补充保险等保险业务，为农民在脱离土地等传统生活保障依托之后提供一种新的保障手段和风险管理工具。做好农业转移人口的保险保障工作，积极开发针对进城务工人员的一揽子保险计划；研究探索为征地农民设立个人养老账户，提供长期保障；大力发展小额人身保险，推动建立小额保险和扶贫机制相结合的保险保障模式。

（二）在服务农业现代化中体现优势

国际经验表明，保险作为农业现代化中一项重要制度安排，对于抵御农业生产、农民生活、农村建设中的风险具有十分突出的优势。截至 2013 年底，宁夏全区尚有 52.01% 的人口居住在农村，40% 的从业人口从事农业，但创造的地区生产总值仅占全区的 8.7%，农业基础仍很薄弱，农民收入水平较低，自然灾害频发，造成农村建设资金短缺，农业自身发展能力相对较弱。而宁夏农业保险的发展优势却相对比较明显，发展特色鲜明、覆盖全面、体制健全，为农业现代化建设提供了强有力的保障。在城镇化过程中，保险业要进一步提高主要粮食作物和畜产品的保险保障程度，促进农业生产的长期可持续发展，保障粮食安全和食品安全；开发推广宁夏特色农产品保险、菜篮子工程保险、产品价格指数保险、农产品质量保证保险、农业基础设施保险等新型险种；研究开发针对农业生产大户、龙头企业、合作组织的保险产品，促进农业规模化生产；积极发展农村小额信贷保险，改善农村信用环境，有力地支持农业现代化发展。

（三）在服务城镇项目建设中贡献力量

根据《宁夏城镇化发展“十二五”规划》确定的目标，宁夏到 2015 年，城镇化率将达到 55% 以上，城镇人口超过 371 万人，沿黄城市带城镇化率达到 70% 以上。随着大中城市和小城镇并举发展，基础设施建设投资将不断加大，资金缺口在所难免。宁夏经济发展水平与发达地区相比还有差距，但宁夏在能源、农业、旅游等方面，有自己独特的发展优势。宁东能源化工基地规划投资5 000亿元，同时，随着铁道部改革，宁夏政府已考虑积极吸引社会资金参与铁路、公路建设。对于城镇项目建设中的资金缺口，保险资金因具有规模大、期限长的特性，可避免银行信贷“借短用长”现象，很大程度上缓解国内金融体系资产负债不相匹配的问题，拓宽城镇化建设融资渠道。要充分发挥保险资金优势，积极支持铁路、地下管网、污水和生活垃圾处理、公共交通系统、城市配电网等基础设施建设，提高城市综合承载能力；引导保险资金参与养老养生、医疗健康等产业的投资运营；积极参与民生项目建设，引导保险机构完善投资保障性住房项目、棚户区改造的有效商业模式等。

（四）在服务城镇化社会管理中拓宽领域

我国新型城镇化建设过程中存在的比较突出的障碍之一，就是与户籍制度相捆绑的社会保障体系。宁夏目前基本建成了以基本医疗保障为主体，多种补充保险和商业健康保险为辅助，大病救助为兜底的医保体系。在城镇化建设中，保险业要进一步健全商业保险和社会保险的衔接合作机制，积极稳妥做好城乡居民大病保险工作，利用专业化管理优势和市场化运行机制，积累经验、树立口碑、赢得信任，通过扎实有效的工作，逐步构建城乡统筹的全民医保体系；大力发展补充养老医疗保险和商业养老、健康保险，积极参与职业年金管理，开展住房反向抵押养老保险试点，结合宁夏实际开发长期护理保险产品等。同时，保险业还可以发挥社会风险管理的作用，通过发展环境污染、公众安全、医疗执业、安全生产等与公众利益密切相关的责任保险，在城镇化过程中参与社会治理，辅助政府提升城市治理效率。

随着宁夏“十二五”规划的深入推进，宁夏城镇化发展进入了崭新的阶段，保险业在未来将承担更多的社会责任，为更多的人提供保障。宁夏保险业要围绕十八大提出的全面建成小康社会这个大局，全面贯彻落实《国务院关于加快发展现代保险服务业的若干意见》，积极推进宁夏城镇化建设进程，为建设“开放、富裕、和谐、美丽”宁夏作贡献。

## 参考文献

［1］李克强．协调推进城镇化是实现现代化的重大战略选择［J］．中国报道，2013（3）．

［2］周延礼．城镇化中的社会公平保障体系建设［J］．中国金融杂志，2013（5）．

［3］宁夏年鉴（2014）［M］．银川：宁夏人民出版社，2014．

［4］张进海等．2015 宁夏经济蓝皮书［M］．银川：宁夏人民出版社，2014．

［5］臧志谊等．城镇化与保险业发展的耦合协调关系及表现［J］．保险研究，2015（3）．

责任编辑校对：宋大为

# 宁夏农业保险发展分析

宁夏保监局　姚兴宝

**摘要：** 农业保险作为国家支农惠农的一项重要政策，为农业生产持续发展，农民收入稳定增长发挥了重要作用，自实施以来深受农民欢迎。本文总结了宁夏农业保险发展现状，以及政策支持情况，从配套政策、政府领导机构、财政补贴方式以及大灾风险等方面分析了宁夏当前农业保险发展中存在的主要问题，并有针对性地提出了解决上述问题的政策建议。

自2007年正式启动以来，宁夏农业保险保持快速发展的势头，经过7年的发展，农业保险已成为继机动车辆保险之后的第二大财产保险险种。

## 一、政策支持情况

近年来，在自治区党委、政府有关部门的高度重视、有效协调配合和保险监管部门的推动引导下，宁夏农业保险发展环境持续向好。2010年，在总结2007—2009年农业保险试点工作经验的基础上，自治区人民政府转发了自治区财政厅、农牧厅、林业局、气象局、宁夏保监局、宁夏银监局、人保财险宁夏分公司等七个单位联合制订的《宁夏农业保险实施方案》，按照“政府引导、市场运作、投保自愿、保费共担、协同推进、积极稳妥”的原则建立了相对稳定的农业保险工作机制，并且明确各市县（区）可以自主开展其他农业保险品种工作，保费由当地财政自行解决，自治区财政适当给予补助。部分市县根据上述政策开展了地方特色品种的农业保险试点。截至目前，已在宁夏各市县（区）及农垦局国有农场开展了温棚（包括日光温棚和大中型移动温棚）、小麦、水稻、玉米、葵花、马铃薯良种、脱水蔬菜、番茄、苜蓿、茴香、苹果、葡萄、枸杞、红枣（含长红枣）等14个种植业品种以及能繁母猪、奶牛（包括后备奶牛）、肉牛基础母牛、肉羊种羊、基础母羊等5个养殖业品种的农业保险。

## 二、2013年宁夏农业保险发展基本情况

2013年，宁夏农业保险保费收入2.46亿元，同比增长59.41%，在财产保险保费收入的占比由2010年的2.78%上升至2013年的7.44%。农业保险为40.64万农户提供风险保障42.55亿元，同比增加58.80%；为8.98万户次农户支付赔款1.24亿元，同比增加18.51%。农业保险综合赔付率为61.82%，较上年下降18.09个百分点，高于财产险行业平均水平6.37个百分点；综合费用率为15.16%，较2012年下降1.01

个百分点，低于行业平均水平 16. 97 个百分点；综合成本率为 76. 98%，较上年下降 19. 09 个百分点，低于财产险行业平均水平 10. 6 个百分点。

2013 年宁夏农业保险发展呈现以下特点。

（一）养殖业保险迅速发展

2013 年，宁夏养殖业保险保费收入 9 654. 79 万元，同比增长 56. 63%，占农业保险总保费收入的 39. 19%，较上年提高 0. 63 个百分点。承保能繁母猪 11. 88 万头，奶牛 19. 01 万头，羊 39. 63 万只，分别同比增加 20. 67%、32. 70% 和 517. 07%。其中承保奶牛占全区奶牛存栏量的 55. 75%，较上年提高 12. 21 个百分点。

（二）种植业保险覆盖面大幅提高

2013 年，宁夏种植业保险保费收入 1. 50 亿元，同比增长 61. 25%，占农业保险保费收入的 60. 81%；承保农作物 598. 62 万亩，同比增长 64. 92%。其中承保水稻、小麦、玉米等粮食作物共计 511. 50 万亩，同比增长 63. 90%，占全区粮食播种面积的 42. 5%，较上年提高了 17. 4 个百分点。

（三）对地方特色优势产业的保障程度显著提高

近年来，宁夏围绕构建引黄灌区现代农业、中部干旱带旱作节水农业和南部山区生态农业“三大区域”产业体系，强力推进特色优势产业提质扩量增效，取得了显著成效。宁夏农业保险围绕自治区特色优势产业发展规划，对特色优势产业发展提供了有力保障。2013 年，宁夏共承保特色优势种植作物 474. 1 万亩，是 2010 年的 15. 2 倍；承保特色优势养殖牲畜 58. 6 万头，是 2010 年的 4. 2 倍；2013 年特色优势产业保险金额 34. 8 亿元，是 2010 年的 4. 2 倍。宁夏农业保险对特色优势产业的支持程度不断提高。

（四）财政补贴力度持续加大

2013 年，宁夏农业保险获得财政补贴资金支持 2. 14 亿元，同比增加 59. 7%，较 2010 年增长 409. 5%，占全部保费收入的 87. 0%。其中中央财政补贴 0. 86 亿元，占全部补贴的 40. 2%；自治区财政补贴 1. 02 亿元，占全部补贴的 47. 7%；地市县财政补贴 0. 26 亿元，占全部补贴的 12. 1%。

（五）服务体系不断完善

2013 年，中国保监会批准了人保财险、平安产险、大地产险等 3 家市场主体在宁夏经营农业保险的资格，其中已开展农业保险业务的仅有人保财险宁夏分公司 1 家。截至 2013 年末，全区开展农业保险的保险分支机构有 76 个，其中支公司 19 个，营销服务部 57 个。此外，为提高农业保险服务水平，宁夏保监局指导人保财险宁夏分公司充分依托乡镇政府涉农部门的资源，在全区范围内与 74 个乡镇政府合作设立了农业保险服务站，延伸了乡、村两级农险服务。加上此前由宁夏保监局与宁夏财政厅、农牧厅、林业局等部门为有效协调开展农业风险评估、损失鉴定和保险金额核定等工作，邀请区内农牧、林业相关专业的政府部门、高校和科研院所多名专家组成的宁夏自治区农业灾害鉴定委员会。至此，宁夏已初步建成了覆盖自治区、地市、县区、乡镇乃至村的多层次农业保险服务体系。

## 三、农业保险在支持农业发展中的作用

### （一）农业保险的保障作用得以体现

宁夏农业保险发展的实践证明，保险作为市场化的风险转移机制、社会互助机制和社会管理机制，在服务农村改革发展方面具有独特的优势，集中体现了政府支农惠农的政策，有效实现了财政投入的放大效应，有力地提升了财政投入的覆盖范围和保障水平。对保障农户及时恢复灾后生产发挥了积极的作用。

### （二）对地方农业特色优势产业支持力度不断加大

农业保险在宁夏开办以来，为适应新时期宁夏经济社会发展需要，宁夏保监局指导农业保险经营机构先后开发推出了水稻、小麦、玉米、葵花、马铃薯、脱水蔬菜、压砂西瓜、日光温棚、茴香、苜蓿、苹果、葡萄、枸杞、红枣、奶牛、基础母牛、肉牛、羊只条款。目前，宁夏共开办农业保险种 20 个，基本满足了宁夏区域特色优势产业发展需要。如吴忠的奶牛、中卫的压砂西瓜、中宁的枸杞、灵武的长红枣、海原的基础母牛、盐池的滩羊、石嘴山的脱水蔬菜、固原各市县区的马铃薯保险等，地域特色非常明显，具有很强的代表性。

### （三）保险服务方式不断创新

近年来，在自治区政府的有力支持下，农业保险承办公司增加投入，应用新技术提高农业保险工作效率和服务质量。2011 年 4 月，由自治区财政资金支持，向人保财险宁夏分公司涉农分支机构配发了 GPS 测亩仪器，配发率达到 100%。GPS 测亩仪的推广应用，使宁夏的种植业管理技术实现历史性飞跃，降低了农险工作人员的劳动强度，有效提高了工作效率，提高了种植业承保面积测量和理赔查勘定损的精准度。为做好保险宣传、防灾减灾工作，农业保险经营机构与气象部门联系，在种植地点人员密集、集中连片的村庄或园区，安装气象服务信息电子屏，同时利用手机短信向所有参保农户、宁夏各市县政府农业有关部门及保险公司农险员工提供气象信息服务，根据天气变化，共向上述人员提供农业“灾害性天气预报”，对投保农户起到了预防提醒警示作用。

### （四）应对灾害天气能力显著提高

经过近几年几场重大自然灾害的考验，宁夏保险业应对灾害天气的能力得到显著提高。2012 年 7 月 29 日，银川、石嘴山、中卫地区遭遇 61 年不遇的特大暴雨，农作物大面积、全险种受灾，有的甚至绝产。灾情发生后，宁夏保险业及时启动大灾应急预案，经营农业保险的保险公司第一时间赴受灾地区，全力以赴深入实地查看灾情，逐地块、分险种详细查勘受损情况。聘请专家、农民代表、政府职能部门共同评估、测算、核定受损结果，并专题向政府部门汇报。同时做好应对重大灾害的具体措施、查看现场、损失核定、理赔兑现等工作。保险业积极主动提供防灾防损及理赔服务，得到各级政府的肯定，受到农户的广泛称赞。

## 四、农业保险推进过程中存在的主要问题

### （一）自治区现行农业保险政策不完善

随着近年来社会经济的发展以及国务院《农业保险条例》（以下简称《条例》）的

颁布实施，2010年版《宁夏农业保险实施方案》（以下简称《实施方案》）已不能适应农业保险工作的要求。一是试点工作中采用的“财政兜底”、“封顶赔付”、“平均赔付”等做法在《条例》中已被明确禁止；二是试点过程中采取的指定保险公司的做法违背了《条例》“市场运作”的基本原则；三是随着近年来物价水平上升，《实施方案》确定的保障水平已明显低于农民的生产投入成本，保险金额亟须提高；四是随着宁夏农业产业结构调整，各地特色优势产业迅速发展，亟须农业保险予以支持，尽管部分地市根据当地特色优势产品进行了试点，但缺少国家和自治区财政补贴，农民购买保险的负担较重，影响了农业保险作用的发挥；五是近年来气象预警、干预等新型防灾技术以及指数保险等新型险种在国内逐步得到发展和应用，但这些创新在《实施方案》中未能得到鼓励和支持；六是近年来随着家庭农场等农业生产方式出现，规模经营与农户单独经营在风险管理方面的差异较大，《实施方案》在条款费率方面未体现出这种差异；七是《实施方案》中限定了农业保险条款和费率，制约了保险专业能力和技术手段的发挥。《农业保险条例》实施1年以来，能够适应宁夏实际情况的配套政策至今仍未修订出台。

（二）缺乏统一的领导机构

农业保险是一项系统性的工作，需要农牧、财政、林业、气象、保险监管等多部门的有效协调配合。《农业保险条例》确定农业保险实行政府引导、市场运作、自主自愿和协同推进的原则，正是基于上述实际形成的。但是由于农业保险在我国开办时间较短，实践操作中由于各部门对农业保险的认识不统一，各部门对农业保险工作的重视程度和投入也存在差异，尽管各部门都在努力做好自己所属的工作，各部门如何统筹协调，仍是当前农业保险面临的突出问题，导致农业保险工作在一些环节仍不顺畅，影响了农业保险作用的充分发挥。因此，亟须在更高层面成立一个能够统一协调农业保险相关部门的机构来指导协调各部门按照各自的工作职责参与农业保险。

（三）财政补贴和经费管理机制尚需完善

财政补贴是农业保险持续健康发展不可或缺的重要环节，但目前财政补贴机制和政策仍需完善：一是财政补贴的分担机制尚需完善。目前中央、省、市、县四级财政均出资补贴保费，根据《农业保险实施方案》，市县区财政（包括农垦局国有农场）要负担10%～30%的保费补贴，宁夏属于经济落后地区，南部山区的市县区财力更为有限。按照现行的补贴办法，保险覆盖面越大，本级财政的保费补贴负担越重，以至于制约了县区级政府扩大农业保险的意愿。

（四）农业大灾风险分散机制建设滞后

农业生产易受灾、易成灾，随着农业保险的快速发展，农业保险自身积累的风险不断增加，如果不能有效分散，将对农业保险的可持续发展构成严重挑战，迫切需要建立大灾风险分散机制。在我国，大灾风险管理体系不完善，农业再保险体系和大灾保险机制尚未建立，灾害损失完全集中在直接经营农业保险的公司身上，其经营的积极性、承保能力和持续经营能力受到严重影响。在大灾面前，农业保险的经济补偿功能难以全面发挥，投保农户的合法权益难以得到全面保障。

## 五、对策建议

（一）健全农业保险的管理机构

农业保险政策性强、涉及面广，任务重、责任大。2011 年《农业保险条例》颁布，在全国层面，形成了国务院的统一协调下，各行政管理部门协调配合的机制。建议以自治区政府牵头，在宁夏成立一个高于各厅局部门层面的组织机构，从而更为有力地协调农牧、财政、保险机构等部门，理顺农业保险的管理机制。在县区层面成立对应的农业保险管理机构，统一协调农技部门、保险机构、农民专业合作社、农业产业化龙头企业、农户等多方面共同参与农业保险工作。

（二）尽快修订出台能够适应宁夏实际情况的配套政策

建议立即废止目前的《宁夏农业保险实施方案》，以全面推进“两区”建设为契机，按照“一优三高”农业发展总体要求，由自治区人民政府统一领导，组织自治区财政厅、农牧厅、林业局、金融办、宁夏保监局等有关部门组成研究小组，在充分调研论证的基础上，依照《农业保险条例》确定的基本原则，立足宁夏当前实际并着眼未来发展，研究制定贯彻《农业保险条例》加快推进农业特色优势产业发展的实施方案。充分发挥农业保险的作用，为促进宁夏农业结构调整优化和推进宁夏农业特色优势产业集聚升级保驾护航。

（三）进一步改进财政补贴办法

建议完善农业保险财政补贴管理办法，继续加大中央、自治区的财政补贴分担比例，取消市县（区）的财政补贴分担；对农业保险承办机构提供一定的费用补贴。

（四）建立财政支持的农业大灾风险基金

建立自治区财政支持的大灾风险基金，由财政支持一部分，保险公司农业保费收入中提取一部分，分散农业保险经营风险，为宁夏农业发展提供更充分的风险保障。同时协调税务部门对保险公司提取大灾风险基金予以税前扣除等税收配套政策。

责任编辑校对：吴　达

# 商业银行信贷
# 支持文化产业发展的探索与实践

## ——以宁夏银行业为例

中国工商银行宁夏分行　王　莉　张建桥　李玉洁

**摘要：**近年来，随着经济的发展，文化产业对于经济的贡献度越来越高。中央出台了一系列政策支持文化产业的发展，特别是"十二五"规划中首次提出要将文化产业作为支柱性产业。文化产业迅速发展与其对资金的需求和投融资困难之间的矛盾日益尖锐，在政府融资平台受到严格限制的情况下，商业银行优化信贷结构，大力支持文化产业发展是商业银行调整优化信贷结构、转变发展方式、实现可持续发展的必然选择。

## 一、商业银行信贷结构的现状

### （一）信贷结构调整的理论基础

信贷结构是指信贷资金在投放过程中，其总量资产在产品结构、区域结构、行业结构、客户结构、期限结构、币种结构上的组合方式。信贷结构的调整是对信贷资产分布构成、币种和比例关系的调整，是动态的。商业银行作为信贷结构调整的主导力量，目的是要在满足风险防范与控制基础上实现收益的最大化。

### （二）我国商业银行信贷投放现状

20 世纪 90 年代初，金融机构的贷款总量大、增长速度快，1994 年达到 130.80%，贷款对经济的促进作用也在逐渐扩大。1998 年，受亚洲金融危机的影响，我国商业银行的贷款增长率开始下滑，直到 2000 年，金融机构贷款增长速度降至最低点，仅为 5.67%。2001 年以后，我国金融机构贷款增长速度又开始逐步回升，2006—2012 年基本都保持在 10% ~20%。

从信贷资金的行业结构来看，信贷资源过度集中于某些客户、行业和领域，造成信贷结构的局部失衡。如对工业企业的贷款占比较高，个人消费贷款中房地产贷款较多，而对文化产业等新兴绿色产业的投入则较少。造成信贷资源过分投向于这些传统产业的原因主要有：一是受国家的产业政策导向和专业分工的影响，工业企业的发展环境较好，银行对于大项目的资金支持力度较大；二是工业企业的行业发展更为成熟，规模较大，盈利能力强，有可用于担保的固定资产做支撑，银行对其提供信贷支持的模式比较成熟，商业银行出于安全性的需要，偏好于将资金投入这些行业。

## 二、我国文化产业发展现状及困境分析

### （一）文化产业的发展现状

近年来，我国文化产业发展快速，2005 年到 2008 年，文化产业增加值年均增长

23.3%，比同期GDP的年均增速高近5个百分点；2008年到2010年，文化产业增加值年均增长24.2%，比同期GDP的年均增速高近一倍。2010年，我国文化产业增加值突破1.1万亿元，比上年增长了25.8%，占GDP的比重为2.75%。按照国际标准，文化产业增加值占GDP的比重在5%以上，才能成为支柱性产业。国家“十二五”规划明确提出“推动文化产业成为国民经济支柱性产业”，意味着到2020年文化产业产值要占到同期GDP的比重将超过5%。

2011年我国文化产业总量规模稳步提升，产业结构逐步调整。2011年，全国电影票房达到131.15亿元，较2010年增长28.93%，其中国产影片票房占全年票房总额的53.61%；新闻出版产业全年总产出超过1.5万亿元，新建国家级新闻出版产业基地5个；互联网和移动网游市场规模进一步扩大，全年国产网络游戏备案585款，同比增长超过200%。

（二）文化产业发展中的困境

我国文化产业实力不足、影响力较低的现实却不容忽视。《2011年文化发展统计分析报告》中指出：当前文化建设中存在众多不足，首先是文化发展总体水平还不高，无法满足人民群众日益增长的多样化精神文化需求，无法更好地维护日益突出的国家文化安全，无法适应我国经济社会又好又快发展的新形势。其次是文化发展不平衡问题突出，中西部地区、农村地区文化发展水平还很低，实现公共文化服务均等化的任务还比较繁重。最后是文化发展的资金保障、制度保障和人才保障等非常薄弱，文化事业费占国家财政总支出的比重很低，文化领域的法律法规不够健全，文化队伍建设有待加强。

据统计，我国金融与文化产业的融合还在初级阶段。具体来讲，主要有以下几个方面的困境：一是文化产业资产特性“轻”，影响了信贷资金的进入。现阶段，文化企业普遍规模较小，信贷支持文化产业尚未达到规模化和成熟化。目前银行大多数还实行传统“抵押为本”的经营模式，与文化企业的资金需求难以形成有效的对接。二是文化产业发展规模“小”，降低了信贷支持的深度。由于发展起步晚、基础底子薄弱，文化产业发展规模总体偏小，缺乏有影响力的文化产业品牌和龙头企业。同时，文化产业作为知识密集型产业，对人才的需求层次较高，因此人才的缺乏影响了文化产业发展的潜力。三是文化产业配套支持短板制约了银企之间的对接。以文化企业的版权、知识产权、收费权、商标权等“软”资产为标的的抵质押方式，在评估、监测、流转以及后续管理上缺乏规范的操作流程，同时缺乏相应的优质中介机构和评估人才，难以对这些价值进行准确评估，影响了文化企业资产的盘活。

## 三、宁夏银行业支持文化产业发展的现状

（一）宁夏文化产业发展状况

宁夏地处西北，历史文化资源和自然资源丰富，但文化产业的发展却相对薄弱。近年来自治区政府高度重视文化产业的发展，出台了《关于加快文化产业发展的若干政策意见》，积极推进文化产业体制改革，重塑自治区文化产业市场主体，加快推进文化产业的发展。目前全区已经形成了“回族风情文化产业、神秘西夏文化产业”两个

核心区及“贺兰山历史文化休闲产业带、黄河金岸文化产业带、六盘山生态文化产业带”三大产业带，初步形成了演艺业、娱乐业、会展业、文物和艺术业等九大主流产业，涌现出了中华回乡文化园等国家级文化产业示范基地和《花儿》、《月上贺兰》等一批艺术精品。

全区从事文化产业的法人单位 2 300 多家，从业人员 5 万多人，实现年增加值 30 亿元，占地区生产总值的比重约为 3%。近年来，文化产业对国民经济的贡献率约 2.5%，拉动 GDP 增长约 0.25 个百分点。近五年来，文化产业增加值年均增长速度为 23.5%，已经超过同期地区生产总值的速度，成为地方经济发展的新的增长点。但整体而言，宁夏文化产业规模不大，集约化程度较低，缺乏有影响力的龙头企业，与宁夏丰富的文化资源相比，尚有很大的发展潜力。

### （二）宁夏银行业支持文化产业发展状况

为深入贯彻落实中央宣传部、中国人民银行、财政部、文化部、广电总局、新闻出版总署、银监会、证监会、保监会等九部委《关于金融支持文化产业振兴和发展繁荣的指导意见》，自治区党委宣传部等九部门联合制定了《关于进一步加强我区文化产业金融服务工作的意见》，结合宁夏地区实际情况，对金融服务工作提出了具体落实意见。各银行业金融机构近年来顺应经济发展趋势，通过签订战略合作协议、贷款、现金管理等金融服务形式，逐步深化对文化产业的服务工作，有效支持了中华回乡文化园、宁夏广播电视总台、宁夏日报社等一批核心文化企业，对文化产业的发展起到了积极的作用。如国家开发银行宁夏分行为地方政府提供文化产业发展融资规划服务、交通银行宁夏分行与宁夏报业传媒公司签订战略合作协议、黄河农村商业银行开发“权利盈”企业商标专用权质押贷款等。截至 2012 年，全区文化产业贷款余额 12 亿元，占全区同期贷款余额的 0.5%。

### （三）银行业支持文化产业存在的问题及原因分析

1. 存在的问题

一是信贷总量偏小。文化产业的贷款余额仅占全区贷款余额的 0.5% 左右，远低于文化产业增加值占地区 GDP 的比例。全区有 20 多家银行业金融机构发放了文化产业贷款，最大一笔为 1.5 亿元，信贷投入尚不能满足文化产业快速发展的需要。二是客户群体集中。宁夏银行业支持的文化产业客户仅为 400 余户，且集中于大型的广播电影电视、出版和文化休闲行业。大量迫切需要资金的中小文化企业融资难的问题仍然存在。银行的信贷投放对象没有完全与自治区政府确定的文化产业基地、重点项目和区域性特色文化产业群建设目标相匹配，对地方文化品牌建设的支持力度不够。三是业务品种单一。宁夏银行业对文化产业的金融服务仍然限于传统的贷款，缺少针对文化产业特点制定的差别化信贷政策和风险评价体系，在金融产品和担保方式上创新不足，不能有效满足文化产业各类群体多样性的金融需求。

2. 原因分析

一是文化产业的发展规模制约银行的信贷投入。宁夏属于欠发达地区，文化产业呈现出总量少、规模小、实力弱、层次低的特点，文化产业的规模普遍不大，市场主体实力不强，特别是一些中小文化企业的经营缺乏稳定性、财务状况不透明、自有资金不足等问题与银行的贷款条件有一定的差距，客观上制约了银行的信贷投入。二是文化产业的自身特点导致银行贷款投放谨慎。文化产业的未来收益具有很大的不确定性，风险较大，缺少可供担保的有形资产，部分文化产业属于事业单位或非营利性质，特殊的产业经营方式使银行在贷款投放上往往出于风险防范的考虑而趋于保守。三是银行对文化产业的观念影响金融服务的深度展开。大部分银行对文化产业的认识还较为模糊，忽视文化产业的市场价值，营销重点往往集中于大中型工业企业等高端客户，文化产业的繁荣发展对调整社会经济结构的重大意义重视不够。银行业的创新意识不强，经营和服务的理念还没有转变，贷款发放过于依赖传统担保方式，没有针对文化产业的特点进行产品创新，缺少相应的贷款产品。四是相关配套措施的不完善限制了银行对文化产业的扶持。文化产业的创意产品等无形资产缺乏科学的评估机制，知识产权质押贷款虽然已经在部分银行尝试开展，但仍然存在评估标准不一、价值不易确定、流转变现困难等问题，相关的市场机制与配套措施不完善成为银行开展文化产业信贷业务所面临的最大障碍。

## 四、信贷支持文化产业发展的建议

文化产业是一国综合竞争力的重要组成部分。由于其独特的产业发展周期性质，将成为未来我国产业体系中发展最迅速的产业之一，而这种发展将为银行带来新的业务机遇。而目前文化产业存在着产业集中度不高、企业资产规模偏小、企业核心资产具有“无形化”的特点，资金成为制约其发展的一大瓶颈。要解决文化产业的这一难题，需要文化产业企业自身和金融机构等多方面的积极探索，最终创设信贷支持文化产业发展的“绿色通道”。

第一，健全支持文化产业发展的金融政策。考虑到文化产业企业多为中小企业，具有“轻资产”特性。建议政府从以下几个方面着手优化文化产业企业发展的外部环境：一是政府在制定各项产业振兴政策时，应充分考虑文化产业企业的特性，结合各地产业优势，鼓励和支持文化产业集群化发展，形成各具特色的产业集聚区。二是优化信贷政策，推进资金投入。要加强研究，加紧制定与文化产业相配套的行业信贷政策和文化相关产业信贷业务配套的指导性意见。并择优选择文化企业介入，挖掘文化企业的潜力和客户需求，运用产品组合、产品创新，为客户提供一揽子授信解决方案。三是完善知识产权法律体系，出台切实可行的知识产权保护及奖励机制，为文化企业的著作权交易、商标权交易和专利技术交易等文化产权交易提供专业化服务。四是建立多层次的贷款风险分担和补偿机制，鼓励各类担保机构对文化产业提供融资担保，通过担保、联合担保以及担保与保险相结合等方式多渠道分散风险。

第二，优化担保方式，强化有效的风险分担和补偿机制。商业银行对文化产业的融资是支持文化产业企业发展的核心动力之一。商业银行开展文化产业融资业务应给予政策支持。一是针对文化行业企业“轻资产”的现状，商业银行需要从创新融资模式入手，积极制定办法解决贷款发放中抵质押的难题。二是要在传统的担保方式外，积极探索新型抵质押模式。如设立一定的文化产业风险补偿基金，对于金融机构在文化产业融资上的损失，由基金进行一定比例的风险补偿。三是要推行信用贷款模式。信用贷款模式具有无抵押免担保、效率高的优点，尤其是对小微企业更是具有极大的便利。文化产业企业中小微企业所占比例较高，在“轻资产”的背景下，小微型文化企业的融资困难问题显得更加突出。因此，商业银行可尝试对信用等级比较好的客户积极给予免除抵押贷款。

第三，积极探索适合文化产业项目的多种贷款模式。对于处于成熟期、经营模式稳定、经济效益较好的文化企业，要优先给予信贷支持。积极开展对上下游企业的供应链融资，支持企业开展并购融资，促进产业链整合。建立文化企业无形资产评估体系，为金融机构处置文化类无形资产提供保障。对于具有优质商标权、专利权、著作权的企业，可通过权利质押贷款等方式，逐步扩大收益权质押贷款的适用范围。对于融资规模较大、项目较多的文化企业，鼓励商业银行以银团贷款等方式提供金融支持。探索和完善银团贷款的风险分担机制，加强金融机构之间的合作，有效降低单个金融机构的信贷风险。对处于产业集群或产业链中的中小文化企业，鼓励商业银行探索联保联贷等方式提供金融支持。

第四，深化横向对接，发展社会征信体系。由于现有的文化产业企业多为中小企业，商业银行在授信过程中往往存在信息不对称问题。要深化与地方政府的对接，加强与行业协会的合作，破解银政、银企之间的信息不对称状态，消除商业银行融资顾虑，建议引入社会资源和资本，为金融机构对文化产业企业的融资提供信息平台支持，促进社会商业诚信建设，为银行支持文化产业发展路径选择提供良好的桥梁。另外，要推动建立全国性文化产业企业知识产权交易平台，解决近年来由于全国性文化产业企业产权交易平台的缺失而导致的所质押知识产权流动性差的问题。

责任编辑校对：徐　梅

# 新形势下农村“三权”抵押贷款创新研究

## ——以宁夏为例

中国农业银行宁夏分行　杨少晶　谢　锐　何海涛

**摘要：**党的十八大报告首次提出，“改革征地制度，提高农民在土地增值收益分配比例”，意味着农村土地制度改革已成为我国推进新农村建设、统筹城乡发展、实现城市反哺农村的有力抓手。此后，人民银行和银监会先后联合下发了《关于加快推进农村金融产品和服务方式创新的意见》和《关于进一步加强信贷结构调整，促进国民经济平稳较快发展的指导意见》，提出以全面推动农村土地承包经营权、农村居民房屋所有权和林权抵押等产权抵押融资为核心开展农村金融产品创新，为银行业开办农村“三权”抵押融资、破解农村信贷瓶颈提供了有力的政策支持。本课题对宁夏区内土地流转制度改革及农村“三权”抵押融资业务开展情况进行了摸底调查并提出了一些对策性建议。

### 一、宁夏土地流转制度改革及创新

以稳定农村基本经营制度为前提，在土地制度改革方面，宁夏重在加快建立县、乡、村三级土地流转管理和服务体系，鼓励农民以转包、出租、互换、转让、股份合作等形式，积极参与农村土地承包经营权合理流转，取得较好的效果。

（一）土地流转现状

自2008年开始，宁夏农村地区出现了农民自发转让土地使用权的行为，并逐步向规模化方向发展。据不完全统计，截至2014年6月末，自治区土地承包经营权涉及流转农户26万户，占家庭承包农户的25%，签订土地流转合同18万份。土地流转形式包括转包、出租、转让、互换、股份合作等。

（二）土地流转特征

1. 土地流转进程加快，规模扩大

截至2014年6月末，全区农村土地承包经营权流转面积近200万亩，占家庭承包经营耕地面积的18%左右。农村土地承包经营权流转进程明显加快，流转规模不断扩大。

2. 土地流转由零散向集中连片转变

随着各地产业结构调整力度的不断加大，土地流转的组织化程度显著提高，有序化流转成为宁夏农村土地流转的主流，政府相关部门特别是基层政权组织（村集体经济组织）发挥了重要的引导作用。

3. 土地经营主体多元化

在宁夏各级政府的倡导和支持下，一大批农业产业化龙头企业、经营大户和农民专业合作社积极参与农村土地流转，成为农业集约经营和产业化经营的生力军。在土地租赁价格相对低廉的宁夏，目前涉足土地流转的商人数量已逾千人。

## 二、宁夏开展农村“三权”抵押融资业务的现状

### （一）同心模式

宁夏同心县是国家级贫困县，自然条件艰苦，农业基础薄弱，“贷款担保难”长期以来都是困扰农户和农村金融机构的难题，既制约了农民发展生产致富，也限制了金融机构服务能力的提升。针对这个问题，同心县农村金融机构大力开展土地承包经营权抵押贷款创新，在解决农民贷款难问题上开辟了新的途径，有效促进了当地农村经济的发展。

内容概述：具备一定信用条件的农民，以土地承包经营权入股方式成立土地协会，当协会会员有贷款需求时，由土地协会及其主要成员提供保证担保向金融机构申请贷款。

运作模式：一是成立土地协会。首先，行政村召开全体村民或村民代表大会，宣布成立农户土地协会。自愿入会的农户需提出书面申请，同意以承包土地总面积2/5的土地承包经营权（需有土地承包经营权证，且为中等以上地质的土地）入股。经全体常务会员审查并一致同意后，按亩均不高于3 000元的标准入股作价。其次，按照村民人数10:1的比例，在基本覆盖每一家族和每一组村民的要求上选出常务委员。常务会委员必须是品德好、责任心强、经济条件好、担保及偿债能力强、让村民信赖有威望的人。二是申请办理贷款。土地协会与金融机构签订总的担保协议。协会会员向同心县农村金融机构申请贷款时，选择3名会员及1名常务会委员作为贷款担保人。贷款申请人与协会、担保人三方签订土地承包经营权抵押协议，协议规定若贷款到期不能偿还，将所抵押土地承包经营权无条件转让于其他代为偿还的担保人（或由协会进行转让处置），直到贷款本息还清之后，贷款农户才能赎回土地承包经营权，同时取消其会员资格。农村金融机构在审查完各项担保协议后，与贷款农户签订贷款协议并发放贷款。三是明确担保条件。每个常务会员可为10户农户提供担保，每个普通会员只能担保3户。常务会员申请贷款时由其他2名常务会员和会长、副会长提供担保。

主要特点：“三个一定”，即一定比例、一定范围、一定期限，农民抵押的是一定比例（40%）的土地经营权，避免因发生违约影响农民生计；抵押在一定范围内（土地协会）发生，确保违约土地流转无碍；抵押的是一定期限的（而非长久不变的）土地经营权，既保证与国家政策不相违背，又避免农民因彻底失地而绝望。从其本质上看，同心金融机构土地抵押贷款的实质是“抵押+保证+信用”的贷款模式，即抵押贷款、保证贷款与信用贷款的结合。这样的制度设计综合考虑了当前的土地制度、农民的财产状况、农村的社会特性和金融生态环境、金融机构信贷政策等，总体上既可为各方所接受，也有较强的可操作性。

主要成效：自2006年开展试点以来，同心农村土地承包经营权抵押贷款累计投放金额7.87亿元，覆盖该县5个乡镇37个行政村，涉及农户43 340户，贷款无一笔不良。一是作为经济欠发达、土地资源不丰富、土地确权和流转刚起步地区，同心县以

土地承包经营权入股形式成立土地协会，为解决农民“贷款难”和金融机构“放款难”问题提供了一条有效途径，具有一定的启示和借鉴意义。二是在当前中央着力开展农村土地产权改革、大力扶持新兴农业经营主体发展、积极推进农业适度规模化经营的形势下，金融机构通过因地制宜的制度、产品和服务模式创新，大力开展基于土地承包经营权为基础的抵押贷款业务前景十分广阔。

（二）平罗模式

2011 年 12 月，农业部会同有关部门批复宁夏平罗县为全国 24 个农村改革试验区之一，具体课题为“农村土地经营管理制度改革试验”。2012 年人民银行银川中心支行将深化平罗县农村土地产权抵押贷款试点列为重点创新工作，在平罗县先期开展农村土地产权改革试点的基础上，推行了农村土地承包经营权、流转经营权和宅基地使用权“三权”抵押贷款新模式，扩大农村有效担保物范围，实行一户多证联合贷款，为农民生产经营提供了融资平台。目前，平罗县农村“三权”抵押融资基本制度已经确立，并有序运行。

内容概述：凡在平罗辖区内具备“三权”的农业种植大户、农业企业、农业专业化服务组织及其他拥有“三权”的自然人，在不改变土地性质和用途的前提下，以依法取得的“三权”及地上附着物为抵押，由涉农银行向符合条件的自然人或企业发放贷款，用于农业生产经营的短期流动资金。

运行模式：一是确权颁证。在坚守土地所有权集体农民所有、承包关系长久不变和遵守严格耕地保护制度这三条红线的前提下，完成了农村集体土地所有权、农民土地承包经营权、农民集体荒地承包经营权、农民宅基地使用权和农民房屋所有权等“五项”权属的确认，为“三权”抵押贷款奠定了基础。二是政策支持。政府设立农村产权抵押贷款风险防范基金，对因各种因素造成的产权抵押贷款本息实际损失的，风险防范基金与金融机构分别承担损失的 80% 和 20%，最大限度地降低金融机构“三权”抵押贷款风险，鼓励金融机构放款积极性。由县财政部门投入专项资金设立了宅基地房屋收储基金、承包土地依法有偿退出收储基金，明确农民可自愿退出土地承包经营权、宅基地使用权，也可再次获得土地承包经营权，从而建立起“农民进退皆有路”的保障机制。三是机制建设。出台了《平罗县新型农业经营主体土地流转和经营管理暂行办法》，建立起新型经营主体准入、监管、考评、扶持、退出机制；成立了平罗县农村产权抵押贷款评估委员会，制定农村土地承包经营权抵押贷款基准参考价和农村土地产权价值评估指导价格，作为抵押贷款的参考依据（“三权”抵押贷款额度最高不超过评估委员会、各涉农金融机构双方认定抵押物评估价值的 80%），建立起农村产权评估机制；成立了全区首家农村产权交易中心，通过搭建平罗县农村产权交易信息网，建立起农村产权抵押交易机制。

主要成效：目前，平罗县涉农金融机构已办理“三权”抵押贷款 5 700 多笔，向农户、土地流转大户及农村规模经营主体发放贷款 2. 4 亿元，为农户生产经营和农民增收提供了资金支持。一是符合中央提出的“改革征地制度，提高农民在土地增值收益分配比例”的发展方向，有力地促进了农村土地改革。二是“三权”抵押融资使农民的资产实现合理化流动，为现代化农村经营主体扩大生产经营提供条件。三是有利于促进农业产业的规模化、集约化发展。

## 三、制约农村“三权”抵押贷款业务发展的成因分析

### （一）农村“三权”抵押合法性问题

一是我国现行的《担保法》《土地管理法》及《物权法》均没有为“三权”抵押提供法律依据，使“三权”抵押贷款缺少法律支持。二是我国《物权法》对物权的种类和内容采取法定原则，未明确规定即禁止，农村“三权”抵押实践实际上是违反现行法律的。三是农地抵押还缺乏中央政府明确的政策及文件支持。

### （二）土地评估、确权和流转机制不健全

一是缺乏官方及公众认可的评估机构和评估制度。由于农村土地长期归集体所有，没有进行有效的流转和买卖，实践中对土地价值的评估还缺少经验和评判标准。二是无明确的抵押登记制度。由于土地承包经营权、农村宅基地使用权抵押缺乏统一登记，政府相关部门尚未出台进一步政策细化措施，司法部门未就此类担保行为的法律效力出台司法解释，也未明确土地承包经营权的权利抵押登记机构，无法对已设定抵押权利进行公示。三是流转机制不健全，抵押处置难度大。由于“三权”流转交易机制不健全，普遍存在处置途径少、受让对象受限、流转信息渠道不畅等问题。

### （三）农村“三权”风险补偿机制不到位

一是农村“三权”抵押融资的风险是金融机构考虑的首要因素，但由于涉农产业风险相对较大、成本较高，而其风险补偿机制又十分匮乏，贷款风险和收益不对称，严重影响了涉农金融机构支持农村经济的积极性。二是受利率补偿机制缺失、农业保险制度不完善、农村金融担保机制滞后、政府财力支持不足等因素制约，农村“三权”抵押贷款推进缓慢。三是由于农村“三权”抵押贷款相对其他商业贷款风险高、手续复杂等因素，实践中金融机构的客户经理办理农村“三权”抵押贷款业务积极性不高。

### （四）农村社会保障制度亟待完善

我国城乡的两元社会保障制度，土地不仅是农民获得赖以生存的粮食源泉，同时也承担着广大农民的生存保障、养老保障、就业保障的社会保障功能。农村土地承包经营权、宅基地使用权抵押的全面开展，很大程度上有赖于农村社会保障体系的建立和完善。

## 四、几点建议

### （一）完善相关法律法规体系

一是明确“三权”的法律边界，建立完善的法律体系，是“三权”抵押融资走出产权制度困境的关键。一方面，建议相关部门出台有关法律法规，突破现行法律规定只有同一集体经济组织成员能互相购买农村房屋的政策障碍，允许集体土地上的房屋可以公开拍卖、出售，以解决抵押物处置难题。另一方面，出台较为全面的农村产权抵押融资管理办法，明确规定农村“三权”的可抵押性，以便为农村产权抵押贷款的推进提供相应的法律保障。二是着手解决“三权”确权和抵押登记问题。建议政府相关部门在平罗模式实践的基础上，尽快出台农村土地承包经营权、宅基地使用权登记

管理办法，使之具体可操作，加快确权抵押登记的步伐，以利于“三权”抵押贷款的推广。

（二）建立健全农村“三权”抵押运作机构和制度体系

一是完善评估制度。建议由人民银行牵头，协调有关部门，在平罗模式和同心模式试点经验的基础上，加快“三权”流转规范性政策文件的制定，建立完善土地承包经营权抵押评估准入制度，明确抵押评估中介机构的资质条件，在全区范围内建立土地评估信息数据库，跟踪分析交易信息，不断完善评估依据和标准，切实维护金融机构和农民的合法权益。二是建立交易平台。借鉴平罗模式，逐步建立农村土地承包经营权、宅基地使用权交易市场，借助土地评估信息数据库，充分发挥市场对资源的配置功能，使农村土地承包经营权、宅基地使用权进入市场，通过转让、转包、出租、入股等方式进行流转，以实现农村土地的集约化、规模化、市场化经营。三是完善对农村土地承包经营权、宅基地使用权流转的监督管理机制，鼓励农民“三权”抵押，积极培育现代新型农业经营主体的发展。

（三）完善农村“三权”抵押贷款风险补偿机制

一是充分发挥财政性资金对金融资源的杠杆拉动作用，建议政府通过增加财政贴息资金和设立风险补偿基金等多种方式，推动农村“三权”抵押贷款在宁夏的发展。二是对信用良好的“三权”抵押贷款企业或个人进行贴息，增强金融机构发放“三权”抵押贷款的积极性，减轻借款人的利息负担。三是借鉴平罗模式，政府设立专门机构，安排专门资金，在农户逾期无法清偿贷款本息时，由专项基金进行收购，先行偿还银行贷款本息，平台公司可对收购的农房、土地进行统一处置。四是金融机构要完善客户经理业绩考核激励机制，按业务量大小和风险管控能力，对办理农村“三权”抵押贷款业务的客户经理进行考核。

（四）建立健全农村社会保障制度

建立城乡衔接的医疗保障体系和养老保障体系，实现城乡基本保障项目的全面覆盖，深入推进农村合作医疗工作，积极探索建立与农村经济发展水平、风俗习惯、生产组织方式相适应的社会养老保险制度，为推广农村“三权”抵押贷款解决后顾之忧。

责任编辑校对：徐　梅

# 个人理财业务面临的挑战及对策研究

## ——以中国银行宁夏分行为例

中国银行宁夏分行　郭祖光

**摘要：**个人理财业务是当前中国金融界和居民关注的热点话题。一方面，中国改革开放三十多年加速了居民财富积累，居民对自身财富的保值、增值需求日益强烈。另一方面，随着国内金融市场的开放，迫使国内商业银行将触角从传统银行业务延伸到新兴的个人理财业务，中国银行宁夏分行作为国有银行，具有良好的信誉和雄厚的资金实力，在发展理财业务方面具有得天独厚的优势。但仍面临着提高产品创新和服务差异化、细分客户、完善系统建设等一系列的挑战，这些挑战既有金融环境、制度创新落后等外部约束，也有银行内部经营实力、人才储备和发展定位等内在因素的制约。解决这些问题，夯实中国银行宁夏分行个人理财业务的基础，使之得到长足的发展。

### 一、中国银行宁夏分行个人理财行业面临的主要挑战

（一）客户方面的挑战

中高端客户通常习惯将资产分散于不同的理财机构。对于客户维持能力就成为一个关键性挑战，这也是个人理财行业最重要的价值驱动因素，当今来自客户方面的挑战正越来越困扰着中国银行个人理财从业者。

1. 客户趋于成熟，忠诚度不断下降

随着个人理财行业的不断成熟，理财客户越来越成熟。其需求覆盖面越来越广，所提的要求也越来越高。客户们不再被动地轻易接受客户经理和投资顾问的建议，多数客户更积极地介入其财富的管理活动，常常视个人理财机构为自己的投资选择搭档，而不是纯粹的代理人。另外，客户忠诚度会随着市场竞争的加剧而逐渐降低，他们通常拥有多个个人理财服务提供者。

2. 客户结构趋于复杂，出现了金融需求不同的新客户群

与银行提供的其他服务相比，理财产品的专业程度和复杂程度更高，财富管理部门需要按照客户需求定制个性化的产品和服务。从家产规划、投资管理、融资避税，到收藏鉴定、遗产监督、代客竞标。中国银行的高端客户除了企业家之外还包括公司高管、外国专家、财富继承人以及一些特别群体，客户群体有明显的多样性和差异性特征。

3. 客户对银行理财机构产生怀疑和抵触情绪

受经济下行及金融危机的影响，全球市场进入市场风险、信用风险的高发期。在

经历金融危机和一系列银行理财亏损的行业丑闻之后，银行的理财行业面临的一个最为严峻的挑战就是如何协调客户和机构自身的利益冲突以及恢复个人理财的核心内容——客户的信任。这种警惕、怀疑和不信任的氛围对如何进一步发展理财行业是一个巨大的挑战。

（二）产品研发及销售方面的挑战

1. 需要理念创新和建立开放式产品结构

理财产品同质化现象较为突出，既无法满足富裕人士个性化的需求，也很难为其分散风险，这是中国银行在个人理财业务领域不能领先同业竞争的重要原因。中国银行各种金融产品组合的推出往往是对金融产品简单地加以罗列，而不是推出了综合性、系统化的理财服务。

2. 个人理财需要新的定价机制

同股份制银行一样，中国银行也面临着产品和服务价格下跌的压力，这一压力会随着金融危机以来的市场低迷而增大。客户们在投资业绩表现相对差时往往会对服务收费格外计较，定价可以表现个人理财机构互相竞争强度。

3. 队伍建设的挑战

目前中国银行理财经理大致分为两类，第一类是学习能力较强但缺少客户关系基础的年轻毕业生，第二类是有深厚的社会关系但是专业知识不足的“老资历”，两者组合较好的复合型人才是合格的理财经理，但却是中国银行最缺乏的。原因有激励机制、岗位定位、考核导向等多方面因素，使理财机构忽略维护客户群建设的重要作用，理财客户经理重拓展、轻维护，或是仅将客户的需求导向投至对考核有利的较低层次的理财产品上，从而使理财服务内容的深度和广度远未达到客户目标。

（三）竞争者和经营模式方面的挑战

中国银行积极借助中银集团内部协同优势的最大化，关键挑战是在克服竞争利益冲突的基础上如何分设产品细类，进行有效客户接触，实现与集团其他部门的妥善工作安排。在产品结构日益开放的影响下，产品范围越来越大，外源式和第三方支持的经营模式逐渐成为发展趋势，如何控制分销渠道的成本和效益逐渐重要。整合客户资源、打造客户活动平台、为客户提供合作机会已成为私人银行吸引客户的一个重要手段，但客户之间合作的加强会增加商业银行“金融脱媒”的威胁。

（四）外部环境方面的挑战

1. 国内金融环境方面的挑战

一方面是对国有商业银行自主经营的制约；另一方面长期在固定利率环境中经营，缺乏金融产品的定价能力。在金融市场日益开放、利率市场化加速推进、金融脱媒不断扩大、同业竞争日益激烈的背景下，商业银行在产品定价能力和风险管理水平方面的诟病也日益明显。

2. 国际金融环境方面的挑战

由于国际市场的经济环境、法律环境、文化环境和国内市场的差异较大，个人理财跨境服务和资产国际配置风险也随之加大。中国银行的涉外理财产品，也会由于经营范围过于宽泛而感受到监管压力。

3. 互联网金融方面的挑战

近年来，互联网金融电商们挟天量客户以及大数据优势，对传统金融模式形成巨大冲击。商业银行作为金融理财产品的主要提供方和储蓄存款的主要吸收方，首当其冲受到互联网金融的冲击。长期来看，互联网金融对商业银行经营管理提出了以下挑战：一是加速市场化进程，缩短银行适应市场化的时间，倒逼银行不断提高和改善经营管理水平。二是改变银行传统经营模式。互联网金融的快速崛起对银行传统服务渠道优势提出了极大的挑战，大数据、云计算等也开创了企业经营的新模式、新理念。

## 二、中国银行宁夏分行个人理财业务发展策略

### （一）利用一体化协调效应打造财富管理综合平台

在金融全球化的背景下，中银集团内部协同、资源共享、利润共享的思想是提高中国银行整体服务水平的关键。随着人们金融活动范围的扩展，健全的产品和综合服务网络平台是中国银行竞争差异化的一个焦点。

打造金融混业综合服务平台有利于中国银行充分依托渠道优势，进一步加强与非银行业金融机构及其他非金融机构的合作，从而为中国银行提供更多的个人理财业务品种创造条件，为整个业务市场节约运营成本，满足中高端客户丰富的产品和服务需求。混业合作也有利于整合金融服务资源，搭建完整统一的个人理财综合业务平台，运用服务界面和服务通道，快速、高效地调动多种资源为客户提供高质量、多样化的金融产品与服务，充分满足客户深层次、各层次的需要。

### （二）完善和构架合理的客户服务管理系统

个人理财的经营体制改革的目标就是建立以客户为中心，推动售前、售中、售后三个环节有效结合销售模式创新。个人理财业务应突出基础经营性支行在组织架构中的核心地位，形成售前注重调研、售中加强指导、售后跟踪服务的良性互动机制。2010 年中国银行蓝图系统上线，推出了财富管理系统，但目前来看还有欠缺。一是不能够对客户的交易情况进行分析和评价。二是理财业务涉及面很广，系统缺乏统一的有效整合系统，造成协调成本高、利用效率低，难以为客户提供一站式服务。三是需建立一个涵盖个人理财客户的基本资料管理、税务规划管理、投资规划管理、遗产规划管理、客户风险管理等内容丰富的客户信息管理系统。

### （三）加强个人理财整体和分层的品牌建设

当前，对中银理财的营销宣传尚有待进一步提升：一是缺乏整体的系统规划，各部门各团队各自为一个产品单独做宣传，缺乏联动性和广告的规模效益；二是营销宣传缺乏品牌策划，鉴于银行类产品同质化特性严重，如果不加上品牌内涵，很难深入人心；三是产品的销售宣传部门与产品研发部门没有有效沟通，客户的新需求及各类意见不能及时反馈到产品研发部门，使个人理财品牌逐步做到个性化、情感化、人文化。

### （四）加快专业序列和人员队伍的建设

一是推进国内培训与境外合作培训相结合、制度培训与产品培训相结合、服务培训与技能培训相结合、传统方式培训与现代方式培训相结合，打造一支专业化、高素

质的客户经理团队。二是提供专业晋升空间和长期职业发展规划，在绩效考核和业绩激励上体现客户经理创造的价值，以市场化的薪酬体系和专业晋升序列留住人才。三是建立独立的投资顾问。要组建一支专业素质好、业务能力强的理财专家型的投资顾问团队，为客户提供全方位、多功能的理财代理、咨询服务。淡化产品销售等定量指标考核，以队伍专业水平和为客户所创造的价值收益作为主要评价标准。

(五) 提升产品和服务的供应能力

授权分行自主研发理财产品。通过建立有针对性的数量模型和软件，能够直接对客户信息作出全面、客观的分析，根据自身研发能力，结合金融市场条件，有针对性地自行设计能够满足客户需求的各种理财产品，由各支行理财经理主动向客户推广介绍。

(六) 市场细分定位，提高服务质量

结合宁夏当地实际情况，中国银行中高端理财业务发展的模式应该分为三种：首先是在区内优质客户密集的经营机构建立的理财顾问中心；其次是在区内主要商务中心建立的理财交易中心；最后一种模式是介于两者之间的交叉式理财模式。

第一种模式偏重于向高端贵宾客户（800 万元以上）提供专家式的顾问服务。满足这些高端客户的理财需求只是基础服务，维护和提升客户关系才是该模式的根本目的，在情感交流、关系维护的基础上做好投资理财的各项服务工作，提高客户的感性依赖度。

第二种模式偏重于满足中高端客户（50 万~800 万元）购买产品的交易需求，交易需求大体分为投资增值类、融资类和传统业务类，针对三种业务需求，银行可以设立功能不同的理财专区，特别是外汇实盘和股票证券交易，对于这些特殊客户群体，可以考虑在同一城市建立若干的理财交易中心，专门用于金融产品的销售，如外汇交易中心、证券交易中心、贵金属交易中心、国债基金交易中心等。

第三种模式可以结合自身特点和客户特征，选择交叉兼顾的模式。

(七) 建立有竞争力的互联网金融平台

一是建立大数据分析之上的个性化互联网理财产品的精准投放。中国银行积累了大量客户消费结算等数据。通过对海量数据进行分析，根据这些信息设计个性化、门槛低、符合客户生活消费习惯的碎片化理财产品，并实现这些理财产品与客户之间的精准投放。二是增加客户体验度，提高客户黏性。中国银行理财体系中，产品是以风险控制为核心，对客户的体验只是兼顾。因此，中国银行要适当简化理财产品柜台和电子渠道购买手续。三是打造专业外汇理财品牌。互联网金融相关监管制度还未明确，类似余额宝这样的产品还存在不小的风险。中国银行理财产品在外汇理财上，无论在风控还是投资上都有着丰富的经验，中国银行可以结合外汇业务优势和国际结算领先的市场地位，设计针对专业外汇市场和国外产业集群客户的个人理财产品。

## 参考文献

[1] 布拉格，李敏，郑学敏．内蒙古商业银行理财队伍建设中存在问题及对策[J]．科技创新与经济结构调整——第七届内蒙古自治区自然科学学术年会优秀论文

集，2012.

［2］褚昊．中国银行个人理财业务发展策略研究［D］．中国海洋大学硕士论文，2009.

［3］赵媛．中外资银行个人理财产品差异探究［J］．现代商业，2013.

［4］陈玲．中国银行甘肃省分行个人理财业务发展对策研究［D］．兰州大学硕士论文，2013.

［5］黄国平．中国银行理财业务发展模式和路径选择［J］．财经问题研究，2009（9）.

［6］张宝秋．中国银行个人理财业务发展研究［D］．清华大学硕士学位论文，2004.

［7］周戴群，祝树民，岳毅．财富管理［M］．北京：中国金融出版社，2012.

［8］中国银行产品手册．

［9］中国银行从业人员资格认证办公室．个人理财，北京：中国金融出版社，2006.

［10］中国银行网站：www. boc. cn.

责任编辑校对：徐　梅

# 宁夏人保财险业务发展的现状及对策

中国人民财产保险股份有限公司宁夏分公司　宋　杨

**摘要：**人保财险宁夏分公司准确把握保险市场发展形势，始终坚持以“服务引领、创新驱动、资源保障、合规护航”的发展思路，以改革发展为动力，以创建“精品分公司”为目标，以综合治理“理赔难”为抓手，公司的经营机制更加科学、管理模式更加规范、综合实力更加雄厚。为推进人保财险业务创新发展，须在品牌建设、核心竞争力提升、理赔服务品质等方面进一步加强改革，以期为促进宁夏经济发展发挥更大的作用。

近年来，人保财险宁夏分公司以改革发展为动力，以创建“精品分公司”为目标，不断强化理赔过程管控，综合整治“理赔难”，着力提升客户满意度，2007—2013 年，宁夏分公司累计处理各类案件 76.2 万件，赔款 37.8 亿元；2013 年公司保费规模突破 20 亿元大关，案件处理率达 101.12%，结案率 93.38%，赔付率 56.55% 创历史新低，在短短 3 年时间内创造了过去 30 年的业绩，实现了自 1980 年恢复经营以来的历史性跨越，2012 年被宁夏回族自治区人民政府授予“支持经济发展贡献奖”荣誉称号。

## 一、准确把握市场发展形势，培育服务核心竞争力

### （一）坚持“四个一流”，强化“服务制胜”理念

服务塑造品牌，服务创造价值。一是理赔管理一流。公司坚持以精细化管理为手段，注重目标引导和过程控制，在流程优化、成本可控和运营高效上形成科学、特色优势，全面提升理赔管理的内在品质，建设一流的理赔管理团队。二是专业技术一流。开展争创学习型组织、争当知识型员工，组织员工技能培训、开展专业技术比赛等多种活动，进一步完善人才激励措施，搭建员工发展平台，规划员工职业生涯，打造区域内行业查勘定损、理赔核算、报价审核、医疗审核等专业技术突出、行业一流的专业技术队伍。三是员工队伍一流。通过理赔人力资源改革的全面实施，以爱岗敬业、争创一流为宗旨，大力弘扬宁夏人保人特别能吃苦、特别能战斗、特别能奉献的优良传统，培育能征善战、积极进取，英勇顽强的理赔员工队伍。四是服务水平一流。强化“服务制胜”理念，大力推进标准化理赔操作和差异化理赔服务策略，建设“速度最快，技术一流，指标领先，信誉卓著”的一流服务品牌，努力提升客户满意度和社会美誉度。通过“四个一流”和“服务制胜”理念灌输，不断完善理赔省集中的管理和运行模式，为实现“效益为先、机制完善、技术支持、组织有力”的战略目标。夯实了公司发展基础，描绘了“服务制胜”的发展线路图。

### （二）按照“四化”标准，着力提高服务效能

本着“基础服务要过硬，增值服务要有效”的原则，按照“专业化、标准化、集中化、差异化”的发展路径，扎实稳步地推进公司客户服务工作，全力打造业内第一服务品牌。一是加快推进服务标准化建设，确保服务环境统一规范。在销售服务、理赔服务、咨询服务、投诉服务、服务职场等客户接触口，全力推行标准化服务，构筑全覆盖、全流程、全方位的服务标准化体系，打造统一的客户界面。二是强化各级服务人员的服务技能，打造行业“服务旗舰”。通过树立“规范服务”样板公司标准，进行典型示范，总结经验，树立样板，最终实现了全区系统客户服务标准化。三是实施差异化服务策略，不断提升客户满意度和社会美誉度。深入推进“理赔无忧”工程，简化理赔手续，优化赔款流程，严格执行“限时服务”规定，力求理赔效率指标达到全行业领先水平。四是大力推行理赔服务对外承诺制度。建立和实施差异化理赔服务时效标准，实现客户快速理赔绿色通道。五是优化短信平台服务功能，实现业务系统与短信平台无缝对接。开展续保提醒、保费到账提醒、索赔指引、赔款领取通知等全方位承保理赔短信服务。通过“四化”标准的推行，逐步实现了理赔管理职能向服务职能的转变，理赔被动服务向主动服务的转变，客户满意度和社会美誉度进一步提高。

## 二、营造风清气正发展环境，树立行业发展新风尚

### （一）以服务促发展，全力推动“风清气正”主题实践活动

一是教育和引导员工换位思考，牢固树立“诚心做保险，真心送服务”的经营理念。通过开展“今天我改进了吗”、“我的问题在哪里”等主题实践活动，进行多种形式大讨论，全面提高员工为客户服务的自觉性。二是查找不足，完善服务。本着“短期有效、长期有利”的原则，制定和完善各项关键举措，持续提升理赔综合管理水平和服务水平。三是积极开展理赔廉政教育。利用每周例会组织理赔人员学习廉洁奉公，服务客户的先进典型事迹，组织观看警示教育专题片，把评价行风、广泛听取客户意见和建议、开展“服务年”、“争创服务标兵、诚信服务明星”等活动有机结合，把真心实意为客户服务的理念贯穿于理赔工作的每一个环节，有力地促进了行风、司风建设，营造了良好的发展环境。

### （二）加强诚信建设，切实保护保险消费者合法权益

保险消费者合法权益是保险业赖以生存和发展的根基，只有切实维护好消费者利益，不断满足消费者日益增长的多层次需求，保险业的发展道路才会越走越宽。宁夏分公司始终把保护消费者合法权益作为各项工作的重中之重，大力推进诚信体系建设，切实维护保险消费者的合法权益。

一是集中开展了“保护消费者权益——从我做起”、“真心实意为消费者服务”等系列专题教育活动。采取集中学习、座谈讨论、案例剖析、重点宣讲等方式，引导广大员工充分认识保护消费者权益在公司经营管理和理赔服务中的重要性，教育全员把消费者视为“衣食父母”，切实转变思想观念，事事处处为消费者着想。二是将保护消费者权益的理念贯穿在客户服务的全过程。要求全体员工依法合规经营，在理赔服务工作中要自觉履行保险单对客户的承诺和义务，履行企业对社会和消费者的责任，杜

绝销售误导、惜赔少赔等违规经营行为的发生。三是对损害消费者权益的行为加大了处罚力度。针对客户投诉典型案件，误导消费者和有意刁难客户、吃拿卡要等损害消费者利益的违规行为，由分公司监察审计部、合规部、客户服务管理部、理赔事业部及相关部门组成专项核查小组，及时开展跟踪核查，认真查清违规经过及原因，并按照有关规定，严格进行追究问责。

（三）坚持诚信经营，促进业务健康发展

宁夏分公司始终把“讲诚信、抓服务、促发展作为公司上下的自觉行动”，在行业中树立了诚实服务的行业典范。人保财险作为与共和国同生共长，国内历史最为悠久的保险企业，把规范车险市场秩序，保持保险行业车险理赔服务健康发展作为引领行业发展的客观要求。根据中国保监会、宁夏保监局和行业协会的有关要求，始终坚持主动服务、依法合规、自觉维护市场秩序为宗旨，教育和引导全体理赔服务人员牢固树立“做一个有责任的保险公司的服务理念”，自觉遵守宁夏保险行业制订的《宁夏保险行业财产保险服务规范》，从提高理赔服务质量，防止理赔欺诈、骗赔行为，防范和化解理赔风险，提升服务品质等方面入手，建立、完善行业自律机制，自觉维护行业市场秩序，带头规范行业行为，为促进公司业务持续健康发展，奠定了坚实的基础。

## 三、坚持在改革中前行，努力提高专业技能

（一）深化理赔人力资源改革，为实现理赔战略转型奠定基础

一是垂直管控。按照“精简、集中、高效”的原则，以全面实施理赔省（区）集中管控为前提，通过实现理赔管理，由“条块结合，以块为主”，向“垂直管理、平行监督”转型，推行理赔人事、财务、业务的垂直管理。积极推行理赔IT一体化、队伍一体化、赔案操作一体化、控制审核一体化进程，实现了赔案数量真实、赔付金额真实、未决估损真实、赔款流向真实、客户信息真实“五大”理赔关键环节的数据真实性。二是纵向考核。将各地市分公司、县区支公司原来拥有的理赔机构的人事、财务、业务管理及考核权限上收到区公司，加强纵向考核和控制，从机制上解决了原来由于块状管理带来的种种弊端，充分体现了专业价值和薪酬激励两方面的有机结合。三是专业领先。经过对理赔资源的有效整合，进一步加强了理赔线专业化建设，形成理赔核损、核价、核赔、医疗审核及人伤调查等专业队伍优势。通过建立核赔师行使职权的规则，大幅度提高了电子化、自动化“三核”水平。

（二）加强技能培训，构建强有力的人才高地

一是下大力气强化理赔人员素质，积极开展不同层面员工的学习培训。公司建立了“先培训再上岗，上岗后再培训”的长效机制，集中精力开展中高层管理者培训班，重点培养中高层管理者的核心能力。通过开设“精品课堂”开阔视野，更新管理理念，提升理赔管理者素质，采取专题讲座、座谈讨论等形式，加强对各险种、各岗位理赔实务、客户沟通技巧、信息系统操作等多层次、全方位的培训，激发广大理赔线员工学知识、学技能的热情。二是组织开展专业知识技能比赛。近年来，公司每年都要针对不同层次、不同专业组织全区系统理赔人员、客服人员进行专业技能大赛，同时选拔优秀理赔专业能手参加全国的总决赛，先后有20余人获得总公司的表彰奖励。三是

深化理赔岗位干部制度改革。积极引入优秀人才，改善员工队伍结构，完善领导干部聘任制和动态管理机制。2011年以来，先后提拔使用了30余名素质高、业务精、能力强的理赔线员工走上核心管理岗位，使干部队伍逐步形成了梯次配置，营造了用事业留住人才的良好环境。四是组建了一支总、省两级面向专业领域的内部理赔专家团队。在重大事故和灾害出现时，公司对内部专家队伍实施统一配置、统一调度，对不同险种重大赔案、疑难赔案跨地区查勘和理赔，实现行政核赔向技术核赔的转变，进一步提高了重大赔案的理赔质量。

（三）加强作风建设，着力提高队伍的凝聚力和战斗力

作风建设是衡量一个团队是否具有战斗力、凝聚力的重要标尺，是公司健康发展的内在驱动力，是实现战略目标的重要保证。近年来，宁夏分公司致力于打造作风优良，能打硬仗，无私奉献的理赔队伍为目标，认真贯彻落实党风廉政建设责任制，通过签订《理赔服务廉洁责任状》，严格理赔纪律，对理赔各个重要岗位人员的监督检查，提高党员干部廉洁自律的自觉意识。认真贯彻落实统一法人制度，实行一岗双责制，按章办事，逐级审核、逐级负责制，对违反规定的坚决实行一票否决制。加强执行力建设，通过强有力的执行力建设，促进各级理赔管理者作风的根本转变，建设“务实、廉洁、创新、高效”的管理队伍，为公司持续、健康发展夯实基础。

## 四、以治理“理赔难”为抓手，着力打造服务品牌

（一）开展多项主题实践活动，着力提升理赔服务效率

一是创新理赔服务举措，丰富“客户节”活动内容。公司每年向社会推出六项主题服务活动，即理赔无忧、四海通行；人保电话车险“零距离”服务；“epicc 网上人保24小时不打烊”活动；“人保在行动”公益系列活动；“走进中国人保”客户答谢活动；“十一”黄金周客户自驾游增值服务；全国联网免费救援、车险现场查勘“四个一”服务；上门收取理赔单证、人伤案件电话导航、小额人伤案件现场一次性调解赔偿、4S店送修服务、重要客户理赔拜访、全险种理赔查询服务等多项服务，全面提升客户服务感受和客户满意度。二是加大车险理赔时效管理和考核力度。按照公司公开的商业险理赔服务承诺，简化车险万元以下赔案处理时效。在宁夏辖区范围内出险的车险万元以下不涉及人伤案件，实行“2 000元两日结案”、“5 000元三日结案”和“10 000元五日结案”的快速理赔举措。三是加强对“通赔”案件的管理，开展动态监控，做好“异地出险、就地理赔”服务，积极为异地出险客户提供便捷、优质的理赔服务。四是优化程序，简化手续，方便客户办理索赔。在理赔全流程环节开展简化单证手续活动，实行简易案件减免证明、提交手续免填单服务，全面提速理赔周期，为客户提供高效、便捷的理赔服务。

（二）创新服务举措，不断推出增值服务

一是首创推出“理赔夜市”服务。2011年以来，公司先后推出了中午、周末无休息，“理赔夜市”服务，将理赔服务结束时间由17时30分延长至21时。白天没有时间或不方便办理理赔业务的客户，可以利用晚间来公司办理车辆事故案件索赔，为广大上班族客户提供了便捷的服务。二是推行“超快赔”理赔服务举措。建立小额非人

伤赔案首接负责制，由第一接待人员负责全程协调查勘、定损、核损、核价、理算、核赔、快速付款“七合一”，实现了从现场查勘到支付赔款的一站式“超快赔”。三是创新人伤理赔新模式。与银川市交警支队建立联系制度，设立了人伤理赔服务网点，做好人伤案件的前期咨询、调解和赔偿等一条龙理赔服务。对责任明确，双方愿意接受保险公司调解处理的案件，做到早介入、早调解，从而有效增强了公司人伤案件理赔快捷处理和主动服务的能力。

### （三）全面推进理赔标准化建设，塑造公司理赔新形象

一是建立服务品质管理体系。健全完善客户服务各项基本标准，规范理赔、咨询、投诉等客户接触端口实现服务标准化、流程标准化、操作标准化。在理赔服务创新上大力开展提升理赔服务速度、态度、准确度、满意度“四度”领先的专项活动。二是全面推广理赔晨会工作制度化。各理赔服务窗口利用每天上班前半小时的时间，有针对性地开展服务礼仪、服务标准用语、理赔处理标准流程和理赔专业知识培训。通过晨会载体，强力灌输理赔服务标准化理念，固化标准行为模式，培育理赔服务标准文化，强化理赔标准执行力。三是加大考核监督力度。把现场查勘时效、定损时效、理算核赔时效和赔款支付时效考核精度由“天”精确到“小时”。对拒赔案件、争议案件和投诉案件等特殊案件实施规范操作，对关键服务效率性指标进行月度排名通报，从而加大了对服务工作的监督力度，擦亮了公司理赔前台服务窗口，展示了人保财险良好的社会形象。

## 五、积极推进合规文化建设，建立有效的理赔制衡机制

一是大力整顿理赔工作纪律，积极培育合规文化。公司在全区系统大力开展“内控合规创造价值”的新理念灌输，全力推动合规文化宣导，坚持做到“四个加大力度”、“八个严禁”，即加大廉政合规教育力度、加大监督检查力度、加大树立先进典型力度、加大处罚惩治力度；严禁编造虚假赔案或单证，严禁收受或索取贿赂，严禁擅自扩大赔付，严禁从事与理赔有关的经营活动，严禁擅自外授理赔查勘定损权限，严禁随意篡改理赔数据，严禁越权处理赔案，严禁违规使用损余、查勘车辆。通过“内控合规创造价值”的理念宣导，使合规文化在广大员工头脑中深深扎根，合规经营成为全体理赔员工的共识和自觉行动。

二是深入开展反欺诈工作，实现常态化管控措施的全面落实。在区、市两级公司设立专门的反欺诈管理岗位，并配备具有专业知识技能的人员和业务骨干，将反欺诈工作引入理赔流程中的各个关键环节，对各类可疑案件进行及时跟踪监控和处理；全面推进“反欺诈预防查处机制、可疑赔案筛查机制、外部合作机制、内部激励机制、信息共享机制”等五项管理机制的落地工作。组织编制完成可疑赔案自动筛查软件，加强与公安交警联动，发挥3G通讯和信息技术远程查勘定损技术手段，确保第一现场和第二现场查勘率达到100%。通过健全车险理赔回访和理赔信息自助查询机制，严格落实赔款支付后15个工作日内的客户回访率达到100%的刚性要求。

三是接受社会监督，开展消费者满意度测评工作。为了促进公司服务水平和保护消费者权益工作的顺利开展，公司在全系统建立社会保险服务监督员制度，充分利用

社会监督资源，先后聘请客户代表，以及社会各界、新闻媒体人士近百余人担任社会保险服务监督员，负责对公司的服务工作进行监督及评价。同时，通过95518服务专线开展常规性客户满意度调查、借助外部“神秘人”分阶段测评、不定期开展随机抽查和专项检查等方式，对各分支机构的客户服务工作、保护消费者权益制度执行情况、客户投诉处理等服务工作进行有针对性地检查和考核，自觉接受社会各方面监督，将保护保险消费者利益工作落到实处。

责任编辑校对：刘　力

# 前瞻构建我国金融消费者权益保护体系

宁夏银行　陈志毅

**摘要：**美国次贷危机暴露出的金融消费者权益保护存在的监管缺陷和消极影响，引发了全球对金融消费者权益保护体系建设和重建金融消费者对金融市场信心的高度重视。本文将我国与发达国家在金融消费者权益保护体系建设方面的现状与做法加以比较，在总结借鉴国外经验的基础上，结合我国国情和相关法律法规，提出了构建和完善我国金融消费者权益保护体系的政策建议。

## 一、引言

金融消费者权益保护体系的不完善是2008 年以来国际金融危机暴露出的金融监管缺陷之一。后危机时期，各国尽可能满足金融机构的利益诉求而忽视金融消费者权益的保护，不仅严重破坏金融业赖以生存的信心基础，影响金融体系的稳定性，而且会引发系统性风险并导致金融危机。各国政府和国际金融组织也普遍认识到，保护金融消费者权益不仅是个体利益，也是保护金融市场的公平正义和信心，更是在保护一国乃至世界的金融安全和社会稳定。

金融消费者保护体系的逻辑起点是对金融消费者概念的基本界定。学界和实践中目前对于消费者、金融消费者概念争论的焦点集中在两点：一是消费者权益保护的适用范围是否仅限于生活消费，金融消费者权益保护是否仅限于日常消费，即是否区别金融消费和金融投资；二是消费者保护是否仅限于自然人。本文对相关概念的界定不作重点讨论，但需要说明的是，笔者不赞成将公司、机构或其代理人纳入金融消费者的外延中，防止破坏金融市场中交易主体地位的平等和阻碍交易的有序进行。

后危机时期，金融消费者权益保护成为金融监管的重要目标。以美国、英国、日本为代表的发达国家纷纷通过明确金融机构的法定义务和应尽责任、赋予消费者法定权利、成立专门的保护机构、延伸和明晰保护领域等措施完善金融消费者体系建设。近年来，我国金融改革不断深化，但银行业在跨行收费、信用卡纠纷、证券市场内幕交易、虚假陈述、保险业理赔难、销售误导等合同争议或纠纷数量与日俱增，显示出我国金融消费者保护体系的不健全已经越来越难以适应现实的发展。本文在比较和借鉴国外经验做法的基础上，结合我国发展实际，明晰金融消费者体系建设的核心思想，积极探索构建我国金融消费者保护体系的制度框架，对于保障我国金融体系的安全稳定和经济社会的和谐发展具有重要意义。

## 二、发达国家构建消费者权益保护体系的经验借鉴与启示

### （一）英国

英国是金融消费者权益保护最具代表性的国家。受英国经济学家 Michael Taylor 的“双峰”理论（Twin Peaks）影响，英国将金融消费者保护列为与审慎监管目标同等重要的监管目标，实施专业化监管，加之英国民众较高的金融素养，逐渐形成了强制和自律相结合的保护体系。一是以组织规则为框架。英国明确规定了英国金融服务管理署（Financial Services Authority，FSA）的四项监管目标之一是确保消费者得到适当水平的保护。二是以行业自律为辅助。银行业守则标准委员会有权责令金融机构对指控行为做出解释并以警告、谴责等方式要求违规机构采取适当行动。三是以消费者教育为根本。英国《金融服务与市场法》要求 FSA 开展消费者教育，为消费者提供信息和指导意见。2010 年 4 月，FSA 成立消费者金融教育局（CFEB），独立组织开展英国的金融消费者教育工作，具体特色是将学习金融知识纳入教育体系，从小培养和提升公众的金融素养，广泛而有效的金融消费者教育既成为消费者认识和防范金融风险的理念基础，又成为金融监管、金融机构和金融消费者之间增强互信的知识纽带。

### （二）美国

美国是世界上构建金融消费者保护法律体系最为完善的国家。一是以立法为先导。危机发生后，美国大力推进金融消费者权益保护体系的改革，美国众议院先后表决通过《金融消费者保护机构法案》《多德—弗兰克华尔街改革与消费者保护法案》等，赋予美联储监管非银行金融企业的权限并由其直接监督消费者保护机构。二是设立独立的保护机构。奥巴马政府于 2009 年 6 月特别成立了金融服务监管委员会，建立了统一、独立的消费者保护机构——消费者金融保护局（CFPB）。三是明确了投诉先内部解决后外部程序的原则。四是加强消费者保护教育。美国政府通过在财政部设立专门的金融教育组织协调部门、2009 年起每年拨付 2.5 亿美元的金融教育经费、美联储在收益中提取一定的比例用于金融知识普及等强力措施，使危机后美国的金融消费者教育逐渐迈入制度化、规范化和社会化轨道。

### （三）其他国家和国际组织

发达国家和国际组织在推动金融消费者保护立法、建立统一保护组织和加强金融消费者教育方面不断有新的实践和探索。1997 年，澳大利亚出台了《银行营运守则》等法律，设立证券投资委员会（ASIC），负责消费者权益保护。2001 年 6 月，加拿大出台了包括《银行法》等一系列有关消费者保护的法律法规，并明确专门机构负责消费者保护体系建设。日本于 2001 年、2006 年分别出台了《金融商品销售法》、《金融商品交易法》，对金融机构销售金融产品和开展金融业务中的行为进行规范和引导。经济合作与发展组织（OECD）于 2005 年 7 月发布了《有关金融消费者教育问题的若干建议》，该建议突出强调政府、监管机构、金融机构对消费者保护应承担的责任，要求金融教育纳入政府管理、金融监管和金融机构公司治理框架。欧盟于 2007 年 11 月 1 日正式生效的《金融工具市场指令》，规定投资者被分为零售客户、专业客户、合格的交易对手等三类，标志着保护金融消费者立法的主体框架结构正式建立。

### （四）启示

1. 提供全面法律支持

从国际共识来看，对消费者的法律保护应延伸到金融领域已成为各国的普遍认识；金融消费者在金融法领域的法律地位，已经提升到与金融安全、金融效率同等重要的层面；维护金融机构稳定和重视保护消费者权利并重已经成为各国建设金融消费者保护体系的立法本位。从国际经验来看，一个完善的金融消费者保护制度体系是以立法为基础的，即必须有一部基本法以及在此基础上专门的金融消费者权益保护法律法规，并充分把握金融领域特点，涵盖权益范围、保护标准、投诉程序和责任义务等方面，才能使消费者保护体系建设拥有强大的法律支持。

2. 将金融消费者权益保护纳入监管目标

此次国际金融危机表明，如果将消费者保护置于次要监管目标，当消费者保护与其他监管目标发生冲突时，消费者保护容易被忽略，权益保护也就难以实现。发达国家和国际组织在危机后的整改措施也表明，只有将消费者权益保护明确列为监管目标，才能使金融机构自觉和更有责任地对待金融消费者。

3. 建立联动的多层次保护组织

发达国家的经验表明：消费者保护如政出多门，消费者权益很难实现，但仅靠一个机构的努力也是孤掌难鸣，较为有效的模式是在一个统一的、中立的法定保护机构下，结合行业监管机构、行业自律组织、社会管理组织等社会各阶层的全面参与，构建完善的、有效的和多层次的消费者保护组织体系。

4. 构建有利于维权的金融消费纠纷多元化解决机制

英国 FOS 的本质是一种法院诉讼替代性纷争解决机制（Alternative Dispute Resolution system，ADRs）。发达国家的经验表明，保护金融消费者权益应构建包括金融机构内部解决、行业自律组织调解、监管机构行政复议、法院诉讼手段在内的多元化纠纷解决机制。

5. 提高金融市场信息披露和加强金融消费者教育

金融消费者教育是有作用的，面对复杂的金融工具，只有进行了长期的金融风险教育和对具体产品的风险揭示教育，才能真正让消费者结合风险偏好、风险容忍度、金融产品的真实成本、风险和金融工具的适用性作出比较和选择，从而提高消费者控制风险和把握机会的能力和信心，否则很容易盲从和被误导，也就难以实现其权益的保护，从而造成欺骗性损失。

## 三、我国消费者权益保护现状

### （一）保护理念落后

一是金融消费者概念缺失。存款人、被保险人、投资人的称谓已经与金融发展现实严重不相适应，金融消费者作为一类特殊领域的消费者，其概念亟待明晰和予以法律界定。二是立法指导思想不明确。作为金融产业最终用户的金融消费者权益得不到立法者应有重视、基本消费者权益处于被忽视状态、依赖合同法进行平等保护作为纠纷解决最终手段以及立法理念的落后严重限制了金融消费者保护体系建设，并积累了大量的金融纠纷矛盾。三是监管理念上没有将金融消费者保护纳入监管目标。

（二）保护制度不健全

一是没有基本立法。一部施行于 1993 年的《中华人民共和国消费者权益保护法》是所能找到的与金融消费者保护相关的所有法律基础。学界和实践中关于金融消费者权益保护问题能否全面适用《消费者权益保护法》的争议从来就没有停止，其适用性和指导性也很弱。二是缺乏明确的操作制度。保护金融消费者合法权益的条款往往与维护金融安全的条款在总则中混合或笼统表达，金融监管者解决纠纷的执法难度和金融消费者寻求权益保护的难度不断加大。

（三）缺乏法定保护机构

金融行业协会等自律机构忙于评比金融服务和汇总不良记录企业名单。消费者协会在处理和保护金融消费者权益事务时基本处于无适用条款可依、无专业人员调解和无施救手段的处境。保护机构的制度缺失成为我国金融消费者保护体系中仅次于无适用法律可依的又一薄弱环节。

（四）救济制度缺失

一是金融消费者保护的实现机制相对缺失。我国的金融消费者主要通过媒体、信访、投诉、诉讼等途径表达对金融机构提供服务和产品的不满，但四种途径均存在缺陷，诉讼维权之路并不平坦。处理消费者投诉和解决纠纷的机制相对缺失，使金融消费者权益保护很难得到有效保护。

（五）信息披露和消费者教育不足

对金融机构的信息披露仍停留在促其合法规范经营的理念上，我国金融消费者教育工作处于无规章、无体系、无网络状况，以至于让社会公众终生接受金融风险教育还没有起步，这样一种远落后于金融发展现实和金融创新速度的金融消费者教育现状，只能不断滋生更多的金融领域消费者问题。

## 四、我国消费者权益保护的政策建议

（一）明晰体系建设的核心思想

一是确立金融消费者的消费者地位，必须正视金融消费者的弱势地位并给予这些弱势消费者特殊的保护。二是树立依法保护金融消费者权益的理念，我国金融消费者保护的诸多问题根源在于立法缺位，从思想根源上树立依法保护金融消费者的理念是解决所有金融领域消费者问题的第一要义。三是将金融消费者保护确立为我国金融监管目标之一，既是国内建立公平竞争的金融市场秩序和促进金融机构提升服务水平的现实需要，也是中国金融走向更高程度市场化和国际化的必由之路。

（二）建立健全法律保障体系

一是对金融消费者保护予以专门立法。我国应在深化解释消费者概念的前提下，尽快修订完善《消费者权益保护法》，并将其作为金融消费者权益保护的基本法。同时，适时推出《金融消费者权益保护法》，明确金融消费者应当享有公平交易权、人格尊严权、财产保障权、知情权、适度反悔权、金融教育权等基本法定权利，完善金融机构信息披露义务。二是修改和完善已施行的金融法律法规。建议对《银行业监督管理法》、《证券法》等现有法律法规的监管目标等内容进行修改，建立健全各专业监管领域的金融消费者投诉处理程序、行政处罚、消费者教育等方面的基础制度。三是完善配套法规建设。应加快制定《个人信息保密法》、《征信法》等制度，加快推进颁布《金融机构破产制度》和《金融机构市场退出制度》，实现对金融消费者最根本权益的有效保护。

（三）明确法定机构和监管职责

一是赋予人民银行法定金融消费者保护职责。建议在人民银行内部设立金融消费者权益保护局，专门制定金融消费者保护规章制度、行使对金融监管机构及行业自律组织受理消费者投诉情况的监管与检查权、对违规金融机构进行行政处罚等职责。可在各金融监管机构和行业自律组织内部下设相应的金融消费者保护机构，通过建立分层次的专门保护机构统一消费者保护管理，增强消费者保护的组织保障能力。

（四）构建多层次投诉处理机制

一是在独立保护机构内部下设投诉管理部门。可在人民银行金融消费者保护局设立消费者投诉受理中心，负责消费者投诉调查和分析；建立消费者投诉信息数据库，为金融风险管控提供数据参考和政策依据。二是在各专业金融监管部门下设投诉管理部门。应由独立保护机构为其制定统一的投诉处理机制和程序，明确投诉范围，规定调查期限和反馈结果期限，建立核实与调解制度。三是创新设立消费者诉讼制度。应清晰界定与金融消费者诉讼相关的法律主体权利和义务，建立公益诉讼制度，引入团体诉讼和设置举证责任倒置原则。建立消费者诉讼救济制度，提高消费者获得权利救济的机会。四是发挥行业自律组织作用。应明确金融消费者权益保护专职机构在消费者保护领域对行业自律组织的领导权。

（五）规范信息披露和建立长效教育机制

一是深化和明确金融机构的信息披露义务与法律责任。可明确要求金融机构对其提供的金融产品或服务贯彻“三全”信息披露原则；建议由“一行三会”牵头建立我国金融机构信用信息数据库，同时渐进发展资信评级业和民营征信机构，并鼓励其合理使用该数据库信息，多管齐下降低金融机构与消费者之间信息不对称状况。二是建立长效的金融消费者教育机制。金融消费者教育应纳入公民基础教育范畴，建议通过建立消费者教育网站、设立消费者教育刊物、定期发布消费风险提示等方式，构建多元化、多渠道的金融消费者教育网络，不断增强消费者对金融活动的理解能力和自身保护能力，维护金融市场和金融体系的长期稳定。

## 参考文献

[1] 魏琼，赖元超．论我国金融消费者的概念及其特权［J］．金融理论与实践，2011（7）：54－58.

[2] 谢平，邹传伟．金融危机后有关金融监管改革的理论综述［J］．金融研究，2010（2）：15－16.

[3] 李沛．金融危机后英国金融消费者保护机制的演变及对我国的启示［J］．清华大学学报：哲学社会科学版，2011（3）：150－155.

[4] 施继元，陈文君．美国消费者保护立法的突破和妥协 [J]．金融与经济，2010 (9)：72 - 75.

[5] 中国人民银行西安分行课题组．我国有关部委保护各自领域消费者的制度框架和执行体系 [J]．西部金融，2011 (3)：13 - 15.

[6] 刘敏．如何完善金融消费者权益保护体系 [J]．现代金融，2010 (9)：10 - 11.

[7] 闫帅南．美国总统签署金融监管改革法案 [J/OL]．新华网，[2010 - 07 - 22]．http：//news xinhuanet. com/world/2010 - 07/22/c_ 12359257. htm.

[8] 高佳运．金融消费者权利保护途径探究——以直接保护与间接保护之结合为研究思路，金融法制前沿（2010 年卷）[M]．北京：法律出版社，2010：660 - 668.

[9] 刘迎霜．我国金融消费者权益保护路径探析 [J]．现代法学，2011 (5)：91 - 98.

[10] 钟磊．论加快我国金融消费者保护体系建设 [J]．上海金融，2011 (6)：49 - 53.

责任编辑校对：黄 瑾

# 俄罗斯个人征信体系建设模式及借鉴

中国人民银行吴忠市中心支行　龚建文　郭莉莉

**摘要：** 中国人民银行建立的企业和个人信用信息基础数据库（以下简称征信系统）是世界上人口和机构覆盖面最大的征信系统，实现了企业和个人信用信息全国交换和共享，成为金融机构防范信贷信用风险、改善金融环境的基础设施，也是金融机构贷前审查、贷后管理的重要工具，为国内每一个有经济活动的企业和个人建立了信用档案，在社会信用体系建设中发挥了重要作用。随着征信系统应用进一步加强，征信系统自身的法律制度缺失、非银行信用信息共享、数据质量问题日益显现。进一步完善征信系统，应借鉴和吸收俄罗斯、乌兹别克斯坦等国家在征信系统建设中有关数据采集、数据征集、数据质量、法律制度建设上的经验。

## 一、俄乌国家个人征信搜集的信息类别

在俄乌（俄罗斯和乌兹别克斯坦）国家，个人银行业务是商业银行最主要的利润来源。为保障个人银行业务顺利开展，促进信贷资源合理分配，以准确、全面和及时的信息改善信贷服务，更好地满足客户的需要，俄乌国家对个人征信管理技术进行了深入研究，建立起了符合本国法律、有利于经济金融协调发展的个人征信系统。该系统主要搜集五类信息：一是个人身份信息；二是商业信用记录，包括在各银行的个人借款及偿还记录、信用卡使用记录、其他信用行为记录以及赊购等信用交易记录；三是社会信用记录，包括纳税记录、参加社会保险记录、缴纳水、电、通讯、煤气等费用记录；四是守信记录和失信记录，包括有无恶意透支、不按时还款、被行政处罚及被提起诉讼等；五是系统管理信息记录，包括查询记录、变更记载等。

## 二、征信管理的主要模式与经验

俄乌国家个人征信系统的运作模式，即由政府金融管理部门或中央银行负责组建个人征信系统并负责维护其正常运作的政府主导模式。政府通过建立征信机构，强制性要求个人向这些机构提供征信数据，并立法对数据的真实性及个人隐私进行保护。

主要经验，一是个人征信评信制度效应显著。征信评信制度作为信用体系建设的核心，成为所有信用活动乃至社会经济活动的一种甄别制度，成为每个社会成员必须遵守和维护的一项基本社会经济制度。二是征信评信网络通畅发达，形成了以少数几家全国性、综合性机构为龙头，其他专业性机构为补充的征信评信格局。三是信用法律法规体系健全，立法保证信用信息公开，用法律正确界定和规范信用信息公开与保护公民个人隐私关系。四是信用管理职责明确，信用中介机构功能强大。五是征信评

信与授信受信、信用激励与失信惩戒形成良性互动。

## 三、征信数据采集程序和数据处理情况

第一，必须公平合理地取得个人信息，不允许以欺骗的手段从数据主体那里取得信息，取得信息必须要征得个人同意等。第二，只为合法的、特定的目的才能够使用个人数据。第三，使用或者披露个人数据的方式不能与使用或者披露个人数据的目的相违背。第四，使用个人数据的目的本身也应该是合适的、中肯的。第五，个人数据必须准确，应当及时更新。第六，如果使用个人数据的目的是有期限的，则使用期不能超过该期限。第七，任何个人均有权在支付了合理费用后向征信机构查询本人信用报告，并可在适当的情况下要求修改。第八，必须采取安全措施防止个人数据未经授权被更改、披露及销毁。对不准确数据的修正，在被征集人提出要求的情况下，信息征集人有责任立即对有关数据进行核查或修改。如果错误可能导致对被征集人利益的损害，信息征集人需要通知第三方使用者有关信息的修正情况。除非证明客观上不可能通知到，或存在很大困难的条件下，信息征集者才能放弃通知第三方。

## 四、俄乌两国征信系统建设成功经验启示

俄乌两国征信体系经过 100 多年的发展，形成了良好的征信数据环境、完善的信用法律体系、健全的信用管理机构和业绩优良的大型征信公司。发达的征信体系净化了信用交易的市场环境，规范了信用交易的程序和标准，极大地促进了这些国家的社会经济发展。相比之下，我国现行的征信体系尚待完善。

### （一）相关法律法规有待于进一步完善

健全的法律框架能够为征信体系的建立和有效运作提供有力保障，我国在征信数据的开放和使用、信息披露的真实性、隐私权的保护以及征信中介机构行为规范等方面的立法仍有待完善，《征信业管理条例》是宏观层面的管理规则。要达到和巩固立法效果，顺利实施，下一步还需制定一些配套法规和实施细则。比如个人信息保护的相关具体制度、政府信息公开中涉及企业和个人信用信息的目录和细则以及道德信用与资产信用的界定、个人隐私权及知情权的权衡等诸多方面，我国现行法律中尚无专门而详尽的隐私权保护法律，哪些数据涉及隐私权需要保密，哪些数据可以向公众开放，缺乏明确法律界定。

### （二）尚未形成有效的信用数据开放机制

信用数据的区域、部门和行业仍处于割据状态，成为制约我国社会信用体系建设的制度性瓶颈。部门之间的信用数据档案系统没有相互对接，无法实现共享，导致一些基础数据来源不全面、不衔接，一定程度上削弱了数据的说服力，从而使社会征信体系建设因缺少必要的基础性条件而进展缓慢。同时，我国的信用中介机构，有些还没有建立起自己的信用资料数据库，有些数据库规模较小，信息不完整，受这些因素的制约，其很难对企业的信用做出公正、客观、真实的评估。

### （三）尚未建立有效的失信惩戒机制

在立法方面，我国的《民法通则》、《合同法》和《反不正当竞争法》中，虽然都

有诚实守信的法律原则，《刑法》中也有对诈骗等犯罪行为处以刑罚的规定，但有法不依、执法不严现象时有发生，严格的失信惩罚机制尚未建立，不讲信用的企业法人和个人不能得到及时有效的治理，这在一定程度上弱化了法律法规对社会上各种失信行为的约束和震慑。此外，对信用市场的监管较弱，特别是对会计、审计、法律服务、资信评估等从事企业信息服务的中介机构缺乏科学有效的监管。

（四）信息数据条块分割，难以共享

一是征信主体分处于不同部门和行业，信息的分散性给征信体系建设带来一定阻碍。如个人信用信息主要来自于银行消费信贷、公用事业如供电、供水、电信等单位的缴费记录以及大学生助学贷款信息；企业信用信息分别来自银行信贷记录、工商部门登记、税务部门缴税记录、质监局处罚、法院执行以及海关、统计局等政府部门的数据。拥有这些信息的部门都有责任加强信用的保密管理，没有无偿向外提供的义务。对向外提供信息后可能引发的责任及后果缺乏法律界定。

（五）队伍建设有待加强，人员素质有待提高

征信业是一个新型行业，随着市场经济发展和信息量日益膨胀，对征信从业人员的法律、计算机、金融、会计、工程、统计等综合性素质要求越来越高，迫切需要高素质的复合型管理人才和业务人才。我国与社会信用有关的大学教育刚刚起步，征信专业人力资源极端匮乏，师资和教材水平亟待提高。

## 五、俄乌两国的国际经验对完善我国征信体系的政策建议

解决我国社会信用缺失关键在于建立符合市场经济体制的征信体系，即在推进市场化改革和借鉴发达国家经验基础上，全面改善我国现有的征信体系。

（一）完善征信法规建设

一是建议依据《征信业管理条例》，建立相关配套法规和实施细则，明确个人信息保护的相关制度、政府信息公开中涉及企业和个人信用信息的目录和细则，以及商业银行在搜集数据、提供数据、使用数据等环节的规定办法，防止出于自身盈利目的而侵犯企业和个人利益的行为发生。

（二）加强征信数据质量建设，建立信用数据开放机制

一是商业银行应大力提高数据质量，在企业财务报表尚未实行单一来源制度的情况下，征信系统除通过人民银行和商业银行征集企业财务信息外，应自上而下建立与工商、税务等部门信息系统的链接关系，以便征信系统使用方对各方信息的比对，加快信用数据开放机制建设。二是商业银行应完善相关制度和业务规程，加大培训力度，逐步提高征信业务人员尤其是基层从业人员的业务能力和水平，减少录入性错误和操作失误，并建立数据质量责任人制度，通过制度保障数据质量的准确、及时和完整。三是尽快研究制定村镇银行、小贷公司等接入征信系统的方案，充实完善信息内容，确保系统内容能全面综合反映企业信用状况。

（三）建立失信惩戒机制

失信惩戒机制是信用体系的重要组成部分，只有建立严格有效的惩戒制度，才能对失信者产生威慑和警示作用。对提供不真实数据者要依法进行惩戒；对严重失信者

要公开披露失信信息，提高不良信用记录者在参加保险、招投标、招聘录用等活动中的门槛，让其为失信行为付出社会成本，以示惩戒。

（四）积极发挥政府的作用

政府的强力推动将是信用体系建设的必要动力。一是依法向社会开放所拥有的企业信用数据。工商、海关、法院、质监、财政、税务、商务、人民银行、证券监管等各相关政府部门应依法将掌握的企业信用数据通过一定形式向社会开放。二是对企业征信服务业进行行业管理。三是要为个人信用体系的建立创造良好市场环境。政府不应直接参与个人信用管理公司的经营，而是建立规范有序的市场环境和市场秩序。四是积极引进外国著名的征信中介机构，实行科学的市场准入制度，对拟进入征信市场的中介机构资质和实力进行必要审核，防止无序竞争。

（五）加快征信人才培养

加快人才培养，储备征信人才库，为全面推动本地社会信用体系建设服务。在条件许可的情况下，应在本地大中专院校开设信用管理专业，培养高层次信用管理专门人才。

## 参考文献

[1] 刘明．俄罗斯中小企业融资难与征信体系建设［J］．上海金融，2013（10）：59－61.

[2] Diamond，Dougas W. Reputation Acquisition in Debt Markets［J］．Journal of Political Conomy，2013（97）：828－862.

[3] Kallberg，JarlG&Udell，Gregory F. The value of private sector Business credit Information sharing：The US case［J］．Journal of Banking & IInance，2013（27）：449－469.

[4] Inessa Love & Nataliya Mylenko. Credit Reporting and Financingi Constraints［J］．World Bank Policy Research Working Paper，2013（9）：3142.

责任编辑校对：马晓栋

# 浅析新形势下农村土地流转中的融资难问题

宁夏贺兰县农村信用合作联社　朱振东

**摘要：** 近年来，随着党中央一系列富农惠农政策的陆续出台，特别是十八大报告中“坚持走中国特色新型工业化、信息化、城镇化、农业现代化道路”以及促进四化“同步发展”新框架的提出，“城镇化”再次成为备受关注和热议的话题。“城镇化”进程促进了农村土地的流转，加速了农村经济发展的步伐，也带动了农村经济的繁荣。与此同时，各金融机构涉农贷款逐年增加，但“三农”的信贷资金需求并没有得到有效满足，如何解决城镇化进程中融资难的问题，需要我们认真探究。

## 一、农村经济发展的新形势加速土地制度变革

随着经济的发展及城镇化进程的加快，传统农业已不再是农村经济的唯一生产方式和收入来源。进城务工人员增多，农民对于土地的依赖程度明显减弱，“人多地少”的基本国情以及农业产值偏低的现状促使农民流转土地的意愿加强，农村土地流转加速。以宁夏回族自治区贺兰县为例，全县共有家庭承包经营的农户 38 867 户，农业人口 13.31 万人，耕地面积 57 万亩。截至 2013 年底，全县新增土地流转面积 72 018.91 亩，累计流转土地面积达 206 316.78 亩，占耕地面积的 36.2%，涉及农户 20 932 户，占土地承包农户的 53.9%。

（一）当地土地流转的几种模式

一是龙头企业带动型。按照“一个产业一个支柱性龙头企业”的发展要求，完善“企业 + 基地 + 农户”的发展模式，即农户委托村委会以出租方式将土地租赁给企业经营，签订出租合同，期限 5 ~ 15 年，年流转费 650 ~ 800 元/亩。企业对流转来的土地实行规模化经营，建立标准化、规模化的稻蟹立体种养基地、苗木花卉基地、蔬菜基地、优质牧草基地，实行连片种植，规模经营，这种类型的流转面积共计 11.08 万亩，占全县土地流转总面积的 48.52%。

二是种养大户带动型。种养大户与同村或邻近农户签订流转土地承包合同，期限一般为 5 ~ 10 年，租金一年一付。通过流转整合土地，更好地利用大型拖拉机、激光平地机等大中型农业设备，实现连片统一耕种，规模化经营，将一家一户的小生产与千变万化的大市场成功对接，建立起“合作社 + 农户 + 基地”的产业化运作模式，这种类型的土地流转面积共计 5.54 万亩，占全县土地流转总面积的 24.25%。

三是支部 + 农民专业合作社引领型。近年来，在设施化农业发展中，基层村党支部积极发挥着“领头雁”的作用。以金贵镇某村为例，村党支部通过组建“银河设施蔬菜种植专业合作社”，村干部积极协调农户将承包地互换、集中连片，由村委会组织

统一建设二代日光温棚，经过近10年的努力，建起了“千亩万间”设施蔬菜园区，形成“支部+合作社+基地+农户”的产业化经营模式，辐射带动农户1 000余户，共建成设施大棚1 700栋，蔬菜种植面积达到5 200亩，占该村耕地面积的84%，全年蔬菜产量1.7万吨，蔬菜总收入1 936万元，人均收入6 700元，占农民人均纯收入的70%；在立岗镇某村，自2007年以来，按照“依法、自愿、有偿”的原则，将全村土地集中流转到村集体实行统一经营，农户每亩流转费用750元；同时，部分有丰富经验的农户返聘到合作社进行耕作或外出务工，年收入在3万元左右。曾经集体经济无分文的“空壳村”，在5年时间里，村民人均收入跃升到13 000元，村集体资产跃升到512.7万元，成为全区新农村建设的示范村，村党支部也被评为“全国创先争优先进基层党组织”。截至2013年末，全县流转土地共涉及专业合作社36个，涉及农户4 096户，流转土地面积5.21万亩，占流转总面积的22.81%。

四是科技人员创业促进型。随着农业产业化和城乡一体化进程加快，在农村干事创业条件日臻成熟，部分经济头脑活跃，有着良好种养技术的城市居民瞄准农村资源丰富及发展空间巨大的优势，进军农村市场。如贺兰县新平设施园区技术干部租赁农户土地建设二代温棚，健全完善了设施农业科技服务支撑体系，建设育苗中心2座、3 000平方米，建设保鲜冷库1 000平方米，建设集农资销售、科技培训为一体的科技综合服务楼1栋，建设高标准设施技术示范棚8栋，建设由技术干部自主经营的干部创业技术示范棚43栋，引进实验中科院提供的瓜菜新品种共8类21个，带动周围200余户农民参与到设施农业建设中来。

### （二）土地流转对农村经济的推动作用

一是促进农业产业结构调整，推动农业产业化发展。随着农村土地流转速度加快，农业产业结构调整步伐也进一步提升，区域农业的特色化更加明显；龙头企业的带动，使种养业朝着规模化经营、标准化生产、产业化发展的方向迈进。

二是促进农业规模经营，提高土地利用率和农产品市场竞争力。通过土地流转，不但较好地满足了一些从事非农产业农户既不愿放弃土地承包权，又不愿经营土地的要求，同时满足了一部分有技术特长、有资金势力、有经营管理能力的专业大户、专业合作经济组织、农业企业集约经营土地的愿望，使土地经营权向专业大户、专业合作经济组织、农业企业集聚，扩大了规模经营面积。

三是农村劳动力向非农产业转移，促进农民增收。土地流转加速了剩余劳动力的转移，农村经济得到了更大的发展，部分有技能的农民摆脱了土地的束缚，集中精力务工经商。合理的土地流转，不仅解决了农户的后顾之忧，而且还使得务工农民从中获得了一定的收益。据统计，2013年当地外出务工人员人均约收入2.4万元，比从事农业收入人均所得1.9万元高出0.5万元，部分无劳力的农户，通过土地流转后，无须任何投入就能够获得一年劳作后的收入，有效地改善了生活条件。

## 二、制约农村土地质押融资贷款的瓶颈和难点

### （一）土地作为质押物处置难度较大

土地流转的实质是农民土地经营权的让渡，而无形的质押物（经营权）处置难是

目前金融机构不愿尝试或不敢尝试的主要原因。土地流转之后，不能改变所有权及土地的性质和用途；同时，目前土地流转市场发展缓慢，缺少权威的流转中介，土地流转主要采用自行协商的方式，流转信息不畅，在经营户出现信贷违约的情况下，质押物无法短期内变现，银行处置不良资产难度较大，制约了其办理土地质押贷款的积极性。

（二）办理质押贷款登记手续困难，土地专业评估机构缺乏

由于对农户的实际经济实力及财产缺乏合理有效的评估，农户在实际信贷中很难得到适量的贷款；同时缺乏专业的土地经营权评估机构和评估人员，没有相对独立的评估价值作为参照物，评定价值往往低于土地实际价值，加之各金融机构对于所评估的经营权的价值难以有效认同，在实际贷款发放中额度相对较低。

（三）土地流转程序不规范、手续不完善、缺乏法律支持

土地流转目前仍是农户的自发行为，地方政府缺乏有效的监管引导，没有专门的服务中介和法律援助机构，土地流转的手续不完善，特别是农户间的土地流转，往往没有签订规范的协议或合同，有的甚至只是口头协议，自由性和随意性较大，在金融机构审核贷款时不能提供有效的信贷资料，影响了办贷效率。

（四）贷款风险难以掌控

就农业自身而言，频发的自然灾害和动荡的市场因素使农作物的价值变动较大，直接影响着土地的经济产值，也影响了土地流转价值。这些因素农户难以掌握，同时缺乏有效应对措施，也增加了银行的信贷风险。

（五）农户对新生事物的接受问题

目前而言，土地承包权质押贷款对广大农户而言，是一个较为陌生的事物，对贷款手续繁琐、贷款利率高、负担重的担心，使农户的参与性不高。

（六）跨区域经营的限制

由于农村金融机构“服务三农”的定位，很大程度上是以户籍所在地的辖区居民为服务对象，对城镇居民及辖区外的承包户而言，本地农业信贷支持的优惠政策很难得到落实，信贷支农的广度受到限制。

## 三、新形势下流转土地承包权质押的探索

在认真落实支农政策和系统行业工作意见，解决流转土地农户信贷资金需求过程中，农村金融机构正在探索支农服务的新途径。

（一）案例情况简介

以贺兰县通义乡某村为例，全村土地总亩数约 10 000 亩，已流转土地9 650. 21亩，占总亩数的96. 5%，流转农户共计 12 户，流转的土地主要用于水稻种植，期限 5 年，流转费为一年一交（460 元/亩），按照每亩土地种植成本 400 元计算，预计需要资金 385 万元。

（二）具体解决方案

经过实地调研，农信社采用以村委会为平台、由借款人组成互助联保体，在信用社开立保证金账户后缴纳一定数额保证金后进行质押，同时签订三方贷款合作协议，

按照一定比例放大后发放支农贷款。在具体办贷过程中，由该村村委会出具保证承诺函作为种植大户的监管方，当贷款发生风险时明确附条件土地转让。联保体内任何一人办理贷款时，除村委会出具的保证承诺函外，其余种植大户均作为连带责任保证人进行担保；不属于贺兰县域内农户可采取抵押担保 + 保证担保 + 保证金的方式办理贷款。

（三）风险分析与管控

1. 购买保险

村委会集体为种植户购买了农业保险（每亩保险费用 4.8 元，绝收情况下每亩赔偿 400 元，其他受灾情形视程度按比例予以赔偿），此举有效预防了自然灾害产生的相关风险。

2. 统一管理

村委会要求 12 名种植大户按照 80 元/亩标准缴纳种植保证金，同时收取 5 元/亩的管理费用，由于种植的水稻主要销售给中储粮公司，该村村部采取统一购买水稻稻种，统一购买适合土地及水稻的化肥、农药等生产资料，以保障水稻品质及产量，以此解决了种植户粮食收获后销售难题，减少意外损失及市场风险。

3. 监测资金流向

12 名种植大户均在信用社开立了账户，其购买农资基本以当地农资销售商为主，农资销售商的账户均在通义信用社开立，其水稻直接销售给中粮储备库，争取中粮储备库的账户也在通义社开立。同时，村委会扩建水稻储备仓库，种植户的水稻产出后进行集中存放，由村委会统一监管销售，其销售收入优先偿还贷款本息，这样通义社可对种植大户的信贷资金从“用途—销售—还款”实现全程管控，实现了“资金的内循环”，将风险降至最小。

## 四、齐抓共管，推进农村金融服务

农村经济发生的新变化以及土地流转中面临的困难，需要多方共同努力，构建以政府为主导，以金融机构为主体，以担保公司、产业龙头、专业合作社为辅助的综合体系，切实推动支农工作的有效开展。

（一）完善法律体系建设，加速推进农村土地确权登记工作

一是政府主管部门应抓紧时间修订、完善相关法律法规，及时出台农村土地承包权流转的法规政策和制度。明确土地流转的原则，范围及操作流程；二是要加快推进农村土地确权工作，做好农民土地承包权登记及证书发放，确定农民对土地的财产权利，解决土地质押的法律难题；三是建立农村土地评价专业机构。尽快制定农村土地评估办法，组建独立的土地流转评估中心，培养专业人员对农民土地经营权价值进行评估，合理确定农村土地价值，为各家金融机构开展农村土地承包权质押提供参考。

（二）加强金融服务，充分调动农民的积极性

农村经济飞速发展的迫切需要，使流转土地承包权质押贷款工作变得尤为急切，需要全体金融从业人员共同努力。作为监管部门，人民银行要利用现有的企业及个人征信系统，加快信息采集，构筑信息平台，为金融机构、评估机构、保险公司等相关

单位开展此项工作做好信息保障；各金融机构要结合本地实际，确定合理的贷款价格及收费标准，同时强化宣传引导，做到既减轻农民负担，又兼顾本机构的利益。

（三）多措并举，完善土地质押权贷款的风险防范措施

一是加强与保险机构合作。引入农业保险，对规模化种植的农作物及种植户本人购买保险，减少意外发生时种植户及金融机构的损失，解决种植户生产经营中的后顾之忧。二是加强与村委会、担保公司合作。对于部分合作意愿强、经营情况良好的种植户通过缴纳一定数额的保证金，由村委会、担保公司担保，银行调查审核后对符合条件的按一定倍数放大后予以信贷支持。三是深化与龙头企业合作。由符合条件的所属行业的龙头企业为种植户提供担保，作为回报，龙头企业优先购种养大户的产品，一方面解决了企业原料缺乏的困扰，另一方面又保障了农户的产品出售的问题，实现了“农企”双赢。四是加大政策优惠力度。强化对农业种植、土地流转的补贴力度，同时减征担保公司在土地流转项目收入的税费。在实际运行中，以上四个方面不能独立成章，各自为政，只有各司其职，相互协作，通过市场化的运作，才能真正形成“农村土地经营权质押 + 公司担保”、“农村土地经营权质押 + 公司担保 + 担保金担保”、“农村土地经营权质押 + 公司担保 + 农户担保”的担保模式、真正做到强化信贷风险防控的作用。

责任编辑校对：赵莉萍

# 宁夏村镇银行发展问题研究

宁夏财经职业技术学院课题组

马建华　苑玉新　沈玉星　陈银月

**摘要：**村镇银行作为新型农村地区小额信贷融资渠道，自成立以来就肩负着服务“三农”、服务中小企业、服务县域经济的使命。宁夏的村镇银行起步较晚，但是随着经营规模的不断扩大，业务领域与种类的不断拓展，村镇银行必将在惠农金融方面彰显优势，为拓展农户及中小企业融资渠道，支持宁夏农村地区建设作出重要贡献。本文在对宁夏村镇银行发展现状调查的基础上，分析宁夏村镇银行发展过程中存在的种种问题，并提出促进宁夏村镇银行可持续发展的若干建议。

随着国家农村金融政策的大力支持，宁夏村镇银行近几年得到了迅猛发展，新机构不断成立。宁夏首家村镇银行——吴忠滨河村镇银行成立于2008年8月18日，截至2012年底，宁夏共成立村镇银行九家（详细情况见表1）。由于刚刚起步，村镇银行的发展还未形成自己的特色，还面临着很多不足与挑战。但是随着经营规模的不断扩大，业务领域与种类的不断拓展，村镇银行必将在惠农金融方面作出贡献，其投资多元、种类多样、治理灵活的优点有利于为当地的农业企业和农民提供及时、灵活、高效的金融服务，在解决农村金融市场供给不足、服务缺失、垄断经营、体制欠缺等方面起到重要作用，为宁夏广大农村地区经济的复苏与发展注入新活力，为宁夏经济的跨越式发展提供动力。

**表1**　　**宁夏村镇银行基本信息**　　单位：万元

| 名称 | 控股银行 | 成立时间 | 注册资本 | 地点 |
|---|---|---|---|---|
| 吴忠市滨河村镇银行股份有限公司 | 石嘴山城市信用社 | 2008.08.18 | 3 818 | 吴忠市 |
| 平罗沙湖村镇银行股份有限公司 | 泾源县农村信用联社 | 2008.12.25 | 2 000 | 平罗县 |
| 宁夏贺兰回商村镇银行股份有限公司 | 包商银行 | 2010.01.30 | 3 000 | 贺兰县 |
| 宁夏中宁青银村镇银行股份有限公司 | 青海银行 | 2011.06.10 | 5 000 | 中宁县 |
| 石嘴山市大武口石银村镇银行股份有限公司 | 石嘴山市银行 | 2011.08.23 | 3 000 | 石嘴山市 |
| 隆德六盘山村镇银行股份有限公司 | 宁夏银行 | 2011.08.23 | 5 000 | 隆德县 |
| 中卫香山村镇银行股份有限公司 | 石嘴山市大武口区农信社 | 2011.10.27 | 3 000 | 中卫市 |
| 宁东本富村镇银行股份有限公司 | 龙江银行 | 2012.03.20 | 5 000 | 宁东镇 |
| 银川掌政石银村镇银行股份有限公司 | 石嘴山市银行 | 2012.05.16 | 3 000 | 银川市 |

## 一、宁夏村镇银行发展现状

（一）基本情况

通过表1可以看出，目前宁夏已成立的九家村镇银行的注册资本普遍偏低，注册资本水平不高直接影响了村镇银行的单笔业务规模，限制了其经营发展，不利于支农功能的发挥。同时，银行规模过小，资金实力弱，无法与其他农村银行类金融机构相抗衡。

从设立地域来看，村镇银行覆盖宁夏所有地级市，为当地农户与农村中小企业发展提供了金融扶持。但宁夏目前已成立的村镇银行设立地点大多位于经济较为发达的大银川地区，仅有隆德六盘山村镇银行一家位于经济相对落后的隆德县，农户为获得金融服务需要付出较多的时间成本与交通成本。村镇银行营业网点少，地域距离远，阻碍了村镇银行支农作用的发挥。从设立的地点来看，九家村镇银行中，只有宁东本富村镇银行建在了镇上，其他八家均在县或市内，村镇银行冠“村镇”之名，却未行“村镇”之实。

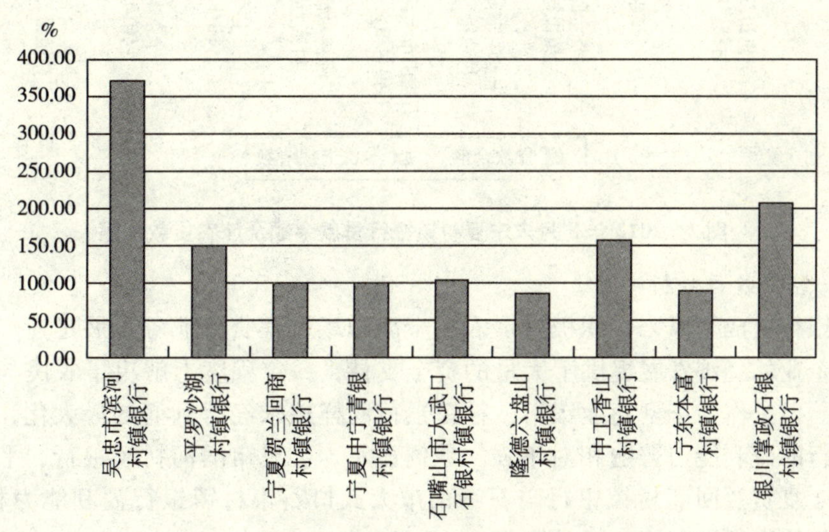


**图1　2012年8月末宁夏村镇银行流动性比率**

截至2012年8月末，九家村镇银行存款余额合计31.10亿元，发贷款余款合计27.24亿元。数据显示，目前宁夏现有九家村镇银行中有七家运行基本平稳，存贷比在90%以内（由于吸收存款比放贷要难，新开业的村镇银行相对合理的存贷比一般为100%～120%），但也有两家村镇银行存贷比超过了200%，存在一定安全隐患。从不良贷款率看，除吴忠滨河村镇银行较高为4.16%外，其他村镇银行均低于2%，总体风险相对较低。

（二）运行模式

从业务范围来看，目前宁夏九家村镇银行的主要经营范围都包括：储蓄存款业务、小额信用贷款业务、质押贷款业务、票据承兑与贴现业务、国内结算业务、代理收付款项及代理保险业务及经银行业监管机构批准的其他业务等。

(三) 贷款规模及投向

截至2012年8月，宁夏九家村镇银行发放贷款余额共计27.24亿元，其中涉农贷款余额共计20.23亿元（见图2），为支持宁夏地区经济发展，特别是支持了县域经济的快速发展，繁荣县域农业经济，构建新农村作出了一定贡献。

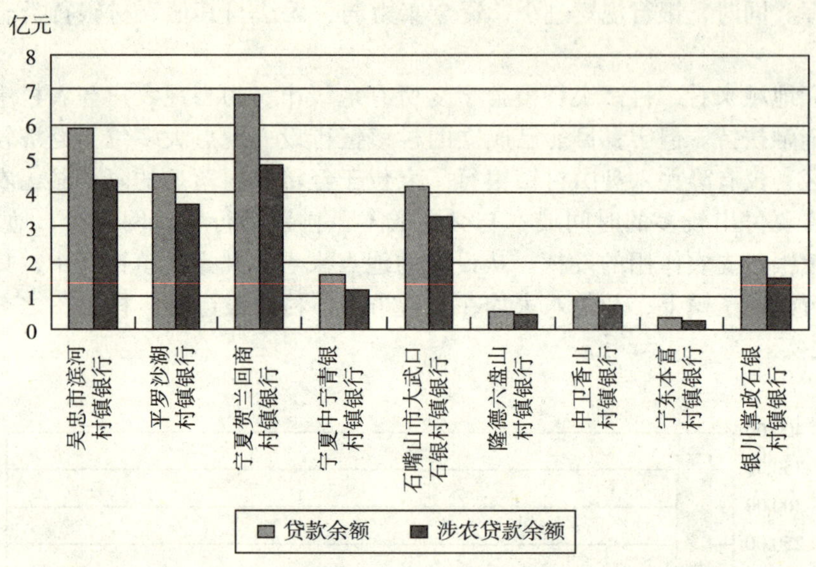


**图2　2012年8月末宁夏村镇银行贷款余额及涉农贷款余额**

(四) 经营效益分析

村镇银行自成立以来，积极发展农村金融市场，存贷款业务发展迅速。为农户与农村中小企业的经济发展提供了大量的资金支持，一定程度上解决了农民与企业的融资难问题。但是作为小型商业银行，村镇银行同样追求经营利润的最大化，然而宁夏各村镇银行的盈利能力普遍相对不强。数据显示，吴忠市滨河村镇银行、平罗沙湖村镇银行、宁夏贺兰回商村镇银行与石嘴山市大武口石银村镇银行盈利能力相对较强，其他五家村镇银行盈利能力相对较弱。

## 二、宁夏村镇银行发展存在的问题

(一) 偏离服务“三农”宗旨

从宁夏村镇银行运营的现状来看，其市场定位与服务“三农”的政策目标存在脱节。首先，大部分建立在县或市内，经营地点的偏离决定了服务对象的偏离，这不符合在金融服务空白地区布局的经营思路。其次，大多由城商行和农村合作金融机构发起成立，组织结构也大多类似发起行的分支机构，同样是以实现利润最大化作为其经营的主要追求目标。最后，成立时间较短，处于探索起步阶段的村镇银行面临网点少、人手不足、结算不通，缺乏农村金融服务经验并在农信社、邮政储蓄银行的夹击之下，市场空间较为狭小，且缺乏核心竞争优势等诸多问题。为了在夹缝中扩张规模，创造收益，寻找自己的立足之地，村镇银行不得不将信贷投向偏离“三农”。

（二）缺乏政策扶持

虽然中国银行业监督管理委员会于2006年12月20日和2007年1月2日分别出台了《关于调整放宽农村地区银行业金融机构准入政策更好地支持社会主义新农村建设的若干意见》（以下简称《意见》）和《村镇银行管理暂行规定》，此后，又陆续发布了《村镇银行组建审批工作指引》等新型农村金融组织的行政许可及监管细则，但相关配套政策不到位，同时具体的实施细则也并未出台。第一，从财政方面来看，宁夏村镇银行底子薄，而有关部门并没有出台给予其财政贴息待遇的具体细则，或者有扶持政策却落实不到位，从而使村镇银行支农积极性不高。第二，从税收方面来看，国家税收政策扶持不明确，说是要给予税收减免，但减多少税、免多长时间并没有明确规定。目前宁夏九家村镇银行仍全额上缴营业税，与一般商业银行并无区别，没有体现出对其的税收扶持力度。第三，宁夏村镇银行还未得到人民银行总行的行号批复，因此，村镇银行的信贷管理系统、账户系统、征信系统等都不能与人民银行总行联网使用，致使其资金划转业务受到了影响。

（三）资金成本高、资产风险隐患大

村镇银行出现时间晚，社会认知度比较低，社会公信力差，加之农民本身并不富裕，使得其吸储能力较差。同时，村镇银行网点少，缺乏现代化手段，也给农民存款带去了麻烦。因此，宁夏村镇银行资金来源主要是靠发起人投入，而资金来源渠道的单一直接导致资金成本的增加。

（四）团队建设不足

从目前宁夏村镇银行的发展来看，面临的人才问题主要有，一是各类人才总量不足，各类专业人才和管理人才在员工总量中所占比例不高，即便是培养出了较为优秀的员工也可能很快被商业银行挖走。二是人员的整体素质不高，人员的业务技能、专业水平、服务意识和创新能力难以适应业务发展需要。三是高层次的从业人才明显不足。

（五）创新能力不强

由于宁夏村镇银行基本沿用商业银行的理念与业务实践来经营，因此在产品设计和业务流程方面与普通银行没有太大区别，缺乏业务创新能力。首先，大部分村镇银行只推出了小额信用贷款业务、储蓄存款业务、票据承兑业务、票据贴现业务和质押贷款业务，其资金主要投向是农业生产资金贷款，对资金需求量相对较大的住房消费类等贷款和养殖业贷款业务却很少涉猎。其次，主要经营业务是围绕传统存贷款业务展开，虽然也在积极探索和尝试开展中间业务，但并未取得实质性成果。最后，不能及时为农户提供政策指导、市场信息、实用农业科技等相关金融咨询服务，限制了其服务水平的提高。

（六）农村金融环境较差

宁夏农村地区金融服务水平较低，现代金融机构生存和发展的环境相对恶劣：首先，宁夏农村经济发展水平较低，基础设施缺乏，同时农业生产周期长，自然风险和市场风险较大，农业和农村信贷历来被视为高风险领域。在此背景下，村镇银行从诞生的那一天起，就面临着严峻的经营环境。其次，目前宁夏地区农村金融环境较差，还没有建立行之有效的农村信用体系，散的农户与金融机构之间没有形成良性的信用互动，从而抑制了村镇银行的发展。

### （七）支付结算体系不健全

村镇银行由于缺乏健全的支付结算体系，抑制了其功能的发挥。首先，宁夏村镇银行网点相对较少，并且大部分集中在经济发展水平较高的大银川地区，在增加银行营销成本和业务管理成本的同时，也给偏远地区寻求贷款的农户带来了不便。其次，汇兑结算不便，制约业务发展。最后，银联准入门槛较高，银行卡业务难以开展，目前银联对村镇银行缺乏差别性的支持政策，每年高达300万元的入会费，使村镇银行只能望卡兴叹。

## 三、宁夏村镇银行可持续发展的对策建议

### （一）明确市场定位

根据银监会《意见》的指示，村镇银行的设立旨在解决农村地区资金供给不足的问题，促进农村地区金融多元化、覆盖面广的竞争性市场的形成。可见村镇银行设立的宗旨就是为了支持农村地区农业发展，提高农民的生活水平。因此村镇银行在经营发展过程中应该坚持服务“三农”，为农户和小微企业提供特色化、人性化的金融服务。若偏离这一目标，一味追求利益最大化，村镇银行将迷失发展方向，也就失去其存在的意义。

### （二）加大政策扶持力度、督促履行职能

从各国经验来看，农村金融建设必须要有政府财政投入和政策扶持，各国政府一般都制定了一系列扶持农村金融发展的政策和措施。宁夏村镇银行处于刚刚起步阶段，更需要中央及地方政府给予政策倾斜，引导其良性发展。首先，应给予村镇银行一定的支农再贷款支持，增强村镇银行的资金实力。其次，放宽对村镇银行的利率管制。再次，给予村镇银行适度的税收减免，增强村镇银行的发展动力。最后，对村镇银行的扶持政策要落实到位。

### （三）切实加强金融监管、提高风险管控能力

村镇银行是新型农村金融机构的一种，其本质是农村社区银行，肩负着服务“三农”的政策性使命。村镇银行对于刺激农村的金融市场良性发展、为农村经济金融业带来新的竞争、增添新的活力和新的商机有着质的帮助。与此同时，作为新型农村金融机构，如何结合其法人的公司治理、内部控制、风险管理、业务经营的特点实施准入监管和日常监管，正成为银行业监管者面临的一个新课题和严峻挑战。

### （四）加快人才队伍建设，缓解人力资源不足

村镇银行应加快人才队伍建设，优化人才结构，提高队伍素质。第一，改进人力资源管理制度，制定合理的选人、用人、育人机制，鼓励员工利用业余时间学习或进行深造，不断提升员工综合金融服务素质。第二，可以从其他金融机构引进具有经验的金融从业人员，利用他们的专业知识和丰富的经验提升村镇银行的管理水平和服务档次。第三，聘请本地员工，借助其对当地的风土人情、社会文化、风俗习惯的了解，

帮助村镇银行熟悉市场、开发业务、开展工作。

（五）开展业务创新、提高服务水平

宁夏村镇银行应充分发挥地区优势，不断创新金融工具、研发金融产品，及时提供有针对性的服务、多样化的产品，满足农村多元化融资需求。具体应做到以下几点：第一，优化抵押担保制度、创新担保模式。可以借鉴格莱珉银行的联保制度，使没有任何抵押物品的穷人都能够申请到小额贷款；还可以通过与当地龙头企业协商，让其为相关的农户与涉农企业提供贷款担保；同时探索新型抵押物品，例如房屋、土地、家禽牲畜与大型农机设备等等。第二，为了满足不同农户的贷款需求，村镇银行可以设置多种不同类型的还款期限供农户选择。第三，建立支付结算平台，开通网上银行业务，并积极申请加入银联系统，发行银联卡，拓展业务空间。第四，创新中间业务，积极办理购房贷款业务与基金业务等。

（六）提高自身信誉建设

加强农村信用体系建设对提高农民信用意识、改善农村信用环境、提升农村金融服务水平具有长远意义。第一，加大三个主体诚信建设力度，建立多层次的信用系统。第二，加大社会征信体系建设力度，建立覆盖全部法人单位的企业信用信息系统和覆盖多数居民的个人信用信息采集制度。第三，加大行业联合对失信行为的惩罚力度，积极推进社会诚信建设，对不守信用的行为进行坚决抵制和处罚。第四，创新农村信贷担保抵押方式，鼓励符合条件的担保机构为农村规模种养殖户和小微企业服务提供信用担保；引导抵押机构为农户办理农村集体土地、农民住房等抵押贷款业务服务，条件成熟时可以建立专门的担保基金；探索实行动产抵押、仓单质押、权益质押等担保形式；不断健全农村政策性保险机制，鼓励并强制农户参加农业保险，加大保障范围和补贴力度，使村镇银行支持“三农”的风险降到最低。

责任编辑校对：刘江帆

# 风险防范

# 影子银行体系对流动性的影响

## ——兼议对货币政策中介目标的挑战

中国人民银行银川中心支行　杨　云

**摘要：** 我国的影子银行体系对流动性的影响体现在三方面：一是传统银行机构通过影子银行业务和工具创造的流动性；二是影子银行机构通过资产证券化的过程分流储蓄资金创造的流动性；三是影子银行体系分流储蓄资金对商业银行流动性创造的“机会成本”。影子银行体系的信用创造功能，弱化了货币供应量作为中介目标的作用，因此应加强对影子银行业务的规范，货币政策中介目标应逐步过渡到价格型的中介目标。

## 一、引言

国际金融危机之后，影子银行体系的概念引起国际社会广泛关注。影子银行体系是广义金融市场的有机构成部分，越来越多的观点认为影子银行体系是“广义流动性”创造的有机组成部分，大幅拓宽了流动性概念的边界。徐诺金（2014）认为，应该从实用主义为出发点，从货币的功能性角度定义货币的构成，并进一步划分货币供应量[1]。当前，随着社会的进步和技术的发展，脱媒的趋势使得现行货币的定义越来越难以描述全社会的信用总量，复杂金融工具的货币性界定越来越困难，理论界也曾从不同角度提出过新的货币定义，比如现金等价物货币总量、动量化货币、费雪货币存量指数和迪维希亚货币总量等[2]。另外，从货币政策的角度来看，这种广义的流动性并非货币当局所能直接掌控，其可测性、可控性和相关性都面临不确定性，对货币政策的理论和实践带来了巨大挑战。

## 二、文献综述

关于影子银行体系的研究，目前主要有三方面内容：一是关于影子银行的定义和业务阐述；二是关于影子银行对金融稳定的影响；三是对中国影子银行体系规模的测算。

关于影子银行体系的定义方面：国际金融危机爆发之后，国际组织、各国政府和学术界开始正式且大规模使用“影子银行体系”这一概念。黄益平等认为中国的影子银行体系主要体现为销售理财产品的信托融资和通过金融机构中介的委托融资[3]。巴曙松从金融机构业务的角度对中国影子银行体系的定义进行了重新梳理，认为主要包括由窄到宽的四种口径，最宽口径甚至考虑了民间借贷业务[4]。

关于影子银行的流动性创造功能方面：程琳和孟超认为其打破了传统银行零售服务的模式，“抵押品市场价值/扣减率”的流动性创造模式应运而生[5]。李波、伍戈认为影子银行不创造属于狭义的流动性货币资产，而是创造以广义流动性为特征的各种金融资产[6]。邵宇认为，影子银行体系存在类似于传统银行体系的“贷款—存款”的流动性创造机制，并将其流动性创造过程分为两部分，借助影子银行业务再传统商业银行体系内部的流动性创造和“延伸出来的流动性创造”[7]。

西方工业化国家基于货币主义理论，在20世纪70～80年代货币政策曾普遍盯住货币供应量，自20世纪70年代以来，有不少学者指出了非银行机构的流动性创造问题。Tobin（1963）批评了丁伯根模型，认为公众货币需求方程要求价格水平实时变化，因此名义货币数量要符合公众实际购买力需求，货币数量论就会彻底失效。而丁伯根模型未明显区分金融中介间的实际存款、名义存款和银行存款，认为银行并非货币创造者[8]。Gurley和Shaw（1972）认为非银行金融机构都有一定的信用创造能力，与商业银行的区别越来越小。

周莉萍认为，影子银行作为平行的信用创造体系，其所创造的流动性并未作为货币总量的组成部分而被纳入货币统计和监管体系，弱化了传统货币总量的指标作用。[9]丁文丽的实证分析表明，金融自由化的推进会减弱货币供应量的可测性和可控性，应积极创造操作条件，使利率作为货币政策中介目标。[10]范从来的实证研究证明，虽然货币供应量作为货币政策中介目标现阶段仍然有其重要性，但要重新界定货币供应量，并通过加快利率、汇率市场化建设，创造出充分发挥货币供应量作为中间目标的货币控制机制[11]。

## 三、影子银行体系对流动性的影响

并非所有的工具、业务或机构都创造流动性，绝大部分“信用中介”属于监管套利性质，并不参与流动性创造。比如银信合作的理财产品和委托贷款业务，影响涉及部门的资产负债表，但居民部门和企业部门的总资产和总负债并未发生变化，并不创造流动性。

假设企业通过信托业务得到贷款100元，由于居民部门购买理财产品，银行部门的资产负债表中居民存款减少100元，但居民存款的减少部分通过信托贷款转化为企业部门的存款100元。再比如委托贷款，业务发生前后，体现在银行部门资产负债表上的，只是存款的结构性变化，并不涉及存款增加和贷款的派生。

2010年银监会规范银信合作业务，要求业务进表，并明文规定融资类业务占银信合作业务的比例不得高于30%。为应对上述监管要求，银行推创出新的交易类型使得理财产品通过信托公司流入企业，其中大部分涉及信托收益权转让。以三方过桥模式的银信合作为例，通过引入第三方（通常为大型企业或国企财务公司）与信托公司合作发放信托贷款，然后将其信托受益权转让给理财产品，从而实现银行理财产品对企业的融资。最终表现在资产负债表上，银信合作的融资业务对银行部门的总资产和总负债并未改变，并未引起$M_2$的增加。

本文认为，影子银行体系对流动性的影响存在三个层面：一是传统银行机构通过影子银行业务和工具创造的流动性，表现为$M_2$的增加；二是影子银行机构通过资产证券化的过程分流储蓄资金创造的流动性；三是影子银行体系分流储蓄资金对商业银行信用创造的“机会成本”。我国的影子银行体系虽自2010年以来快速扩张，但总体上尚处于发达国家20世纪60~70年代的初步阶段——脱媒阶段，基本是围绕信贷资产的替代展开，资产证券化和金融产品涉及较少。

（一）传统银行机构通过影子银行业务和工具创造流动性

邵宇（2013）对传统银行机构通过影子银行业务创造的流动性借鉴了基础货币的货币乘数机理，即认为：

$$M=\frac{1+c}{r+e+c}M_b \tag{1}$$

其中，$M$ 是货币供应量，$D$ 是存款，$M_b$ 是基础货币，$r$、$e$、$c$ 分别是法定存款准备金率、超额存款准备金率和现金漏损率。上式对于传统银行机构通过影子银行业务创造流动性的描述，其分析逻辑在于：假定能从基础货币中分离出一部分，然后将其投入到封闭的影子银行业务体系中周而复始，通过现金漏损和存款准备金产生货币乘数，放大流动性创造数量。问题在于，不可能从基础货币分离出一部分影子银行的专属货币，即使把初始的一笔影子银行业务视为基础货币，但之后的业务运作不会在影子银行体系的封闭空间运行。事实上，任何一笔此类业务对于流动性的创造都是一次性的，假定其为M。事实上，邵宇的估计会明显高估中国影子银行的规模，正如表2所呈现的结果，邵宇对中国影子银行规模的估计远超其他学者的估计水平。

比如，我们考虑银行购买债券对资产负债表的影响。银行购买债券，分为购买非金融企业债券和金融企业债券。如果银行购买非金融企业债券，银行资产方表现为现金减少和企业债券的对应增加；企业资产负债表负债端表现为企业债券的增加，资产方表现为企业存款的增加进而银行部门负债方企业存款增加，资产方现金增加。从银行资产负债表可以清楚地看到银行机构购买非金融企业债券增加了企业存款，创造了广义货币 $M_2$。同理，银行购买其他金融机构的债券，其他金融机构通过资金运用衍生为企业、居民的存款，扩张银行的资产负债表，创造广义货币。

（二）影子银行机构通过资产证券化的过程分流储蓄资金创造的流动性

我们分析资产证券化过程中的流动性创造功能（见表1）：假定甲影子银行发行以贷款资产为基础的各种担保债权凭证及其他衍生品，假设影子银行的权益性留存比例为 $r'$，由此形成了甲银行负债和权益性留存资金分别为（$1-r'$）$M'_b$ 和 $r'M'_b$，不考虑影子银行的现金漏损率，假设影子银行体系的权益性留存资金的比例相同，均为 $r'$。然后，乙影子银行通过从市场募集资金（$1-r'$）$M'_b$，并形成负债和权益性资金 $(1-r')^2M'_b$ 和 $r'2M'_b$，依此类推，在此过程中，每家影子银行机构都在创造信用。

**表1　影子银行体系通过资产证券化过程创造的流动性**

| N | 资产 | 负债 | 权益性留存资金 |
|---|---|---|---|
| 1 | $M'_b$ | $(1-r')^1M'_b$ | $r'M'_b$ |
| 2 | $(1-r')M'_b$ | $(1-r')^2M'_b$ | $r'^2M'_b$ |
| 3 | $(1-r')^2M'_b$ | $(1-r')^3M'_b$ | $r'^3M'_b$ |
| … | … | … | … |
| 总计 | $M'_b\sum_{n=1}^{\infty}(1-r')^{n-1}$ | $M'_b\sum_{n=1}^{\infty}(1-r')^{n-1}$ | $M'_b\sum_{n=1}^{\infty}r'^nM'_b$ |

由于$0<1-r'<1$，因此，

$$M' = M'_b \sum_{n=1}^{\infty} (1-r')^{n-1} = \frac{1}{r'} M'_b \tag{2}$$

（三）影子银行体系分流储蓄资金对商业银行信用创造的“机会成本”

影子银行体系通过分流储蓄资金创造了广义流动性，但其减少了商业银行狭义货币资产的流动性创造，在分析影子银行体系对流动性的影响中，应该作为抵减项目予以扣除。如上述分析，假设从商业银行体系中分流出去的储蓄资金为$M'_b$，从机会成本意义上分析，其对商业银行狭义流动性创造的影响为：

$$M' = \frac{1+c}{r+e+c} M'_b \tag{3}$$

综合上述三个方面的分析，本文认为影子银行体系对流动性的影响如下：

$$\begin{aligned} \Delta M &= M + M' - M'' \\ &= M + \frac{1}{r'} M'_b - \frac{1+c}{r+e+c} M'_b \\ &= M + \left(\frac{1}{r'} - \frac{1+c}{r+e+c}\right) M'_b \end{aligned} \tag{4}$$

## 四、影子银行体系对流动性影响的测算

关于影子银行规模的测算，因为对“信用中介”的定义不同而各异，总体而言，认为中国影子银行规模在20万亿~30万亿元的居多（见表3）。但正如上述分析，影子银行体系的规模并不等于信用创造的规模，大部分银行内部的影子银行业务并不参与流动性创造，多处于对监管指标的管理性质。

**表2　部分机构专家对影子银行体系规模的估算**

| 评估人 | 评估依据 | 评估年度 | 评估规模（万亿元） |
|---|---|---|---|
| 海通证券 | 包含信托和委托贷款、银行承兑票据、债券等信用类金融工具和民间借贷和信托融资 | 2011 | 28.8 |
| 瑞士信贷 | 包含信托基金、银行理财产品、经纪商资产管理产品、地方政府通过地方政府融资债券开展的影子银行活动和地下借贷在内 | 2012 | 22.8 |
| 王浡力<br>李建军 | 包括银行的影子银行产品和业务、民间借贷、地下金融、货币影子银行（如回购、货币市场基金证券化、信用衍生产品）、信贷影子银行（资产管理、信托、金融租赁、融资租赁）[12] | 2012 | 25 |
| 张明 | 采用巴曙松定义的最窄口径，即只包括银行理财业务与信托公司[13] | 2012 | 14.6 |
| 刘煜辉 | 区别于正规信贷业务的其他债务融资方式，包括：同业创新方式形成的信用供给、对其他金融机构等银行表内的影子业务，银行表外影子规模，再加上私人直接持有信托、企业债券、未贴现的票据和民间借贷[14] | 2012 | 25 |
| 邵宇 | 投资实体获取利差（影子银行Ⅰ），服务于资本市场专门用于二级市场交易的传统业务体系（影子银行Ⅱ），衍生品体系所承载的流动性（影子银行Ⅲ）[15] | 2012 | 55 |

传统银行机构通过影子银行业务和工具创造流动性主要包括两类：一是银行的部分同业业务，这些业务通过扩张银行和企业的总资产负债表创造了广义货币；二是银行购买非金融机构和其他金融机构的债券。

限于数据的可得性，我们对同业业务对信用创造的分析主要集中在银行机构对非银行金融机构的债权，体现为统计指标上“其他存款性公司对其他金融机构的债权”，并借由非银行金融机构和企业形成银行和企业资产负债表的扩张。银行对非金融机构的债券数据，采用中央证券登记结算有限公司和上海清算所托管的非金融机构债券增量中银行机构购买的部分，包括政策性银行、商业银行和信用社。债券类别包括企业债、中期票据、短期融资券、超短期融资券、区域集优中小企业集合票据。上述融资经由企业转而以存款的形式存入银行，并借由“存款—贷款”的信用创造渠道创造流动性。

我国资产证券化起步较晚，且受本轮国际金融危机影响，进程大为滞后。目前，我国的资产证券化资产的体量还比较小，2013 年仅有不足 240 亿元的规模（2014 年的数据截至 8 月末）。根据《信贷资产证券化管理办法》的规定，发行机构要保留不低于 5% 的基础信用风险资产比例的要求，我们以 20 倍作为资产证券化资产的信用创造乘数，由于基础货币乘数 2010 年以来基本在 4 左右，扣减广义货币创造的“机会成本”部分，资产证券化对于信用创造的影响乘数为 16 倍。当然，我国的资产证券化正处于起步阶段，其“买入—分销”模式的信用创造链条相对较短，其对广义信用创造的乘数还达不到无穷等比数列计算的 1/r′，因此，上述对资产证券化的流动性创造存在高估。

**表 3　　影子银行体系的流动性创造**　　单位：亿元，%

| 年份 | 银行购买非金融机构债券 | 对其他金融机构债权 | 资产证券化的信用创造 | 合计 | 占当年新增 $M_2$ 比重 |
|---|---|---|---|---|---|
| 2010 | 1 824.01 | 2 757.78 | | 4 581.79 | 3.96 |
| 2011 | 3 354.58 | 14 149.28 | | 17 503.86 | 13.92 |
| 2012 | 8 798.74 | 18 468.36 | 3 590.72 | 30 857.81 | 25.18 |
| 2013 | 1 931.03 | 23 364.29 | 3 707.20 | 29 002.52 | 21.91 |
| 2014 | 2 892.77 | 30 652.53 | 31 304.32 | 64 849.62 | 41.79 |

数据来源：依据 Wind 资讯整理。

由上述估算数据可见，影子银行创造的流动性占当年新增 $M_2$ 的比重由 2010 年的不到 4% 增加到 2014 年的逾 40%，发展迅速。从结构上来看，通过银行体系的影子银行业务创造的流动性相对比较稳定，近三年来占新增 $M_2$ 的比例基本保持在 20% 左右，这部分流动性创造直接表现为 $M_2$ 的增加，具有可测性，在规范业务和强化监管的前提下也具有一定程度的可控性，其对货币政策中介目标的影响较为有限；需高度重视的是资产证券化创造的广义流动性不在中央银行的监测和控制之列，高杠杆率将创造出的流动性可能导致当前数量型货币政策中介目标失去指标意义。

## 五、影子银行体系对货币政策中介目标的挑战

作为货币政策中介目标变量，应该具有可测性、可控性和相关性。自1996年中国人民银行正式将货币供应量作为中介目标以来，货币政策操作由直接调控向间接调控迈进，$M_2$作为货币政策中介目标发挥了积极意义[16]。

理论上，中央银行仅仅能够控制基础货币的投放量，货币主义学派在“货币乘数和货币流通速度趋于稳定”的假设下，认为货币供应量是可控的，进而货币供应量与总需求的关系是稳定的。然而，从近年我国的实际情况看，货币乘数并不稳定。2009年的经济刺激计划急速拉高了自2006年以来货币乘数下行趋势，但仍难改货币乘数逐渐式微的趋势，并在2011年见底，我们对此的解释是自2006年以来经济下行压力的加大，去杠杆的过程降低了货币乘数。但2012年以来，在经济结构调整和经济持续放缓的情况下，货币乘数却不断走高。

货币乘数的走高，一般认为主要来自商业银行积极的放贷行为。但2009年以来新增贷款情况未见明显提高，而且外汇占款2013年和2014年期间也出现企稳的态势。因此，我们判断，部分影子银行业务在规避监管的同时，变相投放到限制性领域和行业，比如房地产和政府融资平台，从而放大了货币乘数，进而使货币供应量不断刷新历史高位，影响了其作为货币政策中介目标的可控性。从我们测算的影子银行的规模来看，2012年和2013年较2011年出现了断崖式地增加，这也部分印证了我们的推论。

利用最小二乘法，分两阶段对1996年货币供应量成为货币政策中介目标以来货币供应量与GDP二者之间关系的回归估计可以看出，货币与经济增长之间的相关性在减弱，拟合优度也有所降低。

## 六、政策建议

### （一）正确权衡业务创新与风险监管的关系

金融创新不可避免地带来风险隐患，监管机构要密切关注金融市场领域中的业务动态，及时研究分析金融创新的发展方向和潜在风险，同时提高容忍度，不因噎废食，在不产生区域性和系统性风险的前提下，将规范业务发展和鼓励金融创新有机地结合起来。

### （二）建立更加完善的货币统计体系

自2011年开始，央行从对社会信用供给角度提出了社会融资规模指标，2014年末又下文规范存款统计口径，这些都是我国在健全和完善货币统计体系、指标方面的探索。将来要进一步关注金融创新的发展，在遵循货币本质定义的基础上，根据各层次货币外延的发展，及时对货币层次划分进行调整。

### （三）充分认识防范资产证券化风险

要从规范的角度降低资产证券化的货币创造乘数，比如提高资产证券化流动性创造链条中参与机构的权益性留存比例。可考虑把资产证券化的流动性创造纳入货币政策中介目标的观察指标，防止货币供应量信息失真，影响政策操作的精准性。

### （四）货币政策调控目标向价格型逐步过渡

西方工业化国家基于货币主义理论而于20世纪70～80年代普遍采用以货币供应量

为中介目标，但金融产品的创新和金融技术的发展导致货币供应量概念的外延扩展、不同层次货币的边界模糊，同时，货币供应量与货币政策的最终目标间的相关性变得不稳定，货币数量的可控性变差，从而迫使其放弃货币供应量为中介目标。[17]。当前我国所处的阶段与西方工业化国家20世纪80年代的情况有些相似之处，影子银行的产生和发展对货币供应量作为货币政策中介目标产生了挑战，从长期看，在金融市场不断深化、利率市场化进程完成后，货币政策目标由数量型逐步过渡到价格型是金融创新下货币政策中介目标的必然选择。

## 参考文献

[1] 徐诺金. 货币理论的演进与利用 [J]. 中国金融，2014 (15): 39 - 41.

[2] 邵宇. 新政机遇 [M]. 北京：中信出版社，2014.

[3] 黄益平. 中国的影子银行会成为另一个次债? [J]. 国际经济评论，2012 (2): 25 - 27.

[4] 巴曙松. 应从改善金融结构演进角度客观评估影子银行 [J]. 经济纵横，2013 (4): 27 - 33.

[5] 程琳. 国内外影子银行比较研究 [J]. 经济研究参考，2013 (32): 79.

[6] 李波，伍戈. 影子银行信用创造功能及其对货币政策的挑战 [J]. 金融研究，2011 (12): 77 - 84.

[7] 邵宇. 影子银行：国际图景及中国形态 [J]. 金融发展评论，2013 (9): 48 - 84.

[8] Tobin, J. and Brainard, W., 1963, Financial Intermedianries and the Effectiveness of Monetary Control, American Economic Review, Jun., Vol. 53, 383 - 400.

[9] 周莉萍. 货币乘数还存在吗? [J]. 国际金融研究，2011 (1): 16 - 23.

[10] 丁文丽. 中国货币政策中介目标选择的理论研究与实证分析 [J]. 经济科学，2002 (6): 44 - 51.

[11] 范从来. 论货币政策中间目标的选择 [J]. 金融研究，2004 (6): 123 - 129.

[12] 王浡力. 中国影子银行的规模、风险评估与监管对策 [J]. 中央财经大学学报，2013 (5): 20 - 25.

[13] 张明. 中国影子银行：界定、成因、风险与对策 [J]. 国际经济评论，2013 (3): 84.

[14] 刘煜辉. 中国式影子银行 [J]. 中国金融，2013 (4): 57 - 59.

[15] 邵宇. 影子银行：国际图景及中国形态 [J]. 金融发展评论，2013 (9): 53.

[16] 张晓慧. 中国货币政策 [M]. 北京：中国金融出版社，2012.

[17] 盛松成. 中国货币政策的二元传导机制 [J]. 经济研究，2008 (10): 38.

责任编辑校对：赵莉萍

# 系统重要性金融机构的识别、监管及应用

中国人民银行银川中心支行 行 颖

**摘要：** 系统重要性金融机构问题通常被称为“大而不能倒”、“太重要而不能倒”问题，该类机构的无序破产除对企业本身及其股东造成损失外，还会产生严重的负外部性，亟须强化监管。本文分析了系统重要性金融机构的识别方法及主要监管措施，介绍了系统重要性银行基本指标评估体系，并以16家上市银行机构为例，对系统重要性银行业金融机构进行了识别和判断，并在坚持前瞻性的监管理念、择机推行监管工具和监管政策、逐步优化监管体制的制度安排等方面提出了建议。

## 一、系统重要性金融机构的识别标准

### （一）系统重要性金融机构的定义

系统重要性金融机构是指业务规模较大、业务复杂程度较高，一旦发生风险事件将给区域或全球金融体系带来冲击的金融机构。

### （二）系统重要性金融机构识别标准

一是传染性，指机构具有“规模大而不能倒闭”的特点。某些风险因素发生在一个机构内，一旦它“感染了真正强大的病毒”，将会导致非常脆弱而且不能正常运转，这显然对该机构非常不利。

二是相关性，指机构具有“机构多不能倒闭”的特点。许多公司发现周围众多同行都从事着有较大风险的业务，尽管众多机构从事风险业务，但管理当局却没有办法让任何一家机构倒闭。因为如果一家机构倒闭，其他类似机构也将随之倒闭，依此类推，会导致灾难发生，这样监管部门就必须进行干预阻止。

三是集中性，指机构具有“主导或关键角色”的特点。如果一家机构在一个高风险的地区资金或业务集中占比大，这也可能使公司具有系统重要性。

四是关联性，指机构具有“条件因素”的特点。例如，市场繁荣时期，机构也随之是活跃的。倘若整个市场是稳健的，即使一个大公司可能倒闭，也没有人会担心。但是，如果市场紧张的时候，大公司的破产可能会被理解为局面恶化或基本环境正在变差的先兆。因此，在这种情况下，各种环境条件可能会影响特定机构被认为是否具有系统重要性。

### （三）巴塞尔银行监管委员会全球系统重要性银行评定标准

1. 银行自身规模

银行规模通常由资产总额或机构市值衡量，是五个标准中最重要的一个指标，是系统性相关事前因素。银行规模扩展势必会对金融体系稳定性造成冲击，因此，为提

高系统稳定性，可以通过建立规模控制的激励机制，确定银行机构与其风险控制能力相适应的合理规模，减少道德风险及其他市场扭曲因素的冲击。

2. 与其他银行相互关联度

在相互关联度指标中，除金融体系内的资产和负债因素外，其批发业务的占比也应受到关注。通过建立债权债务分类区别系统明确银行机构之间债权债务关系，确保银行机构之间发展的最佳相关水平，使得风险得到有效控制。

3. 全球市场影响力

银行机构的全球市场影响力是以跨境债权债务为核心来衡量的，在衡量该指标时，应该有效选取本地和全球性总体样本数据，一般认为具有跨境业务银行机构比国内银行具有更大的资金风险，因此合理控制银行机构跨境业务，将其对全球市场的影响力控制在合理有效的范围内，以促进全球金融稳定。

4. 在某类业务或市场中的可替代性

银行机构在某类业务或市场中的可替代性，是个比较难以衡量的指标。衡量可替代性应该能够有效评估银行在市场退出时，确保其对市场没有造成重大破坏的可能性，而不是仅仅简单的资产处理交易和市场份额分析。

5. 银行资产的复杂性

复杂性是一个前控因素，可以在不造成系统性风险之前，做好控制分析，具体涉及场外衍生工具的账面价值和第三级资产的情况，以及交易的账面价值和销售价值则是复杂性评价的基本指标。

## 二、国际系统重要性金融机构监管的主要措施

### （一）事前避免——采用“结构性分离”

在事前避免方面，主要采用“结构性分离”方式，限制系统重要性金融机构的规模、可替代性、关联性，从根本上防止过大和过于复杂的金融机构出现。

### （二）事中防范——提高附加要求

1. 资本附加

按照巴塞尔银行监管委员会（BCBS）规定，应根据系统重要性银行重要性程度自身的差异，除了7%的核心一级资本比例要求外，还按照系统重要性程度的不同将全球系统重要性银行分成四个组别，规定附加资本必须由普通股权益构成，分别实施1%～2.5%不等的附加资本金要求。此外，设定了第五组，即空组，并赋予最高附加资本要求（2.5%）。

2. 流动性附加

美联储于2011年12月20日发布了《系统重要性机构审慎监管标准和早期整改要求（征求意见稿）》，对流动性要求分为两个阶段：第一阶段目标基于美联储2010年3月发布《流动性风险管理指引》的基本要求，第二阶段将基于巴塞尔Ⅲ要求，包括流动性覆盖率（LCR）和净稳定资金比例（NSFR）两个定量指标。

3. 大额风险暴露限额

美联储要求系统重要性金融机构对单一交易对手的净信用风险暴露不得超过其自

身监管资本的25%，并且要求这些金融机构间互相持有的净信用风险暴露不得超过其自身监管资本的10%。

（三）事后处置——建立和恢复处置计划

其设计理念是，即使系统重要性金融机构面临经营困难甚至倒闭时，或通过自身恢复，或由监管机构酌情处置和采取措施，使其破产救助的成本不再由纳税人承担，从而将金融系统造成的冲击影响降至最低。

## 三、我国系统重要性重要金融机构的监管现状

（一）我国系统重要性重要金融机构名单

2013年7月19日，金融稳定理事会（FSB）公布了首批9家全球系统重要性保险机构（G-SIIs）名单，中国平安保险集团是发展中国家及新兴保险市场中唯一入选的保险机构。2013年11月11日，FSB更新了第三批全球系统重要性银行（G-SIBs）名单，中国工商银行被首次列入，中国银行连续三年被选入。2014年11月15日，中国农业银行也首次入选，至此，中国已有3家全球系统重要性银行，全球系统重要性银行已达30家。

（二）我国系统重要性金融机构监管存在的问题

1. 系统性风险来源广泛

我国经济发展高度依赖银行信贷资金，在某种程度上会将市场风险和融资信贷风险集中到银行，转变为银行的信贷风险。地方政府融资平台的资金绝大部分来自银行贷款，一旦地方政府融资平台抵押资产价格下跌或财政收入下降，也有可能引发系统性危机。此外，我国长期的金融抑制使得处于金融监管盲区的影子银行体系有了长足发展，影子银行体系在带来金融市场繁荣的同时，也隐藏并积聚了巨大的金融风险。

2. 系统重要性金融机构的监管协调问题突出

目前，我国的金融监管体制仍然是“一行三会”的分业监管模式。信息资源分散、协调成本较高、对金融机构系统性风险量化识别不力等问题制约了监管效能的提升。各监管部门都有分工和工作的侧重点，但是由于各自立场和角度不同，又缺乏有效配合，监管过程中仍然存在职责不清、职责冲突甚至监管“真空”等问题。

3. 系统重要性金融机构的风险管理能力不足

一是风险管理范围覆盖面小。在存贷利差收益占收入主体的情形下，银行往往只重视信贷风险管理，而忽略了同样重要的市场风险和操作风险的管理；二是风险管理体制不健全。由于长期处于利率和汇率管制环境下，国内商业银行的风险管理仍没有从根本上突破财务指标、比率等静态分析的方法，缺乏科学的风险识别、计量、监测和控制手段；三是银行未能正确处理业务发展与风险管理之间的关系。当业务拓展与风险管理相冲突时，风险管理往往让位于业务经营，埋下隐患。

4. 系统重要性金融机构的市场退出法律有待完善

虽然《中国人民银行法》、《商业银行法》、《企业破产法》、《金融机构撤销条例》、《公司法》等相关法律法规也为金融机构的市场退出提供了法律依据，但多是原则性规定，在启动标准、程序、条件、各方的权利义务、各相关部门的具体职责及协调机制

等方面的实践操作性不强，更是缺乏针对系统重要性金融机构的特别处置机制。

## 四、我国系统重要性银行的评估实证分析

### （一）评估指标体系设计

截至2013年，我国上市商业银行总共16家，分别为五大国有商业银行、中信银行、招商银行、浦发银行、光大银行、民生银行、北京银行、兴业银行、南京银行、华夏银行、平安银行以及宁波银行。指标体系中包括13个具体指标，其选取依据为《系统重要性金融机构评估指引》和中国银监会《中国银行业实施新监管标准的指导意见》，涵盖了上市银行规模、关联性、复杂性和可替代性四个方面。

**表1　我国系统重要性银行评估指标体系设计**

| 指标体系 | 一级指标 | 二级指标 |
|---|---|---|
| M 系统重要性银行评估指标 | $M_1$ 规模 | $M_{11}$资产合计 |
| | $M_2$ 可替代性 | $M_{21}$做市交易量 |
| | $M_3$ 复杂性 | $M_{31}$衍生金融资产 |
| | | $M_{32}$衍生金融负债 |
| | $M_4$ 关联性 | $M_{41}$交易性金融资产 |
| | | $M_{42}$交易性金融负债 |
| | | $M_{43}$可供出售金融资产 |
| | | $M_{44}$买入返售金融资产 |
| | | $M_{45}$卖出回购金融资产 |
| | | $M_{46}$拆入资金 |
| | | $M_{47}$拆出资金 |
| | | $M_{48}$存放同业款项 |
| | | $M_{49}$同业及其他金融机构存放款项 |

### （二）评估指标权重测算

我国上市商业银行共16家，指标体系中系统重要性指标共13个，$i$表示上市商业银行，$j$表示指标，则$X_{ij}$表示第$i$个上市商业银行的第$j$个指标的指标值，其中$i\in[1, m]$，$j\in[1, n]$，$m=16$，$n=13$。具体测算过程如下：

第一步，测算第$j$个指标下第$i$个银行的指标值在该指标中所占的比重，用$Q_{ij}$表示，其测算公式如下：

$$Q_{ij}=\frac{X_{ij}}{\sum_{j=1}^{n}X_{ij}}\ (i\in[1,m],j\in[1,n])$$

第二步，测算第$j$个指标的熵值：

$$e_j=-\frac{\sum_{i=1}^{n}Q_{ij}\ln Q_{ij}}{\ln(n)}(e_j\geqslant 0,i\in[1,m],j\in[1,n])$$

第三步，测算第 $j$ 个指标的差异性系数：

$$u_j = 1 - e_i$$

第四步，测算第 $j$ 个指标的权重，即熵权：

$$W_j = \frac{u_j}{\sum_{j=1}^{n} u_j} \quad (j \in [1,n])$$

就第 $j$ 个指标而言，熵值越小，指标的差异性系数越大，熵权越大，该指标越有效，其对指标体系的评价效用就越大。即 $W_j$ 越大，该指标越有效。

（三）系统重要性指数的确定

假定上市商业银行组成了一个完全的网络系统，基于上述部分得出的结果，可计算出 16 家上市商业银行的系统重要性系数：

$$R_i = \sum_{i=1}^{m} W_j Q_{ij} \quad (j \in [1,n])$$

对结果进行标准化处理，最终得到 16 家上市商业银行的 2009—2013 年的系统重要性指数 $R_i$。

**表 2　　我国上市商业银行系统重要性指数排序**

| 机构名称 | 2009 | | | 2010 | | | 2011 | | | 2012 | | | 2013 | | |
|---|---|---|---|---|---|---|---|---|---|---|---|---|---|---|---|
| | $R_i$ | 排名 | SIBs | $R_i$ | 排名 | SIBs | $R_i$ | 排名 | SIBs | $R_i$ | 排名 | SIBs | $R_i$ | 排名 | SIBs |
| 平安银行 | 0.63 | 15 | | 0.62 | 15 | | 0.98 | 14 | | 0.87 | 14 | | 0.77 | 15 | |
| 宁波银行 | 0.69 | 14 | | 1.18 | 14 | | 0.75 | 15 | | 0.72 | 15 | | 0.79 | 14 | |
| 浦发银行 | 1.52 | 10 | | 1.74 | 11 | | 2.59 | 10 | | 2.21 | 10 | | 2.18 | 11 | |
| 华夏银行 | 1.39 | 12 | | 1.19 | 13 | | 1.08 | 13 | | 1.17 | 13 | | 1.12 | 13 | |
| 民生银行 | 1.4 | 11 | | 1.96 | 10 | | 2.32 | 11 | | 1.87 | 11 | | 2.26 | 10 | |
| 招商银行 | 5.16 | 6 | ☆ | 5.2 | 8 | ☆ | 5.87 | 5 | ☆ | 5.72 | 6 | ☆ | 6.06 | 6 | ☆ |
| 南京银行 | 0.46 | 16 | | 0.55 | 16 | | 0.47 | 16 | | 0.55 | 16 | | 0.38 | 16 | |
| 兴业银行 | 1.9 | 9 | | 2.64 | 9 | | 3.46 | 9 | | 3.31 | 9 | | 3.25 | 9 | |
| 北京银行 | 0.72 | 13 | | 1.4 | 12 | | 1.22 | 12 | | 1.36 | 12 | | 1.23 | 12 | |
| 农业银行 | 21.87 | 2 | ☆ | 12.99 | 3 | ☆ | 16.67 | 2 | ☆ | 17.03 | 3 | ☆ | 17.19 | 3 | ☆ |
| 交通银行 | 6.16 | 5 | ☆ | 6.43 | 5 | ☆ | 5.52 | 6 | ☆ | 6.13 | 5 | ☆ | 6.73 | 5 | ☆ |
| 工商银行 | 14.84 | 3 | ☆ | 13.56 | 2 | ☆ | 18.99 | 1 | ☆ | 18.02 | 2 | ☆ | 17.32 | 2 | ☆ |
| 光大银行 | 3.39 | 8 | | 4.9 | 7 | | 5.28 | 7 | ☆ | 5.1 | 8 | ☆ | 5.21 | 8 | ☆ |
| 建设银行 | 11.58 | 4 | ☆ | 10.6 | 4 | ☆ | 11.5 | 4 | ☆ | 11.97 | 4 | ☆ | 11.4 | 4 | ☆ |
| 中国银行 | 23.34 | 1 | ☆ | 29.43 | 1 | ☆ | 18.18 | 3 | ☆ | 18.67 | 1 | ☆ | 18.94 | 1 | ☆ |
| 中信银行 | 4.95 | 7 | | 5.6 | 6 | ☆ | 5.13 | 8 | ☆ | 5.29 | 7 | ☆ | 5.17 | 7 | ☆ |

注：①排名根据系统重要性指数 $R_i$ 进行排序；②“☆”代表该商业银行当年为系统重要性银行。

数据来源：根据 16 家银行年报整理。

通过设定系统重要性指数的阈值，可以筛选出我国系统重要性银行。若将系统重要性指数的阈值设定为5%，则系统重要性指数为5%以上的上市商业银行，可以认为当年具有系统重要性。可以得到以下结论：（1）系统重要性银行的数目处于不断增加的趋势，由2009年的六家增长到2013年的八家；（2）五大国有商业银行：中国银行、建设银行、农业银行、工商银行、交通银行在研究区间内都具有系统重要性；（3）中信银行在2009年不具备系统重要性，但显现出系统重要性特征，在2010年成为系统重要性银行机构；光大银行在2009年、2010年都不具备系统重要性，在2010年显现出系统重要性特征，2011年成长为系统重要性银行。

## 五、启示

### （一）坚持前瞻性的监管理念

由于前瞻性监管理念对于监管者的素质和技术要求较高，除了需要具备通过管理信息系统与数据分析模型进行定量分析外，还需要监管者对金融机构的定性判断，故未来高素质的监管队伍对系统重要性金融机构监管理念的执行至关重要。此外，与其他发达经济体不同，我国在履行国际承诺和保持前瞻性监管理念的同时，还应注意适度性问题，应以国际标准为标杆，结合我国自身实际，如果我国现行要求没有国际标准严格，那么就可以与国际接轨，提高监管要求和标准；而如果我国现行要求高于国际标准，那么就不宜过分求高求严，可以继续实施现行的监管标准和要求。

### （二）择机推行监管工具和监管政策

结合国际组织政策实施节奏，以商业银行为先，逐步扩大到非银行系统重要性金融机构，把握监管工具和政策的出台时机，稳步推进我国系统重要性金融机构监管工作。加强对系统重要性金融机构监管的针对性，可尝试“一机构一策”，对于系统重要性程度与风险程度越高的以及可处置性越低的金融机构，监管要求和措施越严格。

### （三）逐步优化监管体制的制度安排

2013年8月15日，国务院宣布成立金融监管协调部际联席会议，旨在加强金融监管协调和保障金融业稳健运行。系统重要性金融机构监管涉及监管机构间的职责分工和协调问题，未来应明确人民银行对我国系统重要性金融机构监管的牵头地位，以部际联席会议为依托，明确各监管机构的职责分工，促进监管措施和标准的一致性，吸取国际金融危机教训，在注重微观机构行为规范性的同时，更加注重防范系统重要性金融机构在宏观层面积聚的系统性风险，提高金融监管的针对性和有效性。

## 参考文献


[1] 黄孝武，柏宝春，徐昕．国外系统重要性金融机构监管的实践及借鉴［J］．中南财经政法大学学报，2012（6）．

[2] 王飞，郑弘．系统重要性银行的国际监管经验及启示［J］．国际金融，2012（10）．

[3] 王刚．系统重要性银行“恢复和处置计划”：国际实施进展、本要素与政策建议［J］．金融监管研究，2013（5）．

［4］王兆星．大而不倒与系统重要性机构监管——国际金融监管改革系列谈之四［J］．中国金融，2013（15）．

［5］徐超．系统重要性金融机构危机监管制度：历史与未来方向［J］．经济问题，2013（7）．

［6］李文泓，吴祖鸿．系统重要性金融机构监管：目标和政策框架［J］．中国金融，2012（2）．

［7］王力伟．宏观审慎监管研究的最新进展：从理论基础到政策工具［J］．国际金融研究，2010（11）．

［8］李文泓．银行业宏观审慎监管：思路和政策框架［J］．中国金融，2010（13）．

［9］李文泓，吴祖鸿．系统重要性金融机构监管：目标和政策框架［J］．中国金融，2011（2）．

责任编辑校对：宋大为

# 资本市场监管转型的几点认识及建议

宁夏证监局　任向华

**摘要：**党的十八届三中全会明确指出，要发挥市场在资源配置中的决定性作用。这需要进一步简政放权，转变政府对经济的管理模式，破除制约企业发展的条条框框，为企业营造良好的外部环境。具体而言，要使资本市场在优化资源配置、服务实体经济等方面发挥更大作用，必须加快实现自我革新，最大限度地激发市场主体活力和创新精神，需要资本市场的监管理念和监管模式相应实现转型，以主动引导和适应市场的发展变革，切实履行“两维护、一促进”的核心职责，促进资本市场健康稳定发展。本文就资本市场监管转型谈一些认识，分析当前影响监管转型的制约因素和转型中可能遇到的困难，总结既往监管工作中一些好的做法，并就下一步顺利推进资本市场监管转型提出若干建议。

## 一、对证券期货领域监管转型必要性的认识

我国改革开放30多年来，经济持续高速增长，市场经济体系繁荣发展，社会各个领域均取得了巨大成就。随着改革进入深水区，制约经济持续快速发展的各种瓶颈日益显现，这就需要进一步深化改革，最大限度地释放改革红利，大力简政放权，把能让市场机制自主发挥调节作用的审批事项放开，集中精力把该管的事情管好。

具体在证券期货监管方面，以前，我们出于对市场经济体系尚不发达、资本市场法律制度体系尚不完备、市场诚信意识和诚信文化尚待提高、“失信惩戒、守信受益”的机制尚未建立、投资者投资理念尚不成熟、落实投资者保护体制机制尚不健全等诸多方面的考虑，对许多事项设置了事前审核把关程序，成为事无巨细的“守望者”，这在一定意义上形成了对审核事项的政府背书。当审核事项出现问题后，投资者据此对监管部门大加责难。如不实施改革，监管部门将过多的精力投入到事前审批中，就会弱化事中监管、事后查处的重要监管手段，资本市场的市场化、法制化的本质要求将不能得到有效体现，资本市场功能作用将受到极大地束缚，市场创新发展的活力将被极大地抑制，投资者将不会真正走向成熟。同时，随着经济社会的不断发展，资本市场在不断发展壮大，而我们的监管队伍不可能无限制扩张。实现证券期货领域监管转型，就是要合理调配监管力量，牢牢牵住市场的“牛鼻子”，重点解决市场核心矛盾和主要问题，完善资本市场法律制度体系，加强稽查执法，有效防范市场主体机会主义，增强市场主体诚信意识，建立完善诚信激励约束机制，不断完善并严格落实投资者保护制度机制。弱化事前审批，加强监管执法，切实维护市场“三公”原则和投资者合法权益，最大限度地激发和释放市场主体的活力和创造力，促进资本市场更好地服务

于实体经济。

## 二、影响监管转型的制约因素和转型中可能遇到的困难

### （一）如果监管理念和思想认识不能与时俱进，将影响监管转型进程和转型效果

思想决定行动。监管转型意味着要扬弃长期以来遵循的相对成熟的监管理念和监管方式方法，探索制定一套新的监管制度和模式，而且，其间可能会涉及利益格局的调整。如果监管理念和思想认识不能与时俱进，不能扭转思维惯性、摒弃固有的行为模式，不能克服因维护既得利益而进行的调整变化的抵制情绪，会在很大程度上阻滞监管转型的顺利开展，影响监管转型进程和转型效果。只有思想认识到位，观念转变到位，以极大的政治勇气进行改革，破除利益固化的藩篱，努力实现自我变革，才能真正做到行动到位，避免在监管转型中出现形似而神不似的问题。

### （二）如果社会整体的体制机制短期内不能同步跟进改革，将难以发挥协同效应

资本市场本质要求市场化、法制化，但同时其本身又是一个名利场，是各方利益博弈较量的平台。中国证监会作为证券期货市场监管部门，在履行功能监管职责时不能与其他部委的工作职责相割裂，不能在资本市场的“刀尖”上独舞。新一届国务院和党的十八届三中全会就简政放权提出了许多具体改革措施。落实好这些改革措施，需要经济社会各方面的体制机制改革创新协调配合、整体推进。否则，单就证监会一个部门推行简政放权和监管转型，将难以发挥协同效应，很难实现监管转型的政策预期。

### （三）因监管转型调整修改制度引致的监管真空、监管套利行为可能无法准确估计

实现简政放权和监管转型，必然要修改调整一批监管法律法规和规章制度。在“放”与“转”的过程中，我们力求前后紧密衔接，但难免会出现一些疏漏，由此可能会出现监管真空，或引发监管套利行为。市场永远走在监管前面，当出现监管缺位时，就会被市场快速捕捉，由于市场主体逐利的本性，可能会发生破坏市场“三公”原则和损害投资者利益的行为。

### （四）市场整体利益与地方局部利益存在冲突时，派出机构难以平衡协调

各地证监局虽然作为中国证监会的派出机构接受垂直管理，根据统一的证券市场法律法规和制度体系履行一线监管职责，但又身处地方，在实际工作中可能会或多或少地考虑地方党委政府关于区域经济社会发展稳定的要求，不能做到绝对超脱。当市场整体利益与地方局部利益存在冲突时，派出机构可能难以平衡协调。

### （五）受制于机构设置、人员编制等现实因素，部分派出机构可能短期内无法完全适应监管转型工作要求

与发达地区相比，部分中西部地区资本市场规模小，市场主体少。相应地，这些省份的中国证监会派出机构内设处室少，没有法制处。行政处罚权下放至派出机构后，这些派出机构虽然根据有关规定制定了“案件审理人员从各处室抽调，参与案件调查人员不参与案件审理”的工作机制，但在工作实践中，可能难以真正落实“查审分离”的工作要求。同时，由于人员编制总数小，为保证机关正常运转而必须配备的业务支撑、后勤保障人员占比较大，无法把更多的干部配备到监管执法工作一线上去，影响

监管转型效果。

## 三、建议

（一）转变观念，更新理念

通过政策宣讲、学习讨论等方式，统一各方思路认识，凝聚共识，更新既有的、相对成熟的监管理念，打破思维惯性，大胆地实现自我革新，大力推进简政放权，在放松对市场主体管制的同时，切实加强监管，把有效的监管力量从事前审核把关转移到事中监管和事后查处环节，顺利推进监管转型。

（二）以简政放权和“放松管制、加强监管”为原则，做好监管制度的“废、改、立”工作

以新股发行制度改革为契机，全面系统地对现有监管制度进行梳理和清理，积极推动修改证券法、制定期货法等法律法规，按照功能监管的基本理念，适应市场发展的现实要求，按照规制内容与法律关系的不同性质，全面整合现有规章和规范性文件，修订、废止与简政放权相悖的各项制度，制定和建立符合转型要求的制度规则和监管模式，形成体系严密、内容完备的法律规范体系。

（三）完善证券期货监管协调机制并有效发挥作用

进一步加强中国证监会与国家各有关部委、地方派出机构与地方政府各有关部门的协作配合，完善证券期货市场各个领域的监管协调机制，在对市场主体实施事中监管和事后查处时，根据工作需要，适时启动监管协调机制，充分调动各方事权，统筹处理涉事主体面临的多方问题，避免监管部门处于单打独斗的尴尬境地，形成各部门联动、合力维护资本市场秩序的协同效应。

（四）探索成熟有效的借力监管模式

通过事前强化会计师事务所、资产评估机构、保荐机构等中介机构的责任，事后严厉追责的方式，把监管要求和监管压力通过中介机构传递给监管对象，实现风险层层分解，责任层层落实，通过借力监管，既避免了对监管对象过度监管和监管不到位的问题，又较好地平衡了统筹调配监管力量和积极实现监管任务之间的关系，达到了监管手段和监管目标的协调统一。

（五）注重在日常监管工作中把外在监管要求转化为监管对象内生发展需要

通过日常持续监管、实施制度约束等手段，把监管部门对监管对象的外在监管压力转化为监管对象满足自我发展需要的内生动力，把“要我规范”转变为“我要规范”，不断提高市场主体的自我规范、自我约束意识和诚信意识，有效降低爆发系统性、区域性风险的概率，夯实资本市场稳定发展的内在基础。

（六）完善分类监管模式，实施差别监管

根据既往监管基础资料，对监管对象按照公司治理情况、规范运作情况、面临的风险事项大小等因素，进行风险等级分类并定期动态调整。集中有限的监管力量，加强对高风险市场主体的监管，同时，不对低风险公司进行过多的现场检查。通过增加现场检查频次，督促高风险监管对象规范运作；减少对低风险监管对象的现场检查，让“守规矩”的市场主体专注于日常经营，既避免“撒胡椒面”式的现场检查分散监

管力量，同时也体现了“失信惩戒，守信受益”的监管理念。

（七）调整充实稽查执法力量，严厉查处各类证券违法行为

调整监管系统人力资源配置，充实一线稽查执法人员队伍，拓宽证券违法线索来源渠道，保持严打各类证券违法行为的高压态势。同时，加强日常持续监管与稽查执法的有效衔接，实现两者之间的高效联动，一旦发现重大违法行为线索，即由日常监管部门转至稽查执法部门予以查处，通过稽查执法和行政处罚、移交司法机关查处，严厉惩戒市场违法行为，化解市场风险，切实维护资本市场“三公”原则。实现监管和稽查执法目的及效果的有机统一。

（八）加强信息公开和新闻宣传信息舆论引导，提升监管机构的公信力

资本市场本质上是一个公开透明的市场，这不仅要求市场主体要公开透明，同时也要求监管部门公开透明。通过加大信息公开力度，使各项监管规则公开，过程公开，结果公开，实行阳光执法，有效提升监管部门的公信力。同时资本市场又是一个对各类信息高度敏感的市场。因此，要加大新闻宣传工作力度，主动发声，占领和引导资本市场舆论宣传阵地，传播市场正能量，主动回应社会关切，做到监管机构与市场的有效互动，形成良性循环的正反馈机制，为资本市场健康稳定发展营造一个良好的舆论环境。

责任编辑校对：赵莉萍

# 网上银行反洗钱风险调研

## ——以中国银行宁夏分行为例

中国银行宁夏分行　肖东红　王远航

**摘要：** 随着电子渠道业务创新与营销转型迅速推进，商业银行纷纷转变经营方式，网上银行等电子化营销渠道成为商业银行实现转型的主要抓手，同时，网上银行洗钱风险问题凸显。文章从中国银行宁夏分行网上银行反洗钱风险防范现状入手，结合网上银行发展现状及目前网上银行反洗钱工作情况，详细剖析了网上银行反洗钱存在的主要问题，并就做好银行反洗钱风险防范工作提出了相应的对策。

随着互联网技术的快速发展，催化了客户金融需求与行为习惯向电子化的转变，商业银行纷纷转变经营方式，网上银行等电子化营销渠道成为商业银行实现转型的主要抓手，网上银行的便利和高效被广泛接受，同时也被洗钱分子所利用，做好当前形势下的网上银行反洗钱工作，使广大人民的切身利益不受侵害，切实维护好国家金融经济体系的持续稳健发展。

### 一、电子银行是商业银行发展的必然趋势

（一）外部环境变革带来新机遇，加快网上银行发展是银行的必然选择

互联网技术的全面深化发展，为电子银行发展创新提供了强大支撑。社会经济模式的深刻变革，催化了客户金融需求与行为习惯向电子化的转变。同时宏观经济形势的显著变化，迫使银行业亟待寻求新的增长模式。商业银行纷纷转变经营方式，网上银行等电子化营销渠道成为商业银行实现转型的主要抓手，网上银行的便利和高效被广泛接受，同时也被洗钱分子所利用，因此，分析网上银行反洗钱现状，研究新形势下反洗钱对策，规避法律风险，保证银行健康有序开展，显得日益重要。

（二）竞争格局演变提出新的要求，积极创新，支持转型成为网上银行发展的着力点

电子渠道业务创新与营销转型迅速推进，现行监管政策的“不平衡”，非金融机构开始积极抢占支付结算市场，网上银行撬动了商业银行向 7×24 小时服务模式转变。伴随网民的增加，网上银行业务交易金额和客户群体也随之直线上升，相应地网上银行开办的金融产品种类、服务业务不断丰富和扩大。随着网上银行的不断推广，其优化银行产品销售渠道、提升服务效率、减少经营成本等优势，越来越受到市场的推崇与认同，电子银行成为支持银行转型的着力点，也成为反洗钱新的关注点。

## 二、中国银行宁夏分行网上银行反洗钱风险防范现状

### （一）中国银行宁夏分行网上银行发展概况

截至2014年底，中国银行宁夏分行企业网银客户达9 894户，企业网银客户近三年平均增速为44%；个人网银客户达26.3万户，个人网银客户近三年平均增速为30%；手机银行客户达21.6万户，手机银行客户近三年平均增速为39%；企业网银客户市场份额为16%，个人网银客户市场份额为13%；网上银行交易量达1 908亿元。

目前，中国银行宁夏分行企业网银产品迁移率达到80.3%，个人网银产品迁移率达到93.9%。企业网银、个人网银及电子商务服务功能日益丰富，对企业及个人客户资金融通、支付结算等服务水平大大提高。电子渠道与柜台业务日益融合成为银行业共识，近几年，中国银行宁夏分行电子银行业务规模扩展迅猛，发展质量有待进一步提升，客户活跃度与交易贡献仍具较大提升空间。电子银行服务特色初步形成，产品综合创新能力逐步增强，电子银行跨境发展卓有成效，全球化布局深入推进。

### （二）中国银行宁夏分行网上银行反洗钱工作情况

中国银行作为商业银行，承担着社会资金流通渠道的作用，因此，洗钱分子也会通过中国银行宁夏分行网上银行进行资金流动，客观上使中国银行宁夏分行成为“洗钱链条”上的一个不可或缺环节。针对网上银行洗钱活动的危害，中国银行宁夏分行积极发挥自身作用，为预防和控制洗钱不断努力，并取得一定成果。

1. 反洗钱业务管理组织基础

中国银行宁夏分行法律与合规部为全行反洗钱工作的牵头部门，负责统一管理全行反洗钱管理工作。2015年中国银行宁夏分行网上银行反洗钱日常风险内控管理工作模式实现了“分散管理—集中管理”。2015年以前是由管辖行的管理部负责系统的甄别，2015年底宁夏分行成立“反洗钱中心”，由专业的人员根据总行《反洗钱监控与分析系统》AMLMAS系统下发的汇总数据，负责全辖可疑交易的甄别。

2. 中国银行宁夏分行网上银行业务在审核、办理及限额设定的风险控制

（1）客户审核环节：严格控制网银办理环节中的资料审核关，企业及个人网银签约需进行个人身份的联网核查及黑名单检索。

（2）银行受理环节：账户开立环节坚持“3K”原则。做到“了解你的客户”（KYC）、“了解客户主要业务”（KYB）、“了解客户风险”（KYR），加强对客户开户资料真实性的审核。在资金转入、转出环节，严格落实人民银行《人民币结算账户管理办法》、《关于进一步加强人民币银行账户开立、转账、现金支取业务管理的通知》（银发〔2011〕116号）的规定。

（3）转账额度限额管理：中国银行宁夏分行针对个人客户网银转账金额设定每日单笔及日累计不超过50万元金额的控制；企业网银客户根据企业经营特点及行业资金需求，企业网银单一客户申请的各项汇划功能，单项日累计转账限额不得高于其营业执照注册资本的10倍（特殊需求的除外）。

（4）《反洗钱监测与分析系统》的监控与录入：中国银行宁夏分行采取的是数据采集和人工甄别两种，利用数据采集系统对各种金融数据进行分析，设定相应的大额和

可疑交易识别指标、模型，对客户交易信息进行检索、汇总及分析，反洗钱工作人员根据对客户账户、工作性质、职业等基本信息进行综合的判断，确认客户交易应有的合理方式，对客户交易行为明显背离其应有的合理交易方式的，及时向人民银行反洗钱管理部门报告。

## 三、中国银行宁夏分行网上银行反洗钱主要问题

尽管通过网上银行洗钱现象已引起了反洗钱管理部门的高度重视，同时采取了一定的针对措施，运用科技力量对洗钱新方式给予关注和监控，建立了《反洗钱监控与分析系统》AMLMAS系统，对洗钱等非法犯罪途径实施科技监管，但是在实际操作过程中，由于与传统反洗钱工作的差异性，网上银行反洗钱工作仍存在一定的隐患和问题，对反洗钱工作提出了新的挑战。

### （一）网上银行反洗钱监管力度不够，相关法律依据不足问题凸显

现有的反洗钱法律、法规主要针对的是金融机构或非金融机构的传统业务，而对网上银行业务的反洗钱监管相对薄弱。我国至今未有一部严密有效的电子资金划拨法律规章，缺乏对电子资金划拨、电子支付等网上业务的有效监管措施。

### （二）网上银行签约客户身份识别较难

网上银行的交易特点，使得客户身份识别较难即“了解客户”难。“了解你的客户”是反洗钱工作的基础，从发生的案件中看，虽然开立账户严格遵循“客户身份核实制度”、“黑名单检索制度”及按照规定签订相应的协议，提供相关资料，可以辨别客户的真实身份，但在网上银行持续交易过程中客户交易的资金来源、去向、使用用途、交易目的、交易性质等情况跟踪了解不够。目前，网上银行交易支付过程主要通过手机校验码、ETOKEN、USBKEY等认证方式确认交易双方身份。网上交易“认证不认人”的特点在客观程度上保护了客户隐私权，但对洗钱线索的追查和持续客户身份识别带来更大难度。同时，在商业银行客户身份识别工作中，无论是网上银行业务还是传统柜面业务，都普遍存在重视第一次识别或登记工作，忽视事后身份识别的辨别或跟踪，对代理人身份信息的识别要求不一，操作不规范等现象。

### （三）网上银行交易原始记录的无纸化增加了发现和分辨可疑支付交易的难度

传统支付交易的办理，客户需到银行柜台上填写相关票证，并写明交易的时间、金额、用途等要素，并签名确认，一笔交易至少要经过三个相关工作人员的经办、授权、审查才能办理，在如此严密的业务流程控制下，多次、频繁发生的大额交易很容易被察觉。然而通过网上银行业务，只要在账户余额不透支的情况下，客户通过互联网可以随意自主地汇划资金，而且也无须注明用途。没有原始的单证，只有业务流水和分户账，银行很难对其资金进行事中的监控和事后的分析。

### （四）反洗钱人员履责能力需进一步提高

随着反洗钱工作的深入开展，特别是我国《反洗钱法》出台后，中国银行宁夏分行高度重视，对各层级的反洗钱岗位人员定期开展培训，但银行的创新业务和办理渠道日新月异，洗钱手段灵活多样，反洗钱面临压力和任务不断增大，银行人员方面的问题也凸显出来。一是反洗钱岗位人员素质参差不齐。二是因工作调整引起的相关人

员频繁更替、交接，岗位人员的相对不固定，使反洗钱工作因新人的介入要重新进行熟悉，从而影响工作效率。三是反洗钱工具运用技能迫切需要提高。部分基层行反洗钱岗位人员对反洗钱系统掌握不熟，有的未能按照要求每日登录系统进行甄别和补录，以致影响全行工作进度和报告质量。在客户初次开户时，未按操作规程使用联网核查公民身份信息系统审核客户身份信息，或仅凭印象完成客户身份识别工作。

（五）人工维护反洗钱交易数据成本较高

因系统数据提取反洗钱相关信息不能满足上报要求，需要人工进行系统补录。随着金融服务的不断发展，网上银行等创新型服务渠道得到快速应用，使反洗钱数据的补录、补正难度不断加大。相比传统业务，对于网上银行的补录数据信息，系统较难自动取得，需补录的信息需要人工去核心系统按照交易类型查询，易增加系统运转负荷，降低工作效率。

## 四、中国银行宁夏分行网上银行反洗钱风险防范的主要对策

（一）细化网上银行反洗钱法律、法规操作细则

《反洗钱法》是指导银行反洗钱工作的根本法律，但在《反洗钱法》的框架下，建立健全相应的网上银行反洗钱相关法律或细化操作规则成为当务之急。一方面制订相关网络交易法律法规，严格规范电子交易方式，提高网络交易机构反洗钱意识，市场准入开办网上银行资格，明确跨境业务监管标准，或是提高网上交易门槛。另一方面，在对开办网上银行业务给予规范的同时，各行需完善建立网上银行反洗钱内部工作机制和流程，促使网上银行业务从发起至终止的每个环节、每笔交易都要嵌入反洗钱机制，要按照“了解客户”原则，通过实地调查等方式，准确掌握开办网上交易客户的真实情况，并对资金交易金额、种类、方向等资料做好交易记录的保存，确保信息完整和有效。

（二）把好第一关口，做好网上银行签约客户身份识别工作

把好网上银行反洗钱第一关口，认真识别客户身份。首先，无论是自助注册还是柜台签约网上银行，与银行初次建立业务关系时都需要事先在银行柜台开立账户，所以网上银行反洗钱客户身份识别工作是建立在传统柜面业务基础之上的。当客户开户时，要坚持账户实名制度，不得开立假名、匿名账户；运用公民身份联网核查系统辨别客户身份真伪，加强与人民银行、公安等行政管理部门联系，确保客户身份资料准确可靠。其次，网上银行要持续开展客户身份识别，要在熟悉和掌握客户经营（职业）特点、经营规模、经营范围及资金流向等基础上，加大对网上大额和可疑交易的监测力度，对客户身份资料在业务期间随时进行更新和修改，若有洗钱嫌疑或交易异常的，要重新识别客户。

（三）提高科技水平，不断完善反洗钱监测系统

随着网银业务量的增大和网银创新产品的增多，网银交易数据浩渺如海，依靠科技手段、运用电子技术处理网上银行反洗钱有关数据是十分必要的。首先，针对业务现状，特别是业务量、交易规模、洗钱活动特征和频度等，相应调整系统可疑交易模型参数，自动、及时地监测和记录大额和可疑交易，提高数据分析智能化程度，促进

反洗钱工作更加规范化、科技化，对明显背离其应有合理交易方式的客户或交易行为进行更有针对性地抓取，提高网上银行洗钱活动响应准确性及敏锐度，为遏制网上银行洗钱犯罪提供技术支持。其次，将反洗钱监控系统与银行支付清算主系统（核心系统）直接挂连，完善相关数据段，按照反洗钱工作要求，提取更多更完整的非柜面信息，如交易方向、网上银行交易、交易对手名称、账号及开户银行等，强化系统数据自动处理能力，大量减少人工信息处理工作量，如减少人工翻阅凭证等补录成本。

（四）合理利用各种手段，提高人工反洗钱识别力度

反洗钱监测系统即使尽善尽美，网上银行反洗钱工作仍离不开人工识别，而且随着人们对反洗钱工作研究的逐步加深，提高人工识别比重，日益成为反洗钱新趋势、新重点、监管新政策。首先，充分加强人工分析判断操作流程，提高人工分析与甄别能力，降低不必要的可疑交易报告数量，促进可疑交易报告质量稳步提高。其次，加强管理，做好分析痕迹的保存，不断提高可疑交易识别精细化水平。在分析客户特征和交易习惯的前提下，做出合理判断、深入分析，对那些洗钱风险较高、问题突出、有确切可疑迹象的交易，要作为重点可疑交易报告；交易确认为可疑的，在反洗钱监测系统留有分析理由，保证交易可疑程度的描述准确。最后，合理使用系统白名单、黑名单的监测功能，提高反洗钱监测的有效性，以促进人工识别效率。一是将属于法规制度豁免报告大额交易的，但反洗钱系统尚未实现的客户维护到大额交易豁免名单中；二是将经评估洗钱风险极低的客户维护到可疑交易白名单中，对可疑交易白名单客户要定期（至少每个月）组织风险评估与调整。

（五）加强培训，建立素质过硬的反洗钱队伍

伴随网络技术的飞速发展，网上银行产品日益丰富，洗钱犯罪日趋科技化、智能化，不断加强反洗钱培训和提高反洗钱意识，是应对日益繁重的反洗钱任务有效手段之一，因此培训尤其网上银行反洗钱的专项培训，更为急迫。培训内容要紧扣反洗钱新趋势、新政策、新特点，不仅包括反洗钱专项监管要求、操作规程，还要包括电子银行、网络信息技术等其他金融领域业务。培训范围广泛提高受训人员覆盖度，不仅包括网上银行反洗钱岗位人员、相关业务部门经办人员，还包括部门领导等管理人员。增强一线人员的客户身份识别、反洗钱系统操作、可疑交易分析等专项能力，增强反洗钱管理者的政策把握能力，以达到培训效果。

（六）加强反洗钱系统信息的共享

一方面是中国银行内部信息的共享。反洗钱工作不单是反洗钱单一部门的事情，涉及全部银行业务。为加强银行内部各业务部门信息交流与沟通，降低不同分支机构、不同部门之间重新获取客户信息的成本，关键是实现反洗钱系统及其他业务系统的紧密连接和信息的共享，促进反洗钱工作全行“一盘棋”。另一方面是在有条件的基础上，在做好保密工作的前提下，商业银行反洗钱系统可以与其他银行、人民银行、公安等行政管理部门实现联网，做到资源共享、信息共有，避免形成藩侯割据、各自为政、重复识别、资源浪费等现象，形成反洗钱工作的真正“合力”。

在网上银行业务不断创新的推动下，只有不断开发创新业务才能跟得上金融业发展的潮流脚步。而在发展的同时，我们也要重视和打击网上洗钱等非法犯罪行为，通

过不断地探索、实践，逐步建立起一套有效的网上银行反洗钱预防体系，切实提高反洗钱防控水平，将洗钱活动阻止于发生的源头，维护广大人民的切身利益不受侵害，保证国家金融经济体系持续稳健发展。

责任编辑校对：刘江帆

# 经济换挡期商业银行不良贷款的现状、成因分析及对策

中国建设银行宁夏分行　柳　艳

**摘要：**商业银行在市场配置资源、推动经济结构调整和发展方式转变方面具有重要的作用。目前我国处于经济增长阶段的转换时期，银行业正在接受严峻的考验，不良资产呈现反弹态势，这些不良资产的存在不仅影响着银行自身的壮大发展，还极大影响了国家货币经济政策目标和经济的稳定健康发展。本文针对当前我国商业银行不良资产的现状进行原因分析，提出我国商业银行风险防范的措施和对策。

自2002年以来，我国商业银行不良贷款一直处于下降态势，不良率连续多年控制在1%范围内，并且保持较低增幅。2012年起商业银行的不良贷款呈现了反弹态势，截至2014年第一季度末不良情况已连续九个季度持续攀升，具体现状如下：

从国有商业银行整体情况来看，2012年末，我国商业银行不良贷款额4 929亿元（人民币，下同），同比增幅15.19%；2013年末，不良贷款额5 921亿元，同比增幅20.13%；2014年第一季度末，不良贷款额6 462亿元，同比增幅22.72%，不良贷款余额达到近三年来的最高水平（据银监会发布信息显示）。

**表1　　2011—2014年我国商业银行主要监管指标情况对比表**　　单位：亿元，%

| | 2011年末 | 2012年 | | | | 2013年 | | | | 2014年 |
|---|---|---|---|---|---|---|---|---|---|---|
| | | 第一季度 | 第二季度 | 第三季度 | 第四季度 | 第一季度 | 第二季度 | 第三季度 | 第四季度 | 第一季度 |
| 不良贷款余额 | 4 279 | 4 382 | 4 564 | 4 788 | 4 929 | 5 265 | 5 395 | 5 636 | 5 921 | 6 462 |
| 不良贷款率 | 1 | 0.94 | 0.94 | 0.95 | 0.95 | 0.96 | 0.96 | 0.97 | 1.00 | 1.04 |

从行际来看，以四大国有银行2012年末至2014年第一季度的数据分析，存在不良贷款率攀升问题。2014年第一季度，农业银行不良贷款率最高，不良率达1.22%，建行也已突破1%至1.02%。四大国有银行中，仅工商银行及中国银行不良贷款率仍维持在1%以下，但已与1%水平相距不远。放贷颇为审慎的大行尚且如此，中小商业银行第一季度的不良贷款增长更难以避免，2014年第一季度业绩增幅最高的平安银行不良贷款余额81.05亿元，增幅7.47%；兴业银行不良贷款余额114.52亿元，比年初增长10.85%。

表2　　2012年至2014年第一季度四大国有商业银行不良贷款变动表

单位：亿元，%

| 行别 | 2012年 | | 2013年 | | 2014年第一季度 | |
|---|---|---|---|---|---|---|
| | 不良额 | 不良率 | 不良额 | 不良率 | 不良额 | 不良率 |
| 工商银行 | 745.75 | 0.85 | 936.89 | 0.94 | 1005.5 | 0.97 |
| 农业银行 | 858.48 | 1.33 | 877.81 | 1.22 | 919.91 | 1.22 |
| 中国银行 | 654.48 | 0.95 | 732.71 | 0.96 | 803.2 | 0.98 |
| 建设银行 | 746.18 | 0.99 | 852.64 | 0.99 | 908.08 | 1.02 |

以上数据充分说明，在宏观经济增长放缓的背景下，不良贷款额的高位徘徊，成为我国金融机构的稳定运行和国家金融安全的风险隐患。因此，对于银行业来说，防风险、压不良已成为了今后一段时期信贷管理工作的重中之重。

## 一、经济换挡期商业银行不良贷款的特点

### （一）区域集中

经济下行期，商业银行新增不良贷款主要集中在长三角、珠三角等东部沿海地区，呈现地域高度集中的特点。据财经网显示，截至2013年末，中信银行长三角区域不良贷款在全行中占比达52.93%，不良率为2.22%；民生银行华东地区不良贷款53.33亿元，占比达39.79%；光大银行长三角地区不良贷款余额占比为34.25%。

### （二）行业集中

一是制造业、批发零售业（尤其是钢贸或者钢贸产业链）等行业，受到外部需求低迷的影响，不良贷款额持续“双升”。例如招商银行2013年制造业、批发和零售业的不良率分别达1.78%、1.44%，较年初分别提高0.79%、0.37%。二是光伏、煤炭等产能过剩行业，供过于求矛盾日益凸显，已经有企业出现大幅亏损、经营困难甚至停产的现象，越来越成为我国经济运行中的突出矛盾和诸多问题的根源。三是房地产行业。近年来，受国家连续出台房地产调控政策的影响，当前房地产市场分化加剧，部分城市、区域楼盘降价幅度明显、供应过剩，出现资金链断裂或者“烂尾盘”现象，致使商业银行面临不能正常收回贷款的违约风险。四是地方融资平台贷款。根据公开数据统计，在我国地方政府融资平台的负债中，约4/5是通过银行信贷渠道获得资金，而地方政府融资的偿债高峰期主要集中出现在2011—2014年，到期债务总额约为5.6万亿元。

### （三）客户集中

2013年末有17家上市银行的中小企业不良率呈现上升趋势，其中，工商银行、中信和民生银行的小企业贷款不良率分别由2012年末的0.69%、0.32%和0.69%上升到2013年末的1.55%、1.59%和1.55%，均高于其整体的贷款不良率。

## 二、经济换挡期商业银行不良贷款的成因分析

### （一）外部因素

1. 宏观经济周期变化带来的影响

经济周期进入下行周期时，宏观经济形势不稳定性和产能过剩相对突出，钢铁、

有色、水泥、煤炭等周期性产业会出现行业净利润下降，经营现金流不足等问题，而这些行业的大型企业是商业银行的传统优质客户，也是贷款集中度较高的领域，客观上导致商业银行在这些行业的贷款质量下降，引发商业银行不良资产增加风险。

2. 信息不对称，信用体系不健全

对于银行而言，很难全面掌握借款企业的经营状况和资金的运用信息。信息不对称，引起“逆向选择”和“道德风险”，“逆向选择”导致银行对高风险的借款人发放贷款，“道德风险”促使借款人在借款后从事高风险的经济活动。

3. 地方政府对商业银行的行政干预

地方政府针对新建项目所需资金大多数还是依靠银行贷款，在地方政府担保的前提下，银行在一定程度上要给予新建项目贷款，如果项目一旦失败，必然会产生大量的不良贷款。

（二）企业因素

1. 民间融资带来的风险

企业民间融资问题是目前不良贷款产生的主要原因之一。据西南财经大学中国家庭金融调查与研究中心发布的调查结果显示，我国民间借贷参与率高，有33.5%的家庭参与了民间借贷活动，借贷总额达8.6万亿元。

由于企业涉足民间融资发现和识别非常难，金融机构虽然多次进行重点排查，但由于小额贷款公司贷款在人民银行征信系统中无任何记录，企业进行民间借贷手段隐蔽，银行现有风险识别手段单一很难及时发现。如某行2012年新暴露的一户上亿元的不良，贷款申报审批时未反映该公司有民间融资，到企业发生不良时，涉及多方面的诉讼，民间融资问题随之暴露。

2. 企业内部管理因素

实践调查得出，企业内部管理主要来自：一是企业法人人品素质不高，多头产业无序经营；二是财务管理制度不完善，企业财务报表缺乏真实性，信贷资金被挪用，企业经营资金被抽走，投入到高风险行业；三是股东结构发生变化，股东内部矛盾时有发生，内部拆伙；四是环保或经营许可未达要求，被责令整顿。

3. 企业盲目扩张、复杂关联交易带来的风险

为适应经济的快速发展，企业多元化经营日趋显现，形成了众多企业间错综复杂的关联网，从而出现有的企业脱离主业，跨界、跨区域过度扩张，盲目投资自身不熟悉、与传统主业不相关的业务领域，投资失败拖累主业；或利用关联企业套取银行资金，往往某一环节出现资金链条断裂，引发资金链连锁反应，导致银行信贷资金出现风险。

4. 多头授信带来的风险

由于企业自身“造血功能”的欠缺，一家金融机构的融资额度无法满足其经营需求，就会存在向多家银行授信的现象，在经济形势逆转、收益下滑的情况下，这种过度融资的高杠杆运作势必会出现问题，比如，青岛的“德正系”，银行授信规模超百亿元。此类问题的风险，一是贷款行不能完全监控企业的现金流，企业多头开户，回款账户比较分散，不利于贷后还款现金流的监控；二是各金融机构对企业的信贷政策不统一，经济形势不好时，各家金融机构都在想方设法退出，加速企业经营状况恶化。

5. 企业诚信的缺失

借款人在获得银行的贷款后，并未按贷款合同的约定进行使用，而是用在其他方面。当需要还本付息时，借款人则以各种方式转移财产，如制造企业破产假象逃避债务，将企业的优质资产转移，留下不值钱的东西给银行达到逃债的目的，各种方式赖掉债务。此外，还有一些承担担保责任的保证人，也存在不诚信行为，使银行的贷款最后无法得到担保清偿。

（三）银行内部原因

1. 信贷人员素质不高

一是商业银行内部的信贷人员缺乏很好的分析金融形势的能力。二是信贷人员缺乏企业经营管理方面的知识，客户选择的能力不高，对客户选择的技术含量需要提高。三是由于信贷人员流动性较大，新老员工接替流程及时间上较为随意，在业务急需办理的情况下，新的信贷人员未经过正式培训和专业指导就立马上岗，由于经验不足、知识面不广、信贷的敏感性不够从而形成风险。

2. 信贷人员工作责任感缺失

商业银行内部的信贷人员道德操守、工作责任心和责任意识不强，具体表现在：一是贷前对客户的调查不够深入，尽职不到位，往往仅停留在“表面化”、“材料化”了解，甚至直接引用客户提供材料，缺乏对客户的真实把握、深入分析。如对企业“三品”（企业主的人品、产品及押品）的情况、对企业是否参与投资的渠道、是否有民间借贷等情况的调查核实不够深入透彻。二是贷中办理手续不合规、不合法。如抵押担保手续不到位、未按照“三个办法一个指引”等相关文件要求，监控信贷资金去向，支付依据不充分，或未对其购销合同、发票进行真实性核实，造成信贷资金被挪用现象。三是贷后管理不到位。贷后检查履职不到位，流于形式。贷后实地走访频率少，只是简单收集财务报表、“三表”，没有对客户情况、信贷业务情况、担保情况及企业其他管理方面等深层次的调查分析，以致揭示其内在真实的关键风险点，提出防范措施；贷后跟踪监控不到位，应付了事。如企业资金流去向是否合理，信贷资金流向是否合规，是否存在企业变通的方式去挪用信贷资金的现象，是否流贷被长期占用等。

3. 约束和激励机制不健全

我国商业银行在经营过程中缺乏发展高效资产、降低不良资产的内在机制和压力，只重视业务指标的整体考核，而对于基础管理、目标责任缺乏量化的指标，银行要转变观念，必须意识到每个职工的工作都与商业银行经营的质量息息相关，要充分重视对全体员工的资产经营意识和质量意识的提高，要调动起所有职工的积极性和责任感。

## 三、信贷资产风险防范措施及对策

（一）积极发挥政府宏观调控职能

政府要充分挖掘和释放国内需求的潜力，把扩大消费需求作为扩大内需的战略重点，提高社会消费品零售总额，提高国内市场消费对经济增长的贡献程度，通过拉动经济增长减少不良贷款。

针对社会固定资产投资，政府应该充分发挥引导作用，在调整优化投资结构、提高固定资产投资质量效益的基础上促进投资的合理增长，保持适当的投资规模，通过合理的投资结构提高投资效益，规范社会固定资产投资，提高固定资产建设项目的还款能力。避免因部分行业的过热，导致供需双方存在结构性问题。

政府应建立有关部门、企业与银行业金融机构为一体的联席会议制度，搭建信息资源共享平台，及时互通信贷政策，针对暂时性出现问题的客户，政府要对各金融机构统一要求、执行统一政策，不得单方面抽贷形成交叉违约。

加强信用环境的建设，建立强化失信企业的惩戒机制。人民银行应完善现有的征信管理系统，收集和整合全社会各个部门掌握的企业及其他组织和个人的基础信用资料，加入征信系统中，便于银行全面掌握贷款人的诚信情况。

（二）商业银行要提高风险的防范意识和应对能力

1. 加强培训力度，完善健全内部约束和激励机制

银行要定期举办信贷员专业知识的培训，使信贷员能够不断提升业务素养，增强责任意识。银行应将员工基础管理能力与个人的物质利益相挂钩，充分调动其积极性，使每一个员工都具有较强的就业风险意识和积极的进取精神。

2. 加大准入退出机制管理，合理调整和优化信贷结构

一是严把信贷准入关。区别对待每一个行业、每一个客户，把握客户的关键风险点和防控措施。严控与国家产业政策相背离的“6+1”行业、敏感性行业、房地产业、“两高一剩”、环保未达标等行业；严控经济下行期价格波动较大的铜加工、铜贸、钢贸、煤炭贸易等行业。二是建立动态退出机制。审慎认定每个客户的“标签”形态，是优先支持还是维持存量，是逐步退出还是全额退出。三是大力调整和优化信贷结构。加大力度合理调整和优化信贷行业、产品结构。

3. 严把贷前调查关，为审批提供可靠的决策依据

一是贷前调查强调真实、全面，做到“确知客户、确知客户业务、确知客户资金流向”，按照“客户情况—业务情况—担保情况”进行调查，并重点多方位了解企业实际控制人、法定代表人的品行、社会背景、社会关系网、经营管理和融资活动情况，有针对性地掌握其资金链情况。二是密切关注企业集团关联性质，防范关联风险。要全面准确梳理企业关系树，掌握关联交易、关联资金占用、关联担保的合法、合理性，预判存在的风险点，有针对性地防范；对关联企业有授信贷款的，纳入统一的集团授信，防止集团关联企业多头授信和过度授信风险。

4. 切实加强贷后管理，提高风险预警能力

一是坚持定期实地走访，查看企业生产经营、销售、财务、存货、抵（质）押物等情况，询问员工工资发放情况，了解他行授信及信贷政策情况，是否有民间融资等，收集财务报表、水电费及纳税票据等，是否有异常现象；二是整理分析，形成贷后检查报告，逐户提出关键风险点及下一步防范措施；三是通过非现场监测，发出预警信号，了解是否有突破中国银行授信持续性条件情况，是否受当前经济形势影响等。

5. 加强担保抵押管理，严控异地担保抵押

在经济下行期，第一还款来源受外界影响较大的情况下，要高度重视押品管理工

作，贷前严格押品准入；严审贷中抵质押权的设立；贷后权证的保管、押品检查、押品定期重估都要严格执行规定。要提高抵押贷款占比，确保第二还款来源真实有效，降低担保贷款的比例，细化和完善抵押物的选择，以及抵押合同、担保合同和业务流程严控异地担保抵押。

6. 强化不良资产管理，通过多方式处置不良

一是对不良资产建立考核管理机制，明确目标，积极有效地促进信贷资产质量水平的改善。二是对重点存量不良大户实行“一户一策、一户多策”，责任到人。三是充分发挥减免息、以资抵债等重组手段，最大限度地回收、处置和盘活不良贷款。四是加大委托收贷的力度。五是支持企业收购、兼并、重组等方式，落实第三方归还不良贷款。六是加大诉讼工作力度，对还款意愿较差的项目，要果断起诉，对已胜诉项目要协助法院加大执行力度。

（三）企业应增强社会责任意识

一是要提升企业经营管理能力，深化市场化改革，转变粗放型经营方式，改善生产经营状况，提高企业景气指数，提高盈利和偿债能力，提升“造血功能”。二是要强化企业的社会责任意识，增强信用观念，减少拖欠银行贷款、逃废银行债务现象，促进企业的可持续发展。

## 参考文献

［1］刘妍．我国商业银行不良贷款成因及相关因素分析［J］．系统工程，2014，32（5）（总第245期）．

［2］龙海阳．解决银行不良贷款问题的多维度分析［J］．湖北职业技术学院学报，2013，16（4）．

［3］蔡裕，谢良明．经济下行期不良贷款的成因分析及防范对策．

［4］武勇，兰泽西，张陶钧，李长松．我国商业银行不良贷款增长的成因及对策．

［5］李牧羊．我国国有商业银行不良贷款处置研究．

责任编辑校对：徐　梅

# 煤炭行业信贷风险监测评估预警机制研究

中国人民银行石嘴山市中心支行　王彩琴

**摘要：** 当前基层金融稳定职能的发挥，缺乏系统性的宏观监管体系。从维护区域金融稳定的目标看，人民银行基层行更应该关注区域经济运行特点，建立区域特色行业信贷风险向金融机构传递的风险监测、评估与预警机制，搭建宏观审慎监管平台。本文以煤炭行业为例，综合分析了当前煤炭行业发展及影响区域金融稳定的风险因素，从微观、中观和宏观三个层面建立综合立体式风险监测预警评估体系，以期发挥基层金融稳定职能，维护区域金融稳定。

## 一、宏观审慎视角下煤炭行业金融不稳定因素分析

经过几十年的发展，石嘴山市作为一个煤炭资源型工业城市，已逐渐形成“经济增长看工业，工业发展看煤炭”的经济社会发展模式。煤相关产业较强的盈利能力，对银行信贷资金产生了强大的吸附能力，大量银行贷款投向煤炭开采、洗选、加工、贩运等行业，银行贷款行业集中度过高的问题凸显。尤其是在当前经济下行趋势明显、调控政策效应叠加、行业发展出现拐点、民间融资成本攀升、企业经营压力加大的现实情况下，整个煤炭行业资金链开始绷紧，由金融体系之外传递而来的信贷风险已客观存在。

### （一）煤炭行业发展前景方面

自2011年12月以来，石嘴山市煤炭价格指数呈现一路走低态势。石嘴山市煤炭企业70%以上处于减产、半停产或停产状态，有300多家煤炭运销企业和个体工商户已停业，由于下游需求疲软，煤炭企业库存居高不下。业内专家认为，从目前经济运行情况看，促成煤炭价格稳定的因素还没有形成，价格持续下滑的趋势有可能继续延伸，我国煤炭价格开始进入下行通道，煤炭行业供不应求的十年“黄金期”已经终结。

### （二）市场专业化管理方面

近年来，国务院、自治区以及石嘴山市出台了一系列加快煤炭企业兼并重组的政策，特别是石嘴山市《关于规范煤炭市场发展的意见》，计划将全市原有1 163家煤炭经营企业缩减到300家左右，这一数据也仅是全市持有煤炭经营许可证的煤炭企业数，其余“无证”经营的900多家涉煤企业将面临整合淘汰的命运。值得关注的是，本地区地方法人金融机构的同类客户中，无证经营的煤炭企业或经营户，占比高达88.9%，意味着这类客户被取缔、整合、重组所带来的银行贷款违约风险正在形成。

（三）利益相关体及资金方面

据统计，当前大量涌现的各类小贷公司、典当行、投资公司等（以下统称类金融机构）有200多家。目前，石嘴山市辖区类金融机构的法人代表或股东80%是由煤老板组成，他们既是类金融机构的法人代表或投资人，又是实体公司的直接利益关系人，同时还可能是银行类金融机构的股东和客户，由于他们身兼多个角色，导致银行、企业、类金融机构三者之间的资金关系驳杂难辨，在阶段性资金周转困难时期，甚至存在通过类金融机构借款来偿还银行贷款的资金腾挪现象。值得我们关注的是除了正规金融信贷资金流向民间融资市场问题以外，在企业经营困难且民间融资无门的极端情况下，极易诱发资金链断裂后的老板“跑路”情况。

（四）行业信用风险方面

2014年末，石嘴山市从事煤炭行业的贷款户数1 647家，贷款余额116.6亿元，占全市贷款总量的25.9%，个别地方法人银行业金融机构的煤炭行业贷款占比高达50%以上，整体表现为行业、客户双集中。在利益驱动下，金融机构盲目“垒大户”，造成煤炭行业贷款多头授信、关联互保、过度担保现象严重。在市场长时间低迷背景下，石嘴山市部分煤炭、高耗能企业发生资金链断裂，引起近三年连锁式的不良贷款和不良贷款率持续“双升”。

按照现行的微观审慎监管制度要求和标准，各家金融机构的监管指标完成良好，对银行业信贷资产没有产生实质性的损失。从宏观审慎视角分析，会得出截然不同的推论：石嘴山市金融信贷风险正在积累和酝酿，区域金融不稳定风险隐患客观存在。

## 二、构建煤炭行业信贷风险监测评估预警体系

分析经济运行与金融系统的关系不仅是当前理论研究的热点与难点，更是评估金融稳定、构建宏观审慎政策的重要理论基础。建立行业信贷风险预警机制的目标不仅是实施监管、预测风险、提出预警信号，更重要的是协助中央银行实现金融稳定目标，成为中央银行金融稳定政策实施的工具。因此，新指标体系建立应该能简单反映已有的可接收的信息，为化解金融危机或减轻金融风险预留足够的政策响应时间。

（一）构建原则

1. 宏观监管与微观监管相结合

将宏观审慎监管与微观审慎监管相结合，既能反映单个金融机构的风险状况，也能反映整个金融体系对来自市场风险的抵御能力，为中央银行金融稳定目标提供可操作的信息和时间。

2. 风险评估与风险预警相结合

建立预警系统与中央银行政策效果的评估和反馈机制，以不断创新的监测和评估体系提高预警系统的有效性、实时性，提高监管部门的监管效率，促进中央银行金融稳定政策的实施。

3. 规范性与可操作性相结合

规范性是指整套指标体系严密科学，各项指标有规范的采集口径。可操作性是指各指标可量化，能够从各类经济数据中得到可靠数值，在内容上能够进行比较，在时

间上具有连续性，便于实时监测和度量。

4. 及时性与动态性相结合

及时性指用于测算指标量值的数据资料能够及时获得并作出分析；动态性是指各指标及确定的指标合理量值不是固定不变的，而是可以根据经济与金融体制变化和周期运行态势变化等做出相应调整。

（二）监测指标筛选

基于煤炭行业在地区经济及金融规模中的重要程度，在指标体系设计上兼顾了经济金融的宏观、中观、微观3个层面。

1. 宏观层面

主要考察与地区煤炭行业发展现状与前景相关的宏观运行指标。包括地区煤炭开采及洗选行业工业增加值、煤炭行业增加值占规模以上工业增加的比重（煤炭开采及洗选/规模以上工业增加值）、煤炭价格指数、原煤产量、原煤消费量、工业企业主营业务收入、主营业务成本、成本收入比、费用支出、利润总额。通过以上指标判断当前经济形势下，地区煤炭行业整体状况。

2. 中观层面

主要统计地区金融机构煤炭行业信贷总量及贷款基本情况。可依托当前基层行创新的“煤炭行业信贷统计制度”，获得本地区金融机构煤炭行业信贷总量、贷款投向、担保形式、不良贷款、十大户情况（见表1）。

**表1　煤炭行业贷款统计指标**

<table>
<tr><td colspan="2">贷款总体情况</td></tr>
<tr><td colspan="2">煤炭行业贷款情况</td></tr>
<tr><td rowspan="4">按贷款用途</td><td>采矿</td></tr>
<tr><td>洗选</td></tr>
<tr><td>加工</td></tr>
<tr><td>流通</td></tr>
<tr><td rowspan="3">按担保方式</td><td>担保</td></tr>
<tr><td>抵押</td></tr>
<tr><td>质押</td></tr>
<tr><td rowspan="5">按贷款形态</td><td>正常</td></tr>
<tr><td>关注</td></tr>
<tr><td>次级</td></tr>
<tr><td>可疑</td></tr>
<tr><td>损失</td></tr>
<tr><td colspan="2">煤炭行业不良贷款余额</td></tr>
</table>

3. 微观层面

主要监测微观涉煤企业经营现状。根据基层行前期实践，可采用煤炭企业调查问卷的形式完成。按频度选择辖区N家涉煤企业进行问卷调查，问卷设计指标包括数据频度内企业开采量、购入量、销售量及库存量、销售收入、费用支出、利润总额、银行贷款、民间融资。通过对微观经营实体的经营及融资状况调查，准确判断煤炭行业的市场风险程度。

（三）评估预警体系构建

新的评估预警体系应着重实现中央银行宏观审慎监管目标中的预警功能，本文结合基层实践经验，提出重点行业的金融风险监测、评估、预警框架（见图1）。

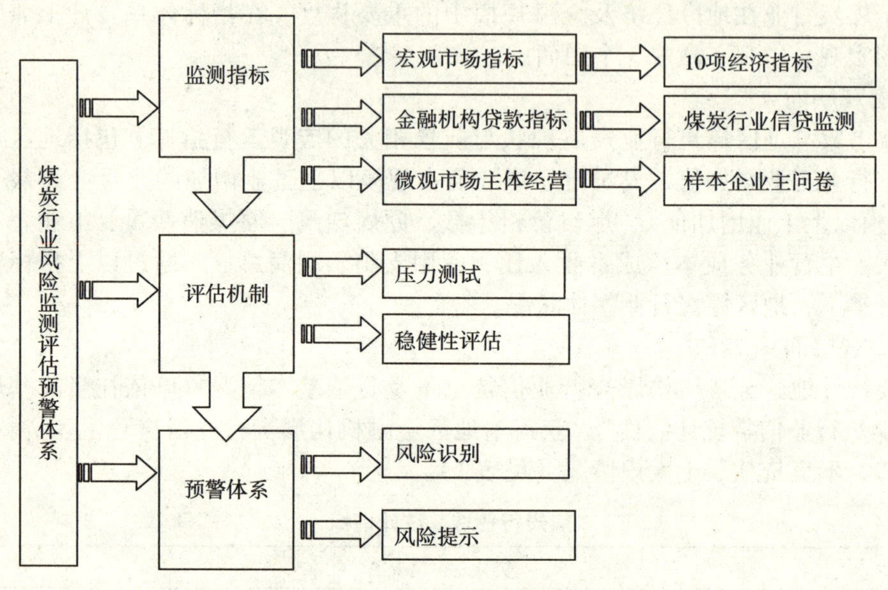


**图1 煤炭行业风险监测评估预警体系**

在风险评估中，当前中央银行自上而下开展的金融机构稳健性评估工作，可作为重点行业信贷风险评估的重要工具，在重点行业信贷风险与商业银行经营稳健性之间产生必然的关联性，结合商业银行自行进行的压力测试，评估商业银行重点行业信贷风险程度，即风险识别过程。在此基础上，对行业贷款集中度高或潜在风险大的商业银行进行风险提示，以实现提升预警体系的可靠性和有效性，为维护金融稳定，防范金融风险提供依据。

## 三、结语

国际金融危机表明，仅凭微观层面的努力难以实现金融体系稳定，监管当局有必要从经济活动、金融市场以及金融机构行为之间相互关联的角度，从整体上评估金融体系的风险，在此基础上健全金融体系的制度设计并作出政策反应，即加强宏观审慎监管。就煤炭行业而言，建立有效的监测评估预警体系可以为中央银行进行信息识别、风险判断、采取风险减缓措施赢得充足的时间，为宏观审慎监管目标提供控制工具。

责任编辑校对：王　坤

# 我国互联网金融风险监管研究

## ——基于制度和非制度因素视角

中国人民银行固原市中心支行　何文虎

**摘要：** 伴随着互联网金融的快速发展和互联网金融风险的大量暴露，研究并实施互联网金融风险监管刻不容缓。本文通过分析互联网金融的概念、特征和业态模式，探究互联网金融风险的概念、判断和主要类型，研究互联网金融风险的诱发成因，借鉴国外互联网金融风险监管的经验，给出了我国互联网金融风险监管的监管主体、监管目标和监管思路，并提出了相关政策建议。

### 一、前言

互联网金融的发展改变了金融消费方式和金融业的竞争范式，部分填补传统金融业金融供给的不足，为实体经济发展提供了普惠性支持。关于互联网金融风险监管研究的深度和广度都在增加，但至今仍未形成一个独立的分析框架和相对完整的理论体系。目前，有关 P2P 融资平台、第三方支付平台和网络投资理财的监管还处于真空地带。研究和探讨互联网金融的风险监管问题不仅刻不容缓，而且具有重要的现实意义和理论意义。本文将从制度因素和非制度因素的视角探讨互联网金融的风险监管问题，以期为互联网金融风险监管研究提供新的思路和经验借鉴。

### 二、互联网金融及其风险的界定及特征

#### （一）互联网金融的概念、特征及业态模式

互联网金融是对传统金融体系在理念、商业模式、组织结构、风险管理等方面的根本性变革。互联网金融可定义为以计算机或电子设备终端为基础，以通讯网络为关键介质，提供资金融通、资源配置和金融中介服务的新型金融运作模式，以及与该模式相结合的网络金融组织、网络金融市场和外部金融生态环境。互联网金融具有包括信息化与虚拟化、高效性、金融服务一体化、直接性与普惠性、风险性在内的五个特征。互联网金融主要有网络支付结算、网络融资、网络投资理财、网络信息服务、网络货币、网络银行、网络保险和网络证券等七种业态形式，其中，网络支付结算、网络融资、网络投资理财在我国发展较快。

#### （二）互联网金融风险的概念、判断及主要类型

互联网金融风险是在互联网金融基础上引申出的概念。互联网金融风险是指开展互联网金融业务出现的收益或损失的不确定性。根据互联网金融风险的定义，互联网金融风险既继承传统金融风险的特性，又有与互联网信息技术相关的新特性。互联网

金融风险的新特性包括四方面：强传染性、高虚拟性、时效性强、超复杂性。互联网金融的发展主要存在五大风险：法律风险、技术安全风险①、操作风险、运营风险和跨境风险。

## 三、诱发互联网金融风险的成因分析

了解互联网金融风险的特征、主要类型和致使互联网金融风险产生的原因有利于互联网金融风险监管措施的制定。

（一）制度因素

良好的风险监控制度体系将有效降低互联网金融的各类风险水平。当前互联网金融存在的法律风险、技术安全风险、操作风险、运营风险和跨境风险与互联网金融行业尚未建立起完善的风险监控体系有关。

首先，互联网金融法律法规不健全诱发了互联网金融风险。当前，我国对互联网金融的立法工作还处于起始阶段，是否在现在立法约束、如何立法还未形成统一意见②，我国还没有完整科学、明确具体的互联网金融监管的法律法规。具体来说，关于互联网金融企业的准入和退出机制还没有法律明文规定，关于互联网金融企业的信息披露制度还没有制定，有关互联网金融企业风险监管、业务开展和金融犯罪的法律法规还不完善。

其次，专门针对互联网金融行业的监管机构缺失降低了互联网金融企业风险规避的外部约束力。互联网金融的开放性和普惠性降低了其提供金融产品和金融服务的交易费用和进入门槛，使其能低成本地开展银行、保险、基金、证券等金融业务，实现一站式、多元化金融服务。金融监管体制分业监管既难以适应传统金融业的交叉性金融业务创新和金融互联网化创新，又无法适应互联网金融百货公司式的金融服务供给现实。现有的金融监管体制监管互联网金融业极有可能导致监管效率低下、监管重叠和监管缺位。一旦缺少外部的监管机构，互联网金融企业的内控体系建立就仅受到企业自身行为或市场两重约束。和传统金融业一样，互联网金融企业的风险是不可消除的内生因素。各互联网金融企业依靠自身努力和市场约束建立起来的风险管理体制未必有效率。

最后，互联网金融企业未建立起完善的风险内控体系。互联网金融企业应充分了解每一个业务环节具有的潜在风险，运用风险分散、风险对冲、风险转移、风险规避和风险补偿等管理策略建立起完善的能通过监管机构风险压力测试评估的风险管理体系。互联网金融风险监管的一个目标就是通过监管规则规定、现场检查和非现场检查等手段引导各互联网金融企业建立起完善的风险管理体系。目前，各互联网金融企业尤其是后进入市场的因为成立年限短、将主要精力放在市场份额拓展和经营盈利等原

---

① 严格地说，互联网金融的技术安全风险属于操作风险范畴，考虑到技术安全风险对互联网金融的影响较大，此处将技术安全风险作为一大类单独讨论。

② 目前已存在的《电子签名法》、《网上银行业务管理暂行办法》、《网上证券委托管理暂行办法》、《证券账户非现场开户实施暂行办法》等法律法规主要规制传统金融的网上服务而不是互联网金融业务。

因还未建立起完善的内控制度。

(二) 非制度因素

第一，大数据应用技术在支撑互联网金融业务开展的同时，成为互联网金融信息安全风险、操作风险和运营风险产生的重要原因。大数据技术包括数据、技术和思维三个要素，其中数据和技术的选择和应用都会导致互联网金融风险的产生。

第二，拥有资源禀赋的多少也是影响互联网金融风险发生和防范的因素之一。互联网金融企业拥有的自有资本金实力大小、处理大数据应用技术的能力、金融信息数据积淀和来源情况、成立和发展的年限、公司的组织结构和高层管理人员素质、发展战略和经营策略都将影响到其对互联网金融风险的理解和互联网金融风险内控管理体系的构建。互联网金融风险在阿里小贷公司、京东商城和Kickstarter发生和造成非预期损失的可能性要远远小于刚成立的互联网金融企业。值得注意的是，互联网金融企业拥有的员工综合素质和思想道德水平也将决定互联网金融潜在风险的出现与否及造成损失大小。

第三，对互联网金融风险的监管认识和监管理念存在分歧导致互联网金融风险监管规则迟迟不能出台，间接成为互联网金融风险出现的原因。监管认识方面，目前，我国学术界和政府部门对互联网金融风险监管的认识不统一。笔者认为，对互联网金融风险监管的认识要由规避风险向实现互联网金融企业利润和“社会利润”最大化转变。在监管理念方面，我国目前实行的“分业监管、功能监管和行为监管”已不适应经营综合金融业务的互联网金融业。互联网金融业的监管理念应向“综合监管、功能监管和行为监管”转变。针对互联网金融风险的监管认识和监管理念不统一增加了互联网金融的监管难度，减少了互联网金融企业风险内控的外部约束，间接增大了互联网金融企业的风险。

第四，不成熟的信用机制是互联网金融法律风险和运用风险出现的又一原因。由于互联网金融业务的开展依靠大数据应用技术而不是信用评级、担保和抵质押，互联网金融业对信用的要求和依赖要高于传统金融业。我国已存在的个人征信系统、企业信用代码或企业征信系统仅在银行业金融机构中应用较多且都是对结构化的个人和企业金融信息数据的挖掘。目前，尚没有在全社会通用的挖掘、处理和收集结构化、半结构化和非结构化数据的互联网金融征信系统。此外，我国的信用体系发育程度较低，互联网金融参与者主体诚信度有待提高。不成熟的信用机制诱发或增大了互联网金融的风险。

## 四、互联网金融风险监管模式创新与构建

互联网金融监管体系的建立对未来我国互联网金融的健康有序发展、互联网金融风险的防范以及金融监管体制的改革与创新有重大意义。互联网金融风险的监管指由政府部门主导实施的针对互联网金融固有的风险类别及经营管理过程中产生的所有风险的识别、评估、分散和监督规避行为。

(一) 互联网金融风险监管的主体、目标与思路

互联网金融的开放性、普惠性和金融服务一体化特征表明互联网金融的发展将突

破分业经营的限制，走向综合经营和混业经营。相应地，互联网金融风险监管的主体、目标和思路都要进行相对应的调整。当前，我国实行“分业经营、分业监管”，金融市场的监管主体是“一行三会”。短期内，“一行三会”在权责范围内对互联网金融风险实施行为监管、功能监管和联合监管是可行的。其一，我国互联网金融还处于快速发展初期，对互联网金融风险的暴露和认识需要时间。基于鼓励和保护互联网金融发展的需要，对互联网金融的监管可以以指导为主，故而“一行三会”有能力对互联网金融的发展进行指导监督。其二，国家是否需要专门成立互联网金融风险监管机构，如何成立需要相关方面磋商和多方认证。即便国家决定成立互联网金融风险监管机构，互联网金融风险监管机构的建立和高效运转也需要时间。因此，在国家还没有成立互联网金融风险监管机构或互联网金融风险监管机构还没有发挥效力时，出于维护金融市场稳定、促进金融体制创新改革的需要，“一行三会”必须在权责范围内监督和指导互联网金融风险的管理。其三，短期内针对互联网金融业务开展的立法工作只能是在已出台法律法规基础上的增补。在现有法律法规层面，“一行三会”既有权力又有义务监督管理互联网金融的发展。从长期来看，应当成立专门监管互联网金融风险的互联网金融监督管理委员会。此处互联网金融应当是不以物理网点经营为主、主要依靠互联网信息技术的纯粹意义上的网络信贷、网络银行、第三方支付和网络投资理财等新型互联网金融业态①。互联网金融监督管理委员会应当对互联网金融实行机构监管、分业态监管和功能监管。互联网金融监督管理委员会应分设部门专门监管互联网金融的各业态（包括网络支付结算、网络融资、网络货币、网络投资理财、网络银行、网络保险和网络证券）。此时，“一行三会”可以在权责范围内实施功能监管。

互联网金融风险监管的目标有四个。一是通过对互联网金融风险的监管，减少互联网金融风险造成的预期损失、非预期损失和巨额损失，确保互联网金融消费者的权益。二是通过对互联网金融风险的监管，防范和管理互联网金融风险，维护互联网金融市场乃至整个金融市场的稳定，增进市场信心。三是通过对互联网金融风险的监管，指导和促进互联网金融业的稳定快速发展。四是通过对互联网金融业相关信息的及时披露，减少互联网金融企业和互联网金融消费者②之间的信息不对称，加深公众对互联网金融业的了解。与之相对应的，互联网金融风险监管的原则应该是依法原则、公开原则和效率原则。依法原则指针对互联网金融风险监管职权的设定和行使必须依照法律和行政法规规定。公开原则指针对互联网金融风险监管的立法和政策，执法过程以

① 网络银行、网络证券和网络保险可以分为没有物理场所的纯粹意义上的网络银行、网络证券、网络保险与依托物理场所、作为物理场所延伸的网络银行、网络证券、网络保险。严格地讲，纯粹意义上的网络银行、网络保险、网络证券才属于互联网金融的范畴，目前纯粹意义上的网络银行、网络保险、网络证券还没有在我国出现（李婷婷，2012）。随着互联网技术的发展与应用，依托物理场所、作为物理场所延伸的网络银行、网络证券、网络保险将成为类互联网金融组织［有学者称为传统金融业向互联网金融的延伸（张佰瑞和张庆文，2014）］。由于真正属于互联网金融的网络银行、网络证券、网络保险至今未在我国出现，故本文不作探讨。李婷婷．浅谈电子商务下网络金融风险的防范对策［J］．中国市场，2012（1）：73－74；张佰瑞，张庆文．产业融合与互联网金融发展研究［J］．时代金融，2014（2）：58－59.

② 此处，互联网金融消费者指享受和消费互联网金融企业提供的金融服务和金融产品的法人、组织和自然人。

及行政复议的依据、标准和程序公开。效率原则是指在进行互联网金融风险监管的过程中应有效配置和使用监管资源，提高监管效率。

对互联网金融风险的监管思路应当是坚持分业态监管、包容性监管、综合监管、联合监管和功能监管。分业态监管是针对互联网金融不同业态的不同风险种类特点实施分类监管。包容性监管指针对互联网金融的监管要在符合法律和政府行政法规的情况下允许互联网金融进行合理科学的金融产品和金融服务创新，允许互联网金融与传统金融业之间的博弈与竞合，鼓励互联网金融在金融市场和经济社会中发挥重要作用。综合监管是指为应对互联网金融的金融服务一体化特征以及互联网金融风险的多样性、复杂性特征，要从制度因素和非制度因素综合考虑互联网金融的监管问题，在指导互联网金融企业建立起完善合理的风险内控管理体系的同时建立全方位立体的监管体系。联合监管是指为适应互联网金融综合化经营的需要，无论是否建立专门监管互联网金融风险的监管机构，都要发挥“一行三会”、工信、商务等部门的作用，实现跨业态、跨行业的交叉联合监管，要在各监管部门之间建立互联网金融风险监管的协调制度和联席制度。功能监管是指对互联网金融的组合结构、具体金融产品创新和金融服务行为进行有针对性地监管，尽可能地识别、评估各类互联网金融风险。

### （二）互联网金融风险监管政策建议

#### 1. 制度层面

第一，加快互联网金融风险监管的立法工作。要结合互联网金融企业各业态有针对性地进行立法，如关于第三方支付的监管立法要在《非金融机构支付服务管理办法》的基础上涉及沉淀资金存管、沉淀资金利息收益分配、预付卡发放与管理、银行卡收单等内容。第二，建立科学有效的互联网金融风险监管指标体系。要建立互联网金融企业风险识别、统计、评估和预警制度，有针对性地构建能通过定量分析和定性分析互联网金融企业风险水平的风险评价指标体系；要建立互联网金融企业的补救体系，制订互联网金融企业出现巨额风险的补救和化解方案。第三，建立互联网金融企业信息披露监控机制。要通过建立日常监督机制，及时、全面地监督指导互联网金融企业披露互联网金融信息，要建立惩罚机制，对虚假披露和未按要求进行信息披露的互联网金融企业进行惩罚处理。第四，指导各互联网金融企业建立完善的内部控制体系。

#### 2. 非制度层面

一是提高互联网金融企业的技术水平，加紧培养复合型人才步伐。二是加快网络征信体系建设。健全的事前征信体系有利于互联网金融企业风险的规避。一方面，建议由中国人民银行牵头，“三会”和工商等部门一起依托现有征信体系，通过汇集传统金融机构结构化数据以及互联网金融企业结构化、半结构化和非结构化数据，运用大数据技术建立互联网金融企业交费使用的公共互联网征信体系。另一方面，互联网金融风险监管部门应鼓励有条件的互联网金融企业运用大数据系统建立企业网络征信评分系统。三是加强互联网金融消费者教育和保护工作。要重视互联网金融消费者和投资者的教育引导，帮助其树立“买者有责、卖者余责”的消费理念，引导其识别互联网金融产品和服务的风险点，增强互联网金融消费者的风险防范意识。四是增强对互联网金融风险的认识和防范理念，加大对互联网金融犯罪的打击力度，加强互联网金融风险监管的交流与合作。

## 参考文献


[1] 安邦坤，阮金阳．互联网金融：监管与法律准则［J］．金融监管研究，2014(3)：57－70.

[2] 冯静生．网络金融风险：我国的监管状况及完善对策［J］．金融教学与研究，2009（1)：41－44.

[3] 龚明华．互联网金融 ：特点、影响与风险防范［J］．新金融，2012（4)：8－10.

[4] 郭琳诤．金融业信息安全风险及应对措施［J］．金融理论与实践，2014（2)：106－108.

[5] 何德旭，王进成．网络借贷平台的风险与监管［J］．武汉金融，2013（8)：4－7.

[6] 娄飞鹏．互联网金融支持小微企业融资的模式及启示［J］．武汉金融，2014(4)：6－8.

[7] 吴晓求．互联网金融的逻辑［J］．中国金融，2014（3)：29－31.

[8] 谢平．互联网金融的现实与未来［J］．新金融，2014（4)：4－8.

[9] 闫真宇．关于当前互联网金融风险的若干思考［J］．浙江金融，2013（12)：40－42.

[10] 张晶．互联网金融：新兴业态、潜在风险与应对之策［J］．经济问题探索，2014（4)：81－85.


责任编辑校对：杨　光

# 欠发达地区影子银行风险问题研究

## ——以宁夏为例

中国信达资产管理股份有限公司宁夏分公司　李立婷

**摘要：**伴随着全球经济的不断增长，人们对信贷需求与日俱增，影子银行逐渐由台下发展到台上，以其迅猛发展之势在金融活动中扮演着越来越重要的角色，但由于游离于现有监管体系之外，积累了相当大的金融风险。通过对宁夏地区影子银行的发展历程、特点及对当地经济金融环境的影响进行研究，揭示其金融风险。

影子银行，又称为影子金融体系或影子银行系统（Shadow Banking System），是美国次贷危机爆发后所出现的一个重要金融学概念。2011 年 4 月，金融稳定理事会（FSB）对影子银行作了严格的界定："银行监管体系之外，可能引发系统性风险和监管套利等问题的信用中介体系。"简单来说，就是行使传统银行的功能而没有传统银行的组织机构，即类似一个影子银行体系的存在。

在欧美，影子银行主要是围绕证券化推动的金融创新工具，包括投资银行、对冲基金、货币市场基金、债券保险公司、结构性投资工具（SIV）等非银行金融机构。而在中国，金融市场对影子银行的划分也众说纷纭，中国银监会 2012 年年报中提出其所监管的信托公司、企业集体财务公司、金融租赁公司、货币经纪公司、汽车金融公司、消费金融公司六大类非银行金融机构以及商业银行理财等表外业务不属于影子银行。国务院办公厅在《关于加强影子银行监管有关问题的通知》（国办发〔2013〕107 号）一文中提出根据有无金融牌照和监管来划分影子银行范围。归纳起来，影子银行一般是指那些可以提供信贷，但不属于银行的非金融机构。从发展阶段来看，第一阶段，不受任何监管的民间金融，主要包括地下钱庄、民间借贷、典当行以及民间融资等；第二阶段，在政府等多部门的引导下，一些资本规模逐渐壮大的企业发展为小额贷款公司、担保公司、信托公司、财务公司和金融租赁公司等正规机构；第三阶段，伴随互联网的快速发展以及金融脱媒的浪潮，发展出很多新型的网络金融公司、第三方理财机构等信用中介机构，影子银行的存在形式逐渐多元化。

### 一、宁夏地区影子银行发展历程

在传统金融体系日趋完善的背景下，资金需求与信贷规模紧张的矛盾却日益突出，这一矛盾严重影响着区域金融资源的配置效率，尤其在经济欠发达地区，配套金融环境远跟不上经济发展速度，影子银行的出现在某种程度上缓解了资金的供需矛盾，客观上促进了区域经济的发展，呈现出机构众多、规模较小、杠杆化水平较低但发展较快的特点。具体就宁夏地区来说，影子银行发展过程呈现出以下三个特征。

（一）呈现出农村包围城市的态势

宁夏地区民间借贷的发源地主要是从县域经济体中萌发，究其原因是随着大型金融机构的日益商业化，大规模压缩县域基层网点导致贷款权限上收。例如宁夏的盐池县和同心县，自1990年开始，工、农、中、建四大行撤并多个县、乡、镇机构网点，信贷资金由上级分行统筹安排，普遍支持风险较低的大项目，造成了农村地区金融机构少、金融服务品种少、信贷规模小的现状。部分中小企业及个人的借贷需求无法通过正式金融机构得到满足，民间借贷逐渐从台下走向台上，形式上从一些靠个人信用的口头约定逐渐发展到凭借条实现借款的简单履约型，参与放贷者由过去的一些资金相对宽松的城镇居民、富裕农户扩大到一些私营业主。他们通过个人或信誉较好的放贷人将自己的闲置资金放给他人，从中获得高于银行存款利率的利息，放贷人也能从中获取存贷款利差。信贷资金用途也不断扩大，由过去农村家庭生活的建房买房、购置生产资料等用途扩大到城镇企业商业承揽工程、经商办企业等方面。

（二）从非正规逐渐走向正规机构

民间借贷活动管理一直游离于正规金融之外，缺乏专门的机构监督引导，容易滋生高利贷、非法集资、金融欺诈、洗钱犯罪等行为，潜在风险不容忽视。针对宁夏地区的现状，2006年12月，由宁夏金融办牵头，宁夏纪检委、宁夏党委政研室、人民银行银川中心支行、宁夏银监局等单位组成招标委员会，以公开招标的形式确定了4家第一批小额贷款公司。截至2014年末，宁夏共注册成立小额贷款公司208家，农村资金物流调剂公司11家，注册资金近100亿元，累计发放贷款达到300亿元，贷款余额近100亿元，占支持“三农”建设贷款资金的70%；注册成立担保公司62家，累计担保额达到116亿元；村镇银行9家，存款余额72.16亿元，贷款余额62.48亿元。经过政府部门的有序引导，宁夏地区的影子银行中一部分规模较大的企业已逐渐发展为正规注册企业，有效缓解了县域金融“贫血”的现状，开辟了新农村建设及小微企业资金需求的新渠道。

（三）存在形式多样化

近年来，随着市场金融需求的快速扩张，影子银行体系通过不断地创新涌现出多样化的形式，例如P2P个人网络投资、贷款服务平台、各类投融资理财信息咨询类公司、资产管理公司等信用中介服务企业。其中大部分企业不具备对公众开展投资理财业务的牌照和资质，但实际都在直接或变相进行吸储放贷业务。据宁夏工商管理部门统计，截至2014年10月，宁夏共注册各类投融资公司2 050家，注册资本903亿元，其中自然人出资设立的达到1 766户，注册资本2 645亿元。

## 二、影子银行对经济金融的影响

影子银行作为正规金融的补充，在一定程度上满足了正规金融不愿涉足领域的资金需求，尤其是在次贷危机之后，经济发展速度放缓，正规金融的整体信贷规模受到压制，非银行信贷的重要性得到充分体现。通过灵活、创新的借贷形式，增强了经济运行的自我调整能力，平衡了经济运行中的风险与收益，也支持了中小企业发展的金融需求。

影子银行游离于传统货币政策监管之外，影响国家政策调控效果。影子银行具有和商业银行类似的融资贷款中介功能，但资金规模和资金投向不受国家监管，具有一定的隐蔽性、盲目性和趋利性，庞大的资金游离在体外使资金流动性大幅增加。在经济运行过程中，无论是货币政策调控还是产业投向，宏观调控效果都大打折扣。

影子银行的蓬勃发展最终将推动传统银行提高竞争力。近年来，国家一直在倡导加大对中小企业发展的金融支持力度，随着影子银行的规范性发展，其自身简单、便捷的业务优势更有利于抢占优质中小客户，传统银行要想在中小客户业务上继续保持市场占有量，必须从自身业务模式创新上加快探索，提高审批效率，以适应经济环境发展的速度。

## 三、影子银行的风险研究

### （一）存在适用法律和业务监管盲点的问题

影子银行的组织架构形式多样，适用的金融管理法律不明确，普遍存在着监管弱化或缺失的现象。目前，法律层面上对影子银行的范围、常见形式等没有明确统一的界定，现有的《中国人民银行法》、《商业银行法》及《银行业监督管理法》等法律不能覆盖影子银行的规范和监管。例如当前大规模扩张的投融资公司，国家工商总局在《关于投资公司登记有关问题的通知》（工商企〔1997〕116 号）文件中，明确投资公司不同于金融性信托投资公司，设立时依照《公司法》及《公司登记管理条例》仅在工商管理部门登记设立即可，无须经人民银行或银监会批准，相关法律法规对该类公司的注册资本、行业资格、股东条件、经营方式、报表披露等方面都没有明确的准入限制，其相应的监管部门和监管职责规定不明确，导致日常监管的弱化和缺失。这一类公司虽不具备金融牌照，但实际上都在变相从事金融中介业务，在监管真空的状态下乱象丛生，一旦发生流动性风险，将会造成挤兑、群体性聚访事件的发生，使影子银行的管理陷入只管准入而无法给予指导监督的被动局面。

### （二）存在公司治理结构不规范和内部控制体系缺失的风险

经过股改后，我国传统银行架构按照银监会 2007 年下发的《商业银行操作风险管理指引》中关于对董事会的监督控制、高级管理层的职责、组织架构、操作风险管理政策、方法和程序、计提操作风险所需资本等方面的规定执行，现已逐渐形成较为完善的公司治理结构，内部控制体系日趋完整。但影子银行由于出现形式多样，虽然准入时绝大部分机构按照公司治理结构成立董事会、股东会、监事会以及管理层，但是在实际经营过程中普遍存在所有权和经营权没有彻底分离的情况，股权结构单一，决策协作和权力制衡较弱，企业内设机构之间权、责、利关系约束机制不完善，造成企业内部控制体系较传统银行来说缺乏制度化和专业化，对风险的管理能力较弱。

### （三）存在更大的市场经营风险

影子银行较强的逐利性导致其在放贷过程中“重视结果、不重视过程”，只关心资金本息能否按时收回而不关心信贷投入企业是否是国家引导支持的产业，信贷政策中限制的“两高一资”（高污染、高能耗和资源性）行业的信贷风险开始向影子银行转移。近年来，国家进行产业调整、“两高一资”企业相关的环保治理、技术改造等强制性投入加大，迫于信贷调控压力，传统银行都在逐渐收缩“两高一资”企业的贷款规模。一些目前仍在经营中的中小企业对信贷资金的需求仍然很大，很容易由影子银行承接过去，这些企业陆续出现中低端产品过剩、经营成本升高、利润空间压缩等问题，按期还贷的风险较高。

### （四）存在较高的操作风险和道德风险

影子银行在其自身发展过程中最大的特点就是灵活，但较传统银行相比来说存在更高的操作风险和道德风险，表现在以下几个方面：一是员工准入门槛较低，传统银行对从事信贷岗位的人员要求比较高，客户经理、风险经理和授信审批人员基本上都要求从事银行相关工作2~3年以上，具备相应专业知识和能力水平才进行聘任。影子银行由于经营权和所有权的不彻底分离，部分企业存在核心岗位家族式经营的情况，经营人员的专业性及人员培养的衔接上较弱，员工的道德水平、风险意识、业务知识和操作熟练程度参差不齐。二是企业内部自我风险评估和关键风险评估工作较弱，传统银行中一般都设立审计部等业务监督检查部门，对业务操作环节潜在的操作风险进行分析评估并采取相应有效的控制措施，定期监测可能造成损失的各类风险事件，并作为反映风险变化情况的早期预警指标。影子银行自身内部控制体系薄弱，一般来说没有单设监督检查部门，对一些影响安全经营的风险指标不能完全做到量化监测，导致防范措施的滞后。三是对信贷业务管理中重要控制措施的落实不到位，例如落实信贷“三查制度”是否流于形式以及用对客户的了解代替审查制度，存在内外勾结、关联交易等不规范信贷操作，潜在风险较大。

### （五）存在系统性金融风险的隐患

影子银行的隐蔽性容易引发系统性风险，由于缺乏有效监督和引导，影子银行规模到底有多大，迄今难有准确定论，其风险和隐患也日益凸显。当前，一些影子银行（如担保公司、小额贷款公司）通过与商业银行的不当往来规避金融监管，同时与高利贷、非法集资等交织在一起，极易产生经济纠纷。影子银行整个体系抗波动和抗风险的能力较弱，一旦出现大面积的资金链断裂，将进一步向传统银行体系蔓延，造成系统性金融风险，此外，也会给实体经济造成严重打击。

## 四、政策建议

### （一）健全法律法规体系，统一监督管理重点

建议针对影子银行的发展特点和常见存在形式，健全监督管理法律法规，从促进非传统类金融业务健康发展的角度来积极规范和引导影子银行体系的发展，实现影子银行的阳光化和规范化经营。可以采取联合多部门共同监督管理的工作机制，明确成员单位管理职责，加强监督，同时严厉打击高利贷、非法集资等违法行为，加强法律法规层面的监督管理力度，防范影子银行体系的潜在风险，维护地区金融稳定。

### （二）加大政策引导和龙头企业的培育

影子银行的每种存在形式发展到一定规模必然会出现优胜劣汰，管理部门应着眼于政策引导，进行有效的资源整合、合理布局、优化配置。按照国家产业发展布局和

宏观经济政策导向选择实力较强、知名度大的股东发起设立，确保影子银行发展的科学性和前瞻性。

（三）完善影子银行风险防范体系

加强影子银行的风险监测，提高信息披露力度，重点加强对贷款资金投向和利率监测，促进其合规经营。提升影子银行行业自律水平和内部管理，强化对信贷从业人员的信贷文化教育和培训，弥补制度和技术的不足。注重培养信贷从业人员的风险识别、监测、预警和处置能力，提升风险把控力。借鉴吸收国内外先进管理经验，完善外部监督检查手段，强化市场纪律约束，从而形成对影子银行金融风险的全面综合防范机制。

影子银行像传统金融一样从事着信贷中介业务，必须要正视这个新兴产物带来的高风险因素，引导其健康发展。要从法律层面做到合法经营、统一管理，加强信息沟通和协作，增强信息透明度，将影子银行这个庞大的资金群体纳入到政策监管范围内，发挥其补充传统金融、促进经济发展的积极作用，维护金融稳定乃至社会稳定。

责任编辑校对：黄　瑾

# 信贷支持、房地产价格与房地产金融风险*

北方民族大学 罗晓娟

**摘要：** 房地产金融风险与金融系统内部管理有关，但同时也受房地产业的市场风险的传导影响。文章整理了1998年以来的房地产信贷政策及相应的房贷利率，分析了信贷支持和房价表现，认为房地产信贷规模与房价高度相关，也是房价形成的重要原因，控制信贷规模是保证房地产市场稳定发展、防范房地产金融风险的根本之策。在此基础上，文章指出了房地产信贷中存在的问题，并提出了控制信贷规模、防范房地产金融风险的几点考虑。

房地产业的发展和金融信贷的支持紧密相关。1998年以来，随着城镇住房货币化分配制度的推进，城镇住房建设快速发展，房地产业成为经济增长的重要推动力，以住房开发与消费信贷为主体的房地产金融信贷业务成为商业银行重要的业务品种，其信贷业务不断拓宽，信贷规模不断扩大，这对扩大内需、拉动投资、解决民生问题、推动国民经济发展等方面起到了积极作用。但是，房地产金融数十年的发展也凸显出一些问题，不可避免地给房地产金融业务带来了风险。

## 一、我国历年来的房地产信贷政策及利率表现

### （一）房地产信贷调控的四个阶段

第一阶段从1998年下半年至2004年为扩张性信贷支持阶段。受1997年亚洲金融危机的影响，我国经济出现通货紧缩，总需求持续疲软，国家为了启动投资需求，首先从房地产业入手，采取了一系列的调控措施，对房地产的信贷支持加大，开始执行扩张性信贷政策。这个阶段有影响力的代表性文件主要有《个人住房贷款管理办法》和《关于调整个人住房贷款期限和利率的通知》。《个人住房贷款管理办法》是施行住房货币化分配以来第一部规范性文件，它分十章主要就贷款对象和条件、贷款程序、贷款期限与利率、贷款抵押保证等方面制定了详细的规定；《关于调整个人住房贷款期限和利率的通知》一是将住房贷款最长期限由20年延长到30年，二是将《个人住房贷款管理办法》中按法定贷款利率减档执行的住房商业贷款利率改为执行优惠利率，明确了对房地产业的信贷支持。

第二阶段从2005年至2008年上半年为紧缩性信贷支持阶段。自2001年下半年开

* 本文受国家社会科学基金项目“住宅特征价格指数编制研究”（10XTJ002）项目及宁夏金融学重点学科项目资助。

始，房地产投资快速增加，部分地区出现了房地产过热倾向。由于房地产业对金融的依赖度太大，导致金融机构对单一产业发展的贷款过于集中，房地产金融风险凸显，中国人民银行多次发文对房地产金融风险问题提出警告，信贷调控逐渐收紧。首先从房地产开发贷款和土地储备贷款入手，强调严格和规范管理；在个人住房信贷方面，因为投资过热，住房空置率加大，只强调规范管理，还是以宽松政策为主。2005 年 3 月 17 日中国人民银行《关于调整商业银行住房信贷政策和超额准备金存款利率的通知》结束了住房的宽松信贷政策，通知中取消了商业银行个人房贷的优惠利率，改为执行同档次基准利率 0.9 倍的最低下限管理，同时强调在房地产价格上涨过快的城市和地区，个人住房贷款最低首付款比例由之前的 20% 提高到 30%；表明了住房紧缩信贷政策的开始。之后不断上调贷款基准利率，并有针对性地提出二套房最低首付 40%，执行 1.1 倍基准利率的严格标准，这期间房地产价格虽有起伏，但大体平稳。

第三阶段从 2008 年下半年至 2010 年上半年执行宽松信贷政策。在国家不断加强对房地产市场宏观调控的背景下，2007 年年末购房者预期开始发生变化，住房市场出现了一定的观望氛围，住房成交量增速持续下降；再加之 2007 年下半年美国次贷危机的冲击，2008 年开始购房者观望气氛浓厚，房地产开发企业资金来源全面趋紧，商品房市场有价无市，成交量迅速萎缩，国内经济受到了前所未有的冲击。2008 年 10 月 27 日中国人民银行发布《关于扩大商业性个人住房贷款利率下浮幅度等有关问题的通知》，调低个人住房贷款利率和首付比例，执行同档次基准利率 0.7 倍的最低下限利率和 20% 的最低首付比例；与此同时不断调低贷款基准利率以刺激房地产业发展和经济复苏。这一阶段的信贷政策可以说是房地产业市场化以来最为宽松的信贷政策，当然直接的后果就是导致了房地产价格的撑杆跳，一年的时间，在老百姓的直观感觉里各大城市的房价基本翻了一番，全国各界喜忧参半，中低收入老百姓叫苦连天。

第四阶段从 2010 年下半年至今严格收紧住房信贷阶段。2010 年 9 月 29 日，中国人民银行发布《关于完善差别化住房信贷政策有关问题的通知》，明确大幅调高了住房信贷首付比例，尤其是二套房，基本停发三套房及以上的信贷。与此同时，各大银行也纷纷叫停了 0.7 倍的下限利率，商业住房信贷利率基本回归到基准利率。

### （二）住房信贷政策调整及利率表现

从国际上看，住房信贷模式主要有三类。第一类是商业信贷，即常见的住房抵押贷款；第二类是强制性住房储蓄制度，也就是公积金贷款；第三类是合约性住房储蓄制度，来源于德国，是一种通过契约的方式自愿参与住房储蓄并享受多方购房优惠信贷的制度。我国目前已经具备了这三种信贷工具（第三种影响小，2004 年在天津建行设点试行），其中前两类占信贷规模的绝对比例，住房信贷政策的曲折变化以及对住房的信贷支持从商业信贷利率和住房公积金贷款利率上，就可见一斑。

## 二、信贷支持与房地产价格

### （一）信贷规模与房地产价格

房地产贷款从内容或去向可以分为三类：地产开发贷款、房产开发贷款和购房抵押贷款。前两类也合称为房地产开发贷款，金融机构的信贷支持或调整也包括这三方面的内容。

从贷款构成来看，购房抵押贷款基本占到房地产信贷规模的三分之二并在这两年缓慢回升；房地产开发贷款占三分之一，受近年来对房地产开发的严格管理信贷规模逐渐收紧，其占比缓慢回落。商业性房地产贷款规模无论是从绝对额还是相对额基本都保持了上升的态势，七年来信贷绝对规模扩大了近五倍，房地产贷款占金融机构人民币各项贷款总和的比例也以平均1个百分点的速度逐年快速提高。

（二）信贷支持、信贷规模和住房价格的关系

1. 房贷利率和商业贷款余额增长速度的相关分析

房地产信贷额度是信贷利率和最低首付比例的直接结果，由于最低首付比例的作用难以直接量化，在此笔者主要对房贷利率和商业性房地产贷款余额做了相关分析。商业房贷一般都是五年以上的长期贷款，因此首先将每一年度内五年期以上的商业房贷的多个执行利率按照利率有效天数加权平均，得到对全年365天代表性较强的加权平均利率，逐年计算形成加权平均利率序列，2004年至2011年依次为5.09、5.47、5.70、6.24、6.28、4.16、4.56、6.85；然后计算两个序列的简单相关系数为-0.66，这表明房贷利率和房贷规模在一定程度上呈负相关，但相关程度不是很大。再结合两个序列的具体数值分析可知，利率下调会使房贷规模加速扩大，而利率上调则只能起到抑制房贷规模加速扩张的作用，即利率调整影响的是房地产信贷扩张的速度。

2. 商业性房地产贷款余额和全国房屋定基销售价格指数的相关分析

全国房屋定基销售价格指数可以从时间维度上提供房地产价格变化的轨迹，单纯从指数序列来看，除了2008年小幅回落，房地产价格七年来大体保持了上升的趋势；而商业性房地产贷款余额七年来的变化趋势大体一致，不同的是2008年小幅增长，两个序列的相关系数为0.98，呈现高度正相关。从定性分析来看，信贷支持是房价走高的主要原因，这一点从历次房贷政策调整，信贷压缩抑制房价的事实中不难得到证实。

综合以上相关分析和因果分析可以认为，控制信贷规模（主要指本期贷款发生额）是控制房价的根本之策，但信贷利率的调整对控制信贷规模作用较小，也就难以从根本上控制房价。另外历次调控收紧，市场观望之后的信贷松绑都会产生信贷规模和房价先后反弹的效果，“紧小松大”，扩张性信贷政策对房地产价格更具杠杆效应，或者说扩张性信贷政策对房价有放大作用，新建住房贷款新增额与新建住房销售额的比例（贷销比）在一定程度上可以反映这一放大效应的大小。频繁的利率调整和信贷放松容易使普通老百姓抱牢房价上涨的心理预期，也容易促成房价上涨惯性，恶性循环进一步加大房地产信贷风险。

## 三、房地产信贷存在的问题

（一）房地产信贷安全意识不足

加入WTO以来金融行业内外竞争加剧，利润空间受到挤压，房地产贷款，尤其是个人住房贷款作为优质资产被各银行普遍看好，竞相争取更多的市场份额，造成发展靠多的粗放式增长模式。在房地产信贷中，看重利润，漠视风险，管理多是照搬指令，缺乏对宏观经济运行、房地产行业形势、行业运作特征、相关行业产业状况、相关政

策面以及金融机构自身状况的分析研究；也疏于防范经济周期、市场波动、资金链松紧、居民支付能力等预期变化可能给房地产信贷业务带来的风险。尤其是2009年以来银监会公布的各大商业银行不良贷款率逐年下降，更是成为金融机构角逐信贷利润的动力，究其原因是忽略了不良贷款核销的影响，也没有充分认识到房地产市场风险转化为房地产信贷风险的滞后效应。

（二）对信贷规模控制的认识偏差

我国对房地产的信贷调控多是关注房地产信贷增速，把房地产信贷余额的增长速度作为调控目标。这存在两方面的不妥：一是忽视房地产信贷的绝对规模，包括当期的房地产贷款发生额，也包括期末的贷款余额。从2009年开始，我国房地产信贷余额已达7.33万亿元，这样的信贷规模所支持的房地产价格已超出老百姓的支付能力；二是由于存在信贷管理不规范，房地产信贷统计和实际信贷有差距。不少专家学者认为目前的房地产信贷规模远低于发达国家的绝对安全论缺乏现实依据。从信贷风险的角度来说，适度的房地产信贷规模应该和老百姓能够承受的房产价格相适应，过高的房价收入比超出了老百姓的现行支付能力，且在一定程度上形成了对未来购买力的透支和当期GDP的推高，为房地产信贷风险埋下了隐患。另外，发达国家的房地产信贷一般由商业银行、信托投资基金、储蓄银行以及储蓄贷款协会等共同承担，并经过抵押资产管理公司、保险公司的保险，风险得以分散，而在我国目前的房地产市场资金链中，商业银行基本参与了房地产开发的全过程，包括土地储备贷款、房地产开发贷款、流动资金贷款、消费者按揭贷款和建筑企业贷款等，商业银行对房地产业的贷款集中度明显过高。目前我国房地产行业融资主要通过银行贷款、定金及预付款，其中定金和预付款的很大一部分是个人通过银行抵押贷款来支付的，来自银行的信贷支持占到了房地产行业融资总量的60%～70%，对比银行贷款最多不超过房地产总投资40%的国际通行标准，我国房地产企业对银行的依赖度明显过高（郭福春、郭延安，2009）。

（三）房地产信贷管理薄弱

除了1998年制定的《个人住房贷款管理办法》，现行的相关住房金融政策大多夹杂在房改进程中一些仍然有效的文件和现行的宏观调控措施当中。数十年来，我国的房地产信贷管理或调控主要是依靠各相关部门发布的通知，对于房地产信贷风险也是仅仅停留于通知提醒，缺乏奖惩有制的规范管理和约束，更没有形成一整套房地产金融法律法规体系。“格雷欣法则”在房地产信贷领域普遍存在，有些银行的违规信贷行为不会受到监管部门处罚，违规银行可以获得更多收益而合规银行却要承担业务流失和收益下降的后果，在竞争中处于不利的地位。这些违规银行对于房地产信贷重规模不重过程，在授信对象的信用及支付能力审查中减少步骤，放松真实性审核，流程管理流于形式，房地产信贷违规现象时有发生。2006年有关部门对16个城市的住房贷款抽样调查发现，平均22.31%的借款人办理贷款时未曾与银行直接见面。郑州、北京、杭州、广州等城市该比例分别高达46.3%、35.4%、32.8%和32.2%①。

① 刘士余副行长2007年12月11日在加强商业性房地产信贷管理专题会议上的讲话。

1. 房地产开发信贷存在的问题

《土地储备机构贷款管理办法》要求审慎发放土地储备贷款且贷款额度不得超过所收购土地评估价值的70%，也不得发放用于缴交土地出让金的贷款。但随着我国房地产的快速发展，房地产土地开发面积也快速增长，1997—2008年土地购置面积一直大于开发面积，闲置土地占用了大量资金，土地储备贷款存在隐性风险。

2. 房产开发信贷违规现象

按照中国人民银行的规定，住房开发贷款对象应为具备房地产开发资质、信用等级较高的房地产开发企业，贷款应主要投向适销对路的住宅开发项目，企业自有资金应不低于开发项目总投资的30%，开发项目必须“四证”具备。但是由于对流动资金贷款没有这方面的规定，为规避“四证”管理要求，少数商业银行迎合房地产开发企业的不合理要求，通过发放流动资金贷款满足房地产开发企业的资金需要，或者以施工企业流动资金贷款直接垫资房地产开发项目，资金用途的改变加大了商业银行信贷管理的难度；也有商业银行对不具备开发资质或“四证不全”的公司发放贷款，增加了商业银行的信贷风险；还有一部分房地产开发企业在当地贷款而异地使用，一定程度上加剧了部分地区的房地产炒作，带动了土地价格和房价过快上涨；更有甚者，一些房地产开发企业为了规避房地产开发贷款的政策规定，与银行和中介机构共同虚构住房按揭贷款合同，将不符合政策规定的开发贷款转换为住房消费贷款，将一些销售困难的楼盘以“假按揭”方式帮助开发商套现。

3. 个人住房信贷违规现象

个人住房信贷违规主要表现在两方面：一是对贷款项目审查不严，二手房交易中的黑白合同贷款问题突出；另外缺乏对期房项目的进度审查，烂尾楼现象时有发生，甚至出现对同一项目重复贷款以及一人多贷的现象。二是以业务创新为由，放松信贷条件，推出违规的个人住房贷款业务品种，比如通过虚增房价、延期首付、资产抵押首付、自我证明等名目发放的“零首付”个人住房贷款；房价上涨时，通过房价重估发放“随房价上涨追加贷款”、“房价重估追加按揭”、“个人住房循环授信”、“转按揭”、“加按揭”等贷款产品，这类贷款在房价持续上涨时，极易放大住房信贷规模，且信贷资金大多用于购买多套住房或进入股市，增加了银行潜在风险，加剧了房地产和股市泡沫成分。三是擅自降低个人住房贷款首付款比例，甚至对个人首付款提供一定比例的无息贷款。这些违规现象存在的共同问题是过于倚重抵押物的市场价值，而不重视客户信用和偿还能力，这在宏观经济下行且个人收入不畅时，很容易诱发信用风险。

## 四、对房地产金融风险防范与管理的几点考虑

基于以上现象和分析，笔者认为保持适度的房地产信贷规模有利于控制房价，更有利于防范与管理房地产金融风险。

### （一）强调房地产业的民生属性

房地产行业具有资金量大、回报率高、风险大、产业关联性强等特点，是在工业化、城市化和现代化过程中兴起、发展所形成的独立产业，是国民经济的基本承载体，

同时又推动了工业化、城市化和现代化的进展，已经成为现代社会经济大系统中一个重要的有机组成部分。我国经济近20年来的高速发展和房地产业的飞速发展息息相关，且它与其他行业的关联度高，涉及50多个行业，因此成为经济增长的重要推动力，被冠以支柱产业而大力发展。但是，必须清醒地认识到，在经济上行的周期，过于强调房地产业发展和对经济的带动作用，容易催生房地产泡沫；当经济处于下行周期时，房地产经济的回落速度会比整体经济下降得更快，对消费者信心的打击和对经济增长的冲击也高于其他行业。以房地产业拉动或刺激经济的发展首先是刺激了房地产业的非理性发展，这种发展模式也是一种片面的非理性选择。住房是民生之本，经济社会的发展更应强调房地产业的民生属性和社会福利属性，而非支柱产业特征，更不能动辄将房地产业作为经济增速的药引子。房地产相关行业以及银行等金融机构，在当前经济形势下应着力培养大局意识，而不是一味地依托房地产业谋求暂时利润和局部发展，应履行一定的社会责任，在解决低收入家庭住房、国民经济全面发展等方面发挥积极的作用。

（二）严格控制信贷规模、优化信贷结构

信贷规模的控制应关注绝对规模，必要的时候可对房地产信贷规模采用限额管理。我国自2010年10月施行差别化信贷政策和限购令之后，信贷规模持续收紧，增速明显放缓，但绝对规模还是呈增长趋势。目前的房地产信贷规模偏大，其持续增长易助长房价引发信用风险；且房地产信贷绝对比例集中在商业银行，贷存期限错配会诱发流动性风险。

房地产信贷结构的优化也是控制房价、缓解房地产市场供需矛盾、防范房地产信贷风险的有效措施。房地产信贷结构是指投放在商品房和保障房、大户型和中小户型的信贷比例。房屋供应的结构性矛盾导致房地产开发贷款还款来源不确定，因此，一要加快调整房地产开发贷款结构，积极介入中小户型、中低价位、限价房、经济适用房等保障性住房项目，将信贷资源优先满足大众型房源的信贷需求；同时及时做好优质楼盘项目储备，对贷款客户和开发项目实行跟踪管理、封闭管理，对纠纷性项目加大现场监管力度，加强对贷款资金的全程监控，保证贷款的高效、保质、安全使用。二要重点支持首次购房客户的贷款需求，为符合广大居民需求的普通商品住房项目按揭，保证个人住房贷款当中的首次购房与自住房需求。

（三）加强过程管理和规范管理

1. 强化贷款的全流程管理

提倡将贷款过程管理中的各个环节（如受理与调查、风险评价与审批、合同签订、发放与支付、贷后管理）进行分解，真正实现贷款管理模式由粗放型向精细化转变，提高贷款发放的质量，增强金融机构贷款风险管理的有效性。

2. 倡导贷款支付管理理念，强化贷款用途管理

贷款支付管理规定在贷款审批与风险评价环节上，加强贷款发放和支付审核，减少贷款挪用的风险，能够保证借款人的正常用款需求，也能够保障贷款资金的及时有效支付，同时提高了整体贷款质量，也提高了风险防范与控制能力及房地产信贷的整体效益。

3. 加强贷后管理

由于不合理的绩效考核导向，银行业金融机构“重贷前、轻贷后”的现象普遍存在，因此必须加强贷后风险控制，强调动态监测以及对贷款账户的管理，明确贷款法律责任。针对房地产业的经营特点，组织定期与不定期现场检查与非现场监测，随时跟踪项目进度，确保每一笔授信资金使用的时效性、合规性；分析借款人经营、财务、信用、支付、担保及融资数量和渠道变化等状况，了解借款人经营状况，掌握各种影响借款人偿债能力的风险因素等，作为与借款人后续合作的依据，必要时及时调整与借款人合作的策略和内容。贷后管理加强了与客户的密切联系，有效把握了信贷投放力度，避免了信贷规模的盲目扩张，也对信贷结构的调整产生良好效果。

（四）适度进行房地产金融创新

在我国房地产信贷业务中，集中度强，短存长贷流动性差的矛盾突出，金融创新能够在很大程度上化解这种矛盾，但同时也会诱发新的风险。就创新而言，主要是吸收性创新多、原创性创新少，这类移植性创新风险防范意识不足，且在我国的市场环境中往往水土不服，难以满足消费者多样化、差别化需求，不容易被消费者接受。有效的创新应该能够在可控制的风险水平下保证资金有效率的运行，能够促进实体经济的健康发展并且和实体经济的发展相适应。从风险角度而言，房地产金融业务的创新一定要基于一个相对完善的法律法规体系之上，在相关业务（建筑、金融、法律等）还不完善的情况下，盲目的创新只会增加房地产金融风险，比如说 MBS 和其他的房地产证券化业务、房地产类的理财产品等，这些创新产品覆盖面广、其开发运作和实体经济关联性不强，但一旦发生风险，传染性强，容易失控。相反，立足于我国房地产市场发展水平的、大众型的服务型创新能够切实解决老百姓的民生问题，应该逐步地推行，比如廉租房信用贷款等产品、逆向年金抵押贷款业务等。但无论何种创新，在目前我国房地产市场和房地产金融体系还不完善的情况下，应该警醒，适度创新。

（五）进行房地产信贷的压力测试，加快构建房地产预警系统

在当前房地产风险凸显的情况下，把房地产压力测试作为银行业金融机构风险管理中的一项常规工作有利于提前防范风险。在房地产压力测试的常规工作中，可以根据市场发展动态调整压力测试的情景假设，分区域细化不同的压力情景，考虑更多的风险因素和极端情景，力求压力测试过程的科学严谨，为房地产金融风险的管理和预警奠定基础。

房地产金融风险预警系统是通过模拟房地产经济的实际运行，按照灵敏性、前瞻性、准确性、稳定性等原则选取一组指标体系，并将所有指标综合成一个数量标准，按照此数量取值将房地产经济波动划分为几个判断区间，然后根据实际测算数值的所属区间来判断房地产景气状况和风险状态。房地产金融风险预警系统可以密切监测全国房地产的市场运行，定期公布所属区域商品房开发投资、新开工、竣工、空置等数据信息，为消费者和开发商提供市场供求信息，引导消费者理性投资置业，开发商开发适销对路的商品房；同时普及社会公众和机构的风险意识，指导各相关金融机构，主要是商业银行，提出合理的房地产业授信总量，加强信用总规模的控制，避免信贷资金过度集中于房地产市场，从源头上控制投机资本，防止房地产泡沫的发生，提醒

监管机构加强对商业银行的监管和政策调控。

## 参考文献

[1] 李世宏. 德国房地产市场及房地产金融的特征分析 [J]. 西南金融, 2011 (5): 41-44.

[2] 中国工商银行上海市分行管理信息部课题组. 房地产金融风险影响宏观经济安全的相关研究 [J]. 金融论坛, 2010 (3): 13-20.

[3] 葛瑛, 王慧娟. 房地产金融属性的表现及经济含义: 以美国房地产市场为例 [J]. 上海金融, 2011 (2): 117-119.

[4] 邹磊. 房地产金融风险对我国金融安全的影响 [J]. 经济研究导刊, 2011 (11): 103-104.

[5] 刘海北. 中美房地产金融风险比较及我国的应对策略 [J]. 上海金融, 2009 (2): 66-68.

[6] 尹朝华. 我国房地产金融制度存在的问题及对策探讨 [J]. 西南金融, 2011 (3): 11-13.

[7] 郭福春, 郭延安. 我国房地产金融风险成因与防范机制研究 [J]. 浙江金融, 2009 (12): 21-23.

责任编辑校对：宋大为

# 丝路金融

# 丝绸之路经济带建设背景下的中阿金融合作思考

## ——以宁夏为例

中国人民银行银川中心支行　姚景超　吴　达

**摘要：**2013年9月和10月，习近平主席提出建设“丝绸之路经济带”和“海上丝绸之路”，希望通过加强政策沟通、道路联通、贸易畅通、货币流通、民心相通、以点带面，从线到片，逐步形成区域大合作。阿拉伯国家位于“一路一带”西端交会处，加强中阿金融合作，是“一路一带”建设的重要内容。

### 一、背景

过去30多年我国对外开放比较重视沿海地区的开放，内陆地区开放不是很充分。沿海开放的一个重要特点是各个特区对接着相应的外部条件，比如深圳对接香港，珠海对接澳门，厦门对接台湾等。沿海开放是我国经济社会快速发展的重要动力，也为我国下一阶段的开放积累了经验。

当前，国际贸易已经从过去主要以货物贸易为主的形式向以服务贸易为主的形式转变。货物贸易，比如服装鞋帽的出口，必须依赖交通工具，以运送的结束为终点。但服务贸易不同，它以商业存在的形式实现。国际贸易的演变发展改变了传统的区位优势理论。随着铁路、航空技术的快速发展，油、气管道的铺设，光纤、移动互联等信息技术的成熟，内陆也可以通过铁路、空中、管道、互联网等方式与外部相连，可以说当今时代内陆和沿海在区位上各有优势。内陆地区发展开放经济，重点是把开放搞活，把机制体制搞活，建立互联互通的基础设施，选择好支撑开放的产业和项目。

作为中国和古丝绸之路各国合作的创新模式，习近平主席在2013年9月首次提出“丝绸之路经济带”的概念。随后召开的十八届三中全会明确提出，要放宽投资准入，加快自由贸易区建设，扩大内陆沿边开放。“丝绸之路经济带”向西开放，应当面向包括中亚、中东、非洲以及印度、巴基斯坦在内的广阔的中国以西地区，中东阿拉伯国家是向“西”开放的重要组成部分。欧亚大陆桥涉及省份将是“丝绸之路经济带”建设的重心。

### 二、以海合会国家为突破口开展中阿经贸合作的现实基础

#### （一）中阿贸易额中海合会国家占到七成

2013年中国与海合会六国贸易额达到1 653亿美元，占中阿贸易总额近70%。海合会六国所能辐射的市场范围极广，包括西亚、北非的国家和东南亚地区。此外，中

国1/3的进口原油来自海合会国家。

（二）海合会国家一体化程度较高

2003年海合会六国正式启动关税联盟，规定对从海合会成员国以外地区进口的商品征收平均5%的统一关税，最终取消关税壁垒。2011年以来，海合会成立了海合会关税同盟委员会，并于2012年开展工作，拟用3年时间完成关于建立关税同盟的未竟事宜。目前，海合会各国的最惠国关税分布主要集中在0～15%，占比达70%左右。海合会国家一体化进程的加快，有利于我国同海合会国家之间的贸易往来。

（三）海合会国家石油美元雄厚

海合会国家中央银行和主权财富基金持有约65%的石油美元。根据美国主权财富基金研究所估计，2013年底海合会国家主权财富基金资产达到2.4万亿美元，占全球主权财富基金的36.5%。“9·11”恐怖袭击事件和国际金融危机以后，海合会国家主权财富基金对投资中国具有浓厚的兴趣。目前，阿拉伯国家在美国和欧盟的投资比例由2001年的38.5%和38.6%减少为16%和11%，而对中国的投资比例由0.1%上升至0.9%。

（四）我国推进与海合会的自贸区谈判

十八届三中全会后，我国开始加快实施自贸区战略，特别是加快与“丝绸之路经济带”和“海上丝绸之路”沿线国家的自贸区建设。目前，与海合会的自贸区谈判（FTA）已进入最后阶段。中国—海合会自贸区谈判的推进，必将促进双边贸易投资的发展，提升合作水平。

（五）海合会国家经济逐步呈现多元化

近年来，海合会各成员国在重点发展石化工业的基础上，强调发展多种经济，减轻对石油天然气的依赖程度，并不断增加对外投资。石油工业占GDP的比例从2011年的52.5%下降到2013年的49%。除依靠石油资源丰富的优势发展能源密集型重工业外，海合会国家也投资发展服务业，如巴林离岸银行中心和迪拜自由贸易区。海合会国家推动经济多元化发展的战略，为我国企业到海合会国家开展投资、工程承包提供了机遇。

## 三、影响中国与海合会金融合作的因素

当前中国与海合会六国金融合作存在制约因素多、推动缓慢的问题，但是前景非常广阔，宁夏在中海金融合作中能够发挥举足轻重的作用。

（一）制约因素

1. 伊斯兰金融

伊斯兰金融与伊斯兰教义之间的关联，使伊斯兰金融具有浓厚的宗教色彩。我国对发展伊斯兰银行业务保持审慎对待的态度。伊斯兰银行在融资业务中，必须以中间商的身份与卖方签订合约，将涉及的产品、房产、项目先行买入，然后再以成本加成、租赁等方式将涉及标的转移给买方，增加了银行的经营成本和风险。由于不能买入传统的货币市场票据，伊斯兰银行缺乏必要的流动性管理工具和基础设施。此外，主要国家开展伊斯兰金融的时间都不长，相关法律法规、监管规则都尚处于逐步建立和完善中，而伊斯兰银行业务的特殊性使传统银行的监管框架不能直接套用在伊斯兰银

行上。

2. 经济社会波动

海合会国家经济严重依赖石油，产业结构单一，经济状况易受国际油价波动的影响。资本市场不发达，银行资产组合的多样化受到限制，银行业绩往往因国际油价变化而波动。存在年轻人高失业的问题，2008 年全球金融危机使其失业问题更加严峻，甚至危及社会稳定。

3. 地缘政治

海合会国家地缘政治非常复杂。海湾地区是美国全球战略中的重要地区之一，而海合会国家也将美国视为其“保险箱”。欧盟是海合会国家原宗主国，具有历史传承和地缘上的优势，双方贸易关系密切。日本将海湾国家视为最重要的石油来源地，重视发展与海合会国家的经贸关系。印度与海湾国家地缘相近，有语言优势，劳务合作和经贸往来发展较快。

（二）合作现状

长期以来，中国与海合会金融合作落后于经贸发展，存在一种“大经贸小金融”的不平衡格局。

一方面，人民币结算的贸易量正迅速上升，2012 年西亚北非地区的贸易结算中人民币占 12%，而在 2010 年这一比例仅为 3%。同时，中国国有商业银行改革为海合会主权财富基金提供了良好的投资机会。2006 年，中国银行和中国工商银行首次公开募股，海合会资本参与竞购。2010 年 6 月中国农业银行首次公开募股，卡塔尔投资局和科威特投资局分别注资 28 亿美元和 8 亿美元。

另一方面，在海合会六国中，人民币与阿联酋迪拉姆可以自由兑换，而与海合会其他国家货币兑换，需要经过美元或其他硬通货，货币兑换程度较低。同时，互设金融机构和代表处的步伐较慢。中国金融机构实施“走出去”战略刚刚起步，而海合会银行进入中国也才刚刚开始。2004 年 4 月，中国银行在巴林设立了代表处，是中国银行业在海合会设立的首家分支机构。工商银行已在阿联酋、卡塔尔、沙特、科威特设立分支机构。2012 年 9 月 10 日，阿联酋国民银行（Emirates NBD）宣布在北京设立中国代表处。

（三）发展前景

中国与海合会国家金融合作具有广阔空间和巨大潜力。“丝绸之路经济带”的建设必将为中国与海合会金融合作注入新的活力。

1. 良好的金融合作环境

中国与海合会双方高层互访频繁，创造了良好的经贸金融合作环境。一旦中国与海合会自贸区启动实施，中国与海合会金融合作将迎来快速发展期。

2. 旺盛的投融资需求

中国与海合会双边贸易快速增长，双边投资逐渐活跃，工程承包和劳务合作规模不断增大，双方企业和居民跨境金融服务需求日益增长。

3. 高度的战略互补性

我国正在着力推进企业和银行“走出去”，化解过剩产能，推动更高层次的对外开放。海合会国家表现出强烈的“向东看”意愿。中国是近年来全球经济增长最快、消费规模最大的经济体，也是海合会国家石化产品的重要销售国，中国金融市场将为海合会石油美元提供良好的投资机会。

宁夏地处古丝绸之路咽喉要道和商埠重地，是中国唯一的省级内陆开放型经济试验区，在阿拉伯国家和穆斯林地区合作交流中具有得天独厚的优势。虽然当前宁夏与海合会六国经贸往来和金融合作规模都比较小，但是呈现出跳跃式发展的特征，未来合作潜力巨大。

## 四、加强中阿金融合作的政策建议

2012年9月，国务院下发了《国务院关于宁夏内陆开放型经济试验区规划的批复》（国函〔2012〕130号），正式批复了《宁夏内陆开放型经济试验区规划》，宁夏成为全国首个覆盖整个省级区域的内陆开放试验区。未来，可以允许宁夏以海合会六国为突破口，在金融合作领域先行先试，成为中阿金融合作的先行区。

### （一）积极推进中阿金融业合作

一是以中阿博览会为契机，推进宁夏与海合会六国在银行、保险、证券、期货、股权投资等领域的国际国内合作。二是充分利用“中阿合资合作银行战略合作协议”等合作交流平台，推动宁夏地区金融机构加强与境外金融机构、境内金融机构的境外分支机构建立长效合作机制。三是依托中阿产业投资基金等国际投融资平台，积极引入海合会金融资本，为宁夏企业实施“走出去、引进来”战略提供投融资支持。

### （二）加快产品和服务创新

一是鼓励银行业金融机构积极创新内保外贷、境外融资贷款等结构性贸易融资业务。二是鼓励保险机构大力发展财产险、责任险、意外险和健康险等保险品种，创新和推出出口信用保险等与国际贸易密切相关的保险业务。三是加快地方电子口岸信息平台建设，进一步推动网上报关、电子支付、加工贸易联网监管等信息系统的开发与应用，大力发展跨境电子商务和电子支付业务。四是引导企业有效运用远期结售汇、外汇掉期、套期保值等避险工具防范汇率风险，降低国际业务成本。

### （三）深化外汇管理体制改革

一是进一步简化外汇服务流程，提高外汇业务办理效率，推动投融资体系便利化，满足企业合理用汇需求。二是鼓励宁夏地区金融机构根据国际贸易发展需求，加强跨境贸易人民币结算服务力度。创新跨境人民币贸易融资产品，促进进出口贸易稳步增长。三是深化个人跨境贸易人民币结算业务试点，探索符合条件的个人直接以人民币结算进出口贸易，研究宁夏地区开展个人境外直接投资试点及合格境内个人投资者试点可行性。探索符合条件的海合会自然人在宁夏取得个体工商户营业执照后开立个人外汇结算账户，稳步扩大外汇结算账户的推广和应用，提高外汇资金收付便利性。四是进一步推动个人本外币特许兑换业务发展，合理布局兑换网点，稳妥推进货币兑换公司做大做强，为宁夏与阿拉伯国家加强合作办学、文化旅游交流等提供更为便捷的金融产品和服务。

（四）加强中阿金融合作专题研究

依托人民银行银川中心支行，成立宁夏金融学会中阿金融研究中心，积极支持研究中心及其他研究机构加强对中东阿拉伯国家，特别是海合会六国经济、金融领域的研究，支持其与国内外机构开展合作研究，为宁夏地区及我国与阿拉伯国家及穆斯林地区深化交流合作提供智力支持。

## 参考文献

[1] 易诚．进一步加强与“一路一带”国家的金融合作［J］．甘肃金融，2014（4）．

[2] 姜英梅．海合会国家金融业对外合作及中国的机遇［J］．西亚北非，2010（10）．

[3] 汪川，汪方舟．我国西部地区引入石油美元的思考［J］．金融发展评论，2014（3）．

[4] 邢辉，李泽华．加强中国（新疆）对外金融合作，共建“丝绸之路经济带”［J］．金融发展评论，2014（3）．

[5] Riyadh, “Economic Prospects and Policy Challenges for the GCC Countries”, Annual Meeting of Minsters of Finance and Central Bank Governors, IMF, 2013.

责任编辑校对：王进会

# 发挥宁夏民族优势
# 为我国向西开放提供保险保障

宁夏保监局课题组

宫润兰　周爱兰　李瑞君　于小勇　潘梦夏

**摘要：**加强中阿金融合作是契合国家向西开放重大战略的关键环节，对促进我国向西开放具有举足轻重的作用。宁夏在开展中阿金融合作方面较其他地区先行一步，具有较明显的优势，并取得了初步成效。本文从宁夏在我国向西开放中的特殊地位和优势入手，分析了保险在中阿经贸合作中的重要纽带作用，以及在向西开放中宁夏保险业面临的机遇和挑战，提出保险将为宁夏建设内陆开放型经济试验区提供综合风险保障，应重点发展出口信用保险和伊斯兰保险，为宁夏开展中阿金融合作提供政策思路，并为我国在向西开放中更好地发挥保险保障功能作用提供政策参考。

## 一、引言

改革开放三十多年来，我国从建立沿海经济特区到沿边、沿江、内陆地区开放由东及西渐次展开，在珠三角、长三角、环渤海经济区取得较大成就的同时，内陆地区与沿海地区差距也逐步扩大。在新一轮的对外开放中，内陆开放是最大的潜力和动力所在，也是拓展开放型经济广度和深度的关键所在。向西开放作为内陆开放的主要形式，在我国目前对外开放战略中占据着非常重要的地位。我国向西开放主要指的是西部地区面向中亚、中东、北非和西非等国家和地区全方位的开放。向西开放是党中央的重大部署，充分考虑了西部地区尤其是宁夏与阿拉伯国家和地区在文化方面的契合点，旨在通过文化内生力推动中阿经济共融，加强我国与阿拉伯国家和穆斯林地区的经贸合作，促进区域协调和民族地区经济发展。本文论证了保险业参与我国向西开放的必要性，分析了在向西开放中宁夏保险业面临的机遇和挑战，提出宁夏可以结合自身优势和国家的扶持政策，在向西开放中加大对内陆开放型经济试验区的保险保障力度，大力发展出口信用保险和伊斯兰保险，为我国与阿拉伯国家金融合作提供试点经验，进一步提高我国向西开放水平。

## 二、保险在宁夏向西开放中的作用和切入点

### （一）保险为内陆开放型经济发展提供有力支撑

1. 完善内陆开放型经济试验区金融体系

保险与银行、证券一同构成金融业的三大支柱，保险业的发展壮大对于优化金融结构、提高金融体系运行的协调性和稳健性具有重要意义。通过保险资金运用建立起

来的社会融资机制，有助于解决内陆开放区金融体系中“借短用长”等资金问题。

2. 促进内陆开放型经济试验区产业发展

通过发展“三农”保险，可以抵御农业生产、农民生活和农村建设中的风险，更好地服务“三农”；通过发展科技保险，能够为试验区科技产业发展提供强大动力；通过引进保险资金，可以为试验区中小企业发展提供资金支持。

3. 积极参与试验区各项社会管理工作

通过推进交通事故责任保险、环境污染责任保险、安全生产责任保险、医疗责任保险等与公众利益密切相关的责任保险发展，减轻政府的社会管理压力，保障试验区经济社会平稳有序运行。

（二）保险为中阿经贸的持续发展提供必要保障

出口信用保险是世界各国普遍证明行之有效的一项出口鼓励措施，通过为出口贸易和对外投资等经济活动提供风险保障，可以有效化解我国对阿贸易中的出口风险，主要体现在以下几个方面。

1. 出口信用保险是出口商安全收汇的保障

出口信用保险弥补了货物运输保险不能涵盖的买方信用风险和国家政治风险，保证了出口商的安全收汇，使其能避免坏账，保持良好的账务记录。

2. 出口信用保险有利于出口商采取灵活的贸易支付方式，提高出口产品竞争力

在使用商业信用成交时，出口商可以通过出口信用保险，交纳少量保险费将所承担的收汇风险转嫁给出口信用保险机构，从而可灵活采用非信用证方式开拓国际市场，达到既扩大出口，又规避风险的目的。

3. 出口信用保险是出口商获得银行贷款的前提条件，能够为出口商融资提供便利

出口商投保出口信用保险后，其收汇风险就转移给了保险人，出口商可以以出口信用保险单到银行抵押融资，从而获得足够的流动资金，银行有保险单做抵押，不会担心融通出去的资金收不回来，出口商因收汇风险降低而更易于得到银行的融资便利。

（三）保险是连接我国和世界伊斯兰地区的重要纽带

在阿拉伯国家和伊斯兰人口聚居的地区，伊斯兰保险在整个保险业中占据比较大的比重。目前，我国保险市场中还没有适合伊斯兰法律的保险产品，伊斯兰保险供给尚属空白。我国拥有大约2 000多万的伊斯兰人口，伊斯兰保险的潜在市场规模非常巨大。当前我国的保险密度和保险深度均远低于世界平均水平，保险市场供给还处于不饱和状态，伊斯兰保险作为一种新兴的保险力量，一旦进入我国保险市场，可能对国内穆斯林和非穆斯林都具有较大的吸引力。

## 三、宁夏保险业在向西开放中面临的机遇和挑战

（一）机遇方面

1. 宁夏回族人口与阿拉伯国家有共同的宗教和文化信仰

据2010年第六次人口普查统计，宁夏有人口630万，其中回族人口220万，占宁夏总人口的35%，宁夏回族人口占全国回族总人口的20%，全国伊斯兰人口的10%。宁夏作为我国唯一的省级回族自治区，已引起阿拉伯国家各方关注。

2. 宁夏是全国唯一一个省级内陆开放型经济试验区

建设内陆开放型经济试验区，使宁夏对外开放上升为国家战略，宁夏将成为国家向西开放的战略高地。中央基于宁夏独特的人文优势，把中阿博览会的永久举办地落户宁夏，同时，宁夏也是“一带一路”的重要战略支点，在与中东等国家开展合作中政策优势明显。

3. 宁夏具有中阿金融合作的实践经验

宁夏经济总量较小，民族团结、社会稳定，具有良好的产业发展基础。2009 年，国家批准宁夏试点伊斯兰银行业务。保险业可以借鉴伊斯兰银行业务的发展方式将伊斯兰保险引入宁夏。

4. 我国保险业对外开放程度较高

保险业是我国金融业中开放时间最早、开放力度最大、开放步伐最快的行业，保险业于2004 年底已经基本实现全面对外开放。截至2013 年底，我国共有外资公司 127 家，外国保险机构驻华代表机构 153 家。

（二）挑战方面

1. 中国与阿拉伯国家建立战略伙伴关系困难重重

阿拉伯国家从政治到经济受西方国家影响较大，因此进一步密切中国与阿拉伯国家之间的经贸往来困难重重。目前中国仍然没有与阿拉伯国家建立战略伙伴关系，不利于进一步深化中阿金融合作。

2. 我国伊斯兰金融发展基础薄弱

宁夏于2009 年试点伊斯兰金融，由宁夏银行的五个支行开设伊斯兰金融服务窗口，办理投资账户、理财和加价贸易三种业务，业务量较小，业务种类较为单一。同时，中国还未加入国际性的伊斯兰金融组织，国内伊斯兰金融发展难以得到国际帮助。总体来说，中国伊斯兰金融起步晚、发展慢，同时面对激烈的国际竞争，压力很大。

3. 伊斯兰保险发展面临较多障碍

一是在相当长时间内，伊斯兰所接受宣传的保险尤其是寿险，与其宗教信仰相冲突，改变这种看法需要很长时间的努力。二是我国具备保险和伊斯兰律法知识的专业人才缺乏，找到管理人员和有经验的回教律法学者则更加困难。三是我国伊斯兰人口具有死亡率低、文化程度低、职业风险高、早婚早育、近亲结婚普遍且人口分布稀疏等特征，这些因素对开拓伊斯兰保险的险种设计、费率定价、核保、理赔等带来诸多困难。

4. 阿拉伯保险机构在华设立机构的意愿不明确

阿拉伯国家的保险业务发展起步较晚，以阿拉伯国家当中保险业发展较快的沙特和阿联酋为例，2010 年沙特和阿联酋两国的保险深度（分别为 0.9% 和 1.8%，而我国 2011 年保险深度已经达到 3%。同时，阿拉伯国家的保险公司主要在本国和周边国家开展业务，是否具有来我国设立代表处的意愿尚存在疑问。

## 四、发挥保险保障作用的政策建议

在我国向西开放中，宁夏要结合自身优势，把握机遇，采取先内后外、由易到难的策略，分步骤、分层次、分阶段推进保险业全面服务我国向西开放，探索构建“一体两翼”的保险保障模式，为保险业在我国向西开放中发挥作用提供政策探索和实践经验。“一体”即保险要为内陆开放型经济发展提供综合全面的风险保障，为向西开放奠定坚实基础；“两翼”即着力推动发展出口信用保险和伊斯兰保险，结合宁夏民族特色，为我国向西开放提供有针对性的保险保障，使保险成为我国向西开放的引擎。

（一）抓住内陆开放型经济试验区的建设机遇为我国向西开放提供综合保险保障

1. 大力发展农业保险，服务第一产业“集约发展”战略

围绕做大做强特色优势农业，继续提高水稻、枸杞、葡萄、硒砂瓜、马铃薯、奶牛、肉羊等险种覆盖面，积极开展种子生产、水产品养殖保险，鼓励有条件的地区根据当地特点出台农业保险扶持政策。开展农房保险、农机具保险、农民小额信贷保险、农村小额人身保险等业务，为农业生产和农民致富提供全方位综合保障。

2. 大力发展企业财产保险和责任保险，服务第二产业“优化发展”战略

为能源化工产业和战略性新兴产业发展提供综合保障，发展企业财产险、建筑工程险、利润损失险等各类保险业务。从生产、加工、销售和消费等各环节，支持清真食品和穆斯林用品产业发展，建立鼓励扶持清真食品和用品产业发展的保费补贴政策。

3. 大力发展文化、旅游、科技保险，服务第三产业“全面提升”战略

推动文化产业改革和健康繁荣，提供与之配套的文化企业信用保证保险、文化企业知识产权侵权保险、文化活动公共安全综合保险等产品和服务，为对外文化交流合作提供综合保障。发展旅行社责任保险和旅游人身意外伤害，为宁夏打造特色鲜明的国际旅游目的地构建旅游安全保障体系。发展科技型企业财产保险、关键研发设备保险、科技高管人员和关键研发人员团体健康与意外伤害保险等险种，为高新科技的创新和推广应用提供保险保障。

4. 积极引入保险资金参与试验区重点领域建设

加强与国内各保险集团的沟通联系，充分利用保险资金量大、来源稳定可靠以及追求长期保值增值等特点，加大项目推介力度，积极鼓励保险资金以债权和股权等方式，投资试验区重点区域、重点领域等关系国计民生、符合产业政策和宏观调控要求的重点项目，进一步拓宽试验区发展的资金来源，降低融资成本。

（二）加大对出口产品和服务的保险保障力度提高我国向西开放水平

1. 提高出口信用保险覆盖面

主动服务中阿国际交流合作，大力发展涉及会展活动的财产综合保险、运输货物保险、仓储物资保险、安装工程保险、公众及雇主责任保险、产品责任保险、人员意外险、履约保险、投资保险等，为各类国际国内经贸、文化等会展活动提供全方位保险服务。

2. 有针对性地发展宁夏出口信用保险

完善商账追收、资信评估和保单融资等服务，支持试验区重点行业、企业和重大项目，以及高新技术、高附加值产品、自主品牌产品和清真食品伊斯兰用品、优质特色农产品的出口，为向西开放和对外经贸交流合作提供更多保险保障。

3. 争取中国出口信用保险公司在宁夏设立分支机构

中国出口信用保险公司是我国唯一从事出口信用保险业务的金融机构，服务网络包括总公司营业部、分公司、营业管理部和办事处等机构，但至今还未在宁夏设立分支机构，无法为出口企业提供优质高效的保险服务。

*（三）在宁夏探索发展伊斯兰保险为推动中阿经贸发展保驾护航*

1. 加强伊斯兰保险的宣传工作

保险业要加强市场调研，论证开展伊斯兰保险的可行性和科学性，并在伊斯兰聚居地区定期举行保险知识讲座，提高人们对伊斯兰保险的认识，促进宁夏伊斯兰文化多元化发展，丰富人们的风土民情生活，完善伊斯兰人群的教育体系制度，引导人们在“避害”基础上的树立“趋利”性投资理财观念。

2. 大力培养伊斯兰保险人才

一是可以从保险教育的视角出发，大力推进伊斯兰保险的学历教育和职业教育，如在北方民族大学开设保险本科专业，或同伊斯兰国家协商与其合作办学，大力培养伊斯兰保险人才。二是建立伊斯兰保险教育培训中心和伊斯兰财经资格认证体系，扩大对伊斯兰保险人才的选拔和培养。三是发挥宁夏保险学会职能，定期组织伊斯兰保险的专项培训，以请进来或送出去的方式，提高保险从业人员技能，加强与国外伊斯兰金融保险教育和培训机构的交流。

3. 研发伊斯兰保险产品

保险公司要研究开发出适合我国伊斯兰人口特征的保险产品，特别是针对宁夏回族两低两高、早婚早育等特征合理设计产品，建立健全多层次的伊斯兰社会保险保障体系。这样不仅会使保险的经济补偿功能得到进一步发挥，而且也会使保险业在转移和降低风险，提升宁夏总体经济实力方面发挥重要作用。

4. 建立健全伊斯兰保险制度

一是通过建立权威的伊斯兰保险立法和规则的制定机构，制定伊斯兰保险市场的统一标准，统一处理伊斯兰保险体系和现代金融体系及传统保险体系之间的矛盾，改善宁夏保险业发展环境。二是根据宁夏经济文化水平，制定出适合宁夏的伊斯兰保险基础制度，研究成立伊斯兰保险协会、伊斯兰保险考试资格认证协会等，规范并监督保险市场，使其合规经营，更好地保护消费者及行业利益，为在宁夏开设伊斯兰窗口或开发伊斯兰保险产品提供帮助。三是制定一套符合伊斯兰教义和经济活动准则的会计制度和核算标准，同时对伊斯兰保险业务实施税收优惠政策和财政补贴，使宁夏成为在中国引入伊斯兰保险的标杆，不仅为今后伊斯兰保险在我国伊斯兰地区的引进积累有益经验，而且可以为建立起中国特色的伊斯兰保险体系奠定基础。

## 参考文献

[1] 项俊波．深入贯彻落实国务院关于加快发展现代保险服务业的若干意见　开创保险业改革发展新局面［J］．保险研究，2014（8）．

[2] 新疆保监局课题组．积极利用出口信用保险提高新疆对外开放水平［J］．新疆金融，2008（8）．

[3] 穆罕默德·努曼·贾拉勒．“中阿合作论坛”的成就、挑战与前景［J］．阿拉伯世界研究，2014（2）．

[4] 张进海等．中国向西开放战略中宁夏发展的路径选择［J］．宁夏社会科学，2013（4）．

[5] 高薏．宁夏引入伊斯兰保险的可行性分析［J］．北方民族大学学报（哲学社会科学版），2014（2）．

[6] 宋湘宁等．我国发展伊斯兰保险市场研究［J］．保险研究，2011（4）．

[7] Islamic Insurance as Practiced by the Islamic Insurance Company. Limited [Sudan]. Al - Ilm Durban, South Africa, Vol. 15, 1995.

责任编辑校对：王进会

# 金融服务宁夏“两区”建设的思考

中国邮政储蓄银行宁夏分行　张明仁

**摘要：** 当前我国经济结构调整和转型升级的力度正在不断加大，推进信息化、工业化、城镇化、农业现代化进程，必将带来消费潜力释放和市场扩张，为邮储银行发挥零售优势、拓展服务领域带来了新的机遇。本文结合相关实践，就发挥邮储银行优势，践行普惠金融理念、融入宁夏“两区”建设，从战略布局、提升能力、服务和产品模式创新、强化风险管控等方面提出了金融服务实体经济的思考。

实体经济的发展壮大是银行业可持续发展的根本保证。2014 年是全面深化改革元年，伴随着改革的深入推进，我国经济结构调整和转型升级的力度正在不断加大。党的十八大明确把解决好“三农”问题作为重中之重，对支持小微企业、发展县域经济、发展小城镇，推动城乡一体化等提出了更高要求，对网点最多、覆盖面最广的邮储银行来说，具有更大的后发优势。宁夏加快“两区”建设，推进信息化、工业化、城镇化、农业现代化进程，必将带来消费潜力释放和市场扩张，为邮储银行发挥零售优势、拓展服务领域带来了新的机遇。

邮储银行宁夏分行成立以来，立足创业发展的实际，确立并组织实施了“第一、第二个三年发展战略”。经过 6 年的励精图治，在集团公司和总行的正确领导下，在监管部门的大力支持下，在发展中壮大了规模与实力，在服务地方经济中提升了社会形象和影响力，在保持资产优良、风险可控的前提下，实现了扭亏为盈基础上的效益提升，完成了股份制商业银行变更和内设机构改革。笔者结合邮储银行宁夏分行实际，就邮储银行融入宁夏“两区”建设、走有特色的普惠金融之路谈谈自己的看法。

## 一、把握城镇化机遇，推动省会行、区域中心分支行发展能力提升

### （一）确立城市市场整体布局

2013 年宁夏城镇化率达到 52%，户籍城镇化率 40%。《宁夏空间发展规划》提出的城镇化体系规划和各市县发展规划。自治区提出要通过有序推进农业人口市民化、美丽城市和美丽乡村建设、“两屏两带”生态建设，统筹推进新型城镇化。城镇化建设带来的对全区经济资源在空间上的重新布局和调整，对邮储银行提升发展能力、推动金融机构协作提出了更高的要求，也为宁夏分行加快省会分行和区域中心城市分行建设、突破城市市场发展提供了良好的外部机遇。

从当地商业银行近 10 年发展的实践看，2003 年以来各家商业银行对网点普遍进行

了迁址、合并、调整和重新布局，极大地促进了改制后零售银行业务的发展，优质客户和零售业务效益逐年大幅攀升。邮储银行宁夏分行要发挥服务城乡“二元”经济的管理体系优势，抓住城镇化发展带来的地市之间、城乡之间融合互动的优势，把握以城带乡、城乡统筹的黄金发展期，制定和加快推进网络规划，以省会银川市发展为龙头，以5个地级市为区域中心，以重点骨干示范支行为辐射，带动全行产品服务、经营规模、效益水平提升到金融机构平均水平。

（二）构建实体与虚拟联动的网络体系

要利用信息化渠道建设，着力构建实体与虚拟相互支撑的新的、有竞争力的网络体系。结合各地市经济社会发展实际，突出重点、统筹兼顾，以网络差异化规划、差异化经营、差异化管理、差异化发展，进行分层次、有步骤地建设。城市经济带、住宅区、旅游资源集中带等区域特点，提高规划的科学性，布局潜力地区网点，促进效益的提高。整合渠道资源，把网点建设与自助银行建设、网上银行、电话银行、电视银行、微信、易信银行等虚拟渠道结合起来，促进统筹发展。

（三）推进个人零售市场的精细服务

抓住银川“两宜”城市建设和“综合保税区”建设机遇，在产业聚集、人口聚集过程中，促进城市零售业务上取得快速突破。围绕为客户提供高效、快速、便捷的金融服务，推进客户、账户分类管理和分层服务，尤其是要抓好个人零售信贷业务发展，加快小额贷款、个人商务贷款、综合消费类贷款发展力度，推进信用市场、信用商城、信用社区、信用单位建设，完善对个体商户、私营企业主的金融服务。大力培育同城支付结算品牌优势。有效发挥商易通、绿卡通卡、淘宝卡、信用卡产品特色，促进客户结构优化和调整。

## 二、发挥资金优势，助推重点优势产业发展

宁东能源化工基地是一个集煤炭、电力、煤化工及公共设施开发于一体的大型多元化工业基地，被列入国家级大型煤炭基地、煤化工产业基地、“西电东送”火电基地和循环经济示范区。2013年完成固定资产投资450亿元。宁东作为宁夏一座现代化的工业新区正在崛起。邮储银行成立以来，通过参与银团贷款等形式，加强对宁东的资金支持，但从适应宁东能源基地的超常规发展速度和产业、人口的聚集程度来讲，为宁东提供金融服务还有非常大的潜力和市场空间。

要跟进自治区产业结构调整，坚持有保有压，持续推进信贷结构调整，把握投放节奏，实现货币信贷政策和产业政策、企业项目和信贷资金的有效衔接。重点关注新能源、新材料，集中进行行业深入研究和立项，争取总行规模、政策、智力支持，服务于经济产业结构调整和新技术发展；筛选一批示范意义大、带动力强的项目，围绕对核心企业的“横到边、纵到底”的服务，全方位地为链条上多个企业提供融资服务，带动整个产业链不断增值；要加大与金融同业的合作。发挥邮储银行资金优势，以项目贷款、银团贷款等批发类资产业务为先导，逐步加快机构进驻、产品创新、服务提升、项目拓展，从各个层面，创新服务手段，深化对宁东能源基地的服务。通过持续强化对同业的融资，扩大资金业务规模，引导邮储资金服务地方。

## 三、把握农业现代化机遇，继续拓展对“三农”的服务深度和广度

宁夏地处黄河河套平原，农牧业发展历史悠久，自古就被誉为塞上鱼米之乡。2013 年全区农林牧渔业产值逐年提升，特色农业保持较快发展，2013 年农产品加工转化率同比提高 2%。国务院《关于进一步促进宁夏经济社会发展的若干意见》指出，要加快推进农村金融改革，着重解决县城以下金融网点少、农业保险滞后、农村金融服务水平低的问题。其中提出支持办好邮政储蓄银行，引导邮政储蓄资金回流农村。

近年来宁夏分行通过发展服务“三农”小额信贷，在广大农民群众中树立了良好的口碑，但农村信贷业务发展成本高、风险大的问题，也制约了农村信贷市场的开发和效益提升。随着国家惠农政策的进一步实施，邮储银行要将信贷支持“三农”作为国有商业银行落实国家政策、服务“三农”的应有之举，将农村市场作为差异化经营、个人零售业务不容忽视的潜力地区，进一步发挥好邮储银行在“三农”服务领域的传统优势，践行“普之城乡，惠之于民”的普惠金融服务。

### （一）加大对“三农”的信贷投入

通过持续的涉农信贷资金注入，提高农村“造血”功能。加强特色产业研究和投入。对辖内设施农业、种植养殖等特色产业、特色产品市场的调研和农业细分产业链的研究，大力支持枸杞、马铃薯、牛羊养殖、蔬菜水果、羊绒等特色农产品和产业。创新服务方式，拓展合作平台，扶持宁夏农业向现代化、产业化程度高，综合开发效益强的项目，探索综合金融服务合作，以“融资 + 融智”方式促进涉农信贷风险防控和业务发展，探索邮储银行服务“三农”的新路子。

### （二）深入实施分区包片营销模式

实行信贷员派驻制，大力开展信用村、信用镇建设。进一步优化信贷流程，加快推进风险可控基础上的集中受理、集中调查、集中审批，节约信贷成本，提高服务效率。深入开展“走乡镇、进市场、访园区”活动。按照分区包片的管理模式，在暂未设立信贷机构的农村地区，定点派驻信贷人员，做好贷款营销宣传、受理调查等工作。立足实际，采取多种措施，为生态移民区、慈善工业园区、再就业人员提供资金支持，进一步扩大贫困地区的信贷业务，提高贷款需求满足率。

### （三）加强与第三方合作

加强与农业贷款风险基金、“三农”信用担保机构的合作，协调建立“三农”金融风险补偿奖励机制，积极参与农村地区金融生态环境建设，不断探索邮储银行服务“三农”的新路子，有效控制和降低风险。

## 四、围绕实体经济发展，深入推进中小企业综合金融服务

近年来，自治区启动了中小企业“百家成长千家培育”工程，对战略性新兴产业、优势特色产业和传统产业中符合自治区发展重点的行业予以重点扶持和培育，包括新能源、新材料、先进装备制造、生物工程、精品羊绒、高端枸杞、马铃薯、中药材、清真食品及穆斯林用品和新型纺织产业等，计划到 2015 年，全区销售收入超过 4 亿元的企业个数比 2010 年翻一番，销售收入超过 3 000 万元的企业超过 1 000 户。2013 年 2

月，自治区党委、人民政府又提出《关于加快发展非公有制经济的若干意见》，把非公有制经济摆在内陆开放型经济建设的重要位置，作为试验区建设的重要依靠力量，在5～7年，实现宁夏非公经济总量在现有规模上翻一番，占GDP比重提高到60%以上。

（一）做好项目对接

邮储银行重点要围绕加大重点领域和培育项目对接，将小企业贷款确定为长期、重要的战略性业务，在信贷规模投放上始终向小微企业重点倾斜。要组织对全区重点培育行业和新兴产业领域的项目进行深入走访和调研，探索出银企对接的模式，加大信贷资源投入；按照“集中作业、专业经营”的理念，强化小企业信贷中心专营化建设，将小企业金融服务专营机构向县域延伸。

（二）推进特色支行建设

按照“因地制宜、鼓励创新”的经营思路，从区域经济特征和支行资源入手，以当地占据主导地位的符合国家产业和环保政策、有市场、有需求、可持续运营的行业为核心。通过小微企业特色支行建设，服务当地优势产业集群、商业圈和产业链，以服务小微企业为切入点，做深做透行业研究，通过市场调研、产业历史演变、整体产业链分析，开发行业营销平台，实行数据库管理。

（三）推进小微企业服务模式和产品创新

针对小微企业“短、小、频、急”的资金需求特点，小企业贷款业务设计了额度循环支用的贷款使用模式和灵活的还款方式，最大限度地帮小微企业节省利息开支，降低融资成本。突出对民生领域、民营经济和民间实体经济的支持力度，对客户提供贴心服务，让小微企业客户可以放心便利使用贷款。完善中小企业信贷管理体系，丰富服务方式，满足多层次、多元化的信贷需求；进一步扩大小企业金融服务网点覆盖面，加强政银企合作沟通，减少小微企业贷款成本。

## 五、实施全面风险管理，有效控制实体经济业务风险

始终遵循商业银行风险、效益平衡的理念，坚持“业务发展，风控先行”，坚持质量、效益、规模协调发展，不断提升风险管理能力，有效支持业务发展和战略转型。稳步推进全面风险管理体系建设，强化成果的投产应用。按照新资本协议的要求，建立涵盖信用风险、市场风险、操作风险、流动性风险的全面风险管理体系，构建从业务战略、风险偏好的传导流程，实现从风险识别、计量、控制、监测、处置到补偿的全流程风险管理。

完善风险管控，规范特色业务开发。加强各条线、各业务风险统一性管理，建立覆盖信贷政策、风险提示、数据分析、特色行业和区域的研究为一体的风险政策框架体系。完善授权制度体系，厘清岗位风险职责，筑牢“三道”防线，实现了风险管控在各业务条线、各流程环节的全覆盖。推行贷款审查审批集中管理，进行支行长谈心、高管履职监察、员工职业道德共建，把风险防控嵌入业务发展和管理的全过程，实现了业务发展和防范风险的有机统一。

按照监管要求。认真落实“三个办法一个指引”等监管新规，不断完善监控体系建设，严防政府融资平台、产能过剩、房地产等重点领域风险。

总之，新形势、新任务对宁夏分行的转型发展提出了新的、更高的要求。我们要充分调动全行员工的积极性和创业热情，在抢抓外部机遇、加快发展的同时，努力突破制约自身发展的体制机制瓶颈、队伍素质瓶颈、风险管理瓶颈，抓好基础能力建设和基础管理水平的提升，加快向现代商业银行转型的步伐。

责任编辑校对：刘　力

# 宁夏葡萄酒产业发展状况及营销策略研究

交通银行宁夏分行　顾甜甜

**摘要：**宁夏是国内重要的葡萄主产区之一，气候地理条件非常适合发展葡萄酒产业。当前，宁夏葡萄酒产业面临起步较晚，发展资金短缺，国内市场销售占比低的现状。宁夏将葡萄酒产业确定为重点特色优势产业，通过合理的产业定位和战略布局，提高自身产业优势，整合产业体系，建立品牌效应，加大宣传力度，与旅游等第三产业相结合等诸多方式，不断推动葡萄酒产业发展。本文在梳理宁夏葡萄酒产业发展现状的基础上，结合我国葡萄酒产业竞争态势，提出宁夏葡萄酒产业发展的营销策略。

## 一、宁夏葡萄酒产业发展现状

### （一）国内葡萄酒产业发展现状

根据中国行业研究网的统计显示，2014 年上半年，我国葡萄酒企业共实现销售收入 191.7 亿元，同比增长 0.37%，较上年同期上升 3.81 个百分点；行业销售利润率 10.39%，较上年同期下降 0.55 个百分点。

国内葡萄酒行业集中度高，品牌企业优势明显，张裕、王朝和中粮长城 3 家公司的合计销量占接近 50% 的市场份额，利润总额占到行业的近 70%。上述国产三大品牌葡萄酒集中在中端市场，而多数其他国产葡萄酒处于低端市场。高端市场主要由进口品牌占据，澳洲、智利等国的廉价葡萄酒对低端市场冲击很大。

国内葡萄酒行业在原料供应地和消费区域分布上存在着严重不匹配的问题，原料供应地集中于西部地区，消费区域分布于东部地区。东部葡萄资源不足但产量大，山东、吉林、河南和河北四省合计占全国葡萄酒产量的 70%，其中仅山东就占全国葡萄酒产量逾 3 成，许多东部企业为了抢夺资源到西部收购原酒或者从国外进口原酒；而西部地区葡萄资源丰富且产能足够，但因一直未能积极有效开拓消费市场，致使葡萄酒产能得不到充分发展，西部葡萄主产区新疆、宁夏、甘肃和云南四省的葡萄酒产量合计仅占全国的 4%。

### （二）宁夏葡萄酒产业发展现状

宁夏作为西部地区重要的葡萄酒产区，具有发展葡萄酒产业的气候地理优势。同时，宁夏自治区政府对葡萄酒产业给予了高度的重视和支持，将其作为宁夏优势特色产业来发展。近年来，中阿博览会的成功举办、宁夏内陆开放型经济试验区的建设以及银川综合保税区的建立为宁夏葡萄酒产业对外合作提供了助力。

在这些因素共同作用下，宁夏葡萄酒产业获得了前所未有的发展机遇。宁夏先后在“十二五”规划中，把酒庄建设作为葡萄酿酒产业结构升级、发展优质酿酒葡萄的一项重要内容。同时，在政府主导下，成立了葡萄酒业协会和葡萄酒产业基金，将葡萄酒产业的发展确定为自治区经济发展的战略重点。

从规模上和地理优势上看，宁夏贺兰山东麓是世界上少有的几个能生产高端葡萄酒的绝佳产区之一，这里可用于开发种植葡萄的土地达150万亩。截至2015年，宁夏葡萄种植面积达59万亩，已经成为国内最大的酿酒葡萄产区。

从产业结构上看，贺兰山东麓的产业结构由葡萄种植、葡萄原汁、酒厂酒、酒庄酒、葡萄旅游等板块构成，宁夏葡萄酒产业的最大贡献是葡萄酒原汁销售，主要是西夏王、御马、张裕、长城、王朝等企业外销或自建的葡萄原汁销售；其次是酒厂酒销售，主要是西夏王、御马、类人首等企业的产品销售，酒庄酒销售所占份额很小；目前，贺兰山东麓的企业大部分以发展酒庄酒为出发点，但生产能力较弱，面临巨大的压力和挑战。

从发展阶段来说，宁夏葡萄酒企业仍处在自有品牌创建的转型时期，以原酒销售为主，也只能做原酒供应商，瓶装酒市场占有率较低。销售区域主要为在省内和周边，没有形成规模和影响力。产业发展存在资金短缺、人才不足、行业竞争激烈、产业周期较长等方面的问题。产区酿酒师严重不足，产区发展所必需的其他人才，如园艺师、经理人等欠缺，销售渠道更是匮乏，所有这些都可能限制宁夏葡萄酒产业的扩大和发展。

综上所述，宁夏葡萄酒产业具有天然的地理优势，但也存在极大缺陷，产业发展程度较低，机遇与挑战并存。

## 二、宁夏葡萄酒产业竞争环境分析

### （一）行业竞争情况

葡萄酒行业作为“舶来品”在中国没有先天的竞争优势。世界葡萄主产区主要位于欧洲和美洲。中国酒业消费以白酒为主，高端葡萄酒主要是采用进口的方式，国内葡萄酒自有品牌的出口率较低，且销售主要集中在中低端市场，葡萄酒产业整体竞争力较弱。

具体到宁夏，宁夏虽然处于葡萄酒主产区，是主要的原材料供应地。但根据现有情况，西部葡萄主产区的葡萄酒产量合计仅占全国的4%。主要的竞争来自于中国东部，如山东、吉林、河南和河北地区，总体竞争压力极大。

宁夏葡萄酒行业的竞争格局主要表现在国产葡萄酒与进口葡萄酒竞争背景下，西部葡萄酒与东部葡萄酒产业的竞争。

### （二）市场需求

近十年来，中国葡萄酒行业保持了平均30%以上的发展速度，全国性品牌的产品升级、区域性品牌的市场扩张、进口酒的高端渗透等都取得了一定的成效，更重要的是，随着经济形势的变化，消费形态都发生了较大变化，酒类行业开始整合，消费者理性程度越来越高，进口酒不一定好，国内酒不一定差的消费思维已经初步建立。注重品质和品牌的企业将得到市场整合带来的发展机遇。近几年来，贺兰山东麓地区酿制的葡萄酒在国际、国内各大赛事中获得百余项大奖，在全国葡萄酒行业产生了很大的影响，促进了宁夏葡萄酒市场需求的扩张。

另外，中国大众阶层，如女性白领等越来越认识到葡萄酒的好处，人们的消费习惯也有原来的白酒向葡萄酒多元化发展，市场需求不断扩大。

随着中国葡萄酒产业的崛起以及居民收入的不断提高，再加上人们对于葡萄酒消费习惯的改变，整体市场需求潜力巨大。

（三）葡萄酒行业发展环境

随着东部向西部部分产业转移的提出，以及西部大开发的契机，宁夏葡萄酒产业变成了政府扶持发展的优势产业。中阿经贸论坛的永久落地，内陆开放性城市试验区和综合性保税区的建立，为宁夏葡萄酒产业的发展提供了更有力的政策支持。

## 三、宁夏葡萄酒的产业定位

产业定位是指某一区域根据自身具有的综合优势和独特优势、所处的经济发展阶段以及各产业的运行特点，合理地进行产业发展规划和布局，确定主导产业、支柱产业以及基础产业。对于宁夏葡萄酒产业发展，合理的产业布局和定位极其重要。

从地理布局方面，形成以贺兰山东麓葡萄酒产区为引领，青铜峡、中卫等葡萄产区为支撑，打造一条贺兰山东麓葡萄酒文化长廊，形成产业聚集效应，将葡萄酒产业进行整体的规划和整合。

从产品定位方面，以生产高端优质的葡萄酒为目标，凭借独特的自然资源优势促进产业升级，调整以“原酒”生产为主的现状，将粗放型的葡萄酒生产转化为生产高品质葡萄酒为主，建立葡萄酒生产的“品牌”优势，提高宁夏葡萄酒的知名度和品质。

从市场定位方面，宁夏葡萄酒产业应生根宁夏，抢占东南部城市，面向其他新兴市场国家。打破原有的竞争壁垒和竞争格局，抢占东部葡萄酒国内市场份额。实现了这一步骤，宁夏葡萄酒产业才可能有长久的发展。

从产业支撑方面，产业发展不仅需要道路、厂房、水、电等硬环境的完善，更需要科技、人才、信息等软环境的完善。根据宁夏葡萄酒产业的现状，产业发展存在资金短缺、人才不足、行业竞争激烈、产业周期较长等问题。因而进行产业后备支撑，加大产业资金投放，建立科技研发体系，建立葡萄酒相关产业人才培养基地，确立产业信息平台等为产业提供“后发优势”的支持是非常关键的因素。

通过对内对外的定位和布局，宁夏葡萄酒产业才能有持续健康的发展。

## 四、宁夏葡萄酒产业营销策略

（一）做好品牌引领发展

宁夏葡萄酒行业从品牌格局看并没有绝对的品牌领导者，西夏王的历史积淀最厚，是宁夏的第一瓶葡萄酒，在宁夏及周边市场表现良好；类人首是近几年迅速崛起的一个品牌，也有较长的品牌历史，成为宁夏葡萄酒行业近几年崛起的黑马之一；贺兰山、西夏王、御马、加贝兰等品牌已在全国拥有了很高的声誉。但是这些品牌在战略运营和市场精细化方面还存在很大的不足，相对于张裕、长城等品牌影响力较弱，还不能被国内的消费群体普遍接受。因而，打造品牌领导者，提高品牌知名度，才能更好地发挥产业的优势。

（二）加大宣传力度

宁夏葡萄酒无论是在国内还是在国际上知名度还不高。虽然 2014 年以来，宁夏葡萄酒凭借自身的自然资源优势等取得了诸多大奖，加贝兰、西夏王等品牌就也在酒类评比中崭露头角。但即便如此，在国内消费者心中，对宁夏葡萄酒的了解不够深入，因而应该加大广告宣传力度，进行品牌整体包装和策划，让更多的人能够了解宁夏的葡萄酒，促进市场的扩大。

（三）葡萄酒产业与旅游业等第三产业相结合

宁夏的葡萄酒产地主要集中在贺兰山东麓，黄河金岸地区，这里的葡萄种植业发达，并且具有很多的旅游资源。例如玉泉葡萄庄园主题旅游，实现葡萄酒产业和旅游业的结合，会让更多的人了解和认识宁夏的葡萄酒业，从而带动产业的发展。

（四）以宁夏为支撑，在国内市场扩张

中国的一线市场葡萄酒消费已经比较成熟，也存在着进口酒和全国性品牌的激烈竞争，市场也趋于饱和，消费者的理性程度和多元化、个性化选择性较高；国内二线市场现在是进口酒和全国性品牌重点培育的市场，消费成熟度需要时间，是市场开发的重中之重；三线市场葡萄酒消费尚未完全成熟，高性价比的产品具有很强的竞争力。

宁夏葡萄酒产业要打破国内占比较低的格局，就要采取“走出去”战略，向东南部市场扩张，以二三线城市为方向，提高市场占比，才能实现长期发展。

## 参考文献

[1] 食品行业 2015 年政策及投向指引．交通银行．

[2] 丁婕．宁夏贺兰山东麓葡萄酒产业发展存在问题及对策 [J]．宁夏农林科技，2012（53）.

[3] 李有福，卢大晶．宁夏葡萄酒产业的发展优势和问题探讨 [J]．农业科学研究，2008（6）.

[4] 景春梅．宁夏葡萄产业发展的思考 [J]．宁夏农林科技，2013（54）.

[5] 杜国华．宁夏贺兰山东麓葡萄产业发展历程与目标 [J]．农业科学研究，2012.

[6] 《解读宁夏葡萄酒产业发展的新时代》，http：//www. wine. cn2012 – 09 – 0411：18：47，宁夏经济报道．

[7] 《贺兰山东麓葡萄酒产区的产业发展模式及商业战略》，http：//blog. sina. com. cn/s/blog_ 48b5a5e90101f28a. html.

[8] 李凡，吴宏林．把握机遇，将宁夏打造成世界一流的葡萄酒产区——全区葡萄与葡萄酒产业发展工作会议召开 [J]．宁夏画报，2014.

责任编辑校对：吴　达

# 基于宁夏先行视角的中阿金融合作机制研究

宁夏银行课题组

陈志毅　金　强　杜　军　魏佳才

**摘要：** 日益深化的中阿经贸合作和“丝绸之路经济带”战略对面向伊斯兰地区的金融合作及其机制建设提出了更高的要求。本文分析了中阿金融合作的现状及面临的挑战，总结了我国与东盟、东北亚、中亚等地区开展区域金融合作的经验做法及借鉴启示，并在比较中阿经济金融发展差异及其影响的基础上，结合现阶段中阿经贸金融合作实际和未来发展趋势，探索提出了深化中阿经贸合作背景下建设中阿金融合作机制及促进宁夏试验区发展的政策建议。

古老的“丝绸之路”曾是中国和阿拉伯两大文明友好交流的桥梁和纽带。2015 年 3 月，我国发布《推动共建丝绸之路经济带和 21 世纪海上丝绸之路的愿景与行动》。需要重视的是，受多种因素影响，中阿金融合作目前整体上滞后于经贸合作，这在一定程度上制约了经贸合作的深入推进。形成目前现状的原因很多，但金融合作机制缺失、金融体系不对接、关键环节的金融政策尚未突破是造成中阿金融合作滞后的主要因素。

构建面向伊斯兰地区金融合作机制非常必要。一是助力国家向西开放战略实施的需要。加强宁夏与伊斯兰地区的经贸金融合作是国家对外开放战略的重要组成部分，加强与伊斯兰地区的经贸金融合作对于保障我国能源安全具有重要意义，中阿经贸金融合作前景广阔，潜力巨大。二是深化中阿经贸金融合作和完善我国金融体系的需要。三是推进实施宁夏自治区“金融先行、产业联动”战略的需要。宁夏经济社会的发展需要打破常规模式和有效突破资金瓶颈，宁夏完全可以在中阿经贸金融合作中有所作为，“金融先行、产业联动”战略符合“石油美元”的投资偏好。

深化中阿金融合作，机制建设要先行。本文的重要观点是：中阿双方应根据经贸合作日益深化的现实需要，在推进战略协调机制建设的基础上，不断丰富和完善金融领域合作内容，促进金融合作机制化、常态化，从而为更高层次、更宽领域推进双边经贸合作提供强有力的金融支持和保障。宁夏作为国内首个内陆开放型经济试验区，可充分发挥先行先试政策优势，积极开展与伊斯兰地区的金融合作并作为先行区参与中阿金融合作机制建设，助力实施国家战略并在新一轮区域竞争中取得先发优势，这将对高水平建设宁夏内陆开放型经济试验区、深化中阿经贸合作和构建中阿金融合作机制具有重要意义。

## 一、中阿金融合作现状

中阿金融合作是中阿经贸合作的重要内容。现阶段，中阿双方主要通过加强对话交流、互设金融机构等方式加强金融领域的合作。值得一提的是，2009 年，经中国银监会批准，宁夏银行在国内首家试点开办伊斯兰银行业务，为引进、发展伊斯兰金融作出了大胆尝试和积极探索。国内大型中资商业银行相继在中东设立分支机构，中东的金融机构也不断来华投资或设立分支机构。我国央行与海合会国家及其他主要阿拉伯国家签订货币互换协议。应该讲，中阿金融合作不断有所发展，但步伐较小，长期合作机制远未建立。

### （一）现状

#### 1. 金融合作交流增多，共识不断增加，实质性合作有限

自 2011 年起，中阿双方开始在中阿经贸论坛机制下增设金融合作分会，商讨中阿金融合作事宜。同年 9 月，首届金融合作分会与会代表围绕能源金融化趋势的最新动态、石油银行、石油基金、石油外汇等多层次石油金融体系的建立与完善、中国发展伊斯兰金融的机遇，探讨了国际金融形势及中阿金融合作前景、在宁夏先行推出人民币在岸市场，以及如何减少国际市场石油价格波动对中国和阿拉伯世界的影响等。

2012 年 9 月，在第三届中阿经贸论坛金融合作分会上，与会专家学者和金融界人士围绕“中阿金融合作发展与创新”这一主题，对进一步深化中阿经贸金融合作发表了精彩见解和建设性意见。应各方代表积极倡议，中阿经贸论坛执委会发起了《中阿金融发展战略框架倡议》。此倡议是第一份在中阿金融市场建设领域的民间合作基础文件，在“国际金融市场合作”、“维护中阿金融市场稳定”、“消除金融壁垒”、“加强双边贸易中本币结算”、“完善监管与风险管理制度”等八个方面达成重要共识。

#### 2. 互设金融机构增多，民间金融交流匮乏，市场准入障碍重重

中阿大型银行以外的中小金融机构互设机构尚属空白，民间金融往来和交流更无从谈起。我国现行金融监管制度对外资金融机构来华设立代表处、升格分行有非常严格的限制，尤其是对已经由代表处升格为分行的外资金融机构是否能够在分行所在地以外地区设立分支机构尚没有开闸，这就在很大程度上限制了包括中东国家金融机构在内的外资金融机构在华的机构拓展乃至深层次的金融合作。

### （二）困难与挑战

#### 1. 基础薄弱，缺乏有力的官方合作机制强力推动

一个健全的合作机制应包括合作原则、合作机构、合作领域、合作项目、决策程序、实施步骤等环节，整个合作过程应基本形成系统化、制度化、常态化的方式和方法，其中最关键的是要有各方共同发起成立的职能机构去决策、协调、督促和执行。从总体上看，中阿双方尚未建立起类似于上合组织财长和央行行长会议、东盟与中日韩财长和央行行长会议的政策磋商机构，缺乏更高层次的官方对话机制和决策机构来具体推动中阿金融合作，无法将金融合作纳入到双边战略合作框架内综合考量，也就无法形成符合双方共同利益的长期战略目标和切实可行实施路径。由于缺乏官方强力推动和有效的机制支持，目前中阿金融合作的领域和层次相对较低，金融合作缺乏长远规划和具体的推动机构，双方共同发布的《中阿金融发展战略框架倡议》愿景很好但缺乏实现的基础性条件，双方的金融合作整体上仍处于初级阶段。

2. 体系不对接，需要金融财税政策的重大突破

中国与阿拉伯国家在经济发展水平、经济结构、金融体系、金融监管及会计准则、财务审计等方面存在较大差异，双方金融市场的开放与创新还没有达到应有的水平，双方在货币清算、互换机制建设及推动资本跨境流动等方面还有待进一步推进。中阿金融体系存在的差异对中阿经济金融合作产生了不可忽视的影响，如金融体系差异包容性、金融贸易一体化的问题，这在一定程度上延缓了中阿金融合作的进程，影响了中阿经济合作深度，主要影响有：一是中阿经济合作领域很难深入；二是中阿金融体系包容性不强；三是中阿经贸项目融资受到严重影响。如果不能正视中阿金融体系之间的差异，贯彻金融监管协调机制先行的原则，那么无论是试点开展伊斯兰银行业务，还是对未来输入的伊斯兰金融业务进行监管，都将成为无源之水，中阿金融合作机制的建设就不会有真正的进展。

3. 地缘政治错综复杂，将对中阿经贸金融合作产生不确定性

中东地区局势持续动荡将加大中国与该地区合作过程中的风险和不确定因素。2010年以来，利比亚等国政权相继更迭，叙利亚危机和伊朗核问题化解的前景尚不明朗，加上民族、宗教、政治纷争不断，该地区局势持续动荡、错综复杂，未来走势变幻莫测。这些因素将影响中国与该地区正常的经贸合作，并对中国在该地区现实利益的安全，特别是能源战略的安全产生潜在影响，加大中国与该地区合作过程中的风险和不确定因素。

4. 能源危机重重，新的能源革命将对我国能源金融战略提出挑战

2012 年 11 月，国际能源署发布《世界能源展望》，预计到 2017 年，美国将取代沙特阿拉伯成为全球最大的石油生产国。目前，我国已经构建了包括来自中东、中亚、俄罗斯、非洲、缅甸等地区的能源通道，能源外部来源日益多元化。因此，随着我国能源安全战略的逐步调整和页岩气等新能源开采技术的日益成熟，可以肯定的是一旦中东地区局势对我国的能源安全产生严重威胁，我国从中东地区的石油进口将大幅减少，这将对中阿能源贸易乃至经贸金融合作产生重要影响。

此外，欲成为中阿金融合作先行区的宁夏试验区，突出存在金融市场不发达、金融要素市场不健全的问题。目前，宁夏地方金融总量相对较小，现代金融服务体系尚未完全建立，融资渠道相对单一，直接融资占比较大，股权融资、债券融资等直接融资方式发展缓慢。2012 年末，宁夏金融机构存贷款总和还不到 7 000 亿元，法人证券公司、保险公司、信托公司、金融租赁公司均属空白，金融市场发展整体较为落后，参与中阿金融合作的基础有待进一步夯实。

## 二、我国对外区域性金融合作现状及启示

### （一）合作现状

目前，除在宁夏举办中阿博览会外，我国还通过在广西举办“中国—东盟博览会”、在吉林举办“中国—东北亚博览会”、在新疆举办“亚欧博览会”，积极开展与相关国家的经贸金融合作，推动内陆、沿边开放。

1. 与东盟的金融合作

在“10 +3”和“10 +1”合作机制及《中国—东盟全面经济合作框架协议》等一

系列协议的推动下，尤其是2010年1月中国—东盟自由贸易区正式启动以来，中国与东盟间的贸易投资快速增长，经贸合作持续深化。“中国—东盟博览会”以“促进中国—东盟自由贸易区建设、共享合作与发展机遇”为宗旨，涵盖商品贸易、投资合作和服务贸易三大内容，是中国与东盟10国开展经贸金融合作与交流的主要平台。目前中国是东盟第三大贸易伙伴，同时东盟也是中国第四大出口市场和第二大进口来源地。为充分发挥金融对经贸合作的支持保障作用，中国与东盟在深化金融合作方面做出了积极努力。我国不断完善官方推动的金融合作交流机制，支持金融机构互设分支机构和开展服务创新，加强金融稳定与监管机制建设，积极致力于培育和打造区域性国际金融中心，这使双方在金融业务、金融监管、区域金融机制建设等方面的合作成效显著，成为中国—东盟合作的新亮点。

2. 与东北亚国家的金融合作

东北亚区域经济金融合作是中国对外区域经济合作的重要组成部分，也是“振兴东北”战略的重要组成部分。中国与东北亚国家的经贸金融合作主要是与俄罗斯、蒙古、韩国、日本等国的合作。加强与东北亚国家金融合作的主要措施是：一是开展多种形式的区域性经贸金融交流对话活动，举办“中国—东北亚博览会”，举办“中蒙俄经贸合作洽谈会”，加强区域金融合作研究；二是建立官方推动机制；三是探索成立区域性合作开发金融机构；四是加强双边货币合作；五是加快建设东北亚区域性金融中心。

3. 与中亚国家的金融合作

2001年，在“上海五国”会晤机制基础上，上海合作组织正式成立。该组织的一项重要宗旨就是开展各国在经贸、环保、文化、科技、教育、能源、交通、金融等领域的合作，促进地区经济、社会、文化的全面均衡发展，在促进各成员国增进交流互信和加强各领域务实合作方面发挥了积极作用。新疆地处亚欧大陆腹地和丝路经济带核心位置，是我国向西开放的重要门户。近年来，新疆依托喀什、霍尔果斯两个边境口岸，充分发挥“中国—亚欧博览会”交流平台作用，积极融入中亚区域经济金融合作，加快打造我国向西开放的桥头堡。加强与中亚国家金融合作的主要措施有：一是充分发挥“中国—亚欧博览会”交流平台作用；二是加强合作组织成员国官方在区域金融合作中的推动作用；三是不断推进货币合作和跨境结算业务合作；四是不断加大政策支持新疆开展金融创新的力度。

（二）对构建中阿金融合作机制的启示

1. 官方主导的金融合作机制建设要先行

合作共识的落地实施需要各国政府的实质性推动。现阶段，区域合作各方应在充分发挥中阿博览会金融合作论坛对话交流平台作用基础上，积极探索在合作论坛机制下成立货币合作委员会或央行行长会议，加强各国中央银行、监管机构之间的合作交流，推动落实《金融发展战略框架倡议》，促进双方金融合作向系统化、纵深化、多元化方向发展。

2. 金融先行战略的实施离不开国家强有力的政策支持

内陆开放型经济试验区最大的优势在于先行先试。从服务国家战略的角度来看，如果没有国家在金融、贸易、投资、财税等领域的政策倾斜甚至是大力支持，先行先试将很难取得预期效果。先行试验区应积极协调国家有关部委制定出台支持区域经济金融发展和对外金融合作的政策或指导意见，争取设立自由贸易区和金融综合改革试验区，并在促进金融体系对接、发展离岸金融业务等方面给予政策支持。

3. 建设区域性国际金融中心对先行试验区的发展至关重要

从目前我国与东盟、东北亚、中亚各国的经贸金融合作实践来看，南宁、昆明、沈阳、乌鲁木齐等城市均在加快建设区域性金融中心。宁夏应借鉴相关省区的发展经验，尽快制订金融业发展规划，争取把建设“中阿金融合作中心”纳入国家战略，并以加快金融改革、金融创新、金融开放为重点，完善金融服务体系，健全金融市场体系，优化金融服务环境，加大金融招商力度，增强金融聚集、辐射能力。

## 三、对中阿金融合作机制建设及宁夏先行的政策建议

### （一）增进交流互信，建立战略协调机制

中阿双方应本着“平等互信、互惠互利、整体规划、有序推进”的原则，在不断完善中阿合作论坛和中阿博览会机制的基础上，认真落实《北京宣言》和《中阿合作论坛2014年至2016年行动计划》和《中阿合作论坛2014年至2024年发展规划》各项合作内容，进一步增进政治互信和深化各领域交流合作，并从战略层面不断加强金融合作机制顶层设计，推进金融合作有序、深入开展，不断提升双边战略合作关系的水平。

现阶段，中阿双方应借鉴国际经验，结合中阿经贸金融合作实际，积极探索在中阿合作论坛部长级会议基础上，建立国家层面的中阿金融合作联席会议制度并设立具体办事机构，如中阿货币合作委员会等；定期举行中阿财政部长和央行行长会晤，初步建立起包括日常磋商决策、常设办公、对话交流等在内的合作框架体系，加强各国中央银行之间的战略对话和政策协调；形成制度化、常态化的金融合作机制，推动落实《中阿金融发展战略框架倡议》，促进双方金融合作向纵深化、多元化方向发展。

### （二）深化经贸合作，夯实金融合作基础

中阿应不断创新合作模式和提升合作水平，采取统一措施促进双边贸易额和双向投资规模持续扩大，以夯实经贸合作基础，从而进一步推动金融合作深层次发展。

1. 选准合作领域，实现优势互补

中阿应根据双方经济互补性强且同处转型升级关键期的特点，充分利用中阿博览会这一交流合作平台，不断创新合作模式和提升合作水平，加快设立中国—海合会国家自由贸易区，进一步丰富双方经贸合作的内容，大力发展服务、劳务、基础设施建设等非能源贸易领域的合作，采取统一措施促进双边贸易额和双向投资规模持续扩大，夯实经贸合作基础。构建“1+2+3”的合作格局，即以能源合作为主轴，以基础设施建设、贸易和投资便利化为两翼，以核能、航天卫星、新能源三大高新领域为新的突破口，推进中阿贸易额再上新台阶。

2. 理顺经贸关系，实现互利共赢

中阿各方可从加强协调配合、简化行政手续、深化投资合作、优化贸易结构、提

高通关效率、降低合作成本、避免双重征税等环节入手，进一步理顺双边经贸关系，保持双方贸易总体平衡。中方应利用自身在制造业技术方面比发达国家制造业技术更符合阿拉伯地区现有的工业水平和吸收能力的优势，吸引阿方投资或直接到阿投资，以促进双方产业结构的优化升级，从而实现互利共赢。

3. 夯实宁夏与阿拉伯国家经贸基础，定位中阿自由贸易先行区

一是增强自身实力，夯实经贸基础。宁夏应认识到，自身实力不足是担当中阿自由贸易区落户地的最大障碍。积极关注和参与中央政府关于中阿自贸区的谈判。以发展国际贸易、物流为重点，以封关运行后全面提升银川综合保税区功能为切入点，预先设计拟设中阿自贸区和宁夏内陆试验区建设的关系处理与协同发展。二是定位先行区，借力中阿自由贸易区实现飞跃发展。随着2013年以来国内自贸区申请热潮和中阿经贸发展的新变化，中阿自贸区的批设有可能成为新丝绸之路经济带战略构想实现的重要依托。宁夏在中阿自贸区的谈判和建设中，应定位为先行区和落户地。三是努力在中海自贸区谈判中加入“宁夏元素”。在中海自贸区谈判中，宁夏应借力争取拿到先行先试旅游免签、保税物流、购物离境退税、离岸金融试点等新政策，搭建起中国与阿拉伯国家经济文化交流的“宁夏通道”。

（三）扩大金融开放，拓宽金融合作领域

1. 积极推进人民币区域化、国际化进程

扩大跨境人民币结算业务，大力发展人民币贸易融资业务，积极推进在中阿经贸往来特别是能源贸易中采用人民币计价与结算。支持符合条件的阿拉伯国家在华金融机构经营人民币业务。持续完善外汇市场功能，加快打造国际性人民币离岸金融中心。

2. 加快实施资本项目定额定向开放

进一步放宽资本跨境流动限制，健全资本流出流入均衡管理体制，稳妥有序推进人民币资本项目项下直接投资、证券投资可兑换，促进投资便利化，提升国内资本市场开放水平。放宽石油美元总额度和数量的控制，允许留存下来的石油美元投向西部地区和当地需要鼓励发展的行业。

3. 加强货币合作

建立双边货币互换机制，开展双边货币互换合作，共同出资成立货币互换基金，保持双边或多边汇率稳定。签署中阿本币结算协议，建立银行间本币清算合作机制，积极推动人民币与阿盟货币在双方银行间外汇市场挂牌交易，积极鼓励在中阿贸易中采用本币结算，降低对第三方货币的依赖和货币风险，促进贸易和投资便利化。研究建立现钞跨境流动机制，搭建货币跨境结算平台。可借鉴广西北部湾银行成立“中国—东盟跨境货币业务中心”模式，尝试由地方银行设立“中国—阿盟跨境货币业务中心”，为中国与阿盟或伊斯兰国家的商业银行、宁夏与阿盟及伊斯兰国家客户的国际经济金融往来提供全面的货币结算、银行间清算和相关配套服务。

4. 放宽市场准入限制

鼓励双方金融机构互设分支机构，进一步推动双方银行机构互设代理行。鼓励中东金融机构来华设立分支机构和开展金融服务，支持中资金融机构在中东开设分支机构。进一步健全合作平台，探索成立在中阿金融合作框架下由各国政府主导和支持的

开发型金融机构，如中阿合作发展基金、阿拉伯开发银行、西部开发银行等，积极为中阿经贸交通、港口、铁路等重大基础设施建设及民生工程和社会事业提供金融支持。支持宁夏地方金融机构“走出去”，在中东等地区开设分支机构，参与国际竞争。支持宁夏银行等地方金融机构大胆在中东阿拉伯国家设立伊斯兰金融特色分行，连接宁夏和中东国家的资金融通渠道，传递项目、资金、商贸信息，扶持宁夏有志向的企业在中东等国家和地区开公司、办工厂。

5. 加强人才交流与信息共享

建立中国—阿拉伯国家金融人才合作培训基地，有计划地开展金融人才培训工作。建立中国—阿拉伯国家金融发展与合作专家库，成立中国—阿拉伯国家金融人才培养基金，加大区域各国金融专业人才的培养、交流与合作力度。建立中阿金融业信息共享机制，及时、全面了解跨境企业信息。

（四）完善区域市场体系，打造区域性金融中心

1. 充分发挥“金融先行”战略引领作用

作为国内首个全省域内陆开放型经济试验区，宁夏应坚持“金融先行”战略，积极争取国家在宁夏设立“中阿金融合作试验区”，并制定出台《金融支持宁夏内陆开放型经济试验区建设的指导意见》，从助力国家战略实施的角度，明确宁夏今后一段时期金融业发展的总体思路、目标任务和支持重点。宁夏试验区应充分把握政策机遇，在重大金融政策突破和创新方面先行先试，加快完善要素市场。

2. 加快完善区域金融市场体系

尽快组建宁夏地方法人证券公司、保险公司、信托公司、基金公司等非银行金融机构，不断完善地方金融服务功能。支持宁夏地方金融机构发起或参股设立基金管理公司、金融租赁公司和消费金融公司，参与试验区要素市场建设和开展离岸金融业务，提升综合化经营能力，有效发挥其金融支持平台作用。大力发展与金融发展相配套的研发、代理、经纪、评估等金融中介组织，不断延伸和完善金融产业链。

3. 加快打造银川区域性国际金融中心

大力实施“引金入银”战略，优化金融服务环境，创新金融发展途径，加大金融招商力度，强化金融人才队伍建设，不断夯实金融业发展基础，着力提高宁夏金融业的创新力、集聚力、贡献力和辐射力，致力于将银川建设成为支持中阿经贸合作金融中心，助力区域经济社会协调发展。重点引进国际金融组织和国内外金融机构入驻银川或在银川设立地区性总部。紧紧围绕中阿经贸合作特点，积极发展现代金融租赁业，不断创新中阿特色金融服务。加快建设银川区域性跨境人民币金融服务中心，推进跨境人民币结算试点，支持金融机构积极开展人民币与阿盟国家货币挂牌业务，加快建设中国—阿盟货币业务中心。支持与金融相关的会计、审计、法律、资产评估、征信机构、投资咨询、资信服务、资金和保险经纪等服务机构规范发展，探索建立服务于银行、证券、保险等各类金融机构、中介组织的综合性信息服务平台。鼓励发展金融数据处理、金融软件开发、客户服务等服务外包。支持金融专业服务机构创新经营模式和服务业态，开展多元化经营。

4. 优化区域发展环境

完善社会信用体制机制建设，加大各类信用信息资源整合力度，加快推进企业和个人征信工作，完善社会征信体系。加大政策支持力度，培育信用服务市场需求，扩大信用产品使用范围。搭建金融信用信息平台，推动形成信用信息共享交换机制。综合运用法律、经济、舆论监督等手段，加强信用监督，研究建立失信惩戒机制和守信奖励机制，营造诚实守信的社会信用环境。

（五）引进伊斯兰金融，促进中阿金融体系对接

坚持金融先行、产业联动发展模式，优先开展双方在股权投资、跨境并购等方面的合作，为资本跨境流动提供通道和搭建平台。积极引进中东国家项目资金，支持中阿特色金融业务产品为项目资金的保值增值提供特色金融服务，提高产业集群项目与资金的匹配对接能力，实现经济与金融共生共赢。充分利用宁夏在民族、人文、经济和政策方面的优势，着重探索发展有利于引入阿方石油美元的伊斯兰金融发展模式。在政府的统一组织领导下，本着丰富金融业务、深化金融合作和突出服务特色的建设宗旨，遵循“循序渐进、先易后难、改革创新、稳健经营”的原则，充分利用现有国际伊斯兰金融中心和香港金融体系，密切结合中国及宁夏实际，稳步推进，安全运营，突出特色，严控风险，竭力将宁夏打造成为为国内外伊斯兰客商和非伊斯兰客商提供优质特色伊斯兰金融服务的区域性伊斯兰金融中心，并成为中东石油资金流入中国的主要渠道和桥头堡。加强对伊斯兰金融会计制度、核算标准、财税制度、监管法规的研究，加快金融基础设施建设并逐步实现接轨，有计划地开展并逐步扩大伊斯兰金融业务试点范围，逐步建立起传统金融与伊斯兰金融并行的金融体系，为全面提升中阿经贸金融合作的层次和水平奠定基础。对引进伊斯兰金融，提出以下政策建议：一是寻求国家相关部委对宁夏开办伊斯兰金融业务的组合政策支持；二是解决现行税制中对发展伊斯兰金融业务的阻碍因素；三是研究支持宁夏试点发行伊斯兰债券并上市交易的资本监管渠道；四是构建符合国际标准的伊斯兰金融风险监管框架；五是鼓励伊斯兰金融企业在宁夏开展金融服务；六是政策给予外资伊斯兰金融企业国民待遇，建立地方性金融服务不正当竞争调查和处置机制；七是加强国际伊斯兰金融交流与合作，构建与国际伊斯兰金融体系的沟通联络机制。

（六）加强跨境金融监管，保障金融合作健康发展

1. 建立跨境监管与金融稳定机制

加强跨境资本流动尤其是短期资本的监管合作，建立跨境资金流动统计监测体系和早期预警机制，促进跨境资本合理有效流动。探索建议以金融监管联席会议机制为主的多边监管合作模式，加强各国在金融政策协调、金融稳定、金融基础设施建设等方面的深化合作，共同构建区域性金融危机防范和化解机制。加快对资本流动尤其是短期资本流动的共同监测制度，不断提升区域金融风险化解处置能力。加强双方海关、工商、商务、税务系统及金融机构合作，共同创新监测方法，实现在企业进出口报关、纳税和退税、工商注册、资本审验等方面数据的共享，加强分析深度，通过多渠道深入挖掘“热钱”等违法违规资金流动线索，多部门联动，形成打击合力。

2. 预先设计伊斯兰金融风险监管框架和制度

建议以伊斯兰商法、巴塞尔协议及中国金融法律法规相结合的风险管理体系为基础，强化内控建设，实施流程约束，监督实时到位，构建符合国际标准具有中国特色的风险管理框架。试点开展伊斯兰金融业务，建议建立符合党的民族宗教政策的伊斯兰金融咨询委员会（Sharia），处理好银行董事会与该委员会的关系，全面评价、指导产品的准入，协助处理好涉及教义纠纷事项处理。建立试点银行伊斯兰金融专营机构风险管理委员会和风险执行官机制，全程参与控制风险，产品开发遵循先易后难、逐步完善的原则。建立和完善适合我国国情的平滑准备金和投资风险准备金制度。建议我国金融监管机构和试点银行应从制度层面建立应急处理机制，预防和处理由业务、利益引发的风险事件。

## 参考文献

[1] 姜英梅．海湾国家石油美元投资模式［J］．阿拉伯世界研究，2013（1）．

[2] 沈晓明，蒋志平，刘晓瑜．伊斯兰金融：风暴中的方舟［N］．金融时报，2009－4－13．

[3] 郑良芳．金融业要力促经济发展方式转变［J］．现代金融，2010（5）．

[4] 郭子忠．地方金融支持区域经济发展的对策选择［J］．金融教学与研究，2010（4）．

[5] 刘天明．伊斯兰经济思想［M］．银川：宁夏人民出版社，2001．

[6] Angelo M. Venardos，Islamic Banking and Finance in South－East Asia：It's Development and Future［M］．Singapore：World Scientific Pub Co. Inc.，2006．

[7] Muhammad Akram Khan，Islamic Economics and Finance：A Glossary［M］．USA：Routledge，2008．

[8] Khan M A，Akhtar W，Ullah A，et al. Islamic Banking：An Appraisal of Insolvency Hazard［J］．International Journal of Academic Research in Accounting，Finance and Management Sciences，2013，3（4）：1－10．

[9] Ahmad T，Nawaz A，Din S U，et al. Predicting the Customers' Attitude towards Islamic Banking：A Survey of Customers from Dera Ismail Khan Pakistan［J］．Euro－Asian Journal of Economics and Finance，2015，3（1）：53－63．

[10] Perry F V，Rehman S S. Globalization of Islamic finance：myth or reality？［J］．International Journal of Humanities and Social Science，2011，1（19）：107－119．

责任编辑校对：马晓栋

# 我国对外区域金融合作经验对中阿金融合作的启示

中国人民银行中卫市中心支行　李宝庆　孙尚伟

**摘要：**在我国提出建设“一带一路”的战略构想中，中国与阿拉伯国家及世界伊斯兰地区的经济合作是推动这一战略实现的重要组成部分，具有举足轻重的意义。区域合作，经贸先行，金融助推。文章立足金融视角，在梳理我国已有四种主要对外金融合作模式的基础上，比较分析了中阿金融合作的现状，提出了当前中阿合作中存在的主要问题，并试图为下一步深化中阿金融合作提出可资参考的建议。

## 一、引言

金融是现代经济的核心，随着全球经济一体化程度的逐步加深，区域金融合作成为助推经济合作的重要手段。2013 年 9 月和 10 月中国国家主席习近平分别提出建设“新丝绸之路经济带”和“21 世纪海上丝绸之路”（以下简称“一带一路”）的战略构想，旨在促进经济要素有序自由流动、资源高效配置和市场深度融合，推动沿线各国实现经济政策协调，开展更大范围、更高水平、更深层次的区域合作，共同打造开放、包容、均衡、普惠的区域经济合作架构。我国与阿拉伯国家及世界伊斯兰地区的经济合作是推动“一带一路”战略实现的一个重要组成部分，因此，如何利用金融手段促进和深化与阿拉伯国家及世界伊斯兰地区的经贸合作，进而推动“一带一路”的战略实现，是当前面临的重要课题。

## 二、文献综述

关于区域金融合作，国内外专家学者的研究主要集中在区域金融合作的必要性、区域金融合作与地区经济增长的关系以及区域金融合作方式和安排等方面。

在区域金融合作的必要性方面，王子先（2000）和王燕之（2003）认为相同区域国家作为利益共同体应当建立和加强区域金融合作，共同抵御外部冲击。胡国（2013）认为金融合作产生的规模经济效应、范围经济效应、产生共生效应、极化和扩散效应可以有效克服信息不对称、产生技术扩散、节约交易成本。

对区域金融合作与经济发展关系方面，张军洲（1995）认为在经济信用化进程中，金融增长具有超前的效应。支大林（2002）则认为增加区域资本投入和提高区域的要素生产率是区域金融对区域经济的主要促进作用。金耀斌（2009）认为金融合作能极大地促进投资与储蓄的转化以及资金之间的相互流动，进而为经济的快速发展提供有力支撑。

对于区域金融合作的内容及安排，金耀斌（2009）认为区域金融合作是一项系统工程，需要确定长期的发展目标，做出与之相适应的发展规划。刘文翠、蒋刚林（2013）认为，区域金融合作应从金融监管当局间的合作（如制度安排、金融基础设施建设）、金融市场参与市场主体间的合作等方面进行，解决内涵建设少，合作程度偏低等问题。朱孟楠、郭春松（2006）认为，在区域金融合作方面最成功的是欧盟，它们在区域内金融监管协调、货币合作、法律协调等方面取得了高度一致，有力地促进了欧盟经济一体化。

对于东亚金融合作，隋伟（2010）认为，区域金融合作最不发达的地区当属亚洲，尤其是东亚地区金融合作水平与该地区的经济发展速度极不相称。张帆（2012）提出东亚各国金融合作应从金融合作的法律制度安排入手，完善合作的制度框架。对于宁夏对阿金融合作，刘鸿伍（2010）认为，宁夏与阿拉伯民族习俗相同，经济产业具有较强的互补性，双方合作空间巨大。马明霞（2014）认为，宁夏应抓住民族、产业契机，在防范伊斯兰宗教风险的前提下，通过创新特色金融产品、建立产业投资基金等方式，深化中阿金融合作。

已有的区域金融合作文献为我们奠定了理论基础，提供了实践证明，使本文在中阿金融合作方面的探索有了理论和实践方面的依据。但是，这些文献对于区域金融合作尤其是中阿金融合作的论述，大多局限于合作的重要性、基础、优势、问题等方面，对于如何从我国对外区域金融合作模式中汲取成熟经验，涉及较少。基于此，我们在梳理我国与东盟①、东北亚②、中亚③、拉美④等对外区域金融合作模式的基础上，比较分析了几种模式的合作动因与合作路径，以期对我国深化中阿金融合作提供有益参考。

## 三、我国对外区域性金融合作主要模式及比较

### （一）我国与东盟金融合作模式

我国与东盟的金融合作关系始于亚洲金融危机，属于典型的危机驱动型金融合作。1997 年亚洲金融危机爆发后，缺乏一个强有力的区域金融支撑力量和货币救助机制被认为是加剧危机蔓延的重要原因。在此背景下，亚洲国家加强区域金融合作的意识和意愿得到强化。1997—1998 年，我国政府利用东盟首脑会议、地区财长和中央银行行长会议等契机与东盟各方就建立成员国有效货币体制、成立亚洲基金、建立区域金融风险预警机制及金融监管当局间的磋商机制等问题达成一系列共识。2000 年，我国与东盟签订了以货币互换为核心的《清迈倡议》，2002 年、2004 年、2005 年、2007 年，又先后签署了《全面经济合作框架协议》、《中国—东盟争端解决机制协议》及中国—东盟全面经济合作框架协议下的“货物贸易协议”、“服务贸易协议”和“投资协议”，明确了双方合作的目标、任务和具体安排。

---

① 东盟包括新加坡、越南、菲律宾、马来西亚、泰国、柬埔寨、老挝、缅甸、印度尼西亚、文莱等国家。

② 东北亚是指亚洲的东北部地区，包括中国、日本、韩国、俄罗斯、朝鲜、蒙古等国家。

③ 中亚是指亚洲中部地区，包括哈萨克斯坦、乌兹别克斯坦、吉尔吉斯斯坦、土库曼斯坦和塔吉克斯坦。

④ 拉美是指美国以南的美洲大片以罗曼语族语言作为官方语言或主要语言的地区。共有三十四个国家和地区：墨西哥、危地马拉、洪都拉斯、巴西、秘鲁、阿根廷、委内瑞拉、古巴、乌拉圭等国家。

随着宏观层面上合作框架的确立，双方金融合作也日益深入。金融监管当局方面，建立了区域监督机制、东亚外汇储备库，开展了双边货币互换，签署了证券监管合作备忘录。金融市场参与主体方面，主要表现在双方银行互设分支机构、互为代理行以及业务内容多元化等。从证券机构合作来看，主要包括债券、期货以及股票市场的合作。如成立证券分析联合会、证券投资基金年会等。从现有合作来看，双方的金融合作领域不断扩大，内容不断丰富，助推经贸合作的作用日益明显。

（二）我国与东北亚金融合作模式

回顾我国与东北亚地区的合作，可以追溯到20世纪90年代初，在联合国开发计划署的倡导下，中国、俄罗斯、朝鲜、韩国、蒙古五国共同启动图们江区域合作开发项目，但受制于地缘政治因素影响，开发进展缓慢。2003年，我国实施东北老工业基地振兴规划，赋予东北多项优惠政策，使东北成为我国与东北亚地区合作的前沿阵地。2009年，国务院先后发布《中国图们江区域合作开发规划纲要》、批复实施《东北振兴“十二五”规划》、《中国东北地区面向东北亚区域开放规划纲要（2012—2020）》，提出把东北地区基本建设成为面向东北亚开放的重要枢纽，为东北地区参与东北亚区域合作指明了目标和方向。因此，我们认为，我国与东北亚属于较为典型的政府主导型合作。

在我国政府的安排下，我国与东北亚国家的金融合作快速发展。从合作机制来看，我国利用亚太经合组织（APEC）、“10+3”机制与韩国、日本就相关金融合作问题进行磋商，在《清迈协议》内容框架下进行对话；搭建中国东北亚博览会与东北亚各国进行经贸合作和人文交流。从合作内容来看，我国与韩国的中韩自由贸易区已完成研究论证并进入谈判收尾阶段；2014年2月末，我国与韩国央行签署了关于在首尔建立人民币清算安排的备忘录，并指定交通银行作为在首尔的人民币业务清算行，彼此间在政策协调、对话机制、汇率联动机制、金融机构互设等方面也取得了积极进展。

（三）我国与中亚金融合作模式

中亚是连接亚欧大陆的桥梁，是中国实现油气来源“多元化”和能源输送安全的重地。2013年，我国提出新丝绸之路经济带构想，拉开了我国与中亚经济合作的新序幕，为双方深化金融合作奠定了扎实基础。从双方合作的动机来看，笔者认为是典型的资源驱动型合作。双方贸易额在2012年即达到459.4亿美元，是1992年建交之初4.6亿美元的100倍。

随着双方经贸往来的深入，双方金融合作内容也日益丰富。从合作机制上看，通过上海合作组织金融分委会进行多边金融磋商对话，共同组建上海合作组织银行联合体。从合作区域看，由于新疆与中亚毗邻接壤，因此将其作为与中亚合作的关键区域。在金融监管当局方面，我国央行先后与乌兹别克斯坦、哈萨克斯坦等国签署了双边本币互换协议，与吉尔吉斯斯坦、哈萨克斯坦等签订了双边本币结算协议，与哈萨克斯坦等部分国家货币的直接或挂牌交易；在金融市场主体方面，中国国家开发银行与乌兹别克斯坦复兴和开发基金会签署合作协定，为双方基础经济领域的投资项目及其他项目提供资金支持。中哈商业银行之间开展了贸易结算、出口信贷、银团贷款、融资服务、互设机构、信息交流与人才培训等业务合作。

（四）我国与拉美国家的金融合作模式

拉美地区幅员辽阔、资源丰富，与我国处在相似的发展阶段，因此，我们认为，我国与拉美地区的金融合作是优势互补型的。随着我国加入世贸组织以及拉美国家经济迅速增长，中拉两地经贸合作呈现快速发展势头。数据显示，自2000年以来，中拉贸易一致保持年均增幅30%以上。2002—2012年，中拉双边贸易额增长了20倍，达2 612亿美元。

经贸往来合作的扩大也带动了金融合作的不断推进。在政府层面，中国与智利、秘鲁和哥斯达黎加三个拉美国家，分别于2006年、2010年和2011年签署了自贸协定。在金融监管当局层面，通过美洲开发银行成员国财政部长和央行行长会议，中国央行于2010年1月和2013年3月分别与阿根廷、巴西央行签署了规模为700亿元、1 900亿元等值人民币的货币互换框架协议。在金融机构主体层面，国家开发银行和中国进出口银行分别与美洲开发银行就共同融资等方面签署了合作备忘录。中国银行、中国工商银行等中国商业银行纷纷在巴西、阿根廷、秘鲁等国成立分行或开展业务，2012年，工商银行收购阿根廷标准银行80%的股份，进一步推动了中拉金融合作。

（五）我国对外区域金融合作四种模式的比较分析

上述几种发展模式都是我国对外开展区域金融合作中探索出来的，在合作动因、合作机制、合作主体、合作内容等方面既有相同点又有不同点。相同的是，对外金融合作起初离不开国家战略和政府的大力支持，在具体合作中经济金融相辅相成，经济合作先于金融合作。不同的是，目标任务不同，相应的合作举措、推动力度不同。

**表1　我国对外区域金融四种主要模式的比较**

| 模式 | 动因 | 合作机制 | 合作主体 | 合作内容 |
|---|---|---|---|---|
| 我国与东盟 | 危机驱动 | 政府间：东盟首脑会议、地区财长和中央银行行长会议、国际货币基金组织年会、清迈协议<br>民间：中国东盟博览会 | 广西 | 货币互换、区域风险监督防范、建立东亚外汇储备库、金融、债券市场合作、银行互设分支机构 |
| 我国与东北亚 | 政府主导 | 政府间：亚太经合组织、东盟10＋3机制、地区财政和央行行长会议；<br>民间：中国东北亚博览会 | 长春 | 中韩自贸区建设、货币互换 |
| 我国与中亚 | 资源驱动 | 政府间：上海合作组织<br>民间：中国亚欧博览会 | 新疆 | 成立上海合作组织银行联合体、货币互换、贸易结算协议、金融机构合作 |
| 我国与拉美 | 优势互补 | 政府间：亚太经合组织、美洲开发银行、地区财长及央行行长会议<br>民间：中国拉美企业家高峰会 | 全国 | 货币互换、贸易结算协议、金融机构并购、基础设施融资协议安排 |

## 四、我国对阿金融合作的实践

我国是能源进口大国，来自阿拉伯国家和地区的能源进口占比达60%。因此，加强和深化我国对阿合作，保障能源安全至关重要。由于宁夏在与阿拉伯国家及世界伊斯兰地区交往中具有得天独厚的民族文化优势，加之又是我国唯一省级区域的内陆开放型试验区，必然在中阿合作中担当重要角色。2009 年，我国将宁夏确立为中阿经贸论坛（2012 年升格为中阿经贸博览会）的永久举办地，确立了其对阿合作的主体地位。为此，宁夏积极融入“一带一路”建设，尝试和探索开展了一系列对阿合作项目。从合作机制上来看，有中阿部长级会议机制及中阿博览会金融合作论坛。从合作内容来看，宁夏与阿盟签订了《中阿金融发展战略框架倡议》；在金融监管合作层面，我国央行与卡塔尔中央银行签署了规模为 350 亿元人民币的双边本币互换协议，并建立人民币清算安排的合作备忘录，并同意将人民币合格境外机构投资者（RQFII）试点地区扩大到卡塔尔。从金融市场参与主体合作来看，中国银行在巴林设立了代表处，中国工商银行在阿联酋、卡塔尔、沙特、科威特设立分支机构。阿联酋国民银行（Emirates NBD）在北京设立中国代表处，宁夏银行在银川试点开办了伊斯兰金融业务。

但是，对比已有四种对外金融合作模式，我们发现，我国对阿金融合作尚存在以下三个方面的问题。

### （一）合作路径有待进一步完善

综观四种主要对外金融合作模式，笔者发现存在一个“国家战略支持切入—政府间平台搭建—金融监管当局和金融市场参与主体跟进”的路径。从我国对阿金融合作情况来看，目前，“金融监管当局和金融市场参与主体跟进”这个关键节点是闭塞的，亟待打通。

### （二）合作机制有待进一步丰富

合作机制包括对话磋商机制、合作交流平台等内容。与上述四种主要对外合作模式相比，我国对阿合作机制单一，在政府间层面，仅有中阿部长级会议，民间层面仅有中阿博览会，与东盟的首脑会议、“10＋3”对话机制、央行行长和财长会议、博览会、国际货币基金组织年会、清迈协议相比，双方合作机制层次有待提高，形式有待丰富。

### （三）合作内容有待进一步深化

当前，中国对阿金融仅限于金融机构间的合作，范围局限于国际贸易结算、跨境投资等领域，比较与其他模式在货币互换、风险防范、金融监管、资本市场、证券市场、设立离岸人民币清算中心等方面的合作，我国对阿合作在范围上明显滞后，亟待扩大和深化。

## 五、比较借鉴视角下：我国深化中阿金融合作的启示

比较四种主要对外金融合作模式，借鉴他们的经验，弥补中阿金融合作的短板，对于深化中阿金融合作现实意义重大。鉴于此，笔者提出如下建议。

### （一）尽快建立宁夏对阿金融合作的制度框架安排，进一步明确双方合作路径

中阿双方金融体系差异较大，双方有效融合对接存在一定困难，因此更需要一系列金融合作制度来安排，确保双方金融合作的有序快速推进。建议我国政府在两个层面尽快确立相关的金融合作：一是我国政府与阿盟、海合会尽快就金融合作达成协议，

制订双方金融市场开放与合作、监管等全面的制度框架；二是在此框架内，双方金融监管当局就合作方式、区域金融合作监督与风险防范、货币互换、金融机构准入等方面作出具体安排。

（二）加快丰富对阿金融合作机制和平台，进一步深化双方合作成效

在现有中阿部长级会议、中阿经贸博览会的基础上，我们建议从以下三方面入手：一是我国与阿盟、海合会尽快建立长效沟通磋商机制，通过对话解决双方在经济金融合作中遇到的问题，加深彼此的理解和互信，共促经济金融发展；二是尽快搭建政府首脑、高层及央行行长会议机制，及时解决在金融合作中面临的问题和矛盾，更快推动金融合作机制的建立；三是尽快建立金融协调小组，研究在金融合作中出现的新问题，及时沟通本国货币政策及金融市场运行状况，就金融领域合作进展及时总结经验，推进金融合作的顺利进行。

（三）进一步完善金融合作的内容，不断拓展双方合作的深度和广度

在双方货币互换、国际结算方面的金融合作基础上，从以下三个层面扩充合作内容：一是双方金融监管当局应尽快就金融市场开放、监管加强合作进行沟通，重点在金融监管协调、风险监测、防范与化解等方面尽快达成共识；二是进一步放宽双方合作的领域，范围不仅要包括国际贸易结算、跨境投资、风险防范、金融监管等传统金融领域，还需要放宽在资本市场、金融衍生产品、风险投资、兼并收购、资产证券化等新兴金融领域的限制；三是积极引导双方金融机构主体积极稳妥地发展新关系，开展好国际贸易融资业务、国际结算业务、项目融资以及外汇业务等合作，构建中阿间清算支付体系，更好地服务贸易投资。

## 参考文献

［1］赵长峰．国际金融合作：一种权利与利益的分析［M］．北京：世界知识出版社，2006.

［2］王子先．欧洲与东亚区域金融合作［J］．世界经济，2000（3）.

［3］王燕之．东亚区域金融合作的现状与前景［J］．中国金融，2003（1）.

［4］李立平．宁夏：打造中阿资金融通集聚地［N］．证券日报，2013-09-17（D04）.

［5］程永林．东亚金融合作的经验分析与理性反思［J］．世界经济，2007（4）.

［6］张军洲．中国区域金融分析［M］．北京：中国经济出版社，1995.

［7］支大林，于尚艳．区域金融理论与实证研究［M］．北京：商务印书馆，2008.

［8］金耀斌．中国区域金融合作现状及前景分析［J］．财政金融，2009（109）.

［9］刘文翠，蒋刚林．中国—东盟金融合作现状与制约因素解析［J］．新疆财经大学学报，2013（3）.

［10］朱孟楠，郭春松．欧盟金融监管合作的经验与借鉴［J］．发展研究，2006（7）.

［11］隋伟．东亚金融合作法律制度研究［D］．南开大学，2010.

[12] 张帆．东亚金融合作法律制度及中国的定位与战略 [J]. 商品与质量，2012 (12).

[13] 刘鸿伍．中阿经贸合作论坛与宁夏的地位和作用 [J]. 回族研究，2010 (4).

[14] 马明霞．伊斯兰金融视角下宁夏深化中阿金融合作研究 [J]. 回族研究，2014 (2).

[15] 朱琳．关于建立中国—阿拉伯国家联盟自由贸易区的战略构想 [J]. 对外经贸，2011 (12).

[16] 郑世波．中国—东盟合作回顾展望．中国贸易自由区服务网，2014-10-09.

[17] 陈剑波，胡列曲．中国—东盟区域金融合作进程及展望 [J]. 合作经济与科技，2012 (4).

[18] 何剑，陈文新．中国新疆与中亚区域金融合作问题探析 [J]. 俄罗斯中亚东欧市场，2009 (3).

[19] 郭应德．阿拉伯史纲 [M]. 北京：中国社会科学出版社，1991.

责任编辑校对：刘江帆

# 内陆开放型经济建设的理论与实践研究

## ——以宁夏为例

宁夏大学经济管理学院　仇娟东

**摘要：** 建设内陆开放型经济试验区是宁夏面临的重大发展机遇。本文在分析宁夏内陆开放型经济发展现状和比较优势的基础上，从理论上探讨了内陆开放型经济的具体内涵、目标路径、动力机制并建立了内陆开放型经济的“双源五力”驱动模型，随后以宁夏为例说明了该模型的内涵及宁夏发展内陆开放型经济的战略步骤设想，最后又基于该模型给出了宁夏发展内陆开放型经济的政策建议。研究表明，与沿海及沿边地区单纯依靠内源或外源驱动的开放型经济发展模式不同，宁夏应采取内源与外源双源驱动的路径，将经济地理、政策因素、制度创新、要素流动和外部效应等五个驱动力结合起来，寻求经济集聚、经济增长与率先突破的战略框架、战略步骤与可能路径。

经过改革开放30余年的探索，改革开放和发展开放型经济对经济发展的重要作用已经成为共识，我国“十二五”规划也专门开辟了一章，阐述了我国协同推动沿海、内陆和沿边开放的分工协作、均衡协调的“全方位”开放格局，“内陆开放”也第一次出现在国家层面的发展规划中。对于不沿边、不靠海、地处内陆的宁夏，国务院《关于进一步促进宁夏经济社会发展的若干意见》，明确要求宁夏发展内陆开放型经济，这为宁夏的发展提供了方向性指导。2012年9月，国务院批准建立宁夏内陆开放型经济试验区，这不仅标志着宁夏发展内陆开放型经济进入新的阶段，还为宁夏内陆开放型经济的建设赋予了更为重要和深远的意义。当然，与沿海地区开放时间较长、经验积累较为丰富以及沿边地区地缘优势明显不同，内陆开放对宁夏甚至全国都是一项全新的课题，因此对开放什么（What）、对谁开放（Who）、开放的动力何在（Where）、如何实现内陆开放（How）等一些具有基础性但不失关键性的问题，进行理论层面的分析和经验层面的解答具有重要的理论与现实意义。

### 一、内陆开放型经济发展的理论分析

1. 概念辨析

内陆开放型经济是相对于沿海、沿边地区的开放型经济而言的，是指具有内陆地区发展特点的开放型经济。内陆地区由于特殊的地理位置，经济发展水平相对落后，从而内陆地区的开放型经济势必包括开放与发展的双重内涵。具体地，发展内陆开放型经济，就是以经济全球化为背景，以全国统一市场为基础，通过持续深化对内对外开放，充分利用国际国内两种资源、两个市场，在全球范围内优化资源配置，不断深

化国际分工与合作的开放发展。内陆开放型经济的上述界定包含三方面的内涵：其一，强调内陆地区通过全面开放促进自身发展的战略思维，把经济发展纳入到全球化视野中，加强与外部的战略协调，实现要素在全球范围的最优配置；其二，是建立在市场化基础上的制度性开放发展战略，这主要表现在内陆地区同时向国际、国内相互开放，同时重视实体领域和思想观念的开放，是规则对接、经济运行机制统一的制度开放；其三，内陆开放型经济是国家区域协调发展的战略，与东部出口导向型经济及内陆地区政府主导的政策性开放相比较，内陆开放型经济将区域性、政策性开放转变为全方位、制度性开放，是政府引导与市场推动的结合。

总之，发展内陆开放型经济的目的是深入发掘内陆地区的比较优势，通过市场一体化进程，逐步融入国家经济一体化和全球化，建立内外对接、内部整合的经济运行机制和区际协调机制，实现要素在全球范围内的最优配置。

2. 内陆开放型经济的目标路径

一般地，发展内陆开放型经济的根本目的还在于，通过拓展市场空间、优化资源配置来推动当地经济的增长进而改善当地居民的福祉，而该区域也相应地被视为经济发展的“高地”，即经济集聚区。由此而来的问题是，内陆地区在地理位置、资源禀赋等纯自然条件方面并不一定具有优势，那么该地区如何成为经济集聚的中心呢？从空间经济学的基本理论来看，即使纯自然条件方面存在先天不足，但也可能由于一些偶然因素（如历史事件和政策调整）导致经济向该地区集中，该集中便是集聚在空间的体现，而集聚一般地被视为经济增长在地域上的对应（藤田昌久、雅克—弗朗克斯—蒂斯，2004）。在发展内陆开放型经济上，开放政策无疑是上述偶然因素中最为主要的内容。基于此，发展内陆开放型经济的目标路径可概括为：开放—集聚—增长。至于该目标路径形成的内在机制，空间经济学家认为：表现为经济活动集中的集聚由某种循环逻辑创造并维持，而收益递增机制则可能辅助性地决定空间差异的程度（藤田昌久、克鲁格曼，2011），也就是说，经济活动集聚形成的最为本质的经济力量是规模收益递增和循环累积因果机制。基于此，内陆开放型经济的目标路径可概括为图 1。

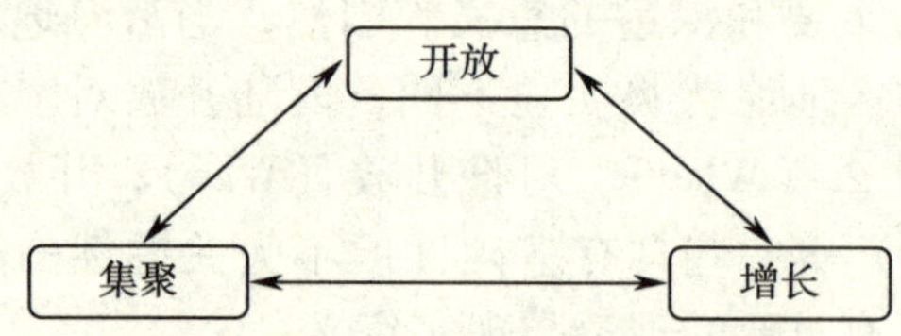


**图 1　内陆开放型经济的目标路径**

总之，内陆开放型经济的发展中，以深化开放为突破点，通过有效利用各方面的资源，建立有利于推动“核心区”经济增长的循环累积因果关系，最终通过区域贸易的市场挤占效应形成“核心区”与“边缘区”的区域分异。

3. 内陆开放型经济的驱动模型

在空间经济学视阈下，区域经济集聚及增长的动力源主要包括内源动力与外源动力两方面，其中内源动力源自区域的内生增长，外源动力源自区域内生经济系统之外的其他因素，主要包括经济地理、政策因素及制度创新等。具体地，空间经济学框架下经济集聚及经济增长的驱动因素主要有：经济地理、政策因素、要素流动、外部效应和制度创新等，本研究在空间经济学框架下所建立的内陆开放型经济驱动模型，包括五个基本作用力：支撑力（经济地理）、启动力（政策因素）、拉动力（要素流动）、推动力（外部效应）、保障力（制度创新）。这五个作用力中，支撑力、启动力和保障力外生于经济系统，因此可将其划入外源驱动力；推动力与拉动力内生于经济系统，我们可将其划入内源驱动力。基于此，我们可以将所构建的内陆开放型经济发展模型称为“双源五力模型”，各因素及其作用机制可表示为图2。

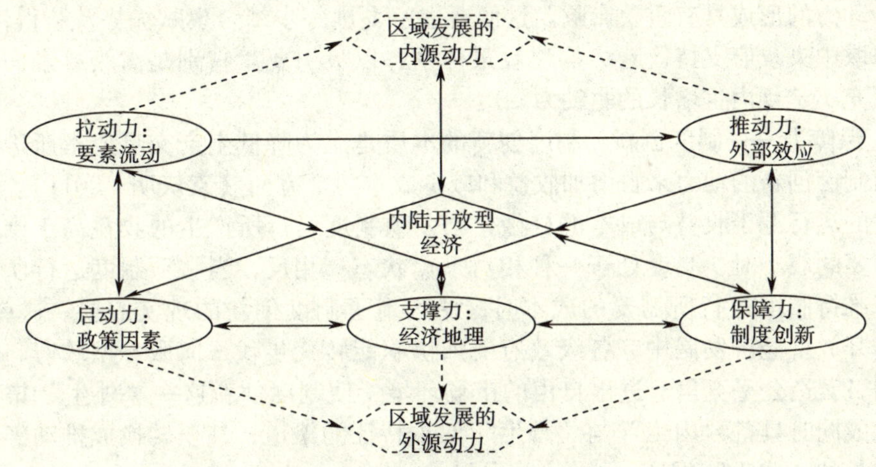


**图2　内陆开放型经济的“双源五力”模型图示**

正如图2所示，发展内陆开放型经济，就是要走顺比较优势的道路，将经济系统内外的因素有效利用起来，将内源动力与外源动力系统整合起来，将市场与政府的力量有机结合起来，进而以优化资源配置和扩大经济规模来推动经济增长。

## 二、宁夏发展内陆开放型经济的构想

1. “双源五力”的内涵

在“双源五力模型”框架下，应该从外源动力与内源动力两方面，支撑力（经济地理）、启动力（政策因素）和保障力（制度创新）、拉动力（要素流动）、推动力（外部效应）等五个驱动力入手，推动宁夏内陆开放型经济的建设，进而为全国内陆地区的开放提供有益借鉴与参考。具体来说，宁夏内陆开放型经济发展中“双源五力”的具体内涵为：

（1）支撑力——经济地理。可以发现，我国利用经济地理因素进而带来经济集聚的例子是存在的，如长三角与珠三角利用距离大港口较近的优势成为工业集聚的中心，辽宁和山西依靠矿产资源成为工业中心，陕北的榆林依靠能源资源成为“呼包银榆”能源集聚区中不可缺少的一角。从我们对宁夏资源禀赋方面的比较优势归整中可以看出，宁夏在传统能源、新能源、旅游资源、伊斯兰文化、地理区位等方面具有突出优势，这便要求宁夏要切实利用好这些经济地理因素，并将其转化成为推动区域经济发展及内陆开放型经济建设的重要“集聚力”。宁夏要基于这些因素建设好国家大型综合能源化工基地、区域战略性新兴产业基地、清真食品与伊斯兰用品集散地等一批，既能够支撑起目前区域经济发展，还能够吸引外商投资的现代产业体系。

（2）启动力——政策因素。从实际情况来看，我国梯次推进的对外开放以及计划体制下的“三线建设”及东北三省的大量工业投资，都说明了政策因素在塑造区域经济格局中的重要作用。国家已对宁夏给出了一系列“高含金量”的优惠政策组合，这些都对宁夏借助国家战略定位，利用逆市场调节来调动要素的流动，进而寻谋区域突破和打造外向型发展“高地”营造了浓厚氛围，并最终为宁夏内陆开放型经济发展中集聚初始动力的形成具有重要影响。这便要求宁夏进一步结合禀赋优势及获得性优势，进一步争取中央政府支持，着力构建政策体系，以吸引要素特别是高级要素向宁夏汇集，进而充实宁夏内生增长的驱动力。

（3）保障力——制度创新。制度创新的本质是人为降低生产交易成本所进行的努力，从而制度创新的动力来自增加收益和减少成本两个方面（袁庆明，2011）。也就是说，制度的运行源于收益与成本的权衡，当一项制度运行所产生的收益高于维持制度运行所需要的成本时，制度处于一种相对平衡状态；相反，当一项制度运行所产生的收益低于维持制度运行所需要的成本时，便产生了制度创新的现实需要。这就是说，宁夏内陆开放型经济发展中，各级政府要加快职能转变步伐，向服务型政府、法制型政府转型，营造公平竞争、进出自由的市场环境，使制度创新这一“外生”渠道能够顺利转化成同时具备“内生”与“外生”双重特征的渠道，甚至转换成推动经济集聚与经济增长的“内生”渠道。

（4）拉动力——要素流动。要素的自由流动是通过经济关联与知识关联形成外部性的关键力量，也是开放型经济的本质特征。事实上，追逐利益的经济个体和经济活动的套利性质，决定了劳动力、资本、技术等要素的流动性，也使大量的生产要素从其他地区流入成为拉动区域经济发展的内生动力之一。随着宁夏建设内陆开放型经济的建设、对外开放领域的拓展、投资和贸易的增加，区域经济活动的关联性、要素的多样性等都决定了要素流向宁夏的可能性。这就要求宁夏从要素流动障碍的清除、市场化程度的提升、信息条件的改善、拥塞和环境污染等外部不经济的治理等方面入手，将要素向宁夏的流动从可能转化为现实，进而通过内生经济增长动力的增强来提升宁夏内陆开放型经济的发展水平。

（5）推动力——外部效应。在内陆开放型经济条件下，国际、国内的要素在区域间的流动造就了区域发展的格局，如果某地区存在较高的正向外部效应，则会使更多的要素、企业、产业集聚到这一区域，进而形成为经济体在不确定性风险条件下提供快速转换能力的外部软硬件环境，可见，开放条件下的外部效应同时包括要素集聚形成的聚集外部性和区域软硬环境改善带来的外部效应两方面内容。基于此，宁夏内陆开放型经济的发展中，应注意引入重大项目到区内投资，这势必推动大规模训练有素的劳动力市场的形成，提高各决策主体和企业建立直接联系的可能性，进而形成经济关联与知识关联的外部性。当然，重大项目引入的过程中，一般政府会制定相应的政策措施来改善投资环境，这也成为外部效应的另一重要来源。

2. 战略步骤设想

《宁夏内陆开放型经济试验区规划》中已对宁夏内陆开放型经济区发展的战略步骤作了纲领性说明，并具体指出到2015年及2020年宁夏内陆开放型经济发展的目标要求。在此基础上，我们在上述“双源五力”框架下，对宁夏发展内陆开放型经济的战略步骤作出补充说明。具体地，由于宁夏与周边省区的人均GDP差距不大，根据空间经济学的基本理论，我们可以忽略宁夏与周边地区的具体差异并假设各地区的基本情况相似，那么建设内陆开放型经济区便是在宁夏形成经济“高地”，而从内陆开放型经济建设开始到经济“高地”的形成，该过程可自然被划分为基础积累、合作突破及自助引领三个阶段。若我们以时间为横轴、以发展程度为纵轴，以45°直线表示区域的分异，那么45°线以下表示“内陆高地”尚未形成，45°线以上表示“内陆高地”形成和发展，而表征内陆开放型经济发展的曲线与45°线的交点表示内陆开放“高地”显现（我们称该点为“突破点”），我们将该点附近的一个阶段定义为“合作突破”阶段，将该阶段之前及之后的一段时期分别定义为“基础积累”阶段和“自助引领”阶段。基于此，宁夏发展内陆开放型经济的战略步骤构想可简单表示为图3。

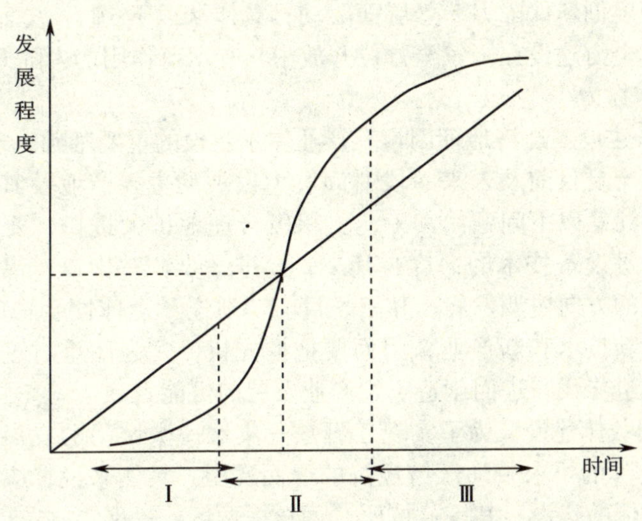


**图3　宁夏内陆开放型经济发展阶段设想**

第一，基础积累阶段（2010—2015年）。在这一阶段，宁夏外向型经济发展的基础性因素不断积累，资金、技术、人才、市场等要素开始集聚，但要素流动对经济的拉动力及集聚的外部性对经济的推动力还比较有限。在该阶段，宁夏发展内陆开放型经济的规划与产业基础得以形成，通过区域内部交易体系的完善使内陆开放经济的市场环境得以优化，通过积极组织和开展与阿拉伯世界及伊斯兰国家的交流与交往使国际市场得以启动。总之，该阶段将为宁夏内陆开放型经济的发展打下坚实基础。

第二，合作突破阶段（2015—2020年）。该阶段是要素集聚和制度环境的快速发展阶段。该阶段，宁夏的主导产业已经确立并进一步强化，具有完善的自我调节机制和市场调节机制，在区际之间的经济关系渐处于主导地位，开放型经济进入了大合作发展阶段。区际之间的市场交易可达性和便利性进一步提升，在外延上表现为交通基础设施的通达性提高，产品、资源、要素的跨区域流动障碍不断减低，区域性制度和政策趋于一致等，区域性专业化产业区已初步形成规模。

第三，自助引领阶段（2020—2030 年）。该阶段的核心目标在于形成产业自主成长、自主升级能力；具体任务在于形成生产总量较大、市场份额较高、成本与价格优势明显、本地信息与知识网络高效、研发创新能力突出、产业主导功能和领先地位完全显现的区域经济发展态势；标志性成果是使宁夏在区际之间的经济关系中渐处于绝对主导地位，国际市场交易规模和范围不断扩大，并实现从现有的区域性专业化产业区向国际性专业化产业区的转型和升级。

## 三、宁夏发展内陆开放型经济的政策建议

对于宁夏在目前及未来一段时间的建设与发展而言，应该在“双源五力模型”的框架下，从内源与外源 2 个原动力着手，按照 3 个战略步骤的要求，利用好区内、国内和国际 3 个市场，分别从经济地理支撑力、政策因素启动力、要素流动拉动力、外部效应推动力和制度创新保障力 5 个层面驱动，具体从以下 10 个方面采取措施，先行先试、大胆探索，全力建设在国家全方位开放中具有示范作用的内陆开放型经济。

1. 经济地理支撑力

（1）产业体系建设。经济地理因素是产业体系建设的重要基础。宁夏的“十二五”规划已详细规划了宁夏目前及未来一段时间着力发展的主要产业及其发展方向，在该过程中，应进一步注意以下问题：其一，要积极合理地扩大进口，要加大引进国内及国际先进技术和关键设备技术的力度；其二，要进一步调整出口产品的结构，推动出口产品与产业升级的方向协调发展；其三，目前“适逢”全球性金融危机影响的后期，危机往往会催生出新技术和新产业，因而要把握先机，尤为注重对这些新技术与新产业的自主创新与引进步伐，进而创造引领产业发展的可能。

（2）区域空间载体建设。为了实现“开放—集聚—增长”的发展目标，应当按照打造经济“增长极”的要求带动区域经济的全面发展。具体来说，应从以下几方面入手加强区域空间载体的建设：其一，按照“两核、两区、一网、多节点”[①] 的城镇化体系规划，高水平建设沿黄经济区，形成推动宁夏向西开放的“极中极”；要加快宁南生态经济区的城镇化、新型工业化和农业现代化进程，以形成宁夏连接关天经济区的态势，进而带动宁夏整体的协调发展。其二，通过推动呼包银榆经济区建设，形成宁蒙陕甘毗邻地区的合作圈；通过积极发展清真食品与伊斯兰用品、能源、化工等产业进而深化与西北兄弟省区的合作，通过特色旅游、特色农产品、生物医药等方面的合作而深化与西南兄弟省区的合作，进而形成西部地区合作圈；有效利用宁夏承东启西的优势，进而建立与东中部地区的合作圈；通过上述合作圈的建立及银川综合保税区的优势，最终探索在宁夏打造自由贸易区，实现中国经济发展空间格局的升级及东西部

① 两核：银川、固原；两区：沿黄经济区、宁南生态经济区；一网：交通运输网络；多节点：以县城为节点的城镇化体系。

地区经济社会差距的缩小和化解。

2. 政策因素启动力

（1）外向方面。与沿海、沿边地区的开放不同，内陆地区开放型经济打造的初期阶段应按照逆市场化的思路和手段，积极争取中央政府支持，着力构建政策体系进而形成政策的“洼地效应”，吸引要素、特别是高级要素向宁夏的集聚。具体来说，需要从以下几个方面着手：其一，无论是经济区发展规划、西部发展规划还是国家发展规划，这都为宁夏提供了众多优惠政策，要进一步研究、利用好这些政策；其二，借鉴经济特区、开放城市、开放地区、整体开放等沿海、沿边地区的开放经验，积极申请中央的政策支持；其三，近年来，宁夏金融业吸引外资的成就显著，区域金融的发展也呈现良好的势头，这就要求宁夏结合综合保税区的基本运行机制，进一步优化金融生态，为内陆开放提供适宜型、生态型和安全型的金融支持。

（2）内向方面。所谓内向方面的政策因素启动力主要是针对自治区相关部门所应进一步深化的工作，具体来说主要有三方面：其一，在宁夏获批设立内陆开放型经济试验区之后，自治区政府已相继出台了《自治区人民政府关于加快发展内陆开放型经济的意见》（宁政发〔2010〕100 号）、《宁夏内陆开放型经济试验区规划》等一系列纲领性文件，这为宁夏内陆开放型经济的发展提供了建设性指导，应进一步敦促这些规划与文件的落实。其二，要进一步围绕全区区域经济发展的整体目标，向国际、国内招标，高起点、高水平编制宁夏内陆开放型经济的中长期发展规划，并与各相关规划有机衔接，使之真正成为指导宁夏内陆开放型经济建设与发展的纲领性文件。其三，对于自治区已制订的相关规划以及应该制订的内陆开放型经济发展的中长期规划，应进一步将这些规划与文件所涉及的内容对接到具体的国家部委和区内职能部门，力促更宽范围的“区部合作”和规划的落实。

3. 要素流动拉动力

（1）要素集聚载体的建设。相关理论研究与实践经验表明：知识已成为继原材料、能源及资本之后的“第一生产要素”，其对区域经济的发展也将起着极为重要的作用。具体来说，宁夏内陆开放型经济的发展应该从以下几方面入手打造要素，尤其是高级别要素的集聚地：其一，通过加大技术创新投入以及建设技术研发中心等措施，进一步提升宁夏的产品研发和技术创新能力，进而使宁夏在增加自主技术和知识专利拥有量的同时，逐步进入国内、国际分工网络的高增价值环节。其二，对于制约产业升级的先进技术和国际型人才短缺等高级要素缺乏瓶颈，应将自主创新与吸收引进有机地结合起来，以期在创新能力和竞争优势提升的过程中提升区域整体的实力。其三，在招商引资过程中，注重引进在宁夏具有现实基础的外资项目和本地发展急需的国际型技术和管理人才，从而带动和提升宁夏整体的国际化水平。

（2）要素升级渠道的建设。要素升级渠道的建设是区域经济“内生”增长的重要组成部分，宁夏应从以下三方面入手来建设要素升级的渠道：其一，充分利用宁夏当前对外开放，尤其是向伊斯兰世界的开放格局，重视从进口贸易、引进外资、对外投资多方面来增强要素的汲取能力，进而在宁夏建立内生增长的循环累积因果渠道。其二，进一步推动宁夏知名企业“走出去”的步伐，推动以新建和“反向收购”等方式向阿拉伯世界和发达国家的"技术和品牌导向型"对外投资，进而提升国外先进技术和国际知名品牌的获取能力。其三，受我国市场机制不断深化和严峻就业形势的影响，有相当部分具有资本与技术的"精英打工者"走上创业之路，这其中有部分可能会成为未来引领经济发展的中坚力量，宁夏应尽早出台政策以引进与留住这些"未来企业家"，进而建设与充实引领宁夏未来发展的"高级别生产要素库"。

4. 外部效应推动力

（1）产业集聚水平的提升。较高的产业集聚水平能够形成强大的外部性，宁夏应建立有效的以产业集聚水平提升来推动外部效应形成的渠道。具体来说，应从以下几方面入手：其一，要按照外向型农业的战略思想，拉长农业产业链条，推动农业贸易向深度和广度发展，进而形成贸易创汇和农民增收的良性循环。其二，要按照新型工业化道路的要求，建立以工业园区为载体、工业产业集群化发展的空间载体，进一步形成区县特色产业集群，以推动工业强区目标的实现。其三，进一步将利用外资的重点向服务业领域转型，加强对服务业开放的引导和协调，尽快适当新推一批服务业对外开放的项目；特别地，要从金融要素市场体系、金融工具、金融产品、支付结算体系、金融后台等完善的视角来提升金融创新的力度，进而提升特色金融中心的集聚外部性。

（2）交通运输体系的建设。交通成本是区域经济发展中的重要"分散力"，这对经济的集聚和外部效应的产生具有重要影响。宁夏应依托平面、立体的区位优势，加快干线铁路、高等级公路、干线机场为主骨架的现代化综合运输体系的建设步伐，具体来说，主要包括以下几方面：其一，要在银川河东机场为主体，香山机场、六盘山机场和石嘴山通勤机场为支撑的航空体系的基础上，进一步打通宁夏对外开放的空中大通道，打造区域临空经济区，并建成区域性航空枢纽。其二，要按照构建高速铁路、公路网的目标，进一步打通与完善宁夏与国内区域中心城市及东南亚、南亚和东北亚的铁路、公路通道，建立宁夏与外界陆路网络快速流动的空间循环。其三，要创新通道建设优惠政策，简化国际游客出入境手续，重点争取伊斯兰国家到宁夏的落地签、免签等更为便利的出入境政策，也要不断提高银川空运口岸、惠农口岸通关效率和服务功能，着力完善大通关机制。

5. 制度创新保障力

（1）开放型制度环境的建设。宁夏内陆开放型经济发展中，应主要从以下三方面入手来加强开放型制度环境的建设：其一，通过克服民营经济在法制环境、市场准入、审批管制、融资环境、服务体系等方面的制度障碍，以提供公开、开放、透明、可预期的制度环境。其二，宁夏目前内陆开放型经济发展中，已经从金融、财政、土地政策等多方面给出了招商引资的优惠，事实上，这些优惠政策为入驻企业提供了要素收益补偿，但这种补贴受益面狭小、辐射性差，政府可考虑从节能减排措施培训、环境治理系统建设、公共服务体系的完善等方面入手，将引资模式从要素收益补偿型逐步升级为为企业提供外部性共享和区域外部性提升的健康调理型。其三，加强生产技术信息、金融支持信息、市场信息等信息服务体系的建设，为区域发展提供良好的信息环境；进一步加强知识产权保护，激励生产者改善产品质量。

(2) 开放合作机制的建设。与国内及国际合作机制的建设是宁夏内陆开放型经济发展的应有之义，应主要从以下三方面着手：其一，通过建立区域合作联席会议或协调会制度、建立信息沟通机制、建立专家咨询团等，进一步加强区域合作，力争在交通建设、资源开发、商贸物流、产业发展等方面率先取得突破，提升合作层次，推动共同发展。其二，积极实施科技开放互动战略，从宁夏区域创新体系建设入手，开展跨区域科技合作和跨区域创新体系建设，推进产业集群融入更大区域乃至全球产业价值链体系。其三，加快完善涉外公共管理服务体系，逐步扩大基础设施和重点行业的市场准入，建立适应对内对外开放的投资体制和激励机制，进而营造与国内外市场接轨的制度环境。

## 参考文献


[1] [美] 库姆斯·P. P. 迈耶·T. 蒂斯·J. F. 经济地理学：区域和国家一体化 [M]. 安虎森等译. 北京：中国人民大学出版社，2011：71 - 80.

[2] [美] 藤田昌久，克鲁格曼，维纳布尔斯. 空间经济学——城市、区域与国际贸易 [M]. 梁琦主译. 北京：中国人民大学出版社，2011：1.

[3] [美] 藤田昌久，雅克 - 弗朗克斯 - 蒂斯. 集聚经济学 [M]. 刘峰等译. 成都：西南财经大学出版社，2004：501.

[4] 李远. 政策导向与外向型经济发展 [M]. 北京：中国经济出版社，2006.

[5] 梁琦. 分工、集聚与增长 [M]. 北京：商务印书馆，2009：18 - 36.

[6] 吴敬琏. 当代中国经济改革教程 [M]. 上海：上海远东出版社，2010：258 - 269.

[7] 吴敬琏. 中国增长模式抉择（增订版）[M]. 上海：上海远东出版社，2010：131 - 147.

[8] 殷广卫. 新经济地理学视角下的产业集聚机制研究 [M]. 上海：上海世纪出版集团，2011：227 - 251.

[9] 袁庆明. 新制度经济学教程 [M]. 北京：中国发展出版社，2011：331 - 368.

[10] 林毅夫，刘培林. 中国的经济发展战略与地区收入差距 [J]. 经济研究，2003 (3)：19 - 25.

[11] Duranton G Puga D. Nursery Cities：Urban Diversity，Process Innovation，and the Life Cycle of Product [J]. The American Economic Review，2004，91 (5)：1454 - 1477.

[12] Fujita M. Towards the new economic geography in the brain power society [J]. Regional Science and Urban Economics，2007，37 (4)：482 - 490.

[13] Fujita M Mori T. Frontiers of the New Economic Geography [J]. Papers in Regional Science，2005，84 (3)：377 - 405.


责任编辑校对：吴　达